邵阳县人民代表大会志

邵阳县人民代表大会常务委员会办公室　编

方志出版社
Publishing House of Local Records

图书在版编目（CIP）数据

邵阳县人民代表大会志／邵阳县人民代表大会常务委员会办公室编. －－北京：方志出版社，2020. 9
ISBN 978－7－5144－4376－9

Ⅰ. ①邵… Ⅱ. ①邵… Ⅲ. ①地方各级人民代表大会－工作－概况－邵阳县 Ⅳ. ①D624. 644

中国版本图书馆 CIP 数据核字（2020）第 198193 号

邵阳县人民代表大会志

编　　者： 邵阳县人民代表大会常务委员会办公室
责任编辑： 冯　松

出 版 者： 方志出版社
地址　北京市朝阳区潘家园东里 9 号（国家方志馆 4 层）
邮编　100021
网址　http://www.fzph.org

发　　行： 方志出版社图书经销中心
电话（010）67110500

经　　销： 各地新华书店

印　　刷： 邵阳市新建教育印刷有限公司

开　　本： 889×1194 1/16
印　　张： 45.25
字　　数： 848 千
版　　次： 2020 年 9 月第 1 版　2020 年 9 月第 1 次印刷
印　　数： 0001～1000 册

ISBN 978－7－5144－4376－9　定价：180.00 元

《邵阳县人民代表大会志》

编纂委员会

顾　　问：蒋　伟　袁玉华　夏贤钦

主　　任：刘长明

副 主 任：钟经球　肖湘政　邓星强　蒋梅娥　张蒲生　杨卫民　吴金华　颜寿生　罗立华

编　　委（排名不分先后）：马运华　周自珍　胡　敏　吴飞翔　王朝晖　陈　新　何佳良　佘金华　胡四方　何小兰　朱清平　黄龙清　刘　治　罗　洪　蒋文平　陈定岗　曾　臻　陈云峰　唐运兵　龚拥军　蒋建新

编　辑　部

主　　编：肖湘政　张蒲生　颜寿生

副 主 编：马运华　何小兰　朱清平

执行主编：唐畏保

责任编辑：赵小明　田　涧　王　柏　颜妍琼　艾金凤　刘旭阳　田文婷

审稿人员

刘长明　张玉庭　刘仕继　唐清洲　黎德生　钟经球　肖湘政　邓星强　蒋梅娥　张蒲生　杨卫民　吴金华　罗立华　阮国仲　银祥集　段义君　羊正君　颜翠兰　唐汉林　王运发　刘连生　谢树新　杨志诚　马运华　胡四方　吴飞翔　佘金华　王朝晖　胡　敏　曾　臻　唐运兵　刘　治　周自珍　陈定岗　何小兰　朱清平　朱长青　肖时汉　陈迎体　李进华

凡　例

1、本志坚持马克思列宁主义、毛泽东思想、邓小平理论、“三个代表”重要思想、科学发展观、习近平新时代中国特色社会主义思想为指导，坚持辩证唯物主义和历史唯物主义的立场、观点和方法，客观、全面地记述邵阳县人民代表大会制度的全部历史和现状。

2、遵照方志体例，本志采用全称《邵阳县人民代表大会志》作为志名，考虑到机构全称太长，故在部分章节标题中采用简称，如“邵阳县人民代表大会常务委员会”，简称“县人大常委会”。

3、本志设4编，编首含凡例、序、目录、图片、概述和大事记。《人民代表》为第一编，设《代表选举上》《代表选举中》《代表选举下》《代表权力与职责义务》《代表结构》5章。《县人民代表大会》为第二编，设13章，《各界人民代表会议》《县人委时期人民代表大会》《县革委时期人民代表大会》各为一章，第八届至第十六届人民代表大会每届为一章，《乡镇人民代表大会》为一章。《县人大常委会》为第三编，设《机构》《县人大常委会会议》《党组会议和主任会议》《决议决定重大事项》《人事任免》《代表议案和代表建议》《执法检查和调研视察》《代表工作》《其他重要工作》《机关建设》等10章。《专记》设在《机关建设》后，不单列章。《人物》为第四编，设《人物简介》和《人物名录》等2章。编末为《附录》。《邵阳县人民代表大会志》既坚持志书体例，又考虑切合人民代表大会志的特殊性。

4、考虑内容的特殊性，本志第二编《县人民代表大会》及其他编部分章节，打破了地方志横排纵述的基本体例，采用以届次为序直排。

5、本志述、记、志、传、图、表、录七体并用，以志为主。

6、本志上限起自1950年第一届各界人民代表会议，下限至第十六届人民代表大会届满止（图片内容和基层选举延至第十七届人民代表大会第一次会议）；记述范围以断限期内各时期邵阳县管辖的疆域为准。

7、本志使用地名和行政区划名称，以事物发生时为准。

8、本志一律使用公元纪年，用阿拉伯数字书写；个别农历记时用汉字书写。

9、本志所用各种名称，第一次出现时用全称，第一次出现后需简称的，均在第一次出现时括注（以下简称××）。

10、本志使用数据以档案馆保存的县人大常委会档案资料使用过的数据为准，非来自县人大常委会的资料数据，括注数据来源；5位数以上数据以万为单位书写，9位数以上数据以亿为单位书写，小数点后的数字按四舍五入缩写到2位数以内。

11、本志记述职务以实职为准，代理者括注代，以副职主持工作者括注副；身兼多种职务者，只记与事件相关的职务或最重要的一种职务。

12、本志以事系人，人物身份以事物发生时为准，不涉及事前或事后的身份变化。

13、本志所记资料与资料提供单位保存的原始资料有出入者，以资料提供单位保存的原始资料为准；本志不作为人物身份的档案依据。

14、本志所用人名，除极个别特殊情况外，均不分先后。

15、本志图片由邵阳县人民代表大会常务委员会办公室提供。

序

邵阳县第十七届人民代表大会常务委员会党组书记、主任　刘长明

《邵阳县人民代表大会志》，历经三载，数易其稿，终于功成付梓。这不仅是我县人大工作史上的一件大事，也是我县人民政治生活中的一件大事；有着非常重要的意义。

《邵阳县人民代表大会志》坚持历史唯物主义，坚持毛泽东思想、邓小平理论和习近平改革开放新时期的治国理论，如实记述了邵阳县人民代表大会从过渡时期的县各界人民代表会议以来，68年艰难曲折而又辉煌的发展历程，尤其特别翔实地反映了党的十一届三中全会以来，邵阳县人民代表大会及其常务委员会，在中共邵阳县委的领导和上级人大机关的指导下，紧扣时代脉搏，彰显人民意志，围绕全县经济发展大局，认真履行宪法赋予的职权，积极探索，努力实践新时期人大工作的新理念、新方法、新途径，保证了宪法和国家其他法律法规在县内的贯彻实施，依法决定县内各项重大事项，对“一府两院”工作进行了积极的支持和有效的监督，较好地发挥了地方国家权力机关的作用。通过丰富的资料，显示了人民代表大会制度的无比优越和强大的生命力。通过这部志书，有力地证明了只有坚持党的领导，坚持和不断完善人民代表大会制度，人民政权才会巩固，国家才会安定，经济才会繁荣，社会才会发展，人民才会幸福。

《邵阳县人民代表大会志》的编修成功，有赖于县人大常委会领导班子集体的正确决策，有赖于各委室的共同努力，有赖于具体编纂人员的忘我劳动。为了编好这部志书，县人大常委会几经筹谋，组织队伍，安排经费；编纂人员数载精研细磨，旁征博引，简牍盈积，日夜孜孜，乐而不废，县人大常委会的历任老领导、老同志不顾年事已高，认真审核校勘，一丝不苟；机关所有工作人员积极配合，认真帮助搜集提供各种资料；终于将这80余万言的洋洋大篇呈献于读者和垂鉴历史。我作为县人大常委会工作的主要负责人，能有幸在任期内完成这样一件大事，感到十分高兴。同时向所有为编纂这部本志付出辛劳和所有关心过本志编修的人员，表示衷心的感谢。

由于时间仓促，加上我们的水平有限，本志还存在某些错误或遗漏，诚请识者批评指正。衷心祈愿这部《邵阳县人民代表大会志》能为全县人民认识了解在中国共产

党领导下，邵阳县人民代表大会的发展进程，探索和总结邵阳县人大工作的历史经验，为当今和未来的人大工作，提供有益的借鉴。

2018 年 12 月

目　录

第二编　县人民代表大会

第三编　县人大常委会

第四编　人　物

附　录

中华人民共和国的一切权力属于人民。人民行使国家权力的机关是全国人民代表大会和地方各级人民代表大会。

——《中华人民共和国宪法》

▲ 1998年10 月，省、市人大领导在邵阳县验收两基工作。图为省、市人大领导与邵阳县人大工作者合影

▲ 2009年4月29日，邵阳市各县（市、区）人大财经委预工委联席会议在邵阳县召开

▲ 2010年6月7日，邵阳市人大常委会副主任陈健生(左三)到邵阳县验收“五五”普法工作

▲ 2014年9月10日，邵阳市人大常委会副主任辛建平(左二)到邵阳县视察新档案馆建设项目

◀ 2015年4月23日，邵阳市人大常委会副主任辛建平（右二）率队到邵阳县开展《职业教育法》执法检查。中共邵阳县委副书记曾梅林（右一）、邵阳县人大常委会主任刘长明（左二）陪同检查

▶ 2015年5月27日，湖南省人大常委会委员、教科文卫委主任委员梁尔源(左二)率队到邵阳县检查《职业教育法》和《湖南省职业教育条例》贯彻实施情况

◀2015年8月12日，湖南省人大常委会原副主任蒋作斌（左三）考察邵阳县油茶产业

◀2015年11月4日，邵阳市人大常委会主任赵丽莎（左四）带队到邵阳县开展《防震减灾法》执法检查。中共邵阳县委书记蒋伟（左三）、邵阳县人大常委会主任刘长明（右二）陪同检查

▶2016年邵阳市人大调研组到邵阳县开展出生人口缺陷防治工作调研

▲ 1951年4月28日至30日，邵阳县第一届各界人民代表会议第四次会议在老县城（今邵阳市）导群中学大礼堂召开。图为全体代表合影

▲ 1951年7月30日，邵阳县第二届各界人民代表会议第一次会议在老县城（今邵阳市）召开。图为全体代表合影

▲ 1981年12月16日至20日，邵阳县第八届人民代表大会第二次会议召开。图为大会开幕现场

▲ 1981年12月18日，邵阳县人大常委会副主任刘长寿在邵阳县第八届人民代表大会第二次会议上做人大常委会工作报告

▲邵阳县第八届人民代表大会第二次会议大会主席团成员在认真听取大会报告

▲ 在邵阳县第八届人民代表大会第二次会议上，县长李帮能认真听取代表们对政府工作的意见

◀1984年4月16日至21日，邵阳县第九届人民代表大会第一次会议在县城召开。图为会场全景

▶ 1984年4月16日，邵阳县第九届人民代表大会第一次会议大会主席团举行第一次会议

▲ 邵阳县第九届人民代表大会第一次会议换届选举现场，宁芬代表在投票

▲ 在邵阳县第九届人民代表大会第一次会议选举现场，工作人员在计算选举结果

▲ 1984年4月21日，邵阳县人大常委会主任张玉庭在邵阳县第九届人民代表大会第一次会议上致闭幕词

◀1985年 4 月23日至28日，邵阳县第九届人民代表大会第二次会议召开。图为芙蓉乡代表在讨论大会报告

▶在邵阳县第九届人民代表大会第二次会议上，监票、唱票、计票人在清理选票

◀在邵阳县第九届人民代表大会第二次会议上，代表们举手通过大会决议

▲1986年4月7日至11日，邵阳县第九届人民代表大会第三次会议在县城召开

▲ 1986年4月9日，邵阳县人大常委会主任张玉庭在邵阳县第九届人民代表大会第三次会议上做人大常委会工作报告

▲ 邵阳县第九届人民代表大会第三次会议主席团全体人员合影

▲ 邵阳县第九届人民代表大会第三次会议塘渡口代表团合影

▲ 邵阳县第九届人民代表大会第三次会议全体工作人员合影

▲ 1989年4月9日至14日，邵阳县第十届人民代表大会第四次会议在县城召开

▲ 1990年2月21日至28日，邵阳县第十一届人民代表大会第一次会议在县城召开。图为邵阳县人大常委副主任刘仕继在会议上宣读选举市人大代表的若干规定

▲ 1990年2月，新当选的邵阳县第十一届人大常委会主任刘仕继和县委书记周柏民交换工作意见后合影

◀1991年3月14日至18日，邵阳县第十一届人民代表大会第二次会议召开。图为邵阳县人大常委会主任刘仕继在参加代表团审议“一府两院”工作报告

▶1992年至1997年，邵阳县十二届人民代表大会共召开5次会议。图为邵阳县人大常委会副主任羊正君在行使举手表决权

◀邵阳县第十二届人民代表大会主席台现场

▶1997年12月5日至11日，邵阳县第十三届人民代表大会第一次会议在县城召开。图为会议现场

▶王运发、王忠屏代表在邵阳县第十三届人民代表大会第一次会议上投票选举

▲ 邵阳县第十三届人民代表大会代表在讨论政府工作报告

▲ 1998年3月，邵阳县人大常委会副主任颜翠兰在邵阳县第十三届人民代表大会第二次会议上宣读表彰决定

◀2006年3月15日至19日，邵阳县第十四届人民代表大会第五次会议在县城召开。图为会议现场

►2007年 11月 28日至 12月3日，邵阳县第十五届人民代表大会第一次会议召开。图为预备会议现场

▲ 在邵阳县第十五届人民代表大会第一次会议上，主席团在介绍候选人简历

1 | 2
3

1.中共邵阳县县委书记蒋耀华在邵阳县第十五届人民代表大会第一次会议上选举投票

2.邵阳县第十五届人民代表大会第一次会议，正式选举前，工作人员正在清理选票

3.代表证

▲ 2008年4月17日，邵阳县人大常委会主任黎德生在邵阳县第十五届人民代表大会第二次会议上做人大常委会工作报告

▲ 邵阳县第十五届人民代表大会第二次会议期间代表团讨论现场

▲ 2009年3月13日，邵阳县第十五届人民代表大会第三次会议闭幕现场

▲ 2010年3月2日至5日，邵阳县第十五届人民代表大会第四次会议在县城召开。图为会场全景

◀邵阳县第十五届人民代表大会第四次会议颁奖现场

▲ 2011年3月12日至16日，邵阳县第十五届人民代表大会第五次会议在县城召开。图为会场全景

▶邵阳县第十五届人民代表大会第五次会议投票选举检察长和人大常委会委员现场

◀2012年4月25日至29日，邵阳县第十五届人民代表大会第六次会议在县城召开。图为会议现场

▲邵阳县第十五届人民代表大会第六次会议举手通过各项决议现场

▲邵阳县第十五届人民代表大会第六次会议先进个人颁奖现场

▶邵阳县第十五届人民代表大会第六次会议优秀局长颁奖现场

▲ 邵阳县第十五届人民代表大会第六次会议上对优秀人民法官进行颁奖

▲ 邵阳县第十五届人民代表大会第六次会议上对优秀人民公仆进行颁奖

▶ 2012年11月29日至12月3日，邵阳县第十六届人民代表大会第一次会议在县城召开。图为会议现场

◀ 2013年3月25日至28日，邵阳县第十六届人民代表大会第二次会议在县城召开。图为党员代表会议现场

1.邵阳县第十六届人民代表大会第一次会议通过各项决议现场
2.出席证
3.徽标

▲ 邵阳县第十六届人民代表大会第二次会议会场全景

◀邵阳县第十六届人民代表大会第二次会议分团讨论现场

◀2014年3月18日至21日，邵阳县第十六届人民代表大会第三次会议在县城召开，图为会场全景

▶邵阳县第十六届人民代表大会第三次会议主席团第二次会议现场

◀邵阳县第十六届人民代表大会第三次会议颁奖现场

▶2015年3月24日至27日，邵阳县第十六届人民代表大会第四次会议在县城召开。图为会场全景

◀邵阳县第十六届人民代表大会第四次会议举手表决现场

◀2016年3月30日，邵阳县人大常委会主任刘长明在邵阳县第十六届人民代表大会第五次会议上作人大常委会工作报告

▶2016年3月28日至31日，邵阳县第十六届人民代表大会第五次会议在县城召开。图为会议现场

▶邵阳县第十六届人民代表大会第五次会议县政府七楼会议室分会场全景

▲邵阳县第十六届人民代表大会第五次会议召集人会议现场

▲ 在邵阳县第十六届人民代表大会第五次会议正式选举前，监票人在检验票箱

▲ 2016年11月24日至29日，邵阳县第十七届人民代表大会第一次会议在县城塘渡口召开。图为会场全景

▶邵阳县第十七届人民代表大会第一次会议党员大会现场

▲ 邵阳县第十七届人民代表大会第一次会议主席团会议现场

▲在邵阳县第十七届人民代表大会第一次会议期间，中共邵阳县委书记蒋伟向各代表团介绍候选人

▲ 1951年4月30日，邵阳县各界人民代表会议常务委员会和邵阳县抗美援朝委员会邵阳分会分别举行会议。图为全体委员合影

1 | 2
3

1.邵阳县第八届人民代表大会常务委员会组织县人大代表参观手摇水泵抽水试验

2.邵阳县第八届人民代表大会常务委员会组织县人大代表认真学习大会简报

3.邵阳县第十三届人民代表大会常务委员会在听取和审议“一府两院”工作汇报

▶ 邵阳县第八届人民代表大会常务委员会在听取专题工作汇报

◀ 邵阳县第十三届人民代表大会常务委员会组织“一府两院”召开代表建议、批评和意见交办会

▶ 2003年8月，邵阳县人大常委会副主任颜寿生陪同邵阳县人民政府县长伍邵华到黄塘乡峦山村指导生态农业工作

▲2013年8月27日，邵阳县第十六届人民代表大会常务委员会组织对县人大代表进行学习培训

▲2013年11月5日，邵阳县人大常委会主任刘长明（右一）带队深入县百货大楼调研食品卫生安全情况

◀2014年5月26日，邵阳县十六届人大常委会第八次会议专题听取和审议县人民政府关于《中华人民共和国食品安全法》贯彻实施情况汇报

▶2015年 8月4日，邵阳县人大常委会主任刘长明带队在九公桥镇黄花村开展驻村扶贫工作

▶2014年9月10日，邵阳县人大常委会主任刘长明(右一)带队开展档案法执法检查。图为执法检查组检查县检察院标准化档案室

▲2014年12月9日，邵阳县人民代表大会常务委员会召开第十三次常委会会议

▲2014年12月18日，中共邵阳县委召开邵阳县庆祝人民代表大会制度建立60周年大会

▲邵阳县人大机关党员到沙坪社区报到亮身份、亮特长公示栏

▲ 2018年6月26日，邵阳县人大老干部党支部召开党员大会

▲ 部分书籍、工作笔记本

◀2018年10月26日，召开《邵阳县人民代表大会志》评审会议

▶参加《邵阳县人民代表大会志》评议人员合影

▲ 邵阳县第十二届人大常委会委员合影

◀邵阳县第十二届人大常委会正副主任合影（前排左起：魏太平、伍响德、阮国仲；后排左起：王善祥、陈卫国、羊正君、蒋利民）

▲ 邵阳县第十二届人大常委会党组成员合影（魏太平、羊正君、阮国仲、蒋利民、王运发、王善祥、唐清洲、陈卫国、杨志成）

▲ 邵阳县第十三届人民代表大会新当选的人大常委会正副主任和原副主任同市人大、市委组织部、县委县政府领导合影（前排左起：颜翠兰、曾建秋、唐清洲、石民生、阮开全、陈刚、羊正君；后排左起：陈芬保、唐汉林、王运发、陈卫国、刘春风、王善祥、阮国仲）

◀邵阳县第十四届人民代表大会第一次会议选举产生的邵阳县人大常委会正副主任与邵阳县十三届人大常委会部分正副主任合影（前排左起：王运发、唐汉林、陈卫国、唐清洲、颜翠兰、刘春凤，后排左起：颜寿生、谢树新、胡迪芬、刘连生）

▲2007年12月3日邵阳县第十五届人民代表大会第一次会议选举产生的邵阳县人大常委会主任、副主任（左起：邓星强、颜寿生、黎德生、刘连生、 肖湘政、蒋梅娥）

▲2014年3月邵阳县第十六届人大常委会组成员合影（左起：罗立华、蒋梅娥、肖湘政、钟经球、黎德生、刘长明、颜寿生、谢树新、邓星强、张蒲生）

▲2016年11月29日邵阳县第十七届人民代表大会第一次会议选举产生的邵阳县人大常委会主任、副主任合影（左起：张蒲生、邓星强、刘长明、肖湘政、蒋梅娥、罗立华）

概　述

人民代表大会制度是中华人民共和国的根本政治制度，人民代表大会是代表人民管理国家的最高权力机关。中华人民共和国成立以来，邵阳县人民代表大会从过渡时期的4年各界人民代表会议算起，已经历了66年曲折而又辉煌的发展历程，在邵阳县的政治体制、经济发展和社会生活中，发挥和显示着无可替代的重要作用。66年的实践，有力地证明了人民代表大会制度无可比拟的优越性和强大的生命力。回顾邵阳人民代表大会的发展历程，大致可以分为5个时期。

一

1950年2月至1954年初，为邵阳县人民代表大会制度建立前的过渡时期，即各界人民代表会议时期。

1949年10月1日，毛泽东主席在天安门城楼上庄严宣告：中华人民共和国成立了。承受了数千年封建压迫和百年列强欺凌的中国人民从此站起来了，新生的人民政权如一轮红日，在世界东方的地平线上冉冉升起。10月10日，邵阳县解放。10月13日，中共邵阳县委、邵阳县人民政府正式成立，邵阳县人民有史以来第一次有了自己的政府。但刚从旧政权统治下解放出来的邵阳县，千疮百孔，百废待兴，民生凋敝，灾难频生，残余的反动势力尚未完全肃清，社会尚不稳定，当时的社会状况和人民的觉悟程度，还不具备实行人民代表大会制度的条件。为巩固新生的人民政权，密切党和政府与全县各界人民的联系，中共邵阳县委和邵阳县人民政府根据1949年9月29日中国人民政治协商会议第一届全体会议通过的《中国人民政治协商会议共同纲领》第十四条关于“在普选的地方人民代表大会召开以前，由地方各界人民代表会议逐步地代行人民代表大会职权”的规定，以及中央人民政府委员会第四次会议通过的《县各界人民代表会议组织通则》，于1950年2月在老邵阳县城邵阳市筹备召开了邵阳县第一届各界人民代表会议第一次会议，来自全县（老邵阳县）各地的300余名各界人民代表欢聚一堂，会议气氛融洽而热烈。这是邵阳县人民第一次以主人翁的姿态走上政治舞台，参与商议和管理国家及地方大事。会议选举产生了邵阳县第一届各界人民代表会议常务委员会（非常设机构），通过了邵阳县第一个由人民代表会议通过、符合人民意愿的《六项决议案》。邵阳县第二届各界人民代表会议第二次会议召开后不久，原邵阳县析划为邵阳、邵东、新邵三县，从邵阳县第二届各界人民代表会议第三次会议开始，以后各次县各界人民代表会议，均在新县城塘渡口召开。整个各界人民代表会议期间，先后召开了 4 届共 12 次会议，平均每年 4 次，会议议题主要有剿匪、反霸、减租减息、征粮支前、爱国节约、修塘修坝、生产度荒、救灾救济、发展教育、整理地方公产、土地改革、贯彻婚姻法、支援抗美援朝、拥军优属、镇压反革命、创办农村供销合作社、实行社会主义三大改造等当时全县人民极为关切的大事。作为人民代表大会召开前过渡时期的各界人民代表会议，规范平衡有序，为贯彻党的方针政策、恢复发展生产、稳定社会，特别是在团结和动员全县人民完成土地改革、镇压反革命、支援抗美援朝、恢复和发展国民经济等重大斗争中，发挥了极其重要的作用，为全县实行人民代表大会制度，奠定了坚实的基础。

二

1954 年至 1966 年，为全县人民代表大会制度的起步和初步发展时期。这一时期又可分为两个阶段。第一阶段为 1954 年至 1956 年，即邵阳县第一届人民代表大会至邵阳县第二届人民代表大会第一次会议期间，这段时间为邵阳县人民代表大会制度从起步开始到平稳发展阶段。

经过 1950 年以来的 4 年努力，全县国民经济状况逐步好转，人民觉悟空前提高，工农联盟更加巩固，新生的民主政权已经有了坚实的政治基础和经济基础，实行人民代表大会制度的条件已经具备。在邵阳县第二届各界人民代表会议上，成立了邵阳县各界人民代表会议代行全县人民代表大会职权筹备委员会，根据《中华人民共和国宪法（草案）》的有关规定，在湖南省人民政府的统一部署下，邵阳县正式筹备实行人民代表大会制度。1953 年 3 月，作为过渡时期的邵阳县各界人民代表会议召开最后一次会议后，已完成她的历史使命。1954 年初，成立邵阳县选举委员会，同年 3 月底，邵阳县第一届基层普选完成。根据湖南省人民政府和邵阳专员公署的指示，邵阳县第一届人民代表大会第一次会议于 1954 年 6 月 27 日开幕，人民代表大会制度在邵阳县正式诞生。本次会议听取和审议了《政府工作报告》，选举产生了第一届邵阳县人民政府。

1955 年 4 月，在邵阳县第一届人民代表大会第二次会议上，邵阳县人民政府更名为邵阳县人民委员会。邵阳县第一届人民代表大会共召开了 3 次会议，先后作出 9 项决议。从县第一届人民代表大会第一次会议到第二届一次会议期间，邵阳县人民代表大会都是在发扬民主，代表畅所欲言、心情舒畅的氛围中召开的，会议自始至终展现着批评与自我批评、共同研究协商、团结一致的精神，代表们就县人民委员会工作提出的许多意见和建议，对县人民委员会的工作起到了很大的促进作用。在此期间，还建立了县人民委员会联系代表、代表联系选区群众的经常性制度，激发了人大代表当家作主的精神，使全县实行人民代表大会制度有了一个良好的开端。

但是，从 1957 年的“反右”扩大化开始，“左”倾思潮开始盛行，人民代表大会制度受到严重干扰，言路逐渐被堵塞。县第二届人民代表大会第一次会议选举产生的县人民委员会委员中，多人因肃反和被错划为右派而被撤销资格。随之而来的三年盲目“大跃进”，使全县人民代表大会制度进一步受到冲击。1958 年 6 月召开的县第三届人民代表大会第一次会议刚刚闭幕，大会通过的《1958 年邵阳县国民经济计划》就被指为右倾保守而取消，进而被不切实际的浮夸指标取代。县第三届人民代表大会第一次会议有代表 329 人，因各种原因，到第二次会议时只剩下代表 303 人，而出席第二次会议的代表仅 179 人，缺席 124 人，缺席率 41%。嗣后，县内虽然相继召开了第四届和第五届人民代表大会，但两届人民代表大会每届均只召开过一次会议，邵阳县人民代表大会制度从良好开端逐步滑入低谷。

三

从 1966 年开始的 10 年“文化大革命”动乱，是邵阳县人民代表大会制度遭到严重破坏的时期。

1966 年 5 月，全国“文化大革命”开始，其风暴很快波及邵阳县。县第五届人民代表大会选举产生的县人民委员会在“文化大革命”的冲击下陷于瘫痪，其职权由临时的邵阳县抓革命促生产领导小组取代，邵阳县人民代表大会制度名存实亡。1968 年 4 月 18 日，由群众代表、军队代表和革命干部代表“三结合”组成的湖南省革命委员会成立，随即邵阳地区革命委员会成立。同年 9 月 13 日，湖南省革命委员会批复同意成立邵阳县革命委员会。9 月 17 日，邵阳县召开县革命委员会成立大会，这次会议后来被列为邵阳县第六届人民代表大会第一次会议。这次大会是在极不正常的政治形势下召开的，与会代表未经选举，全部由当时的县工代会、县农代会、县教工会等群众造反组织选派人员作为代表出席大会。大会宣布成立的邵阳县革命委员会也未经大会选举产生，只在大会上宣读了湖南省革命委员会批准成立邵阳县革命委员会的决定和湖南省批准的县革命委员会组成人员名单。从这次会议后至 1978 年 1 月召开县第七届人民代表大会第一次会议止，县内有近10年时间未召开过人民代表大会；从1963年8月至1978年，邵阳县有15年未进行代表选举。

1976年10月，持续10年的“文化大革命”动乱结束。1978年1月3日，邵阳县革命委员会根据湖南省革命委员会的通知精神，向全县各区、镇、公社、农林场及县属机关单位发出《关于召开邵阳县第七届人民代表大会的通知》。随即由各区、公社、镇、场及县属机关厂矿负责人会议提出代表候选人名单，到候选人单位征求意见后报县革命委员会批准，确定为正式候选人，进行等额选举。既未进行选民登记，也未召开选举工作会议。至1月12日前，在不足10天的时间内，突击产生本届代表大会的代表770名。1月19日，邵阳县第七届人民代表大会正式开幕。这次会议虽使因“文化大革命”而被迫中断10年的邵阳县人民代表大会制度得以重启，但由于当时县内“文化大革命”的流毒并未完全肃清和“两个凡是”的制约，使本次会议未能完全摆脱极“左”思潮的束缚，大会仍继续肯定“文化大革命”的所谓成绩，继续肯定阶级斗争和县内“一打三反”等“文化大革命”中的一些极“左”运动，与会代表亦未能按照法律程序，认真进行选举，人民代表大会的作用仍未能得以充分发挥，人民代表大会的地位和人大代表的权力仍未能得以足够的体现，邵阳县人民代表大会制度实质上并未完全恢复。

四

20世纪80－90年代，是邵阳县人民代表大会制度真正恢复和快速发展的时期。

1980年，在经过大张旗鼓地广泛宣传，自上而下充分发动筹备和认真选举之后，于同年12月，召开了县第八届人民代表大会第一次会议。这次会议是在中共中央十一届三中全会召开和全国性的“实践是检验真理的唯一标准”大讨论之后、全县生动活泼和安定团结的政治局面逐步形成、党的工作重心已转向四个现代化建设上来的形势下召开的。本次人民代表大会是邵阳县人民代表大会史上具有划时代意义的一次大会，是邵阳县人民代表大会发展历程中的重要里程碑。从本次会议开始，县人大代表的选举从以往的间接选举转变为直接选举，从以往的等额选举转变为差额选举。本次会议，恢复并选举产生了新的邵阳县人民政府，设立了邵阳县人民代表大会的常设机构——邵阳县人民代表大会常务委员会（以下简称县人大常委会）。县人大常委会设立伊始，就根据法律赋予的职权，围绕全县社会经济发展中心抓大事、议大事、决定全县大事；始终坚持法律监督和工作监督相结合，不断创新对一府两院工作的监督形式，增强对一府两院工作的监督实效。并依照党管干部、依法选举和人大任免国家工作人员相结合的原则，完善国家工作人员任免程序，把严国家工作人员任免关口，为全县经济社会发展提供了可靠的组织人事保障。县人大常委会的设立，还使人大代表有了自己的娘家，历届县人大常委会都把代表工作列入重要工作日程，按照“让代表积极行动起来，让代表工作生动活泼起来，让代表履职效果逐步好起来”的工作思路，努力构建代表履职平台，拓宽代表参政渠道，激发代表履职热情，加大与代表联系和沟通力度，引导代表自觉加强同选区群众的联系，积极投入全县经济建设的主战场，主动参与国家和社会事务的监督和管理。从邵阳县第八届人民代表大会第一次会议开始，各届次会议均能按照法定程序，如期高效召开；人大代表及县人大常委会、一府两院负责人的选举，候选人均通过几上几下反复酝酿产生；各项会议决议，均由代表反复讨论审议后表决通过。人民民主权力逐步得以体现。

随着人民代表大会制度的不断完善和发展，人民代表大会常设工作机构逐步向乡镇延伸。1984 年 11 月，全县各区、乡（镇）首次设立人大工作联络员制度。1987 年，全县所有乡镇均成立了乡镇人民代表大会主席团，由各乡镇党委书记兼任或专职乡镇人大主席团常务主席。1992 年开始，各乡镇人民代表大会均选举产生了专职的乡镇人大主席团常务主席，配备了专职工作人员。乡镇人大主席团的设立，打破了县级人大常设工作机构单一的局面，完善了全县人大工作网络，乡镇人民代表大会从以往的单纯开好本级人民代表大会、搞好本级换届选举，向依法决定本乡镇政治经济大事、依法对本乡镇的财政、司法及行政执法工作履行监督职责，使乡镇人民代表大会的职能，出现了质的飞跃。

但是，在邵阳县人民代表大会制度日益巩固完善和快速发展的进程中，县内个别党政干部仍按照 20 世纪 70 年代的惯性思路，对人民代表大会地位和作用的认识严重不足，以至于在 1986 年和 1990 年，县内先后两次出现震动全国、全省的侵犯人民代表民主权利的严重事件，产生了不良的社会影响。

五

21 世纪以来，是邵阳县实行人民代表大会制度的全盛时期。

随着社会和时代不断进步，人民群众的法制意识和主人翁意识不断增强，对人民代表大会的认识和重视程度不断加深。从县第十三届人民代表大会以来，县人大常委会率先在全国、全省先后建立并实行了县人民政府副县长任期内向人民代表大会述职接受代表评议制度、县人大常委会任免国家工作人员任前考察制度、代表列席人大常委会会议并参与视察调研和执法检查制度、乡镇人大工作目标管理制度、一府两院及政府组成单位执法责任制目标管理制度；同时在代表中广泛开展“人民选我当代表，我当代表为人民”争先创优活动。并分年度评选出优秀人大代表、优秀人民公仆、执法责任制目标管理先进单位、乡镇人大工作目标管理先进单位，在人民代表大会上进行表彰。这一时期，县人大常委会还先后制订出台了《关于加强预算内资金监督暂行办法》《财政监督暂行办法》《关于加强对重大工程建设项目监督暂行办法》《听取和审议专项工作报告暂行办法》，创新监督机制，县人大常委会会议审议每一个议题，均实行票决制，并将票决结果及时在县电视台公布，增强了监督实效。

这一时期，县人大常委会自身建设也出现了飞跃发展，通过狠抓县人大常委会机关干部作风和素质建设，突出政治理论学习、法律知识学习和人大业务知识学习，使县人大常委会机关干部的整体政治素质、工作作风和业务水平均大幅度提高。2002 年以来，县人大常委会积极开展机关党建、思想宣传及参与全县联点创税、企业双联、招商引资等中心工作，连续受到县委和上级机关的表彰和奖励。这一时期，全县人民代表大会的会议程序更加规范，会议质量不断提高；决定重大事项的效果更加明显，监督职能进一步增强，人事任免工作更加严明有序，代表工作和代表活动日趋活跃，县人大常委会的工作范围更加广泛，工作职责更加明确。这一切均说明全县人民代表大会制度正在日趋规范和完善，人民民主权力正在不断加强，人民代表大会的作用日趋明显，人民代表大会的地位日趋巩固和提高。

邵阳县人民代表大会 66 年来的发展历程，特别是十一届三中全会以来全县人大工作的丰富实践，向人们昭示了一个真理：人民代表大会及其常务委员会要发挥好地方国家权力机关的职能作用，必须坚持党的领导，把党的领导和人民当家作主、依法治县有机地结合起来，使党的主张经过法定程序成为地方的国家意志；必须紧紧围绕经济建设中心，突出发展第一要务，抓住全县经济生活中的大事，依法开展工作；必须把加强社会主义民主法制建设、推进依法治县作为人民代表大会及其常务委员会的根本任务，进一步完善民主制度，充分发扬民主，加强社会主义政治文明建设，促进依法行政，公正司法，推进各项工作的依法治理；必须始终保持同人大代表、人民群众的血肉联系，把广大人民群众的根本利益作为人大工作的出发点和归宿，充分发挥人大代表作用，了解民情，倾听民声，自觉把人大工作置于人民的监督之下；必须将依法行使职权与开拓创新结合起来，解放思想，实事求是，与时俱进，不断探索人大工作的新经验和新做法，创造性地开展工作，唯其如此，才能不负人民的重托，才能更好地履行宪法和法律赋予的职责。

社会在发展，时代在进步，邵阳县人民代表大会的前景，将更加灿烂辉煌。

大 事 记

1949 年

10 月 10 日 中国人民解放军进驻邵阳县城（今邵阳市），邵阳县解放。

10 月 13 日 中共邵阳县委、邵阳县人民政府成立，邵阳县人民政权正式诞生。

12 月 县内开始宣传贯彻中央人民政府委员会第四次会议通过的《县各界人民代表会议组织通则》。

1950 年

2 月 10 日至 14 日 邵阳县第一届第一次各界人民代表会议在老县城邵阳市召开，会议做出关于剿匪、减租、生产救灾、清理公产、整理地方财政和推销公债、文化教育等 6 项决议，选举产生邵阳县第一届各界人民代表会议常务委员会。

同年秋 邵阳县第一届第二次各界人民代表会议召开，会议做出关于学习土地改革法、征粮、整修塘坝等决议。

同年冬 邵阳县第一届第三次各界人民代表会议召开，会议着重议决农业税征收及土地改革工作。

1951 年

4 月 28 日至 30 日 邵阳县第一届第四次各界人民代表会议在老县城邵阳市导群中学礼堂召开，会议通过《关于抗美援朝保家卫国的决议》和《各界爱国公约》，成立邵阳县抗美援朝分会，选举产生邵阳县第二届各界人民代表会议常务委员会。

7 月 30 日至 8 月 7 日 邵阳县第二届第一次各界人民代表会议召开。会议原定 8 月 3 日闭幕，为欢迎中国人民志愿军归国代表团，临时决定将会期延长至 8 月 7 日闭幕。会议听取了中国人民志愿军归国代表团的报告，决定全县为抗美援朝捐献“邵阳人民号”战斗机 4 架，并就抗美援朝、镇压反革命、土地改革及救灾度荒做出决议。

秋后 邵阳县第二届第二次各界人民代表会议在老邵阳县城邵阳市召开，会议就宣传贯彻婚姻法、征粮、发展供销合作社、拥军、抚属、度荒等议题进行讨论，并做出决议。

12 月 邵阳县第二届第三次各界人民代表会议在新县城塘渡口（具体会址在今霞塘云乡双江口村）召开，会议听取了县委代表、中共邵阳县委书记白希清《关于土改复查和增产节约的报告》，选举产生邵阳县第三届各界人民代表会议常务委员会。

1952 年

年内 邵阳县第三届各界人民代表会议围绕全县《1952 年爱国丰产计划》、宣传整顿和巩固发展互助组、开展防疫运动等议题，先后召开了 4 次会议。会议选举产生了邵阳县第四届各界人民代表会议常务委员会，同时选举产生邵阳县代行人民代表大会筹备委员会，选举伍魁元代行邵阳县人民代表大会筹备委员会主任职务；会议还选出湖南省人民代表大会代表 10 人。

1953 年

1 月 邵阳县第四届各界人民代表会议第一次会议召开。

3 月 邵阳县第四届人民代表会议第二次会议召开。本次会议和县第四届各界人民代表会议第一次会议行使筹备县人民代表大会职权，分别讨论、宣传、贯彻全县基层选举、民主建政、继续宣传婚姻法、拥军优属、活跃初级市场和护林防火等工作。

1954 年

3 月 全县基层选举工作完成，全县共选举乡镇人民代表大会代表 2965 人、县人民代表大会代表 301 人。

6 月中旬 邵阳县第一届人民代表大会第一次会议筹备委员会成立。

6 月 27 日至 7 月 17 日 邵阳县第一届人民代表大会第一次会议召开。大会选举产生邵阳县出席第一届全省人民代表大会代表 6 人。

1955 年

4 月 11 日至 13 日 邵阳县第一届人民代表大会第二次会议召开，到会代表 238 人，会议选出第一届县人民委员会组成人员 18 名，赵赐生当选为县人民委员会县长，朱静安、王芝清当选为副县长，夏超君当选为县人民法院院长，胡超智、海惠卿、汪天仪等 15 人当选为县人民委员会委员。

12 月 19 日 邵阳县第一届人民代表大会第三次会议召开，大会通过修建全县第一条公路——邵塘公路（后为 207 国道）和修建全县第一座水库——石盆水库的决议。

1956 年

10 月 9 日 湖南省人民委员会〔1956〕会选字 956 号文件批复同意邵阳县选举委员会成立，张寿芝任选举委员会主席。

11 月 19 日 全县基层选举工作人员会议召开。会后，在全县开展选民登记和选民资格审查。

25 日 县、乡镇人大选举工作完成，全县共选出乡镇人大代表 3309 名；随后相继召开第二届全县各乡镇人民代表大会第一次会议，选举产生第二届人民代表大会代表 329 人。

11 月下旬 全县 48 个乡镇的乡（镇）人民代表大会先后召开。

12 月 8 日至 11 日 邵阳县第二届人民代表大会第一次会议召开，到会代表 299 人，大会选举赵赐生为县人民委员会县长，刘国权、王芝清为副县长，汪家佐为县人民法院院长。

1957 年

6 月 5 日至 8 日 邵阳县第二届人民代表大会第二次会议召开，县长赵赐生向大会作了《县人民委员会工作报告》，县委书记王润民向大会作了《关于全县当前情况和今后工作任务的报告》。

1958 年

2 月 16 日 县人民委员会根据湖南省人民委员会《关于 1958 年选举工作的指示》，制定下发《邵阳县选举工作计划初步意见》，部署 1958 年全县基层选举工作。

3 月 18 日 第三届邵阳县选举委员会成立，张寿芝任主席。

4 月 2 日 县人民委员会主持召开全县选举工作会议，就第三届县、乡人大代表选举工作做出具体部署安排。至 4 月中旬，全县共选举产生乡人民代表大会代表 2873 名、各乡镇人民委员会委员 574 名、县人大代表 329 名。

6 月 8 日至 9 日 县第三届人民代表大会第一次会议召开，刘迅之当选县人民委员会县长。

1959 年

11 月 7 日至 9 日 邵阳县第三届人民代表大会第二次会议召开，到会代表仅 179 人，缺席 124 人，缺席率 41%。县长刘迅之向大会作了题为《关于在连续两年伟大跃进的基础上，为60年更大跃进而奋斗》的县人民委员会工作报告。大会同意刘迅之辞去县人民委员会县长职务，补选朱静安为县人民委员会县长。

1960 年

1 月底 全县各人民公社社员代表大会相继召开。

9 月 8 日 湖南省人民委员会下发《关于 1960 年选举工作的指示》，随后县人民委员会根据省人民委员会的指示，部署第四届人民代表大会召开前的全县基层选举工作。

12 月 17 日至 19 日 邵阳县第四届人民代表大会第一次会议召开，大会选举朱静安为县人民委员会县长。

1963 年

5 月 8 日 邵阳县第五届人民代表大会选举委员会成立，朱静安任主任，艾润身等 12 人为成员。

5 月 28 日 邵阳县第五届人民代表大会选举工作会议召开，艾润身在会上做了《关于做好 1963 年选举工作的传达报告》。

6 月 邵阳县第五届人民代表大会代表基层选举举行，全县共选出公社社员代表 7664 人、县人大代表 382 人。嗣后，全县各乡镇第五届人民代表大会相继召开。

1964 年

9 月 2 日至 4 日 邵阳县第五届人民代表大会第一次会议召开，大会选举王芝清为第五届县人民委员会县长。

1968 年

9 月 13 日 湖南省革命委员会下发湘革函〔68〕167 号文件《关于成立邵阳革命委员会的批复》。

9 月 17 日 邵阳县革命委员会成立大会召开，大会根据湖南省革命委员会的批复，宣布邵阳县革命委员会成立。大会通过《给毛主席的致敬电》，发表《告全县人民书》。之后，此次大会被列为邵阳县第六届全县人民代表大会。自此次会议后，全县有 10 年未召开人民代表大会。

9 月下旬 经县革命委员会先后批复，全县 43 个公社和农林场革命委员会相继成立。并根据县革命委员会通知，各公社革命委员会均成立对敌斗争办公室。

1975 年

年内 刘良志当选为第四届全国人民代表大会代表。

1978 年

1 月 3 日 邵阳县革命委员会向全县各区、公社（镇）、农林场和县属机关发出《关于召开第七届全县人民代表大会的通知》，同时成立邵阳县人民代表大会筹备小组办公室。

1 月 4 日 中共邵阳县委向中共邵阳地委呈交了《关于召开邵阳县第七届人民代表大会第一次会议的请示报告》。

1 月 19 日 邵阳县第七届人民代表大会第一次会议在县城塘渡口开幕，孟伯祥致开幕词，朱静安代表上届县革命委员会作工作报告。

1 月 22 日 在邵阳县第七届人民代表大会第一次会议上，朱静安当选为邵阳县革命委员会主任，孟伯祥、袁永禧、黄韶峰、曾人杰、刘蔚初 5 人当选为副主任，银北海等 47 人当选为县革命委员会委员。

年内 黄文斌当选为第五届全国人民代表大会代表。

1980 年

9 月 1 日至 3 日 中共邵阳县委常委和邵阳县革命委员会七届二次会议先后召开，成立邵阳县选举委员会，刘承祖任县选举委员会主任，孟伯祥、曾谱成、刘长寿任副主任，并设立相应的办事机构；随即全县 8 个区相继成立选举工作领导小组，36 个公社（镇）相继成立选举委员会。

9 月 3 日 邵阳县选举委员会从县属机关抽调 11 名干部，组成公社选举试点工作组，赴塘渡口公社开展选举试点工作。

9 月 5 日 邵阳县选举委员会向邵阳地区选举委员会递交了《关于我县选举工作的部署安排和我县人民代表大会名额分配的请示报告》。

9 月 5 日至 10 日 邵阳县选举工作会议召开，各区、公社（镇）党委书记、主抓选举工作的副书记、党委秘书、组织委员、妇联主任、民政干部及县直部办委负责人和政工干部，县属机关、厂矿、学校、企事业单位的党支部书记参加会议。

9 月 8 日 邵阳县选举委员会下发《关于分配邵阳县第八届人民代表大会名额分配的通知》，通知规定：第八届全县人民代表大会代表名额为 385 名，分配至全县 163 个选区进行选举。

9月10日 县选举委员会编发《选举工作简报》，为县人大常委会编发各种简报之始。

9月11日 县选举委员会下发《关于建立农村人民公社管理委员会的意见》，就选举产生公社管理委员会的意义、公社管理委员会组成人员名额、条件及选举产生办法作了规定和说明。

9月13日至15日 邵阳县以公社为单位，分别召开各大队、生产队选举骨干会议。

9月16日至17日 在塘渡口公社塘万堡召开全县选举观摩大会。

9月18日至22日 邵阳县所有选区均统一进行选民登记。

9月23日至25日 为全县统一的选民名单公布日。

9月26日至10月5日 全县各地统一公示第一轮县、社人大代表候选人名单。

10月18日至20日 全县各地正式公布县、社人大代表正式候选人名单。

10月23日至25日 为全县统一规定的选举日，各地正式选举县、社人大代表。嗣后，各公社（镇）人民代表大会相继召开。

12月2日至7日 邵阳县第八届人民代表大会第一次会议召开，在本次会议上，恢复建立了邵阳县人民政府，设立了邵阳县人民代表大会常设机构——邵阳县人民代表大会常务委员会，选举曾谱成为县第八届人民代表大会常务委员会主任、李帮能为县人民政府县长。

同月 县人大常委会办公室设立。

1981年

3月5日 县人大常委会就莫银魁、覃元甫、李兴发等32名县人大代表联名提出的《要求关心群众疾苦，切实解决农民烧煤难》提案，向县人民政府发出《提案处理通知单》进行催办和协调。

3月25日 县人大常委会办公室下发《关于建立代表小组的通知》，将全县378名县人大代表，按居地分为47个代表小组。

同日 县人大常委会就塘渡口镇人民政府、塘渡口镇文教办公室反映县经委、县财办未落实机关职工子弟小学办学经费，向县经委、县财贸办公室发出协调函。

4月下旬 县人大常委会领导带领办公室人员，分赴东风区和红石煤矿，就煤炭供应问题开展调查，并写出《东风区干群对煤炭供应问题的反映》，县人民政府接到调查材料后，县长李帮能带领县煤炭局和煤炭公司负责人亲自到东风区和煤炭局了解情况，召开县长办公会议，进行专题研究，制订解决边远地区群众烧煤难的6条措施。

4 月 29 日 第八届县人大常委会第四次会议审议通过《关于加强联系县人大代表的几项规定》。

5 月 31 日 经中共邵阳县委常委会研究决定，成立中共邵阳县人民代表大会常务委员会党组，曾谱成为县人大常委会党组书记，刘长寿为副书记，艾润身、段义君、王善祥、孙治国为党组成员。

7 月 3 日至 5 日 县八届人大常委会第五次会议召开。同时召开代表小组组长座谈会，全县各代表小组正副组长及全县 9 个区（镇）领导人共 53 人参加座谈会。

7 月 5 日 第八届县人大常委会第五次会议分别通过《关于调整普通中学设点布局，扎扎实实提高教育质量的决定》《关于尊重教师，提高教师社会地位，充分相信和依靠他们办好教育事业决议》《关于切加解决煤炭供应问题的决议》《关于正确实行奖励制度，坚决制止滥发奖金的决议》。

9 月 8 日 县人大常委会办公室就贯彻《县代表小组组长座谈会纪要》向全县各代表小组发出通知。

11 月 15 日至 17 日 县人大常委会组织县人大常委会委员和县内的全国人大代表、省人大代表分组赴各区就实行农村生产责任制情况、农村山林定权发证情况、农业生产形势及一二类农副产品收购任务完成情况进行视察。

12 月 17 日至 20 日 邵阳县第八届人民代表大会第二次会议召开。

12 月 19 日下午 参加邵阳县第八届人民代表大会第二次会议的全体代表旁听了县人民法院召开的审判大会。

1982 年

2 月中旬至 3 月中旬 邵阳县所有镇、公社先后召开镇、社人民代表大会。

4 月 6 日 邵阳县人大常委会就宣传贯彻全国人大常委会第二十二次会议通过的《严惩严重破坏经济的罪犯的决定》向全体县人大代表致函，要求全体代表认真学习、深刻领会决定精神，并广泛宣传，让决定家喻户晓。

5 月 30 日 第八届县人大常委会第十次会议分别通过《关于打击经济领域中严重犯罪活动的决议》《关于进一步做好卫生工作，努力提高人民健康水平的决议》。

7 月 县人大常委会组织全体委员就全县煤炭供应情况进行专题视察。

7 月 县人大常委会组织部分委员，并邀请县公安局、县法院、县检察院负责人一道赴谷洲公社就该公社社会治安状况进行专题视察，视察过程中，发现该公社利用乡规民约促进社会治安状况好转取得良好效果，于是立即写出《关于谷洲公社制订乡规民约，促进社会治安好转的情况报告》呈交县委，县委立即向全县转发了这一报告，推广这一经验。

7月12日 县人大常委会办公室写成《关于〈宪法修改草案〉修改意见的汇报》，对《宪法修改草案》共提出20条修改意见。

7月中旬 县人大常委会组织委员，并邀请县人民政府县长及县人民政府有关部门、县人民检察院、县人民法院、塘渡口汽车站的负责人参加，就人民普遍关心的社会治安和煤炭供应问题，分别赴下花桥区、黄亭市区、郦家坪区所属的部分公社及七里山园艺场、七里山煤矿进行专题视察。

8月10日 中共邵阳县委下文，在全县各区设立人大联络员，区人大联络员由区委组织委员兼任。

9月初 由县人大常委会主任曾谱成带队，组织部分委员，邀请县人民政府文教办公室、县教育局负责人参加，赴罗城、岩口铺、塘渡口3个公社，就落实民办教师报酬的情况进行专题视察。

10月9日 县人大常委会主持召开县内全国人大代表和省人大代表座谈会，出席座谈会的有全国人大代表1人，省人大代表4人。

同月 县人大常委会就如何发挥代表作用，组织人员赴长乐公社进行调研。

1983年

2月5日 邵阳县第八届县人大常委会第十四次会议通过《关于开展全县义务值日运动的决议》。

3月18日至22日 邵阳县第八届人民代表大会第三次会议召开。大会选举曾谱成、李帮能、邓东北、谢秀英、陈健生、陈菊彩、周更华、夏代晖8人为第六届省人民代表大会代表。

4月17日至18日 县人大常委会组织县人大常委会全体委员，并邀请县人民政府县长及县农村办公室、县农业局、县商业局、县供销合作社、县粮食局、县农业银行、县多种经营办公室等单位负责人参加，分两个组，对农村重点户和专业户的专业生产情况和解决困难户的生产生活情况进行视察。

6月15日至18日 县人大常委会组织县人大常委会部分委员和各委室正副主任，邀请县委宣传部、县人民法院、县人民检察院、县司法局、县公安局、团县委负责人和部分省人大代表，就全县部分地区发生的拐卖妇女儿童问题进行视察，并写出《关于坚决打击拐卖妇女儿童犯罪活动，确保妇女儿童人身权利的报告》。

1984 年

2 月 11 日至 13 日 县、乡两级选举工作会议召开。

3 月 2 日 全县选举工作电话会议召开。

4 月 16 日至 21 日 邵阳县第九届人民代表大会第一次会议召开。大会选举张玉庭为第九届县人大常委会主任、李帮能为县人民政府县长。

4 月 29 日 第九届人大常委会第四次会议召开，通过县人大常委会制定联系代表的 5 项措施。

5 月 邵阳县第九届乡镇人民代表大会相继召开。

5 月 28 日至 29 日 县人大常委会组织部分委员，就全县发展商品生产情况进行视察。

9 月 24 日 在第九届县人大常委会第 4 次会议上，县人大常委会作出并颁发《关于维护教师合法权益，保护学校财产的决议》。

12 月 县人大常委会办公室组织在县的省人大代表，就《湖南省城乡食品商贩、集市贸易食品卫生管理试行办法（草案）》的修订进行调研。

1985 年

1 月上旬 县人大常委会就解决偏远地区群众生活问题进行调研。

1 月 31 日 第九届县人大常委会第六次会议通过《关于县人大常委会依法审议决定重大事项的范围、程序和方法的暂行规定》。

月内 县人大常委会组织调查组，对城天堂、黄荆、白马和杉木桥乡的傅家坪、栗树庙等边远乡村人民群众的生产生活进行调研。

3 月 县人大常委会会同县检察院、县司法局就长乐乡和下花桥乡的干部执法情况进行专题调查。

3 月 25 日 在第九届县人大常委会第七次会议上，县人大常委会向县人民政府提出为“两户一体”开展服务的建议，县人民政府采纳这一建议后，颁发了《关于扶持发展“两户”和维护“两户”权益的决定》（“两户”指专业户和重点户，编者注）。

3 月 27 日 第九届县人大常委会第七次会议通过《关于向全县公民加强法制宣传教育，普及法律常识的决议》。

4 月 24 日至 28 日 邵阳县第九届人民代表大会第二次会议召开，会议补选吕飞虎等 3 人为县人民政府副县长。

4 月 26 日 邵阳县第九届人民代表大会第二次全体会议就梽木山区代表团黄诗运

等12名代表联名就桎木山不能经常通班车向县人民政府和县交通局提出书面质询一事召开质询会，县交通局局长杨志诚到会就质询内容进行答复。

6月9日至16日 县人大常委会组织县内的省人大代表就全县各项工作开展情况进行视察。

7月 县人大常委会组织人员对全县食品卫生工作进行专题调查。

同月 县人大常委会教科文卫工作委员会就邵阳县第七中学教师外流情况进行专题调查。

同月 县人大常委会财政经济工作委员会会同有关部门，对县教育局近年财务收支情况进行专题调查。

9月 县人大常委会财政经济工作委员会就全县公路扩建情况进行专题调查。

9月22日 第九届县人大常委会第十次会议分别通过《县人民代表职责》《县人大代表小组正副组长职责》和《人大工作联络员职责》。

10月22日至24日 县人大常委会组织全体委员和部分县人大代表，就全县执法宣传和干部工作作风等问题进行视察。

11月 县编委〔1984〕34号文件通知：县人大常委会设法制工作委员会、财经工作委员会和科教文卫工作委员会。

1986年

1月中旬 县人大常委会召开县人民政府、县人民法院、县人民检察院及有关部门负责人会议，就县第九届人民代表大会第三次会议的会议筹备和材料起草进行部署。

2月下旬 县人大常委会主要领导和各委室负责人共11人分赴全县各地，就如何开好第九届人民代表大会第三次会议征求代表意见。

4月8日至11日 邵阳县第九届人民代表大会第三次会议召开。会议通过县人大常委会副主任艾润身和县人民政府副县长罗安荣、谢精诚、粟林秀因年龄或工作调动而提出的辞职请求；选举刘仕继等39人为邵阳县出席市第九届人民代表大会代表。

5月 县人大常委会会同县民政局，就贫困乡村群众春夏度荒问题进行专题调查。

同月 县人大常委会财经委就农民乱占耕地建房问题赴塘渡口乡内12个村进行专题调研。

同月 县人大常委会教科文卫委员会组成调查组，赴桎木山、塘渡口、杉木桥、蔡桥等乡就学校危房改造情况进行调查。

7月16日 在第九届县人大常委会第十五次会议上，列席会议的县人大代表、长乐乡乡长肖调国就农村抗旱、加工缺少油料等情况提出了对政府工作的意见，言辞过激。会后，列席会议的宣传部某负责人向县委书记罗安荣汇报说：长乐乡乡长在人大会议上发表“反党”言论。县委书记罗安荣布置县纪委追查此事。11 月 7 日《人民日报》刊登《邵阳县发生一起粗暴干涉人大工作事件》的报道，并配发评论《同志，放下你的棍子》，被列为当年全国十大新闻之一。11 月 11 日，湖南省人大常委会主任焦林义就《人民日报》11 月 7 日的报道阐明了省人大常委会的 4 点看法。

8 月 县人大常委会教科文卫委员会就县六中搬迁进行实地调查。

10 月 县人大常委会主任张玉庭随市人大考察团，赴辽宁省沈阳市、沈阳市新民县、本溪市、丹东市、丹东市东沟县等地考察人大工作。10 月 28 日，张玉庭就考察情况在县人大常委会会议上作了专题传达。

11 月 18 日至 20 日 邵阳县第十届基层选举工作会议召开。

11 月 24 日日至 12 月 2 日 全县农村以村为单位，召开选举工作群众大会。

1987 年

1 月 在全县第十届基层选举中，郦家坪镇城天堂乡紫塘村发生村民何开发烧毁选票、破坏选举的事件。事情发生后，县人大常委会立即约请县检察院和县公安局，组织有关人员赶赴现场进行实地调查，并督促检察、公安部门和区乡行政部门及早查明情况，进行严肃处理。后何开发受到了刑事处罚。

1 月 8 日至 15 日 全县各乡镇第十届人民代表大会相继召开。

同月 全县各乡镇设立人大主席团。

2 月 27 日下午 参加县第十届人民代表大会第一次会议的全体代表在县委大会场听取法律知识课。

2 月 28 日至 3 月 4 日 县第十届人民代表大会第一次会议召开。会议选举李帮能为县人大常委会主任，选举周柏民为县人民政府县长。会议作出《关于制止乱砍滥伐，全面开展封山育林的决议》。

4 月 4 日至 6 日 县人大常委会组织全体委员，分成 4 个视察组，就县人大十届一次会议作出的《禁止乱砍滥伐，全面开展封山育林》决议的执行情况，赴部分乡镇进行视察。

4 月 11 日至 28 日 县人大常委会组织在县的 33 名市人大代表，对全县 13 个乡镇和 19 个县直单位的部分工作情况进行视察。

5 月 县人大常委会财政经济工作委员会就农民占用耕地建房情况赴塘渡口乡石桥等 12 个村进行调研。

5 至 6 月 县人大常委会教科文卫工作委员会同县教委，对全县学校危房改造情况进行专项调查。

7月 县人大常委会就振兴全县工业、广辟财源、增加财政收入的问题，深入县财政局、县税务局、县工业局、县工商局、县二轻局等单位调查研究。

8月10日 第十届县人大常委会第四次会议通过《关于认真做好农村“五保户”供养工作的决议》。

12月25日至27日 第十届全县人民代表大会第二次会议召开，大会选举周柏民等53人为邵阳县出席第十届全市人民代表大会的代表。

12月27日至28日 县人大常委会主持召开全县乡镇人大工作联系会议。

年内 县人大财政经济工作委员会对1983年以来的全县粮食生产情况进行全面调查，并写出《我县近年粮食生产浅析》一文。

年内 县人大常委会聘请工商界10名县人大代表为县人大常委会特约联络员。

年内 县人大常委会迁入县委大院新办公楼四楼办公。

1988年

3月27日至30日 邵阳县第十届人民代表大会第三次会议召开，会议通过《关于加强粮食生产的决议》和《邵阳县人大代表职责》。

5月 县人大常委会组织县公安局、县检察院、县法院、县司法局、县政府办公室、县委政策研究室、县教育委员会、县第一中学、县总工会、团县委、县妇联、县人大常委会各委室，对《湖南省未成年人保护条例（草案）》进行了讨论，并提出7条修改意见，呈报省人大常委会法制工作委员会。

6月14日至17日 县人大常委会全体委员分成3个视察组，就县人大十届三次会议做出的《关于加强粮食生产的决议》执行情况进行视察。

6月21日 县人大常委会根据市人大常委会联络工作委员会的要求，邀请在县的省人大代表召开座谈会。

6月23日 县人大常委会受市人大常委会委托，邀请在县的市人大代表召开座谈会。

10月16日至18日 县人大常委会组成三个联合执法检查组，对刑事诉讼法、治安管理处罚条例、森林法、国土管理法在全县贯彻实施情况进行执法检查。

11月14日 县人大常委会选派乡镇人大主席团常务主席30人，赴市委党校参加市人大常委会举办的全市第一期乡镇人大主席团常务主席培训班。

11月12日 县人大常委会组织县法院等相关部门，召开执法检查联席会议。

11月16日至18日 县人大常委会牵头组织3个执法联合调查组，赴全县进行执法调查。

年内 县人大常委会被评为全市普法工作先进单位。

1989 年

3 月 15 日 县编委邵编〔1989〕11 号文件通知：县人大常委会增设联络工作委员会和农村工作委员会，同时明确县人大常委会各委室为县直部、办级机构。

4 月 9 日至 14 日 邵阳县第十届人民代表大会第四次会议召开。会议通过周柏民辞去县人民政府县长的请求，补选李晓红为县人民政府县长。另本次会议收到代表质询案 3 件，经主席团审议，决定立案 2 件，另一件由大会秘书处邀请县人民政府及相关部门领导和代表对话处理。

6 月上旬 县人大常委会会同相关部门，深入全县各区、乡、镇，就全县计划生育工作进行调研。

9 月 县人大常委会法制工作委员会就县公安局及公安干警违纪违法情况展开专题调查。

9 月 20 日 第十届县人大常委会第十八会议通过《关于切实加强专项支农资金管理的决议》。

10 月 5 日至 7 日 县人大常委会组织全体委员，就企业经营情况赴县氮肥厂等 5 家企业进行视察。

10 月 27 日 第十一届县选举委员会成立，李帮能任主任。

11 月 25 日至 26 日 第十届县人大常委会第二十次会议决定，在全县各区设立人大联络工作委员会，为县人大常委会派出机构；会议还通过《关于加强职业技术教育的决定》。

12 月 26 日 县选举委员会制定下发《召开新一届乡镇人民代表大会第一次会议工作方案》。

1990 年

1 月 2 日至 5 日 为全县第十一届换届选举选举日。

1 月 7 日至 3 月 7 日 全县第十一届乡镇人民代表大会相继召开。

1 月 24 日 第十一届县人大常会制订《邵阳县人民代表大会常务委员会关于依法监督县财政预、决算工作的暂行办法》，共 11 条，对全县财政收支、预算编制、预算执行、超收财力动用、专项资金管理、预算外资金管理、财政决算、审查程序、严肃财政纪律 9 个方面做出具体规定。

2 月 21 日至 28 日 邵阳县第十一届人民代表大会第一次会议召开。大会选举刘仕继为县人大常委会主任、李晓红为县人民政府县长。会议作出《关于加强水利建设的决议》和《关于邵阳县国民经济和社会发展十年规划与第八个五年计划纲要及关于〈纲要〉报告的决议》。

3 月 24 日 在第十一届县人大常委会第二次会议上，县人大常委会成立教委特定问题调查委员会，对群众反映强烈的县教委问题进行为期 5 个月的专项调查。

3 月 27 日 县人大常委会正副主任、县人民政府正副县长、县人民法院正副院长、县人民检察院正副检察长联席会议通过《邵阳县人大常委会同“一府两院”加强联系工作的办法》。

5 月 27 日 第十一届县人大常委会第四次会议通过《邵阳县人民代表大会常务委员会会议议事规则》。

6 月 3 日至 4 日 县内发生一起市县联合调查组限制人大代表人身自由和侵犯人大代表民主权利的违法事件。

5 月 县人大常委会农村工作委员会会同县国土局，就第十届全县人民代表大会第四次会议通过的《关于制止乱占滥用耕地，切实加强土地管理情况的决议》贯彻执行情况进行专题调研。

5 月 3 日至 10 日 县人大常委会教科文卫工作委员会就全县科技工作情况进行专题调研。

5 月 22 日至 24 日 邵阳县区、乡（镇）人大工作会议召开。

6 月 5 日至 7 月 25 日 县人大常委会深入全县司法系统，进行“三法一条例”执法情况专题调研。

7 月 12 日至 14 日 第十一届县人大常委会第五次会议召开，会议通过《邵阳县人民代表大会常务委员会主任会议制度》。

9 月 7 日至 10 日 县人大常委会组织县内的省人大代表刘仕继、阮国仲、唐来清，对全县干旱地区抗旱救灾情况进行视察。

9 月 25 日至 27 日 第十一届县人大常委会第六次会议召开。

10 月 5 日 县人大常委会就全县抗旱救灾发出《致全县人大代表的一封信》，号召全县人大代表发挥模范带头作用，积极参与抗旱救灾。

11 月 县人大常委会教科文卫工作委员会就《湖南省计划生育条例》在县内贯彻实施情况进行调研。

年内 县人大常委会举行成立十周年庆祝活动，县人大常委会写成《探索前进的十年·邵阳县人民代表大会及其常委会十年的建设总结》一文，文章分《十年历程》

《基本估价》《主要体会》三个部分，全面总结了县人大常委会成立10年来的工作和全县人民代表大会制度的建设情况。

1991年

3月14日至18日 邵阳县第十一届人民代表大会第二次会议在县城召开。

7月27日 第十一届县人大常委会第十一次会议，讨论通过《邵阳县九年义务教育规划》。

年内 县人大常委会先后就《中华人民共和国义务教育法》《湖南省计划生育条例》《湖南省散居少数民族工作条例》和最高人民检察院、最高人民法院关于反贪污反贿赂的《通告》等法规法律在县内贯彻实施情况，以及全县“三查”工作、物价工作、禽畜五号病防治工作、县人民政府十件实事落实情况等政府工作进行跟踪调查，并分别在县人大常委会会议上听取了县人民政府及其组成单位的汇报。

1992年

3月9日 邵阳县第十一届人民代表大会第三次会议通过《关于邵阳县国民经济和社会发展“八五”计划纲要》。

4月27日 第十一届县人大常委会第十六次会议通过《关于授予姜青春等六同志县级劳动模范的决议》。

6月下旬 县人大常委会组织部分委员，就县政府年初拟办的10件实事实施情况进行专题视察。

8月上旬 县人大常委会从人大机关和政府相关部门抽调人员32名，组成科技工作调查组，对全县科技工作情况进行专题调查。

9月上旬 县人大常委会组织县人大代表120余人就全县人民普遍关心的热点问题，赴全县各乡镇进行全面视察。

9月29日 第十一届县人大常委会第二十一次会议，讨论通过《关于科技兴县的决议》。

10至12月 邵阳县进行第十二届换届选举，共选出县人大代表334名。

12月28日 邵阳县第十二届人民代表大会第一次会议开幕。

年内 县人大常委会先后组织开展对《中华人民共和国行政诉讼法》《中华人民共和国药品管理法》《全国人大常委会关于加强社会治安综合治理的决定》等法律法规在县内贯彻实施情况进行执法检查。

1993 年

1 月 4 日 邵阳县第十二届人民代表大会第一次会议闭幕，本次会议选举魏太平为县第十二届人大常委会主任、陈健生为县人民政府县长，会议作出《关于切实加强水利建设的决议》。

是月 县人大常委会针对县城塘渡口镇多年来流氓团伙猖獗、危及周围农村和案犯社会关系复杂、司法部门办案阻力很大的严重状况，坚决支持司法部门排除干扰，依法抓捕 14 名犯罪嫌疑人，摧毁两个流氓团伙，使县城治安明显好转。

6 月 广东省遂溪县建新派出所干警数人，到县内将塘渡口镇一名县人大代表强行押解至广东遂溪县关押。县人大常委会立即向市、省和全国人大常委会反映，请求全国人大常委会责成广东省有关方面对此立案侦查。

7 月 20 日 第十二届县人大常委会第四次会议分别通过《关于本届人大及其以前的部分决议中的部分条款暂停执行的决议》《邵阳县人大常委会组成人员工作守则》和《邵阳县人大常委会联系县人大代表的暂行办法》。

年内 县人大常委会组织调查组，对全县 10 个乡镇中的 20 个村的《初级卫生保健实施计划》落实情况进行专题调查。

年内 县人大常委会制订《关于团结纪律教育实施方案》，在机关干部职工中开展团结纪律教育。

1994 年

3 月 20 日至 24 日 邵阳县第十二届人民代表大会第二次会议召开，会议作出对《关于切实加强水利建设的决议》中部分条款予以修改的决定，作出《关于制止乱占滥用耕地，切实加强土地管理的决议》。

9 月 26 日 第十二届县人大常委会第十一次会议通过《关于加强预算外资金管理的决议》。

1995 年

3 月 15 日至 13 日 邵阳县第十一届人民代表大会第三次会议在县城召开。会议讨论通过《邵阳县国民经济和社会发展十年规划及第八个五年计划纲要》。

是月 县人大常委会法制工作委员会、联络工作委员会分别更名内务司法工作委员会和选举任免联络工作委员会（分别简称内司委和联工委）。

5 月 19 日 第十二届县人大常委会第十五次会议通过《邵阳县撤区并乡建镇行政

区划调整方案》。

6 月下旬 县人大常委会组织部分委员，对县人民政府年初拟办的10件实事实施情况进行专题视察。

6 月 28 日至 7 月底 由县人大常委会财经委和县政府办公室牵头，在全县开展环境保护执法大检查。

8 月 16 日至 19 日 县人大常委会组织县内的省人大代表就全县丘岗开发，赴全县各乡镇进行视察。

月内 县人大常委会接待安排第十一届市人大邵阳县第五组全体代表在县内进行视察。

9 月上旬 县人大常委会组织全县8区1镇的部分人大代表，就全县人民普遍关心的26个热点问题进行视察。

秋 县人大常委会农工委就本年度全县减轻农民负担情况分别赴九公桥镇古塘村、金称市镇涟溪村、诸甲亭乡江下村进行专题调研。

11 月 28 日 第十二届县人大常委会第二十一次会议通过《关于东山等26个村行政区划调整的决定》。

12 月中旬 县人大常委会召开为期三天的全县乡镇人大正副主席培训班。

月内 县人大常委会接待安排第十一届市人大邵阳县第二组全体代表在县内进行视察。

1996 年

1 月 17 日 县人大常委会制定《关于乡镇人民代表大会审批本级财政预决算和监督预算执行情况的暂行办法（讨论稿）》，共6条17项。

1 月 29 日 第十二届县人大常委会第二十三次会议通过《关于切实加强农村初级卫生保健工作的决议》。

3 月 12 日至 17 日 邵阳县第十二届人民代表大会第四次会议召开，会议补选唐清洲为县人大常委会主任、石民生为县人民政府县长。会议通过《邵阳县国民经济和社会发展“九五”计划和2010年远景规划目标纲要》。

3 月 27 日 县人大常委会约请长阳铺镇党委书记邓星强、镇人大主席陆克敏、县水利局副局长戴芬生及机关人员，就处理长阳铺镇龙皇岭资江河段沙洲开采一事进行协调座谈，并写出座谈会纪要。

5 月 4 日 县人大常委会学习中心组成立，唐清洲任组长，王善祥任副组长，羊正君等11人为成员。

5月8日 第十二届县人大常委会第二十六次会议通过《邵阳县人大常委会人事任免办法》和《关于监督本级人民法院、人民检察院工作的暂行办法》。

7月 县人大常委会财经委就全县国合工商企业对《邵阳县国民经经济计划》执行情况进行专题调研。

9月20日 第十二届县人大常委会第二十八次会议决定，任命石民生为县人民政府副县长，代理县长。

9月22日 第十二届县人大常委会第二十八次会议通过《关于认真贯彻实施〈关于在全县开展法制教育的第三个五年计划〉的决议》。

月内 县人大常委会教科文卫委员会就《中华人民共和国科技进步法》在县内贯彻实施情况进行执法检查。

月内 县人大常委会对全县个体私营经济发展状况进行专题调研。

10月 县人大常委会对全县“五路一桥”建设情况进行专题调查。

年内 财政经济工作委员会更名财政经济城乡建设工作委员会（简称财经委）。

1997年

8月22日 第十二届县人大常委会第三十四次会议通过《关于依法治县的决议》。

冬 全县进行第十三届基层选举。

12月5日至11日 邵阳县第十三届人民代表大会第一次会议召开，会议选举唐清洲为第十三届县人大常委会主任，选举曾建秋为县人民政府县长。

同月27日 县人大常委会组织县内的省市人大代表对全县公路建设情况和振羽新区开发建设情况进行视察。

是年 县人大机关被评为全市、全县双文明建设先进单位，全县群众最满意部门和先进党支部。

1998年

3月25日至27日 邵阳县第十三届人民代表大会第二次会议召开。

7月24日 第十三届县人大常委会第四次会议通过《关于县人民政府副县长届内向人民代表大会述职，接受代表评议的实施细则》。

11月26日 第十三届县人大常委会第六次会议通过《关于〈邵阳县人民政府关于变更塘渡口镇公园选址方案的议案〉的决议》。

年内 县人大常委会制订下发《“人民选我当代表，我当代表为人民”争先创优活动实施细则》。

年内 县人大常委会农村工作委员会更名县人大常委会农业民族华侨外事工作委员会（简称农工委）。

1999年

1月5日 因县人民检察院自1996年以来，打击经济犯罪成效显著，县人大常委会分别向邵阳市人民检察院和湖南省人民检察院递交《关于为县人民检察院请功的报告》。

1月21日 第十三届县人大常委会第七次会议通过《关于乡镇人民代表大会审批本级财政预算、决算和监督预算执行情况的暂行办法》。

3月15日至19日 第十三届县人民代表大会第三次会议召开。

12月28日至29日 县人大常委会组织两个考察组，对县建委、县科委、县人事局、县农业局等4个政府组成单位的工作情况进行考察。

2000年

1月12日 第十三届县人大常委会第十三次会议通过《关于〈实事求是统计全县农民人均纯收入的议案〉的决定》。

3月12日至16日 邵阳县第十三届人民代表大会第四次会议召开。

5月 县人大常委会组织部分人大代表赴安徽、江西考察学习。

12月25日 中共邵阳县委主持召开纪念邵阳县人大常委会设立20周年庆祝大会和邵阳县人大工作会议，县人大常委会主任唐清洲向大会作了报告，县委书记石民生和县长曾建秋分别发表讲话。同月，县人大常委会办公室编辑印刷了《纪念邵阳县人大常委会设立20周年·人大工作大事记》一书，市人大常委会主任阮开全、代市长罗月林、县委书记石民生、县人大常委会主任唐清洲、县长曾建秋分别为本书题词。

年内 省人大代表艾夭生、陈满莲、马运华从省属部门为邵阳县争取项目资金2000余万元。

年内 蔡桥乡县人大代表吕同生为村内架设电排捐款7万元。

年内 县人大常委会在机关干部职工中开展“三讲”（讲学习、讲政治、讲正气）教育。

年内 县人大机关老干党支部和老干活动室建立。

2001年

3月11日至16日 邵阳县第十三届人民代表大会第五次会议召开，县人民政府副县长黎国宗、潘芳喜、马均平、易少华、申建伟、邓东北在本次会议上述职，接受代表评议。会议通过《邵阳县国民经济和社会发展“十五”计划纲要（草案）》。

5月16日 县人大常委会制订出台《邵阳县人大机关开展“三个代表”重要思想学习教育活动实施方案》，在机关干部职工中开展“三个代表”重要思想学教活动。

5月中旬 县人大常委会组织全县乡镇人大主席赴外地进行了为期7天的考察活动。

8月23日 第十三届县人大常委会第二十四次会议决定，同意曾建秋辞去县人民政府县长职务，任命伍邵华为县人民政府副县长、代理县长。

是年始 县人大常委会机关党建、思想宣传、联点创税、企业双联和招商引资等工作，连续受到县委表彰和奖励。

2002年

3月15日至19日 邵阳县第十三届人民代表大会第六次会议召开。会议选举伍邵华为县人民政府县长。

4月3日 为纪念代表法颁布实施十周年，县人大常委会副主任唐汉林发表电视讲话。

5月 县人大常委会6名正副主任分赴五峰铺、长阳铺、岩口铺、黄塘、金江5个乡镇和县水泵厂就优化经济发展环境、以农强县、退耕还林等全县中心工作进行调研。

6月3日至6日 2002年度全县乡镇人大工作会议召开。

9至11月 第十四届全县基层选举进行。

11月25日至30日 邵阳县第十四届人民代表大会第一次会议召开，会议选举唐清洲为第十四届县人大常委会主任、伍邵华为县人民政府县长。

年内 县人大常委会先后制定下发《乡镇人大主席团职责》和《乡镇人大主席团成员联系代表制度》。

年内 县人大常委会机关开展“三个代表”重要思想学教活动回访复查和整改工作，对在“三个代表”重要思想学教活动中对照检查出来的问题逐一整改复查。

2003年

3月15日至17日 邵阳县第十四届人民代表大会第二次会议召开，会议通过《关于县人民政府副县长届内向人民代表大会述职，接受代表评议的决定》。

5月 县人大常委会财经委就《中华人民共和国消费者权益保护法》和《中华人民共和国税收征收管理法》在县内贯彻实施情况进行执法检查。

6 至 11 月 县人大常委会各相关委室先后就全县政策性房改资金归集管理、法院执行工作开展情况、渎职犯罪查处情况、打击刑事犯罪情况、财政预算执行情况、再就业情况、工业化进行情况、以工代赈资金和项目建设专项资金管理情况等分别进行调研。

7 月 27 日 第十四届县人大常委会第四次会议决定，同意伍邵华辞去县人民政府县长职务，任命蒋耀华为县人民政府副县长、代理县长。

8 月 县人大常委会财经委就《中华人民共和国招标投标法》在县内贯彻实施情况进行执法检查。

同月 县人大常委会农村民族华侨外事工作委员会就全县农发资金和防洪保安资金使用情况进行执法检查。

9 月 县人大常委会就《中华人民共和国人口和计划生育法》在县内贯彻实施情况进行执法检查。

10 月 县人大常委会财经委就《中华人民共和国安全生产法》在县内贯彻实施情况进行执法检查。

11 月 25 日至 12 月 30 日 县人大常委会和县人民政府组成 6 个联合检查组，对县人民政府办公室等 26 个单位实行执法责任制的情况进行检查。

2004 年

3 月 8 日至 12 日 邵阳县第十四届人民代表大会第三次会议召开，会议选举蒋耀华为县人民政府县长，大会通过《关于〈坚决取消公路营运线路垄断议案〉的决议》《关于〈严厉打击刑事犯罪分子议案〉的决议》和《关于〈整顿县城交通秩序，坚决取缔慢慢游议案〉的决议》等 3 个决议。

3 月 12 日 邵阳县第十四届人民代表大会第三次会议授予钟经球“优秀人民公仆”荣誉称号。

6 至 10 月 县人大常委会各委室先后就全县公安队伍建设、国民经济计划执行、代表建议办理、治理“三乱”等工作开展情况分别进行调查。

8 月 10 日至 12 月 由县人大常委会主任唐清洲带队，各副主任和委室负责人参加，对《中华人民共和国农业法》在县内贯彻实施情况进行执法检查。

9 月 11 日 县人大常委会制订下发《关于邵阳县纪念人民代表大会制度建立 50 周年活动方案》，开展人民代表大会制度建立 50 周年纪念活动。

年内 县人大常委会主任唐清洲赴西欧考察。

年内 在全县经济工作会议上，县人大常委会机关工作获 9 个单项奖。

2005 年

2 月 县人大常委会成立保持共产党员先进性教育活动领导小组，唐清洲任组长。自本月开始，在机关干部职工中开展保持共产党员先进性教育活动。

3 月 22 日至 25 日 邵阳县第十四届人民代表大会第四次会议召开，会议做出《关于〈坚决取消公路运营线路垄断议案〉的决定》和《关于〈整理县城交通秩序，坚决取缔慢慢游议案〉的决定》。

11 月 8 日 第十四届县人大常委会第十八次会议决定，同意蒋耀华辞去县人民政府县长职务，任命赵湘明为县人民政府副县长、代理县长。

12 月 27 日 县人大常委会组织县内的省市人大代表，对全县公路建设和县城振羽新区建设情况进行视察。

年内 根据县委的统一安排，县人大常委会成立双联（联系困难企业、联系困难职工）工作领导小组，王运发任组长，以华力机械有限公司作为人大机关的企业双联单位，开展企业双联工作。

2006 年

3 月 15 日至 19 日 邵阳县第十四届人民代表大会第五次会议召开，在本次会议上，县人民政府副县长易少华、肖怀贵、刘长明、王成章、唐定明、郭振军在大会述职，接受代表评议，会议通过《邵阳县国民经济和社会发展“十一五”计划纲要（草案)》。

5 月 县人大常委会教科文卫委员会就《中华人民共和国传染病防治法》在县内贯彻实施情况进行执法检查。

6 至 8 月 县人大常委会各委室先后就本年度国民经济计划执行情况、《中华人民共和国劳动法》在县内贯彻实施情况、财政预算执行情况、新型农村合作医疗试点情况、环保法实施情况等分别进行调研。

2007 年

4 月 县人大常委会就《湖南省非税收入管理条例》在县内贯彻实施情况进行执法检查。

5 月 18 日 第十四届县人大常委会第二十八次会议通过《邵阳县人民代表大会常务委员会关于执法责任制检查评估奖惩暂行办法》。

6 月 县人大常委会内务司法工作委员会就《中华人民共和国行政处罚法》在县

内贯彻实施情况进行执法检查。

7 至 11 月 第十五届全县基层选举进行。

8 月下旬 县人大常委会组织调查组，深入县财政局等 27 个县直单位和五峰铺等 3 个乡镇，就本年度代表建议办理情况进行专题调研。

月内 县人大常委会就《中华人民共和国档案法》在县内贯彻实施情况进行执法检查。

9 月上旬 县人大常委会农工委会同县人民政府有关单位，先后赴县财政局等 8 个单位和塘渡口等 5 个乡镇，就全县治理“三乱”和减轻农民负担情况进行专题调研。

11 月 28 日至 12 月 3 日 邵阳县第十五届人民代表大会第一次会议召开。会议选举黎德生为第十五届县人大常委会主任、赵湘明为县人民政府县长；选举王春生等 55 人为邵阳县出席第十四届市人民代表大会代表。

年内 县人大常委会办公室和县城管执法局、县人民医院、县农业发展银行、县新华书店、县移动公司联合组成建整扶贫工作组，对九公桥镇湘和村进行了为期两年的建整扶贫。

2008 年

4 月 15 日至 18 日 邵阳县第十五届人民代表大会第二次会议召开。

5 月 县人大常委会就《中华人民共和国森林法》和《中华人民共和国水污染防治法》在县内贯彻实施情况进行执法检查。

6 月 县人大常委会就提高村干部待遇和设立中小学校扩容专项资金问题进行专项调研。同时，就《中华人民共和国中小企业促进法》《中华人民共和国水污染防治法》《中华人民共和国产品质量法》在县内贯彻实施情况进行执法检查。

10 月 23 日 县人大常委会印发《评议县人民政府办公室、县建设局、县地税局工作的实施方案》，对以上县政府组成单位的工作开展评议。

年内 王石齐当选第十一届全国人民代表大会代表。

年内 县人大常委会办公室获全市人大办公室系统优质服务竞赛活动先进单位。

2009 年

1 月 13 日 县编委邵编办发〔2009〕1 号文件通知：县人大常委会内务司法工作委员会加挂规范文件备案审查室牌子，财政经济城乡建设工作委员会加挂预算工作委员会牌子。

3 月 10 日至 13 日 邵阳县第十五届人民代表大会第三次会议召开。

3月13日 邵阳县第十五届人民代表大会第三次会议授予伍芬东“优秀人民公仆”荣誉称号。

6月24日 县人大常委会组织县内所有省人大代表和部分市人大代表就全县扶贫开发情况进行视察。

7至8月上旬 由县人大常委会副主任邓星强带队，县人大常委会农工委对农田基本建设情况进行了专题调查。

8月 县人大常委会就《中华人民共和国城乡规划法》在县内贯彻实施情况进行执法检查。

月内 县人大常委会组织部分省市人大代表赴北戴河全国人大培训中心参加培训。

9月10日 县人大常委会印发《评议县检察院、县安监局、县国税局工作的实施方案》，对以上单位的工作开展评议。

9至10月上旬 由县人大常委会组织部分委员，由副主任颜寿生、蒋梅娥和党组副书记谢树新带队，对全县义务教育法贯彻实施情况进行专题调研；由县人大常委会副主任邓星强带队，对全县粮食生产情况进行专题调查。

10月 第十四届县人大常委会第十九次会议，对刘桂林、易少华、肖怀贵、刘长明、王成章、唐定明、郭俊军7名副县长的述职报告进行民主测评。

月内 县人大常委会教科文卫委员会就全县义务教育情况进行执法检查。

12月8日 县人大常委会组织省市人大代表、县人大常委会委员、县人大离退休老干部赴南方水泥厂、孔雀滩电站、红石工业园区、振羽新区进行专题视察。

月内 县人大常委会办公室编印的《人大工作手册》印刷成书。

年内 县人大常委会结合共产党员先进性教育，在机关干部职工中实施“在有为中实现有位，在监督中实现发展，在规划中发挥作用，在服务中树立形象”的工作目标教育。全年机关干部共写出学习笔记50多万字、心得文章45篇、调研论文46篇。

2010年

3月2日至5日 邵阳县第十五届人民代表大会第四次会议召开。

3月5日 邵阳县第十五届人民代表大会第四次会议授予孙在启“优秀人民公仆”荣誉称号。

6月5日至15日 由县人大常委会副主任颜寿生、蒋梅娥带队，对全县贯彻实施基本药物制度进行专项检查。

6至10月 县人大常委会内司委就全县“五五”普法工作开展情况进行专题调研。

7月25日至27日 举办全县各乡镇人大主席业务培训班。

7至8月中旬 由县人大常委会副主任肖湘政带队，县人大常委会内务司法工作委员会就全县“五五”普法工作情况进行专题调查。

9至10月上旬 由县人大常委会副主任邓星强带队，县人大常委会农工委就近两年来的强农惠农政策落实和减负治乱工作情况进行专题检查。

10月 县人大常委会就《中华人民共和国土地管理法》在县内贯彻实施情况进行执法检查。

11月12日 县人大常委会对县内47个执法责任制建制单位的执法情况进行重点检查。

11月28日至30日 全市人大常委会办公室工作会议在邵阳县召开。

年内 县人大常委会在机关开展“作风建设年”活动。

年内 县人大常委会退休干部肖时汉被评为邵阳县首届道德模范人物。

2011年

3月12日至16日 邵阳县第十五届人民代表大会第五次会议召开，会议作出《关于邵阳县国民经济和社会发展“十二五”规划纲要的决议》。

4月 县人大常委会就《中华人民共和国食品安全法》在县内贯彻实施情况进行执法检查。

6至11月 县人大常委会先后就全县林权制度改革和各项惠农政策落实情况进行调查。

月内 县人大老干党支部被中共湖南省委授予全省先进基层党组织荣誉称号。

7月 县人大常委会就《中华人民共和国环境保护法》在县内贯彻实施情况进行执法检查。

9至12月 县人大常委会组织力量对县人民法院、县人民检察院及县人民政府各组成部门2008年以来的工作进行评议。

2012年

1月6日 邵阳县机构编制委员会邵编办发〔2012〕1号文件通知，县人大常委会办公室加挂县人大常委会信访工作办公室牌子。

3月 县人大常委会印发《邵阳县乡镇人大工作争先创优活动实施方案》。

4月25日至29日 邵阳县第十五届人民代表大会第六次会议召开。

4月28日 邵阳县第十五届人民代表大会第六次会议授予尹帮武、刘亮、简寻源“优秀人民法官”荣誉称号，授予粟红梅、银常德“优秀人民检察官”荣誉称号，授予周继耐“优秀院长”荣誉称号，授予唐荣贵、张蒲生、邓方明、唐军良、吴金华、谭建明、肖桂华“优秀局长”荣誉称号，授予刘克杰、杨卫东、杨玉平“优秀人民公仆”荣誉称号。

7月31日至8月13日 县人大常委会组织两个调查组，对本年度上半年国民经济计划和预算执行情况进行调查。

7至11月 第十六届全县换届选举进行。

11月16日 第十五届县人大常委会第三十次会议决定，任命袁玉华为县人民政府副县长，代理县长。

11月29日日至12月3日 邵阳县第十六届人民代表大会第一次会议召开，会议选举刘长明为第十六届县人大常委会主任、袁玉华为县人民政府县长；选举王勇等56人为邵阳县出席第十五届市人民代表大会代表。

2013年

3月25日至28日 邵阳县第十六届人民代表大会第二次会议召开。

5月29日 县第十六届人大常委会第三次会议做出《关于批准邵阳县大坝河流域夫夷新城区段堤防工程向国家开发银行申请中长期贷款及委托建设资金列入财政预算的决议》。

6月下旬 县人大常委会财经委和预工委先后赴全县25个县直单位和8个乡镇，就2013年上半年国民经济和社会发展计划执行情况进行专题调查。

8月2日至9月10日 由县人大常委会党组副书记谢树新、副主任张蒲生带队，县人大常委会内司委和部分委员就《中华人民共和国劳动法》在县内贯彻实施情况进行检查。

8月27日至28日 县人大常委会在中宏酒店举办第十六届县人大代表学习班。

9月下旬至10月中旬 由县人大常委会党组副书记钟经球带队，县人大常委会农工委对全县农田基本建设情况进行调查。同期，由县人大常委会副主任罗立华带队，县人大常委会联工委对县人民政府办理代表建议、批评、意见情况进行调查。

10月中旬至12月上旬 由县人大常委会主任刘长明主持，组织4个工作组，对《中华人民共和国食品安全法》在县内贯彻实施情况进行检查。

11月5日 县人大常委会再次就《中华人民共和国刑法》和《中华人民共和国刑事诉讼法》在县内实施情况进行执法检查。

12月2日至16日 县人大常委会组成6个考察组，对县人大常委会拟任的国家机关工作人员进行任前考察。

12 月 26 日 县人大常委会组织部分省市县人大代表和部分委员视察了邵塘一级公路、县工业园区、夫夷新城、夫夷油茶基地、南方大厦、旧城改造等全县重点项目建设。

2014 年

1 月 15 日 县人大常委会制订《油茶生产联点工作方案》，成立县人大常委会油茶产业联点工作小组，在黄亭市镇金峰村长期开展油茶生产联点工作。

3 月 18 日至 21 日 邵阳县第十六届人民代表大会第三次会议召开。

是月开始 县人大常委会在市委第九督导组指导下，在机关开展党的群众路线教育实践活动。

5 月中旬至 7 月上旬 县人大常委会组织 4 个执法检查组，再次对《中华人民共和国环境保护法》在县内实施情况进行执法检查。

7 月 县人大常委会组织人大机关部分委室人员和部分乡镇人大主席到湘乡、常德等地考察，学习借鉴建立代表联系群众工作室的经验。考察回来后，在霞塘云、下花桥、蔡桥三个乡镇进行建立代表联系群众工作室试点工作。

10 月中旬 县人大党组副书记钟经球带领农工委全体工作人员，深入县人民政府 16 个组成单位和 12 个乡镇，就本年度各种惠农资金发放情况进行专题调查。

11 月 县人大常委会就《中华人民共和国文物保护法》在县内贯彻实施情况进行执法检查。

12 月 18 日 庆祝人民代表大会制度建立 60 周年大会在县委大礼堂举行，县委副书记曾梅林主持大会，县委书记蒋伟和县人大常委会主任刘长明分别在庆祝大会上发表讲话。

2015 年

3 月 24 日至 27 日 邵阳县第十六届人民代表大会第四次会议召开。

5 月 县人大常委会对全县贯彻环保法和食品安全法整改落实情况进行跟踪调查。

6 月下旬 县人大常委会教科文卫工作委员会组织调查组，赴全县 12 个乡镇中的 36 所学校，对全县教育情况展开全面调查。

7 月 县人大常委会财经委和预工委深入全县 23 个乡镇场和 80 多个县直单位，对 2015 年上半年全县国民经济计划和财政预算执行情况进行调查。

8 月下旬至 9 月上旬 县人大常委会党组副书记钟经球带领农工委全体工作人员，先后赴全县 15 个县直单位和 16 个乡镇中的 48 个村，对 2012—2014 年全县新农村建设情况进行专题调研。

10月下旬　县人大常委会副主任罗立华带领联工委全体工作人员，深入全县21个县直单位，对本年度代表建议办理情况进行专题调查。

12月10日　第十六届县人大常委会第二十一次会议授予陈翔等5人“优秀人民法官”荣誉称号，授予陈青华等4人“优秀人民检察官”荣誉称号。

12月27日　县人大常委会组织县内部分省市人大代表和县人大代表，对白仓镇瓦屋村油茶产业基地、湘南产业园、邵塘一级公路、新人民医院等重点建设工程进行视察。

月内　县人大常委会组织6个检查组，对全县48个执法责任制单位的执法情况进行检查和测评。

年内　在全县22个乡镇建立代表联系群众工作室。

年内　县人大常委会成立专题教育领导小组，在机关开展“三严三实”专题教育。

2016年

3月28日至31日　邵阳县第十六届人民代表大会第五次会议召开。

4月20日　县人大常委会就邵阳县第十六届人民代表大会第四次会议上县人大代表肖清林等69名代表联名提出的《关于改建塘渡口至黄亭市公路的议案》办理情况，向县人民政府发出督办函。

5月5日　县人大常委会制订印发《邵阳县人大常委会关于加强换届风气监督的工作方案》。

5月16日　县人大常委会机关“两学一做”学习教育领导小组成立，刘长明任组长，肖湘政任常务副组长，谢树新、钟经球、邓星强、蒋梅娥、张蒲生、罗立华任副组长，在县人大常委会机关开展“两学一做”活动。

6月22日至24日　县人大常委会组织执法检查组，就《中华人民共和国交通安全法》在县内贯彻实施情况开展执法检查。

6至7月　县人大常委会副主任邓星强带领财经委工作人员，就2015年全县财政决算和2016年上半年财政预算及国民经济计划执行情况进行专题调查。

7月1日　县乡两级换届选举工作启动。

7月15日　县人大常委会印发《邵阳县人大常委会关于开展“媒体问政”活动实施方案》，在全县农口系统的政府职能部门开展“媒体问政”活动。

8月上旬　县人大常委会党组副书记钟经球带领农工委工作人员深入九公桥、黄荆、下花桥、谷洲、白仓、塘田市、蔡桥等乡镇中的18个贫困村，就全县2014——

2015年扶贫开发工作进行专题调查。

9月25日至29日 全县各选区相继召开选举大会，选举第十七届县人大代表和新一届乡镇人大代表。

年内 由县人大常委会牵头，成立邵阳县民族团结进步组委会，在全县开展“民族团结进步行”活动。

年内 县人大常委会退休干部肖时汉创作的长篇小说《劲草》由中国文化传媒出版社出版。

年内 县人大常委会农业民族华侨外事委员会牵头对《中华人民共和国归侨侨眷权益保护法》《中华人民共和国归侨侨眷权益保护法实施办法》《湖南省实施〈中华人民共和国归侨侨眷权益保护法〉办法》（简称侨务三法）在县内贯彻实施情况以及稳定完善农村土地承包关系进行调研活动。并分别写出《关于我县贯彻“侨务三法”情况的调研报告》和《关于我县稳定和完善农村土地承包关系的调研报告》。

11月25日 邵阳县第十七届人民代表大会第一次会议开幕。

11月29日 邵阳县第十七届人民代表大会第一次会议闭幕，大会选举产生县第十七届人大常委会，邵阳县第十六届人民代表大会届满。

第一编

人 民 代 表

第一章　代表选举（上）

第一节　第一届各界人民代表推选

1949年10月10日，邵阳县解放。10月13日，中共邵阳县委、县人民政府正式成立。邵阳县解放之初，由于社会改造没有完成，反革命残余势力没有肃清，群众觉悟没有提高，实行人民代表大会制度和普选人民代表大会代表的条件尚未具备。按照《中国人民政治协商会议共同纲领》和中央人民政府颁布的《各界人民代表会议组织通则》的规定，在实行全县人民代表大会制度之前，实行过渡形式的各界人民代表会议制度。邵阳县各界人民代表会议的代表由中共邵阳县委、县人民政府在每届会议召开之前，召开专门会议，按照各个界别及所辖各区乡的人口数量和其他综合因素，将代表名额分配到各区乡及县直机关团体、驻邵部队，由各机关、团体、文教界、驻邵部队、工商界及各区乡根据县委、县人民政府分配的名额，自行推选；重要知名人士代表由县人民政府直接邀请；少数民族代表按规定名额由少数民族地区自行推选。1950—1953年，邵阳县通过推选、邀请、选举相结合的形式，先后产生4届各界人民代表会议代表。

第一届各界人民代表会议代表260名（胡彬在第一届各界人民代表会议第一次会议《开幕词》中称“有300多个代表”、专员魏国元在第一届各界人民代表会议第一次会议《讲话》中称“代表312人”，但档案馆保存的邵阳县第一届各界人民代表会议代表名单为260人），其中中共邵阳县委代表3人、县人民政府代表8人、县团委代表1人、县直机关代表10人、部队代表15人、青年代表5人、妇女代表5人、文教界代表29人、工商界代表11人、开明士坤代表17人、农民代表156人；农民代表中：第一区22人、第二区10人、第三区24人、第四区26人、第五区28人、第六区24人、第七区22人。本届各界人民代表会议代表名录如下：

县委代表3人

钟　石　龙　仲　王秀仁

政府代表 8 人

魏国元　白希清　胡　彬　施德宣　王志强　徐　彬　潘邦彦　赵子经

新民主主义青年团代表 1 人

吕剑滢

县直机关代表 10 人

谭汉贤　杨　明　张宗敏　王金元　刘铁戈　陈静鲜　胡　连　袁醉如　周显初
张晓玉

部队代表 15 人

葛先学　李建中　卫　民　于琢如　王静思　张桂林　王志信　王宗海　那雪峰
张喜仁　邓金明　关海歧　高明江　裴启德　韩明德

工人代表 8 人

郑伟华　黄仲方　罗维清　郭鳌山　李文夏　李长生　郭冶平　王哲敏

青年代表 5 人

朱国典　李安勋　胡国华　张学信　李　耀

妇女代表 5 人

刘唤英　吴恩恕　唐　芝　谭　方　李襄城

文教界代表 29 人

陈百川　蒋　健　李启之　胡子康　伍毓仑　萧求生　卿建功　杨　新　王千一
曹康生　赵振常　郭小村　宁若成　贺涤心　张典方　碧持垣　伍　英　李宴春
周国楚　尹绍文　羊康衡　张勉之　覃元相　罗厚德　郑来钦　姚宝兹　姚家科
邓应方　马砚田

工商界代表 11 人

敖振民　彭廉泉　王士倬　曹新超　姜持重　唐奎章　谭益福　朱维新　谢金成
郑立湘　聂海平

开明士绅代表 17 人

罗植乾　李伯英　宋　澜　黄　锦　喻秀岩　曾公智　徐学规　钟月秋　刘华卿
何振武　岳宏群　赵春吾　戴　岳　萧萃衡　黄楚清　陈继光　李佑仑

第一区农民代表 22 人

林振夫　周春华　岳学成　曾康明　柳得伍　唐并生　萧国华　岳多福　曾培楚
柳求林　黄碧堂　何次生　李明廊　李定生　罗林生　何前达　何汉应　何业池
孟文卿　姚轩卿　王祥元　张克仁

第二区农民代表 10 人

喻海生　陆桥生　陆桂轩　陆佩儒　唐先明　唐宏定　唐国光　张　琦　伍赞训
马週全

第三区农民代表 24 人

周芝生　苏正连　张仁和　李进甫　康　淮　康德尊　隆祥生　刘景伟　蒋致群
黎笃祝　陈竹林　覃勋楷　赵竹卿　张超凡　谢华玉　伍开柄　李冠军　黄德集
陈步清　戴胜宗　刘诗运　李宗基　段齐定　王士英

第四区农民代表 26 人

李荣生　谭松林　张金良　李功盛　魏尚德　石如林　张松年　黄昌焕　杨瑞本
萧汉盛　姚子成　刘柱萍　粟和杨　彭直生　段洲扬　刘河海　刘先榜　李佑连
李美田　刘树成　赵义生　彭正和　艾新当　李增玉　李　鹏　周泽民

第五区农民代表 28 人

李伯英　曾同卿　周龙德　罗中生　李阳生　罗桂萱　申南生　孙都生　刘昌星
郑崇卿　李三品　罗务发　卿得录　刘学林　曾再生　宁怀林　刘相如　申继光
罗维德　谢光德　刘亦同　刘奇香　曾建安　罗品学　宁有青　周福新　李柏生
王　林

第六区农民代表 24 人

唐玉廷　蒋玉田　姚会田　赵康甫　刘立群　赵中青　李良智　曾新超　王玉甫
申连夫　张　念　曾显斋　刘玉澄　傅崇生　彭福生　禹志祥　禹仲生　金有德
郑利湘　尹绍文　李治平　□　勋　龙成伯　曾达四

第七区农民代表 22 人

谢丹康　周维材　李仲敬　李克楚　谭子华　石吉青　李乔楚　戴福生　李德玉
刘松如　李文生　石启敬　罗春松　吕有生　梁吉开　刘民贵　陈定初　李才高
李方清　陈益清　陈友生　修明荣

第二节　第二届各界人民代表推选

第二届各界人民代表会议代表 275 名，其中政府代表 5 名、机关代表 3 名、部队代表 2 名、党派群团代表 6 名（含中共邵阳县委代表）、工人代表 19 名、农民代表 114 名、文教界代表 26 名、工商界代表 23 名、矿业界代表 5 名、青年代表 25 名、妇女代表 40 名、少数民族代表 4 名、特邀代表 3 名。本届各界人民代表会议名单如下：

政府代表 5 人

白希清　胡　彬　武　林　施德宣　张家驹

机关代表 3 人

国玉生　徐　彬　萧洁齐

部队代表 2 人

朴英杰　曾青华

党群代表 6 人

钟　石　李文祥　沈　宁　龙　仲　粟　文　张玉清

工人代表 19 人

王爱云　刘涛柏　刘顺生　杨静安　黄卿求　陈光新　王志宣　黄杰纯　李筠夫
唐腾芳　曾　云　唐聚田　李玉华　刘敬庄　蒋士能　赵焕成　邓长春　胡兴一
吕和贵

农民代表 114 人

刘宜求　申玉业　王玉甫　李集生　申维屏　申梅青　曾文香　容德春　申松云
申福求　李大崇　黄德章　莫代萍　邓成科　莫云其　李自汪　唐芳明　刘云堂
陈良才　伍良臣　吴叶卿　孙有发　邓盛均　陈多生　吴有保　易延兴　周维南
谢宗期　雷　端　曾仲仪　胡迪友　唐立贞　宁顺生　杨惠成　刘　兴　王厚民
姚思成　李　鳌　罗新生　李长庚　文伯宣　贺冬生　申寿轩　蒋书璜　黎笃章
张必降　刘调臣　袁领生　唐芳寅　刘菊生　周定汉　彭树卿　廖中和　张祥云
罗春其　苏全章　曾尧其　陈双成　周春生　潘金吾　戴汉生　陈佐朝　叶反四
李井成　刘家安　郑邦宙　黄昌福　张宗晴　罗传道　曾富林　罗德生　李克生
曾延星　周奎田　李冬生　罗昌兴　陈历根　萧乾坤　王连芳　黄锡志　潘勤耕
萧耕生　赵祝明　刘贤桃　田长庚　艾治阶　王任椿　申碧新　周维来　王坤镇
黎桂春　黎赐祯　伍德宣　朱炳云　张才云　黄新成　吕友生　刘卓成　梁学文
唐如衡　陆正焕　罗学丽　赵桥生　刘云生　孟云胜　曾稼秋　张桂生　王瀛州
黄秉哲　何　均　夏遂民　李树荣　贺　英　田伯昆

文教界代表 26 人

禹文修　刘时英　彭焕文　李良直　杨其信　吕冠夷　杨文超　赵芷青　周国础
张鼎兴　姚慎之　申国成　张梧冈　彭振俭　蒋文衡　曾振祥　朱如松　周有典
张书田　陈名顺　朱　隆　陈来直　陈忠君　周培梗　萧紖声　谢超七

工商界代表 23 人

刘　奇　赵东生　李迎春　李　燕　李海棠　彭述生　周振南　刘士珍　吕万意

李邦桂　罗吹篪　邓金池　唐晋云　莫羽亭　阳会轩　赵月生　唐光华　唐晋友
刘鸿发　唐昌培　罗魁芳　姚友卿　李求生

矿产界代表 5 人

雷伯超　左晓云　陈良盛　胡华祝　李成清

青年代表 25 人

尹保轩　余仁友　曾良佐　刘长鸣　何华春　何振华　石长青　刘礼云　曾志成
陈云昌　李兴国　封建能　姜文襄　罗致远　罗喜生　蒋秀文　匡楚湘　王建忠
朱德连　张长卿　刘远盛　陈春锦　邓仲卿　刘延祥　唐更大

妇女代表 40 人

申检秀　刘玉蓝　申冬葵　李芝湘　黄更妹　孙秀英　胡招秀　周香媛　曾萧氏
黄成英　陈志姣　陈顺香　何秋秀　邓马氏　金唐氏　萧细林　汤秀英　戴福林
杨小香　夏刘氏　黄浦英　魏一嫂　曾一嫂　唐中华　刘玉英　黄桂英　杨刘氏
欧阳氏　黄五嫂　胡陈氏　杨淑华　敬远柏　刘香成　胡一嫂　朱宝群　江云南
曾纪瑛　李素珍　刘何氏　何楚静

少数民族代表 4 人

张　衡　张再青　海正发　马振丰

特邀代表 3 人

周汉臣　何魁吾　宋　南

第三届和第四届各界代表会议因资料散佚，出席两届会议的代表人数及界别情况无考。

第二章　代表选举（中）

在1953年第四届各界人民代表会议后，邵阳县即筹备实行人民代表大会制度。1954年初，县人民政府根据湖南省人民政府的指示，进行邵阳县第一届人大代表普选。普选分直接选举和间接选举两种，即乡人大代表由选民直接选举产生，然后召开乡人民代表大会，选举乡长、副乡长和人民陪审员，并由乡人民代表大会间接选举产生县人民代表大会代表。邵阳县第一至第七届人民代表大会代表均由乡（公社）人民代表大会间接选举产生（其中被列为第六届人民代表大会的代表未经选举）。县内每次换届选举，均成立县乡两级选举委员会，具体负责换届选举。县选举委员会设主席1人，由县委书记担任；委员若干人，由县委、县政府（1955年4月后为县人民委员会）相关领导及组织、宣传、统战、司法、妇联、共青团等部门负责人担任。乡镇选举委员会主任由乡（公社）镇党委书记担任，委员由乡镇长（公社主任）及组织、宣传、民政、妇联、共青团等部门负责人担任。县选举委员会组成人员由省人民政府（省人民委员会）批复任命，乡镇（公社）选举委员会组成人员由县人民政府（县人民委员会）批复任命。选举结束后，选举委员会机构自然消失。

第一节　第一届基层普选

第一届基层选举于1954年3月举行，整个选举按3个步骤进行，1、划分选区，进行选民登记和选民资格审查；2、酝酿讨论代表候选人，分选区举行选举大会，选举乡人民代表大会代表；3、召开第一届乡镇人民代表大会，选举正副乡长、人民陪审员及县人大代表。本届全县基层选举期间，全县共培训各区乡选举工作业务人员（时称技术人员）260余人，进驻各乡负责选民登记等具体业务工作。时全县总人口49.02万人，有18岁以上人口27.31万人，其中有选举权的选民25.87万人，被剥夺选举权者1.38万人，精神病患者586人。25.87万名选民中，有24.58万人参加了选举。直接选举产生乡人民大会代表2965名；由乡人民代表大会间接选举产生县人大代表301名，但名单已失，今据县档案馆保存的部分代表当选证书存根，抄录部分县人大代表名单如下：

第一区代表 25 人

银醇清　陈来党　周相文　张书英　黎东峰　蒋雄魁　唐端林　唐汉卿　蒋久位
林时英　唐孝妹　谭清江　邓亚辉　何超英　夏顺义　张楷贤　唐双云　陈先连
何春城　唐秀英　唐庆云　肖玉祥　王细妹　陈原堂　姚钟骥

第二区代表 27 人

简卓然　徐学卿　李代芳　张长冬　肖　喻　刘代久　傅西文　张玉和　吕松涛
曾安英　朱均平　蒋毓堃　蒋松桥　唐昌保　刘善成　吴天成　吴玉玲　唐阳武
黎金玲　杨青树　陈芝云　蒋礼生　肖浩然　钟娥英　唐贻燕　何民兴　胡秉君

第三区代表 14 人

王更新　艾兴宗　吴克均　艾治发　彭章麒　刘永秩　李宗让　李书堂　吴昌林
吴想英　蒋玉英　向第柳　刘书斋　胡国道

第四区代表 18 人

蒋伦英　刘赞群　黎白瑜　刘华轩　潘时元　周维绍　王本瑛　谢当生　周西生
陈兆伟　黄承家　刘绍修　刘诗饴　赵贷英　杨金江　赵人定　李玉文　刘绍义

第五区代表 17 人

胡新民　雷明新　周桂英　孙艳平　陈建中　赵代兴　黎芝英　朱成志　雷祥中
苏　祥　曾凡银　刘和元　黄仁端　夏生洪　郭祠福　钱志信　张景民

第六区代表 9 人

曾庆禄　黎进甫　王恒州　罗维亮　邓银轩　伍　仪　刘　说　袁华英　张文宽

第八区代表 1 人

刘长山

第九区代表 2 人

吴海堂　李贵如

第十一区代表 1 人

李达省

第十二区代表 6 人

唐运升　谭玉山　李学才　何双保　王介清　唐求林

县直厂矿代表 2 人

李国祝　孙殿荣

区乡及单位不明的代表 90 人

银秋兰　陈九松　刘正夫　杨求妹　唐秋飕　肖体柳　朱静安　刘之党　钱锦云
肖调槐　吴春莲　袁有芳　陈开云　周乙姣　杨加银　吕开凤　林去生　张继谱

林去生　张继谱　王屏湘　林盛苏　袁此俭　王　学　易秉仪　刘楚江　向趋英
孙琴英　罗保堂　张盛华　陆易春　海长丰　载华英　张达贤　刘德高　王光祐
唐万柏　唐芝华　黄招嫂　李代芳　刘鸿发　李贤明　陈丰林　蒋三元　王炳南
黎怀银　伍华庆　海惠卿　何芝甫　李淑贞　杨香英　胡正旦　刘庆云　胡国锐
刘业坤　陈巨生　罗学桐　唐子旦　陈加端　刘娥英　海武妹　刘春茂　吴福英
罗竹英　黄　钺　罗良甫　邱马英　朱德祥　胡爱玉　胡华云　唐定清　胡更咏
唐国荣　银根源　唐容春　张申仕　李日新　王秀英　刘叶秀　刘可智　唐品多
唐新同　刘佳遗　王正方　伍友阶　李顺明　罗　钦　简翠南　黄子元　唐元舜

第二节　第二届基层普选

第二届基层选举工作于 1956 年 11 月举行。1956 年 10 月 19 日，湖南省人民委员会批复同意成立邵阳县选举委员会，邵阳县选举委员会由张寿芝、赵赐生、刘国权、王芝清、赵荣华、李荣中、陈恺悌、孟伯祥、常耀远、黄鹤、毛辉华、易伯初、石鼎成 13 人组成，张寿芝任主席。选举工作期间，共培训各乡选举工作人员 276 人，编发选举工作手册 384 份，编印选举工作简报 4 期，指导 48 个乡镇成立了选举委员会，共登记选民 27.87 万人（全县 18 岁以上人口 29.43 万人，被剥夺选举权者 1.33 万人，精神病患者 2187 人），其中 26.48 万人参加了选举。直接选举产生乡人民代表大会代表 3027 人，乡人民委员会委员 794 人；由乡人民代表大会间接选举产生县人民代表大会代表 329 人。329 名代表中，由乡镇选出者 290 名，由机关选出者 31 名，由工矿选出者 5 名，由部队选出者 3 名。在本次选举中，县人民委员会还遵照省人民委员会的指示，共安排了 57 名社会各界人士作为代表候选人交由各选区选举，这 57 名被安排人士中，有文教界人士 12 名、民族资本家及小业主等工商界人士 12 名、卫生界人士 15 名、宗教界人士 3 名、少数民族人士 5 名、文艺界人士 2 名、机关干部 2 名、其他社会知名人士 6 名。本届县人大代表名录如下：

唐文生　向长生　唐英富　邓成柱　孙又英　王润民　罗　坤　银云根　唐金娥
银翠兰　孙永春　李荣中　贺凤岐　邓上求　蒋雄魁　唐振明　唐同生　何晚秀
夏顺才　邓星菊　陈春英　莫知春　黎映屏　何要明　陈光觉　张代虎　侯清芳
陈启善　张春楷　刘国权　银志文　唐素娥　余定见　杨绍付　尹克俊　刑公达
汪天仪　黄　合　毛辉华　陈长发　唐甫之　萧德俊　王琢璠　曾人杰　唐秉文
黎望员　吴英桂　石鼎成　王汉章　罗和中　张化祥　唐连香　唐基珍　夏代辉
马吉前　刘世喜　伍弟生　刘明珍　张友仁　向书成　蒋宏丁　周宋祥　张修传

曾新贞	萧　喻	陈　越	吕海青	王和定	唐贻高	刘槐英	刘绍荣	刘德和
陈少光	李代能	银北海	罗普通	王南甫	朱紫成	卿德明	刘月峰	周戴英
王甫仁	罗金贵	赵荣华	蒋晓春	蒋志芳	蒋振周	陈代蒲	李梅青	唐木生
杨清玉	张阳春	蒋宏松	吴昌洪	黎有求	吕克武	吕其仙	隋竹青	李秋云
胡素莲	蒋利中	罗晋贵	伍苏雄	刘定位	孟伯祥	段齐诗	徐　茂	石娥英
粟时成	朱绍武	艾兴宋	彭增英	彭可英	唐观武	邓作确	曾汉成	李显晰
李本光	郑定祗	罗建开	陈一定	艾桂芳	王云福	彭振俭	曾国吉	周匡坤
蒋儒英	朱菊要	蒋畏成	周维学	刘绍法	蒋清萍	邓能英	单长林	戴胜安
蒋事英	刘诗饴	易伯初	贺绍雅	唐求英	蒋美早	谢伍喆	刘仲汉	赵代位
赵仁和	刘炳英	刘台寿	颜田然	黄承槐	李泽群	孙国平	夏利胜	夏富之
覃梅英	王开华	夏志生	郑华林	唐春华	张景明	唐玉山	徐汉章	苏华峰
夏龙生	王克俊	伍胜和	海惠卿	吕远夷	黎学忠	曾建明	伍贵成	陈恺悌
王丹迟	唐芝华	王庚嫂	谢进生	刘景云	隆庆云	刘签易	陈方清	谢常会
汪绪宏	郭秀英	王和国	曾庆禄	蒋三元	谭映龙	曾祥腾	刘世把	伍学云
唐行克	陈　魁	聂琛春	何中正	蒋碧云	陈规英	罗应成	海长丰	唐泉涛
萧怀德	杨惠泉	萧欢乐	赵悦云	陈　俊	赵文乔	刘云廷	唐春庄	李锦云
罗香英	王玉南	广友天	黄　云	唐良英	罗安全	萧玉林	王来生	车昭仕
罗蒲轩	张佑新	唐苏英	唐介情	艾润身	陈光英	张贵成	张竹元	易元晏
杨萄平	萧时平	曾纪松	萧庚生	田和远	袁世勋	袁世洋	覃秀英	张松立
张昌都	王利堂	张开帝	岳又姣	陈安秀	邓集厚	胡及秀	李家茂	傅立元
邓良臣	袁先柏	周国楚	刘家春	王醒民	陈月红	陈启根	郑济承	彭廷基
尹华训	尹显礼	郑都奇	岳鹤群	吕香冬	刘中禄	萧泽桂	陈楚华	李贤仁
赵赐生	王征仇	尹仁辅	陈友姣	周贵池	尹显迁	钟美祥	吕战姣	吕一相
吕典令	吕基弟	谢祝荣	吕时浩	吕开文	谭秧州	邓绍雨	张述虎	邓耀清
周七姣	唐运年	陈立德	龙唤南	易秉议	陈九甲	易秉文	曾月秀	周大畏
陈有财	刘效梨	陈当清	刘光保	陈用上	张寿芝	唐秋岚	刘荣勇	唐方黎
萧桂阶	王芝清	吕水源	易冬姣	王明庭	吴秉伶	胡顺卿	莫思华	黎晚妹
陈立剑	夏有龙	陈立楚	莫汉元	何来德	唐介青	胡绍细	莫清林	莫丙秀
杨永相	邓石洲	曹莲方	蒋吕伦	唐柏卿	曾郡侯	何方元	王时姣	刘为国
王　荣	常耀远	刘长庆	张文宽	刘阳发				

第三节　第三届和第四届基层普选

第三届基层选举于1958年3月至4月举行。3月18日，县人民委员会遵照湖南省人民委员会1958年2月16日下发的《关于1958年选举工作的指示》，制订了1958年《邵阳县选举工作计划初步意见》。同日成立邵阳县选举委员会，张寿芝任主席，赵赐生、李荣中、常耀远、王芝清、孟伯祥、陈恺悌、汪天仪、毛辉华、王汉章、尹仁辅10人为成员，选举委员会下设办公室，胡宏笃任办公室主任，并抽调5名机关干部具体负责选举委员会办公室工作。4月2日全县召开了选举工作会议，4月6日全县选举正式开始。其间，共登记选民28.45万人（时全县年满18岁以上人口中，有7862名被剥夺选举权，227人停止行使选举权，精神病患者300人），实际参加选举的选民26.56万人，直接选举产生乡镇人民代表大会代表3039人，其中农民代表2956人、工人代表11人、其他职业代表83人；4月15日，全县48个乡镇全部召开了第三届乡镇人民代表大会，选举产生了610名各乡镇人民委员会委员，间接选举产生第三届全县人民代表大会代表329名。名录如下：

银志文　唐素娥　杨绍付　尹克俊　汪天仪　毛辉华　萧德俊　陈剑侯　王　坤
万年红　蒋香生　吴荫桂　岳鹤群　王汉章　张贤湘　陈洪海　杨秀才　于文德
王润民　邓成元　唐文生　夏大春　莫知涛　康素娥　吕梅青　王新银　夏顺才
邓星菊　莫知秀　黎映屏　何月明　邓亚辉　蒋友妹　孙汉卿　李荣中　唐金娥
银云根　孙永春　刘迅之　孙太余　唐双云　邓上求　贺凤歧　蒋雄魁　谭庚妹
蒋宏成　陈光觉　刘国权　张春楷　陈东生　张昌位　唐志雄　银北海　罗普通
卿德明　刘月峰　刘华英　王甫仁　唐贤英　张有能　伍祥清　伍弟生　张友仁
罗了英　谢先进　萧正兴　罗和中　夏代辉　唐连秀　刘万彭　李代树　黎笃国
周宗祥　萧　喻　吕海清　蒋光明　吕保平　袁伦仲　李桥珍　蒋事益　郭元英
曾人杰　唐春辉　黎笃章　唐求英　蒋美华　谢王告　刘众汉　赵代位　颜泽国
刘炳英　刘良寿　颜由然　黄承和　熊配能　彭振俭　周巨坤　蒋玉英　周维学
刘绍法　曾国基　李祥春　张合庭　蒋志芳　蒋振周　陈代蒲　莫寿明　李腾云
黎有求　吕克武　吕其仙　陈竹清　胡素连　伍淑雄　唐　策　蒋利中　孙凡蒲
邓刚清　萧回花　刘槐英　李代能　刘绍英　李良清　乔宗颜　徐学清　孟伯祥
段其诗　石娥英　粟时成　艾兴宗　姚作龙　张介山　艾方明　刘希树　郑定伍
罗廷开　彭源巨　陈应清　刘桂南　刘永秩　唐光武　邓作确　曾汉成　李成义
艾荣华　陈德清　杨清玉　张阳春　吴　洪　段前范　彭家止　隆庆云　刘谦易

刘孝闻 唐澄清 刘　阳 刘芝云 孙国平 夏利胜 夏燕成 曹万新 刘芝英
胡新民 苏真文 唐春华 张景明 黄玉泉 雷　斌 张见发 夏志才 曾建明
伍贵成 陈恺悌 王昌玲 康世晴 谢银池 李健康 王炳英 海绪情 黎子俊
蒋三元 谭映龙 曾祥腾 黄绍丰 阮　志 邓玉娥 汪绪宏 郭秀英 萧长发
苏耀中 汪松清 胡国锐 刘声祥 罗应成 何正中 达玉舒 聂琛智 蒋碧云
陈规英 海长丰 黄　云 蔡胜祥 唐国云 陈述生 廖耀成 陈运志 罗蒲轩
张佑新 高求英 罗德君 罗寿桃 萧作周 萧德梅 罗国恒 隆春庄 李锦云
罗香英 杨惠泉 萧怀德 胡光远 萧欢乐 赵悦云 赵文乔 谢志军 张秋云
张昌鄢 张桃姣 张益卿 张开忠 周维铎 艾润身 杨成学 张竹元 易元晏
杨菊平 张玉清 罗选电 张少良 张太华 萧庚生 田和远 银国民 夏清淑
萧调相 张回秀 李恩德 邓集厚 邓良成 袁先柏 刘家春 王醒民 张意凤
周月姣 赵赐生 王征仇 陈友姣 尹显迁 黄　云 朱素平 周耀楚 陈月红
彭玉田 彭定基 吕敬增 王赛坤 柏杏英 陈奇家 吕峦姣 吕一方 吕基弟
吕时浩 龙世俊 张寿芝 萧桂阶 刘云勇 萧增时 刘晚妹 岳安国 曾月秀
周大畏 易丙子 易甲保 吕秀冬 刘中禄 萧体桂 陈楚华 陈立德 唐奇保
周　武 谢玉竹 谭映州 邓绍雨 张述虎 邓耀清 周起姣 龙焕南 陈良喜
卢爱姣 陈用上 陈有财 刘光保 吴银春 卿友林 陈立楚 罗崇金 陈立梅
黎晚妹 唐介清 莫代刚 黄志诚 唐求林 胡宏笃 方玉田 刘道仁 胡崇英
杨宗易 王芝清 唐宗德 张福姣 吴秉伶 胡顺卿 夏振中 谢贤保 杨代清
黄　筠 杨金江 萧金方 蒋金能 曹连芳

第四届基层选举，是根据湖南省人民委员会1960年9月8日会民字321号文件《关于1960年选举工作的指示》进行的，1960年9月开始，1960年11月底完成。本届全县基层选举中，选举第四届县人大代表314名（因资料散失，代表名单缺）。

第四节　第五届基层普选

第五届基层选举准备工作从1963年4月底开始。4月30日，县人民委员会向全县各区、各公社（镇）下发了《关于成立人民公社（镇）选举委员会的通知》，随后，全县58个公社（镇）相继成立选举委员会。5月30日，湖南省人民委员会印发《关于邵阳地区各县县人大代表名额分配的批复》，同意邵阳县第五届人民代表大会代表名额为385名。6月初，邵阳县第五届基层选举正式开始，6月底，选举工作全部结束。其间，共登记选民27.68万人（全县被剥夺选举权者8262人，停止使用选举权者322人，无选举权者占全县选举年龄人口总数5.4%），共选举公社（镇）人民代表大会代表7664名，间接选举产生县人民代表大会代表382名（比省分配名额差3名）。名单如下：

红石区52人

银少卿　黎仁贤　罗和忠　银怀保　谭中元　屈丁秀（女）　孙作英　王佩吾
王春定　王轩生　向阳晚　段义君　于澄清　邓亚辉　邓成双　邓星菊　邓时元
孙凤花　李荣中　胡国锐　陈银河　黎光灿　蒋雄魁　王可堂　谭庚妹　何时礼
银物学　蒋怀仁　夏有环　唐兰英　张阶典　陈光华　李恩德　唐运仁　马道同
陈兰英　唐远禄　陈恺悌　卿友林　简新民　刘绍州　陈新妹　曾芬英　朱子仁
刘多文　夏代辉　唐绍连　唐玉槐　谢华福　唐光一　简晓英　唐贤英

五峰铺区50人

简卓然　萧　喻　蒋喜庆　蒋理生　蒋民林　朱保群　李　树　邝伟民　卿礼林
蒋香生　莫阶生　吕细英　李宗云　吕明修　蒋校生　张玉清　蒋贻友　李　进
徐昭爐　蒋春妹　石石民　李代树　陈申如　汪天仪　邓保国　邓敏康　蒋小春
黎满妹　陈立梅　莫知涛　陈见林　蒋训娥　莫知中　莫知运　傅南林　萧　成
宁克明　邓正中　石远俊　刘连元　刘松桥　伍昌兵　刘槐英　邹全熙　李竹林
唐阳儒　彭正吉　蒋宏松　罗光明　吕慈英

下花桥区49人

汪家佐　谢志军　杨传林　刘蒲英　蒋正银　周述雄　彭更桂　车仁光　钱志沅
刘绍晴　李保芳　刘金庭　肖怀德　黎笃章　周永根　刘开英　黎祜诵　黄志成
刘　康　罗永田　陈立位　谢维义　覃苏连　艾素荣　陈鸿海　蒋青萍　蒋想英
王　纯　余柳庭　黄吉声　王明权　刘严英　刘马国　刘镜明　汪玉甫　刘少新
黎细英　邓绍禹　邓灿卿　张贤丰　周七姣　唐金阶　阳五保　袁崇光　郑济仁
胡礼秋　吕原本　李贤战　吕爱姣

塘田市区49人

唐芳勇　肖体道　易正友　吴成佳　尹克俊　刘高峰　肖化道　何和姣　吕忠勋
王芝清　宁　斌　王清沅　尹显池　李宗任　廖本修　陈三娥　何松卿　萧时位
彭江林　蒋赐生　陈启用　唐明芳　李荣华　李梅姣　易延达　唐春晖　陈良远
刘光保　陈用上　刘耀黎　林绍华　唐伯汉　王介清　莫彩保　蒋绍武　左南州
石远福　伍廉卿　严　悦　唐宗尧　何宏辉　唐仕到　唐道林　吴蒲姣（女）
汤四婆（女）　曾满秀（女）　李球杉（女）　唐冬娥（女）
余桂贞（女）

郦家坪区 33 人

孟伯祥　艾桂芳　刘昨非　邓善顺　李劝云　胡益荣　唐光纯　邓积锁　刘佑民
刘芝秀　蒋镇环　吴新初　吴述照　吴克雄　刘赞群　赵满秀　王安民　王湘荣
粟全忠　刘永秋　罗春秀　粟和徐　李上才　王贵权　李兴发　李茂佑　邓明芬
陈显喜　曾人杰　陈德卿　李发行　徐雪莲（女）　曾爱佑

檀江桥区 29 人

岳鹤群　彭兰英　邓季阶　蔡晋甫　张佩云　康真秀　谭　奇　夏敬如　刘连州
唐春隆　杨进章　郑华林　孙桂英　唐连发　夏芝生　苏定中　蒋　凡　刘仲森
刘重汉　赵小春　杨金甫　苏休志　苏荣丰　张景云　苏恭民　杨茶中　夏中芬
曹仕林　谭美容

黄亭市区 40 人

陈佰仲　吕典清　袁先联　陈来秀　杨绍富　邓陨招　张简氏　邓集信　周光清
吕礼松　周春生　刘子姣　张翊凤　赵长炳　袁先柏　隆戊生　田永美　易老竹
胡宏笃　贺凤岐　林荣常　池顺娥　陈先改　张昌炎　艾润身　郑登生　张功悦
易克俭　易又富　杨元娥　朱静安　尹显政　易老晚　萧和成　蒋太华　黎　琳
罗良梓　张吉云　王子堂　赵才英

梽木山区 37 人

刘华轩　陆和芳　刘声祥　何平英　陈必山　黄炳奎　海仲清　答玉堂　刘显足
海朝凤　唐苏英　王秋江　易曼文　胡光远　车昭士　刘业坤　陈益安　卿　羲
刘克平　陈道英　王玉甫　陆玉山　吴寿涛　简佰凡　唐煬臣　赵定容　萧坤益
萧欢乐　黄　云　邓聪英　唐秀英　海蒲英　唐春佳　隆葵阳　罗作儒　刘冬娥
刘桂方

九公桥区 27 人

唐仕涛　刘鸿发　谢晋生　伍开科　马俊杰　王炳英　黄　筠　毛辉华　谢承送
徐昭德　阮纪年　黎志改　蒋三元　谢一元　伍绍连　谭映农　刘凤章　万年红
唐国珍　何鸿年　王宝光　胡湘荣　海　云　伍叔雄　黄　益　张远楚　谢红英

塘渡口镇 8 人

刘寿山　尹美芝　杨瑞华　胡素元　余延庭　唐晚妹　唐名祥　陈光富

农林场 6 人

谢祝荣　刘盛凡　钱志信　伍贤缜　夏振中　刘甫成

（本届县直机关、部队、厂矿、文教、卫生、工商代表分散在各区代表中）

自本届基层选举后，至1978年第七届全县人民代表大会止，县内有15年未进行基层选举。

第五节 第七届基层普选

1978年1月3日，邵阳县革命委员会向全县各区、公社、镇、农林场的革命委员会（领导小组）和县直各机关单位发出《关于召开邵阳县第七届人民代表大会的通知》。《通知》要求本届县人大代表的选举产生，要根据民主集中的原则，经过充分酝酿，民主协商，结合贯彻中共十一大和省、县党代会精神，结合“一批两打”运动选举产生。选举分三步进行：1、县革命委员会召开各区、公社、镇、场、县属机关、厂矿负责人会议，提出代表候选人名单；2、各选举单位持拟定的代表候选人名单到候选人所在单位征求革命群众意见，再将候选人报县革命委员会同意；3、各选举单位召开革命委员会常委或革命委员会扩大会议，确定正式候选人，进行等额选举。根据以上原则和步骤，全县于1月12日前，共选出第七届县人民代表大会代表770名。名单如下：

塘渡口镇代表11人

李玉娥　唐满星　唐济林　唐名洪　邓湘生　夏克成　彭国庆　银子文　张友元　银国文　吕秀英

红石区代表92人

伍祯祥　黎超尧　莫和清　伍芬华　罗会生　陈水清　罗佑卿　唐甲清　蒋助成　李新桃　唐圣田　黄跃荣　王有君　刘亲升　李水英　邓早生　孙正元　徐芳来　王玉娥　蒋步清　郑红元　刘宗元　陈西娥　王文中　王芳竹　莫有洲　谭英豪　蒋银州　唐克先　蒋喜元　唐水元　黎学文　何东清　蒋望玲　蒋玉莲　邹龙生　蒋良姣　杨时英　唐应清　唐志成　何秋堂　刘智俭　唐克忠　黎子元　李贤武　黎顺妹　唐桂英　唐足姣　伍松甫　唐忠其　银远发　唐文明　唐双保　唐良国　银洪文　刘子建　肖振兴　唐会生　陈检生　格快莲　陈巨平　萧光跃　张松高　唐长庚　张雨妹　张早林　陈汉生　唐基敏　张自辉　刘了英　罗远英　邓利云　王松云　伍冬英　谭英群　罗富铭　王务甫　唐超英　刘新莲　张朝贵　简新民　谢光雨　简儒清　简青生　陈战岗　刘佑林　阳香元　李细业　刘开如　简基姣　唐冈英　黎福怀

五峰铺区代表85人（含五峰铺林场代表）

刘习足　杨云忠　刘秋林　蒋去华　周飞云　萧树身　尹显南　莫桂洲　向楚凡　李正白　刘大连　颜学高　艾永付　徐昭友　李尚荣　唐庚秀　王孟堂　颜仲春

刘端珍　彭顺英　蒋宏交　潘水仙　刘贤贵　张凤鸣　周继祥　黎湘如　李拥明
刘书旺　徐发虎　李三云　朱贤能　吕慈蓬　蒋述柳　徐带雄　颜　球　周如南
黎绍奇　曾　祥　吴有林　黄世槐　吕顺祥　吕敬一　蒋冬英　王友元　张定平
李达信　罗金莲　李雨娥　熊沛林　蒋　鑫　蒋凤祥　莫上元　莫思清　蒋志林
刘香清　刘翠艳　莫桃花　向购英　刘书清　陈克文　莫又兰　邓众生　邓敏宽
邓德林　向祥卿　李寿莲　邹德元　邓仁堂　李宗英　杨菊英　杨志保　胡占春
莫龙清　黎福云　胡曙生　刘许生　吕均祥　李　树　唐伯尧　颜受卿　黄文斌
徐亚兰　朱仁义　蒋孟文　邓小英

东风区代表 54 人

莫银魁　艾方时　陈显富　陈荣发　刘斌祥　粟达成　段自重　蒋仕员　郑伯损
王更新　邓勉卿　吴克均　朱佑南　杨义雄　唐太远　李达荣　李文民　唐昌修
唐志纯　罗云武　唐观武　唐英球　李当贵　曾凡经　刘仲森　刘世成　唐顺田
刘检秀　萧若兰　吴社英　吴桂元　艾道元　艾兴容　艾正华　粟明许　吴克威
粟夫元　艾情智　颜泽明　李惠民　邓席珍　刘　党　艾连秀　李芝云　王爱珍
李茂银　粟时纲　唐德吉　杰和怀　粟和作　罗颂金　周正青　艾分田　罗仁谣

下花桥区代表 78 人

刘远明　李忠义　吕楚江　刘佑发　胡湘亭　李竹吉　李祖志　刘连成　周利贵
莫正国　周祖桃　刘来卿　李兵连　刘绍南　李忠明　陈少先　蔡新南　史玉梅
崔闹云　刘怀之　罗显衮　蒋业伟　覃致辉　蒋素春　胡直珍　李忠祥　蒋银春
刘信腔　刘诗令　谢云龙　栗时来　向乾庆　黎笃怀　黄汉英　赵早生　李平州
刘桂明　张刚球　刘香英　谢常社　李本玉　蒋利生　刘源德　蒋响英　黎两卿
熊群龙　刘长春　刘亮英　伍开科　颜庆令　曾爱莲　刘明亮　刘庆祥　粟勋友
粟仰辉　段玉卿　刘建中　黄四元　颜穴凤　黎云连　谢孝英　覃仁利　李新图
陈远栋　黎笃章　刘勉之　罗响英　周素群　李银花　陈永康　吴怀生　蔡图成
汪安云　刘贱生　赵启支　肖新发　黄让益　苏先德

九公桥区代表 48 人（含七里山园艺场代表 6 人）

唐致力　唐国安　刘应泉　伍方元　艾夭生　王省吾　唐喜凯　张松云　朱叔平
赵和轩　马正祥　朱妹英　阮华英　何玉文　袁周成　刘泽民　唐想发　唐锦春
王建行　黎学文　宁中民　黎正来　邹友连　伍孟清　曾阳英　何绿衣　杨再英
唐子云　黎义元　康怀义　陈芳卿　谢必能　马昌义　曾祥顺　刘乐度　曾庆喜
阮楚才　伍长清　李光军　伍金娥　陈除英　向爱英　孙汉卿　徐银生　李茂喜
黎国生　陈应生　邓满秀

梽木山区代表55人

陈保华　屈正轩　祖先开　萧祥祺　伍学余　罗　彪　何崇玉　罗耀华　罗赐成
陈立志　李求英　马芳宜　画志泽　郭广元　王　稔　陈求生　胡光义　李长庚
胡国娥　何贤卿　唐可平　唐一民　唐庆云　胡更林　王凯平　罗寿涛　陈　魁
王青莲　海亮成　赵彩云　刘声祥　刘蒲英　许燕生　陆祥毛　杨记桂　屈志刚
岳年英　简友才　陈定宋　杨光庭　胡华生　何鸿章　黄加民　李金白　唐文君
尧秀英　萧付林　何崇孝　陆泽群　罗清泉　唐思聪　陈姣娥　罗绍如　罗　明
陆光如

黄亭市区代表68人

杨成学　田宪云　刘建业　张昌木　吕建业　袁玉华　张读文　乔德彰　吕典清
李田云　唐云秀　李石新　杨石生　李庆生　邓四堂　吕孝堂　易克俭　杨荣卿
张细明　胡先住　邓良镜　吕喜连　吴礼芳　邓星银　谢语斌　易长生　张月云
姜苏云　张爱芳　邓竹英　张贤富　张苏纲　杨俊英　张应娥　张梅英　张继周
张广生　吕周云　陈香南　张惠民　彭玉田　蔡良中　吕应莲　尹华柱　杨江云
尹球生　尹华根　钟先葵　王生策　蒋永通　萧生莲　周老良　萧洪国　肖坤球
邓联郊　吕基江　田和省　田和义　田香庭　尹祥云　王石杰　李球妹　曾祝年
吴礼述　张求娥　张桂娥　谭玉娥　张伯良

塘田市区代表102人（含河伯岭林场代表6人）

罗德成　唐常德　王清源　刘子仪　陈魁堂　陈维新　刘才春　吴安吾　蒋受元
梁长庚　廖本修　萧时吉　唐方银　龙湘兰　刘良富　刘有兴　张田兰　张玉姣
萧增时　邓先明　萧昌荣　刘顺富　唐甲保　曾光玉　肖坤典　刘为尧　李端娥
萧香姣　萧体道　何秋苏　何蒲节　刘响英　刘初保　胡广西　蒋绍武　李带妹
方玉田　何恢银　黄文忠　钱华安　徐校保　唐道訷　刘良志　胡清乔　刘高峰
苏时温　李自发　唐延顺　张盛训　陈老招　唐运吉　邓雨清　蒋双发　蒋鹤华
唐明芳　李代明　刘荣勇　袁镇南　王正卿　莫正一　苏宗佳　莫梅子　陈爱群
易秉时　李云献　唐运金　萧成才　陈明秋　唐宗秀　易高清　陈用下　李凤彩
唐书青　罗怀英　易方阶　易延众　刘平桂　李兴汉　王生华　许和阶　陈佳庭
李双清　陈维谟　吕爱生　彭方云　吕敬昇　陈启国　吕礼英　陈喜英　彭培姣
吕开汉　吕典彩　吕时高　吕端娥　吕仔鲜

工交系统代表94人

黄明宣　杨举泽　罗友仁　易延让　刘书保　曾记松　陈方元　刘定位　王吉生
李田生　伍新春　向荣中　刘顺卿　刘光进　胡超智　唐仕元　李庚午　周定玉

李兴亮　张　奇　杨成海　刘吉庆　张坤生　王超群　周述左　萧楚云　罗长春
邓友元　黎之安　金秋娥　罗桂元　杨双龙　杨付生　王寿清　戴良熬　李国祝
黎光辉　陈田清　苏分田　赵修银　邓克文　李时云　王南轩　唐伯寿　刘友龙
何泽民　李森林　陈学文　张书生　张满元　陈显林　罗德尚　简吉尚　马桂生
罗健林　吕敬堂　姜有能　银书尚　宋求保　刘启柏　海桂云　邓娥英　海胜光
钟其云　罗春娥　禹　翼　刘大秀　胡尚德　雷一哲　唐方勇　袁新书　袁爱成
李正文　黄和平　蒋正阶　朱　玲　陈连娥　唐凤云　覃三支　谭爱青　颜复华
邓小于　陈智卿　李仁和　潘卫奇　彭仲卿　阳开生　颜龙烈　赵乾玉　吕菊珍
李正生　刘端卿　莫远伦　谢正安

农林水系统机关代表 15 **人**

隆戊生　谭安享　夏振忠　李子钦　曹耀庭　杨　明　刘月丰　雷光辉　罗志忠
莫思平　卿昌元　夏田清　陈善生　孙文生　乐绪茂

计委系统代表 6 **人**

银北海　艾润身　陆远阶　王调志　夏楚屏　袁崇光　孙治国

财贸系统机关代表 14 **人**

段义君　张宏贵　蒋绍斌　李志茂　廖云林　刘喜生　唐兵珍　马爱兵　杨永芳
欧阳明　肖顺国　王宏兵　袁昌文　李建基

宣传系统代表 12 **人**

何国中　唐春辉　林玉文　伍炳章　尹文修　蒋志伟　刘勋成　屈越斌　周融光
张小苏　刘爱连　王崇生

党群系统代表 17 **人（含县委、县革委代表）**

刘长寿　陈维敬　吕福明　唐光杨　郭偿求　莫荷花　艾桂香　李本咏　邓忠德
唐闻生　蒋香生　李太山　朱静安　孟伯祥　袁永禧　黄韶峰　曾人杰　马少丁
尹中球

县人民武装部代表 9 **人**

刘蔚初　张人敬　刘庭交　张振清　邓铭祥　梁云恒　何杰成　黄罗生　曹锦才

政法系统代表 5 **人**

屈玉升　王妃山　黎进前　曾谱成　袁振国

第三章　代表选举（下）

第一节　第八届基层选举

邵阳县第八届基层选举是全县最隆重的一次基层普选，这次基层选举是全县选举制度进一步完善的重要里程碑。在这次基层选举中，实行了县人大代表从间接选举到直接选举、从等额选举到差额选举的重大改革。根据上级指示，1980 年 9 月 1 日，中共邵阳县委召开县委常委会议，专题研究了邵阳县第八届基层选举工作。经中共邵阳县委研究决定，并提交邵阳县革命委员会第七届二次全体会议通过，于 9 月 3 日成立邵阳县选举委员会。选举委员会由刘承祖、孟伯祥、曾谱成、刘长寿、王瑞元、王善祥、蒋香生、羊正君、卿友林、吕时顺、马绍周、莫荷花、邓忠德、唐鹤安、颜翠兰 15 人组成，刘承祖任主任，孟伯祥、曾谱成、刘长寿任副主任；选举委员会下设办公室，蒋香生兼任办公室主任，伍炳章任办公室副主任；选举委员会办公室下设秘书、组织、宣传、后勤 4 组，颜丽生任秘书组组长，刘慈民任组织组组长，蒋志伟任宣传组组长，夏建月任后勤组组长。随即在全县成立 8 个区选举工作领导小组和 38 个公社（镇）选举委员会，全县共有公社（镇）选举委员会委员 293 人。

9 月 5 日，邵阳县选举委员会向邵阳地区选举委员会呈交了《关于我县选举工作部署安排和我县第八届人民代表大会代表名额分配的请示报告》。经邵阳地区选举委员会批准同意后，邵阳县选举委员会于 9 月 8 日向全县各区选举工作领导小组和各公社（镇）选举委员会发出《关于分配邵阳县第八届人民代表大会代表名额的通知》，规定邵阳县第八届人民代表大会代表名额为 385 名，其中农村代表名额 340 名（含被分配到农村选举的县直机关领导干部代表名额 16 名）、城镇代表名额 40 名、机动名额 5 名；全县划为 163 个选区，其中农村选区 147 个，城镇选区 16 个。

9 月 8 日至 10 日，由县选举委员会主持，召开了县、区（镇）、公社（镇）选举工作三级骨干培训会，共培训骨干 400 余人。9 月 12 日至 13 日，全县各区（镇）、公社（镇）分别召开党委会和革委会，传达贯彻全县选举工作会议精神。同时在全县建立选区选举领导小组 163 个，共有选区选举领导小组成员 1149 人；建立农村大队及县属各局选举工作小组666个，共有选举工作小组成员3337人；建立农村生产队和县属厂矿及企事业单位选民小组7561个，共有选举工作小组成员1.53万人，并培训农村选举骨干2.72万人。同时，县选举委员会还从县属机关抽调干部26人，组成9个选举工作组深入各区社帮助开展选举工作。并以塘渡口公社为全县选举工作试点，以点带面，县选举委员会办公室及时将塘渡口公社的选举工作进度、基本做法和经验，以简报、广播的形式向全县推广。

其间，全县共书写宣传选举工作的横幅、标语6万余条，辟办选举工作宣传栏513个、黑板报3000余块，翻印资料2.3万份，编印资料2600份，开展广播宣传400多场次，组织选举工作文艺宣传队5个，共召开各种选举工作会议1.05万场次（其中农村生产队召开选举工作会议9650场次）。共登记全县18岁以上人口39.25万人，其中有选举权又能行使选举权者38.97万人，有选举权但因疾病不能行使选举权者1593人，被剥夺选举权者383人。然后在全体选民中经过“三上三下”、三榜公布的县、社人大代表候选人提名和酝酿过程，全县第一轮县人大代表候选人张榜提名人数为2815人，第二轮张榜人数为2124人，第三榜为867人，最后确定县人大代表正式候选人为578人；全县第一榜社、镇人大代表候选人提名人数为1.56万人，第二榜为1.15万人，第三榜为8456人，最后确定社、镇人大代表正式候选人为5659人。

10月23日至25日，全县163个选区先后举行县人大代表和社、镇人大代表选举。163个选区中，县人大代表一次选举成功的有152个选区，2次选举成功的有10个选区，3次选举成功有1个选区；社、镇人大代表一次选举成功的有122个选区，重选1次的有36个选区，重选2次的有5个选区。全县共选出县人大代表378名，名单如下：

塘渡口镇37人

李桂英　李国祝　陆远阶　周更华　罗健林　赵赐生　谭文生　杨举泽　康素娥
周仁武　李志茂　贺龙仕　颜翠兰　刘春英　黄韶峰　唐柳青　唐鹤安　乔德彰
田银池　夏启国　刘蔚初　王泽民　马绍周　吴竹云　唐远友　唐登卿　唐名江
邓湘生　李玉娥　凌容生　阮国仲　曾锡庭　黎祐贵　夏振忠　陈用下　刘杰铭
陈玉彩

红石区48人

蒋银洲　唐振祥　杨枝秀　林斌清　李易桂　何国云　何改奇　蒋望珍　夏桂堂
张贤桐　向赐生　罗华文　隆典云　银丙秀　刘节志　伍立民　张生玲　简德云
车再英　肖细英　谢华龙　唐永华　王友君　陈健生　黄耀荣　谭贤奇　邓云运
邓爱国　刘群英　王文忠　杨俊连　刘森钱　周跃娥　银东洲　罗求娥　刘知俭

唐永达　张功鸣　廖谣生　陈南英　张礼卿　张英娥　隆友合　唐清洲　粟林秀
张怀洲　杨恩甫　刘承祖

东风区 30 人

郑芳桂　莫银魁　陈　逊　李增伟　李兵六　唐科社　孟伯祥　粟旺生　唐老二
唐光纯　李梅子　粟时庄　郑刚常　陈杨铜　李　钧　赵姣春　刘汉成　雷启求
李维妹　杨北海　唐光佑　陈良照　朱德实　粟建群　曾健民　艾方苞　赵香英
祖阳富　杨连喜　覃祠英

塘田市区 61 人

罗德成　李胜云　杨和林　肖坤典　陈菊彩　蒋松清　林月竹　刘刚清　李国清
肖雪姣　龙爱国　王桂保　刘良富　李汉保　唐甲保　陈贵林　曾桂保　唐莲英
莫代富　唐金娥　蒋仕衡　胡广西　何树清　蒋宗雄　何志武　廖本方　张玉庭
龙顺华　陈远湘　彭方雄　肖爱华　陈顺林　陈维云　陈先茂　陈玉石　徐森严
吕招成　李枚姣　吕敬忠　吕战林　银凤调　林松英　吴礼书　李月娥　吴礼顺
伍伯春　陈启尧　陈良锡　王正清　陈再秀　易昌柏　易香莲　刘铁钢　易昌桂
唐春志　唐蓬春　刘草华　陈校德　吕阶初　唐运玉　肖成财

五峰铺区 50 人

李邦能　彭松华　蒋建设　蒋子钦　蒋伍云　赵珍元　肖健义　周建国　吴春元
蒋运成　林清伦　刘学文　覃荣德　曾克仁　陈购安　莫奉罗　刘翠艳　李东海
刘佳佑　蒋正甫　蒋雨生　蒋凤祥　朱贤能　周明亮　刘书旺　颜廉泉　朱旺喜
刘安春　陈瑞堂　何嫦娥　徐亚兰　蒋述亮　王善祥　陈名凡　向仲秋　唐来姣
杨富贵　杨志保　杨永吉　邓众生　朱绍仟　杨武加　傅永清　艾金娥　梁昌银
彭　记　关希长　李兴发　张凤鸣　肖咸焕

下花桥区 44 人

覃元甫　刘桂云　周三定　周继超　潘春英　唐友生　周述成　刘振春　刘飞云
刘建祥　王开勤　蒋业伟　黄桂娥　吴至乔　赵文新　蒋团员　崔礼成　李清荣
黄明宣　黄振泉　黄荣生　许美生　刘如英　蒋尚生　颜盼弟　艾建成　刘绍柳
郭分生　蒋甫成　汪玉甫　刘松英　周岁西　刘大义　杨孝义　谢五杰　覃爱国
黄素珍　夏建忠　杨家平　李万友　覃勋发　张高明　银北海　段秀英

黄亭市区 42 人

马昌智　易克俭　袁先豪　张细明　邓金田　罗炳生　邓四堂　刘社生　邓良镜
陈海洋　张国卿　阳文春　李社连　艾润身　肖华英　邓良照　邓高卿　陈远志
袁菊英　肖桂喜　田鸣仁　夏芬蓉　田香庭　田承春　刘长春　吴礼作　袁振国

刘祥发　张苏纲　张石洋　张泽林　林睦华　周书英　彭由发　肖新球　吕　丁
周贵池　黄汉友　雷金球　周四毛　吕礼金　陈桂英

九公桥区25人

李冠军　伍保田　伍芬进　黎建荣　黎敏夫　阮迪富　伍益德　陈永康　易昌华
李栋梁　何美云　唐锦春　曾建中　王博厚　伍学云　刘登寿　刘永志　伍玉钦
曾光国　海学良　刘良英　朱叔平　曾谱成　陆古城　卿友林

栋木山区25人

李永茂　罗建芳　罗中位　王兴健　刘翻身　黄仁义　张占坤　汤国忠　胡和平
刘长寿　蒋福良　马友云　王洋英　胡青云　海规源　陈宝华　曾纪松　陆金城
陆克俭　肖芝民　严兵英　罗周芳　罗建国　罗爱华　车昭仕

第二节　第九届基层选举

第九届及以后各届基层选举，基本遵照第八届基层选举奠定的方式进行。邵阳县第九届基层选举工作于1984年1月20日开始，至4月21日结束，前后经历了4个阶段。一是准备阶段，主要是成立选举领导班子和工作班子，学习文件，制订工作计划，划分选区，分配代表名额，培训代表骨干，2月11日至13日，召开了全县县、乡两级选举工作会议；其间，全县划分为230个选区，共培训选举工作骨干1.06万人。二是宣传发动和登记公布选民阶段，其间全县出动宣传车8台，集中巡回宣传5天，利用电影幻灯宣传385场次，书写张贴标语4.95万条，辟办黑板报388块、墙报321块，播放广播稿311篇，召开选举工作群众大会9580场，接受宣传教育的选民32.22万人，约占全县总选民人数的80%；3月2日，由中共邵阳县委副书记主持，召开了全县选举工作电话会议，县人大常委会党组书记张玉庭作了题为《前段换届选举工作基本情况及下一步工作意见》的电话报告；黄亭市乡竹山大队选民编出顺口溜《齐心选出好代表》："选举工作极重要，宣传发动应搞好；选举法则记在心，提名推荐不可少；发扬民主好得很，齐心选出好代表；人民代表为人民，山乡建设开新貌。"本次选举中，全县共登记选民44.35万人，占全县总人口的58%，统一于2月25日张榜公布了选民名单。三是酝酿协商确定代表候选人阶段期间，全县各乡镇召开了各种会议和采取登门串户征求选民意见，经过几上几下反复民主协商，按应选代表名额的两倍确定正式代表候选人。四是进行选举阶段，3月26日至28日为全县法定选举日，全县以选区召开选举大会或设立投票站的办法，以无记名投票的方式，选举产生县人大代表436名（投票选举结果为438名，经县人大常委会代表资格审查委员会审查，确定其中436名代表资格有效），名单如下：

塘渡口镇及县直机关、部队40人，其中：

塘渡口镇4人

向赐生　张克勇　唐会英　银仲文

经委系统11人

方柏正　朱金娥　李国祝　陈晓阳　杨才清　张凤鸣　罗志平　周更华　段爱国　唐海泉　黄海云

农委系统11人

阮国仲　孙文生　伍爱国　刘刚生　周文通　罗安荣　林建成　林慧琴　胡中喜　蒋普成　黎清云

宣传系统6人

刘春英　陈维敬　唐柳青　温进之　谢精诚　颜睦清

财委系统4人

刘世富　吕开弟　唐应中　黄　�

党群系统2人

刘晓春　秦长明

解放军2人

明光荣　袁解轩

塘渡口区66人，其中：

红石乡14人

王友君　王双生　王再荣　王彩兰　邓云运　邓伯仁　宁　芬　刘书保　刘艳华　吴作柏　莫爱国　曾淑萍　谭华山　谭辉国

塘渡口乡10人

王三元　刘玉莲　刘森钱　伍松甫　陈方堂　郑益清　唐远友　唐畏保　银冬州　覃行芳

小溪市乡9人

刘节志　刘多文　刘宝田　刘国奇　伍黎明　张碧秋　银月恒　廖庆元　谭超维

大田乡8人

刘建云　李志茂　余定枧　肖细英　陈超生　唐泽军　唐明高　简希文

黄塘乡12人

王红莲　邓铁桥　陈竹山　苏书科　唐梅生　唐克实　唐瑞云　夏春来　夏春香　银北海　蒋久西　黎月桥

霞塘云乡 13 人

肖光前　陈松青　张仲田　张运来　张波宏　张英娥　张景有　张鹏飞　唐文明
唐宗竹　唐楚华　隆华昌　粟林秀

郦家坪区 37 人，其中：

郦家坪乡 10 人

毛解生　刘汉成　李丙戌　李兴连　肖树身　赵姣春　郑桂林　莫寿明　唐光纯
唐美成

城天堂乡 5 人

艾仲如　杨北海　李华中　张梅芳　唐观花

杉木桥乡 11 人

刘会英　朱绍锦　陈阳同　陈自然　李梅子　罗重卿　郑芳桂　郑和珍　徐　茂
唐德吉　粟光明

诸甲亭乡 11 人

毛兰英　付舒作　艾方包　艾芝英　刘高峰　陈玉沛　陈良照　李维民　段义君
段宇清　谢维振

下花桥区 49 人，其中：

下花桥乡 12 人

王卓明　刘六成　刘建生　刘桂云　朱自然　陈慈英　张玉庭　周怀德　周祖桃
周楚高　彭迪先　潘春英

双江乡 9 人

王开勤　王善祥　刘建祥　刘绍述　刘都长　赵文超　赵清远　黄桂娥　颜翠兰

湾塘乡 10 人

艾　龙　刘和平　刘香英　刘桂明　张太玉　张国强　黄明宣　黄云生　黄振泉
谢维念

谷洲乡 12 人

邓时英　刘书中　李万友　杨远雨　杨孝义　夏爱古　谢五杰　黄素珍　蒋光明
覃春兰　覃致辉　彭美波

白马乡 6 人

邓　攻　邓辉成　刘松英　刘柳生　肖化军　郭双英

九公桥区 30 人，其中

九公桥乡 15 人

王淑珍　王新国　刘子云　刘仁杰　伍中柱　伍高生　伍瑞兰　羊民卿　孙治国

屈煜升　郭佩云　海学良　覃松发　谭华生　黎华生

黄荆乡 6 人

李中伟　刘勉之　伍益德　肖跃群　谢季英　曾谱成

东田乡 9 人

马志斌　伍元洲　伍发桂　伍芬进　刘春生　卿友林　郭银洁　谭爱华　黎敏夫

黄亭市区 49 人，其中：

黄亭市乡 11 人

邓千强　邓良照　邓春艳　艾润身　吕纪生　阳云禄　吴本华　杨俊英　罗炳生　涂太廷　夏代辉

永兴乡 8 人

马昌智　向焕成　李立成　李道生　杨才道　邹淑珍　易秀英　谢语兵

双清乡 7 人

杨子堂　肖桂喜　张广生　张奇才　张泽林　林汉文　林道望

长乐乡 11 人

尹华光　田成春　田和宽　田喜庭　吕丁文　刘长春　吴礼作　肖调国　张红桃　袁振国　袁菊英

蔡桥乡 12 人

尹中球　尹华健　尹显泽　邓忠信　王瑞意　肖礼生　肖生球　肖苏娥　周四毛　周明之　周贵池　蒋彩容

塘田市区 72 人，其中：

塘田市乡 12 人

邓秉明　李水姣　刘为尧　邹如椒　陈湘华　林月竹　唐子英　唐甲保　唐真林　黄南林　蒋宗雨　曾锡庭

河边乡 6 人

王中庸　李太保　李汉奇　李国清　肖青姣　柏玉楚

白仓乡 11 人

何宏年　杨贻松　胡广西　莫代富　莫建成　莫荷花　唐娥英　唐道勋　蒋礼花　蒋忠明　曾桂保

千秋乡 10 人

王忠屏　吕阶杰　刘贤贵　李月娥　吴礼顺　陈耀平　周早保　唐伯球　莫　勇　廖文振

芙蓉乡 8 人

王珍秀　吕兆雄　吕招成　吕敬平　吕敬忠　吕敬超　林圭珠　谢安清

金称市乡 11 人

龙顺华　伍炳章　刘祖授　陈佳庭　陈先茂　陈先勋　陈海青　肖爱华　林立忠

银海初　彭方雄

杨青乡 7 人

刘仕继　肖时爱　肖秀彩　陈佳乾　张光华　易昌伯　易昌盛

河伯乡 7 人

方荣东　刘来林　刘和明　刘铁钢　陆远阶　易昌桂　唐宽正

岩口铺乡 7 人

米南瑞　胡训高　岳解英　杨银海　陈书元　刘衍玉　钟岳岐

长阳铺乡 9 人

曾纪松　屈均匀　李应权　罗长云　陆克俭　罗金斌　严兵英

李宝田　刘　军

枳木山区 35 人，**其中：**

皇安寺乡 7 人

刘春林　唐安民　唐再元　刘耀奇　罗中位　王旺文　隆礼玉

枳木山乡 12 人

刘长寿　黄诗运　陆奎予　海振中　盛刚毅　胡甫泉　胡安龙

陈超群　海洁元　陈远维　唐自强　李志虎

五峰铺区 34 人，**其中：**

五峰铺乡 11 人

付永业　刘芝秀　刘应善　刘厚礼　吕秋生　陈姣元　胡秋桂　唐贻平　黄良义

黎佐成　黎检生

五峰铺镇 3 人

朱能升　李　树　黎正喜

罗城乡 8 人

刘又莲　关希长　陈竹清　李　陵　唐伯尧　唐昌财　梁昌银　彭　智

水田乡 12 人

朱旺青　朱贤能　李运娥　李帮能　昌民生　赵早生　郭元英　郭顺莲　唐友元

徐带雄　蒋华春　颜廉泉

以后选举程序渐稍松弛，农村部分地方按选区召开大会进行投票选举的方式逐渐演变为由工作人员各家各户上门找选民填写选票的方式进行。

第三节　第十届基层选举

第十届基层选举自1986年11月14日开始，至1987年1月5日结束。11月14至18日，主要是成立县选举委员会，确定选举日期，分配代表名额，做好选举前的有关准备；本届邵阳县选举委员会组成人员是：主任张玉庭，副主任刘仕继、黎佐成、阮国仲，成员莫荷花、蒋利民、胡超海、黄连德、莫知仕、唐应中、黄嘉政。11月18日至20日，由县选举委员会主持，召开全县县乡两级选举工作会议，对县属机关、区、乡（镇）领导进行选举工作培训，中共邵阳县委副书记高建中在会上发表讲话，县人大常委会副主任黎佐成做了题为《充分发扬民主，严格依法办事，认真搞好县乡两级人大换届选举工作》的报告。11月22日，县人大常委会下发《关于成立各乡、镇选举委员会的通知》，任命各乡镇选举委员会正副主任，县直各系统和各区相应成立选举领导小组。11月21日至23日，以乡为单位，进行选举工作骨干培训。11月24日至12月2日，以村或村民小组为单位，召开群众大会，一边宣传，一边进行选民登记。其间，全县共登记选民49.49万人，占全县18岁以上人口总数99.88%；另有被剥夺选举权者115人、停止行使选举权者29人、严重精神病患者234人、长期下落不明者201人，共占18岁以上人口总数的0.12%。12月5日至15日，为提名、酝酿、协商、公布第一轮代表候选人名单阶段；12月16日至25日，为反复酝酿、协商正式代表候选人阶段；1987年元月3日至5日为全县法定选举日，全县参加选举的选民45.48万人，占选民总数的91.9%；其中在选举大会或投票站投票的选民35.89万人，占参选人数的79%，在流动票箱投票的选民9.59万人，占参选总人数的21%；直接投票者40.34万人，占参选总人数的88.7%；委托他人投票者5.14万人，占参选总人数的11.3%；共选出县人大代表331名，名单如下：

塘渡口镇、县直各系统及解放军39人，其中：

塘渡口镇5人

向赐生　刘翠兰　银仲文　银国文　唐吉安

经委系统10人

姚正权　周改贵　张凤鸣　历永根　易秉田　伍元洲　陈晓阳　郭石桥　黎能生　夏启国

农委系统12人

李晓红　林建成　陈光跃　周祖勋　毕祥富　王良英　吴金良　蒋　珍　李化球

吴才秋　吴国卿　刘刚生

宣传系统 2 人

艾夭生　唐柳清

教委系统 2 人

雷庆林　颜睦卿

党政群系统 2 人

陆远阶　罗春和

财贸系统 4 人

邓秉刚　王玉娥　邓石成　戴江南

建委系统 1 人

秦长明

武警中队 1 人

蒋顺蒲

塘渡口区 48 人，其中：

塘渡口乡 7 人

田卫国　刘庚良　李芳英　陈卫国　陈清良　唐竹云　唐石清

大田乡 5 人

刘福莲　简清平　刘德和　王军生　唐泽君

小溪市乡 7 人

伍至柔　刘建云　李建科　银月恒　罗佳铭　罗最祥　王忠屏

红石乡 10 人

曾淑平　李迎春　邓　辉　邓苏国　周仟明　蒋武仲　邓桂莲　邓伯成　龚康太
唐汉莲

黄塘乡 9 人

唐求保　银振元　何石求　何晚清　陈竹山　邓付元　唐梅生　莫春姣　唐远友

霞塘云乡 10 人

谢楚平　邓应球　肖爱国　陈焕甫　张英娥　张爱良　张良生　张彩群　陈年江
隆文奇

郦家坪区 28 人，其中：

郦家坪乡 7 人

刘汉成　粟孟德　郑刚常　李柏云　邓光中　李端午　郑玉兰

诸甲亭乡 9 人

朱长青　谢建修　唐顺田　陈良照　吴从英　吴臣财　艾志英　唐良平　黄均修

杉木桥乡 8 人

向国华　段慈英　粟和运　杨巧艳　罗　干　李金成　粟命庚　王明华

城天堂乡 4 人

罗桂森　艾兴祥　杨北海　张梅芳

下花桥区 37 人，其中：

下花桥乡 9 人

张玉庭　彭东方　李五成　苏德友　黎秋平　杨安良　刘建生　刘水平　周裘清

双江乡 7 人

黄德和　黄桂娥　邓　攻　蒋事军　胡克祥　赵连喜　吴宏伍

湾塘乡 8 人

王运发　邓艾发　王美容　郭耀芳　张志祥　颜解生　李本玉　谢维念

谷州乡 10 人

谢精诚　刘庆祥　颜长庚　杨孝义　杨耀国　刘书忠　邓　超　杨　雄　黄兰英
覃致辉

白马乡 3 人

肖化军　杨爱莲　邓辉成

九公桥区 22 人，其中：

九公桥镇 13 人

羊正君　唐清洲　海正杰　黎光跃　王定国　黎华生　谢正平　羊明清　王带英
刘旺娥　唐贻泉　赵雪琴　马均平

东田乡 7 人

胡超海　郭银卿　伍保堂　蒋国安　阮迪光　黎敏夫　朱科德

黄荆乡 2 人

李中伟　肖占元

黄亭市区 40 人，其中：

黄亭市镇 9 人

王善祥　涂太庭　刘竹清　姜秀豪　杨江河　姜田娥　肖苏莲　吕纪生　邓玉元

双清乡 6 人

李清云　钱友成　张永清　张务生　张友元　林秀凤

长乐乡 10 人

田祖平　袁振国　肖森林　吕丁文　袁世良　王顺凤　吴中连　尹华光　张昌国
罗选国

蔡桥乡9人

田端英　黎佐成　邓忠信　肖苏娥　蒋四忠　周明之　尹显泽　蔡良忠　吕森林

永兴乡6人

吕开生　杨满卿　杨弟元　杨付初　肖细英　张升用

塘田市区56人，其中：

塘田市镇9人

刘平良　唐方元　刘桥丁　杨美元　唐来清　周柏民　李真林　谢维国　吕老方

白仓镇9人

石舟云　夏海涛　刘连英　龙娥英　黄锦德　何志武　曾桂保　谭楚香　莫德林

千秋乡7人

吕爱书　张光淮　刘平清　谢高新　谢仕明　吴存江　唐玉才

芙蓉乡6人

吕敬忠　尹帮喜　林圭珠　乐吉庆　银双富　吕乙清

金称市乡9人

肖爱华　吕友元　阎老友　陈良宝　陈佳庭　阎宗仁　张善华　吕睦云　刘仕继

河伯乡5人

袁兴国　吕长元　刘满秀　肖香姣　肖体富

杨青乡5人

陈良都　陈昌财　罗昌仁　易昌盛　张桂花

河伯乡6人

廖本芳　谢鹤华　易昌桂　刘龙英　李云谷　陈昌校

五峰铺区39人，其中：

五峰铺镇12人

邓节生　蒋佩秋　周香花　王孟堂　王炊文　蒋利民　朱再生　阮爱英　刘金铭
肖兵清　李　树　刘乙清

水田乡8人

徐新桥　许军喜　刘金惕　昌民生　蒋辞文　何嫦娥　刘苏梅　朱贤能

罗城乡6人

陈　平　向瑞林　关希长　杨二喜　喻永富　张潘元

中和乡7人

刘祖正　莫正清　陈解放　刘远清　莫泉清　蒋雄清　李帮能

新建乡 6 人

钟运涛　吴银春　唐长发　莫国淑　罗远合　何晓畴

桤木山区 28 人，其中：

桤木山乡 8 人

银祥吉　王卓明　毕春香　胡甫全　罗云连　何贤卿　海振亮　黎锑鈊

皇安寺乡 6 人

胡伟章　刘春林　唐再元　钟亮红　钟娥英　罗中位

岩口铺乡 6 人

唐勤俭　黄复元　胡汉英　刘健康　伍松柏　朱建华

长阳铺乡 8 人

阮素平　罗安荣　罗学智　陈建新　罗开华　何登高　陆自伟　吴长根

第四节　第十一届基层选举

邵阳县第十一届基层选举工作分 4 个阶段进行。

第一阶段为 1989 年 10 月 27 日至 11 月 8 日。10 月 27 日，县人大常委会召开会议，任命由李帮能等 12 人组成的邵阳县选举委员会，李帮能任县选举委员会主任。县选举委员会下设办公室，办公室分秘书、联络、组织和试点 4 组，并从县直机关抽调干部 30 名分赴各区乡（镇）指导选举工作，在全县划分 195 个县人大代表选区和 955 个乡镇人大代表选区，按选区分配了县、乡人大代表名额。11 月 1—2 日，召开了全县选举工作会议，会后由乡镇人大主席团提名报请县人大常委会任命乡镇选举委员会成员和各区、县属单位选举工作领导小组成员。第二步为宣传发动和登记选民阶段，时间为 11 月 9 日至 12 月 20 日，其间在全县登记选民 52.63 万人。第三阶段为 1989 年 12 月 3 日至 1990 年 1 月 6 日，其中 12 月 12 日前为第一轮候选人公布期间，全县第一轮公布的县人大代表 979 名候选人中，由选民 10 人以上联合提名的有 869 人，占第一轮公布的候选人总数 88.3%；第一轮公布的乡镇人大代表 5845 名候选人中，由选民 10 人以上联合提名的有 5346 人，占 89%。然后经过三上三下，于 12 月 27 日正式公布代表候选人。第三步是 1990 年 1 月 2 日至 5 日，为全县选举日，全县分选区召开选举大会，共选出县人大代表 341 名（其中由选民联合提名候选人当选的 250 名，占 73.3%），乡镇人大代表 2476 名。第四步为 1990 年 1 月 7 日至 3 月 7 日，即分别召开新一届乡镇人民代表大会和县人民代表大会。本届县人大代表名单如下：

党政群系统 3 人

谭爱雄　陈健生　陆远阶

教委系统 2 人

钟一成　李志龙

宣传系统 2 人

艾夭生　刘仕元

建委系统 1 人

石满生

农委系统 10 人

阮国仲　银道礼　易顺良　唐庚寅　邓细英　李达君　王北尧　肖体武　陈良成　吴国清

经委系统 9 人

夏启国　厉永根　朱兰森　向立云　覃美娥　何友生　刘晓云　孟载德　陈光亚

财委系统 2 人

张坤高　严克俭

县武警中队 1 人

李林彬

塘渡口镇 4 人

彭迪先　唐周华　银仲文　邓吉娥

塘渡口乡 7 人

陈卫国　吴国政　陈竹山　李祥光　陈文莲　刘够良　银更生

红石乡 10 人

周柏民　唐　煌　袁太平　邓艾发　曾淑萍　谭辉国　王代洋　孙状元　龚康太　邓了英

黄塘乡 9 人

罗桂森　唐振林　刘乔丁　何秀华　唐长仁　蒋爱群　夏桂堂　何春元　蒋西然

霞塘云乡 10 人

夏陆阳　莫爱国　谭　斌　郑建湘　陈四云　张金娥　唐亮英　唐邵洋　张海峰　肖爱国

小溪市乡 7 人

唐益桥　张兵华　曾武成　刘继田　伍跃生　李朝阳　罗爱国

大田乡 5 人

王晓阳　刘建云　简基成　王仕军　银文英

五峰铺镇 13 人

黎佐成　张高明　罗翔国　邓春升　莫小龙　黎云高　吕秋生　蒋春兰　伍分团
李爱荣　黎良生　李惠民　郭翠娥

水田乡 8 人

莫银魁　李　陵　莫顺成　肖书贤　刘素枚　徐带雄　刘少芝　李　勇

罗城乡 5 人

陈　平　李顺祥　张又田　刘又喜　蒋玉元

新建乡 7 人

李帮能　莫浩然　邓正国　陈解成　杨水姣　陈桂成　李宗俄

中和乡 9 人

谢　武　黄利清　刘均发　肖玉英　莫泉清　舒方清　莫南海　陈云祥　蒋太平

九公桥镇 13 人

曾新华　王凯平　伍乔生　伍新华　刘敦寿　谢正平　海正杰　曾徐英　伍高生
叶吉和　王带英　曾志勇　谭华生

东田乡 7 人

王运发　刘连生　刘艾平　伍保生　李月娥　康跃英　黎敏夫

黄荆乡 4 人

覃胜发　周和国　罗太荣　肖忠娥

塘田市镇 9 人

刘仕继　唐云清　唐运玉　刘平良　邓善清　羊美媛　李乙友　周孝来　李丙初

白仓镇 10 人

王忠屏　刘高生　吴金良　高立群　何常云　唐魁奇　何志武　李芝兰　何秋英
邓兴奎

千秋乡 8 人

唐汉林　易爱坤　陈　彪　张光淮　何务云　谢仕明　吴石桥　吴振议

芙蓉乡 6 人

蒋利民　吕普庆　林立中　吕乙青　吕仔鲜　银际珍

金称市乡 9 人

李栋梁　周玉屏　吕湘华　黄中庸　吕移彩　龙顺华　彭仲云　阎老友　阎宗仁

河边乡 5 人

刘正中　李代珊　肖祥明　李利华　肖香姣

杨青乡6人

刘兴华　廖本芳　陈良都　吕敬财　陈　琳　张桂花

河伯乡4人

易秉玉　易昌桂　李云谷　彭乾仁

梽木山乡8人

胡超海　胡训高　何淑芳　黄振华　罗国彪　吴阿梅　何炳坤　唐卫国

长阳铺镇8人

李晓红　罗广云　陈仲轩　高莲英　唐思聪　罗耀文　罗祥云　陆学良

岩口铺镇7人

周柏林　刘焕黎　胡恒洋　钟建社　陈多英　赵燕飞　罗长青

皇安寺乡6人

罗友人　杨太平　刘春林　罗杏春　胡购定　罗写英

黄亭市镇8人

刘汉成　袁先发　吕基汉　涂太庭　吕勤保　邓玉元　肖苏莲　姜秀晚

永兴乡6人

杨陈学　钱友成　张升用　易福明　易苏英　杨　青

长乐乡9人

李连喜　李清荣　刘会英　罗选国　王石杰　邓青晏　杨小英　袁江成　张嫦娥

蔡桥乡9人

银祥集　杨谟泽　郭逢政　王瑞益　柏开和　肖馥兰　肖旭兰　肖青华　尹显泽

双清乡7人

李志茂　莫建安　陈湘南　张建国　张开桂　陈来玉　林素英

下花桥镇9人

杨志成　覃元甫　赵太春　黄德和　吕敬健　王明娥　刘兴楚　罗太平　莫正国

双江乡8人

王善祥　谭敦连　刘桂常　刘旺兴　黄桂娥　胡晋权　刘杜权　赵连喜

湾塘乡8人

罗春和　黎三元　陈贻卿　郭跃劳　赵珍良　郭德元　颜高祥　刘绍柳

谷洲乡11人

刘汉云　刘书甫　郭功频　覃志辉　覃安求　罗国兵　杨孝义　王卫国　曾庆柏
杨国平　李众秀

白马乡4人

刘勉之　刘义楚　刘松英　邓辉成

郦家坪镇7人

唐春辉　罗仁文　朱大明　罗美联　朱绍南　曾昆民　吴昌伟

杉木桥乡9人

袁振国　粟新盛　唐定明　李荣华　郑石奇

第五节　第十二届基层选举

1992年9月21日，第十一届县人大常委会第二十次会议任命刘仕继、邹旭阳、罗桂森、蒋利民、王善祥、陆远阶、黎佐成、王忠屏、陈卫国、杨志成、莫银魁、唐汉林、李建文、肖雄伟、吕时旺15人为邵阳县第十二届选举委员会成员，刘仕继任主任，邹旭阳、罗桂森、蒋利民任副主任，同时决定任命了各乡镇选举委员会成员。本届基层选举期间，中共邵阳县委办公室、县人大常委会办公室和县人民政府办公室联合下发了《关于认真学习贯彻〈中华人民共和国全国人民代表大会和地方各级人民代表大会代表法〉的通知》；县选举委员会组织各乡镇选举委员会宣传学习了《代表法》。本届全县基层选举选出县人民代表大会代表334名。名单如下：

塘渡口镇32人：

黄荣生　莫谷清　彭友坤　李建志　何友生　陈正平　黄和平　厉永根　陈满莲
杨新球　夏国忠　杨香莲　陈云清　王北尧　刘文国　唐清洲　王立生　易少华
戴分生　胡正法　唐行武　易万育　艾夭生　蒲祖祥　谭爱雄　邹旭阳　李宣华
邓顺娥　羊正君　伍益寿　李志龙　石舟云

塘渡口区49人，**其中：**

塘渡口乡7人

陈竹山　夏更新　唐水云　银更生　何淑姣　谭　斌　银祥集

红石乡11人

李红平　邓田付　刘自强　莫爱国　黎　媚　魏太平　王沛吾　邓早生　伍小燕
谭建国　邓集学

黄塘乡9人

唐振林　朱立雄　唐长城　蒋爱群　何秀华　唐益桥　夏春来　刘耀清　蒋西然

小溪市乡7人

刘鲜时　银月恒　刘新德　曾海红　李国强　夏路阳　王茂明

大田乡5人

王跃平　简明华　刘社元　唐泽军　简时莲

霞塘云乡 10 人

蒋兴国　黎新民　肖草生　肖能生　谭艾华　徐光旗　张英娥　罗国祥　龙冬秀
陈年江

五峰铺区 45 人，**其中**：

五峰铺镇 13 人

吴才秋　张高明　罗春和　陈文斌　黎解成　徐五花　吴又成　李隆红　蒋佩秋
郑玉明　蒋振南　蒋三元　吕彬卿

新建乡 7 人

莫元清　陈名凡　郭细英　邓新祥　黎佐成　莫顺清　蒋志成

中和乡 9 人

蒋宏寿　何均成　陈阳龙　黄翠兰　莫建清　莫银魁　蒋西生　莫广生　黄利清

水田乡 9 人

李　陵　何秀峰　郭云辉　蒋冬清　蒋述亮　谭现英　李战荣　朱紫红　蒋时文

罗城乡 7 人

李合军　张坤高　蒋巧云　李顺祥　刘　球　刘右喜　李甫英

下花桥区 39 人，**其中**：

白马乡 4 人

刘艾平　刘明华　陈芳清　刘松英

下花桥镇 9 人

黄承柱　谭敦连　王明娥　刘纪成　赵安清　刘平清　杨志成　周银杏　周光华

湾塘乡 8 人

刘书甫　黎三元　李志茂　刘如英　黎贵轩　李向祥　颜坤舜　谢　峰

谷洲乡 11 人

刘永彦　邓开新　刘仕继　罗国兵　石河生　刘平兰　谢松良　王香云　罗贤庙
刘超海　李顺德

双江乡 7 人

刘旺兴　王善祥　陈显章　刘　明　王慈贵　刘悦林　肖利民

郦家坪区 29 人，**其中**：

郦家坪镇 7 人

罗仁文　朱志强　胡超海　李伍元　曾昆明　郑桂林　邓秋生

诸甲亭乡 9 人

吴健全　颜家能　艾兴发　李连保　刘高峰　刘常娥　毛更生　尹超华　王红美

杉木桥乡 9 人

粟和平　粟甲成　郑顺香　艾治华　周平田　粟新盛　毛德耀　刘汉云　唐德吉

城天堂乡 4 人

曾开明　曾健民　唐大旺　李建妹

九公桥区 23 人，其中：

九公桥镇 12 人

黎署南　伍乔生　曾新华　刘知俭　王志平　丁青松　刘文时　李旭明　徐华成
王焕文　黎吉群　谭华生

东田乡 7 人

阮迪光　谭　斌　王运发　杨焕湘　邓星华　黎友生　马　华

黄荆乡 4 人

覃胜发　邓亮英　覃松南　覃良堂

槤木山区 28 人，其中：

槤木山乡 8 人

海振岳　胡华卿　陈卫国　蒋克良　罗道龙　吴和平　胡帮兴　唐艳平

长阳铺镇 8 人

陈仲宣　赵社勋　罗注洪　罗电云　罗　锐　刘金花　肖国连　袁振国

岩口铺镇 7 人

陈明生　肖小容　何登高　陈诗干　刘成祥　杨远国　黄付元

皇安寺乡 5 人

刘春林　罗友人　刘架桥　姚振华　王爱连　李中华

黄亭市区 41 人，其中：

黄亭市镇 10 人

邓放云　邓长生　吕勤保　杨周保　吕新连　袁镇南　林更姣　邓集和　吴玉竹
肖立生

蔡桥乡 9 人

尹兴国　毛益顺　尹桐春　肖回生　肖馥兰　尹双娥　张广生　王贤汉　吕茂林

长乐乡 9 人

涂太庭　尹卫国　阮国仲　袁世祥　李清荣　王顺凤　田双芳　吴礼作　吴存美

双清乡 7 人

邓昭清　吕绍峰　蒋利民　杨永忠　杨解生　林素英　张战祥

永兴乡 6 人

莫建安　张艳花　易景钟　杨小田　吴许生　杨满卿

塘田市区 57 人，其中：

塘田市镇 9 人

陈松林　陈金珠　唐汉林　李乙友　周顺发　刘云阶　唐又章　周孝田　吕元成

河边乡 6 人

刘会英　肖祥民　吕苏珍　何恢信　肖建良　李代珊

河伯乡 6 人

易秉玉　莫国林　彭乾成　刘和凤　刘兴华　易金满

杨青乡 5 人

廖本芳　刘学文　陈健生　吕敬财　易昌友

白仓镇 9 人

谢安清　谢贵民　王忠屏　唐平林　蒋社国　张贤桐　胡平国　莫德林　莫四清

千秋乡 8 人

周生奇　陆远阶　罗太贵　刘巨保　唐玉才　谢能作　吴许臣　张金菊

金称市乡 8 人

陈良地　吕时旺　周玉屏　李桂林　陈芝兰　吕移彩　郑明生　何艾平

芙蓉乡 6 人

吕普庆　李栋梁　陈树生　刘秀玉　肖洪祥　吕时亮

第六节　第十三届基层选举

第十三届基层选举中，全县共选出县人民代表大会代表 311 名。名单如下：

第一代表团 36 人（含塘渡口镇 26 名，蔡桥乡 10 名）

邓星强　王美英　王晓飞　王晓阳　石民生　刘小田　刘四云　伍斌英　朱志强
陈小凤　陈卫云　陈刚清　李耀平　唐三君　唐文耀　唐国华　唐振兵　唐清洲
夏和平　黄荣生　银绍英　龚康泰　康拥春　廖庆元　谭自俭　黎正坤　邓昭卿
尹兴国　吕同生　吕祥云　杨天顺　周同生　周华秀　周　炜　钟欢迎　蒋军强

第二代表团 33 人（含五峰铺镇 27 人，黄荆乡 6 人）

邓顺生　邓春升　邓春伍　毛良成　王运发　艾小叶　刘代坤　刘建平　朱平淑
何良酬　何爱莲　李玉华　李林宝　吴正春　肖柏民　张平洲　罗翔国　钟爱国
莫元清　唐四清　唐军成　黄苏清　蒋三保　蒋小云　蒋香华　曾建秋　颜翠兰

王兴国　刘步清　刘毅翔　伍爱雄　彭美开　谢国范

第三代表团28人（**含九公桥镇**18人，**河伯乡**10人）

刘永福　刘　华　伍云生　伍乔生　伍金华　向解云　李升尚　李中楚　苏德友
易爱坤　贺海波　郭东顺　唐国超　徐华成　康跃英　曾超莲　谭吉祥　黎清刚
方荣东　李云谷　肖乾良　易严法　易应书　易解民　唐珍华　袁镇南　蒋京贵
廖新姣

第四代表团24人（**含塘田市镇**13人，**岩口铺镇**10人，**金江乡**1人）

刘云阶　刘顺录　伍炳柳　陈卫国　陈树生　何友生　李红平　苏德兵　肖祥明
施绍校　唐甲保　熊维安　蒋克良　谢春风　刘友清　李小红　李云兰　陈芬保
陈艳花　陈新祥　陆仕勋　罗广云　屈　斌　钟泽平

第五代表团26人（**含黄亭市镇**18人，**诸甲亭乡**8人）

邓太平　邓要清　尹兴国　陈建梅　李泽民　李跃平　肖时汉　肖桂喜　张安良
张录生　张新华　杨建新　杨晓田　杨满卿　易少华　易俊杰　姜中勇　黄秋菊
毛更生　毛德耀　刘平国　朱雄心　张小兰　杨景平　唐应中　粟和平

第六代表团28人（**含谷洲镇**17人，**小溪市乡**11人）

李平军　李明华　赵勉德　唐汉林　唐定明　袁跃华　袁　瑛　黄银燕　覃健美
蒋美娥　谢中占　谢平香　谢仲康　谢维东　谢解秀　颜高祥　黎正坤　艾强明
刘社元　肖新生　张兴旺　张治中　罗秀明　罗哲祥　黄承君　银月恒　简仕田
欧阳海波

第七代表团25人（**含长阳铺镇**14人，**金称市镇**11人）

王成章　王招娥　刘会英　羊正君　何长发　何永红　陆克敏　陆学良　吴建国
罗刚强　罗学智　胡华卿　海志臣　高建社　刘灯红　刘满妹　吕小芳　吕甲林
吕绍云　吕敬忠　陈立平　陈付平　陈金珠　陈海燕　蒋贻学

第八代表团25人（**下花桥镇**15人，**河伯乡**10人）

邓开新　王秀清　王善祥　刘绍武　李兴龙　李海燕　李翠娥　周永松　周选平
胡晋权　赵玉莲　钱清国　蒋绍东　黎玉良　黎国宗　方荣东　李云谷　肖乾良
易严法　易应书　易解民　唐珍华　袁镇南　蒋京贵　廖新姣

第九代表团28人（**含郦家坪镇**18人，**岩口铺镇**10人）

刘　华　刘玉云　刘永和　刘喜生　李明生　李建妹　李带英　李桂娥　杨素云
段周柱　唐顺清　黄伶俐　粟甲成　粟志明　谢建修　曾友明　曾健民　颜卫星
艾祥明　李小红　李云兰　陈芬保　陈艳花　陈新祥　陆仕勋　屈　斌　钟泽平
熊维安

第十代表团28人（**含白仓镇**22人，**罗城乡**6人）

邓集体　尹帮喜　刘长明　刘学义　刘贤贵　陈和国　何开群　何平国　李乐英
李金彩　吴桂竹　张光淮　张雄强　罗吉高　莫桂枝　唐清洲　唐道训　银洁清
蒋美容　蒋能英　陈飞虎　杨清发　唐付生　唐顺娥　彭彰益　蒋军祥　谢宏斌
管小苏

第十一代表团30人（**含县直机关战线**22人，**黄塘乡**8人）

马茶莲　邓东北　王卫平　王忠芳　尹卫国　刘华玉　刘金惕　刘桂林　吕太平
陈端元　杨端娥　莫华容　莫谷清　莫求姣　徐新国　银道礼　蒋业龙　蒋惠群
谢显桂　谢　群　谭敦莲　黎德生　王卓明　刘东清　何晚魁　李　琦　唐付琴
蒋兴国　蒋联明　黎恢成

第七节　第十四届基层选举

邵阳县第十四届人大代表选举工作于2002年9月开始酝酿筹备，9月25日，第十三届县人大常委会下发《关于设立乡镇选举委员会及其人员任命的通知》。正式选举工作于2002年8月开始，8月25日，县人大常委会召开会议，专题研究第十四届基层选举工作。9月26日，县人大常委会再次召开会议，研究有关选举工作的具体事项。9月28日，县人大常委会下发《关于分配邵阳县第十四届人民代表大会代表名额分配的通知》，印发了《换届选举工作有关问题解答》。9月29日，县人大常委会邵常发〔2002〕15号文件通知，成立邵阳县选举委员会，唐清洲任主任，吴艺珍、陈卫国、唐汉林任副主任，王运发等11人为成员。同日，中共邵阳县委向全县各乡镇转发了《中共邵阳县人大常委会党组〈关于认真做好县人大换届选举工作的意见〉》。本届换届选举期间，全县有18岁以上人口64.4万人，占全县总人口66.21%，其中选民64.17万人；未列入选民的2132人中，不能行使选举权者361人，停止行使选举权者42人，被剥夺选举权者87人，未参加选民登记者1641人。64.17万名选民中，参加本次选举者64.06万人，其中参加大会投票选举者902人，在流动投票站投票选举者61.52万人，委托他人投票选举者2.52万人。11月，本届换届选举工作结束，共选出县人大代表307人，名单如下：

塘渡口镇28人

王连华　邓玲琴　伍喜良　孙时英　孙国清　刘海洋　吴敏健　张红英　张秀华
张明社　陈小飞　陈铁军　周符波　唐三君　唐安国　唐均云　唐国华　唐荣贵
黄清德　银向红　银良国　蒋丹桂　蒋会平　蒋兴东　曾苏姣　谭友联　谭加良

黎国宗

小溪市乡10人

刘飞良　刘青叶　刘柏良　刘祥彪　张国荣　陈新国　林道平　唐平南　简分奇
谭建明

霞塘云乡9人

刘跃元　张东平　张立华　张凯明　陈汗云　易延安　刘　杰　唐三定　谢金花

黄塘乡8人

朱大明　肖小大　何玉清　何春元　唐社清　蒋福洲　黎良玉　颜翠兰

五峰铺镇27人

王运发　王欢迎　刘文贤　刘芝芳　李兴旺　李红平　李美兰　吴大平　吴小云
吴正春　张安云　陈建章　钟爱国　莫国林　莫国强　徐自军　唐大富　唐四清
唐兵清　唐香云　黄顺娥　彭小红　蒋建国　蒋娥英　蒋超群　舒万清　黎双爱

罗城乡6人

刘连元　刘连生　刘秀云　杨又祥　彭彰益　蒋业明

金江乡1人

李　新

下花桥镇16人

邓方明　吕敬忠　刘乐蓉　刘海波　李随清　吴永祥　周新华　周德清　赵军书
赵桂英　钱占花　崔淑兰　蒋业民　谢建阶　黎贵轩　颜寿生

谷洲镇15人

刘克杰　李　斌　李宣英　杨三华　杨正林　吴艺珍　张求名　陈同生　赵伍和
胡春香　郭南甫　黄信国　谢中占　谢道生　谢雄心

郦家坪镇18人

王明华　王祖轩　邓查元　艾红艳　刘桂林　李伍元　李秀珍　李其云　李增伟
杨素云　佘金华　陈卫国　罗　洪　罗解平　段文明　段周柱　唐爱卿　粟华春

诸甲亭乡8人

艾小华　艾元楚　杨卫东　吴志平　吴健全　张泽鹏　唐兴明　粟玉年

九公桥镇19人

王满元　王太芳　刘玉萍　刘良云　刘红梅　伍又良　伍益华　伍高生　伍劲松
阮晴生　徐立华　郭跃德　唐铁钢　海北平　曾志文　谢林坤　黎德生　黎清刚
黎保元

黄荆乡6人

伍良成　刘冬云　刘新生　阮春华　蒋水源　黄太平

长阳铺镇 14 人

马甫成　马香桃　卢玉光　刘春风　严兴奖　李志虎　吴善成　陆凤英　陆仕勋
罗中国　罗金凤　罗道龙　屈校林　唐清洲

岩口铺镇 11 人

王雪梅　刘建奇　李巧云　李学军　陈松元　屈石桥　赵冰心　胡迪芬　高建社
谢胜良　谢树新

黄亭市镇 17 人

邓小明　邓太平　邓中华　邓校清　艾祥明　申建伟　刘文喜　李泽民　杨晓田
肖建业　张鸿卿　陈卫民　陈清明　林解球　唐胜祥　唐晓艳　谭　勇

长乐乡 8 人

丁开顺　田鸣富　刘银花　刘露生　肖鲜艳　罗翔国　周国昀　姜　敏

蔡桥乡 8 人

王一凯　尹松柏　邓七梅　伍至柔　刘耀清　肖应华　罗光辉　周小林

塘田市镇 14 人

刘云阶　李少华　李庚新　陈友新　周向东　周高清　夏正昌　唐汉林　唐荣清
唐香洲　黄伶俐　银希祥　曾小兵　谢春风

金称市镇 11 人

尹爱云　尹景峰　吕　平　吕二保　吕小方　吕宝田　刘灯红　刘苏玉　肖立生
陈顺国　陈新国

河伯乡 9 人

何爱平　陈光南　陈迎体　陈满花　肖乾良　易友秀　易年发　周元珍　蒋京贵

白仓镇 22 人

伍邵华　刘　军　刘志昌　李连成　李建文　杨平春　吴桂竹　何双发　陈旭能
陈良成　陈爱国　陈富贵　林秀云　周双国　胡平国　胡社语　钟经球　莫正校
唐满英　蒋卫安　蒋美英　谢仕明

县属机关 22 人

王步惠　邓开新　邓节生　邓星强　艾海柱　吕开生　刘　垈　刘海燕　李清荣
杨鸿德　肖桂华　肖森林　陈飞莲　罗玉良　柏三妹　秦永红　唐红艳　唐伯岭
唐怡谋　唐春琳　康晓春　欧阳旺平

第八节　第十五届基层选举

第十五届人大换届选举工作从2007年7月初开始，至11月底结束，分5个阶段进行。

7月1日至9月16日，为组织准备阶段。其间，成立了县、乡换届选举领导班子，抽调工作人员，建立办事机构；制定了换届选举工作方案和进行了代表资源摸底调查工作；依法核定乡镇人大代表名额；制订县、乡人大代表名额分配方案；召开县人大常委会会议，通过了换届选举工作方案和代表名额分配方案，确定乡镇人大代表名额，任命县乡换届选举委员会人员；印制选民证、选民登记表及各类表格，准备县乡人大换届选举工作会议材料；举办了换届选举工作培训班；落实了换届选举工作经费。9月16日，县人大常委会邵常发〔2007〕18号文件通知，唐清洲任第十五届邵阳县选举委员会主任，黎德生任常务副主任，吴劲松、唐红艳、刘长明、王成章、曾志红、谢树新、王运发、刘连生、颜寿生、胡迪芬、罗玉良任副主任，陈迎体等9人为成员，下设办公室，刘连生兼任办公室主任。

第二阶段为宣传发动阶段，时间为9月17日至26日。9月17日，县委召开县乡人大换届选举工作会议；19日至21日，各乡镇、各归口单位召开有关会议，传达贯彻省、市、县换届选举工作会议精神，组建领导班子，根据本乡镇、归口单位的情况制定工作方案，部署安排换届选举工作。22日至23日，各乡镇召开班子成员会议、干部职工会议、村干部会议、村民小组长会议、村民会议，县直机关单位召开班子成员会和干部职工会议，公布本乡镇、本单位换届选举工作方案，成立选区选举工作小组，分配县乡人大代表名额；县直机关单位、各乡镇和各选区组织选民认真学习宪法、地方组织法、选举法、代表法等法律知识及换届选举工作文件。24—25日，利用电视、报纸、横幅、标语等广泛宣传换届选举工作指导思想及重要意义，正确引导选民依法参加换届选举。

9月27日至10月7日为选民登记阶段。9月27日，县人大常委会制订下发《邵阳县人大常委会关于县乡人大换届选举工作方案（草案）》。27—28日，划分好选区；28日，以乡镇和县直机关选区为单位培训好选民登记员；29日，召开选民大会；9月30日—10月15日，以选区为单位搞好选民登记，并依法做好流动人口的选民登记工作；10月7日前以选区或选民小组为单位张榜公布选民名单，并发放选民证；10月9日，乡镇、县直牵头单位向县选举办报告选民人数。

10月8日—10月12日，以村或选区为单位召开选民小组长会议，制定了县分两级人大代表候选人提名推荐办法，联名推荐了县乡人大代表初步候选人。10月9日和

10 月 10 日，以选民小组为单位，召开选民会议，各政党、人民团体联合或单独提名推荐县乡人大代表候选人。其间，县选举委员会办公室将县直单位推荐到乡镇选举的县人大代表候选人简历发放到各乡镇选举办，被推荐人到选区参加选举活动。10 月 12 日前以选区为单位，按姓氏笔画顺序，张榜公布初步候选人名单。10 月 22 日，以选区为单位，张榜公布了县乡两级人大代表正式候选人名单。

第五阶段为正式选举阶段。全县确定 10 月 28 日、29 日、30 日、31 日四天为全县选举日。全县共选出县人大代表 315 名。名单如下：

第一代表团 31 人（塘渡口镇）

王心美　邓集武　伍宁顺　刘汉云　刘诗珍　孙新国　朱海平　吴善成　李柏平
杨爱民　肖友莲　陈雄华　郑　艾　胡华卿　唐小红　唐友亮　唐兵清　唐国华
唐细保　唐振华　唐清洲　钱　斌　银良国　银吕祥　黄洪华　龚康太　曾苏姣
曾昭斌　蒋小件　蒋耀华　黎巧云

第二代表团 30 人（五峰铺镇、金江乡）

王成章　王运发　刘平国　刘正平　刘胜曼　刘爱华　吕小靖　吕舒服　朱跃成
许宝喜　吴正春　张文元　陈建章　易昌晏　胡良好　赵太元　钟爱国　唐三红
唐大富　唐志朴　夏三云　徐新生　秦永新　郭云飞　蒋太平　蒋文平　蒋仲国
谢胜良　雷军民　黎贵轩

第三代表团 31 人（九公桥镇、金称市镇）

王满元　伍邵华　伍加庚　伍彩云　刘长明　刘连生　刘福祥　刘福球　吕小林
吕珍娥　吕晓林　孙雨晴　朱绮华　余绍田　陈　刚　陈文娟　罗国应　赵良发
唐　锐　海北平　莫文刚　莫海天　郭跃忠　郭跃德　黄月友　彭正龙　彭碧姣
曾宽华　谭含芳　黎德生　魏友文

第四代表团 32 人（塘田市镇、岩口铺镇、黄塘乡）

王雪梅　龙解清　伍亮武　吕小青　何社阶　何春源　张志宏　李　斌　李学军
李晓东　肖汉华　肖伶娥　肖顺良　肖湘政　陈四平　陈志明　陈社生　周　挺
易老柏　罗艳丽　姜少华　禹学群　唐云清　唐和平　唐剑平　唐珍良　唐湘洲
夏梅玉　莫国林　银红萍　蒋久鸿　蒋梅娥

第五代表团 31 人（黄亭市镇、黄荆乡、机关一组）

邓小林　邓旺来　邓联华　刘水生　刘灯红　刘桂林　吴敬奇　吴飞翔　吴忠友
张王生　杨　勋　杨小林　杨竹林　杨邵大　杨美华　陈远祥　陈清明　周国华
周林涛　周祥平　屈校林　易刚赞　易海龙　林美姣　罗　敏　罗立华　罗爱平
钟经球　唐明亮　郭艳玲　谢正芳

第六代表团 31 人（谷洲镇、河伯乡、机关二组）

王四雪	刘江华	刘进德	刘绍波	刘莲花	刘清平	张求明	李奇生	李明华
杨正雄	肖乾良	陈昌源	周晓明	易年发	易贤明	林小群	唐丁生	唐向龙
唐红艳	唐际顺	唐荣贵	袁鹏飞	钱东平	钱沸涛	康小兰	黄虚静	曾祥德
蒋安国	蒋利军	谢卫东	颜国强					

第七代表团 32 人（长阳铺镇、小溪市乡、蔡桥乡）

马运华	马雪梅	尹松柏	王　琪	王国清	王武林	王细军	邓亮华	刘社元
刘国奇	刘林晖	吕会龙	何加强	张剑球	李东海	肖友生	陈云峰	陈晓群
罗　洪	罗立华	罗亮清	罗淑艳	罗跃文	唐汉江	唐国纯	唐益发	莫玉林
曾飞云	董孝腊	蒋双军	谢公平	简金光				

第八代表团 32 人（下花桥镇、霞塘云乡、机关三组）

王立生	王其银	邓小云	伍湘平	刘文龙	刘纪辉	刘丽群	刘志新	刘定华
刘松林	刘绍义	刘桂林	刘豪健	吕华平	吕绍龙	吴劲松	张拥军	肖能生
周　波	周四平	周爱娣	易定文	赵叶飞	赵军书	赵海峰	赵联喜	钟继兰
唐亮英	钱占花	黄建勇	谢树新	黎端秀				

第九代表团 32 人（郦家坪镇、长乐乡、罗城乡）

尹青松	王祖轩	邓星强	邓查元	田国富	艾海柱	艾富清	刘文贤	刘永和
刘秀云	朱清平	吴选民	张清明	李伟民	李芳平	李峥伟	李银生	杨又祥
肖　剑	陈　琳	陈燕山	周卫东	姜佳良	胡宗凡	胡娴春	唐建民	黄　峰
彭孟民	曾国桥	粟甲成	廖献国	谭拥军				

第十代表团 32 人（白仓镇、诸甲亭乡）

毛六生	艾元楚	伍芬东	何晓阳	吴连云	吴桂竹	张志清	李红辉	李驰宇
李连成	肖小大	肖秀莲	陈定岗	陈爱武	陈富贵	陈湘如	林秀云	胡社语
赵湘明	唐冬苏	唐建国	唐群姣	莫小花	莫列良	郭　彬	粟玉年	粟建祥
粟忠情	蒋响清	蒋珍苏	廖继照	颜寿生				

第九节　第十六届基层选举

邵阳县第十六届换届选举工作于 2012 年 7 月至 11 月底进行，历时 5 个月，先后分 4 个阶段。

第一阶段为 2012 年 7 月 1 日至 7 月 31 日，主要工作为召开全县选举工作会议，设立县乡两级选举组织，制订选举工作方案，开展代表资源摸底和培训宣传。8 月 29 日，县人大常委会邵常发〔2012〕13号文件通知，成立邵阳县第十六届选举委员会，黎德生任主任，袁玉华、刘长明、刘连生任副主任，唐红艳等13人为委员，下设办公室，罗立华兼任办公室主任。

第二阶段从8月1日起至8月25日止，主要是分配代表名额，划分选区，开展选民登记，公布选民名单。

第三阶段从8月26日起至9月29日止，其中8月26日至31日，为推荐初步代表候选人阶段；9月1日至24日，为确定和公布正式候选人阶段；9月25—29日，为投票选举阶段。第四阶段从10月28日起至11月底止。主要是进行代表资格审查，筹备召开县、乡两级新一届人民代表大会第一次会议。本届县人大代表名单如下：

第一代表团32人（塘渡口镇）

王　琪　王细军　邓红兵　田鸣银　刘玉凤　刘玉洲　刘爱军　孙立波　朱海鸥
张　辉　张跃军　李　武　李益定　肖卫东　肖向东　陈晓凤　周新荣　郑　艾
唐　辉　唐小红　唐安国　唐振兵　唐跃生　银良国　银勇刚　银政要　黄洪华
黄爱国　蒋连喜　蒋耀华　谭要花　黎明利

第二代表团31人（五峰铺镇、金江乡）

伍新雄　刘　铭　刘少雄　刘艾华　刘有国　刘胜慢　刘耀清　吕振雄　朱秋云
朱跃成　吴太平　张远红　李开放　李信明　李小春　肖晓乐　肖湘政　苏北贞
陈　辉　陈志明　陈新桃　林彦博　赵太元　赵地芳　夏三云　蒋四平　蒋玉元
蒋艳余　谢胜良　李高民　颜新宇

第三代表团33人（九公桥镇、金称市镇）

龙益中　龙跃明　龙德军　伍彩云　刘文龙　刘正平　刘良云　刘爱阳　吕　萍
吕珍娥　吕晓海　朱　纯　杨红凯　苏阿平　陈　刚　陈中梁　陈立平　陈国华
陈武祥　罗云文　贺海波　唐世平　唐国滔　袁小波　郭跃德　银　祎　黄先平
粟志峰　蒋梅娥　蔡智明　黎军喜　黎华峰　黎德生

第四代表团33人（塘田市镇、岩口铺镇、黄塘乡）

尹帮群　艾顺民　朱绮华　何真莲　李　斌　李龙勤　李红平　李学军　李顺良
李晓良　李晓明　李蒲生　肖汉华　陈云峰　陈自立　陈艳花　周勇强　易老柏
易爱民　林亲友　罗卫国　钟经球　唐功荣　唐和平　唐建清　唐珍良　夏小二
莫海天　彭小辉　曾　艳　蒋久鸿　蒋联明　谢春风

第五代表团33人（黄亭市镇、黄荆乡、机关组）

邓小明　邓乔云　邓国平　邓涤平　田承卫　艾祥生　伍分良　伍亮武　刘真林
吕清云　朱祥明　吴飞翔　张升健　张爱群　张能华　张蒲生　杨小林　杨旭梅

杨晓田　陈远祥　陈彦春　周祥平　罗开益　姜佳良　唐旭峰　唐红艳　康晓春
银烈华　黄小健　彭　彪　蒋丰华　蒋文平　蒋宏富

第六代表团26人（谷洲镇、河伯乡）

王　琥　王四雪　刘　丹　刘平国　刘绍波　刘雄清　向艳平　吴小前　李小勇
李桂生　李海云　杨正林　杨玉平　陈冬青　陈昌元　林小群　赵伍和　徐克俭
莫海军　郭万雄　彭小艳　蒋　军　蒋乐新　蒋利军　谢树新　谭兴国

第七代表团34人（长阳铺镇、小溪市乡、蔡桥乡）

马运华　尹向成　王成斌　王清华　伍兴国　刘长明　刘来科　刘亮明　刘朝阳
吕天妮　吕会龙　吕勇萍　吕敬锋　何旗红　李红辉　杨利军　肖刚强　肖青林
苏花红　陆若霖　陈小生　屈志军　易红亮　罗立华　罗丽君　罗国荣　罗聪慧
姜少华　唐卫国　唐秋生　唐益发　黄虚静　曾志红　蒋双军

第八代表团27人（下花桥镇、霞塘云乡）

方慧敏　王小莉　王朝晖　艾桂连　伍湘平　刘乐蓉　吴义军　张　智　张仕云
杨小勇　肖正良　周早清　周钦佩　周超峰　周新平　易定文　罗　洪　段伟祥
胡必红　胡娴春　赵叶飞　赵迎春　唐康明　袁玉华　蒋群荣　黎明剑　黎晓君

第九代表团34人（郦家坪镇、长乐乡、罗城乡）

王明华　邓星强　邓新祥　田龙生　田清香　艾富清　伍红军　刘　恒　刘　斌
刘长福　吕仲娥　吴柏庭　吴选民　李芳平　李秋祥　李爱国　杨清发　陈兆基
周卫东　周自珍　郑良元　段周柱　唐柏生　袁秋生　钱沸涛　黄志能　彭巧云
彭海军　彭章卫　粟甲午　蒋建国　廖献国　颜寿生　颜建国

第十代表团32人（白仓镇、诸甲亭乡）

王进行　王银坚　邓小妞　刘旭东　刘金球　朱清平　何　超　吴文国　吴律化
吴桂竹　张志清　李连成　杨　平　杨景平　肖小大　陈付桂　陈定岗　陈爱武
易顺良　罗世竹　罗光辉　祖平生　胡社语　赵湘明　唐　维　夏顺武　徐茶秀
彭军华　粟风凡　蒋　新　蒋珍苏　谢仕明

第十节　第十七届基层选举

邵阳县第十七届基层换届选举于2016年9月2日至10月28日进行。选举期间，县委按照中共中央、中共湖南省委、中共邵阳市委关于换届选举工作的总体要求和原则，召开人大工作会议，对县乡人大换届选举工作进行部署。县人大常委会召开了换届选举业务人员培训会议，对换届业务进行专门培训。同时对代表人选提名规定了

“三个基本条件”“五个好标准”“十五项负面清单”，组织相关部门对县乡人大代表人选进行联合审查。并按照法定程序和时间节点及时公布选举日期、选民名单、初步候选人名单、正式候选人名单，统一制作选票和票箱，严格加强流动票箱管理，依法规范了选民委托他人投票的相关程序和规定，严肃换届选举纪律。选举期间，组织选民观看了《镜鉴》等教育片，做出了“九个严禁”“约法三章”“十个不准”的纪律规定。9月2日，召开全县县乡两级人大换届选举工作会议。会后，全县划分了137个县人大代表选区和696个乡镇人大代表选区。10月26—28日为全县选举日，全县依法选举产生县第十七届人大代表316名，名单如下：

第一代表团49人（塘渡口镇）

王　光　王小莉　王国良　王朝晖　邓　敏　邓公平　邓芳叶　田　涧　刘玉乔
刘纪辉　刘秋凤　吕正茂　孙三元　孙云娥　朱风正　佘金华　张小华　张双武
张君连　张姬凤　张容群　张雄军　李　波　李良平　李晚娥　杨利群　杨艳明
陈要文　罗文宇　胡四方　唐小华　唐月武　唐海斌　唐康明　高　洁　银　祎
银　洁　银良国　黄洪华　黄爱国　曾芝玲　蒋　伟　蒋久鸿　蒋云付　蒋胜强
蒋联明　谭小平　谭葵元　黎恢成

第二代表团31人（五峰铺镇、金江乡）

毛应军　伍新雄　刘二喜　刘又莲　刘小杰　刘小英　刘真林　吕付雄　朱文佐
朱安民　朱桂锋　何良发　张玉蓉　李开放　肖银梅　陈　新　陈文凤　陈国华
陈海峰　周桂岚　祖泽洪　唐春来　夏贤钦　莫珍珍　袁多良　崔　灿　银俊芳
蒋文娟　蒋保强　蒋艳余　颜新华

第三代表团31人（九公桥镇、河伯乡）

邓　静　邓星强　龙益中　伍　芳　刘小平　刘长明　刘长清　刘军民　刘海方
刘爱阳　吕天妮　朱　纯　阮春阳　余绍田　张贵华　李曦昱　杨卫民　苏阿平
陈昌源　易六生　罗云文　唐国滔　郭细秀　银　芳　彭小清　彭校林　曾玉梅
曾宽华　蒋　军　蒋友荣　谢四银

第四代表团30人（塘田市镇、蔡桥乡、罗城乡）

尹　晖　尹松柏　尹海洋　王良英　邓海凤　艾顺民　伍健文　刘元发　刘春笋
吕会龙　吕基明　吴伍连　张　琦　李小春　李晓良　杨　佳　肖建良　肖媛媛
陈　芬　陈　翔　陈小兵　周清平　唐　娜　唐　瑛　唐汉江　黄玉桂　彭巧云
蒋　新　蒋凯兵　谢建东

第五代表团29人（黄亭市镇、岩口铺镇）

王　俊　王成斌　王春香　邓小珍　邓建英　邓晓明　刘　治　刘　峰　孙小连

何佳良　何翠兰　宋三妹　张应华　张经凤　张群姣　李　娟　李军宁　李红平
李学军　杨乐娥　杨正国　杨再东　肖刚强　周鑫俊　罗秀祥　黄政道　彭军华
蒋丰华　谢香玲

第六代表团25人（谷洲镇、长乐乡）

马运华　尹老容　王立平　邓祥银　田应华　伍红军　刘　楷　刘莎莎　向艳平
吕思慧　吴小前　张　玉　张蒲生　李小明　李彩红　周　乐　周晓明　易万国
钟经球　唐明亮　唐保国　袁国荣　郭志明　顾东桂　曾祥德

第七代表团32人（长阳铺镇、诸甲亭乡、机关组）

尹帮群　毛更生　王江丰　王翠明　邓兰春　刘竹容　刘来科　向丽洁　吕智芳
朱小艳　何晚良　余红英　吴飞翔　吴律化　李建波　李青华　李晓东　苏花红
陈小生　罗立华　罗琪琳　罗鲜明　姜佳良　赵叶飞　赵逢春　唐公平　袁杰勇
袁秋生　粟小山　谢毅勇　颜小明　颜双娥

第八代表团27人（下花桥镇、小溪市乡）

王　芳　刘　艳　刘　莹　刘四元　刘细娥　吕　伟　吴红海　吴选民　肖祥玉
肖湘政　周　波　周钦佩　金连娥　姜少华　赵长发　唐　琦　唐小兰　唐小笛
唐旭峰　唐建英　郭佐成　蒋双军　蒋乐新　简小林　蔡金容　黎明剑　黎富平

第九代表团32人（郦家坪镇、金称市镇）

尹业波　王凌云　邓查元　艾发元　龙德军　刘　瑛　向国雄　吕　萍　吕海廷
朱海欧　何千里　吴　君　宋喜华　李小平　李伍元　陈小兵　陈小林　陈松林
陈桂发　陈简若冰　周卫东　周小凤　周自珍　罗中秋　姜巧玲　洪佯秀
唐有杰　唐明轩　唐嘉欣　蒋建新　蒋振兴　蒋梅娥

第十代表团30人（白仓镇、黄荆乡）

王进行　邓勇平　龙付元　刘　娜　刘　啸　刘再德　吕　艳　朱祥明　何双叶
何军苏　李红辉　李连成　杨文军　杨旭梅　沈　红　邹中华　陈定岗　陈桂南
陈爱武　林芬芬　胡社语　袁玉华　黄龙清　黄春莲　蒋秀华　蒋连花　蒋珍苏
谢丽红　颜新宇　黎婷婷

表 1　　邵阳县历届县人民代表（含各界人民代表）人数表

	届次	代表人数		届次	代表人数
邵阳县各界人民代表会议	第一届	260	邵阳县人民代表大会	第七届	770
	第二届	275		第八届	378
	第三届	因资料散佚，代表人数无考		第九届	436
	第四届	因资料散佚，代表人数无考		第十届	331
邵阳县人民代表大会	第一届	301		第十一届	341
	第二届	329		第十二届	334
	第三届	329		第十三届	311
	第四届	314		第十四届	307
	第五届	382		第十五届	315
	第六届	代表未经选举，人数无考		第十六届	316

第四章 代表权力与职责、义务

为使人大代表履行好代表人民行使权力的职责，我国宪法和有关法律赋予了人大代表应当享有的权利和必须履行的义务。

第一节 代表权力

审议权 审议是对列入会议议程的各项报告和议案进行讨论、发表意见、表明意愿和立场，给予肯定、否定或者提出修改意见的权利。在人民代表大会会议上，代表参加审议人大常委会、政府、法院和检察院的工作报告，审查和批准国民经济和社会发展计划及计划执行情况的报告、国家预算和预算执行情况的报告，是代表参与决定国家事务的重要职责，也是行使代表权利的重要方面。代表应当本着为人民负责的精神，对报告和议案实事求是地肯定成绩，指出问题，提出修改意见。

提案权 人民代表大会立法和决定重大问题，一般要经过提出议案、审议议案、表决议案和公布法律（法规）和决定、决议的程序。其中，提出议案是审议、决定问题的前提。法律除规定有关国家机关和人大的机构有权提出议案外，还规定了代表有权联名提出议案，提议组织特定问题调查委员会。

表决权 表决，是指代表大会在通过报告和议案、决定有关事项时，由代表明确表示赞成或反对意见，并以法定标准来确定结果的行为。表决权则是指代表对交付表决的报告和议案、有关事项表明各种意愿（包括赞成、反对或弃权）的权利。表决权利的行使，会直接产生法律后果，是表决结果的直接依据。根据全国人大议事规则的规定，全体代表过半数是衡量一件议案是否获得通过的标准。

询问权和质询权 询问和质询是国家权力机关对行政机关、审判机关和检察机关实行监督的形式。在人大会议期间，人大代表可以就有关问题向本级人民政府、人民法院和人民检察院提出询问。县人大代表有权向本级人民政府及所属各部门、人民法院和检察院提出质询案；乡镇人大代表有权向乡镇人民政府提出质询案。质询要依照程序进行。地方各级人大会议期间，人大代表10人以上联名，可以提出质询案；提出质询案应当以书面形式，写明质询对象、质询的问题和内容；质询案交由主席团决定由受质询机关答复。根据情况，可以在主席团、专门委员会或者代表团会议上答复；代表对答复不满意的，受质询机关应再作答复。

选举权 选举权是指代表参加产生国家机关领导人员及其他人员的权利。县级人民代表大会选举本级人大常委会组成人员、县长、副县长及本级人民法院院长和人民检察院检察长，检察长需报上一级检察院检察长提请该级人大常委会批准。乡、镇人民代表大会选举本乡镇人大主席团常务主席、副主席、乡长、副乡长或镇长、副镇长。地方各级人大的选举，候选人由主席团和各级人大代表联名提名，实行差额选举。

罢免权 罢免是指由选举和任命产生的国家机关有关工作人员在任期届满以前，依法解除其职务的法律行为。罢免的范围大致与选举和任命产生的国家机关工作人员的范围相同。罢免国家机关工作人员是人大各种监督手段中最严厉的监督手段，也是最后的监督措施。罢免案应以书面形式在代表大会期间提出，并写明罢免对象和理由。由大会主席团提请大会审议，再由大会全体会议表决；或由主席团提议，经全体会议决定，组织特定问题调查委员会，由本级人大下次会议根据调查委员会的报告审议决定。

建议权、批评权 人大代表的建议、批评和意见，是代表向本级人大或者其常委会提出的对各方面工作的看法、意见的总称。代表对各方面的工作提出建议、批评和意见，是督促国家机关及其工作人员联系群众、改进工作的重要形式。代表建议、批评和意见可以个人提出，也可以联名提出；可以在大会会议期间提出，也可以大会会议闭会期间提出。

人大代表在闭会期间活动的权利 代表在会议期间的工作和闭会期间的活动，都是执行代表职务。《中华人民共和国全国人民代表大会组织法》《中华人民共和国地方各级人民代表大会和地方各级人民委员会组织法》《中华人民共和国全国人民代表大会和地方各级人民代表大会代表法》不但规定了代表在代表大会会议期间的工作和享有的权利，也规定了在代表大会会议闭会期间活动的权利。闭会期间的活动是大会会议期间活动的延伸，也是大会会议期间开展工作的基础和条件。法律规定代表在代表大会会议闭会期间的活动是多方面的，其中主要是参加视察和专题调研，应邀参加执法检查、列席有关会议，对各方面工作提出建议、批评和意见等。

第二节　代表职责

1985 年 9 月，第九届县人大常委会制定下发《县人大代表职责》，全文如下：

一、拥护中国共产党的领导，坚持四项基本原则，贯彻执行党的路线、方针和政策，在政治上始终与党中央保持一致，为实现四个现代化而奋斗。

二、树立为人民服务的思想，为人民谋利益，替群众办事；发挥国家权力机关联系群众的桥梁、纽带作用，经常地向群众宣传国家的法律、法令和党的方针、政策；广泛听取群众意见并及时向县人民代表大会及其常务委员会或有关部门反映，推动县人民政府、县人民法院和县人民检察院工作的开展。

三、发挥人民代表的模范带头作用，努力学习马列主义、毛泽东思想，模范遵守国家的法律、法令，带头执行上级和本级人民代表大会及其常务委员会的决议、决定，积极搞好生产和本职工作，做到有理想、有道德、守纪律，做两个文明建设的带头人。

四、发扬主人翁精神，处处从人民利益出发，围绕党在新时期的总任务、总目标，对本地政治、经济、文化、教育、卫生、民政、民生等公共事业的建设献计献策。

五、虚心听取选民意见，自觉地接受选民监督，认真克服自己工作的缺点，努力作好各项工作。

第三节　代表义务

模范遵守宪法和法律　人大代表是建设法治国家的中坚力量，应当责无旁贷地模范地遵守宪法和法律，带头宣传和执行法律，在自己参加的生产、工作和社会活动中，协助宪法和法律的实施，推进依法治国的进程有深远意义。

保守国家秘密　国家秘密直接关系到国家的安全和利益，人大代表来自社会各个方面，相当多的人大代表分别接触到各种国家秘密，代表在参与国家事务的决策中，也会了解和掌握某些国家秘密。作为国家权力机关的组成人员，人大代表应当严格地保守国家秘密，模范遵守保密制度，不在私人交往和通信中泄露国家秘密，不携带属于国家秘密的文件、资料和其他物品外出；不在公共场所谈论国家秘密。

联系群众　人民把意愿和要求委托给代表，再由代表将这些意愿和要求反映到国家权力机关中去。代表必须密切联系群众，才能真正了解社情民意，了解人民的意愿所在，为人民行使好权利。代表也只有密切联系群众，才会把自己置于群众的监督之下，取得工作的动力，增强工作的责任感。为此，宪法和有关法律规定，全国人大代表和地方各级人大代表，应当与原选区选民或者原选举单位的人民群众，保持密切联系，听取和反映他们的意见和要求，努力为人民服务。

参加人民代表大会会议　代表是人民委派到权力机关的使者，参加人民代表大会会议，参与审议各项报告和议案，是代表的神圣权利，也是代表的法定义务，不能无故出缺。代表法规定："代表应当出席本级人民代表大会会议，依法行使代表的职权。"代表"未经批准两次不出席本级人民代表大会会议的"，其代表资格终止。同样，代表如果对人大审议的议案漠不关心，在选举和表决议案时不投票，也属于失职行为。

第五章　代表结构

第一节　群体结构

一、各界人民代表会议代表群体结构

档案馆保存的邵阳县第一届各界人民代表会议258名代表，来自11个方面或单位（因当时人民政权刚刚建立，代表的界别划分不太规范），其中：中共县委代表3人，占1.16%；政府代表8人，占3.1%；青年团机关代表1人，占0.39%；县直机关代表10人，占3.88%；部队代表15人，占5.81%；青年代表5人，占1.94%；妇女代表5人，占1.94%；文教界代表29人，占11.20%；工商界代表11人，占4.3%；开明士绅代表17人，占6.6%；农民代表156人，占60.47%。

邵阳县第二届各界人民代表会议，代表界别划分由第一届的11个增加到13个，界别结构发生了如下变化，其中新增了党派群团代表6名（含中共邵阳县委代表）和少数民族代表；开明士绅代表改为特邀代表，人数由上届的7人减至3人；妇女代表和青年代表比例大幅度提高，政府代表较上届有所减少；农民代表比上届减少的原因是增加的农村青年代表和农村妇女代表未计算在农民代表之内。本届全县各界人民代表会议275名代表中：政府代表5名，占1.82%；县直机关代表3名，占1.09%；部队代表2名，占0.73%；党派群团代表（含中共县委代表）6名，占2.18%；工人代表19名，占6.91%；文教界代表26名，占9.45%；工商界代表23名，占8.35%，矿业界代表5名，占1.82%；青年代表25名，占9.09%；妇女代表40名，占14.55%；少数民族代表4名，占1.45%；特邀代表3名，占1.09%；农村代表114名，占41.45%。

第三届和第四届各界人民代表会议代表结构变化情况无考。

二、县人大代表群体结构

邵阳县第一届人民代表大会301名代表中：工人代表7名，占2.30%；农民代表

201人，占66.76%；工商界代表4名，占1.5%；教育界代表29名，占8.67%；卫生界代表11名，占4.4%；机关团体代表36名，占12%；部队代表11名，占4.4%。

第二届人民代表大会329名代表中：农民代表231名，占70%；工人代表10名，占3.1%；革命军人代表3名，占0.9%；教育界代表14名，占4.2%；文艺界代表2名，占0.6%；卫生界代表14名，占4.2%；工商界代表11名，占3.3%；宗教界代表2名，占0.6%；机关工作人员代表31名，占9.4%。

第三届人民代表大会329名代表中：工人代表8名，占2.4%；农民代表231名，占70%；革命军人代表3名，占0.9%；教育界代表18名，占5.4%；文艺界代表2名，占0.6%；卫生界代表7名，占2.1%；工商界代表16名，占4.8%；宗教界代表1名，占0.3%；机关工作人员代表43名，占13%。

第四届人民代表大会代表职业结构无考。

第五届人民代表大会380名代表中：工人代表7名，占1.8%；农民代表278名，占73.1%；手工业代表2名，占0.5%；军人代表2名，占0.5%；教育界代表27名，占7.1%；文艺界代表3名，占0.8%；卫生界代表15名，占3.9%；工商界代表12名，占2.3%；宗教界代表3名，占0.8%；机关代表44名，占9.2%。

第六届人大代表职业结构无考。

第七届人民代表大会770名代表中：革命干部代表146名，占18.96%；产业工人代表75名，占9.74%；农民代表427名，占55.45%；革命知识分子代表70名，占9.09%；基层财贸职工代表34名，占4.42%；基层农林水系统代表8名，占1.04%；军队代表10名，占1.30%。

第八届人民代表大会378名代表中：工人代表7名，占2%；农民代表272名，占72%；军队代表2名，占0.5%；干部代表85名，占22.5%；知识分子代表11名，占2.8%；其他劳动人民代表1名，占0.2%。

第九届人大代表职业结构无考。以后农民代表占代表总数的比例有所降低，知识分子和干部代表比例相应提高。

第十届人民代表大会336名代表中，农民代表185名，占55.10%，工人代表7名，占2%，干部102名，占30.36%，知识分子代表33名，占9.82%，其他劳动人民代表8名，占2.38%，军人代表1名，占0.3%。

第十一届人民代表大会341名代表中，农民代表188名，占54.97%，比第十届略有降低；工人代表5人，占1.5%；干部代表和知识分子代表所占比例比第十届略有提高。

因资料缺失，第十二届、第十三届人大代表职业结构情况无考。

第十四届人民代表大会307名代表中，农业代表173名，占56.4%；工商行业代表9人，占2.7%；教育文化卫生行业代表5人，占1.6%；军队代表1人；国家机关工作人员代表119人，占38.3%。

第十五届人民代表大会315名代表中，干部代表100名，占31.6%；工人、农民、知识分子代表174名，占55%；其他职业代表42名，占13.4%。

第十六届人民代表大会316名代表中，干部代表99名，占31.3%；工人、农民、知识分子代表176名，占59.6%；其他职业代表31名，占9.1%。

第二节　文化结构

邵阳县各界人民代表会议代表及第一届、第二届、第三届、第四届人民代表大会代表的文化结构无考，但可推断：此阶段的前期即各界人民代表会议代表的文化结构，以文盲和初小文化为主；后期即第一届至第四届人民代表大会期间，县人大代表文化结构以初小文化为主。

第五届人民代表大会代表的文化结构以小学文化为主，占81.72%；其中高小文化程度者占39.74%，初小文化程度者占41.98%；高中以上文化程度者占3.41%，初中文化程度者占5.13%，文盲占9.74%。

第七届人民代表大会代表和第五届人民代表大会代表相比，文化结构的变化是由以初小和高小两个文化层次为主上升为以初小、高小和初中三个文化层次为主。本届代表大会770名代表中：具有大学本科文化者10人，占1.3%；具有大专文化者9人，占1.17%；具有中专文化者24人，占3.12%；具有高中文化者81人，占10.52%；具有初中文化者164人，占21.30%；具有高小文化者230人，占29.87%；初小文化者191人，占24.81%；文盲61人，占7.92%。

第八届人民代表大会代表的文化结构从第七届的高小、初中和初小三个层次为主上升为以高小和初中两个文化层次为主，378名代表中：具有大学本科文化者5人，占1.32%，和上届基本持平；具有大专文化者1人、占0.26%；具有中专文化者10人、占2.65%；占代表总数的比例均低于上届；具有高中文化程度者44人，占11.64%，略高于上届；具有初中文化程度者99人，占26.19%，比上届高4.89个百分点；具有高小文化程度者131人，占34.66%，比上届高4.79个百分点；具有初小文化者66人，占17.46%，比上届低7.35个百分点；本届代表中仍有文盲12人，占代表总数的3.17%。因“文化大革命”10年中高校停止招生，县第八届人民代表大会时，恢复高考后的高校学生尚未进入社会，故第八届县人大代表中具有专科和大学文化程度者所占比例均低于第七届县人大代表。

自20世纪80年代中期始，具有大专以上文化的代表迅速增多，初中以下文化程度的代表明显减少。第十届县人民代表大会336名代表中，具备大专以上文化者26人，占7.74%；具有中专文化程度者36人，占10.71%，具有中学文化程度者206人，占61.31%；具有小学文化程度者68人，占20.24%；已无文盲代表。

第十一届341名县人大代表中，具有大专以上文化者16人，占4.7%；具有中专和中学文化者280人，占81.87%；具有小学文化者46人，占13.45%；无文盲代表。

因资料缺失，第十二届、第十三届人大代表文化结构情况无考。

第十四届县人民代表大会307名代表中，具有高中、职高、中专文化程度的代表为本届县人大代表文化结构层次的主体，共155人，占代表总数的50.4%；初中以下文化者46人，占14.9%；大专文化者72人，占23.5%；大学本科及本科以上文化者34人，占11.2%。

第十五届、第十六届人民代表大会代表文化结构无考。

第三节　年龄、民族与性别结构

一、年龄结构

邵阳县各界人民代表会议代表和县人大代表年龄结构总的趋势是：20世纪80年代以前，时间越早，代表的年龄层次越低；时间越后，代表平均年龄越高。20世纪50年代代表平均年龄低于20世纪60年代，这一时期代表年龄结构以20~29岁和30~39岁两个年龄段为主，尤以20~29岁年龄段为最多；20世纪60年代，代表年龄结构以30~39岁和40~49岁两个年龄段为主，以30~39岁代表人数最多；20世纪70年代，代表年龄结构以30~39岁、40~49岁、50~59岁三个年龄段为主，以40~49岁年龄段代表最多，约占代表总数的一半，30~39岁和50~59岁两个年龄段代表人数相差无几；20世纪80年代以后，代表年龄结构以40~49岁、50~59岁两个年龄段为主。

邵阳县各界人民代表会议代表和县第一届人民代表大会代表具体年龄状况无考，但据推算此阶段的代表年龄结构、层次应和县第二届人民代表大会基本持平或略低于县第二届人民代表大会。

第二届人民代表大会代表年龄信息亦登记不全，本届329名代表中只有260人在花名册上有年龄登记，这260名代表中：70岁者1人，占0.38%；60~69岁者6人，占2.31%；50~59岁者3人，占1.16%；40~49岁者18人，占6.92%；30~39岁者

85 人，占 32.69%；20 ~29 岁者 129 人，占 49.61%；20 岁以下者 12 人，占 4.61%。年龄最大者 70 岁，最小者 18 岁。

第三届人民代表大会 329 名代表中，只有 82 名代表有年龄登记，这 82 名代表全属 20 ~ 29 岁、30 ~ 39 岁、40 ~ 49 岁三个年龄段，其中 20 ~ 29 岁者 40 人，占 48.78%；30 ~39 岁者 32 人，占 39.02%；40 ~49 岁者 10 人，占 12.2%。

第五届人民代表大会代表的年龄结构是：60 ~69 岁及 70 岁以上者各占 1.4%，50 ~59 岁者占 8.4%，40 ~49 岁者占 24.47%，30 ~39 岁者占 49.65%，20 ~29 岁者占 14.68%；年龄最大者 78 岁，最小者 20 岁。

第五届人民代表大会之后 15 年的第七届人民代表大会，770 名代表中，70 岁以上者 2 名，占 0.26%；60 ~69 岁者 12 人，占 1.55%；50 ~59 岁者 155 人，占 20.11%；40 ~49 岁者 364 人，占 47.16%；30 ~ 39 岁者 167 人，占 21.66%；20 ~29 岁者 69 人，占 9%；20 岁以下者 2 人，占 0.26%。年龄最大者 71 岁，最小者 18 岁。

第八届人民代表大会 378 名代表中：70 岁以上者 1 人，占 0.26%；60 ~69 岁者 8 人，占 2.12%；50 ~59 岁者 67 人，占 17.72%；40 ~49 岁者 143 人，占 37.83%；30 ~39 岁者 106 人，占 28.04%；20 ~29 岁者 52 人，占 13.96%；20 岁以下者 1 人，占 0.26%。年龄最大者 74 岁，最小者 19 岁。

以后代表平均年龄继续加大，但代表中最小年龄和最大年龄之间的差距缩小。第十届 336 名县人大代表中：35 岁以下者 138 人，占 41.07%；35 ~56 岁者 198 人，占 58.93%；56 岁以上的代表无。

第十一届 341 名县人大代表中，35 岁以下者 43 人，仅占代表总数的 12.5%，比第十届降低 28.47 个百分点；35 ~56 岁者 277 人，占代表总数 80.99%，比第十届提高 22.06 个百分点。

第十二届和第十三届人大代表年龄结构无考。

第十四届人民代表大会 307 名代表中，35 ~ 56 岁者 250 人，占代表总数的 81.4%；35 岁以下者 47 人，占 15.3%；56 岁以上者 10 人，占 3.3%。

第十五届、第十六届县人大代表的年龄结构和第十四届基本持本。

二、民族结构

第一届各界人民代表会议，未明确规定少数民族代表名额，故推选的代表中，少数民族代表的数量和比例无考。

第二届各界人民代表会议，汉族代表 271 人，占代表总数的 98.57%；少数民族（回族，下同）代表 4 人，占代表总数 1.43%。

第一届人民代表大会代表中：汉族代表294人，占97.67%；少数民族代表7人，占2.33%。

第二届人民代表大会代表中：汉族代表322人，占97.9%；少数民族代表7人，占2.1%。

第三届人民代表大会代表中：汉族代表322人，占97.9%；少数民族代表7人，占2.1%。

第五届人民代表大会代表中：汉族代表367人，占96.6%；少数民族代表13人，占3.4%。

第七届人民代表大会代表中：汉族代表762人，占98.96%；少数民族代表8人，占1.04%。

第八届人民代表大会代表中：汉族代表376人，占99.5%；少数民族代表2人，占0.5%。

第十届人民代表大会有4名少数民族代表，占代表总数1.19%；汉族代表占98.81%。

第十一届341名人大代表中，有3名少数民族代表，占代表总数的0.88%，汉族代表占99.12%。

第十四届人大代表中，汉族代表301人，占98%；少数民族代表6人，占2%。

三、性别结构

第一届各界人民代表会议规定的妇女代表名额为5人，仅占代表总数的1.91%，这只是县人民政府规定的指标，与会代表中真正的妇女代表不只这么多，其他各界代表中还有少量的妇女代表未计算在内。

第二届各界人民代表会议代表中，男性代表235人，占与会代表总数的85.71%；妇女代表40人，占与会代表总数的14.29%。其他各界人民代表会的代表的女性代表无考。

第一届人民代表大会代表中：男性代表252人，占83.72%；女性代表49人，占16.28%。

第二届人民代表大会代表中：男性代表264人，占80.24%；女性代表65人，占19.76%。

第三届人民代表大会代表中：男性代表271人，占82.37%；女性代表58人，占17.63%。

第五届人民代表大会代表中：男性代表294人，占77.3%；女性代表86人，占

22. 7%。

第七届人民代表大会代表中：男性代表632人，占82. 08%；女性代表138人，占17. 92%。

第八届人民代表大会代表中：男性代表305人，占80. 8%；女性代表73人，占19. 2%。

第十届人民代表大会代表中，男性代表占80. 05%；女性代表占19. 95。

第十一届341名人大代表中：男性代表284名，占83. 2%；女性代表57名，占16. 72%。

第十四届人大代表中：男性代表238名，占代表总数77. 6%；女性代表69人，占22. 4%。

第十五届人大代表中，男性代表221名，占代表总数70%；女性代表95名，占30%。

第六届、第九届、第十二届、第十三届、第十六届人民代表大会代表的性别结构情况无考。

第二编

县人民代表大会

第一章 各界人民代表会议

1949年10月10日，邵阳解放。10月13日，中共邵阳县委、邵阳县人民政府成立，邵阳县人民政权正式诞生。根据1949年9月29日中国人民政治协商会议第一届全体会议通过的《中国人民政治协商会议共同纲领》第十四条关于“在普选的地方人民代表大会召开以前，由地方各界人民代表会议逐步的代行人民代表大会职权”的规定和1949年12月2日中央人民政府委员会第四次会议通过的《县各界人民代表会议组织通则》的规定，邵阳县在普选的县人民代表大会召开以前，实行各界人民代表会议制度，于1950年2月召开了邵阳县第一届各界人民代表会议第一次会议，至1953年3月，先后召开了4届共13次各界人民代表会议。

第一节 第一届各界人民代表会议

邵阳县第一届各界人民代表会议届期为1950年2月至1951年7月，先后召开4次会议。

一、第一次会议

邵阳县第一届各界人民代表会议第一次会议，是在邵阳县解放4个月后，于1950年2月10日至14日在老县城邵阳市召开，会期5天。这是全县各界人民有史以来第一次推选自己的代表，以主人翁的姿态参与政府决策、行使民主权利。本次会议到会代表258人（胡彬《开幕词》中称“有300多个代表”、专员魏国元《讲话》中称“代表312人”，但档案馆保存的邵阳县第一届各界人民代表会议代表名单为258人）。会议开幕之前成立了由魏国元、钟石、白希清、胡彬、潘邦彦、葛先学、胡子康、王哲敏、罗植乾、李襄城、敖振民、徐彬、张学信、萧国华、魏尚德、赵子经、禹问樵、刘海平18人组成的大会主席团，赵子经任大会主席团秘书长，禹问樵、刘海平任副秘书长。

2月10日上午大会开幕，政府代表、副县长胡彬致开幕词。然后，政府代表、邵阳专区专员魏国元在大会讲话，他要求与会代表本着“知无不言，言无不尽”的精神，研究邵阳县应兴应革的大事，遵照湖南省人民政府提出的工作方针和任务，参照邵阳县的具体情况，确定适合本地的工作与任务。

魏国元讲话后，政府代表、县长白希清代表县人民政府向大会作《施政报告》。白希清在《施政报告》中指出：邵阳县解放后，县人民政府在上级领导下，建立了区、市人民政权，恢复了社会秩序，完成了剿匪、征粮和支前任务。至会前为止，全县征收公粮4972.335万公斤，征集木柴1826.95万公斤，征集稻草642.155万公斤。4个月中，全县共修建大小桥梁27座、码头2处、木船3艘、汽船1艘，动员民夫7100名、担架980副，共开支稻谷2.25万公斤、人民币210万元（旧币），供给部队大米604.8万公斤、柴1196万公斤、稻草454万公斤。同时设立了全县公产接管委员会，负责接收全县教育特种基金委员会、县救济院、县参议会、县公产、平粜会、积谷会等前国民党机构管理的公产。选举产生了市协商委员会，组织了合作社以及开办了小学教师讲习班等工作。

次日，中共邵阳县委代表、县委书记钟石发表《在邵阳县第一届各界人民代表会议上的建议》的讲话，向各界代表提出了5个方面的工作建议：1、清剿土匪、肃清土匪；2、实行减租；3、生产节约，救灾备荒；4、整理地方财政，清理公产；5、推销人民胜利折实公债。

会议期间，与会代表对专员魏国元的讲话和县长白希清的施政报告、县委书记钟石的工作建议以及邵阳县解放之后所面临的各项工作任务进行讨论，农民代表唐宏定、工人代表王哲敏、文教界代表萧求生、商界代表欧阳痴仙、部队代表李建中、卫生界代表伍佑林、开明士绅代表宁若成等在大会作了发言。大会通过了由胡彬、周显初、龙仲、潘邦彦、李襄城、赵子经、葛先学、胡子康8人组成的邵阳县第一届各界人民代表会议提案审查委员会组成名单。

2月13日进行选举，选举钟石等19人为邵阳县第一届各界人民代表会议常务委员会委员，唐芝等4人为候补委员（名单均见第四编第二章第二节《各届人民代表会议常务委员会委员名录》），钟石为常务委员会主席，白希清、胡子康、聂海平、郭治平为常务委员会副主席，龙仲为常务委员会第一秘书长，周泽民为常务委员会第二秘书长。

2月14日，会议通过了以下6项决议：1、关于清剿匪特、安定革命秩序的决议；2、关于减租的决议；3、关于生产节约，备荒救灾的决议；4、关于整理地方财政的决议；5、关于推销人民胜利折实公债的决议；6、关于文化教育的决议。

随后，中共邵阳地委书记夏如爱到会讲话，对大会的圆满成功表示祝贺。夏如爱讲话后，邵阳县第一届各界人民代表会议常委会主席、中共邵阳县委书记钟石作了大会总结报告，最后由魏国元致闭幕词，宣布邵阳县第一届各界人民代表会议第一次会议闭幕。

本次会议共收到各界代表提案212件。

二、第二次和第三次会议

1950年2月，召开了邵阳县第一届第一次各界人民代表会议后，当年还召开了第一届各界人民代表会议第二次和第三次会议。第二次会议组织代表学习了《中华人民共和国土地改革法》，做出并通过了关于征粮和发动群众整修塘坝等决议。第三次会议着重议决了全县农业税的征收及土地改革工作（因资料散佚，两次会议召开的具体时间和会议议程不详）。

三、第四次会议

邵阳县第一届各界人民代表会议第四次会议于1951年4月28日至30日，在老县城（今邵阳市）导群中学大礼堂召开，来自全县各机关、各人民团体及7个区的200余名各界代表参加会议。大会主要议题是宣传贯彻和开展“抗美援朝、保家卫国”运动。

正式开会之前，成立了由钟石、朴英杰、胡彬、龙仲、施德宣、隋竹倩、伍广崇、敖振民、刘海平、赵书空、刘玉仓、萧紃声、贺涤心、徐彬、孙景堂、邓桂英、王玉甫、国玉生、李立生、胡子康、萧洁斋21人组成的大会主席团。

4月28日上午8时，大会开幕，县人民政府副县长及本次大会主席团主席胡彬致开幕词，中共邵阳县委书记、各界人民代表会常务委员会主席钟石作《大会报告》。报告的第一部分中用非常通俗浅显的语言，揭露了美国侵略者的真面目，阐述了什么是抗美援朝，为什么要抗美援朝的道理；报告的第二部分中指出，邵阳县的抗美援朝工作中除开展《世界和平理事会宣言》签名活动和反对美国武装日本的投票活动外，还应该做好5个方面的工作：1、慰劳人民志愿军；2、镇压反革命；3、完成土地改革；4、做好拥军优属工作；5、做好教育工作。

4月28日下午及晚上，代表们讨论了钟石所作的报告。

4月29日举行大会发言，农业代表廖俊安、青年代表胡吉清、商界代表郑定宴、妇女代表金陈氏等10余名代表上台控诉声讨了美国侵略朝鲜、占领台湾的罪行。4月29日晚上，大会举行反对美国武装日本的投票活动和拥护《世界和平理事会宣言》签名活动。

4月30日上午，分小组酝酿提出邵阳县第二届各界人民代表会议常务委员会委员候选人和邵阳县抗美援朝分会委员名单。然后进行选举，选举钟石等20人为邵阳县各界人民代表会议第二届常务委员会委员（名单见第四编第二章第二节《各届人民代表会议常务委员会委员名录》）；选举龙仲、萧紃声、赵书空、刘海平、钟石、胡彬、王择林、姚必奎、金唐民、彭振俭、张文彩、宁紫云、刘玉为、白希清、赵书空、张家驹、徐彬、岳春云、李地生、陈善予、陈应轩、刘桂英、陈光泽、刘明仙、李彬清、申伟冀、曾学卿、秦迪元、颜盛东、陈泽民、陈耀林、彭植槐、刘上图、戴东生、高梁成、李邦桂、徐轩、赵和香38人为邵阳县各界人民抗美援朝分会委员。选举结束后，与会代表表决通过了《关于抗美援朝保家卫国的决议》《爱国公约》《邵阳县第一届第四次各界人民代表会议给中国人民志愿军的电报》。最后由邵阳县第一届各界人民代表会议常务委员会第一秘书长龙仲致闭幕词，宣布大会闭幕。

4月30日下午一时，邵阳县第二届各界人民代表会议常务委员会和邵阳县抗美援朝分会分别举行第一次会议；分别选举钟石为邵阳县第二届各届人民代表会议常务委员会主席，龙仲、王玉甫、萧紌声、胡彬为副主席，刘海平为秘书；选举龙仲为邵阳县抗美援朝分会主席，萧紌声、赵书空为副主席，刘海平为秘书。

第二节　第二届各界人民代表会议

邵阳县第二届各界人民代表会议届期为1951年8月至1951年12月，5个月内先后举行了3次会议。

一、第一次会议

邵阳县第二届第一次各界人民代表会议于1951年7月30日在老县城邵阳市召开，本次会议到会代表275人，钟石、龙仲、白希清、胡彬、施德宣、徐彬、朴英杰、刘海萍、王玉甫、萧紌声、海正发、李英、左晓云、刘顺生、萧细林、曾志成、莫代坪、宋南、金唐氏19人为大会主席团成员。会期原定3天，在原定议程即将完成时，因欢迎中国人民志愿军归国代表团，会期延长至8月7日闭幕，并临时增加代表300余人。本次会议期间，与会代表听取了县长白希清所作的县人民政府《施政报告》和中共邵阳县委书记钟石所作的《报告》；大会决定全县为抗美援朝捐献“邵阳人民号”战斗机4架。

县长白希清代表县人民政府所作的《施政报告》，从抗美援朝、生产工作、镇压反革命、土地改革等4个方面，向大会汇报了自第一届各界人民代表会议第四次会议以来县人民政府的施政情况；通报了全县反对美帝侵略朝鲜的签名、游行示威和捐献活动情况；以及全县调剂使用耕牛、整修塘坝、植棉、除虫等农业生产情况；并就会后全县的工作进行了部署安排。中共邵阳县委书记钟石的《报告》亦分4个部分：1、总的形势与总的任务；2、我们的三大任务（抗美援朝、镇压反革命、完成土地改革）；3、其他任务（生产度荒、文教、治安等）；4、如何保证完成任务。大会通过了《各界爱国公约》和《各界工作计划》。

大会选举钟石等20人为邵阳县第二届各界人民代表会议常务委员会委员（名单见第四编第二章第二节）。

最后，大会做出《关于继续开展抗美援朝，完成土地改革，坚决镇压反革命的决议》。

二、第二次会议

邵阳县第二届各界人民代表会议第二次会议于1951年秋后在老县城邵阳市召开（因当时会议档案不存，今邵阳县档案馆仅保存一本会议专刊，专刊未提及会议召开的具体日期及与会代表人数）。本次会议的主要议题有：1、宣传贯彻婚姻法；2、征粮；3、发展供销合作社；4、拥军优属；5、度荒。

县人民政府代表、县长白希清在开幕式上做《工作报告》，报告分4个部分：1、全县基本情况；2、今年秋征任务分配问题；3、秋征期间必须做好的几件事；4、如何做？

接着，第二届各界人民代表会议常委会副主席萧紥声就纠正教育界存在的急躁主观错误倾向在开幕式上发表讲话。法院代表、县人民法院院长萧洁斋在大会上作了《关于婚姻法报告》。机关代表、县人民政府合作科副科长赵赐生在会上介绍了全县供销合作社的开办成立情况。邓金池、胡陈氏、刘时瑛等代表在会上作了发言。

大会表决通过了《邵阳县第二届第二次各界人民代表会议决议》。

三、第三次会议

邵阳县第二届各界人民代表会议第三次会议于析划新县后，于1951年12月在新县城塘渡口举行，代表自带铺盖、稻草宿于沿河街后（今凤凰路下）的临时招待所内。因塘渡口初辟县城没有会场，故会议在今塘渡口镇霞塘云双江口召开。会议期间，县委、县政府机关干部全体出动，维护双江口渡口安全。本次会议听取了县委书记白希清关于土改复查和增产节约的报告，选举产生第三届全县各界人民代表会议常务委员会委员13名（名单均见第四编第二章第二节《各届人民代表会议常务委员会委员名录》），白希清为主席，林树贤、伍魁元、陆腾芳为副主席。

第三节　第三届和第四届各界人民代表会议

邵阳县第三届各界人民代表会议共召开4次会议，均于1952年召开。第四届各界人民代表会议第一次会议于1953年1月召开，代表歇宿地在县城招待所旧址（今电影公司），会议地点仍在双江口。第二次会议于1953年3月召开。第三届和第四届会议资料大部分已散佚，今仅存中共邵阳县委书记白希清在第三届各界人民代表会议第一次会议和第四次会议上所作的两份《报告》、县长伍魁元在第三届各界人民代表会议第四次会议上所作的《总结报告》《第三届各界人民代表会议第四次会议决议》《第三届各界人民代表会议常务委员会名单》《出席湖南省代表名单》，以及《邵阳县各界人民代表会议代行全县人民代表大会职权筹备委员会委员名单》等残缺资料，会议代表人数、代表名单、会议召开具体日期及详细议程均无考。据以上残存资料得知，第三届各界人民代表会议先后召开的4次会议中，重要议程有：

1、讨论制订《1952年爱国丰产计划》、发展整顿互助组、开展全县防疫运动；

2、选举邵阳县各界人民代表会议代行全县人民代表大会职权筹备委员会；

3、选举出席湖南省人民代表大会代表。

中共邵阳县委书记白希清在第三届各界人民代表会议第一次会议上所作的《政府工作报告》题为《一定要争取实现1952年爱国丰产计划》，分甲、乙、丙、丁4个部分。第一部分（甲）从防汛抗旱、水稻中耕追肥、除虫保收、棉花和杂粮的增产、加强军属代耕工作、强制地主参加劳动改造6个方面对全县农业生产进行了部署安排；第二部分（乙）对全县防疫工作提出了7条措施；第三部分（丙）提出在全县大力宣传发展互助组和整顿巩固现有互助组；第四部分（丁）就怎样推动爱国丰产运动提出了5条意见。本次会议选举产生第三届全县各界人民代表会议常务会会员13名（名单见第四编第二章第二节）。

白希清在第三届各界人民代表会议第四次会议上所作的《政府工作报告》着重总结和部署了全县1952年冬和1953年春整修塘坝、建立义仓、保护森林、扫除文盲、农村治安和司法、进一步贯彻婚姻法等方面工作。

第三届各界人民代表会议选举产生的出席湖南省各届人民代表会议代表是：伍魁元、刘石球、尹华和、覃良用、邓林卿、陈若莲、赵长录、钟娥英、陈常耀、刘城。

第四届各界人民代表会议选举产生伍魁元等19人为邵阳县各届人民代表会议代行全县人民代表大会职权筹备委员会委员，伍魁元为主任；白希清为副主任（名单见第四编第二章第二节）。

附：

民国时的议会和参议会

宝庆县议会

民国2年（1913），宝庆县议会成立，议长杨赓漠，副议长禹崧龄，议员56名，其中宝庆南乡有谷洲乡的黄葆真、时雍乡（下花桥）的刘时泉、立胜乡（长阳铺）的陆藻莹等3名，均为一方有权势的士绅。民国3年（1914）2月，袁世凯下令停办“地方自治”。民国10年（1921），恢复宝庆县议会。同年11月5日举行第一次常会，选举谢琢章为议长（后为魏丙荣），刘韵涛为副议长（后为段守谦），议员50名。下设法制、教育、财政、内务、实业、请愿、惩戒7股，议员兼为各股成员。民国11—14年（1922—1925年）共召开6次常会，审议提案100余件。常会闭会期间，用抽签法在议员中确定常驻委员5名，加上议长、副议长共7人组成常驻委员会，主持日常事务。

民国11年（1922）1—4月，《湖南省宪法》公布后，在各县成立选举事务分所，“普选”省议员，实行所谓“民选省长”。宝庆各豪劣违法舞弊，纠集无赖地痞，冒充选民，蒙领选票，明目张胆公开拍卖选票，雇人填票，一般平民不知选举为何物。县议会的召集及其开会闭会均由县知事掌握。提案及会议事项中虽有抵制军费、均衡田赋、禁烟禁赌、禁止缠足、兴办教育、裁减警兵等兴利除弊的内容，但议会无力督促政府实施，实为一纸空文。有些议决案纯属维持议员或议会利益，完全违背民意。民国13年（1924）6月，省府通令田赋逾期月息全部划作教育经费，宝庆县署召集各公团行政会议表决如数拨作学款，而县议会议决仅划30%，其余把持不拨，引起公愤。6月中旬李跃斌（教育会主任）、贺民范（劝学所长）、王子鑫（团防总局长）及各公团、学校发电控告，陈述县议会“极不信任”，要“依法筹备改组”。驻宝庆第一旅旅长刘建绪出面调停，同意田赋月息遵省令全部划作学款，由主管机关支配才了事。

民国15年（1926）春，国民革命军攻占湖南，宝庆县议会随之解体。

邵阳县参议会

民国33年（1944）6月4日，邵阳县府根据省府核定的临时参议员名单组成县临时参议会，李剑农为参议长，谢煜焘为副参议长，参议员17名，候补参议员10名。民国34年12月，各区乡镇成立代表大会，选举县参议员。民国35年（1946）1月20日正式成立县参议会，选出谢煜焘为参议长，肖坤为副参议长，议员66名。民国35—37年（1946—1948年）共召开大会9次，议决各类提案624件，其中民政类87件、财政类265件、教育类81件、建设类70件、军事类56件、社会类31件、临时动议34件。各类提案中，虽有救灾抚恤、倡导廉政、禁烟赌、防瘟疫、清理公产、限止高利贷、限租护佃、改造教育、疏浚资水、增设义渡等内容，但真正办理落实的极少。民国35年（1946），县参议会议决：“厉行保甲连坐法以清匪而维治安，拟请于九公桥常驻警察队、武装湘警七大队补充驻军给养”等，力促政府为国民党打内战作准备，防范共产党和人民武装力量的活动。1949年10月邵阳解放，县参议会随旧政权一同瓦解。

第二章　县人委时期人民代表大会

自中华人民共和国成立和邵阳县解放后，经过4年的努力，全县国民经济状况逐步好转，人民觉悟空前提高，工农联盟更加巩固，新生的民主政权已有较为坚实的基础，实行人民代表大会制度的条件已经具备，作为过渡时期的邵阳县各界人民代表会议在1953年3月召开最后一次会议后，已完成了她的历史使命。根据《中华人民共和国宪法（草案)》的有关规定，在湖南省人民政府的统一部署下，县内正式筹备实行人民代表大会制度。1954年初，邵阳县成立选举委员会，各区、乡广泛开展了关于实行人民代表大会制度的宣传。随即在全县进行选民登记和代表选举。1954年3月底，全县选举工作结束。根据省人民政府和邵阳专员公署的指示，决定召开邵阳县第一届人民代表大会第一次会议。在第一届人民代表大会第二次会议上，根据《中华人民共和国各级人民代表和地方各级人民委员会组织法》第十五条的规定，大会通过了邵阳县人民政府更名邵阳县人民委员会的决定。截至1968年9月底，县人民委员会期间，全县召开了5届共9次人民代表大会（含县人民委员会前的第一届第一次人民代表大会)。

第一节　第一届人民代表大会

邵阳县第一届人民代表大会届期为两年半（1954年6月至1956年12月)，共召开3次会议。

一、第一次会议

邵阳县第一届人民代表大会第一次会议于1954年6月27日至7月1日在县城塘渡口新建的县委大会场召开。

大会正式召开之前，根据省人民政府和邵阳专署的指示，以邵阳县选举委员会的组成人员为主，另外吸收了县直机关有关部门的部分人员，组成邵阳县首届全县人民代表大会筹备委员会，下设秘书、代表资格审查、宣传教育、提案整理4个小组，分别进行大会的筹备工作。秘书组负责大会会场布置、会议伙食、代表住宿和讨论地点安排等会务工作；代表资格审查小组对各区乡送来的代表履历表逐个进行审查，并在代表报到时根据区公所开具的代表介绍信和代表当选证、履历表进行详细对照，动员劝退了5名由区乡任意代替更换的代表（此5人均因当选代表临时有事或有病不能出席，由区乡任意指派代替参加会议者）；宣传教育小组在大会召开之前，组织县文化馆及全县80多名乡村教师，利用广播、黑板报、标语等形式，在全县大张旗鼓进行关于召开人民代表大会的宣传活动；提案整理组在会前赶制了提案表，分发各区乡的县人大代表，使代表们在出席代表大会前就能听取征求人民群众意见，撰写提案。

6月26日与会代表报到。6月27日早晨，召开了大会主席团会议，通过了本次大会的议程和中心议题。

本次大会有4项议程：1、听取和审议县长伍魁元的政府工作报告；2、讨论《中华人民共和国宪法（草案）》；3、选举省人民代表大会代表（因本次会议召开时，《中华人民共和国宪法》尚未公布，故未选举县长、副县长）；4、讨论以互助合作为中心的全县爱国增产运动。

大会原定6月27日上午开幕，因当时交通条件不便，代表未能按时到齐，故开幕式延至6月27日下午举行。本届县人民代表大会有代表301名，均系普选产生。本次会议到会代表253人，占应到代表的84.3%（缺席代表大多因水灾原因未能到会）。

6月27日下午正式开会，开幕式前，大会筹委会负责人报告了本次大会的筹备经过。下午3时许，大会正式开幕，大会主席团主席、中共邵阳县委书记林树贤致开幕词。然后，县长伍魁元代表县人民政府，向大会作《政府工作报告》。报告第一部分从农业互助合作、供销合作、农村信用合作、1954年财政预算、粮食统购统销、农业贷款发放、政法工作、优抚工作、文教卫生等方面，总结汇报了自上次各界人民代表会议后，县人民政府一年零三个月的施政工作；第二部分从大力开展以互助合作为中心的农业增产运动，建立国家粮食市场、活跃市场和加强市场领导，搞好优抚和治安工作，对中小学生开展劳动教育和爱国卫生运动5个方面，向大会报告了县人民政府今后一年的工作打算。

6月28日，与会代表分组对《政府工作报告》进行了审议。6月29日，会议讨论了《中华人民共和国宪法（草案）》；选举夏如爱、伍魁元、徐君虎、白心恕、胡子康、蒋雄魁6人为湖南省第一届人民代表大会代表。最后两天会议，着重讨论了本次会议的中心议题“大力开展以互助合作为中心环节的爱国增产运动，切实做好夏季生产和救灾工作”。会议最后做出了5项决议：

1、《关于大力开展以互助合作为中心环节的爱国增产运动，切实做好夏季生产和救灾工作的决议》；

2、《关于为了适应国家工业化与农业合作化的发展，必须做好农村经济工作，加强社会主义经济的领导作用，把小农经济逐步纳入国家计划轨道的决议》；

3、《关于在服从与服务于国家过渡时期总路线、总任务的原则下，搞好优抚救济与加强治安工作的决议》；

4、《关于讨论、学习、宣传〈中华人民共和国宪法（草案）〉的决议》；

5、《关于对初中、高小毕业学生加强劳动教育和开展爱国卫生运动的决议》。

二、第二次会议

邵阳县第一届人民代表大会第二次会议于1955年4月11日至13日召开，应到代表301名，实到代表238名。4月11日上午8时，县长赵赐生宣布大会开始。大会首先通过了本次大会主席团组成人员名单和本次会议议程。接着由本次大会主席团主席、中共邵阳县委书记林树贤致开幕词。随后，县长赵赐生向大会传达了湖南省第一届全省人民代表大会第二次会议精神。11日下午，县委书记林树贤作了大会报告。林树贤在报告中号召全县人民，紧紧抓住以互助合作为中心，全面深入地把春耕生产运动开展起来；对1955年的粮食增产提出了具体指标和具体措施；报告第三部分阐述了当时正在农村实行的“三定”（定产、定购、定销）工作的重大意义和政策措施。4月12日，与会代表对赵赐生传达的第二届全省人民代表大会第二次会议精神和林树贤所做的报告进行了分组审议。4月13日早晨，大会以无记名投票的方式，联合提出了邵阳县人民委员会组成人员候选人和县人民法院院长候选人名单。上午进行大会选举，以无记名投票的方式，选举赵赐生等19人为第一届邵阳县人民委员会委员（名单见第四编第二章第三节）；选举赵赐生为县人民委员会县长，朱静安、王芝清为副县长；选举夏超君为县人民法院院长。选举结束后，新当选的县人民委员会委员、县长、副县长、法院院长在主席台接受了献花，县长、法院院长发表了就职讲话。

最后，大会通过了以下3项决议：1、《关于贯彻湖南省第一届全省人民代表大会第二次会议精神的决议》；2、《关于大力开展以互助合作为中心的春耕生产运动的决议》；3、《关于反对美国侵略集团干涉我国内政，坚决解放台湾的决议》。

三、第三次会议

邵阳县第一届全县人民代表大会第三次会议于1955年12月19日举行，会期仅1天。中共邵阳县委书记林树贤在会上作了《关于农业合作化运动规划的报告》。此次会议虽然时间非常短促，亦未成立大会主席团，出席大会的代表人数也未留下记载，但会议作出了以下3项非常具体实在的决议：

1、《关于修筑塘渡口至邵阳市县道的决议》；

2、《关于修建石盆水库的决议》；

3、《关于更改全县同名乡乡名的决议》。

第二节　第二届人民代表大会

邵阳县第二届人民代表大会共有代表329人，均于1956年11月选出。本届县人民代表大会届期为1年零6个月（1956年12月中旬至1958年6月初），共召开两次会议。本届全县人民代表大会第一次会议选举产生的县人民委员会委员中，黄鹤因在肃反运动中被审查出有历史问题，在本届县人民委员会第五次会议中被取消县人民委员会委员资格；赵荣华在反右运动中被错划为“右派分子”而被撤销县人民委员会委员资格（十一届三中全会后平反，恢复名誉）。

一、第一次会议

邵阳县第二届人民代表大会第一次会议于1956年12月8—11日召开，会期4天，应到代表329人，实际到会代表299人（1993年版《邵阳县志》149页记载为295人，错），缺席30人。这次代表大会的中心议题有3个：

1、审议第一届全县人民代表大会第二次会议（1955年4月）以来县人民委员会的施政情况；

2、讨论全县当前的工作任务；

3、选举县人民委员会组成人员及县人民法院院长。

12月8日上午大会开幕，中共邵阳县委书记王润民致开幕词；副县长王芝清代表县人民委员会向大会作《邵阳县一年零八个月来的施政工作情况和当前工作的报告》。报告第一部分就1955年4月以来，县人民委员会在全县农业合作化运动、手工业社会主义改造、私营商业社会主义改造、农业生产、林业生产、工交建设、财政预算执行、粮食工作、撤区并乡、基层选举、法院工作、检察工作、优抚工作、文化、教育、卫生等各个方面的施政情况进行了总结回顾；第二部分《当前工作》从农业生产合作、农副业生产、财政、文教卫生、工业交通等6个方面的工作进行了部署和说明。8日下午，代表分组对王芝清所做的《县人民委员会工作报告》进行了审议。12月9日上午，中共邵阳县委书记王润民向大会做了《关于生产救灾工作的报告》，报告通报了1956年全县遭遇夏秋冬三季连旱的严重灾情和全县已经开展的生产自救情况，动员全县干部群众，依靠农业合作社的力量，大力开展生产自救运动，并强调在生产救灾中要做好大力开展积肥、兴修水利、发展小春作物生产、保护耕牛过冬、发展副业生产、做好贷款和救济款的分配、巩固农业生产合作社等7个方面的工作。9日下午和10月上午，代表分组审议了王润民的救灾工作报告。10日下午，副县长刘国权（女）、中共邵阳县委副书记张寿芝先后做了邵阳县第二届人民代表大会《代表资格审查报告》和《选举报告》，表决通过了《邵阳县第二届人民代表大会第一次会议选举县人民委员会组成人员及法院院长投票办法》。12月11日上午进行选举，选举赵赐生等21人为县人民委员会委员（名单见第四编第二章第三节）；选举赵赐生为县人民委员会县长，刘国权（女）、王芝清为县人民委员会副县长；选举汪家佐为县人法院院长。11日下午，大会听取并通过了副县长王芝清向大会做的《提案审查报告》。接着表决通过了以下2项决议：

1、《关于当前工作的决议》；

2、《关于〈生产救灾报告〉的决议》。

二、第二次会议

第二届全县人民代表大会第二次会议于1957年6月5日至8日召开，会期4天。应到代表329人，实到代表261人，缺席68人，列席人员65人。6月5日上午大会开幕，县长赵赐生向大会作了《县人民委员会工作报告》，报告从“巩固农业合作社，全面发展生产”“加强生产救灾，克服旱灾困难”“开展增产节约运动”等3个方面总结汇报了本届第一次会议以来县人民委员会的工作，对以后的工作进行了部署安排。同日下午，中共邵阳县委书记王润民作了《关于全县当前情况和今后工作任务的报告》，报告就全县当前情况、今后工作任务、救灾、民主办社、复员军人安置和优抚工作、中小学毕业生升学和就业指导工作6个方面进行了阐述和部署。6日，进行小组审议。6日晚，听取县兵役局局长常耀远所作的《关于复员安置工作的发言》。7日进行小组审议。7日晚，听取县教育科科长陈西林所作的《关于中、小学毕业生升学和从事劳动生产问题的发言》。8日上午，进行小组审议。8日下午，县人民委员会办公室副主任贺凤歧汇报了第一届全县人民代表大会第四次会议代表提案执行情况和本次会议代表提案的审查情况。接着听取了罗市桥乡代表徐汉章、长乐乡代表田和元、庙山乡代表唐澄清等在大会上的发言。最后通过《关于复员安置工作的决议》。8日晚，会议闭幕。

第三节　第三届人民代表大会

邵阳县第三届全县人民代表大会共有代表329名，届期两年半（1958年6月至1960

年12月)，先后召开两次会议。

一、第一次会议

邵阳县第三届人民代表大会第一次会议于1958年6月8日至9日召开，应到代表329名，实际到会代表268名，列席人员16名。由于会议期间正值夏季高温，全县农村抢插红薯和抢种夏季旱土作物、突击改变三类禾苗及田间中耕除虫等农业生产中心任务紧迫，故将原定的3天会期缩短为两天。本次会议中，原在邵阳县第一届人民代表大会第一次会议上当选的湖南省第一届人大代表徐君虎因被错划为右派，而受到错误的谴责，并在当时的历史背景下，被大会错误撤销省人大代表的资格。

6月8日早晨，召开第三届人民代表大会第一次会议预备会议，上届县人民委员会委员及本次代表和列席代表中的乡干部参加会议，会议研究通过了本次代表大会的召开办法和主要议题。8日上午举行开幕式，中共邵阳县委农村工作部部长李荣中致开幕词；接着由中共邵阳县委副书记刘迅之作了《关于贯彻执行建设社会主义总路线和当前我县农业生产任务的报告》。然后由副县长王芝清代表第二届县人民委员会向大会作了《一年半以来的施政工作和今后工作意见的报告》。报告第一部分《目前形势》，分别对国内、国际和全县当前的形势进行了介绍和分析；第二部分为《各项工作情况》；第三部分为《今后工作意见》。

8日下午，与会代表对第二届县人民委员会的《工作报告》进行了审议；孟伯祥代表本届代表资格审查委员会作了《代表资格审查报告》，李荣中代表选举委员会作了《选举报告》。

9日早晨，县委副书记刘迅之以广播的形式作了《关于当前生产工作的报告》。9日上午，全体代表对本届大会的选举事宜进行酝酿讨论。9日下午进行选举，选举翁徐文、刘迅之、刘德轩、唐国光、邓星菊、银国民6人为湖南省第二届人民代表大会代表；选举刘迅之等22人为县人民委员会委员（名单见第四编第二章第三节）；选举刘迅之为县人民委员会县长，王芝清、艾润身为县人民委员会副县长；选举佟兆珍为县人民法院院长。选举工作结束后，卫生、妇联、粮食、财政、税收、银行、手工业联社、交通、团县委、公安、法院等部门负责人分别就第二届人民代表大会期间本部门的工作作了汇报发言。汇报发言后，大会就刘迅之所作的《关于贯彻执行建设社会主义总路线和当前我县农业生产任务的报告》、王芝清所作的《一年半以来的施政工作和今后工作意见的报告》、艾润身所作的《谴责右派分子徐君虎的反党反社会主义罪恶言行的发言》进行了表决，并作出以下4项决议：

1、《关于刘迅之同志所作的〈关于贯彻执行建设社会主义总路线和当前我县农业生产任务的报告〉的决议》；

2、《关于王芝清同志所作的〈我县一年半来的施政工作和今后工作意见的报告〉的决议》；

3、《关于当前生产工作的决议》；

4、《关于撤销右派分子徐君虎省人民代表资格的决议》。

会议最后由刘迅之致闭幕词，宣布大会闭幕。

二、第二次会议

邵阳县第三届人民代表大会第二次会议于1959年11月7日至9日召开。第三届全县人民代表大会第一次会议召开后，原选举产生的329名代表因各种原因，到本次大会召开时，应到代表只有303人，实到代表仅179人（因事缺席124人），列席代表17人。会期3天，大会主要议题有2个：1、听取和审议两年来的县人民委员会工作报告，讨论《以积肥和兴修水利为中心的1959年冬季生产运动和1960年更大跃进的规划》；2、讨论有关人事事宜。

11月7日上午大会开幕。与会代表听取了县长刘迅之所作的《关于在两年连续伟大跃进的基础上，为六〇年更大跃进而奋斗的工作报告》。因为这次大会是在连续“大跃进”、反击右倾的极左狂热形势下召开的，会议无法摆脱极“左”思潮的桎梏，无法也不可能去正视、质疑当时经济工作出现的严重危机。所以大会报告不得不引用了许多当时虚构出来的所谓成绩，也提出了一些当时不可能达到的经济指标。与会代表在讨论中，也是一片高调，谁也不敢说真话。

本次大会同意刘迅之辞去县人民委员会县长职务的请求，补选朱静安为县人民委员会县长。

因本届全县人民代表大会代表中，赵赐生（在县第二届人民代表大会上曾当选为县长）、夏大春两人在“反右”派运动中被错划为“右派分子”，陈剑侯在肃反运动中被错划为反革命分子，邓集厚被错划为坏分子，大会在当时的历史背景下，于11月8日相应做出了撤销赵赐生、夏大春、陈剑侯、邓集厚4人县第三届人民代表大会代表资格的决定。

11月9日，艾润身向大会作了本次大会的《提案审查报告》，大会通过了《关于在两年连续跃进的基础上，为争取实现六〇年更大跃进的决议》。

最后，由新补选的县长朱静安致闭幕词，宣布大会闭幕。

第四节　第四届人民代表大会

邵阳县第四届人民代表大会第一次会议于1960年12月17日至19日召开，会议应到代表314人，实到代表206人，缺席108人。本次大会的主要议程有两个：1、听取和审议第三届县人民委员会工作报告，讨论以安排当前群众生活为中心的各项工作；2、选举第四届县人民委员会组成人员和补选省人大代表。

本次代表大会是在全县连续三年“大跃进”、经济已陷入严重危机时召开的。相对第三届全县人民代表大会，本次大会的精神比较务实，虽然受当时政治条件的制约，大会仍大力宣传鼓吹“大跃进”的所谓成绩，但在开幕词和县人民委员会工作报告中，还是清醒地正视了当时全县经济出现的严重危机和全县人民生活面临的极端困难。《县人民委员会工作报告》称：“1960年，全县粮食产量比1958年减产34.9%；1960年春全县因烂秧补种就损失稻谷420万斤，全县患水肿病者曾一度达1.1万多人、患妇科病者最多时达2.5万人，全县缺房者有2.31万人，冬季有5万人缺棉衣，有1.45万人缺棉被，有1051个农村公共食堂缺柴烧。”大会认为，以上群众生活方面的问题必须加以解决，必须遵照中共湖南省委提出的“老老实实，死心塌地，早下决心，过苦日子”的精神，教育和发动群众，树立战胜困难的决心和勇气，自力更生，艰苦奋斗，把苦日子过好。大会报告提出进一步安排好群众冬季生活的6条措施：1、大种杂粮和蔬菜，大搞代食品；2、切实搞好计划用粮，节约用粮；3、加强粮食管理，层层建立粮食管理机构；4、干部与群众同艰共苦；5、坚决实行劳逸结合，从大会闭幕后至1961年3月上半月，为农村冬闲时间，坚决实行每人每天只劳动4~6小时，大雨天和大寒天不出工，重病人不出工，男劳力每月放假2天，女劳力每月放假4天；6、切实解决群众缺棉衣、缺棉被、缺住房、治疗水肿病和妇科病以及公共食堂缺柴火的问题。县人民委员会决定拨发救济款7.08万元、优抚款1.6万元，结合各公社的公益金4.03万元和救济棉衣棉被，一次性发放到户到人。

12月19日举行大会选举，选举朱静安等23人为第四届县人民委员会委员（名单见第四编第二章第三节），选举朱静安为县人民委员会县长，艾润身、王芝清、胡国锐为副县长；补选了出席湖南省人民代表大会的代表员（名单见第四编第一章第五节）。

本届人民代表大会召开第一次会议后，到1964年9月召开第五届人民代表大会第一次会议止，届期长达3年零8个月，仅召开过这一次会议。

第五节　第五届人民代表大会

邵阳县第五届人民代表大会第一次会议于1964年9月2日至4日召开。会议应到代表382名，实到代表305名。会议主要议程有2项：1、听取和审议县第四届人民委员会的工作报告，讨论当前工作任务；2、选举第五届县人民委员会组成人员、县人民法院院长和出席省人民代表大会的代表。

9月2日上午大会开幕，大会主席团主席、中共邵阳县委副书记孙作英致开幕词，大会主席团主席、中共邵阳县委书记车仁光向大会作了《代表资格审查报告》，副县长王芝清代表第四届县人民委员会向大会作了《县人民委员会工作报告》。王芝清在报告中首先介绍了1963年全县百年未遇的严重旱情和救灾情况，然后分别对全县三年来的农业生产建设、财贸、工业交通、文化、教育、卫生等各方面工作进行了汇报，对以后的工作进行了部署安排。王芝清报告后，中共邵阳县委副书记李荣中向大会作了《关于当前工作的报告》。

9月3日，与会代表对王芝清所作的《县人民委员会工作报告》和李荣中所作的《关于当前工作的报告》进行了分组审议。县文教、卫生、供销、商业、财政税收、水利、林业、邮政、民政、农业、银行等部门负责人分别就各自部门三年来的工作向大会作了汇报发言。副县长王芝清还就桤木山区七年来粮食连续增产情况作了专题发言。大会主席团成员、县公安局局长孟伯祥代表本届大会提案审查小组作了《提案审查报告》。

9月4日，与会代表听取了中共邵阳县委书记车仁光所作的《选举报告》。然后进行选举，选举王芝清等23人为第五届县人民委员会委员（名单见第四编第二章第三节），王芝清当选为第五届县人民委员会县长，胡国锐当选为县人民委员会副县长，汪家佐当选为县人民法院院长；并选举产生了出席湖南省省人民代表大会代表7人。

大会最后通过了《邵阳县第五届人民代表大会第一次会议决议》。

本届全县人民代表大会仅召开这一次会议。

第三章　县革委时期人民代表大会

第一节　第六届人民代表大会

邵阳县第五届人民代表大会第一次会议召开以后第三年的1966年5月，全国“文化大革命”运动开始。“文化大革命”的风暴很快波及县内，县人民委员会在“文化大革命”的冲击下陷入瘫痪，其职权由临时组织的邵阳县“抓革命、促生产”领导小组取代。1968年4月8日，由群众代表、军队代表和革命干部代表“三结合”组成的湖南省革命委员会成立，随后邵阳地区革命委员会成立。同年9月13日，湖南省革命委员会湘革函〔68〕167号文件批复，同意成立邵阳县革命委员会。9月17日，邵阳县召开县革命委员会成立大会，这次大会后来被列为邵阳县第六届人民代表大会第一次会议。这次大会是在人民代表大会制度遭到严重践踏的极不正常情况下召开的，与会代表未经选举，全部由当时的“邵阳县工代会”“邵阳县农代会”“邵阳县教工会”等“造反”组织选派人员作为代表，出席这次大会（代表人数无考）。在这次大会上成立的邵阳县革命委员会，其组成人员亦未经选举，只是在大会上宣读了湖南省革命委员会批准成立邵阳县革命委员会的决定和湖南省革命委员会批准的邵阳县革命委员会组成人员名单。大会通过了邵阳县革命委员会成立大会《给毛主席的致敬电》和《告全县人民书》。

经湖南省革命委员会批准，汪忠等57人（名单见第四编第二章第四节《县革命委员会委员名录》）为邵阳县革命委员会委员，汪忠（县人民武装部长）任县革命委员会主任；柴德林（县人民武装部政委）、唐克桂（原县委副书记兼组织部部长）、曾人杰（原县人民委员会副县长）、张小苏（女，革命群众代表）任县革命委员会副主任。邵阳县革命委员会共有委员57名，常务委员14名（1993年《邵阳县志》149页载当时的县革命委员会组成人员为委员51名。有误。编者注）。

这次被后来被列为的邵阳县第六届人民代表大会仅召开这一次会议，至1978年1月召开县第七届人民代表大会第一次会议止，邵阳县有9年零3个月未召开人民代表大会。

第二节　第七届人民代表大会

1976年10月，持续10年的“文化大革命”动乱以摧毁江青反革命集团而宣告结束。同年12月25日，中共中央主席华国锋在全国第二次农业学大寨会议上的讲话中提出，“在明年适当的时候，各省、市、自治区要召开人民代表大会”。1977年9月7日，湖南省革命委员会发出湘革发〔1977〕52号文件《关于召开湖南省第五届人民代表大会的通知》。根据省革命委员会的通知精神，邵阳县革命委员会于1978年1月3日向全县各区、镇、公社、农林场及县属机关单位发出《关于召开邵阳县第七届人民代表大会的通知》，通知决定在1978年1月中旬召开第七届全县人民代表大会。通知还就本届人民代表大会的指导思想、代表条件、代表名额和分配比例、代表产生办法等做出具体规定。1月4日，中共邵阳县委向中共邵阳地委呈交了《关于召开邵阳县第七届人民代表大会第一次会议的请示报告》。经中共邵阳地委批准，邵阳县第七届人民代表大会第一次会议于1978年1月19日至22日召开。因“文化大革命”动乱而被迫中断了9年零3个月的县人民代表大会重新恢复。

县第七届人民代表大会第一次会议应到代表770名，实到代表755名。1月18日，与会代表报到，当日晚召开了各代表团团长会议和代表中的党员会议，宣布成立大会临时党组；会后各代表团召开党员会议，成立各代表团临时党支部。1月19日8时半召开大会预备会议，中共邵阳县委书记朱静安就如何开好这次大会在预备会上发表讲话，主席团秘书长、县革委副主任黄绍峰代表第七届全县人民代表大会资格审查委员会做了《关于第七届全县人民代表大会代表资格审查的报告》，然后通过由47名成员组成的大会主席团，朱静安任大会主席团主席，孟伯祥、袁永禧、黄韶峰、曾人杰、刘蔚初任大会主席团副主席，黄韶峰兼秘书长。

1月19日下午2时，召开本次会议第一次全体会议，大会主席团主席朱静安宣布大会开幕，主席团副主席孟伯祥致开幕词。然后由朱静安代表上届县革命委员会作《工作报告》，报告分3个部分：1、县革命委员会成立以来的战斗历程；2、抓国治国一年初见成效的大好形势；3、今后的目标和工作任务。报告肯定了粉碎江青反革命集团一年多来全县政治、经济及各行各业出现的大好形势，提出了今后的工作任务。但由于当时“文化大革命”的流毒并未完全肃清和受“两个凡是”的制约，本次大会未能完全摆脱极“左”思潮的束缚，大会报告继续肯定了“文化大革命”的所谓成绩，继续肯定“阶级斗争”和“一打三反”等“文化大革命”中的一些极“左”运动。

1月20日，与会代表分组讨论了朱静安所作的《县革命委员会工作报告》。晚餐后召开了主席团成员会议，各代表团汇报了讨论的情况，并酝酿通过了新一届县革命委员会组成人员候选人名单。

1月21日上午，举行大会代表发言，上一届的县革命委员会农村办公室主任隆戊生、县工交办公室副主任杨举泽、县财贸办公室主任段义君、县文化局局长唐春晖、县人民武装部部长刘蔚初、县人民法院院长袁振国分别就各自部门的工作向大会作了汇报发言。21日下午，各代表团讨论酝酿了新一届县革命委员会组成人员候选人名单，晚餐后召开各代表团团长会议，汇报了各代表团酝酿县革命委员会组成人员候选人的情况，正式确定了新一届县革命委员会组成人员候选人名单。

1月22日上午，举行本次会议第二次全体会议，大会选举朱静安等47人（名单见第四编第二章第四节《县革命委员会委员名录》）为新一届县革命委员会委员，朱静安为县革命委员会主任，孟伯祥、袁永禧、黄韶峰、曾人杰、刘蔚初为县革命委员会副主任。

1月22日下午，大会通过《关于〈县革命委员会工作报告〉的决议》。

最后，由大会主席团副主席刘蔚初致闭幕词，宣布邵阳县第七届人民代表大会第一次会议闭幕。

本届全县人民代表大会仅召开这一次会议。

第四章　第八届人民代表大会

邵阳县第八届人民代表大会是在中共中央十一届三中全会召开和通过全国性的“实践是检验真理的唯一标准”大讨论之后、全县生动活泼和安定团结的政治局面逐步形成、党的工作重心已转向四个现代化建设上来的形势下召开的。本届人民代表大会是邵阳县人民代表大会史上具有划时代意义的一届人民代表大会，在本届人民代表大会第一次会议上，恢复建立了邵阳县人民政府，成立了邵阳县人民代表大会的常设机构——邵阳县人民代表大会常务委员会。从此，人民代表大会制度日趋完善，人民民主权力日趋加强，人民代表大会的作用日趋明显，人民代表大会的地位日趋巩固。

本届人民代表大会共召开3次会议。

第一节　第一次会议

邵阳县第八届人民代表大会第一次会议是根据中共湖南省委和中共邵阳地委的统一部署安排，由中共邵阳县委和县革命委员会研究决定，于1980年12月2日至7日召开。会议应到代表378名，实到代表375名。县委、县人民政府所属部门及相关单位负责人37人列席会议。会议的主要议程有5项：听取和审议《政府工作报告》；审查和批准全县《1979年财政决算、1980年财政预算和1981年财政概算的报告》；听取和审议《县人民法院工作报告》；听取和审议《县人民检察院工作报告》；选举县人大常委会组成人员和县人民政府正副县长、县人民法院院长、县人民检察院检察长。

1980年12月1日，与会代表在县委招待所报到。12月2日早晨召开预备会议，通过举手表决，成立了由马昌智、马绍舟、田香庭、向赐生、乔德彰、李国祝、李兴发、李胜云、李冠军、刘长寿、刘承祖、刘蔚初、陈保华、陈海泽、林月竹、周更华、胡竹云、张玉庭、孟伯祥、卿友林、唐老二、唐登卿、唐鹤安、陆古成、莫荷花、莫银魁、黄明宣、覃元甫、钟岳岐、曾谱成、颜翠兰31人组成的大会主席团，刘长寿兼秘书长，蒋香生、伍炳章为副秘书长。大会秘书处下设秘书、会务、后勤、组织、保卫5个小组，负责会议的具体事务性工作。预备会议上还同时成立了由孟伯祥、李帮能、张玉庭、王善祥、艾润身、刘汉成、李志茂、陆远阶、罗德成、夏振中、莫荷花

10 人组成的议案审查委员会和由曾谱成、刘长寿、田香庭、杨和林、粟林秀 5 人组成的代表资格审查委员会，以及由黄明宣任主任委员、银北海为副主任委员的财政预算委员会。

12 月 2 日上午大会开幕，大会主席团主席刘承祖致开幕词，中共邵阳地委副书记、邵阳行署副专员蔡美瑞代表中共邵阳地委、邵阳行署在大会上讲话，向大会表示祝贺。代表资格审查委员会主任委员曾谱成作了《第八届全县人民代表大会代表资格审查报告》。然后县革命委员会副主任孟伯祥代表上届县革命委员会作了《县革命委员会工作报告》，报告指出：近三年来全县在“反右倾”“四清”和“文化大革命”运动中被制造的冤假错案已基本平反纠正，“右派”摘帽工作基本完成，占总数 99.8% 被错划的“右派分子”得到改正；96.6% 的地主富农分子予以摘帽，所有地富子女重新订立成分；全县国民经济进一步发展，农业连续丰收，工业持续上升，1979 年全县工农业总产值上升到 1.53 亿元。报告还提出了全县在今后三年 6 个方面的工作任务，即：集中精力，进一步把全县农业搞上去；努力增产，厉行节约，进一步办好地方工业；积极贯彻“发展经济，保障供给”的方针，做好财贸工作；积极发展科学文教和卫生事业，加速培养建设人才；努力搞好计划生育，严格控制人口增长；逐步提高人民生活水平。

12 月 3 日上午，大会听取了本次会议财政预算委员会主任委员黄明宣所作的《关于 1979 年财政决算、1980 年财政预算和 1981 年财政概算的报告》和本次大会议案审查委员会主任孟伯祥所作的《关于提案的审查报告》。3 日下午，大会先后听取了县人民法院院长袁振国所作的《县人民法院工作报告》和县人民检察院检察长唐远友所作的《县人民检察院工作报告》。

12 月 4 日至 6 日，与会代表分组审议了以上 6 个报告，并酝酿协商了在本次会议上新成立的全县人民代表大会常务委员会组成人员、县人民政府正副县长、县人民法院院长、县人民检察院检察长候选人名单。

12 月 7 日上午进行大会选举，选举结果：曾谱成当选县人民代表大会常务委员会第一任主任，艾润身、刘长寿、段义君当选县人民代表大会常务委员会副主任，马绍周等 13 人当选县人大常委会委员（名单见第四编第二章第五节）；李帮能当选县人民政府县长，刘汉成、银北海、粟林秀、曾锡庭当选县人民政府副县长；袁振国当选县人民法院院长；唐远友当选县人民检察院检察长。

12 月 7 日下午，大会表决通过了以下 3 项决议：

1、《关于县革命委员会工作报告的决议》；

2、《关于县人民法院和县人民检察院工作报告的决议》；

3、审查批准了《关于批准 1979 年财政决算、1980 年财政预算和 1981 年财政概算的决议》。

然后，曾谱成致闭幕词，宣布大会闭幕。

第二节 第二次会议

邵阳县第八届人民代表大会第二次会议于1981年12月16日至20日召开，会议应到代表374人（本届选举的县人大代表378人，因工作调动或其他原因，至第二次会议召开时，有代表374人），实际到会代表314人，县委及一府两院部门和单位负责人58人列席会议，12月16日为大会报到日期。16日晚7时召开预备会议，会议通过以马绍周、王善祥、田香庭、刘长寿、刘蔚初、向赐生、艾润身、乔德彰、李胜荣、李兴发、李桂英、林月竹、陆古城、张玉庭、张贤桐、周更华、陈宝华、孟伯祥、段义君、钟岳岐、海学良、卿友林、唐登卿、唐鹤安、黄明宣、莫银魁、覃元甫、曾谱成、颜翠兰、颜睦清31人为主席团成员，艾润身兼秘书长。预备会议后，召开大会主席团第一次会议，决定蒋香生和孙治国为本次大会副秘书长。

12月17日上午大会开幕，主席团常务主席张玉庭主持会议，主席团常务主席孟伯祥致开幕词，县人民政府县长李帮能向大会作了《政府工作报告》。《报告》从5个方面汇报了县人民政府一年来的工作，对1982年的全县工作，提出了8个方面的任务。李帮能作完《政府工作报告》后，县财政税务局副局长莫之贵向大会作了《1980年财政决算、1981年财政预算执行情况和1982年财政概算的报告》。

17日下午，全体代表分组审议《政府工作报告》；财政预算委员会举行会议，通过预算委员会《关于财政预决算的审查报告》。12月18日上午，代表继续分组审议《政府工作报告》；大会主席团举行第二次会议，听取预算委员会《关于财政预决算的审查报告》。

18日下午，举行本次会议第二次全体会议，主席团常务主席艾润身主持会议，大会首先由县人大常委会副主任刘长寿代表县人大常委会作《县人大常委会工作报告》。报告称：自县八届人大一次会议选举产生县人大常委会一年来，县人大常委会主要做了如下工作：1、指导召开了全县各社镇人民代表大会；2、召开了7次常务委员会议，听取了县人民政府关于国民经济调整、教育、煤炭供应、资金发放、城镇建设和工业、轻工业生产情况的汇报，以及县人民法院、县人民检察院及各部门工作汇报，并作出相应的决定；3、根据县长的提议，通过并任命了县人民政府组成人员、县人民政府各委办主任和局长；4、根据县人民法院院长的提议，任命了县人民法院的副院长、庭长、副庭长、审判委员会委员、审判员和各区人民法庭的审判员；5、根据县人民检察院检察长的提议，并报请省人大常委会批准，任命了县人民检察院副检察长、检察委员会委员、县人民检察院检察员；6、对县八届人大一次会议收到、经审查立案的261份代表提案，全部办理完毕。报告还指出了八届二次人民代表大会以后，县人大常委会的工作思路。刘长寿作完县人大常委会工作报告之后，大会又先后听取了县人民法院院长袁振国所作的《县人民法院工作报告》和县人民检察院检察长唐远友所作的《县人民检察院工作报告》。

12月19日上午，全体代表分组审议了《县人大常委会工作报告》《县人民法院工作报告》《县人民检察院工作报告》。提案审查委员会举行会议，对本次会议代表所提提案提出审查意见，并讨论通过了提案审查委员会《关于提案的审查报告》。下午，全体代表旁听了县人民法院召开的审判大会。

12月20日上午，全体代表继续分组讨论。主席团举行第三次会议，通过《关于县人民政府工作报告的决议草案》《关于县财政预决算和概算的决议草案》《关于县人大常委会工作报告的决议草案》《关于县人民法院工作报告和县人民检察院工作报告的决议草案》和提案审查委员会的《关于提案的审查报告》。

20日下午，举行本次会议第三次全体会议，主席团常务主席刘长寿主持会议。大会通过《关于县人民政府工作报告的决议》《关于县财政预决算和概算的决议》《关于县人大常委会工作报告的决议》《关于县人民法院工作报告和县人民检察院工作报告的决议》和提案审查委员会的《关于提案的审查报告》。

最后，大会执行主席黄明宣致闭幕词，宣布大会闭幕。

第三节　第三次会议

邵阳县第八届人民代表大会第三次会议原由第八届县人大常务委员会第十三次会议决定于1983年1月召开，后根据省、市统一安排，推迟至3月17日至22日召开。3月17日，与会代表报到后，当日晚召开预备会议，通过了本次会议议程、本次会议主席团和秘书长成员名单、本次会议财政预算审查委员会成员名单和本次会议提案审查委员会成员名单。表决结果，本次会议主席团由马绍舟、王善祥、田香庭、刘长寿、刘草华、刘蔚初、向赐生、艾润身、乔德彰、李应权、李胜荣、李桂英、林月竹、林慧琴、张玉庭、张贤桐、周更华、陈宝华、陈菊彩、孟伯祥、段义君、钟岳歧、卿友林、海学良、唐鹤安、黄明宣、莫荷花、莫银魁、覃元甫、曾建中、曾谱成、颜翠兰、颜睦清33人组成，艾润身兼秘书长；本次会议财政预决算审查委员会由李志茂、陆远阶、曾纪松、田银池、向赐生、陈宝华、颜翠兰7人组成，李志茂为主任委员，陆远阶、曾纪松为副主任委员；本次会议提案审查委员会由刘长寿、罗德成、王善祥、阮国仲、唐登卿、莫银魁、杨举泽、颜睦清8人组成，刘长寿为主任委员，罗德成为副主任委员。随后由秘书长艾润身主持，主席团举行第一次会议，推选孟伯祥、曾谱成、黄明宣、张玉庭、刘长寿、艾润身6人为大会主席团常务主席，决定萧奇峰、蒋香生、柏玉楚、孙治国为副秘书长。

3月18日上午大会开幕，主席团常务主席曾谱成主持会议，孟伯祥致开幕词。然后，听取了县人民政府县长李帮能所作的《政府工作报告》。报告称：1983年，全县出现了新中国成立以来少有的好形势，粮食生产连年丰收，农林牧副渔全面发展；工业生产在调整中稳步上升；财政收支平衡并略有节余，城乡市场活跃；教育、文化、卫生事业有所进展，科学技术进一步普及提高；城乡人民生活继续得到改善。报告说：一年来，县人民政府进一步端正了经济工作指导思想，肃清"左"的影响，初步担起了全面组织管理经济工作的担子；在抓物质文明建设的同时，狠抓社会主义精神文明建设和科学技术的普及与提高。报告还提出了1983年全县国民经济计划主要指标和1983年政府工作思路。李帮能作完《政府工作报告》后，县财税局副局长莫之贵作了《1981年财政决算、1982年财政预算执行情况和1983年财政概算情况的报告》。

18日下午，全体代表分组审议《政府工作报告》；财政预算委员会举行会议，审议了《关于湖南省邵阳市邵阳县1981年财政预算执行情况和1982年、1983年财政预算草案的报告》。3月19日上午，全体代表继续分组审议。主席团举行第二次会议，听取财政预算委员会《关于1981年财政决算和1982年财政预算执行情况的报告》。

19日下午，举行本次会议第二次全体会议，主席团常务主席黄明宣主持会议。大会首先听取了县人大常委会副主任艾润身所作的《县人大常委会工作报告》。报告指出：八届人大二次会议以来，县人大常委会所作的工作有：1、开展社会主义法制宣传教育；2、依法召开会议，听取和审议"一府两院"的工作汇报；3、作好代表的走访工作，加强同人民群众的联系，及时反映他们的意见和要求，认真办理和督促办理代表提案，认真处理代表和群众来信；4、帮助镇、社开展人大工作，充分发挥镇、社人民代表的作用。报告提出：在八届三次人民代表大会以后，县人大常委会将进一步搞好法制宣传，继续积极宣传人大常委会的性质，地位和作用，保障宪法和其他法律的实施；进一步加强同人民代表和人民群众的联系，忠实地代表人民的利益；充分发挥职能作用，促使和推动"一府两院"的工作。艾润身作完《县人大常委会工作报告》后，县人民法院院长袁振国作了《县人民法院工作报告》，县人民检察院检察长唐远友作了《县人民检察院工作报告》。

3月20日上午，与会代表分组审议了19日下午听取的3个报告；主席团举行第三次会议，通过了出席湖南省第六届人民代表大会代表的选举程序和办法；提案审查委员会举行会议，对本次会议所收到的代表提案提出审查意见，讨论通过了提案审查委员会《关于本次会议代表提案的审查报告》。

20日下午，举行本次会议第三次全体会议，主席团常务主席刘长寿主持会议，主席团常务主席张玉庭作了《选举工作报告》。之后，全体代表分组对出席全省人民代表大会的代表候选人进行了酝酿讨论。20日晚7时，主席团举行第四次会议，对各代表团提出的省人大代表候选人进行了讨论。21日上午，代表继续分组酝酿省人大代表候选人和讨论张玉庭所作的《选举工作报告》；主席团举行第五次会议，正式确定省人大代表候选人名单。

21日下午，举行本次会议第四次全体会议，主席团常务主席孟伯祥主持会议，大会选举曾谱成、李帮能、邓东北、谢秀英、陈健生、陈菊彩、周更华、夏代辉8人为第六届省人大代表。

3月22日上午，与会代表分组讨论了《邵阳县水利管理条例（草案)》；主席团举行会议，分别通过《关于县人民政府工作报告的决议草案》《关于1981年县财政决算、1982年财政预算执行情况和1983年财政概算情况的决议草案》《关于县人大常委会工作报告的决议草案》《关于县人民法院、县人民检察院工作报告的决议草案》《关于邵阳县水利管理条例（草案）的决议草案》和提案审查委员会《关于提案审查情况的汇报》。

3月22日下午，举行本次会议第五次全体会议，主席团常务主席艾润身主持会议，大会通过《关于县人民政府工作报告的决议》《关于1981年财政决算、1982年财政预算执行情况和1983年财政概算情况的决议》《关于县人大常委会工作报告的决议》《关于县人民法院、县人民检察院工作报告的决议》《关于邵阳县水利管理条例的决议》；听取了提案审查委员会主任委员刘长寿所作的《关于提案审查的报告》；最后，曾谱成致闭幕词，宣布大会闭幕。

本次会议各代表团正副团长有：塘渡口镇代表团（含县直各系统）团长陈宝华、副团长唐登卿；塘渡口区代表团团长向赐生、副团长陈健生；塘田市区代表团团长张贤桐、副团长蒋松青；五峰铺区代表团团长刘草华、副团长彭松华；下花桥区代表团团长覃元甫、副团长张高明；郦家坪区代表团团长莫银魁、副团长粟旺生；九公桥区代表团团长曾建中、副团长阮迪富；槠木山区代表团团长李应权、副团长车昭仕；黄亭市区代表团团长李清荣、副团长袁先豪。

县人民政府副县长刘仕继、黎佐成以及县委和一府两院部门负责人、部分区公所区长共59人列席会议。

第五章　第九届人民代表大会

邵阳县第九届人民代表大会共召开3次会议。

第一节　第一次会议

邵阳县第九届人民代表大会第一次会议于1984年4月16日至21日举行，会议应到代表435名，实到代表426名，共分塘渡口镇（含县直各机关系统）、塘渡口区、五峰铺区、黄亭市区、下花桥区、九公桥区、塘田市区、梽木山区、郦家坪区等9个代表团。参加县政协一届一次会议的全体政协委员和县直机关部门的负责人列席会议。

4月15日，参加会议的全体代表汇集县招待所报到，当日晚召开代表中的党员大会，成立了大会临时党委。

4月16日早上8时，召开本次大会预备会。预备会通过了本次会议的9项议程；表决通过宁芬、王楚堂、艾润身、刘仕继、刘长寿、阮国仲、向赐生、吕敬忠、李立成、李志茂、李国祝、李帮能、李维民、林月竹、林慧琴、张玉庭、明光荣、周更华、卿友林、海学良、唐柳清、莫荷花、覃松发、黄明宣、黄诗运、黄�、彭迪先、蒋宗雨、曾锡庭、曾谱成、黎佐成、颜睦清、廖庆元25人为本次大会主席团组成人员，艾润身兼秘书长；表决通过刘仕继、曾纪松、向赐生、李立成、周更华、黄�、颜翠兰7人为本次会议财政预算委员会组成人员，刘仕继为主任委员、曾纪松为副主任委员；表决通过黎佐成、柏玉楚、王楚堂、刘书保、孙治国、唐应中、颜睦清7人为本次会议提案审查委员会组成人员，黎佐成为主任委员，柏玉楚为副主任委员。预备会议后，主席团举行第一次会议，推选曾锡庭、曾谱成、宁芬、黄明宣、张玉庭、艾润身6人为本次会议主席团常务主席，决定蒋香生、周述字、朱长青为本次会议副秘书长。

上午10时大会开幕，主席团常务主席张玉庭主持会议，曾锡庭致开幕词，中共邵阳地委宣传部部长唐琰代表中共邵阳地委、邵阳行署发表讲话，第八届县人民政府县长李帮能向大会作《政府工作报告》。《政府工作报告》指出，恢复成立第八届县人民政府三年来，全县农业有了新局面，工业有了新发展，商业有了新结构，财政有了新起色，全县科学、教育、文化、广播、卫生、体育、计划生育及城镇建设、劳动就业都取得了较好的成绩，全县商品生产不断发展，经济形势不断好转，人民生活不断提高，对国家贡献不断增加。报告还提出了全县 1984 年国民经济计划和社会发展目标，提出了 1984 年全县要做好的 10 项工作。

4 月 16 日下午，举行本次会议第二次全体会议，主席团常务主席曾谱成主持会议，会议听取了县计委主任蒋光明和县财政局局长唐应中分别向大会所作的《关于全县国民经济计划和社会发展规划执行情况的报告》及《关于 1981 年至 1983 年财政决算和 1984 年财政预算的报告》。

4 月 17 日上午，与会代表分组审议了《政府工作报告》《关于全县国民经济计划和社会发展规划执行情况的报告》和《关于 1981 年至 1983 年财政决算和 1984 年财政预算的报告》；本次会议财政预算委员会举行会议，审议了《关于 1981 年至 1983 年财政决算和 1984 年财政预算的报告》。

4 月 17 日下午，举行本次会议第三次全体会议，主席团常务主席黄明宣主持会议。第八届县人大常委会副主任艾润身代表第八届县人大常委会向大会作了《县人大常委会工作报告》(《报告》内容见本节附)。

艾润身作完《县人大常委会工作报告》后，县人民法院院长袁振国和县人民检察院检察长唐远友分别向大会作了《工作报告》。

4 月 18 日上午，与会代表分组审议了《县人大常委会工作报告》《县人民法院工作报告》和《县人民检察院工作报告》。大会主席团举行第二次会议，听取了本次会议财政预算委员会《关于审议财政预算情况的汇报》。

4 月 18 日下午，举行本次会议第四次全体会议，主席团常务主席宁芬主持会议，主席团常务主席曾谱成向大会作《选举工作报告》，与会代表表决通过了第九届全县人民代表大会第一次会议《选举办法》。大会以后，代表分组审议了《选举办法》。主席团举行第三次会议，讨论推荐第九届县人大常委会正副主任和常务委员、第九届县人民政府正副县长、县人民法院院长、县人民检察院检察长候选人名单。本次会议提案审查委员会举行会议，对本次会议代表提案进行审查，并通过了《提案审查报告》。

4 月 19 日上午，代表分组讨论酝酿第九届县人大常委会正副主任和常务委员、第九届县人民政府正副县长、县人民法院院长、县人民检察院检察长候选人。主席团举行第四次会议，根据各代表小组酝酿讨论的情况，确定预选候选人名单。当天下午，以代表团为单位进行了预选。

4 月 20 日上午，代表分组酝酿正式候选人。

4 月 20 日下午，举行本次会议第五次全体会议进行正式选举，主席团常务主席曾锡庭主持会议。大会以无记名投票的方式，选举张玉庭为第九届全县人民代表大会常务委员会主任，艾润身、刘仕继、黎佐成、阮国仲当选为第九届全县人民代表大会常务委员会副主任，方伯正等12人（名单见第四编第二章第五节《县人大常务委员会委员名录》）当选为全县人民代表大会常务委员会委员。大会以后，主席团举行第五次会议，通过《关于政府工作报告的决议（草案)》《关于财政工作报告的决议（草案)》《关于人大常委会工作报告的决议（草案)》《关于人民法院和人民检察院工作报告的决议（草案)》和《提案审查报告》。

4月21日上午，举行本次会议第六次全体会议，主席团常务主席曾谱成主持会议。大会继续以无记名投票的方式，选举李帮能为第九届县人民政府县长，刘汉成、粟林秀、黄泽云、谢精诚、罗安荣5人当选为第九届县人民政府副县长；选举袁振国为县人民法院院长、唐远友为县人民检察院检察长。

4月21日下午，举行本次会议第七次全体会议，主席团常务主席艾润身主持会议。会议通过了《关于政府工作报告的决议》《关于财政工作报告的决议》《关于县人大常委会工作报告的决议》《关于县人民法院、县人民检察院工作报告的决议》。黎佐成代表提案审查委员会向大会作了《提案审查报告》。最后，张玉庭致闭幕词，宣布第九届全县人民代表大会第一次会议闭幕。

本次会议各代表团的正副团长有：塘渡口镇代表团团长向赐生、副团长唐应中；塘渡口区代表团团长廖庆元、副团长张鹏飞；五峰铺区代表团团长王楚堂、副团长李陵；黄亭市区代表团团长李立成、副团长涂太庭；下花桥区代表团团长彭迪先、副团长刘都长；九公桥区代表团团长覃松发、副团长谭爱华；塘田市区代表团团长蒋宗雨、副团长莫坚成；梽木山区代表团团长黄诗运、副团长钟岳歧；郦家坪区代表团团长李维民、副团长谢维振。

附：

县八届人大常委会工作报告（节选）

我县第八届人民代表大会常务委员会自1980年12月选举产生以来，已有三年多了。在这期间，我们在县委的直接领导下，根据《中华人民共和国地方各级人民代表大会和地方各级人民政府组织法》规定的职权和全国人大常委会、省人大常委会以及我县第八届人民代表大会历次会议的有关决议，围绕社会主义物质文明和精神文明建设，作了如下几项工作。

一、开展社会主义法制宣传

开展法制宣传教育，增强人民的法制观念，以保证各种法律、法令的实施，是人大常委会的一项重要职责。三年多来，我们把法制宣传教育作为一项经常性的政治任务来抓，主要表现在以下3个方面：一是组织全县广大干部和群众认真学习和讨论国家颁布的重大法律法令、全国人大和人大常委会公布《中华人民共和国宪法修改草案》和《中华人民共和国宪法》后，县人大常委会立即作出关于组织全县人民认真学习和讨论的决定，并在县委的统一领导下，会同宣传部和其他有关部门，运用多种宣传形式在全县范围内开展了声势浩大的宣传活动。全县约有70%的成年人参加了学习和讨论，基本做到了家喻户晓，人人明白。通过学习和讨论，广大群众普通地受到了一次深刻的四项基本原则和社会主义民主与法制的教育，增强了主人翁的责任感，推动了生产和工作。全国人大常委会《关于严惩严重破坏经济的犯罪的决定》和《关于严惩严重危害社会治安的犯罪分子的决定》公布后，为了保证这些重要法令的贯彻和执行，县人大常委会分别听取了县人民检察院和县公安局关于贯彻执行的汇报，并作了相应的决议，还分别印发了给县人民代表的一封信和这两个《决定》的宣传资料。代表们除自己认真学习外，还采取多种方式积极向广大群众开展宣传，通过学习和宣传，他们热情赞扬这些《决定》是非常的英明、正确和及时，并积极检举揭发少数人的违法犯罪活动，这对保障社会主义经济建设和实现社会治安的好转起了积极的作用。二是为了使法律、法令的制订更加符合客观实际和具有广泛的民主性，几年来，我们对全国和省人大常委会征求意见的法律草案，如《中华人民共和国宪法修改草案》和湖南省《环境保护暂行条例》《保护森林发展林业暂行条例》《湖南省县级以下人民代表大会代表直接选举实施细则》等，组织群众和有关人员进行了认真讨论，并提出了修改意见。特别在全民讨论宪法修改草案中，广大群众一方面认真学习，提高自己的法制观念，一方面又以主人翁的态度提出修改意见。据统计在讨论中，提出的修改意见（包括内容相同的）共有二千多条。县人大常委会将这些意见和其他法律、法令的修改意见整理上报，有的重要意见还在以后通过的法律、法令中得到体现。三是在法制宣传教育中，除监督、检查有关部门作好各自的工作外，人大常委会还与有关部门配合，组成法制宣传教育工作组，深入基层开展法制宣传教育，以点带面，及时指导和推动了全县的法制宣传教育工作，巩固和发展了安定团结的政治局面。

二、依法召开会议，听取和审议“一府两院”的工作报告

三年多来，我们按照《中华人民共和国地方各级人民代表大会和地方各级人民委员会组织法》的规定，先后举行了31次常务委员会会议。会上除学习和总结工作外，听取和审议了县人民政府、县人民法院和县人民检察院有关政治、经济、文化、教育、卫生、民政等43次工作汇报，作出了17项决议和决定，依法任免了128名国家工作人员。为了发扬民主，达到推动工作的目的，一般每次在召开会议前，把议题和有关单位的汇报材料印发给各位委员，让他们事先了解会议的内容，并尽可能联系代表，走访群众，反映人民群众的意见和要求，同时，人大常委会办公室还作了一些专题调查，这样，会议一般开得较好。委员们对汇报单位的工作既给予充分的肯定，又能提出恰当的意见和批评。会议所做的相应决议、决定，基本上把党的方针、政策、国家的法律、法令、人民群众的愿望要求有机地统一起来，因而具有较大的号召力和约束力。会后，有关部门和单位坚持从实际出发，采取有效措施，认真贯彻会议的决议、决定，有力地促进了“在经济上实行进一步调整，在政治上实现进一步安定”的方针贯彻执行。如去年5月在第十六次人大常委会上，委员们在听取县农业工作汇报后，根据全县部分地区严重发生猪瘟、鸡瘟的实际情况，提出了中肯的意见，并决

议责成农业局立即采取措施，坚决制止畜禽瘟疫的蔓延和发展。会后，他们认真报告执行这一决定，很快就制止了猪瘟的流行，进而完全的控制住，使全县生猪发展到76万多头，比1982年增长15%多，全县第一次实现了一人一头猪。会议是对提请任命的国家工作人员，既坚持了党管干部的原则，又根据人民群众的反映，作了正确全面的评价，注意严格把关，不搞形式主义。这样，保证了国家工作人员的政治纯洁和工作胜任，使他们能忠诚地代表人民的利益，全心全意为人民服务，当好人民的公仆。

三、认真办理和督促办理代表提案

代表提案是人民代表代表人民行使国家权力的一种形式。在每次大会期间，他们根据人民群众的意愿和要求，提出了不少的提案。三年来，共收到代表提案1298份。在办理代表提案的工作中，我们主要抓好三个环节：一是每次代表大会闭幕后，人大常委会办公室负责将代表提案进行分类整理，及时转交给各承办单位，并提出办理原则和要求；二是督促承办单位加快办理进度。为了保证按时、按质、按量地完成代表提案的办理任务，除县人大常委会办公室及时召开会议和派人到各单位督促检查外，人大常委会还不定期地听取有关单位关于提案办理情况的汇报，有力地推动这一工作的开展；三是及时检查验收，保证办理质量。从过来的情况看，绝大多数领导和承办人员对办理代表提案是严肃认真的，并作了大量的工作，解决了不少问题。他们对提案的处理原则一般是：符合党的现行政策，实际条件又具备的，都积极认真地抓紧时间予以解决；有的虽符合政策规定，但目前条件尚未具备的，均订出规划，创造条件，争取尽快解决并向提案人作出答复和解释，有的属县级职权范围内不能解决或与现在政策不相符合的，亦作了疏导和解释工作。据不完全统计，在所有代表提案中，问题得到解决和基本得到解决的占70%左右。如县人民政府为解决人民代表提案中提出的“干旱死角”和民桥义渡问题，近几年来，先后安排资金77万元和木材指标200立方米，用于水利设施和解决交通运输问题，使全县扩大水利灌溉面积4万多亩，兴建、扩建了15条公路，长达87公里，兴建了30座桥梁，增添了10只渡船，进一步改变了我县水利灌溉条件和交通运输状况。代表提案中反映比较普遍的煤炭供应问题，县人民政府总结经验教训，积极采取措施，对全县缺煤严重的18个公社分别设立了煤站，按户定量供应，基本上解决了“烧煤难”的问题。去冬今春，又根据人民群众的要求，狠抓煤炭质量，努力降低煤矸率，受到群众的好评。

四、加强同人民代表和人民群众的联系，及时反映他们的意见和要求

在这方面，我们主要抓了如下一些工作：一是编印《公告》和学习资料发给各位代表。人大常委会每次会议的内容和视察活动都登在《公报》上，这些《公报》和学习资料对他们的学习和了解我们的工作情况有着积极的意义。另外，还发了专用信封、信纸、邮票，请代表随时反群众的意见和要求。二是人大常委会和办公室的同志分别深入基层，采取开座谈会和个别走访相结合的办法访问代表，每年走访的代表率在80%以上。通过走访，搜集了大量的对国家机关的各方面的意见和要求，我们将这些意见和要求分期分秕归纳整理在《情况反映》上，供有关单位参阅。有些重要意见直接转交有关部门，责成他们及时调查处理。如代表反映实行大包干生产责任制后，各级政府应注意帮助解决“四缺户”（即缺钱、缺肥、缺劳动、缺技术）的困难，我们及时转达了他们的意

见，引起了有关领导的重视，采取措施，加强了对“四缺户”的技术指导，并从资金、物质上给予扶助。据统计，共发放专用贷款85万元，专用化肥指标100吨。这对解决“四缺户”的燃眉之急和促进改善有关部门的工作起了积极的作用。三是认真作好代表和人民群众的来信来访工作。随着人大常委会机构的建立，人民代表和群众上访日益增加。三年多来，先后收到了三百多封来信，接待了80次群众来访。根据《中华人民共和国地方各级人民代表大会和地方各级人民委员会组织法》的有关规定和信访工作“分级负责”的原则，我们根据来信来访的内容，分别会同有关部门进行处理，并基本上作了答复。四是根据代表和人民群众反映比较突出的问题，组织人大常委会委员，邀请有关部门参加，开展视察活动。三年来，我们就社会治安、煤炭供应、物价、教育等问题先后共举行3次，广泛听取代表和人民群众的意见。实践证明，通过视察活动，增强了与代表的联系，又促进了有关部门的工作。去年6月，人大常委会对拐卖妇女、儿童犯罪活动的严重情况进行了专题性视察，参加视察的常委委员和政法部门的负责人详细听取了干部和群众对拐卖犯罪一桩桩罪行的介绍后，进一步激发了坚决打击拐骗妇女、儿童犯罪活动的革命激情。事后，县人大常委会立即作出了《关于坚决打击拐卖妇女、儿童的犯罪活动，确保妇女、儿童人身权力的决定》。为了认真贯彻这一决定，公安、法院、检察、司法及其他有关部门，组织专门班子将一些危害大的典型案件公开审判，依法从重从快惩处，震慑了敌人，教育了群众。

五、帮助镇、社开展人大工作，充分发挥镇、社人民代表的作用

三年多来，人大常委会在做好自身工作的基础上，还注意帮助镇、社开展人大工作。1982年年初，鉴于镇、社本届人民代表大会第二次会议未召开和由于工作调动、退休、行政区划调整等原因，原选出的领导班子变动很大的情况，人大常委会立即讨论通过了《关于依法召开各社本届人大第二次会议的意见》，帮助镇、社开好第二次人民代表大会和选举好领导班子。在工作进程中，县人大常委会领导和办公室人员还注意深入基层，帮助镇、社开展这一工作，并先后总结推广诸甲亭公社管委会认真搞好选举，九公桥公社管委会认真办理代表提案经验，从而推动了面上工作，使各镇、社人民代表大会达到了预定的。今年1月，我们根据《中华人民共和国宪法》《中华人民共和国地方各级人民代表大会和地方各级人民委员会组织法》的规定和省、地委的安排，在搞好县八届人大代表换届选举的同时，帮助各镇、乡搞好换届选举工作，依法选出镇、乡人民代表5504名，并拟在5月中旬召开各镇、乡人民代表大会，选举产生镇、乡人民政府。另外，为了交流人大工作的经验，我们还专门召开了各镇、社镇长和管委会主任参加的经验交流会。同时，每次人大常委会召开会议时，轮流吸收部分镇、社镇长和管委会主任列席会议。这样，他们一方面可以交流开展人大工作的经验；一方面可以反映人民群众的意见，对开好会议和促进国家机关的工作有着重要的意义。制订乡规民约，是群众自己教育自己、自己管理自己的好办法。因此，我们在不违背国家宪法、法律、法令的前提下，支持和帮助各乡镇、社制定乡规民约。在工作进程中，总结推广了谷洲公社制定乡规民约，促进社会治安好转的长乐公社制定乡规民约，搞好水利管理的经验。这些乡规民约，对维护正常的生产秩序、社会秩序和保障人民群众的利益，起了一定的作用。

第二节　第二次会议

邵阳县第九届人民代表大会第二次会议于1985年4月23日至28日召开。本届会议第一次会议有代表435名，由于工作调动等原因，至本次会议召开时实有代表426名。本次会议的议程有7项：听取和审议《县人大常委会工作报告》；听取和审议《县人民政府工作报告》；听取和审议《国民经济和社会发展规划执行情况的报告》；听取和审议《财政工作报告》；听取和审议《县人民法院工作报告》和《县人民检察院工作报告》；补选县人民政府副县长和县人大常委会委员。

4月23日上午8时代表在县委招待所报到，召开代表团团长会议。当日晚上7时半，在县委大会场召开党员代表大会，成立本次会议临时党组。

4月24日上午8时，在县委大会场举行本次会议预备会议。会议表决通过方伯正、王善祥、王楚堂、宁芬、艾润身、刘仕继、米兰瑞、孙治国、任建清、向赐生、阮国仲、吕敬忠、李立成、李维民、林月竹、林建成、罗安荣、张玉庭、周更华、银仲文、海学良、唐柳清、莫荷花、覃松发、黄明宣、黄诗运、黄筠、彭迪先、蒋宗雨、曾纪松、曾锡庭、谢精诚、黎佐成、颜睦清、廖庆元35人为大会主席团成员，艾润身兼秘书长；表决通过刘仕继、曾纪松、向赐生、李立成、莫寿明、黄筠、颜翠兰7人为本次会议财政预算委员会组成人员，刘仕继任主任委员，曾纪松任副主任委员；表决通过黎佐成、柏玉楚、王楚堂、刘书保、孙治国、唐应中、颜睦清7人为本次会议提案审查委员会组成人员，黎佐成任主任委员，柏玉楚任副主任委员。预备会会议后，主席团举行第一次会议，推举曾锡庭、罗安荣、张玉庭、艾润身、刘仕继、黎佐成、阮国仲7人为大会主席团常务主席，决定蒋香生、周绍贤、朱长青为本次会议副秘书长。

4月24日上午10时，本次会议正式开幕，主席团常务主席艾润身主持会议。县人民政府县长李帮能向大会作《政府工作报告》。报告称：1984年，县人民政府在上级政府和县委领导下，通过认真贯彻党的方针政策、全面建立和健全各项责任制、调整农业产业结构、发展商品经济、简政放权、增强企业活力、搞好服务、疏理流通渠道、抓科技进步、重视人才培养和引进等措施，使全县农业在改革中继续前进，商品生产得到发展，工业在改革中稳步上升，财政收支平衡并略有节余，商业网点遍布城乡，市场繁荣，科学、教育、文化、卫生、体育、广播电视新闻等社会事业有新的成就，计划生育工作有新的进展，年内开展严厉打击刑事犯罪活动，刑事案件发案率有所减少，城乡人民生活有所改善。报告提出：在1985年，全县要进一步放手调整农业产业结构，大力发展商品生产；加快发展乡镇企业，大力发展家庭联产企业；进一步简政放权，切实增强企业活力；认真搞好物价改革，刹住乱涨价歪风；尊重知识，加快人才开发；进一步加强科技文教卫生事业，不断提高全县人民生活水平；继续抓好计划生育，严格控制人口增长；继续加强社会主义法制建设，整顿好社会治安；切实加强领导，改进政府工作。

4 月 24 日下午，举行本次会议第二次全体会议，主席团常务主席刘仕继主持会议。大会先后听取了县计委主任蒋光明所作的《国民经济计划和社会发展规划执行情况的报告》和县财政局局长唐应中所作的《财政工作报告》。

4 月 25 日上午，与会代表分组审议《政府工作报告》。下午，代表分组审议《国民经济计划和社会发展规划执行情况的报告》及《财政工作报告》；本次会议财政预算委员会举行会议，审议《财政预算报告》。

4 月 26 日上午，举行本次会议第三次全体会议，主席团常务主席黎佐成主持大会。大会听取了县人大常委会副主任刘仕继所作的《县人大常委会工作报告》。报告称：本届人大一次会议以来，县人大常委会先后听取了县人民政府 15 个部门的汇报，在充分肯定工作成绩的同时，对政府工作提出批评和建议，支持县人民政府抓好经济工作；同时加强了对财政纪律执行情况的检查，督促司法部门运用法律武器保障经济建设的顺利进行；依法召开了七次会议，听取和审议了政府、法院和检察院 22 次工作汇报，作出 6 个决议，任免了 102 名国家工作人员；同时认真办理和督促办理代表提案，处理好来信来访，九届人大一次会议收到 792 份代表提案，已全部办理完毕；共接待代表和人民群众来信 138 件，接待来访 158 人次。报告提出了县人大常委会今后工作的 4 个努力方向。大会听取《县人大常委会工作报告》后，又继续听取了《县人民法院工作报告》和《县人民检察院工作报告》。

4 月 26 日下午，与会代表分组审议了上午听取的 3 个报告；主席团举行第二次会议，听取财政预算委员会《关于审查财政预算情况的汇报》；提案审查委员会举行会议，审查代表提案，讨论通过了《提案审查报告》。

4 月 27 日上午，举行本次会议第四次全体会议，主席团常务主席艾润身主持会议。主席团常务主席罗安荣向大会作了《关于补选县人民政府副县长和县人大常委会委员的报告》，与会代表分组审议了关于补选的程序和办法，酝酿了应补选的副县长和人大常委会委员候选人。主席团举行第三次会议，通过了应补选的副县长和人大常委会委员候选人名单。

4 月 27 日下午，与会代表继续分组酝酿候选人。下午 5 时半，主席团举行第四次全体会议，确定正式候选人名单；通过《关于〈县人民法院工作报告〉和〈县人民检察院工作报告〉的决议草案》；通过提案审查委员会的《提案审查报告》。

4月28日上午，举行本次会议第五次全体会议，主席团常务主席罗安荣主持会议。大会以无记名投票方式，补选吕飞虎、刘志刚、陈建国为县人民政府副县长，补选任建清为县人大常委会委员。

4月28日下午，在县委大会场举行本次会议第六次全体会议，主席团常务主席阮国仲主持会议。大会通过了《关于县人民政府工作报告的决议》《关于县财政工作报告的决议》《关于县人大常委会工作报告的决议》《关于〈县人民法院工作报告〉和〈县人民检察院工作报告〉的决议》；黎佐成作了《提案审查报告》。最后，主席团常务主席艾润身致闭幕词，宣布第九届全县人民代表大会第二次会议闭幕。

县人民政府副县长候选人刘志刚、陈建国及县直机关单位负责人、部分乡人民政府负责人、各区（镇）人大工作联络员和参加邵阳县第一届第二次政协全会的全体政协委员列席了本次会议。

本次会议期间，梽木山区代表团黄诗运等12名代表联名就梽木山不能经常通班车一事向县人民政府和县交通局提出书面质询，大会主席团对这项质询立案后，于4月26日下午召开了质询会，县交通局局长杨志成到会对质询进行了答复，提出质询案的代表对答复表示满意。

第三节　第三次会议

邵阳县第九届人民代表大会第三次会议自1986年1月中旬开始筹备，其间县人大常委会召开了县人民政府、县人民法院、县人民检察院及其他有关部门负责人会议，专门研究了大会各项工作报告的起草。2月下旬，县人大常委会主要领导、专职委员和“一室三委”负责人共11人，分赴全县各地走访有关代表，听取对开好九届人大第三次会议的意见和建议，结合搜集代表提案330份。并先后5次召开筹备本次会议的各工作小组负责人和人大常委会机关工作人员会议，研究会前准备。4月2日，县人大常委会召开第十三次会议，检查了会前各项准备工作。4月4日县人大常委会又召开了县直局以上单位负责人会议，进一步研究了大会筹备工作的有关事项。

在充分筹备后，邵阳县第九届人民代表大会第三次会议于1986年4月7日至11日召开，会议应到代表417名（九届人大第二次会议时有代表426名，其中塘田乡的曾锡庭、邹如椒、唐子英及梽木山乡的黄诗运、黄塘乡的黎月桥、县人武部的任建清、县经委系统的唐海泉、中和乡的蒋学云8人因调离或迁出本县，其代表资格自行消失，经委系统的周更华逝世，故第三次会议代表为417人），实到代表380人。

4月7日，全县9个代表团与会代表和238名列席代表陆续赶到县委招待所报到，并于当日召开本次会议预备会，通过方伯正、王善祥、宁芬、艾润身、刘仕继、米兰瑞、孙治国、朱能升、向赐生、阮国仲、李立成、李志茂、李应权、李维民、林月竹、林建成、罗安荣、张玉庭、银仲文、海学良、唐柳清、莫荷花、莫爱国、黄筠、黄荣生、粟林秀、蒋宗雨、覃松发、谢精诚、黎佐成、颜睦清 31 人为本次大会主席团成员，刘仕继兼秘书长；通过刘仕继、颜翠兰、向赐生、李立成、莫寿明、黄筠、廖文振为本次会议财政预算委员会组成人员，刘仕继任主任委员，颜翠兰任副主任委员；通过黎佐成、柏玉楚、王楚堂、刘书保、孙治国、唐应中、颜睦清为本次会议提案审查委员会组成成员，黎佐成任主任委员，柏玉楚任副主任委员；并就本次会议代表异动情况进行了说明。

预备会后，召开党员代表大会，成立了由罗安荣、张玉庭、宁芬、刘仕继、朱能升、向赐生、李立成、李应权、李维民、莫爱国、黄荣生、蒋宗雨、覃松发、谢精成、黎佐成 15 人组成的临时党委，罗安荣任临时党委书记，张玉庭任临时党委副书记，各代表团相应成立了临时党支部。然后主席团举行第一次会议，推选罗安荣、张玉庭、刘仕继、黎佐成、阮国仲 5 人为大会主席团常务主席；决定唐益桥、周绍贤、朱长青为大会副秘书长。

4 月 8 日上午 8 时，县九届人大第三次会议在县委大会场正式开幕，主席团常务主席张玉庭主持会议，县人民政府副县长刘汉成向大会作《政府工作报告》。报告称：一年来，全县农村经济正沿着综合经营、协调发展的道路前进，农业产业结构出现了新的格局；工业生产基本上保持了正常增长速度；财政收入略有增加，城乡市场繁荣，购销两旺，人民收入增加，生活有所改善；“双扶”工作做出了一定的成绩；计划生育工作已引起了全社会重视；科技教育事业有新的起色；文化、卫生、体育、广播电视、城市建设等事业都在向前发展；社会治安有明显好转。报告提出：1986 年，政府各部门要进一步加强政治思想工作，切实改进领导作风；进一步深入改革，落实各项政策；继续调整农业产业结构；坚定不移地搞好农产品统派购制度的改革；搞好社会服务，逐步完善合作制；建立乡一级财政；组织建立好科技服务、流通服务、信息服务体系。大会听取《政府工作报告》后，县计划委员会主任陆远阶和县财政局局长唐应中分别向大会作了《国民经济计划和社会发展规划的报告》《财政工作报告》。当日下午，与会代表分组审议了《政府工作报告》《国民经济计划和社会发展规划的报告》《财政工作报告》及关于三个报告的决议草案；财政预算委员会举行会议，审议了《财政工作报告》。

4 月 9 日上午，与会代表继续分组审议；主席团举行第二次会议，听取财政预算委员会关于审议财政预算情况的汇报。

9日上午10时，举行本次会议第二次全体会议，主席团常务主席黎佐成主持会议，县人大常委会主任张玉庭作了《县人大常委会工作报告》。报告称：本届人大二次会议以来，县人大常委会作了如下工作：1、充分发挥职能作用，监督和支持“一府两院”的工作；2、积极督办代表提案，认真处理来信来访；3、认真开展法制宣传教育，努力维护社会主义法制；4、加强同乡镇人大的联系，促进乡镇人大工作；5、充分发挥各工作委员会的作用。报告提出今后县人大常委会的工作思路是：围绕全县经济建设中心开展人大工作；进一步加强对普法工作的检查监督；进一步密切联系人民群众和加强县人大常委会自身建设。

大会听取《县人大常委会工作报告》后，县人民法院院长袁振国、县人民检察院检察长唐远友分别向大会作了《县人民法院工作报告》和《县人民检察院工作报告》。当日下午，与会代表分组审议《县人大常委会工作报告》《县人民法院工作报告》《县人民检察院工作报告》及关于三个报告的《决议草案》；提案审查委员会举行会议，审议代表提案，讨论通过《提案审查报告》；主席团举行第三次会议，研究补选市人大代表有关事宜。

4月10日上午，在县委大会场举行本次会议第三次全体会议，主席团常务主席粟林秀主持会议，县人大常委会副主任刘仕继向大会作了《关于补选邵阳市九届人大代表的报告》。大会以后，分代表团酝酿、协商应补选的市人大代表候选人；主席团举行第四次会议，听取各代表团讨论、酝酿市人大代表候选人情况的汇报，确定应补选的市人大代表正式候选人。

下午2时，在县委大会上举行本次会议第四次全体会议，主席团常务主席罗安荣主持会议，大会补选刘仕继等39人为出席邵阳市第九届人民代表大会的代表（名单见第四编第二章第一节《市人大代表名录》）。大会以后，主席团举行第五次会议：听取提案审查委员会《关于提案的审查报告》，讨论通过《关于〈县政府工作报告〉的决议草案》《关于〈财政工作报告〉的决议草案》《关于〈县人大常委会工作报告〉的决议草案》《关于县人民法院和县人民检察院工作报告的决议草案》；研究决定县人民政府3位副县长和县人大常委会1名副主任的辞职请求。

4月11日，在县委大会场举行本次会议第五次全体会议，主席团常务主席阮国仲主持会议，大会听取了县人民政府《关于第九届人民代表大会第三次会议部分提案办理情况的汇报》。大会以后，分代表团审议了县人民政府《关于第九届人民代表大会第三次会议部分提案办理情况的汇报》。

4月11日下午2时，在县委大会场举行本次大会闭幕式，主席团常务主席刘仕继主持会议。大会通过了《关于〈政府工作报告〉的决议》《关于〈财政工作报告〉的决议》《关于〈人大常委会工作报告〉的决议》《关于人民法院、人民检察院工作报告的决议》；大会通过县人民政府副县长罗安荣、谢精诚、粟林秀和县人大常委会副主任艾润身的辞职请求。接着中共邵阳县委书记罗安荣发表讲话。最后由县人大常委会主任张玉庭致闭幕词，宣布第九届全县人民代表大会第三次会议闭幕。

高建中为本次会议特邀代表。

本次会议列席人员有县人民政府副县长吕飞虎、刘志刚、李晓红及县人民政府组成单位负责人、县直机关单位负责人、不是县人大代表的县人大常委会各委室负责人、县人民法院和县人民检察院负责人、驻县内的市属单位负责人、各区（镇）宣传委员和人大工作联络员、出席县一届三次政协全会的全体政协委员。

第六章　第十届人民代表大会

邵阳县第十届人民代表大会共召开4次会议。

第一节　第一次会议

邵阳县第十届人民代表大会第一次会议于1987年2月26日至3月4日召开。本届基层选举中，共选出代表342名，经代表资格审查委员会审查，有5人得票未超过半数，故其代表资格无效，1名代表在当选后因病逝世，参加本次会议的代表人数有336人，分9个代表团。各代表团正副团长是：塘渡口镇代表团团长向赐生、副团长陆远阶；塘渡口区代表团团长田卫国、副团长刘庚良；塘田市区代表团团长石舟云、副团长刘桥丁；黄亭市区代表团团长肖森林、副团长罗选国；五峰铺区代表团团长王孟堂、副团长刘祖正；郦家坪区代表团团长郑刚常、副团长粟孟德；下花桥区代表团团长彭东方、副团长肖化军；九公桥区代表团团长马均平、副团长李中伟；槤木山区代表团团长王卓明、副团长唐勤俭。

这次会议的议程有9项：听取和审议第九届县人民政府工作报告，并作出相应的决议；听取和审议县财政工作报告；听取和审议邵阳县社会、经济发展第七个五年计划，并作出相应的决议；听取和审议邵阳县1986年国民经济计划执行情况和1987年计划安排意见的报告，并作出相应的决议；听取和审议第九届县人大常委会工作报告，并作出相应的决议；听取和审议县人民法院工作报告和县人民检察院工作报告，并做出相应的决议；选举邵阳县第十届人民代表大会常务委员会主任、副主任、委员；选举第十届邵阳县人民政府县长、副县长；选举新一届邵阳县人民法院院长和新一届邵阳县人民检察院检察长；通过《关于发展我县林业生产，制止乱砍滥伐的决议》。

2月26日，各代表团代表陆续到县委招待所报到。当日晚召开了代表中的中共党员会议，会上成立了本次大会临时党委，罗安荣为临时党委书记，张玉庭、李帮能、胡伟章，谢精成为临时党委副书记，马均平、王运发、王卓明、王孟堂、石舟云、田卫国、朱长青、向赐生、刘仕继、肖森林、周柏民、郑刚常、彭东方、黎佐成为临时党委委员，各代表团相应成立了临时党支部。

2月27日上午8时，举行本次大会预备会。在预备会上，表决通过了马均平、王运发、王孟堂、王卓明、王忠屏、王善祥、田卫国、石舟云、伍元洲、刘仕继、朱长青、向赐生、陈卫国、张玉庭、肖森林、肖爱华、罗安荣、罗桂森、郑刚常、周柏民、林建成、胡伟章、唐柳青、海振亮、银仲文、彭东方、谢精诚、黎佐成、颜睦清29人为本次大会主席团成员，刘仕继兼大会主席团秘书长；然后举行大会主席团第一次会议，推选罗安荣、张玉庭、胡伟章、周柏民、谢精诚、刘仕继、黎佐成为大会主席团常务主席；决定胡超海、周绍贤、李兴国、朱长青为本次会议副秘书长。

2月27日下午举行大会，主席团常务主席刘仕继主持会议，全体代表听取了法律知识课。然后分组学习讨论了《中华人民共和国选举法》和《中华人民共和国地方各级人民代表大会和地方各级人民委员会组织法》。

2月28日上午大会开幕，主席团常务主席张玉庭主持会议，罗安荣致开幕词。第九届县人民政府县长李帮能向大会作《政府工作报告》，报告称：第九届县人民政府自成立以来，认真贯彻执行十一届三中全会以来的路线、方针和各项政策，坚持四项基本原则，坚持改革开放，调整产业结构，注重城镇建设和加强思想政治工作；全县经济体制改革转入纵深发展，经济发展稳定正常；人民生活开始由温饱型向致富型迈进；社会安定、市场繁荣、购销两旺。报告还指出了1987年全县的主要工作目标。大会听取《政府工作报告》后，县计委主任陆远阶和县财政局局长唐应中分别向大会作了《1986年全县国民经济计划执行情况和1987年计划安排意见的报告》《“七五”计划的说明》和《1984年至1986年财政决算及1987年财政预算报告》。下午，与会代表分组审议《政府工作报告》。

3月1日上午，与会代表审议《计委工作报告》和《财政工作报告》；大会主席团举行第二次会议，听取大会秘书处财政组《关于审议财政工作报告情况的报告》和各代表团对《政府工作报告》的审议意见。

3月1日下午举行本次会议第二次全体会议，主席团常务主席刘仕继主持会议，大会主席团常务主席、第九届县人大常委会主任张玉庭向大会作《县人大常委会工作报告》（《报告》内容见本节附）。

本次大会在听取《县人大常委会工作报告》后，还分别听取了县人民法院院长袁振国和县人民检察院检察长唐远友所作的《县人民法院工作报告》和《县人民检察院工作报告》。

3月2日上午，与会代表分组审议《县人大常委会工作报告》《县人民法院工作报告》和《县人民检察院工作报告》。11时，大会主席团举行第三次会议，征求对《县人大常委会工作报告》《县人民法院工作报告》《县人民检察院工作报告》的讨论意见。下午2时，举行本次会议第三次全体会议，主席团常务主席黎佐成主持会议。主席团常务主席胡伟章向大会作了《选举工作报告》；大会通过了县十届人大第一次会议选举办法。大会以后，与会代表分组讨论了选举办法，开始酝酿候选人；大会主席团举行第四次会议，协商确定正式候选人建议名单。

3月3日上午，与会代表分组酝酿正式候选人和各项决议草案；大会主席团举行第五次会议，听取各代表团对正式候选人建议名单酝酿情况的汇报，研究了选举有关事项；通过《议案批评、建议、意见审查报告》，通过各项决议草案。3月3日下午，举行本次会议第四次全体会议，选举第十届县人大常委会主任、副主任及第十届县人民政府县长，主席团常务主席罗安荣主持会议。选举结果：李帮能当选第十届县人大常委会主任，刘仕继、罗桂森、王善祥、蒋利民当选第十届县人大常委会副主任，周柏民当选第十届县人民政府县长。

3月4日上午，举行本次会议第五次全体会议，选举第十届县人民政府副县长、第十届县人大常委会委员、县人民法院院长、县人民检察院检察长，主席团常务主席胡伟章主持会议。选举结果：李晓红、周柏林、吕飞虎、陈健生当选第十届县人民政府副县长，王忠屏等11人（名单见第四编第二章第五节《县人大常务委员会委员名录》）当选第十届县人大常委会委员，袁振国当选县人民法院院长，李栋梁当选县人民检察院检察长。

3月4日下午2时，举行本次会议闭幕式，主席团常务主席谢精诚主持会议。大会通过了《关于政府工作报告的决议》《关于财政工作报告的决议》《关于县人大常委工作报告的决议》《关于县人民法院、县人民检察院工作报告的决议》《关于发展林业禁止乱砍滥伐的决议》。黎佐成作了《议案、批评、建议、意见审查情况的报告》。新当选的县人大常委会主任李帮能和新当选的县人民政府县长周柏民发表了就职演说。县人民政府常务副县长李晓红在会上就本次会议代表提出的有关全县水电、柴油、化肥供应紧缺，以及农村乱占耕地、学校危房改造、交通和部分区乡干部要求修建住房等7个方面的问题进行了初步答复。最后，大会主席团常务主席、中共邵阳县委书记罗安荣发表了即席讲话；主席团常务主席胡伟章致闭幕词，宣布第十届全县人民代表大会第一次会议闭幕。本次会议特邀人员有第九届县人大常委会副主任艾润身、银北海、段义君，县人民政府离休县级干部周肇丰，中共邵阳县委组织部长谢武。

本次会议列席人员有县人民政府副县长吕飞虎、刘志刚、李晓红及县人民政府组成单位负责人、县直机关单位负责人、不是县人大代表的县人大常委会各委室负责人、县人民法院和县人民检察院负责人、驻县内的市属单位负责人、各区（镇）宣传委员和人大工作联络员、出席第二届第一次县政协全会的全体政协委员。

附：

县九届人大常委会工作报告（节录）

自第九届全县人民代表大会第三次会议以来，县人大常委会按照宪法和法律赋予的职权和全国人大常委会、省人大常委会以及我县九届人大三次会议的有关决议，围绕党在新时期的总任务和总目标，作了如下几项工作：

一、开展社会主义法制宣传，加强对宪法和法律法令实施情况的监督，一是加强了对普法工作的检查、监督，根据全国人大常委会《关于在公民中基本普及法律常识的决议》要求，听取和审议了县司法局《关于全县普及法律常识工作情况的汇报》，提出了进一步搞好普法工作的意见；二是县人大常委会对全国和省人大常委会征求修改意见的《中华人民共和国地方各级人民代表大会和地方各级人民委员会组织法》《中华人民共和国选举法》和《湖南省物价监督检查条例草案》《湖南省乡镇集体矿山企业和个体采矿管理办法草案》等法律法规，组织群众和有关人员进行认真学习、讨论，并将讨论修改意见进行了整理；三是认真搞好法律监督，维护法律的尊严，会同政府有关部门，全面检查了《中华人民共和国食品卫生法》的实施情况，听取和审议了县卫生局关于《中华人民共和国食品卫生法》和《中华人民共和国药品管理法》贯彻执行情况的汇报，并妥善处理了郦家坪区城天堂乡紫塘村村民何开发烧毁选票，破坏选举的事件。

二、听取和审议一府两院工作报告。一年来，县人大常委会围绕全县经济建设和经济体制改革，听取和审议了县财政局《关于 1986 年财政预算执行情况的汇报》、县经委《关于 1986 年上半年工业生产情况的汇报》、县水电局《关于当前水利建设及管理情况的汇报》、县教委《关于教育体制改革和〈义务教育法〉宣传贯彻情况的汇报》及县人民检察院、县人民法院、县广播电视局、县商业局等 15 个单位的工作汇报，并提出了改进工作的建议。

三、改革提案办理方法，认真处理来信来访。县九届人大共收到代表提案 368 件，其中立案的 163 件，经过“一府两院“及其所属部门的努力，本次会议前已全部办理完毕；一年来，县人大常委会收到了代表和人民来信 181 封，接待来访 78 人次，处理来信来访基本作到接待热情，答复中肯，对来信尽量做到转办及时，催办积极，凡来信来访中反映的问题，只要是应该办又能办到的，就督促有关部门采取措施抓紧解决。

四、依法办事，及时完成县、乡、镇人大代表换届选举。根据《中华人民共和国宪法》《中华人民共和国地方各级人民代表大会和地方各级人民委员会组织法》《中华人民共和国选举法》的规定和省市选举委员会的安排，县人大常委会于 1986 年 11 月中旬至 1987 年 1 月 5 日，主持了全县乡、镇人大代表的换届选举工作。县人大常委会先后召开了两次会议，就选举中的有关事项作出了具体的部署和安排，决定成立各乡镇选举委员会，并任命了领导成员；全县依法选举产生乡镇人民代表大会代表 2426 名，完成了乡镇人大代表换届选举工作任务。并指导各乡镇召开了人民代表大会，选举产生了新一届乡镇人民政府。

各位代表：县九届人大常委会已完成了他的历史使命。第十届县人大常委会产生以后，一定会更好地以求实创新的精神，开创我县人大工作的新局面，为发展社会主义民主，健全社会主义法治做出新的贡献。

第二节　第二次会议

邵阳县第十届人民代表大会第二次会议于1987年12月25日至27日举行。鉴于当时全县国民经济计划执行情况和财政决算尚未出台，上级对1988年各项计划指标亦未正式下达的实际情况，本次会议只有一项议程，选举邵阳县出席邵阳市第十届人民代表大会的代表。会议应到代表336人，实到代表312人，缺席24人。

12月25日上午，与会代表在县委招待所报到后，召开了各代表团带队人员会议。晚7时，召开本次会议预备会议，通过马均平、王运发、王卓明、王忠屏、王善祥、邓节生、石舟云、田卫国、吕爱书、朱长青、伍元洲、向赐生、刘汉成、刘仕继、羊正君、李帮能、肖爱华、陈卫国、罗安荣、罗桂森、郑纲常、胡伟章、胡超海、唐柳清、海振亮、银仲文、银祥集、彭东方、蒋利民、谢鹤华、颜睦清31人为大会主席团成员，刘仕继为大会主席团秘书长。然后举行主席团第一次会议，推选罗安荣、李帮能、胡伟章、刘仕继、罗桂森、王善祥、蒋利民为主席团常务主席；决定朱长青、胡超海、李兴国为本次会议副秘书长，会议讨论了本次会议的选举办法。预备会议后分代表团召开会议，选举了各代表团的正、副团长，学习讨论了本次会议的《会议须知》，制订了本次会议的有关制度。

26日上午9时大会开幕，主席团常务主席罗桂森主持会议，县人大常委会主任李帮能向大会作了《选举工作报告》。大会后，与会代表分组审议了本次会议的选举办法，初步酝酿市人大代表候选人；大会主席团举行第二次会议，中共邵阳县委向大会主席团推荐市人大代表候选人建议名单。下午，与会代表继续分代表团酝酿、协商市人大代表候选人。4时，主席团举行第三次会议，大会秘书处组织组人员列席主席团会议，听取各代表团酝酿、协商市人大代表候选人情况的汇报。6时，主席团举行第四次会议，确定市人大代表正式候选人。

27日上午8时，举行本次会议第二次全体会议，主席团常务主席胡伟章主持会议。大会选举马云珍等48人为邵阳县出席第十届全市人民代表大会代表（名单见第四编第二章第一节《市人大代表名录》）。48名市人大代表中，有干部代表12人、工人代表8人、农民代表17人、知识分子代表8人、民主党派和无党派人士代表3人。

本次会议各代表团的正副团长是：塘渡口代表团团长向赐生、副团长陆远阶，塘口镇区代表团团长田卫国、副团长刘庚良，塘田市区代表团团长吕爱书、副团长刘桥丁，黄亭市区代表团团长石舟云、副团长罗选国，五峰铺区代表团团长邓节生、副团长刘祖正，郦家坪区代表团团长郑刚常、副团长粟孟德，下花桥区代表团团长彭东方、副团长肖化军，九公桥区代表团团长马均平、副团长李中伟，槎木山区代表团团长王卓明、副团长唐勤俭。

本次会议特邀代表有：中共邵阳县委调研员刘长寿、县人民政府顾问艾润身、原县人大常委会副主任段义君。

县人民政府组成单位负责人、县直机关负责人、不是县人大常委会委员的县人大常委会委室负责人、县人民法院和县人民检察院负责人、各区（镇）人大工作联络员、各乡镇人大主席团常务主席、出席第二届第二次县政协会议的全体政协委员列席会议。

第三节　第三次会议

邵阳县第十届人民代表大会第三次会议于 1988 年 3 月 26 日至 30 日召开。本次会议的主要议程有 8 项：1、听取和审议县人民政府工作报告，并作出相应的决议；2、听取和审议《邵阳县 1987 年国民经济计划执行情况和 1988 年国民经济和社会发展计划安排意见的报告》，并作出相应的决议；3、听取和审议《县财政工作报告》，并作出相应的决议；4、听取和审议《县人大常委会工作报告》，并作出相应的决议；5、听取和审议《县人民法院工作报告》和《县人民检察院工作报告》，并作出相应的决议；6、补选县人民政府副县长；7、通过《关于加强粮食生产的决议》；8、通过《邵阳县人大代表职责》。

3 月 26 日，与会代表报到，当日下午召开党员代表会议，选举产生本次会议临时党组，罗安荣任临时党组书记，李帮能、宁芬任临时党组副书记，王运发、王卓明、王善祥、王孟堂、石舟云、向赐生、刘汉成、刘仕继、刘高生、李中伟、罗桂森、周柏民、郑刚常、莫爱国、彭东方、蒋利民、谢武、谢精诚为临时党组人员。当日晚召开本次会议预备会，表决通过王运发、王孟堂、王卓明、王忠屏、王善祥、石舟云、宁芬、朱长青、伍元洲、向赐生、刘汉成、刘仕继、刘高生、李中伟、李帮能、肖爱华、陈卫国、罗安荣、罗桂森、郑刚常、胡超海、莫爱国、唐柳清、海振亮、银仲文、银祥集、彭东方、蒋利民、谢武、谢精诚、谢鹤华 31 人为大会主席团成员，刘仕继兼主席团秘书长。接着举行主席团第一次会议，推选罗安荣、李帮能、宁芬、刘仕继、谢精成、谢武、罗桂森、王善祥、蒋利民 9 人为主席团常务主席；决定朱长青、胡超海、李兴国为本次会议副秘书长；通过罗桂森、石舟云、田卫国、吕丁文、陈晓阳为本次会议议案审查委员会组成人员，罗桂森为主任委员，石舟云为副主任委员；通过蒋利民、银祥集、陆远阶、李化球、蒋珍为本次会议财政预算委员会组成人员，蒋利民为主任委员，银祥集、陆远阶为副主任委员。

3月27日上午8时，大会开幕，主席团常务主席李帮能主持会议，县人民政府县长周柏民向大会作《政府工作报告》。报告回顾了一年来县人民政府的主要工作，指出1988年全县经济建设和社会发展的主要任务。《政府工作报告》后，县计委主任陆远阶向大会作了《1987年全县国民经济计划执行情况和1988年计划安排意见的报告》。

3月27日下午2时，举行本次会议第二次全体会议，主席团常务主席罗桂森主持会议，县财政局局长唐应中向大会作了《1987年财政决算及1988年财政预算的报告》。随后，县人大常委会副主任刘仕继向大会作了《县人大常委会工作报告》。报告指出：一年来，县人大常委会围绕民主与法制建设，加强法律监督和工作监督，在工商界聘请了110名有威望的代表为特约联络员，全年专程走访代表100多人次，召开代表座谈会32次；依法任免国家机关工作人员62名；在全县各乡镇设置了人大主席团常务主席，召开了乡镇人大主席团常务主席会议和乡镇人大工作联系会议，组织委员和机关工作人员重点学习邓小平关于建设有中国特色社会主义的重要论述及中央一系列重要文件和有关法律法令。

刘仕继作了《县人大常委会工作报告》后，县人法院院长袁振国作了《县人民法院工作报告》，县人民检察院检察长李栋梁作了《县人民检察院工作报告》。

3月28日上午，与会代表分组审议《政府工作报告》《1987年全县国民经济计划执行情况和1988年计划安排意见报告》《1987年财政决算及1988年财政预算的报告》；讨论了《关于加强粮食生产的决议草案》。县人民政府及其有关部门负责人与部分代表进行了对话。下午与会代表继续分组审议《政府工作报告》《1987年全县国民经济计划执行情况和1988年计划安排意见的报告》《1987年财政决算及1988年财政预算的报告》。主席团举行第二次会议，听取大会财政预算委员会审议财政预决算情况的汇报，听取各代表团对《政府工作报告》《1987年全县国民经济计划执行情况和1988年计划安排意见报告》《1987年财政决算及1988年财政预算的报告》的审议意见。

3月29日上午，与会代表分组审议《县人大常委会工作报告》《县人民法院工作报告》和《县人民检察院工作的报告》，讨论了《邵阳县人大代表职责》。

3月29日下午2时，举行本次会议第三次全体会议，主席团常务主席王善祥主持会议。大会通过了本次会议选举程序和办法。大会以后，与会代表分组审议了大会选举程序和办法，酝酿了需补选的县人民政府副县长候选人。大会主席团举行第三次会议，听取各代表团对《县人大常委会工作报告》《县人民法院工作报告》和《县人民检察院工作报告》审议情况的汇报，及酝酿副县长候选人情况的汇报；讨论了对各项工作报告的决议草案，并决定提交大会通过；听取大会议案委员会关于议案审查情况的汇报。

3月30日上午8时，大会主席团举行第四次会议，确定了需补选的县人民政府副县长正式候选人。9时，举行本次会议第四次全体会议，主席团常务主席宁芬主持会议，大会补选熊彦章为县人民政府副县长。

3月30日下午2时半，举行本次会议第五次全体会议，主席团常务主席罗安荣主持会议。县人民政府分管提案办理的副县长向大会作了《关于办理部分代表建议、批评、意见情况的汇报》。大会通过了《关于〈政府工作报告〉的决议》《关于〈1987年全县国民经济计划执行情况和1988年计划安排意见报告〉的决议》《关于〈1987年财政决算及1988年财政预算的报告〉的决议》《关于〈县人大常委会工作报告〉的决议》《关于〈县人民法院工作报告〉和〈县人民检察院工作报告〉的决议》，通过了《关于加强粮食生产的决议》和《邵阳县人大代表职责》。最后，大会在国歌声中闭幕。

本次会议各代表团的正、副团长是：塘渡口镇代表团团长向赐生、副团长陆远阶，塘口镇区代表团团长莫爱国、副团长刘庚良，塘田市区代表团团长刘高生、副团长易盛昌，黄亭市区代表团团长石舟云、副团长罗选国，五峰铺区代表团团长王孟堂、副团长刘祖正，郦家坪区代表团团长郑刚常、副团长粟孟德、谢建修，下花桥区代表团团长彭东方、副团长肖化军，九公桥区代表团团长李中伟、副团长唐清洲，榇木山区代表团团长王卓明、副团长唐勤俭。

本次会议特邀代表有中共邵阳县委调研员刘长寿、县人民政府顾问艾润身、原县人大常委会副主任段义君。

本次会议列席人员有县人民政府副县长吕飞虎、陈健生、周柏林、熊彦章及县人民政府组成单位和县直机关负责人、县人民法院和县人民检察院负责人、各区（镇）宣传统战委员和人大工作联络员、各乡（镇）人大主席团常务主席或副主席、县内的市政协委员、出席县政协第二届第三次会议的全体县政协委员。

第四节　第四次会议

邵阳县第十届人民代表大会第四次会议于1989年4月9日至14日召开，本次会议共有9项议程：听取和审议《政府工作报告》；听取和审议《关于邵阳县1988年国民经济计划执行情况和1989年计划安排草案的报告》，审查和批准《邵阳县1988年国民经济计划执行情况及1989年国民经济计划草案》；听取和审议《关于邵阳县1988年财政预算执行情况和1989年财政预算草案的报告》，审查和批准《邵阳县1988年财政预算执行情况和1989年财政预算》；听取和审议《县人大常委会工作报告》；听取和审议《县人民法院工作报告》；听取和审议《县人民检察院工作报告》；补选县人民政府县长；审议通过第十届全县人民代表大会第四次会议议案审查委员会和财政预算委员会的组成人员名单（草案）；通过关于制止乱占滥用耕地，加强土地管理的决定。

4月9日与会代表报到后，当日晚召开了本次会议预备会，表决通过马均平、王运发、王孟堂、王卓明、王忠屏、王善祥、石舟云、宁芬、朱长青、伍元洲、向赐生、刘汉成、刘仕继、刘高生、李帮能、肖爱华、陈卫国、罗安荣、罗桂森、胡超海、莫爱国、唐柳清、海振亮、银仲文、银祥集、彭东方、粟孟德、蒋利民、谢武、谢鹤华、颜睦卿31人为本次会议主席团成员，刘仕继兼任主席团秘书长；通过罗桂森、莫银魁、石舟云、田卫国、吕定平、肖新生6人为本次会议议案审查委员会组成人员，罗桂森为主任委员，莫银魁、石舟云为副主任委员；通过蒋利民、陆远阶、唐荣、李化球、张晓堂为本次会议财政预算委员会组成人员，蒋利民为主任委员，陆远阶、唐荣为副主任委员。

接着召开党员代表会议，成立本次会议临时党组，周柏民任临时党组书记，李帮能、宁芬、谢武任临时党组副书记，马均平、王孟堂、王卓明、王善祥、石舟云、向赐生、刘仕继、刘高生、罗安荣、罗桂森、莫爱国、彭东方、粟孟德、蒋利民为临时党组人员。

党员代表会后，主席团举行第一次会议，推选罗安荣、李帮能、宁芬、谢武、刘仕继、罗桂森、王善祥、蒋利民8人为主席团常务主席；决定朱长青、胡超海、黄连德、李兴国为本次会议副秘书长。

4月10日上午，举行本次会议第一次全体会议，主席团常务主席李帮能主持会议。大会首先通过周柏民辞去县人民政府县长的请求。接着由县人民政府副县长李晓红向大会作《政府工作报告》。报告称：一年来，县人民政府坚持把农业摆在重要战略地位，认真执行县人大常委会《关于加强粮食生产的决议》，1988年全县农业总产值（按1980年不变价格计算）达2.27亿元，比上年增长5.59%；粮食总产量达3.27亿公斤，比上年增加4125万公斤；工业总产值1.34亿元，比上年增长24.5%；社会商品零售总额2.49亿元，比上年增长23.02%。报告提出1989年全县经济工作总的指导思想是：以党的十三届三中全会精神为动力，以经济建设为中心，坚持改革开放，致力治理整顿，依靠科教，注重效益，稳中求进，难中取胜。加强农业，发展工业，突出乡镇企业，拓宽流通领域，稳定财政金融，力争全县经济建设有一个新的突破。李晓红作完《政府工作报告》后，县计委主任陆远阶和县财政局局长张坤高分别向大会作了《全县1988年国民经济计划执行情况和1989年国民经济计划安排意见的报告》和《全县1988年财政预算执行情况和1989年财政预算草案的报告》。

4月10日下午，与会代表分组审议《政府工作报告》。

4月11日上午，与会代表继续分组审议《全县1988年国民经济计划执行情况和1989年国民经济计划安排意见的报告》和《全县1988年财政预算执行情况和1989年财政预算草案的报告》。主席团举行第二次会议，听取财政预算委员会《关于审议1988年财政预算执行情况和1989年财政预算情况的汇报》和各代表团对《政府工作报告》《全县1988年国民经济计划执行情况和1989年国民经济计划安排意见的报告》和《全县1988年财政预算执行情况和1989年财政预算草案的报告》审议情况的汇报。

4月11日下午，举行本次会议第二次全体会议，主席团常务主席蒋利民主持会议，县人大常委会主任李帮能向大会作《县人大常委会工作报告》。报告称：县十届人大三次会议以来，县人大常委会首先加强宪法和法律实施的监督，牵头召开了县政府、县法院、县检察院及其有关单位负责人的联系会议，部署执法检查。组织抽查了“一府两院”及公安、司法、国土、林业等13个单位的执法检查情况，配合市人大常委会执法检查组对全县进行执法检查，先后处理154户无证行医者，取缔非法游医药贩45起，没收销毁假虎骨、假鹿茸、假人参、假阿胶、假海龙、假四环素等中西药品140余种；同时，认真做好《村民委员会组织法（试行）》的贯彻实施，组织有关部门座谈讨论了《湖南省未成年人保护条例》《湖南省水产资源保护条例》等法律法规草案，提出修改意见并及时上报；听取和审议了“一府两院”及其有关部门关于《中华人民共和国环境保护法》《中华人民共和国森林法》《中华人民共和国土地管理法》《中华人民共和国药品管理法》《中华人民共和国民事诉讼法（试行）》和《中华人民共和国治安管理处罚条例》的贯彻实施情况及其他10个方面的工作汇报；十届人大三次会议上代表提出的131件建议、批评和意见，已全部办理完毕，建议中所提问题已经解决的占26%，部分解决或列入规划逐步解决的占39%；全年走访代表204人次，召开代表座谈会29次，处理代表和群众来信208件，接待来访126人次。先后23次召开有关单位负责人联系会议，督促办理疑难案件11起，研究解决重大问题5起；依法任免了国家工作人员42名；组织20个乡镇的人大主席团常务主席参加了市人大常委举办的全市乡镇人大主席团常务主席学习班。

李帮能作完《县人大常委会工作报告》后，县人民法院院长袁振国和县人民检察院检察长李栋梁分别向大会作了《县人民法院工作报告》和《县人民检察院工作报告》。

4月12日上午，与会代表分组审议《县人大常委会工作报告》《县人民法院工作报告》和《县人民检察院工作报告》；主席团举行第三次会议，通过补选县人民政府县长的程序和办法。

下午2时，举行本次会议第三次全体会议，主席团常务主席谢武主持会议，县人大常委会副主任王善祥向大会作了《补选县人民政府县长的说明》。大会通过了本次会议选举程序和办法。主席团举行第四次会议，听取各代表团对《县人大常委会工作报告》《县人民法院工作报告》和《县人民检察院工作报告》审议情况的汇报；中共邵阳县委向主席团推荐县人民政府县长候选人，交代表团酝酿协商。

4月13日上午，与会代表分代表团酝酿、协商县人民政府县长候选人。主席团举行第五次会议，听取各代表团酝酿协商县人民政府县长候选人情况的汇报，确定县人民政府县长正式候选人。

4月13日下午2时，举行本次会议第四次全体会议，主席团常务主席宁芬主持会议，大会通过无记名投票选举，李晓红当选县人民政府县长。大会以后，主席团举行第六次会议，听取议案审查委员会《关于议案审查情况的汇报》，讨论通过各项决议草案，并决定提交大会通过。

4月14日上午，与会代表分组审议关于政府、财政、计划、人大常委会、县人民法院、县人民检察院等各项报告的决议草案和《关于制止乱占耕地，加强国土管理的决议草案》。

4月14日下午，举行本次会议第五次全体会议，主席团常务主席刘仕继主持会议，县人大常委会副主任罗桂森向大会作了《议案审查工作报告》。大会通过了《关于政府工作报告的决议》《关于批准邵阳县1988年国民经济计划执行情况和1989年国民经济计划草案的决议》《关于批准邵阳县1988年财政预算执行情况和1989年财政预算草案的决议》《关于县人大常委会工作报告的决议》《关于县人民法院工作报告的决议》《关于县人民检察院工作报告的决议》《关于制止乱占滥用耕地，加强国土管理的决议》。新当选的县人民政府县长李晓红发表了就职演说。最后，主持人宣布第十届全县人民代表大会第四次会议闭幕。

本次会议收到代表质询案3件，经大会主席团讨论决定立案的2件，即刘乙清等10名代表联名提出的《关于金江村与长江村划分后的财产处理问题质询案》和尹显泽等10名代表联名提出的《关于蔡桥变压站为何迟迟不能送电的质询案》，这两件质询案经主席团审议决定后，分别由县农业委员会和县人民政府等被质询机关，用书面形式在会议期间答复代表；另由石舟云等11名代表联名提出的《关于整修好塘渡口至黄亭市镇公路并恢复正常客班车的质询案》，经主席团审议认为，此质询案不属于本次会议职权范围内的事，故不作质询案，由大会秘书处邀请县人民政府有关领导与代表对话沟通解释。

本次会议各代表团的正副团长是：塘渡口镇代表团团长向赐生、副团长陆远阶，塘口镇区代表团团长莫爱国、副团长刘庚良，塘田市区代表团团长刘高生、副团长吕爱书，黄亭市区代表团团长石舟云、副团长罗选国，五峰铺区代表团团长王孟堂、副团长邓节生，郦家坪区代表团团长粟孟德、副团长谢建修，下花桥区代表团团长彭东方、副团长肖化军，九公桥区代表团团长马均平、副团长李中伟，桤木山区代表团团长王卓明、副团长唐勤俭。

本次会议特邀代表有县人民政府顾问艾润身、县委调研员刘长寿、原县人大常委会副主任段义君、中共邵阳县委副书记刘玉凤、中共邵阳县纪律检查委员会书记唐春辉。

本次会议列席人员有县人民政府副县长周柏林、吕飞虎、陈健生及县人民政府组成单位和县直机关负责人、县人民法院和县人民检察院负责人、各区（镇）宣传统战委员和人大工作联络员、各乡（镇）人大主席团常务主席或副主席、县内的市政协委员、出席县政协第二届第四次会议的全体县政协委员。

附：

邵阳县第十届人民代表大会第四次会议通过的《议案提出和审议办法》

一、根据《中华人民共和国地方各级人民代表大会和地方各级人民政府组织法》第十七条和第十八条的规定，特制定本办法。

二、本次人民代表大会设立的议案审查委员会在主席团领导下进行工作。

三、本次人民代表大会主席团、县人大常委会、县人民政府或县人大代表十人以上联名，可以向本次人民代表大会提出属于县人民代表大会职权范围内的议案。

四、议案应写明理由，并提出解决问题的方案，而且应在4月12日上午12点前提出。

五、本次人民代表大会秘书处设立议案组，负责议案收集，并送议案审查委员会审议，提出报告，再由主席团审议决定提交大会表决。

六、代表作为议案提出的不属于县人大会议职权范围内的问题，由议案审查委员会提出意见，经主席团决定作为代表建议、批评和意见处理；提请代表大会审议的议案，在交付大会表决前，提案人要求撤回的，对该议案的审议即行终止；表决议案，以全体代表的过半数通过，表决结果由会议主持人当场宣布。

七、本届人民代表大会在本次会议期间对各方面工作的建议、批评和意见，由县人民代表大会常务委员会联络工作委员会分别交县人民政府办公室、县人民法院、县人民检察院和有关组织研究处理，在县人民代表大会下一次会议前，上述机关应向县人民代表大会常务委员会提出综合报告。承办单位收到建议、批评和意见后，应在六个月内将办理结果书面答复代表，同时抄送县人大常委会联络工作委员会。县人民政府所属单位办理县人大代表建议、批评和意见的答复件，同时抄送县人民政府办公室。

邵阳县第十届人民代表大会第四次会议通过的《质询案提出和办理程序》

根据《中华人民共和国地方各级人民代表大会和地方各级人民政府组织法》第二十三条的规定，对本次会议质询案的提出和办理程序作如下规定：

一、代表十人以上联名可以提出对县人民政府和其所属各工作部门以及县人民法院、县人民检察院的质询案。

二、质询案的内容，主要应是上述国家机关工作中的重大问题，包括违宪违法问题和领导人员严重失职行为。

三、质询案以书面形式提出，必须写明质询的对象、质询的内容，并由提出质询案的代表签字。

四、质询案交大会秘书处，由大会秘书长提请主席团决定交受质询的机关，受质询的机关必须在会议中负责答复。

五、质询案的答复方式由主席团决定。可以由受质询机关书面答复，也可由受质询机关负责人在主席团会议上或主席团指定的代表团会议上口头答复。以书面答复的，应由受质询机关负责人签署，并印发主席团成员和提出质询案的代表，或者印发主席团指定听取质询答复的代表团全体代表，以及其他代表团参与提出质询案的代表。在主席团会议上口头答复的，提出质询案的代表可以列席会议，发表意见；在指定的代表团会议上口头答复的，其他代表团参与提出质询案的代表可以到会发表意见。如果主席团多数成员或者有关代表团多数代表对答复不满意，受质询机关应作进一步答复。个别问题因情况复杂，会议期间没有答复清楚的，经主席团批准，受质询机关可以在下一次代表大会会议之前的常务委员会会议上或有关的专门工作委员会会议上答复。

六、在代表团会议上答复质询的情况，大会秘书处应及时报告主席团。

第七章　第十一届人民代表大会

邵阳县第十一届人民代表大会共召开3次会议。

第一节　第一次会议

邵阳县第十一届人民代表大会第一次会议于1990年2月21日至28日召开，会期8天。会议应到代表341人，实到代表330人；会议特邀中共邵阳县委顾问张玉庭、县委调研员刘长寿、县人民政府顾问艾润身、人大常委会原副主任段义君，中共邵阳县副委书记刘玉凤、中共邵阳县委常委兼宣传部长黄连德、中央驻县企业八〇七工厂负责人、邵阳市驻县企业九公桥煤矿负责人出席会议；出席邵阳县政协第三届全会第一次会议的全体政协委员、县人民政府组成人员、县人民法院副院长、县人民检察院副检察长、县直属正局级（含正局级公司）以上单位主要负责人、区（镇）人大联络工作委员会正副主任、区党委宣传委员、乡（镇）人大主席团常务主席、区（镇）人大工作联络员列席会议。

为加强党委对本次会议的领导，本次会议召开前，中共邵阳县委先后主持召开了县委常委会议、县六大家领导联席、县直局以上单位负责人会议、区（乡）党委书记和区人大联工委主任会议、乡（镇）人大主席团常务主席会议等一系列会议，就如何开好本次会议进行了专题研究和精心部署。

2月20日，与会代表和列席人员在县委招待所报到。然后成立了大会临时党组，各代表团成立了临时党支部，并在大会开幕前由大会临时党组主持，召开了全体党员代表会议，中共邵阳县书记周柏民发表讲话，要求党员代表既要切实履行人民代表的责任和义务，行使当家做主的民主权利，又要忠实履行一个共产党员的责任和义务，严格按照中共中央〔1990〕1号和2号文件精神，坚决贯彻稳定的方针，把会议开成一个民主、团结、促进的大会。会议期间，多次适时地召开临时党组人员和临时支部书记会议，自始至终加强了党对大会的领导。

会议期间，县人大常委会印发了《地方人大工作学习资料》，并在预备会议前以代表团为单位组织学习。本次大会选举时，候选人的提出不搞圈定和指派，不提保证通过的要求，在分次酝酿中，根据多数代表的意愿对正式候选人设立差额，进行无记名投票选举。在2月24日下午选举县人大常委会主任时，两个候选人得票均未过半，而且候选人拒绝参加第二次选举。第六次主席团会议根据中共邵阳县委的意见，做出了人大常委会主任不进行第二次选举，名额空缺，待下次会议补选的决议。这一决议在提交大会讨论时，有6位代表先后在大会发言，一致要求进行第二次选举。在付诸大会表决时，到会的334名代表中，以251名代表赞成、56票反对、27票弃权的表决结果，否决了主席团的决议，重新酝酿人大常委会主任候选人，进行了第二次选举。在2月25日下午的第六次主席团会议上，中共邵阳县委向主席团分别推介了6名人大常委会副主任候选人、7名县人民政府副县长候选人；2月26日上午代表分组酝酿协商候选人时，另产生了由10人以上代表联名推荐的人大常委会副主任候选人5名、县人民政府副县长候选人11名、主席团依法将县委推荐的候选人名单和代表联名推荐的候选人名单再次推荐给代表协商，经几上几下反复酝酿，最后按多数代表意愿确定了正式候选人。最后确定的7名人大常委会副主任候选人中，由代表联名推荐的2名；7名副县长候选人中，由代表联名推荐的1名；投票选举结果，代表联名推荐候选人全部当选。

本次会议中，郦家坪区代表团就县公安局预审股一干警在处理杉木乡一案件时，非法殴打村支书、用白纸开罚款收据、在群众中造成严重影响一事，向县公安局主要负责人提出质询，当事干警到会作了检查，代表们对当事干警当面提出了直言批评，并令其限期纠错。另外，该代表团还就公路养护差、客运不正常等问题与县交通局主要负责人进行了坦诚对话。在审查各项工作报告时，代表们从宏观高度提出了许多建设性意见；并针对县造纸厂因两个工程师调离造成技术人才不济的现状，发出了珍惜人才、重用人才的呼吁；在审议县政府工作报告和财政预决算报告时，代表们指出了国土税、罚没款不能列入财政计划，开发性项目应因地制宜，量力而行，以免造成重大失误的建议；另外，还就党政机关干部作风、整顿县城市容、加强村级政权建设等提出了建设性意见。本次会议期间，共收到议案24件，建议、批评和意见486件。

本次会议选举刘仕继为第十一届县人大常委会主任，选举罗桂森、王善祥、蒋利民、阮国仲、陆远阶、银祥集为第十一届县人大常委会副主任，选举王忠屏等14人（名单见第四编第二章第五节《县人大常务委员会委员名录》）为第十一届县人大常委会常务委员；选举李晓红为第十一届县人民政府县长，选举周柏林、肖友才、余松树、张吉庭、羊正君、唐清洲、曹运解为第十一届县人民政府副县长；选举袁振国为县人民法院院长；选举李栋梁为县人民检察院检察长；通过《关于切实加强水利建设的决议》。

（说明：因档案馆保留本次会议的资料不全，故本次会议的日程安排具体情况和大会主席团、常务主席、秘书长、特邀人员、列席人员及各种报告内容不详）

第二节　第二次会议

邵阳县第十一届人民代表大会第二次会议于1991年3月14日至18日召开，本次会议的主要议题是：听取和审议《县人民政府工作报告》，并作出相应决议；听取和审议县计委《关于邵阳县1990年国民经济和社会发展计划执行情况和1991年计划安排意见的报告》，并做出相应的决议；听取和审议县财政局《关于邵阳县1990年财政决算和1991年财政预算报告》，并作出相应的决议；听取和审议《邵阳县人大常委会工作报告》，并作出相应的决议；听取和审议《邵阳县人民法院工作报告》，并作出相应的决议；听取和审议《邵阳县人民检察院工作报告》，并作出相应的决议。

3月13日，各代表团召集人在县委招待所报到。3月14日上午8时，各代表团召集人在县人大常委会会议室开会，研究本次会议的一些具体事项。当日，与会代表、特邀人员、列席人员陆续到县委招待所报到。当日晚7时，举行本次会议预备会议，预备会上，与会代表首先学习了中共湖南省委〔90〕24号文件，通过了本次会议议程；通过王运发、王凯平、王忠屏、王善祥、邓吉娥、艾天生、向丽云、刘仕继、刘会英、刘高生、阮国仲、杨太平、杨志成、李连保、李连喜、李志茂、李帮能、吴阿梅、张高明、陆远阶、陈卫国、陈健生、罗友人、罗桂森、周柏民、胡超海、莫爱国、莫银魁、夏路阳、唐云清、唐汉林、唐春辉、唐益桥、银仲文、银祥集、彭迪先、蒋利民、曾新华、谭爱春、谭敦连41人为大会主席团成员，罗桂森兼任主席团秘书长；通过王善祥、刘新华、周玉屏、莫银魁、彭迪先为本次会议议案审查委员会成员，王善祥任主任委员，刘新华任副主任委员；通过蒋利民、罗友人、李达君、李志龙、唐荣为本次会议财政预算委员会成员，蒋利民任主任委员，罗友人任副主任委员。预备会以后，召开了党员代表会议，成立了本次会议临时党组，周柏民、刘仕继、李帮能、李晓红、陈健生、王运发、王凯平、王善祥、刘高生、杨太平、李志茂、李连保、李连喜、张高明、陆远阶、罗桂森、胡超海、莫爱国、唐春辉、唐益桥、银祥集、彭迪先、蒋利民、谭爱雄、谭敦连25人为本次会议临时党组成员，周柏民任临时党组书记，刘仕继、李帮能、李晓红、陈健生任临时党组副书记；9个代表团均成立了临时党支部，各代表团正副团长分别担任各代表团临时党支部正副书记。然后，举行主席团第一次会议，推选周柏民、李帮能、刘仕继、罗桂森、王善祥、蒋利民、陆远阶、阮国仲、银祥集9人为主席团常务主席；决定杨志成、莫银魁、唐汉林、李兴国为本次会议副秘书长。

3月15日上午，举行本次会议第一次全体会议，主席团常务主席刘仕继主持会议。大会开幕式后，第十一届县人民政府县长李晓红向大会作《政府工作报告》。报告称：1990年，是邵阳县各种困难最集中、遭受自然灾害最严重、付出代价最大的一年，县人民政府带领全县人民，战胜了严重的农业自然灾害；工业在困境中艰难回升，基本走出低谷；内外贸易稳中有降，财政金融状况基本正常；报告指出：1991年，政府工作总的指导思想是在保证政治、经济、社会稳定的前提下，真正解放思想，改善环境，深化改革，调整结构、狠抓效益，以销促产、振工兴农。大会听取《政府工作报告》后，县计委主任何秀峰向大会作《关于邵阳县1990年国民经济和社会发展计划执行情况和1991年计划安排意见的报告》，并向大会提出《邵阳县国民经济和社会发展第八个五年计划》。然后，县财政局局长张坤高向大会作《邵阳县1990年财政决算和1991年财政预算的报告》。

15日下午，与会代表分组审议《县人民政府工作报告》。

3月16日上午，与会代表分组审议《计划工作报告》和《财政工作报告》，讨论了《邵阳县国民经济和社会发展第八个五年计划》。10时，主席团举行第二次会议，听取代表审议《政府工作报告》《关于邵阳县1990年国民经济和社会发展计划执行情况和1991年计划安排意见的报告》《邵阳县1990年财政决算和1991年财政预算的报告》情况的汇报和财政预算委员会的《关于对财政预算审查情况的汇报》。

3月16日下午，举行本次会议第二次全体会议，主席团常务主席阮国仲主持会议，县人大常委会副主任罗桂森向大会作《县人大常委会工作报告》。《报告》指出：县十一届人大一次会议以来，县人大常委会共举行了8次会议，先后听取和审议“一府两院”关于减轻农民负担、治理“三乱”和《加强水利建设的决议》实施情况及国民经济、财政预算、农业升温、社会治安等16个方面的工作报告；组织委员和部分代表对全县庭院经济、职工教育、水利建设、抗旱救灾、计划生育、企业管理、社会治安等突出问题进行视察和调查研究；听取县人民政府和人民法院关于《湖南省计划生育条例》和《中华人民共和国刑事诉讼法》贯彻实施情况的汇报，重点检查了“三法一条例”在县内的贯彻执行情况；依法任命了52名国家机关工作人员和93名检察院、法院工作人员，审议通过了《邵阳县人大常委会人事任免暂行办法》；采取多种形式，加强了同代表的联系；召开了全县乡镇人大工作会议和业务培训班；先后主持召开了县人大常委会设立10周年座谈会、人大工作理论研讨会、十年人大工作“报告会”、人大工作经验交流会；制定了《邵阳县人大常委会主任会议制度》《邵阳县人大常委会会议议事规则》《邵阳县人大常委会人事任免暂行办法》《邵阳县人大常委会同一府两院的工作联系制度》《人大常委会正副主任岗位职责》《各委室工作计划》《工作岗位责任制》《人大机关建设九项制度》等各项规章制度。

《县人大常委会工作报告》后，县人民法院院长袁振国和县人民检察院检察长李栋梁分别做了《县人法院工作报告》和《县人民检察院工作报告》。

3月17日上午，与会代表分组审议了《县人大常委会工作报告》《县人民法院工作报告》《县人民检察院工作报告》。17月下午，与会代表分组讨论了本次会议各项决议草案。主席团于下午2点举行第三次会议。听取议案审查委员会《关于代表议案、批评、建议、意见审查情况的汇报》；听取代表审议《县人大常委会工作报告》《县人民法院工作报告》《县人民检察院工作报告》情况的汇报；审议本次会议各项决议草案。

3月18日上午，举行本次会议第三次全体会议，主席团常务主席蒋利民主持会议，县人大常委会副主任王善祥向大会作了《关于代表议案审查情况的报告》；大会通过了《关于政府工作报告的决议》《关于我县1990年国民经济计划执行情况和1991年计划安排意见报告的决议》《关于1990年财政决算和1991年财政预算报告的决议》《关于县人大常委会工作报告的决议》《关于县人民法院和县人民检察院工作报告的决议》；最后，中共邵阳县委书记周柏民讲话，主持人宣布大会闭幕。

本次会议特邀人员有：县委顾问张玉庭、县人民政府顾问艾润身、县委调研员刘长寿、原县人大常委副主任段义君、中共邵阳县委副书记邹旭阳和黄振中、中共邵阳县委常委兼宣传部长黄连德、邵阳市九公桥煤矿党委书记卢龙清、807工厂办事处副主任高运。

县人民政府副县长羊正君、余松树、肖友才、张吉庭、唐清洲、曹运解，县人民政府调研员周肇丰，县人民政府副县级干部吕飞虎、陈建国、唐远友、赵荣华及出席邵阳县政协第三届全会二次会议的全体政协委员、县人民政府组成人员、县人民法院副院长、县人民检察院副检察长、县直属正局级（含正局级公司）以上单位主要负责人、区（镇）人大联络工作委员会正副主任、区党委宣传委员、乡（镇）人大主席团常务主席、区（镇）人大工作联络员列席会议。

本次会议各代表团正副团长是：塘渡口镇代表团团长彭迪先、副团长朱兰森，塘渡口区代表团团长莫爱国、副团长唐煌，塘田市区代表团团长刘高生、副团长周玉屏，黄亭市区代表团团长李连喜、副团长袁先发、五峰铺区代表团团长张高明、副团长黄利清、郦家坪区代表团团长李连保、副团长朱超然、下花桥区代表团团长谭敦连、副团长覃元甫、九公桥区代表团团长王凯平、副团长伍乔生，梽木山区代表团团长杨太平、副团长刘焕黎。

第三节　第三次会议

邵阳县第十一届人民代表大会第三次会议于1992年3月5日至9日召开。本次会议的主要议程有：听取和审议县长李晓红代表县人民政府所作的《关于邵阳县国民经济和社会发展十年规划和第八个五年计划纲要的报告》；审查和批准《邵阳县国民经济和社会发展十年规划和第八个五年计划纲要》；听取和审议县计划委员会主任何秀峰所作的《关于邵阳县1991年国民经济和社会发展计划执行情况及1992年计划草案的报告》；审议和批准《邵阳县1991年国民经济和社会发展计划执行情况及1992年国民经济和社会发展计划》；听取和审议县财政局局长张坤高所作的《关于邵阳县1991年财政预算的执行情况和1992年财政预算草案的报告》；审议和批准《邵阳县1991年财政预算执行情况和1992年财政预算》；听取和审议县人大常委会主任刘仕继代表县人大常委会所作的《县人大常委会工作报告》；听取和审议邵阳县人民法院院长袁振国代表县人民法院所作的《县人民法院工作报告》；听取和审议邵阳县人民检察院检察长李栋梁代表县人民检察院所作的《县人民检察院工作报告》。

本次会议与会代表以区镇为单位，共分为9个代表团。

3月4日，各代表团召集人在县委招待所报到。

3月5日，与会代表、特邀代表、列席人员在县委招待所报到。当日上午，各代表团召集人在县委常委会议室开会，研究本次会议召开期间的有关具体事项。当日晚，全体与会代表在县委大会场召开预备会议，县人大常委会副主任王善祥在预备会上做了本次会议《代表资格审查报告》；预备会通过了大会议程和主席团、议案审查委员会和财政预算委员会组成人员名单。预备会议后，召开了党员代表大会，会上宣布了会议临时党组成员名单；然后举行主席团第一次会议，推选了主席团常务主席，报告了本次会议列席人员和特邀人员名单，决定本次会议副秘书长名单。

3月6日上午8时开始，举行本次会议第一次全体会议，主席团全体常务主席担任大会执行主席，罗桂森主持会议。简短的开幕式后，县人民政府县长李晓红向大会作《邵阳县国民经济和社会发展十年规划及第八个五年计划纲要的报告》。接着，县计划委员会主任何秀峰向大会作了《邵阳县1991年国民经济和社会发展执行情况与1992年计划草案的报告》。县财政局局长张坤高作了《邵阳县1991年财政预算执行情况和1992年财政预算草案的报告》。

3月6日下午，与会代表分组审议了《邵阳县国民经济及社会发展十年规划和第八个五年计划纲要的报告》。

3月7日上午，与会代表继续分组审议了《邵阳县1991年国民经济和社会发展执行情况与1992年计划草案的报告》及《邵阳县1991年财政预算执行情况和1992年财政预算草案的报告》。10时，大会主席团举行第二次会议，听取代表审议《邵阳县国民经济和社会发展十年规划及第八个五年计划纲要的报告》《邵阳县1991年国民经济和社会发展执行情况与1992年计划草案的报告》《邵阳县1991年财政预算执行情况和1992年财政预算草案的报告》等三个报告的情况汇报和财政预算委员会《关于财政预算审查情况的汇报》；另外，还听取通过了《有关议案的提出和说明》。

3月7日下午，举行本次会议第二次全体会议，阮国仲、王凯平、刘高生、莫爱国、李连保、李连喜、张高明、杨太平、彭迪先、谭敦连担任大会执行主席，阮国仲主持会议。县人大常委会主任刘仕继向大会作了《县人大常委会工作报告》。《报告》称：县十一届人大二次会议以来，县人大常委会围绕全县经济建设中心，督促政府落实“十件实事”，推进廉政建设，加强对法律法规实施的监督，多渠道联系代表和群众，采取多种形式指导乡镇人大工作，搞好县人大常委会自身建设。一年来，共听取“一府两院”22项工作汇报，进行了10项专题调查研究并写出了调查报告；组织了两次专题视察和三项执法检查；依法补选了2名市人大代表和1名县人大代表，任免了14名国家机关工作人员；组织代表参政议政和指导乡镇人大开展工作，促进了我县的政治经济稳定和两个文明建设的发展。刘仕继作完《县人大常委会工作报告》后，县人民法院院长袁振国和县人民检察院检察长李栋梁分别向大会作了《县人民法院工作报告》和《县人民检察院工作报告》。

3月8日上午，与会代表分组审议了《县人大常委会工作报告》《县人民法院工作报告》和《县人民检察院工作报告》。下午，与会代表分组审议了本次会议各项决议和决定草案；主席团举行第三次会议，听取议案审查委员会《关于代表议案、批评、建议意见审查情况的汇报》及代表审议《县人大常委会工作报告》《县人民法院工作报告》和《县人民检察院工作报告》等情况的汇报；审议了本次会议各项决议和决定草案。

3月9日上午，举行本次会议第三次全体会议，主席团全体常务主席担任大会执行主席，蒋利民主持会议。县人大常委会副主任王善祥向大会作了《关于代表议案审查情况的报告》；大会通过了《关于〈邵阳县国民经济和社会发展十年规划及第八个五年计划纲要报告〉的决议》《关于〈邵阳县1991年国民经济和社会发展计划的执行情况与1992年国民经济和社会发展计划〉的决议》《关于〈邵阳县1991年财政预算执行情况和1992年财政预算〉的决议》《关于〈县人大常委会工作报告〉的决议》《关于〈县人民法院工作报告〉的决议》《关于〈县人民检察院工作报告〉的决议》。最后，主持人宣布邵阳县第十一届人民代表大会第三次会议闭幕。

本次会议临时党组由李晓红、刘仕继、李帮能、邹旭阳、陈健生、王运发、王凯平、王善祥、刘高生、杨太平、李志茂、李连保、李连喜、张高明、陆远阶、罗桂森、胡超海、莫爱国、唐春辉、银祥集、彭迪先、蒋利民、谭爱雄、谭敦连24人组成；李晓红任临时党组书记，刘仕继、李帮能、邹旭阳、陈健生任临时党组副书记。

本次会议主席团由王运发、王凯平、王忠屏、王善祥、邓吉娥、艾夭生、向丽云、刘仕继、刘会英、刘高生、阮国仲、杨太平、杨志成、李连保、李连喜、李志茂、李帮能、吴阿梅、邹旭阳、张高明、陆远阶、陈卫国、陈健生、罗友人、罗桂森、周柏民、胡超海、莫爱国、莫银魁、夏路阳、唐云清、唐汉林、唐春辉、银仲文、银祥集、彭迪先、蒋利民、曾新华、谭爱春、谭敦连40人组成；周柏民、李帮能、邹旭阳、刘仕继、罗桂森、王善祥、蒋利民、陆远阶、阮国仲、银祥集10人为常务主席，罗桂森兼秘书长；另主席团第一次会议决定，杨志成、莫银魁、李兴国为本次会议副秘书长。

本次会议议案审查委员由王善祥、刘新华、周玉屏、莫银魁、彭迪先5人组成，王善祥任主任委员，刘新华任副主任委员。

本次会议财政预算委员会由蒋利民、罗友人、李达君、李志龙、唐荣5人组成，蒋利民任主任委员，罗友人任副主任委员。

本次会议特邀人员有县委顾问张玉庭、县人民政府顾问艾润身、县委调研员刘长寿、原县人大常委副主任段义君、中共邵阳县委副书记邹旭阳和黄振中、中共邵阳县委常委兼宣传部长黄连德、邵阳市九公桥煤矿矿长胡民主。

县人民政府副县长羊正君、张吉庭、唐清洲、曹运解，县人民政府调研员周肇丰，县人民政府副县级干部吕飞虎、陈建国、唐远友、赵荣华、李中华及出席邵阳县政协三届三次全会的全体政协委员、县人民政府组成人员、县人民法院副院长、县人民检察院副检察长、县直正局级（含正局级公司）以上单位主要负责人、区（镇）人大联络工作委员会正副主任、区党委宣传委员、乡（镇）人大主席团常务主席、区（镇）人大工作联络员列席会议。

本次会议各代表团正副团长是：塘渡口镇代表团团长彭迪先、副团长朱兰森，塘渡口区代表团团长莫爱国、副团长唐煌，塘田市区代表团团长刘高生、副团长周玉屏，黄亭市区代表团团长李连喜、副团长袁先发、五峰铺区代表团团长张高明、副团长黄利清、郦家坪区代表团团长李连保、副团长朱超然、下花桥区代表团团长谭敦连、副团长覃元甫、九公桥区代表团团长王凯平、副团长伍乔生，桤木山区代表团团长杨太平、副团长刘焕黎。

第八章　第十二届人民代表大会

邵阳县第十二届人民代表大会共召开5次会议。

第一节　第一次会议

邵阳县第十二届人民代表大会第一次会议于1992年12月28日至1993年1月4日召开，应到代表334名，实到代表334名。本次会议的议程有：听取和审议县人民政府代县长陈健生所作的《县人民政府工作报告》；听取和审议邵阳县计划委员会主任何秀峰所作的《关于邵阳县1992年国民经济和社会发展计划执行情况及1993年国民经济计划（草案）的报告》；听取和审议县财政局局长张坤高所作的《关于邵阳县1992年财政预算执行情况和1993年财政预算（草案）的报告》；听取和审议县人大常委会主任刘仕继所作的《县人大常委会工作报告》；听取和审议县人民法院院长袁振国所作的《县人民法院工作报告》；听取和审议县人民检察院检察长李栋梁所作的《关于邵阳县人民检察院的工作报告》；通过邵阳县人民代表大会选举程序和选举办法；选举县人大常委会主任、副主任、委员；选举县人民政府县长、副县长；选举县人民法院院长；选举县人民检察院检察长；选举应由邵阳县选举产生的邵阳市第十一届人民代表大会代表。

12月28日，与会代表陆续到县委招待所报到。当日晚，举行本次会议预备会议。十一届县人大常委会副主任王善祥在会上作了《代表资格审查报告》；预备会通过王运发、王忠屏、王善祥、毛益顺、艾夭生、刘仕继、刘会英、阮国仲、杨志成、杨焕湘、李中华、李志茂、李清荣、李连保、邹旭阳、肖晓蓉、张艳花、张贤桐、张高明、陆远阶、陈卫国、陈满莲、罗友人、袁镇南、莫谷清、莫爱国、莫银魁、夏路阳、夏新来、徐光旗、唐汉林、唐益桥、银祥集、蒋利民、曾新华、谭爱雄、谭敦连、魏太平38人为大会主席团成员，蒋利民兼秘书长；通过王善祥、莫银魁、吕定平、肖晓蓉、曾新华为本次会议议案审查委员会委员，王善祥为主任委员，莫银魁为副主任委员；通过蒋利民、罗友人、李树荣、唐荣、唐应中为本次会议财政预算委员会委员，蒋利民为主任委员，罗友人为副主任委员。预备会后，召开党员代表会议，通过魏太平、刘仕继、邹旭阳、唐益桥、王运发、王忠屏、王善祥、毛益顺、杨焕湘、李中华、李志茂、李连保、李清荣、张高明、张贤桐、陆远阶、莫谷清、莫爱国、徐光旗、蒋利民、银祥集、谭爱雄、谭敦连为本次会议临时党组成员，魏太平为临时党组书记，刘仕继、邹旭阳、唐益桥为临时党组副书记；宣布各代表团临时党支部书记、副书记、委员名单。举行主席团第一次会议，推选魏太平、刘仕继、邹旭阳、唐益桥、蒋利民、银祥集、王善祥、阮国仲9人为大会主席团常务主席；决定本次会议特邀和列席人员名单；决定李兴国、杨志成、唐汉林、莫银魁为本次会议副秘书长。

12月29日上午大会开幕，主席团常务主席刘仕继主持大会。县人民政府代理县长陈健生向大会作《政府工作报告》。报告称：从县第十一届人大一次会议三年来，县人民政府全面贯彻落实党的基本路线，按照第十一届人民代表大会各次会议通过的决议、决定开展工作，积极进取，艰苦奋斗，在落后中求进步，在困难中求发展，经济建设、社会发展和改革开放各方面都取得一定的成绩。1992年，全县国民生产总值预计可达5.7亿元，比1989年增长7.45%；国民生产总值预计可达4.84亿元，比1989年增加7.46%。农村经济正朝着高产、优质、高效方向迈进；工业状况有所改善，企业效益趋向好转；市场逐步繁荣，内外贸易趋于活跃，财政收入逐年增加；城乡人民生活普遍提高；城镇面貌有较大改观，城镇环境有较大改善；改革开放取得新的进展；各项社会事业全面发展；民主法制建设加强，政府工作逐步纳入民主和法制化轨道。报告提出，今后三年全县经济建设和社会发展的总目标是：高效益发展农业，促进农业增效和农民增收；超常规发展工业，努力提高企业素质；狠抓技术改造，组建企业集团，提高企业规模效益，狠抓企业管理，提高企业整体素质；加速发展第三产业，健全市场体系；高度重视财经建设，力求财政状况有较大的改善；大力发展科技、教育、文化、体育、广播、医疗卫生事业，实施“科技兴县”；强化人口意识，严格控制人口增长；加快转换企业经营体制，尽快转变政府职能。政府工作报告后，县计划委员会主任何秀峰和县财政局局长张坤高分别向大会作了《计划工作报告》和《财政工作报告》。

12月29日下午，举行本次会议第二次全体会议，主席团常务主席蒋利民主持大会，第十一届县人大常委会主任刘仕继向大会作《县人大常委会工作报告》（报告内容见本节附）。县人大常委会工作报告后，县人民法院院长袁振国和县人民检察院检察长李栋梁分别大会作了《县人民法院工作报告》和《县人民检察院工作报告》。

12月30日上午，各代表团组织代表审议了县人大、县政府、县计委、县财政局、县人民法院、县人民检察院6个工作报告。

12月30日下午，举行本次会议第三次全体会议，主席团常务主席蒋利民向大会作了《选举工作报告》；主席团常务主席王善祥向大会作了《关于选举程序和选举办法的报告》；大会通过了选举办法；主席团成员陈卫国在会上宣讲了代表法。下午4时，主席团举行第二次会议，听取各代表团审议6个工作报告的情况汇报；中共邵阳县委向主席团推荐了第十二届县人大常委会主任和县人民政府县长及新一届县人民法院院长、县人民检察院检察长候选人的建议名单。

12月31日上午，与会代表分组审议酝酿县人大常委会主任、县人民政府县长、县人民法院院长、县人民检察院检察长候选人。上午10时，主席团举行第三次会议，听取各代表团对候选人酝酿情况的汇报，确定正式候选人。

12月31日下午，举行本次会议第四次全体会议，正式选举第十二届县人大常委会主任、第十二届县人民政府县长和新一届县人民法院院长、县人民检察院检察长。主席团常务主席、中共邵阳县委书记魏太平主持了这次大会，选举结果：魏太平当选为第十二届县人大常委会主任，陈健生当选为第十二届县人民政府县长，彭美开当选为县人民法院院长，刘高生当选为县人民检察院检察长。本次全体会议后，主席团举行第四次会议，中共邵阳县委向主席团推荐第十二届县人大常委会副主任、第十二届县人民政府副县长候选人名单。

1月1日上午，与会代表分组审议酝酿县人大常委会副主任、县人民政府副县长候选人。上午10时，主席团举行第五次会议，在听取各代表团对县人大常委会副主任和县人民政府副县长候选人酝酿情况的汇报后，确定了县人大常委会副主任和县人民政府副县长正式候选人。

1月1日下午，举行本次会议第五次全体会议，选举第十二届县人大常委会副主任和第十二届县人民政府副县长，主席团常务主席邹旭阳主持会议，选举结果：蒋利民、王善祥、阮国仲、羊正君、陈卫国、王运发当选第十二届县人大常委会副主任，曾建秋、唐清洲、唐伯阶、张吉庭、杨自祥、石舟云当选第十二届县人民政府副县长。全体会议后，主席团举行第六次会议。县委向主席团推荐县人大常委会委员候选人和应由邵阳县选举产生的邵阳市第十二届人民代表大会代表候选人建议名单；主席团听取议案审查委员会关于议案审查情况的汇报。

1月2日上午，各代表团酝酿县人大常委会委员和第十一届市人大代表候选人。上午10时，主席团举行第七次会议，在听取各代表团对县人大常委委员和市人大代表候选人酝酿情况汇报后，确定正式候选人。

1月2日下午，举行第六次全体会议，选举县人大常委会委员和市人大代表，主席团常务主席陆远阶主持会议，选举结果：邓顺娥等17人（名单见第四编第二章第五节《县人大常务委员会委员名录》）当选为第十二届县人大常委会委员；并选举产生出席邵阳市第十一届人民代表大会代表49人（名单见第四编第二章第一节《县内市人大代表名录》）。

1月3日上午，举行本次会议第七次全体会议，主席团常务主席阮国仲主持会议。县人大常委会副主任王善祥向大会作了《关于代表议案、批评、意见、建议审查情况的报告》。大会通过《关于〈政府工作报告〉的决议》《关于〈县计划工作报告〉的决议》《关于〈县财政工作报告〉的决议》《关于〈县人大常委会工作报告〉的决议》《关于〈县法院工作报告〉的决议》《关于〈县检察院工作报告〉的决议》。新当选的县人大常委会主任、县人民政府县长发表了就职演说。中共邵阳县委书记魏太平发表讲话后，主持人宣布邵阳县第十二届人民代表大会第一次会议闭幕。

本次会议各代表团正副团长是：塘渡口镇代表团团长莫谷清、副团长黄荣生；塘渡口区代表团团长莫爱国、副团长谭爱华；塘田市区代表团团长张贤桐、副团长周玉屏；黄亭市区代表团团长李清荣、副团长邓长生；五峰铺区代表团团长张高明、副团长黄利清；郦家坪区代表团团长李连保、副团长曾建民；下花桥区代表团团长谭敦连、副团长陈显章；九公桥区代表团团长杨焕湘、副团长刘知俭；槎木山区代表团团长李中华、副团长陈明生。

本次会议特邀人员有：中共邵阳县委副书记黄振中，县委宣传部长钟求明，县委政法委书记吕敬忠，县委顾问李帮能，正县级离休干部周肇峰，正县级退休干部张玉庭、艾润身、杨辉、肖奇峰，原县人大常委会副主任罗桂森、刘长寿、段义君，邵阳市九公桥煤矿党委书记刘华清。

县人民政府副县长张吉庭、唐伯阶及出席邵阳县政协第四届一次会议的全体政协委员、县人民政府组成人员、县人民法院副院长、县人民检察院副检察长、县直属正局级（含正局级公司）以上单位主要负责人、区（镇）人大联络工作委员会正副主任、区党委宣传委员、乡（镇）人大主席团常务主席、区（镇）人大工作联络员列席会议。

附：

第十一届县人大常委会工作报告（节选）

（1992年12月29日在邵阳县第十二届人民代表大会第一次会议上）

一、三年工作回顾

邵阳县第十一届人民代表大会常务委员会的任期即将届满。三年来，县人大常委会在县委的正确领导和上级人大常委会的指导下，坚持党的基本路线，贯彻党的十三大和十四大精神，执行县十一届人大各次会议的决议决定，依靠全体代表和全县人民，以经济建设为中心，行使宪法和法律赋予的职权，认真履行职责，为促进我县两个文明建设积极开展工作。先后组织了5次视察和25次专题调查；举行了23次常委会议，听取和审议了县人民政府、县人民法院和县人民检察院60项工作汇报，共提出了200多条建议和意见，作出了8项重大决议决定，任免了180名国家机关工作人员；督办了934件代表建议、批评和意见；召开了87次主任会议，就全县的政治、经济、社会治安、廉政建设和代表工作、乡镇人大工作、受理人民群众的来信来访、加强自身建设等方面的工作，履行了应尽的职责，较好地发挥了地方国家权力机关的作用。鉴于前两年的工作，已分别在多次大会上作了报告，不再重复，下面着重报告一九九二年的工作。

1992年，是本届常委会任期的最后一年，一年来，常委会按照县十一届人大三次会议的决议决定，认真履行职责，各项工作在前两年的基础上都取得了一些新的进展。一是围绕十一届人大三次会议批准的《邵阳县国民经济和社会发展十年规划和第八个五年计划纲要》，讨论通过了《邵阳县"八五"期间工业富县的规划》；作出了《关于依靠科技兴县的决议》。这些规划和决议都是根据我县的具体情况和实际需要作出的。我们认为从根本上说，我县经济落后，主要体现在工业基础差，底子薄，效益不佳，归根结底是科学技术落后。因此，以改革为动力，把企业推向市场，振兴工业，带动全县经济发展，势在必行。科学技术是富国之本，兴国之源。依靠科技兴县，既是十一届人大三次会议部分代表提出的议案，也是县委年初提出的依靠科技兴县的指导思想。为此，县人大常委会于八月上旬从本机关和政府有关职能部门抽调32名工作人员，组成一个较大的科技工作调查组，由两位副主任带队对全县的科技意识、科技网络、科技人才、科技兴业的现状进行了专题调查，并向县委提出了专题报告。在此基础上，县人大常委会第十七次会议、第二十一次会议分别审议通过了上述规划和决议。并要求县人民政府尽快制定依靠科技兴县的实施办法，县政府及时讨论制定了《依靠科技兴县的实施办法》。常委会第二十二次会议听取、审议并原则同意了这个《依靠科技兴县的实施办法》。二是围绕改革建设和治理整顿，加强工作监督。重点督促县人民政府完成拟办"十件实事"的任务。"十件实事"是本届政府在县十一届人大一次会议上许下的诺言，是全体代表和全县人民普遍关心的大事，为了督促政府如期实现，县人大常委会在组织部分委员专题视察的基础上，多次听取政府实施十件实事的情况汇报。并对一些具体问题督促政府限期解决，从而加快了办理十件实事的进程。县人大常委会第二十二次会议，再次听取了政府完成十件实事的情况汇报。结果表明，政府承诺代表拟办的十件实事是认真负责的，经过三年的务力，基本完成了任务。其中圆满完成的6件，完成未发挥效益的1件，因外部原因关系牵扯延误工程的1件，受客观制约改变方案实施的2件。如"三年消灭荒山"，经市政府验收，认定合格达标，现正在创造条件，力争省政府验收达标。此外，县人大委会还先后听取和审议了县人民政府关于落实国务院1991年提出的在全国范围内开展"质量、品种、效益年"活动的实施情况，上半年国民经济计划和财政预算的执行情及农业开发、粮食工作、优抚救灾、查处伪劣商品和文化市场告管理等方面的工作汇报。三是加强法律监督，促进法律贯彻实施。一年来，县人大常委会先后听取和审议了县人民政府关于实施《中华人民共和国计量法》《中华人民共和国标准化法》《湖南省老年人保护条例》和整顿司法队伍的情况汇报，组织了对全县贯彻实施《中华人民共和国行政诉讼法》《全国人大常委会关于加强社会治安综合治理的决定》和《中华人民共和国药品管理法》的执法检查。通过检查，进一步增强了执法部门的执法观念和全县人民的法律意识。同时督促、支持、协助司法部门处理了多起积漏案件。《中华人民共和国全国人民代表大会和地方各级人民代表大会代表法》颁布实施后，县人大常委会党组向县委写了在全县学习贯彻《中华人民共和国全国人民代表大会和地方各级人民代表大会代表法》的报告，县委及时批转了这个报告，并召开了全县区乡党委书记、联工委主任、人大常务主席、县直副局以上单位负责人参加的学习贯彻《中华人民共和国全国人民代表大会和地方各级人民代表大会代表法》工作会议。县委、县政府、县人大的负责人在会上作了重要讲话。县委办、人大办、政府办联合发出了关于学习贯彻《中华人民共和国全国人民代表大会和地方各级人民代表大会代表法》的通知，新闻宣传单位开展宣传活动，使《中华人民共和国全国人民代表大会和地方各级人民代表大会代表法》在全县得到了软好的贯彻实施。四是认真办理代表提出的建议、批评和意见。县十一届人大三次会议收到代表建议，批评、意见188件，加上议案转为建议、批评、意见的12件，共200件，由县人大常委会联络工作委员会交“一府两院”及有关部门办理。县人大常委会第二十一次会议听取和审议了县人民政府关于办理代表建议，批评和意见的情况汇报，会议认为今年政府办理代表建议、批评和意见，采取会期见面、当面答复的效果很好，如黄亭市代表提出的“加强塘渡口至黄亭市客运管理”的建议，政府领导及时组织交通、交警、养路段、公司（湘运）四家主要领导到会作了认真答复，会后湘运的领导主动找区公所负责人协商车站和乘车秩序的管理办法，很快恢复了塘渡口至黄亭市客运的正常秩序并全部处理好了近年来发生的车祸事故，获得了代表和群众的好评。除了办理代表提出的建议、批评和意见外，县人大常委会还受理了代表和群众的来信来访264件/次。五是依法任免了21名国家机关工作人员。六是坚持邀请区联工委负责人、部分乡镇人大主席团常务主席和代表列席会议，不定期地组织区乡做人大工作的人员参加座谈会、报告会和工作会，下发有关学习资料，加强同乡镇人大主席团的联系和对乡镇人大工作的指导。七是组织全体组成人员和机关干部职工认真学习中央2号文件、邓小平南方谈话和江总书记在全国人大五次会议上的重要讲话，整顿作风，进行社会主义教育，加强自身建设，提高全面贯彻党的基本路线的自觉性，积极参与计划生育、烤烟生产、工业新区的立项和企业支帮促等经济工作，较好地完成了县委交办的各项工作任务。八是在县委的领导下，主持、指导了县乡两级人大的换届选举工作。

二、几点主要体会（略）

各位代表，我国的建设和改革进入了一个伟大的历史新时期，我们要在党的十四大精神指引下，全面落实党的基本路线，加强社会主义民主法制建设，以经济建设为中心，加快改革和建设步伐，促进我县改革开放和建设的更快发展。我们深信，在县委的领导下，新一届人民代表大会及其常委会，一定能够把工作做得更好。

第二节　第二次会议

邵阳县第十二届人民代表大会第二次会议于1994年3月20日至24日召开，应到代表334人，实到326人。本次会议的议程有：听取和审议《邵阳县人民政府工作报告》，并做出相应的决议；听取和审议《邵阳县1993年国民经济和社会发展计划执行情况及1994年国民经济计划（草案）的报告》，并做出相应的决议；听取和审议《邵阳县1993年财政预算执行情况和1994年财政预算（草案）的报告》，并做出相应的决议；听取和审议《邵阳县人大常委会工作报告》，并做出相应的决议；听取和审议《邵阳县人民法院的工作报告》，并做出相应的决议；听取和审议《邵阳县人民检察院的工作报告》，并做出相应的决议。

3月20日，与会代表报到后，当日晚举行本次会议预备会议，通过王运发、王忠屏、王善祥、毛益顺、邓顺娥、艾夭生、刘仕继、刘会英、刘跃卿、羊正君、阮国仲、杨志成、杨焕湘、李志茂、李清荣、李连保、邹旭阳、张艳花、张贤桐、张高明、陆远阶、陈卫国、陈明生、陈满连、罗友人、袁镇南、莫谷清、莫爱国、莫银魁、徐光旗、唐汉林、银祥集、蒋利民、曾新华、谭爱雄、谭敦连、黎佐成、魏太平38人为大会主席团成员，蒋利民兼秘书长；通过王善祥、莫银魁、刘会英、刘兴华、周玉屏、曾新华6人为本次会议议案审查委员会成员，王善祥为主任委员，莫银魁为副主任委员；通过蒋利民、罗友人、张坤高等为本次会议财政预算委员会组成人员，蒋利民为主任委员、罗友人为副主任委员。预备会后，召开党员代表大会，成立本次会议临时党组，临时党组由魏太平、邹旭阳、蒋利民、王运发、王忠屏、王善祥、毛益顺、羊正君、杨焕湘、李志茂、李连保、李清荣、张高明、张贤桐、陈卫国、陈明生、莫谷清、莫爱国、徐光旗、谭爱雄、谭敦连21人组成，魏太平任临时党组书记，邹旭阳、蒋利民任临时党组副书记，并宣布了各代表团临时党支部书记、副书记和支部委员名单。随后举行主席团第一次会议，通过魏太平、邹旭阳、蒋利民、王善祥、羊正君、阮国仲、陈卫国7人为大会主席团常务主席，通过本次大会日程安排；决定本次会议特邀人员和列席人员名单；决定李兴国、杨志成、唐汉林、莫银魁为大会副秘书长。

3月21日上午，大会开幕，主席团常务主席魏太平主持大会。县人民政府县长陈健生向大会作《政府工作报告》。报告在回顾1993年以来的政府工作时说：1993年，全县工业生产取得“三增一升”（“三增”即增加产值、增加销售、增加税收；“一升”即提升经济效益），农业出现“四增一减”（“四增”即粮食增产、农民增收、农业产值增高、多种经营在农业总产值所占比例增大；“一减”即减轻农民负担），财政金融形势趋向好转，内外贸易正常发展，乡镇企业发展步入快车道，民主法制建设加强，有效控制了人口增长，招商引资有新的突破，各项社会事业都有进步。陈健生还在报告中提出了1994年县人民政府的主要奋斗目标。陈健生做完《政府工作报告》后，县计划委员会主任何秀峰和县财政局局长唐应中分别向大会作了《计划工作报告》和《财政工作报告》。

3 月 21 日下午和 3 月 22 日上午，各代表团分组审议了《县政府工作报告》《计划工作报告》和《财政工作报告》。22 日上午 10 时，主席团举行第二次会议，听取和审议议案审查委员会《关于议案审查情况的汇报》，听取财政预算委员会《关于财政预算审查情况的汇报》。

3 月 22 日下午，举行本次会议第二次全体会议，主席团常务主席陈卫国主持会议。县人大常委会副主任蒋利民向大会作了《县人大常委会工作报告》。报告称：一年来，县人大常委会先后听取和审议批准了县政府《关于邵阳县 1992 年财政预算和 1993 年财政预算安排情况的报告》、县政府《关于 1993 年上半年国民经济计划执行情况与 1993 年上半年财政预算执行情况的汇报》；依法任命了 79 名国家机关工作人员；就《中华人民共和国环境保护法》《中华人民共和国科技进步法》《农民承担费用和劳动管理条例》《国营工业企业转换经营机制条例》《关于切实减轻农民负担的紧急通知》《湖南省行政事业性收费管理条例》等法律、法规在县内的实施情况进行了视察。相继制定了《邵阳县人大常委会组成人员工作守则》《邵阳县人大常委会联系代表的暂行办法》。

蒋利民作完《县人大常委会工作报告》后，县人民法院院长彭美开和县人民检察院检察长刘高生分别向大会作了《法院工作报告》和《检察工作报告》。

3 月 23 日上午，各代表团分组审议了县人大常委会、县人民法院、县人民检察院的 3 个工作报告及各项决议、决定草案。上午 11 时，主席团举行第三次会议。听取了各代表团对“六个报告”“六个决议草案”审议情况的汇报。

3 月 23 日下午，举行本次会议第三次全体会议，主席团常务主席羊正君主持会议。县人大常委会副主任王善祥向大会作了《关于代表议案、批评、意见和建议审查情况的报告》；大会通过了《关于县人民政府工作报告的决议》《关于县计划工作报告的决议》《关于县财政工作报告的决议》《关于县人大常委会工作报告的决议》《关于县人民法院工作报告的决议》《关于县人民检察院工作报告的决议》。最后，主持人宣布邵阳县第十二届人民代表大会第二次会议闭幕。

本次会议各代表团正副团长是：塘渡口镇代表团团长莫谷清、副团长黄荣生；塘渡口区代表团团长莫爱国、副团长谭爱华；塘田市区代表团团长张贤桐、副团长周玉屏；黄亭市区代表团团长李清荣、副团长邓长生；五峰铺区代表团团张高明、副团长黄利清；郦家坪区代表团团长李连保、副团长曾健民；下花桥区代表团团长谭敦连、副团长陈显章；九公桥区代表团团长杨焕湘、副团长刘知俭；栋木山区代表团团长陈明生、副团长陈仲宣。

本次会议特邀人员有：中共邵阳县委副书记钟求明，县委常委、政法委书记吕敬忠，县委常委、宣传部部长杨建新，县委顾问李帮能，正县级离休干部张必烈，正县级退休干部张玉庭、艾润身、杨辉、肖奇峰，原县人大常委会副主任刘长寿、段义君，市九公桥煤矿党委书记刘华清。

县人民政府副县长张吉庭、唐伯阶、杨自祥、曾建秋及出席邵阳县政协四届二次会议的全体政协委员、县人民政府组成人员、县人民法院副院长、县人民检察院副检察长、县直正局级（含正局级公司）以上单位主要负责人、区（镇）人大联络工作委员会正副主任、区党委宣传委员、乡（镇）人大主席团常务主席、区（镇）人大工作联络员列席会议。

第三节　第三次会议

邵阳县第十二届人民代表大会第三次会议于1995年3月13日至16日召开。

3月13日与会代表报到后，于当日晚7时，在县委大会场举行本次会议预备会议，会议通过大会议程；通过王运发、王忠屏、王善祥、毛益顺、邓长生、邓顺娥、艾夭生、刘仕继、刘会英、刘跃清、羊正君、阮国仲、杨志成、杨焕湘、李志茂、周玉屏、张艳花、陆远阶、陈卫国、陈明生、陈显章、陈满莲、罗友人、袁镇南、莫谷清、莫银魁、徐光旗、唐汉林、黄利清、银祥集、蒋利民、曾健民、曾新华、谭爱雄、谭爱华、黎佐成、魏太平37人为本次大会主席团成员，蒋利民兼秘书长；通过王善祥、莫银魁、刘会英、刘兴华、周玉屏、曾新华6人为本次会议议案审查委员会组成人员，王善祥为主任委员，莫银魁为副主任委员；通过蒋利民、罗友人、张坤高3人为本次会议财政预算委员会组成人员，蒋利民为主任委员，罗友人为副主任委员。预备会结束后，召开党员代表会议，宣布本次会议临时党组组成人员和各代表团临时党支部组成人员名单。然后由秘书长蒋利民主持，举行主席团第一次会议，通过魏太平、谭爱雄、蒋利民、王善祥、羊正君、阮国仲、陈卫国7人为主席团常务主席；决定杨志成、莫银魁、唐汉林、黄志成为本次会议副秘书长；通过了执行主席分组名单；通过本次大会日程安排；决定了本次会议特邀人员和列席人员。

3月14日上午8时大会开幕，主席团常务主席魏太平主持会议。县人民政府县长陈健生向大会作《政府工作报告》，报告称：1994年，邵阳县国民生产总值达7.75亿元，比上年增长11.8%；工农业生产总值达11.34亿元，比上年增长26.2%；工业生产在资金紧张、市场竞争激烈的情况下取得明显进步，农业在遭受特大洪涝灾害后仍夺得丰收，乡镇企业、外资企业、第三产业及个体私营经济4个新的经济增长点迅速扩大，财税、金融、投资体制等一系列重大改革实施顺利，民主法制建设进一步增强，社会治安状况明显改善，在改革大步推进和经济迅速发展中保持了社会稳定；抗灾救灾工作取得了决定性胜利；计划生育、教育等社会各项事业都有新的进步。陈健生作完《政府工作报告》后，县计划物价局局长刘喜生和县财政局局长唐应中分别向大会作了《计划工作报告》和《财政工作报告》。

3月14日下午和3月15日上午，各代表团分组审议了《政府工作报告》《计划工作报告》《财政工作报告》。

3月15日上午10时，举行主席团第二次会议，听取审议了议案审查委员会《关于议案审查情况的汇报》和财政预算委员会《关于财政预算审查情况的汇报》。

3月15日下午，举行本次会议第二次全体会议，主席团常务主席陈卫国主持会议，县人大常委会副主任蒋利民向大会作了《县人大常委会工作报告》。报告称：一年来，县人大常委会围绕经济建设中心，先后组织县人大代表和县内的省、市人大代表对乡镇企业进行了3次视察；听取和审议了县政府关于1994年工业六线三工程规划及实施方案的汇报，及时向县政府提出了尽快组织支帮促工作组，帮助企业扭亏增盈的建议；就全县贯彻落实《中华人民共和国教师法》的情况进行专项调查，先后组织学习《中华人民共和国国家赔偿法》《中华人民共和国国家预算法》《中华人民共和国环境保护法》《中华人民共和国矿产资源法》《中华人民共和国矿山安全法》《中华人民共和国劳动合同法》《中华人民共和国农业法》《中华人民共和国全国人民代表大会和地方各级人民代表大会代表法》等法律法规，对司法部门存在的少数执法不严、以罚代法、以罚代刑，对违法犯罪活动打击不力的情况，进行了检查，督促执法机关秉公执法；依法任免了政府机关工作人员53名、法院和检察院机关工作人员40名、县人大常委会各委室工作人员9名。

蒋利民作完《县人大常委会工作报告》后，县人民法院院长彭美开和县人民检察院检察长刘高生分别向大会作了《法院工作报告》和《检察院工作报告》。

3月16日上午，各代表团讨论审议了县人大常委会、县人民法院、县人民检察院的三个工作报告及各项决议、决定草案。

上午11时，主席团举行第三次会议，听取各代表团关于“六个报告”“六个决议草案”审议情况的汇报；审议了各项决议、决定草案。

3月16日下午，举行本次会议第三次全体会议，主席团常务主席羊正君主持会议，县人大常委会副主任王善祥向大会作了《关于代表议案、批评、意见和建议审查情况的报告》，会议通过了《关于县人民政府工作报告的决议》《关于县计划工作报告的决议》《关于县财政工作报告的决议》《关于县人大常委会工作报告的决议》《关于县法院工作报告的决议》《关于县检察院工作报告的决议》，最后，主持人宣布大会闭幕。

本次会议各代表团正副团长有：塘渡口镇代表团团长莫谷清、副团长黄荣生；塘渡口区代表团团长谭爱华、副团长邓田富；五峰铺区代表团团长黄利清、副团长吴才秋；下花桥区代表团团长陈显章、副团长刘艾平；郦家坪区代表团团长曾健民、副团长颜家能；九公桥区代表团团长杨焕湘、副团长刘知俭；槎木山区代表团团长陈明生、副团长陈仲宣；黄亭市区代表团团长邓长生、副团长涂太庭；塘田市区代表团团长周玉屏、副团长陈松林。

本次会议特邀人员有：中共邵阳县委副书记钟求明、王晓天，县委常委、政法委书记吕敬忠，县委常委、宣传部长杨建新，县委顾问李帮能，正县级退休干部张玉庭、艾润身、杨辉、肖奇峰，正县级离休干部张必烈，县人大常委会原副主任刘长寿、段义君，市九公桥煤矿矿长李茂云。

县人民政府副县长张吉庭、唐伯阶、杨自祥、曾建秋及出席邵阳县政协四届三次会议的全体政协委员、县人民政府组成人员、县人民法院副院长、县人民检察院副检察长、县直正局级（含正局级公司）以上单位主要负责人、区（镇）人大联络工作委员会正副主任、区党委宣传委员、乡（镇）人大主席团常务主席、区（镇）人大工作联络员列席会议。

第四节　第四次会议

邵阳县第十二届人民代表大会第四次会议于1996年3月12日至17日召开。本次会议的主要议程有：听取和审议县人民政府县长陈健生关于《邵阳县人民政府工作报告》及《邵阳县国民经济和社会发展“九五”计划与2010年远景目标纲要（草案）》，并做出相应的决议；听取和审议邵阳县计划物价局局长刘喜生关于《邵阳县1995年国民经济和社会发展计划执行情况及1996年国民经济计划（草案）报告》，并做出相应的决议；听取和审议县财政局局长唐应中关于《邵阳县1995年财政预算执行情况和预算外资金管理情况及1996年财政预算（草案）报告》，并做出相应的决议；听取和审议县人大常委会副主任蒋利民关于《邵阳县人大常委会工作报告》，并做出相应决议；听取和审议县人民法院院长彭美开关于《邵阳县人民法院工作报告》，并做出相应的决议；听取和审议县人民检察院代检察长李平军关于《邵阳县人民检察院工作报告》，并作出相应的决议；补选县人大常委会主任、副主任、委员和县人民检察院检察长。

本次会议临时党组由魏太平、谭爱雄、唐清洲、蒋利民、王运发、王忠屏、王善祥、毛益顺、邓开新、刘艾平、羊正君、李志茂、李红平、何均成、陈卫国、陈金珠、陈战岗、赵社勋、莫谷清、曾健民20人组成，魏太平任临时党组书记，谭爱雄、唐清洲、蒋利民任临时党组副书记。

本次会议主席团由王运发、王忠屏、王善祥、毛益顺、邓开新、邓顺娥、艾夭生、刘仕继、刘会英、刘艾平、刘耀清、羊正君、阮国仲、杨志成、李志茂、李红平、何均成、张艳花、阮远阶、陈卫国、陈金珠、陈战岗、陈满莲、罗友人、袁镇南、赵社勋、莫谷清、莫银魁、唐汉林、唐清洲、银祥集、蒋利民、曾健民、曾新华、谭爱雄、黎佐成、魏太平37人组成，魏太平、谭爱雄、唐清洲、蒋利民、王善祥、羊正君、阮国仲、陈卫国8人为常务主席，蒋利民兼秘书长，杨志成、莫银魁、唐汉林、黄志成4人为副秘书长。

本次会议议案审查委员会由王善祥、莫银魁、刘会英、刘兴华、黄荣生、曾新华6人组成，王善祥任主任委员，莫银魁任副主任委员。

本次会议财政预算委员会由蒋利民、罗友人、张坤高3人组成，蒋利民任主任委员，罗友人任副主任委员。

3月13日上午大会开幕，主席团常务主席魏太平主持会议。县人民政府县长陈健生向大会作《政府工作报告》，报告指出：1995年，全县经济发展步伐加快，社会政治稳定，各项事业明显进步，内外形象有较大改观，财政状况明显好转，农业综合开发成效显著，乡镇企业快速发展，国有预算内工业消灭亏损，计划生育工作有新的成绩，基础设施建设有新的突破，民主法制建设进一步加强，政府各部门工作及各项社会事业都协调发展。报告指出：这些成绩的取得，得益于思想解放，得益于决策思路清晰，得益于全县上下团结共事，得益于全县人民扎实干事。报告还对《邵阳县国民经济和社会发展“九五”计划和2010年远景目标纲要》作了说明，并提出了1996年的工作目标和任务。

陈健生作完《政府工作报告》后，县计划物价局局长刘喜生和县财政局局长唐应中先后向大会作了《计划工作报告》和《财政工作报告》。

3月13日下午和3月14日上午，各代表团讨论审议了《政府工作报告》《计划工作报告》《财政工作报告》。

3月14日上午10时，主席团举行第二次会议，听取各代表团审议3个工作报告情况的汇报，听取和审议财政预算委员会关于财政预算审查情况的汇报。

3月14日下午，举行本次会议第二次全体会议，主席团常务主席陈卫国主持会议。县人大常委会副主任蒋利民向大会作了《人大常委会工作报告》。报告称：县十二届人大三次会议以来，县人大常委会依法对政府工作加强监督；组织指导了全县22个乡镇依法进行了换届选举；继续深入宣传学习代表法，在全县发行代表法6000多册，组织选民和代表学习；十二届人大三次会议期间收到的231件代表议案、建议、批评、意见，全部在法定的时间内办理完毕；组织机关干部参与省人大统一部署的《如何发挥权力机关在宏观经济调控中的监督作用》理论研讨活动，被评为省、市人大宣传工作先进单位。

蒋利民作完《县人大常委会工作报告》后，县人民法院院长彭美开和县人民检察院代检察长李平军先后向大会作了《法院工作报告》和《检察工作报告》。

3 月 15 日上午，各代表讨论审议了县人大常委会、县人民法院、县人民检察院的 3 个工作报告。

上午 10 时，主席团举行第三次会议，听取各代表团审议 3 个工作报告情况的汇报。

3 月 15 日下午，举行本次会议第三次全体会议，主席团常务主席阮国仲主持会议。第十二届县人大常委会主任魏太平和副主任蒋利民分别因工作和身体原因向大会作了《辞职报告》，大会批准了以上二人的辞职请求。随后，副主任陈卫国向大会作《补选工作报告》，副主任王善祥就补选程序和补选办法作了说明；大会通过补选办法。

下午 4 时，在主席团第四次会议上，中共邵阳县委向主席团推荐了需补选的县人大常委会主任、副主任、委员和新一任检察长候选人建议名单；主席团向各代表团推荐上述候选人名单；本次主席团会议还听取和审议议案审查委员会关于议案审查情况的汇报。

3 月 16 日上午 10 时，主席团举行第五次会议，听取了各代表团对上述候选人酝酿情况的汇报，分别确定正式候选人。

3 月 16 日下午，举行本次会议第四次全体会议，主席团常务主席谭爱雄主持会议，大会补选唐清洲为县人大常委会主任，补选王运发为县人大常委会副主任，补选肖湘政、陈战岗、唐国卿为县人大常委会委员，选举李平军为新一任县人民检察院检察长。

下午 4 时，主席团举行第六次会议，讨论各项工作报告决议草案，并决定提交大会通过。

3 月 17 日上午，举行本次会议第五次全体会议，主席团常务主席羊正君主持会议。县人大常委会副主任王善祥作了《关于代表议案、批评、意见和建议审查情况的报告》。大会通过了《关于邵阳县国民经济和社会发展“九五”计划和 2010 年远景目标纲要与县人民政府工作报告的决议》《关于县计划工作报告的决议》《关于县财政工作报告的决议》《关于县人大常委会工作报告的决议》《关于县人民法院工作报告的决议》《关于县人民检察院工作报告的决议》《关于唐振林、廖本芳等 26 名代表所提议案的决议》。新当选的县人大常委会主任唐清洲发表了讲话，最后，主持人宣布第十二届全县人民代表大会第四次会议闭幕。

本次会议各代表团正副团长是：第一代表团团长莫谷清、副团长黄荣生；第二代表团团长何均成、副团长陈文斌；第三代表团团长刘艾平、副团长伍乔生；第四代表团团长陈金珠、副团长谢贵民；第五代表团团长李红平、副团长易少华；第六代表团团长陈战岗、副团长蒋兴国；第七代表团团长赵社勋、副团长何登高；第八代表团团长邓开新、副团长刘书甫；第九代表团团长曾健民、副团长粟和平；第十代表团团长王忠屏、副团长莫元清。

本次会议特邀人员有：中共邵阳县委副书记钟求明、王晓天，县委常委、政法委书记吕敬忠，县委常委、组织部部长杨建新，县委常委、常务副县长曾建秋，县委常委、县人武部部长黎德生，县委常委、宣传部部长傅立卿，县委顾问李帮能，正县级退休干部张玉庭、艾润身、杨辉、肖奇峰，正县级离休干部张必烈，县人大常委会原副主任刘长寿、段义君，邵阳市九公桥煤矿矿长李茂云。

县人民政府副县长张吉庭、唐伯阶、杨自祥、潘芳喜、谢树新及出席邵阳县政协四届四次会议的全体政协委员、县人民政府组成人员、县人民法院副院长、县人民检察院副检察长、县直正局级（含正局级公司）以上单位主要负责人、区（镇）人大联络工作委员会正副主任、区党委宣传委员、乡（镇）人大主席团常务主席、区（镇）人大工作联络员列席会议。

第五节　第五次会议

邵阳县第十二届人民代表大会第五次会议于1997年3月11日至17日举行，全县10个代表团共337名代表参加会议，其中第一代表团（含塘渡口镇代表）团长黄荣生、副团长王立生；第二代表团（含五峰铺镇、罗城乡、金江乡代表）团长何均成、副团长陈文斌；第三代表团（含九公桥镇、黄荆乡代表）团长伍乔生、副团长刘知俭；第四代表团（含塘田市镇、河伯乡、金称市镇代表）团长陈金珠、副团长谢贵民；第五代表团（含黄亭市镇、蔡桥乡、长乐乡代表）团长吕绍峰、副团长易少华；第六代表团（含黄塘乡、小溪市乡、霞塘云乡代表）团长陈战岗、副团长蒋兴国；第七代表团（含长阳铺镇、岩口铺镇代表）团长赵社勋、副团长何登高；第八代表团（含下花桥镇、谷洲镇代表）团长邓开新、副团长刘书甫；第九代表团（含郦家坪镇、诸甲亭乡代表）团长曾健民、副团长粟和平；第十代表团（含白仓镇代表）团长王忠屏、副团长何恢信。

本次会议临时党组由魏太平、唐清洲、谭爱雄、王忠屏、毛益顺、王运发、王善祥、邓开新、羊正君、伍乔生、吕绍峰、李志茂、何均成、陈卫国、陈金珠、陈战岗、赵社勋、黄荣生、曾健民27人组成，魏太平任临时党组书记，唐清洲、谭爱雄、王忠屏、毛益顺任临时党组副书记。

本次会议大会主席团由王运发、王忠屏、王善祥、毛益顺、邓开新、邓顺娥、艾夭生、刘仕继、刘会英、刘耀清、羊正君、伍乔生、阮国仲、吕绍峰、杨志成、李志茂、何均成、肖湘政、张艳花、陆远阶、陈卫国、陈金珠、陈战岗、陈满莲、罗友人、袁镇南、赵社勋、莫银魁、唐汉林、唐清洲、唐国卿、银祥集、黄荣生、曾健民、曾新华、谭爱雄、黎佐成、魏太平38人组成，魏太平、唐清洲、谭爱雄、王忠屏、毛益顺、王善祥、羊正君、阮国仲、陈卫国、王运发10人为常务主席，王善祥兼秘书长；另主席团第一次会议决定，杨志成、莫银魁、唐汉林、黄志成4人为副秘书长。

本次会议议案审查委员会由王善祥、莫银魁、刘会英、莫谷清、黄荣生、曾新华6人组成，王善祥任主任委员，莫银魁任副主任委员。

本次会议财政预算委员会由王运发、罗友人、夏国忠、张坤高4人组成，王运发任主任委员，罗友人任副主任委员。

本次会议特邀邵阳县代县长石民生，县委顾问李帮能，县政府常务副县长曾建秋，政法委书记吕敬忠，县委组织部部长杨建新，县人武部部长黎德生，县委宣传部部长傅立卿，县委常委王卓明、王铭祥，县纪委书记黎国宗，县人武部政委姚宇发，正县级退休干部张玉庭、艾润身、杨辉、肖奇峰，正县级离休干部张必烈，县人大常委会原副主任刘长寿、段义君，市九公桥煤矿矿长蒋芬荣等19人参加会议。

县人民政府副县长张吉庭、杨自祥、潘芳喜、谢树新及出席邵阳县政协四届五次会议的全体政协委员、县人民政府组成人员、县人民法院副院长、县人民检察院副检察长、县直正局级（含正局级公司）以上单位主要负责人、区（镇）人大联络工作委员会正副主任、区党委宣传委员、乡（镇）人大主席团常务主席、区（镇）人大工作联络员列席会议。

会议先后听取和审议《县人民政府工作报告》，并做出《关于县人民政府工作报告的决议》；听取和审议《全县1996年国民经济和社会发展计划执行情况及1997年国民经济和社会发展计划（草案）报告》，并做出《关于全县1996年国民经济和社会发展计划执行情况及1997年国民经济和社会发展计划（草案）报告的决议》；听取和审议全县1996年财政预算执行情况及1997年财政预算（草案）的报告，并做出《关于全县1996年财政预算执行情况及1997年财政预算（草案）的报告决议》；听取和审议县人大常委会工作报告，并做出《关于县人大常委会工作报告的决议》；听取和审议县人民法院工作报告，并做出《关于县人民法院工作报告的决议》；听取和审议县人民检察院工作报告，并做出《关于县人民检察院工作报告的决议》。会议补选石民生为县人民政府县长，补选李自祥为县人民政府副县长。

第九章　第十三届人民代表大会

本届县人民代表大会任期为五年，共召开6次会议。

第一节　第一次会议

邵阳县第十三届人民代表大会第一次会议于1997年12月5日至11日召开，会议实到代表303名。12月5日召开预备会和党员代表会议，分别通过了主席团、本次会议临时党组、本次会议议案审查委员会组成人员名单。

本次会议主席团成员由王运发、王秀清、王卓明、王善祥、王晓飞、邓春陛、石民生、羊正君、伍乔生、吕敬忠、刘春风、刘华、刘会英、刘贤贵、刘桂林、阮国仲、何友生、杨建新、肖时汉、肖新生、肖桂喜、陈卫国、陈飞虎、陈和国、陈芬保、陈端元、苏德友、陆自勋、阮克敏、张雄强、袁镇南、唐汉林、唐清洲、康拥春、黄荣生、黄玲俐、曾建秋、曾健民、谢仲康、黎国宗、黎德生、蒋兴国、颜翠兰43人组成，石民生、唐清洲、曾建秋、杨建新、王善祥、羊正君、阮国仲、陈卫国、王运发9人为主席团常务主席，王善祥兼秘书长，杨志成、肖时汉、肖新生、苏德友、黄志成5人为副秘书长。

本次会议中共临时党组由石民生、唐清洲、曾建秋、杨建新、王成章、王运发、王卓明、王善祥、邓开新、邓东北、羊正君、吕敬忠、刘玉云、刘春风、刘桂林、李红平、李耀平、陈卫国、易艾坤、罗翔国、唐汉林、唐定明、银洁清、廖庆元、黎国宗、黎德生、颜翠兰27人组成，石民生任临时党组书记，唐清洲、曾建秋、杨建新任临时党组副书记。

本次会议议案审查委员会由王善祥、肖新生、刘会英、杨天顺、黄荣生5人组成，王善祥任主任委员，肖新生任副主任委员。

12月6日上午大会开幕，主席团常务主席唐清洲主持大会。县人民政府代县长曾建秋、县人民法院院长彭美开、县人民检察院检察长李平军先后向大会作了《政府工作报告》《法院工作报告》和《检察院工作报告》。《政府工作报告》回顾了县第十二届人民代表大会第一次会议以来，县人民政府在竞争中求进步，克服种种困难，较好地完成了“八五”计划，“九五”计划有了良好的开端，农村经济有较大发展，乡镇企业步入快车道，工业企业在困境中求发展，个体私营经济、第三产业、三资企业等新的经济增长点日益壮大，贸易金融日趋活跃，财政收入一年一个台阶；改革开放取得突破性进展，农村改革不断深入，企业改革有新的突破，财政改革势头良好，各项配套改革同步进行，对外开放进一步扩大；基础设施建设得到加强，社会各项事业全面进步，科技、教育、卫生、体育、文化事业均有新的起色；民主法制建设健康发展。报告展望在今后五年内全县国内生产总值要达到18.6亿元，年平均递增12%；农业总产值达到9.5亿元，年平递增4.6%；乡及乡以上工业总产值达到5.6亿元，总产值和税金年平各递增8%；乡镇企业增加值达到2.2亿元，年平递增8%；个体工商户达到4.5万户，私营企业达450家以上，年平递增15%；第三产业增加值达到5.4亿元，年平递增14%；地方财政收入达到1亿元以上，年平递增8%；农民人均纯收入每年以10%以上的速度递增，到二十世纪末达到小康水平；人口自然增长率控制在7‰以下，到2002年全县人口控制在100万内；其他各项事业都要有新的发展和进步。

12月6日下午，举行本次会议第二次全体会议，主席团常务主席羊正君主持会议，县人大常委会主任唐清洲向大会作《人大常委会工作报告》。报告提纲如下：

一、人大常委会五年来工作回顾。

1、围绕经济建设中心，审议重大事项，促进全县经济建设和各项事业的发展。一是围绕宏观决策，突出了对全县“八五”计划、“九五”计划、2010年远景目标纲要和政府重大决策的审议；二是围绕农业强县，突出了对政府关于发展农业重大决策的审议；三是围绕开源节流，突出了对财政工作中重大问题的审议；四是围绕“民营”富县，突出了对政府发展民营经济重大事项的审议；五是围绕热点问题，突出了对政府有关减轻农民负担工作的审议；六是围绕精神文明建设，突出对廉政、文化、卫生等重大事项的审议。

2、加强法律监督，不断强化法律监督职能，确保法律、法规的贯彻实施。一是针对人民群众反映强烈的问题，人大常委会听取和审议司法机关的工作汇报，监督司法机关秉公执法；二是针对执法不严的问题，加大执法检查力度，监督司法机关和行政执法部门严格执法；三是针对一些老大难案件，对司法机关进行督办，维护法律的尊严。

3、真抓好各级人大的换届选举，依法做好人事任免工作。五年来，县、乡两级人大先后进行了两次换届选举；五年来，县人大常委会依法任免了272名国家机关工作人员。

4、加强代表工作，发挥代表作用。一是不断拓宽代表联系渠道；二是广泛开展活动，定期或不定期地召开代表和代表小组组长座谈会；三是不断改进代表视察办法，采取集中视察和分散视察相结合、综合视察和专题视察相结合、面上视察和点上视察相结合、组织视察和代表个人持证视察相结合的办法，促使代表全面了解改革开放、经济发展、社会稳定等多方面的情况；四是认真办理和督办代表议案和建议，五年来，各次大会主席团平均交付县人大常委会办理的议案8件、代表建议、批评和意见85件，均在规定时间办理完毕，另外还处理答复了代表和人民群众来信1680件次，接待群众来访3185人次。

5、切实加强对乡镇人大工作的指导。

6、加强自身建设，进一步提高了人大常委会的整体工作效能。

二、人大常委会五年来的工作体会（略）。

三、对今后人大工作的建议（略）。

12月6日下午第二次全体会议后，各代表团分组审议《政府工作报告》《法院工作报告》《检察院工作报告》《人大常委会工作报告》。

12月7日上午8时，举行本次会议第三次全体会议，主席团常务主席阮国仲主持会议。县人大常委会副主任陈卫国和王善祥分别向大会作了《选举工作报告》和《关于选举办法的报告》，大会通过了选举办法。全体会议后，各代表团继续审议4个工作报告。上午10时，主席团举行第二次会议，听取各代表团汇报审议4个工作报告的情况；县委向主席团推荐第十三届县人大常委会主任和副主任、县人民政府县长、副县长、县人民法院院长、县人民检察院检察长候选人名单；主席团向各代表团推荐了上述人员名单。

12月7日下午，各代表团酝酿讨论主席团提出的各项候选人名单。

12月8日上午，各代表团继续讨论酝酿县人大常委会主任、县人民政府县长、县人民法院院长、县人民检察院检察长候选人；每个代表团各推选选举工作人员1名。

12月8日下午，举行本次会议第四次全体会议，主席团常务主席石民生主持会议。大会选举唐清洲为第十三届县人大常委会主任，陈卫国、王运发、颜翠兰、刘春风、唐汉林、陈芬保为第十三届县人大常委会副主任，选举曾建秋为第十三届县人民政府县长，选举黎国宗、潘芳喜、马均平、谭超雄、易少华、李自强、孙剑霖为第十三届县人民政府副县长；选举彭美开为县人民法院院长，李平军为县人民检察院检察长（由市人民检察院报请市人民代表大会批准并由市人民代表大会公布）。

12月9日上午，各代表团讨论酝酿县人大常委会委员和出席市十二届人民代表大会代表候选人。上午10时，主席团举行第四次会议，听取各代表团酝酿县人大常委会委员、市十二届人大代表候选人的情况汇报，并确定正式候选人。

12月9日下午，举行本次会议第五次全体会议，主席团常务主席王运发主持会议。大会选举王运发等21人（名单见第四编第二章第五节《县人大常务委员会委员名录》）为第十三届县人大常委会委员；同时选举产生了邵阳县出席市第十二届人民代表大会的代表（名单见第四编第二章第一节）。

12月10日晚7时（本日白天代表休息），在县委常委会议室举行主席团第五次会议，听取议案审查委员会关于议案审查情况的汇报，讨论各项决议草案并决定提交大会通过。

12月11日上午，举行本次会议第六次全体会议。主席团常务主席陈卫国主持会议，县人大常委会副主任王善祥向大会作了《关于代表议案、批评、意见和建议审查情况的报告》；大会通过了《关于县人民政府工作报告的决议》《关于县人大常委会工作报告的决议》《关于县人民法院工作报告的决议》《关于县人民检察院工作报告的决议》；新当选的县人大常委会主任唐清洲、县人民政府县长曾建秋和县委书记石民生先后发表讲话；最后，主持人宣布第十三届全县人民代表大会第一次会议闭幕。

本次会议各代表团正副团长是：第一代表团团长黄荣生，副团长邓昭卿、廖庆元、邓星强、周炜；第二代表团团长邓春陛，副团长王兴国、罗翔国、唐四清；第三代表团团长伍乔生，副团长方荣东、易爱坤、李中楚、蒋京贵；第四代表团团长陆仕勋，副团长李红平、罗广云、苏德兵、伍炳柳；第五代表团团长肖桂喜，副团长粟和平、李跃平、易少华、刘平国；第六代表团团长谢仲康，副团长张治中、唐定明、黄承君、黎正坤、艾祥明；第七代表团团长陆克敏，副团长刘灯红、王成章、蒋贻学、陈金珠、胡华卿；第八代表团团长王秀清，副团长陈刚清、邓开新、龚赞明、刘运成；第九代表团团长曾健民，副团长尹邦喜、刘玉云、颜卫星、彭柳蓉；第十代表团团长刘贤贵，副团长蒋军祥、银洁清；第十一代表团团长蒋兴国，副团长邓东北、李琦。

本次会议特邀人员有：中共邵阳县委副书记王忠屏、杨自祥，县委宣传部部长傅立卿，县委常委王铭祥，县纪委书记齐立新，县人民政府副县长谢树新，县政协主席李志茂，县人武部政委姚宇发，正县级离休干部张必烈，正县级退休干部张玉庭、艾润身、杨辉、肖奇峰、刘仕继、李帮能、蒋利民，县人大常委会原副主任刘长寿、段义君、陆远阶，县人大常委会特邀顾问银祥集，县人大常委会调研员黎佐成、市九公桥煤矿矿长蒋芬荣。

本次会议列席人员有副县长潘芳喜、李志龙、李自强、马均平、孙剑霖及第十二届县人大常委会委员、县人民政府组成单位负责人、县直机关负责人、不是县人大代表的县人大常委会各委室负责人、县人民法院和县人民检察院负责人、县人武部负责人、乡（镇、场）党委书记、乡（镇）人大主席或副主席、乡（镇、场）长、出席五届一次县政协会议的全体县政协委员。

第二节　第二次会议

邵阳县第十三届人民代表大会第二次会议于1998年3月25日至27日召开。

3月25日在县委大会场分别举行本次会议预备会议和党员代表会议。预备会通过了大会议程；通过王运发、王秀清、王卓明、王善祥、王晓飞、邓春升、石民生、伍乔生、吕敬忠、刘春风、刘会英、刘贤贵、刘桂林、阮国仲、何友生、杨建新、肖时汉、肖新生、肖桂喜、陈卫国、陈飞虎、陈和国、陈芬保、陈端元、苏德友、陆仕勋、陆克敏、张雄强、袁镇南、唐汉林、唐清洲、康拥春、黄荣生、黄玲俐、曾建秋、曾健民、谢仲康、黎国宗、黎德生、蒋兴国、颜翠兰 41 人为大会主席团成员，石民生、唐清洲、曾建秋、杨建新、陈卫国、王运发、颜翠兰、刘春风、唐汉林、陈芬保 10 人为常务主席，陈卫国兼秘书长，另主席团第一次会议决定肖时汉、肖新生、苏德友、黄志成为本次会议副秘书长；通过唐汉林、肖新生、杨天顺、黄荣生 4 人为本次会议议案审查委员会成员，唐汉林任主任委员，肖新生任副主任委员；通过王运发、陈和国、朱志强、刘华玉、谢群为本次会议财政预算委员会成员，王运发任主任委员，陈和国任副主任委员。在党员代表会上，宣布由石民生、唐清洲、曾建秋、杨建新、王成章、王运发、王卓明、邓开新、邓东北、吕敬忠、刘春风、刘桂林、李红平、李耀平、陈卫国、易艾坤、罗翔国、唐汉林、银洁清、谢仲康、谢建修、廖庆元、黎国宗、黎德生、颜翠兰 26 人为本次会议临时党组成员，石民生任临时党组书记，唐清洲、曾建秋、杨建新任临时党组副书记，同时宣布各代表团临时党支部组成人员名单。

3 月 26 日上午大会开幕，主席团常务主席唐清洲主持会议，县计委主任唐胜祥代表县人民政府向大会作《邵阳县 1997 年国民经济和社会发展计划执行情况与 1998 年国民经济和社会发展计划（草案）的报告》；县财政局局长唐应中代表县人民政府向大会作《邵阳县 1997 年财政预算执行情况和 1998 年财政预算（草案）的报告》；然后以代表团为单位审议了两个报告。

3 月 26 日下午，继续以各代表团为单位审议两个工作报告。晚 7 时，主席团举行第二次会议。听取各代表团汇报审议两个工作报告的情况；听取议案审查委员会《关于议案审查情况的汇报》；听取财政预算委员会《关于财政预算审查情况的汇报》；讨论各项决议草案并决定提交大会通过。

3 月 27 日上午，各代表团继续审议两个工作报告。

3 月 27 日下午，举行本次会议第二次全体会议，主席团常务主席陈卫国主持会议。县人大常委会副主任唐汉林向大会作《关于代表议案、建议、批评和意见的审查情况汇报》；大会通过《关于批准邵阳县 1997 年国民经济和社会发展计划执行情况与 1998 年国民经济和社会发展计划的决议》《关于邵阳县 1997 年财政预算执行情况和 1998 年财政预算的决议》；县委书记石民生在会上发表讲话。最后，主持人宣布邵阳县第十三届人民代表大会第二次会议闭幕。

本次会议各代表团正副团长是：第一代表团团长是黄荣生，副团长邓昭卿、廖庆元、邓星强、周炜、蒋军强；第二代表团团长邓春升，副团长王兴国、罗翔国、唐四清；第三代表团团长伍乔生，副团长方荣东、易爱坤、罗广云、蒋京贵；第四代表团团长陆仕勋，副团长李红平、张治中、艾祥明、伍炳柳；第五代表团团长肖桂喜，副团长粟和平、李跃平、尹帮喜、刘平国；第六代表团团长谢仲康，副团长刘建成；第七代表团团长陆克敏，副团长王成章、刘灯红、陈金珠、胡华卿；第八代表团团长王秀清，副团长邓开新、龚赞明、蒋绍东；第九代表团团长曾健民，副团长谢建修、彭柳蓉；第十代表团团长刘贤贵，副团长银洁清、刘学义；第十一代表团团长蒋兴国，副团长邓东北。

本次会议特邀人员有：中共邵阳县委副书记王忠屏、杨自祥，县委宣传部部长傅立卿，县委常委王铭祥，县纪委书记齐立新，县委办主任谢树新，县政协原主席李志茂，县人武部政委姚宇发，正县级退休干部张玉庭、艾润身、杨辉、肖奇峰、刘仕继、李帮能、蒋利民，正县级离休干部张必烈，县人大常委会原副主任刘长寿、段义君、陆远阶，县人大常委会特邀顾问银祥集，县人大常委会调研员黎佐成，市九公桥煤矿矿长蒋芬荣。

本次会议列席人员有县人民政府副县长潘芳喜、马均平、谭超雄、李自强、孙剑霖及县人民政府组成单位负责人、县直机关负责人、不是县人大代表的县人大常委会各委室负责人、县人民法院和县人民检察院负责人、县人武部负责人、乡（镇、场）党委书记、乡（镇）人大主席或副主席、乡（镇、场）长、出席五届二次县政协会议的全体县政协委员。

第三节　第三次会议

邵阳县第十三届人民代表大会第三次会议于1999年3月15日至19日召开。第十三届人民代表大会原有代表303名，自第一次会议以后，因病去世2人，调离1人，1人因判刑被停止执行代表职务，本次会议时实有代表299人。

本次会议临时党组成员由石民生、唐清洲、曾建秋、杨建新、王成章、王运发、王卓明、邓开新、邓东北、邓星强、吕敬忠、刘平国、刘垈、刘春风、刘桂林、李红平、陈卫国、罗广云、罗翔国、唐汉林、银洁清、谢仲康、黎国宗、黎德生、颜翠兰25人组成，石民生任临时党组书记，唐清洲、曾建秋、杨建新任临时党组副书记。

本次会议主席团由王运发、王卓明、王晓飞、王善祥、方荣东、邓昭卿、邓春升、尹帮喜、石民生、伍乔生、吕敬忠、刘学义、刘会英、刘春风、刘桂林、阮国仲、何友生、张治中、杨建新、肖时汉、肖新生、陈卫国、陈飞虎、陈和国、陈芬保、陈端元、苏德友、陆仕勋、陆克敏、张雄强、袁镇南、唐汉林、唐清洲、康拥春、黄伶俐、蒋兴国、谢仲康、曾建秋、黎国宗、黎德生、颜翠兰41人组成，石民生、唐清洲、曾建秋、杨建新、陈卫国、王运发、颜翠兰、刘春风、唐汉林、陈芬保10人为常务主席，陈卫国兼秘书长，另主席团第一次会议决定，肖时汉、肖新生、苏德友、黄志成为本次会议副秘书长。

本次会议议案审查委员会由唐汉林、肖新生、刘会英、杨天顺、邓春升5人组成，唐汉林任主任委员，肖新生任副主任委员。

本次会议财政预算委员会由王运发、陈和国、朱志强、刘华玉、陆克敏5人组成，王运发任主任委员，陈和国任副主任委员。

3月16日上午，举行本次会议第一次全体会议，县人民政府县长曾建秋作《县人民政府工作报告》，县计划委员会主任唐胜祥作《邵阳县1998年国民经济和社会发展计划执行情况与1999年国民经济和社会发展计划（草案）的报告》，县财政局局长唐应中作《邵阳县1998年财政预算执行情况与1999年财政预算（草案）的报告》。3月16日下午和3月17日上午，各代表团分组审议了以上3个报告。

3月17日下午，举行本次会议第二次全体会议，县人大常委会主任唐清洲作《邵阳县人民代表大会常务委员会工作报告》，县人民法院院长彭美开作《邵阳县人民法院工作报告》，县人民检察院检察长李平军作《邵阳县人民检察院工作报告》，县人大常委会副主任陈卫国作《县人大常委会接受本级人大代表评议情况及整改意见的报告》。

3月18日，各代表团分组审议了以上报告。

3月19日上午，举行本次会议第三次全体会议。县人大常委会副主任唐汉林作《关于代表议案、批评、建议和意见审查情况的报告》。大会通过《关于县人民政府工作报告的决议》；通过《关于批准邵阳县1998年国民经济和社会发展计划执行情况与1999年国民经济和社会发展计划报告的决议》；通过《关于批准邵阳县1998年财政预算执行情况和1999年财政预算报告的决议》；通过《关于县人大常委会工作报告的决议》；通过《关于县人民法院工作报告的决议》；通过《关于县人民检察院工作报告的决议》；表彰了优秀县人大代表。县委书记石民生讲话后，主持人宣布大会闭幕。

本次会议各代表团正副团长有：第一代表团团长邓昭卿，副团长邓星强、李耀平、周炜、蒋军强；第二代表团团长邓春升，副团长罗翔国、唐四清、王兴国；第三代表团团长伍乔生，副团长罗广云、龚赞明；第四代表团团长张治中，副团长李红平、彭柳容；第五代表团团长尹帮喜，副团长粟和平、刘平国；第六代表团团长谢仲康，副团长刘建茂；第七代表团团长陆克敏，副团长王成章、刘灯红、胡华卿；第八代表团团长方荣东，副团长邓开新、蒋绍东、蒋京贵；第九代表团团长陆仕勋，副团长刘铧、艾祥明；第十代表团团长刘学义，副团长银洁清；第十一代表团团长蒋兴国，副团长邓东北。

本次会议特邀人员有：中共邵阳县委副书记王忠屏、杨自祥，县委宣传部部长傅立卿，县委常委王铭祥，县纪委书记齐立新，县委办主任谢树新，县政府副县长李自强、孙剑霖，县人武部政委陈水清，正县级离休干部张必烈，正县级退休干部张玉庭、艾润身、杨辉、肖奇峰、刘仕继、李帮能、李志茂、蒋利民，县人大常委会原副主任刘长寿、段义君、陆远阶，县人大常委会特邀顾问银祥集，县人大常委会调研员黎佐成、市九公桥煤矿矿长蒋芬荣。

县人民政府副县长潘芳喜、马均平、申建伟及县人民政府组成单位负责人、县直机关负责人、不是县人大代表的县人大常委会各委室负责人、县人民法院和县人民检察院负责人、县人武部负责人、乡（镇、场）党委书记、乡（镇）人大主席或副主席、乡（镇、场）长、出席五届三次县政协会议的全体县政协委员列席会议。

第四节　第四次会议

邵阳县第十三届人民代表大会第四次会议于2000年3月12日至16日召开。3月12日与会人员报到后，于当日晚7时，在县委大会场举行本次会议预备会议，会议报告了代表异动情况，通过大会议程，通过大会主席团成员和秘书长名单，通过大会议案审查委员会和大会财政预算委员会组成人员名单。在当晚召开的党员代表大会上，宣布了本次会议临时党组组成成员名单和各代表团临时党支部组成人员。当晚，主席团举行第一次会议，通过主席团常务主席和执行主席分组名单。

3月13日上午，举行本次会议第一次全体会议，县人民政府县长曾建秋向大会作了《县人民政府工作报告》，县计划委员会主任唐胜祥向大会作了《邵阳县1999年国民经济和社会发展计划执行情况与2000年国民经济和社会发展计划（草案）的报告》，县财政局局长唐应中作了《邵阳县1999年财政预算执行情况与2000财政预算（草案）的报告》。

3月13日下午和3月14日上午，各代表团讨论审议3个《报告》。

3月14日上午9时，主席团举行第二次会议，听取各代表团审议3个《工作报告》情况的汇报。

3月14日下午，举行本次会议第二次全体会议。县人大常委会主任唐清洲向大会作了《邵阳县人民代表大会常务委员会工作报告》，县人民法院院长彭美开向大会作了《邵阳县人民法院工作报告》，县人民检察院检察长李平军向大会作了《邵阳县人民检察院工作报告》。

3月15日，各代表团讨论审议县人大常委会、县人民法院、县人民检察院的3个工作报告。下午3时，主席团举行第三次会议，听取各代表团讨论审议以上3个《报告》情况的汇报。

3月16日上午，举行本次会议第三次全体会议。县人大常委会副主任唐汉林在会上作了《关于代表议案、建议、批评、意见审查情况的汇报》；大会通过了《关于县人民政府工作报告的决议》《关于批准邵阳县1999年国民经济和社会发展计划执行情况与2000年国民经济和社会发展计划报告的决议》《关于批准邵阳县1999年财政预算执行情况和2000年财政预算报告的决议》《关于县人大常委会工作报告的决议》《关于县人民法院工作报告的决议》《关于县人民检察院工作报告的决议》；县人大常委会副主任颜翠兰宣读了《县人大常委会关于表彰1999年度优秀县人大代表的决定》；县人大常委会副主任刘春风宣读《县人大常委会关于表彰1999年度乡镇人大工作目标管理先进单位的决定》；大会表彰了优秀县人大代表和乡镇人大工作目标管理先进单位。最后主持人宣布大会闭幕。

本次会议临时党组由石民生、唐清洲、曾建秋、王卓明、王成章、王运发、邓开新、吕敬忠、苏德友、刘平国、刘炜、刘春风、刘桂林、刘学义、李红平、陈卫国、罗翔国、周炜、唐汉林、银道礼、谢仲康、黎国宗、黎德生、颜翠兰24人组成，石民生任本次会议临时党组书记，唐清洲、曾建秋、王卓明任临时党组副书记。

本次会议主席团由王运发、王卓明、王晓飞、王善祥、方荣东、邓春升、尹帮喜、石民生、伍乔生、吕敬忠、刘学义、刘会英、刘春风、刘桂林、阮国仲、何友生、张治中、肖时汉、肖新生、陈卫国、陈飞虎、陈和国、陈芬保、陈端元、苏德友、陆仕勋、陆克敏、张雄强、袁镇南、唐汉林、唐清洲、康拥春、黄伶俐、蒋兴国、谢仲康、曾建秋、黎国宗、黎德生、颜翠兰39人组成，石民生、唐清洲、曾建秋、王卓明、陈卫国、王运发、颜翠兰、刘春风、唐汉林、陈芬保10人为常务主席；陈卫国兼秘书长。

本次会议议案审查委员会由唐汉林、肖新生、邓春升、刘会英、杨天顺5人组成，唐汉林任主任委员，肖新生任副主任委员。

本次会议财政预算委员会由王运发、陈和国、刘华玉、刘喜生、唐四清5人组成，王运发任主任委员，陈和国任副主任委员。

本次会议各代表团正副团长是：第一代表团团长苏德友，副团长李耀平；第二代表团团长邓春升，副团长罗翔国、王兴国、唐四清；第三代表团团长伍乔生，副团长李红平、龚赞明；第四代表团团长张治中，副团长邓昭卿、周炜、彭柳容、蒋军强，第五代表团团长尹帮喜，副团长粟和平、刘平国；第六代表团团长谢仲康，副团长黄承君；第七代表团团长陆克敏，副团长王成章、刘灯红、胡华卿；第八代表团团长方荣东，副团长邓开新、蒋京贵、蒋绍东；第九代表团团长陆仕勋，副团长刘犖、艾祥明；第十代表团团长刘学义，副团长刘贤贵；第十一代表团团长蒋兴国，副团长银道礼。

本次会议特邀人员有：中共邵阳县委副书记王忠屏、杨自祥，县委宣传部部长傅立卿，县纪委书记齐立新，县委办主任谢树新，县委组织部部长吴艺珍，县人武部政委陈水清，正县级离休干部张必烈，正县级退休干部张玉庭、艾润身、杨辉、刘仕继、李帮能、李志茂、蒋利民，县人大常委会原副主任刘长寿、段义君、陆远阶，县人大常委会特邀顾问银祥集，县人大常委会调研员黎佐成、市九公桥煤矿矿长蒋芬荣。

县人民政府副县长潘芳喜、马均平、申建伟及县人民政府组成单位负责人、县直机关负责人、不是县人大代表的县人大常委会各委室负责人、县人民法院和县人民检察院负责人、县人武部负责人、乡（镇、场）党委书记、乡（镇）人大主席或副主席、乡（镇、场）长、出席五届四次县政协会议的全体县政协委员列席会议。

第五节　第五次会议

邵阳县第十三届全县人民代表大会第五次会议于2001年3月11日至16日召开，应到代表299人，实到代表269人。本次会议的议程有：听取和审议县人民政府县长曾建秋所作的《邵阳县国民经济和社会发展“十五”计划纲要的报告》；听取和审议县计划委员会主任唐胜祥所作的《邵阳县2000年国民经济和社会发展计划执行情况及2001年国民经济和社会发展计划（草案）的报告》；听取和审议县财政局局长李新国所作的《邵阳县2000年财政预算执行情况和2001年财政预算（草案）的报告》；听取和审议县人大常委会主任唐清洲所作的所作的《邵阳县人大常委会工作报告》；听取和审议县人民法院代院长吕老幸所作的《邵阳县人民法院工作报告》；听取和审议县人民检察院检察长李平军所作的《邵阳县人民检察院工作报告》；选举县人民法院院长；听取县人民政府副县长述职，并做出评议；表彰2000年度优秀县人大代表和乡镇人大工作目标管理先进单位。

3月11日晚7时，与会代表在县委大会场举行预备会议，通过大会议程和大会主席团组成人员名单、大会议案审查委员会组成人员名单、大会财政预算委员会组成人员名单，听取了《人大常委会组成人员异动情况的报告》，并以代表团为单位酝酿产生各代表团正副团长。预备会议后，召开了党员代表会议，宣布了大会临时党组成员和各代表团临时党支部成员名单。接着主席团举行第一次会议，通过了主席团常务主席名单、执行主席分组名单和本次大会日程安排、本次大会议案提出的截止日期和处理办法、本次大会质询案的提出和办理程序，报告了关于代表所提建议、批评和意见注意事项，决定了大会副秘书长人选。

3 月 12 日上午，举行本次会议第一次全体会议。会议由主席团常务主席唐清洲主持，县人民政府县长曾建秋向大会作了《关于邵阳县国民经济和社会发展“十五”计划纲要（草案）的报告》，提出全县国民经济和社会发展的 28 项重点建设项目。接着县计划委员会主任唐胜祥作了《邵阳县 2000 年国民经济和社会发展计划执行情况与 2001 年国民经济和社会发展计划（草案）的报告》，县财政局局长李新国作了《邵阳县 2000 年财政预算执行情况与 2001 年财政预算（草案）的报告》。

3 月 12 日下午 2 时，举行本次会议第二次全体会议，主席团常务主席王运发主持会议，县人大常委会主任唐清洲向大会作了《县人民代表大会常务委员会工作报告》。《报告》称：一年来，县人大常委会先后召开了 7 次会议，听取和审议“一府两院”工作汇报 20 次，作出 7 项决议、决定；开展了 16 次专题调查，写出了 16 个专题调查报告，开展了 16 次执法大检查，纠正了 40 个较大问题；依法任免国家机关工作人员 38 人次，办理代表议案 2 件，建议、批评、意见 71 件，处理群众来信来访 1212 件次。

唐清洲作完《县人大常委会工作报告》后，县人民法院代院长吕老幸作了《邵阳县人民法院工作报告》，县人民检察院检察长李平军作了《邵阳县人民检察院工作报告》，县人大常委会副主任唐汉林向大会宣读了本次会议补选办法并提请大会表决通过。

3 月 13 日，各代表团讨论审议了《“十五”计划纲要草案》和 6 个《工作报告》。

13 日下午 3 时，主席团举行第二次会议，听取代表团讨论审议《“十五”计划纲要草案》和 6 个《工作报告》的情况汇报及财政预算委员会《关于财政预算审查情况的汇报》。会上，中共邵阳县委向主席团提出县人民法院院长候选人建议名单；主席团向各代表团推荐了县人民法院院长候选人名单。

3 月 14 日上午，举行本次会议第三次全体会议，主席团常务主席石民生主持会议。县人大常委会副主任颜翠兰在会上宣读了《邵阳县人大常委会关于县人民政府副县长届内向人民代表大会述职并接受代表评议评价实施细则》，县人民政府常务副县长黎国宗及副县长潘芳喜、马均平、易少华、申建伟、邓东北向大会述职。下午，各代表团对 6 名副县长的述职进行了评议，并酝酿县人民法院院长候选人。

3 月 15 日上午，各代表团继续酝酿县人民法院院长候选人和讨论《“十五”计划纲要草案》；主席团举行第三次会议，听取各代表团对6名副县长述职的评议情况和确定县人民法院院长正式候选人，听取议案审查委员会《关于代表议案、建议、批评、意见审查情况的汇报》，讨论了各项决议草案并决定提交大会通过。

当日下午，举行本次会议第四次全体会议，主席团常务主席王卓明主持会议。大会宣布本次会议对6名副县长述职评议结果，选举吕老幸为县人民法院院长。

3月16日上午，举行本次会议第五次全体会议，主席团常务主席陈卫国主持会议，县人大常委会副主任唐汉林向大会作了《关于代表议案审查情况的报告》；大会通过了《关于批准〈邵阳县国民经济和社会发展“十五”计划纲要〉的决议》，通过《关于〈邵阳县2000年国民经济和社会发展计划执行情况〉与2001年计划报告的决议》《关于〈邵阳县2000年财政预算执行情况与2001年财政预算报告〉的决议》《关于〈邵阳县人大常委会工作报告〉的决议》《关于〈邵阳县人民法院工作报告〉的决议》《关于〈邵阳县人民检察院工作报告〉的决议》；县人大常委会副主任刘春风宣读了《县人大常委会关于表彰2000年度乡镇人大工作目标管理先进单位的决定》，大会表彰了优秀人大代表、乡镇人大工作目标管理先进单位。

最后，主持人宣布大会闭幕。

本次会议中共临时党组由石民生、唐清洲、曾建秋、王卓明、黎德生、王兴国、王成章、王运发、邓昭卿、艾祥明、吕敬忠、苏德友、刘垈、刘春风、刘桂林、李红平、陈卫国、唐四清、唐汉林、银道礼、蒋绍东、谢仲康、黎国宗、颜翠兰24人组成，石民生任临时党组书记，唐清洲、曾建秋、王卓明、黎德生任临时党组副书记。

本次会议主席团由王兴国、王云发、王卓明、王晓飞、王善祥、方荣东、邓春升、尹帮喜、石民生、伍乔生、吕敬忠、刘会英、刘春风、刘桂林、阮国仲、何友生、张治中、肖时汉、肖新生、陈卫国、陈飞虎、陈和国、陈芬保、陈端元、苏德友、陆仕勋、陆克敏、袁镇南、唐汉林、唐清洲、康拥春、黄伶俐、蒋兴国、谢仲康、曾建秋、黎国宗、黎德生、颜翠兰38人组成，石民生、唐清洲、曾建秋、王卓明、黎德生、陈卫国、王运发、颜翠兰、刘春风、唐汉林、陈芬保11人为常务主席，陈卫国兼秘书长。

本次会议议案审查委员会由唐汉林、肖新生、何友生、张治中、杨天顺5人组成，唐汉林任主任委员，肖新生任副主任委员。

本次会议财政预算委员会由王运发、陈和国、邓开新、李红平、黄荣生、蒋业龙6人组成，王运发任主任委员，陈和国任副主任委员。

本次会议副秘书长为伍芬东、刘连生、肖时汉和肖新生。

本次会议各代表团正副团长是：第一代表团团长苏德友，副团长李耀平；第二代表团团长邓春升，副团长唐四清；第三代表团团长伍乔生，副团长李红平、龚赞明；第四代表团团长张治中，副团长邓昭卿、彭柳容，第五代表团团长尹帮喜，副团长粟和平、艾祥明；第六代表团团长谢仲康，副团长黄承君；第七代表团团长陆克敏，副团长王成章、刘灯红；第八代表团团长方荣东，副团长蒋绍东、蒋京贵；第九代表团团长陆仕勋，副团长刘犖；第十代表团团长王兴国，副团长刘贤贵；第十一代表团团长蒋兴国，副团长银道礼、刘建成。

本次会议特邀人员有：中共邵阳县委副书记王忠屏、杨自祥，县委宣传部部长傅立卿，县纪委书记齐立新，县委办公室主任谢树新，县委组织部部长吴艺珍，县人武部政委孙孝涛，县人武部部长杨鸿德，正县级离退休干部张必烈、张玉庭、艾润身、杨辉、刘仕继、李帮能、李志茂、蒋利民，县人大常委会原副主任刘长寿、段义君、陆远阶，县人大常委会特邀顾问银祥集，县人大常委会调研员黎佐成，市九公桥煤矿矿长刘正平，省人大代表艾夭生、马运华、陈满莲。

县人民政府副县长潘芳喜、马均平、申建伟、王南桂、罗华，县政协副主席胡超海、艾翠娥、凌容生、刘慈祥、郭好、唐秋姣及县人民政府组成单位负责人、县直机关负责人、不是县人大代表的县人大常委会各委室负责人、县人民法院和县人民检察院负责人、县人武部负责人、乡（镇、场）党委书记、乡（镇）人大主席或副主席、乡（镇、场）长、出席五届五次县政协会议的全体县政协委员列席会议。

第六节　第六次会议

邵阳县第十三届人民代表大会第六次会议于2002年3月15日至19日举行。第十三届全县人民代表大会第五次会议期间，有代表299人，人大常委会委员19人；年内，石民生（原中共邵阳县委书记）、曾建秋（原县人民政府县长）、李平军（原县人民检察院检察长）、黄承君（原县工商局副局长）等4名代表因工作需要调离邵阳县，其代表资格自然终止；另陈芬保代表（县人大常委会常委会委员、兼职副主任）因工作调离邵阳县，其代表、委员资格和副主任职务自然终止。所以本次会议期间，有代表294人，共分11个代表团，其中第一代表团团长王成章、副团长黄荣生；第二代表团团长唐四清、副团长蒋军强、邓春升；第三代表团团长伍乔生、副团长龚赞明；第四代表团团长邓昭卿、副团长苏德兵、彭柳容；第五代表团团长艾祥明、副团长粟和平；第六代表团团长谢仲康、副团长张治中；第七代表团团长陆仕勋、副团长陆克敏；第八代表团团长蒋京贵、副团长方荣东、王秀清；第九代表团团长刘灯红、副团长曾健明；第十代表团团长王兴国、副团长刘贤贵；第十一代表团团长尹卫国、副团长蒋兴国。

本次会议议程有8项：听取县人民政府代县长伍邵华所作的《县人民政府工作报告》，并做出相应决议；听取县发展计划局局长李建文所作的《邵阳县2001年国民经济和社会发展规划执行情况与2002年国民经济和社会发展计划的报告》，并做出相应决议；听取县财政局局长罗翔国所作的《邵阳县2001年财政预算执行情况与2002年财政预算的报告》，并做出相应决议；听取县人大常委会主任唐清洲所作的《县人民代表大会常务委员会工作报告》，并做出相应决议；听取县人民法院院长吕老幸所作的《县人民法院工作报告》，并做出相应决议；听取县人民检察院代检察长易延安所作的《县人民检察院工作报告》，并做出相应决议；选举县人民政府县长、县人民检察院检察长；表彰2001年度乡镇人大工作目标管理先进单位和优秀人大代表。

3月15日，与会代表、特邀人员、列席人员陆续至县委招待所报到。上午10时，在县人大常委会会议室召开各代表团召集人、乡镇人大主席、秘书等人员会议，通报本次会议所要遵循的相关事宜。

15日晚7时，全体代表在县委大礼堂举行预备会议，县人大常委会副主任陈卫国主持会议，县人大常委会主任唐清洲发表了讲话。预备会通过了本次会议议程；通过王兴国、王运发、王成章、王卓明、王晓飞、王善祥、尹卫国、艾祥明、邓昭卿、伍乔生、吕敬忠、刘灯红、刘会英、刘春风、刘桂林、阮国仲、何友生、肖时汉、肖新生、苏德友、陈卫国、陈飞虎、陈和国、陈端元、陆仕勋、袁镇南、唐四清、唐汉林、唐清洲、康拥春、黄伶俐、蒋京贵、谢仲康、黎国宗、黎德生、颜翠兰36人为本次会议主席团成员，陈卫国兼秘书长；通过唐汉林、肖新生、何友生、杨天顺、张治中5人为本次会议议案审查委员会成员，唐汉林任主任委员，肖新生任副主任委员；通过王运发、陈和国、尹卫国、邓开新、刘金惕、陆仕勋6人为本次会议财政预算委员会成员，王运发任主任委员，陈和国任副主任委员。接着召开了代表中的党员会议，中共邵阳县委书记在党员会上发表讲话。宣布唐清洲、王卓明、黎德生、王兴国、王成章、王运发、尹卫国、艾祥明、吕敬忠、刘春风、刘桂林、刘灯红、陈卫国、苏德兵、陆仕勋、张治中、唐四清、唐汉林、龚赞明、蒋京贵、黎国宗、颜翠兰22人为本次会议临时党组成员，唐清洲任党组书记，王卓明、黎德生任党组副书记。11个代表团均成立了临时党支部。党员会议后，大会主席团举行第一次会议，通过大会日程安排、代表议案截止日期等事项，通过唐清洲、王卓明、黎德生、陈卫国、王运发、颜翠兰、刘春风、唐汉林任主席团常务主席；决定伍芬东、刘连生、张国荣、肖时汉、肖新生、钟经球为本次会议副秘书长。

3月16日上午8时，大会开幕，主席团常务主席唐清洲主持会议，县人民政府代县长伍邵华、县发展计划局局长李建文、县财政局局长罗翔国分别向大会作了《县人民政府工作报告》《邵阳县2001年国民经济和社会发展计划执行情况与2002年国民经济和社会发展计划的报告》《邵阳县2001年财政预算执行情况与2002年财政预算的报告》。下午，各代表团讨论审议了以上3个报告。晚7时半开始，举行主席团第二次会议，会议听取大会秘书处关于各代表团审议本日上午所作3个报告的情况，听取大会财政预算委员会关于财政预算审查情况的汇报。

3月17日上午，举行本次会议第二次全体会议，主席团常务主席王运发主持会议，县人大常委会主任唐清洲向大会作了《县人大常委会工作报告》。报告提出：县十三届人大五次会议以来，县人大常委会作出《关于在全县公民中实施法制宣传教育第四个五年规划的决议》；听取和审议了县政府关于县本级2000年财政决算草案的报告，作出《关于批准2000年县本级财政决算的决议》；决定批准县城总体修编规划；依法接受2名人大常委会委员、1名县人民政府县长、1名检察院检察长的辞职请求，决定任命了3名副县长、1名代理县长、1名代理检察长等国家工作人员57人；听取和审议政府经济工作汇报10次，向政府提出了27条建设性意见，解决了11个具体问题。

随后，县人民法院院长吕老幸和县人民检察院代检察长易延安，分别向大会作了《县人民法院工作报告》和《县人民检察院工作报告》；县人大常委会副主任唐汉林在会上宣读了本次会议补选办法，并提请大会审议通过。11时半开始，在主席团举行的第三次会议上，中共邵阳县委向主席团推荐了本次需补选的县人民政府县长和县人民检察院检察长候选人名单；主席团将县委推荐的以上候选人名单向各代表团作了推荐。下午，与会代表以代表团为单位，审议了上午大会上所做的3个报告，并讨论酝酿了县人民政府县长和县人民检察院检察长候选人。

3月18日上午，各代表团继续讨论审议了3个报告和酝酿县人民政府县长和县人民检察院检察长候选人。9时半开始，举行主席团第四次会议，听取大会秘书处关于各代表团审议3个报告情况的汇报；确定了本次会议需补选的县人民政府县长和县人民检察院检察长正式候选人；听取大会议案审查委员会对代表议案审查情况的汇报；讨论了本次会议各决议草案。

3月18日下午，举行本次会议第三次全体会议，主席团常务主席王卓明主持会议，大会选举伍邵华为县人民政府县长，选举易延安为县人民检察院检察长。

3月19日8时开始，举行本次会议第四次会议全体会议，主席团常务主席陈卫国主持会议。大会议案审查委员会主任委员唐汉林在会上作了《关于代表议案、建议、批评、意见审查情况的报告》。大会通过了本次会议的各项决议。县人大常委会副主任颜翠兰在会上宣读了《县人大常委会关于表彰2001年度优秀县人大代表的决定》；县人大常委会副主任刘春风宣读了《县人大常委会关于表彰了2001年度乡镇人大目标管理先进单位的决定》。大会表彰了塘渡口镇人大主席团、黄亭市镇人大主席团和长阳铺镇人大主席团等3个2001年度乡镇人大工作目标管理先进单位和李小红等37名（名单见第四编第二章第九节《优秀县人大代表名录》）2001年度优秀县人大代表。

最后，大会主持人宣布第十三届全县人民代表大会第六次会议闭幕。

本次会议特邀人员有：县人民政府代县长伍邵华，中共邵阳县委副书记杨自祥，县委宣传部部长谢树新，县委组织部部长吴艺珍，县人武部政委孙孝涛，县委常委罗玉良，县纪委书记申建伟，县人武部部长杨鸿德，正县级离退休干部张玉庭、艾润生、杨辉、张必烈、刘仕继、李帮能、李志茂、蒋利民，县人大常委会原副主任刘长寿、段义君、陆远阶，县人大常委会原特邀顾问银祥集，县人大常委会原调研员黎佐成，邵阳市九公桥煤矿矿长刘正平，省人大代表马运华、陈满莲、艾夭生等。

本次会议列席人员有：县人民政府副县长潘芳喜、马均平、王南桂、罗华、夏湘远、肖怀贵；县政协副主席胡超海、艾翠娥、龙益明、凌容生、刘慈祥、唐秋姣；以及县人民政府组成单位负责人、县直机关负责人、不是县人大代表的县人大常委会各委室负责人、县人民法院和县人民检察院负责人、县人武部负责人、乡（镇、场）党委书记、乡（镇）人大主席或副主席、乡（镇、场）长、出席五届六次县政协会议的全体县政协委员。

本次会议通过以下6项决议：1、关于邵阳县人民政府工作报告的决议；2、关于邵阳县2001年国民经济和社会发展计划执行情况与2002年国民经济和社会发展计划报告的决议；3、关于邵阳县2001年财政预算执行情况与2002年财政预算报告的决议；4、关于邵阳县人大常委会工作报告的决议；5、关于县人民法院工作报告的决议；6、关于县人民检察院工作报告的决议。

第十章　第十四届人民代表大会

本届人民代表大会任期为五年，共召开6次会议。

第一节　第一次会议

本次会议于2002年11月25日至30日召开，会期6天。

本次会议与会代表300人，分10个代表团，各代表团正副团长分别是：第一代表团（塘渡口镇和金江乡代表）团长伍又良、副团长李新；第二代表团（五峰铺镇和黄荆乡代表）团长莫国强、副团长蒋水源；第三代表团（九公桥镇和岩口铺镇代表）团长刘建奇、副团长徐立华；第四代表团（塘田市镇、霞塘云乡和长乐乡代表）团长陈友新、副团长王满元、周国昀；第五代表团（黄亭市镇、河伯乡和农口系统代表）团长何爱平、副团长刘垈、谭建明；第六代表团（谷洲镇、小溪市乡和罗城乡代表）团长刘文喜、副团长刘克杰、蒋兴东；第七代表团（长阳铺镇和县直机关代表）团长吴善成、副团长邓星强；第八代表团（下花桥镇、蔡桥乡和诸甲亭乡代表）团长吴健全、副团长莫国林、罗光辉；第九代表团（郦家坪镇和金称市镇代表）团长李其云、副团长尹景峰；第十代表团（白仓镇和黄塘乡代表）团长朱大明、副团长陈良成。

本次会议议程有9项：听取和审议县人大常委会主任唐清洲所作的《邵阳县人大常委会工作报告》，并做出相应的决议；听取和审议县人民政府县长伍邵华所作的《邵阳县人民政府工作报告》，并做出相应的决议；听取和审议县人民法院副院长张秀华所作的《邵阳县人民法院工作报告》，并做出相应的决议；听取和审议县人民检察院检察长易延安所作的《邵阳县人民检察院工作报告》，并做出相应的决议；选举县第十四届人大常委会主任、副主任、委员；选举第十四届县人民政府县长、副县长；选举县人民法院院长；选举县人民检察院检察长；选举应由邵阳县选举产生的邵阳市第十三届人民代表大会代表。

11月25日，大会报到。上午在县人大常委会五楼会议室召开由各代表团召集人、乡镇人大主席、主席团秘书及有关工作人员参加的会议，对本次会议的有关工作进行具体安排。当日晚，在县委大礼堂举行由全体代表参加的预备会议，第十三届县人大常委会主任委员唐汉林作了代表资格审查报告，县人大常委会主任唐清洲发表讲话；通过王运发、申建伟、吕敬忠、伍又良、伍至柔、伍邵华、刘军、刘文贤、刘连生、刘春风、刘桂林、刘海燕、阮晴生、李红平、陈学军、李其云、杨鸿德、吴艺珍、吴敏健、何爱平、张国荣、张泽鹏、陆仕勋、陈卫国、陈友新、陈迎体、罗洪、罗玉良、罗光辉、周符波、胡迪芬、胡春香、莫国强、唐汉林、唐红艳、唐国华、唐胜祥、唐铁钢、唐清洲、黄太平、黄伶俐、谢树新、谢道生、黎国宗、黎德生、颜寿生、颜翠兰47人为本次会议主席团成员，陈卫国兼秘书长；通过唐汉林、张国荣、邓放明、陆仕勋、钟经球5人为本次会议议案审查委员会成员，唐汉林任主任委员，张国荣任副主任委员。接着召开了党员代表会议，宣布周符波、唐清洲、伍邵华、吴艺珍、黎德生、黎国宗、申建伟、王运发、邓放明、艾祥明、吕敬忠、刘连生、刘克杰、刘春风、易少华、吴善成、陈小飞、陈卫国、罗解平、莫正校、徐立华、唐四清、唐汉林、谢树新、颜寿生、颜翠兰26人为本次会议临时党组成员，周符波任党组书记，唐清洲、伍邵华、吴艺珍、黎德生、黎国宗、申建伟任党组副书记。然后，主席团举行第一次会议，通过本次会议质询案的提出和办理程序，通过周符波、唐清洲、伍绍华、吴艺珍、黎德生、黎国宗、申建伟、陈卫国、谢树新、王运发、颜翠兰、刘春风、唐汉林、刘连生、颜寿生、胡迪芬任主席团常务主席。

11月26日上午，举行本次会议第一次全体会议，主席团常务主席唐清洲主持会议，县人民政府县长伍邵华向大会作了《政府工作报告》，县人民法院副院长张秀华和县人民检察院检察长易延安先后向大会作了《县人民法院工作报告》和《县人民检察院工作报告》。

当日下午，举行本次会议第二次全体会议，主席团常务主席王运发主持会议，第十三届县人大常委会主任唐清洲代表第十三届县人大常委会向大会作了《县人大常委会工作报告》(《报告》内容见本节附)。唐清洲作完《县人大常委会工作报告》后，县第十三届人大常委会副主任刘春风作了《选举工作报告》；第十三届县人大常委会副主任颜翠兰作了《关于选举办法的报告》，大会通过了选举办法。下午5时，主席团举行第二次会议，中共邵阳县委向主席团推荐了第十四届县人大常委会主任、县人民政府县长、县人民法院院长、县人民检察院检察长候选人名单，主席团向各代表团推荐了上述候选人名单。

11月27日上午，分代表团审议了《政府工作报告》《县人民法院工作报告》《县人检察院工作报告》和《县人大常委会工作报告》，讨论酝酿了县人大常委会主任、县人民政府县长、县人民法院院长、县人民检察院检察长候选人，推举了本次会议选举工作人员。当日下午，主席团举行第三次会议，听取各代表团关于审议4个工作报告和对上述候选人酝酿情况的汇报，确定上述正式候选人。

11 月 28 日上午，举行本次会议第三次全体会议，主席团常务主席周符波主持会议，大会选举唐清洲为第十四届县人大常委会主任、伍邵华为第十四届县人民政府县长、张秀华为县人民法院院长、易延安为县人民检察院检察长。当日下午，各代表团继续酝酿县人大常委会副主任和县人民政府副县长候选人。下午 4 时，主席团举行第四次会议，听取各代表团对县人大常委会副主任和县人民政府副县长候选人酝酿情况的汇报，确定上述正式候选人。

11 月 29 日上午，举行本次会议第四次全体会议，主席团常务主席吴艺珍主持会议，大会选举谢树新、王运发、刘春风、刘连生、颜寿生、胡迪芬（女、兼）为第十四届县人大常委会副主任，选举刘桂林、易少华、王南桂（挂职）、夏湘远（挂职）、肖怀贵、李小平、刘长明、王成章、唐定明为第十四届县人民政府副县长。当日下午 4 时，主席团举行第五次会议，听取各代表团酝酿县人大常委会委员、县内出席邵阳市第十三届人民代表大会代表候选人的情况汇报，确定了上述正式候选人；听取议案审查委员会关于本次会议议案审查情况的汇报；讨论各项决议草案并决定提交大会通过。

11 月 30 日上午 8 时开始，举行本次会议第五次全体会议，主席团常务主席黎德生主持会议，大会选举伍至柔等 14 人（名单见第四编第二章第五节《县人大常务委员会委员名录》）为第十四届县人大常委会委员，选举产生了出席邵阳市第十三届人民代表大会的代表（名单见第四编第二章第一节《县内市人大代表名录》）。

上午 10 时，举行本次会议第六次全体会议，主席团常务主席谢树新主持会议，大会通过了本次会议的 5 项决议；新当选的县人大常委会主任、县人民政府县长在会上发表了就职演说。最后主持人宣布第十四届人民代表大会第一次会议闭幕。

本次会议通过以下 5 项决议：1、关于代表所提议案的决议；2、关于县人大常委会工作报告的决议；3、关于县人民政府工作报告的决议；4、关于县人民法院工作报告的决议；5. 关于县人民检察院工作报告的决议。

附：

县第十三届人大常委会工作报告（节选）

（2002 年 11 月 26 日在县第十四届人民代表大会第一次会议上）

一、五年来的主要工作

从县十三届人民代表大会第一次会议到现在，已经五年了。五年来，县人大常委会在中共邵阳县委的领导和上级人大的指导下，高举邓小平理论伟大旗帜，努力实践“三个代表”重要思想，紧扣发展主题，着力开拓创新，依法行使宪法和法律赋予的各项职权，为加强社会主义民主法制建设，推进依法治县，促进全县改革开放、经济建设和社会发展做了大量艰苦而细致的工作，卓有成效地发挥了地方国家权力机关的职能作用，圆满地完成了各项任务。

（一）围绕重大问题，依法行使决议决定权，确保我县各项事业的全面发展。

决定重大事项是法律赋予地方人大及其常委会的一项重要职权。五年来，人大及其常委会围绕民主法制建设、经济建设、重要人事变动、自身建设、乡镇人大及代表工作等重大事项依法作出决议决定98项，有力地促进了我县各项事业的全面发展。

依法决定民主法制建设中的重大事项。为全面落实党的十五大提出的依法治国方略和县委关于依法治县的决定精神，针对司法机关和行政执法部门在执法中存在的问题及人民群众的要求，在法律允许的范围内，结合我县实际，县人大常委会解放思想，大胆创新，在全省率先作出了《关于建立执法责任制的决定》和《关于对县人民法院、县人民检察院和县公安机关实行错案责任追究制实施监督的决定》，并制订了《关于执法责任制检查评估奖罚的暂行办法》，进一步规范了执法者的执法行为，促进了司法机关及行政执法部门公正司法、依法行政。为增强公民的法制观念和法律意识，县人大常委会又作出了《关于在全县公民中实施法制宣传教育第四个五年规划的决议》。决议要求县政府健全制度，把握重点，注重实效，通过“四五”普法，切实促进社会主义民主法制建设。

依法决定经济建设中的重大事项。为奋力推进我县经济新跨越，加速社会主义现代化建设，人大常委会对经济建设中的重大事项都依法作出决议决定。一是决定批准县本级年度财政预决算、国民经济和社会发展计划；二是决定批准县城总体修编规划和公园选址方案；三是决定批准县人民政府税费改革方案；四是决定批准塘渡口镇社区居委会组建方案。这些决议决定的做出，有力地推进了我县的“三化”进程，为实现我县国民经济从跨越式发展转变为经济强县奠定了坚实的基础；

依法决定重要人事任免。五年来，人大常委会先后依法接受了3名人大常委会委员、1名县人民政府县长、1名检察院检察长、1名法院院长的辞职请求；撤销了1名副县长职务；决定任命了1名代理县长、8名副县长、1名代理检察长、1名代理法院院长和52名政府组成人员。在决定这些重要人事任免时，人大常委会坚持党管干部的原则，依法办事，用好的作风，任命作风好的干部，为我县各方面工作的开展起到了重要保障作用。

率先决定人大常委会向人大代表述职并接受代表评议。为切实提高人大常委会的整体工作效能，充分发挥地方国家权力机关作用，人大常委会勇于实践，不断创新自身建设机制，在全省率先决定人大常委会向人大代表述职并接受代表评议。这是我省地方人大常委会加强自身建设的一次成功实践，意义重大而深远。

率先决定副县长届内向人民代表大会述职。为进一步加大对政府选任人员的监督力度，人大常委会积极探索，不断拓宽监督渠道，大胆启用刚性监督手段，在全省率先决定县人民政府副县长届内必须向人民代表大会述职。这种监督机制的改革和创新，在全省乃至全国产生了重大影响，先后有省内外几十个兄弟单位到县学习。

首次决定表彰优秀县人大代表和乡镇人大工作目标管理先进单位。为调动广大代表参与管理国家和社会事务的积极性，进一步加强基层政权建设，促进乡镇人大工作的开展，十三届人大常委会首次决定对县人大代表和乡镇人大工作进行创优评比。五年来，共表彰了145名优秀县人大代表和

12 个人大工作优秀的乡镇人大主席团。人大常委会采取的这项新举措，不但深受广大代表及乡镇的好评，而且提升了代表履职质量和乡镇人大工作水平。

（二）紧扣经济建设中心，加大工作监督力度，有力地推进了我县的“三化”进程。

五年来，人大常委会紧紧围绕经济建设中心，以发展为主题，以富民强县为目标，大力推进“三化”进程，把农业产业结构调整、实施工业名牌战略、财源建设、提高经济增长质量和效益作为工作监督重点，先后听取和审议政府经济工作汇报65 次，向政府提出了 129 条建设性意见，解决了 38 个具体问题。

第一，围绕农业产业化，突出对农业方面重大事项的审议和监督，促进了我县农业的快速发展。为推进农业产业化进程，人大常委会先后 5 次听取县政府关于农业产业结构调整、肉牛生产、科技兴农、退耕还林、农业综合开发情况的汇报，并多次组织各级人大代表进行视察和调查，督促政府采取有力措施，调优、调大、调强、调活支柱产业，加快农业现代化建设。

第二，围绕工业化，突出对工业方面重大事项的审议和监督，促进了我县工业企业整体素质的提高。我县工业化水平低，是制约县域经济发展的“瓶颈”。为此，人大常委会组成人员多次深入工矿企业调查研究，帮助企业制定改革方案和扭亏增盈措施，并 3 次听取政府的专题汇报，督促政府盘活存量，扩大总量，切实抓好改革改制，抓好服务，全面提升工业企业实力，实现工业强县目标。同时，人大常委会还督促和支持政府大力发展民营企业，营造产业优势，实施民营突破，振兴县域经济。

第三，围绕城镇化，突出对城镇工作的审议和监督，努力实施城镇经济带动战略。城镇建设是经济发展的载体，人大常委会对此十分重视，先后 5 次组织省、市、县人大代表进行专题视察，并邀请省、市专家就县城东扩进行科学论证。同时，人大常委会 2 次听取了政府的汇报，督促政府要本着净化、美化、亮化的原则，突出产业支撑，提质扩容，把县城及重点建制镇建成靓丽的生态文明城镇。

第四，完善财政监督机制，突出对财政经济工作重大事项的审议和监督，促进我县财政经济健康发展。一是为加强对县、乡两级财政的监督管理，人大常委会在全省率先制定了《邵阳县人大常委会关于建立财政预、决算审批、监督程序的暂行规定》和《邵阳县人大常委会关于建立乡镇人民代表大会审批、监督本级财政预、决算暂行办法》，使我县县、乡财政管理摆脱了过去那种监督机制不健全，管理漏洞多的被动局面，逐步走上了规范化管理轨道；二是加大对年度财政预决算、国民经济和社会发展计划执行情况的审议和跟踪监督力度；三是批准了邵阳县国民经济和社会发展计划“十五”纲要；四是加大对专项经费管理、使用的监督力度，确保民兵训练费、农发资金、防洪基金、解困资金、道路建设费等各种专项经费专户管理、专款专用。

第五，关注热点，突出对治理经济发展环境、减轻农民负担等重大事项的审议和监督，确保我县经济发展环境日趋宽松和社会政局稳定。“减负”和优化经济发展环境一直是群众反映的热点问题。对此，人大常委会十分关注，2 次召开了全县治理经济发展环境动员大会，3 次听取政府的专题汇报，开展了 5 次执法大检查，向政府提出了 8 条整改意见，有效地遏制了“四乱”现象的发生，确保了我县政局稳定和经济发展环境日趋优化。

第六，直面焦点，突出对办理代表议案情况的审议和监督，切实维护人民群众当家作主的民主权力。五年来，代表大会共通过了11件议案决定。会后，人大常委会都及时向政府交办，并认真督办，大大提高了代表议案的办理质量。如1999年，第三次代表大会通过的“撤销刑侦中队”和“清退代课教师”两件议案的办理，主任会议多次听取汇报，常委会组织专门力量进行督办，使这两件议案的办理落到了实处，收到了良好的效果，受到了全县人民的欢迎，得到了全国人大的充分肯定。另外，人大常委会针对县城第一自来水厂水源污染问题，依法向政府提出了质询案，严厉批评了政府个别部门的不作为行为，使居民吃上了“放心水”。

（三）瞄准依法治县目标，加大法律监督力度，确保法律法规在我县的贯彻实施。

法律监督是宪法赋予人大及其常委会的一项重要工作职权。五年来，人大常委会把促进司法机关及行政执法部门公正司法、依法行政作为法律监督的重点，先后听取和审议“一府两院”工作汇报19次，开展了56次以《中华人民共和国刑法》《中华人民共和国刑事诉讼法》《中华人民共和国农业法》《中华人民共和国土地管理法》《中华人民共和国预算法》等40多部法律法规为主要内容的执法大检查，督办控告、申诉案件85件，调阅案卷50多次，向司法机关提出整改意见67条，有力地规范了司法机关、行政执法部门的执法行为。同时，人大常委会还3次听取政府有关“三五”“四五”普法实施情况的汇报，确保了我县普法工作的健康有序开展。

为加快依法治县步伐，提高法律监督实效，五年来，人大常委会先后作出了《关于建立执法责任制的决定》和《关于对县人民法院、县人民检察院和县公安机关实行错案责任追究制实施监督的决定》，并制定了《关于执法责任制检查评估奖惩的暂行办法》，对执法单位的执法范围、目标要求、执法工作程序、执法文书格式作了明确规定，并编印了近10万字的《邵阳县建立执法责任制有关法律法规名录》，这是我省地方人大首次对执法单位所执掌的法律以文册的形式系统地进行分类，是创新监督机制的一项重大举措。

（四）坚持德才兼备的标准，加强对选任人员履职情况的监督，确保在任期内勤政为民、求真务实。

五年来，人大常委会严格按照法律赋予的职权和党管干部的原则，坚持德才兼备的选人用人标准，认真做好国家机关工作人员的任免工作，先后决定任免了国家机关工作人员308人。

为加强对选任人员履职情况的监督，人大常委会在全省率先制定了《邵阳县人大常委会人事任免办法》。该办法对选任人员德、能、勤、绩、廉等提出了明确要求和具体规定，严把了任前法律知识考试、从政发言和法律程序关。同时，人大常委会对政府组成人员在届内分期分批进行评议，并且每年年底还进行一次评价，强化任后监督，促其依法行政、努力工作。

凸现监督刚性，强化监督效果，是人大常委会积极探索的新课题。对此，县十三届人大二次会议在全省率先作出了《关于副县长届内向代表大会述职、接受代表评议的决定》。第五次代表大会对政府6名副县长进行了述职评议评价，让代表第二次“画圈”，既增强了代表的主人翁意识，更促进了政府的工作。会后6名副县长针对在评价中发现的问题，逐条制定了整改措施并一一付诸实施。

（五）努力为代表履职创造条件，切实加强代表工作，确保人民群众当家作主民主权力的真正实现。

代表工作是人大工作的主体，是人大工作的基础和依托。五年来，人大常委会努力为代表履行职责创造条件，充分发挥代表在两个文明建设中的重要作用。一是在代表中广泛深入地开展“人民选我当代表，我当代表为人民”的争先创优活动，促使广大代表牢记人民重托，认真履行代表职责、执行代表职务。五年来，我县各级人大代表自觉加强同选民的联系，为推进民主法制建设、促进经济发展、维护社会稳定等做了大量卓有成效的工作，涌现出了许许多多深受选民信赖的人大代表。人大常委会先后共评出了145名优秀人大代表，并在代表大会上进行了表彰。4名省人大代表充分发挥省代表优势，为邵阳县的经济发展，多次向省领导反映群众意愿，先后为邵阳县争取项目10多个，争取资金2000多万元，并为我县争取国家扶贫开发工作重点县和洛湛铁路通过县城付出了艰辛的努力；市、县人大代表立足本职岗位，认真履行代表职责，密切联系选民，积极为选民服务。他们先后向各级政府献言献策398条，为社会公益事业无私捐资150余万元，还涌现了一大批种养致富能手，并帮助近2000户贫困户脱贫致富；二是为所有代表订阅一份必读杂志，定期寄送公报，向代表通报常委会的工作动态，为代表参政议政开通知情渠道；三是组织部分省、市、县代表到外地考察学习，并先后有计划、有针对性地邀请了69名省、市、县人大代表列席人大常委会议，切实提高了他们的履职能力和水平；四是人大常委会组成人员每人每年联系2名以上代表，并建立了定期走访制度，想方设法帮助代表解决生产生活中的实际困难；五是认真做好代表议案、建议、批评、意见的交办督办工作，健全了交办督办制度，使代表建议、批评、意见的办复率达到100%，满意率达80%以上。

（六）以目标管理为手段，切实加强对乡镇人大工作的指导，确保乡镇人大工作走上规范化发展轨道。

五年来，人大常委会大胆创新，积极探讨对乡镇人大工作的管理新模式，以实施目标管理为突破口，把指导工作和解决问题有机地结合起来，促使我县乡镇人大工作的开展富有生机与活力。一是健全和完善目标管理考核制度；二是实行正、副主任联片包乡镇、委员联乡镇制度，具体指导乡镇开展人大工作；三是督促和指导乡镇在规定时间内召开代表大会，切实提高会议质量；四是每次人大常委会议都邀请乡镇人大主席团主席列席会议，并组织乡镇人大主席到外地考察学习，丰富知识，开拓视野，提高他们的业务水平和工作能力；五是认真组织和指导乡镇搞好两次换届选举工作，达到了党委满意、代表满意、群众满意的目的。

（七）按照“三个代表”重要思想要求，努力加强自身建设，确保人大常委会的整体工作效能进一步提高。

五年来，人大常委会认真实践“三个代表”重要思想，以“内强素质、外树形象”为目标，围绕有为、有位、有威做文章，努力抓好自身建设，用务实创新的精神风貌塑造了人大常委会的新形象。

第一，认真接受代表评议，切实提高自身素质和工作水平。为适应新形势下人大工作的需要，提高工作效能，人大常委会不断创新自身建设机制，开展了主动接受本级人大代表评议活动，实行开门整风，上门纳谏。对评议中发现的问题，逐一进行整改，并将整改情况向第三次代表大会做了专题汇报。这项评议活动，不但有力地促进了人大常委会的自身建设，而且成为全省人大系统自身建设的一大亮点。

第二，狠抓机关自身建设。一是抓政治理论、法律知识学习。每年年初，人大常委会都要制定具体的学习规划，坚持认真学习马克思列宁主义、毛泽东思想、邓小平理论和“三个代表”重要思想，以及法律法规和业务知识，做到雷打不动；二是抓党风廉政建设。五年来，人大常委会党组把廉政建设作为自身建设的重点，每年都要就机关廉政建设作出具体规定，年内严格按照规定执行，平时常抓不懈，使廉政建设制度真正落到实处；三是抓制度建设。为了规范人大机关的工作、学习和管理，人大机关先后制订了20多项制度，并在制度落实上狠下功夫，坚持用制度约束人，管好人。去年，人大机关的行政、后勤管理经验在全省人大系统办公室主任会议上得到了重点推介；四是抓作风建设。人大常委会坚持正、副主任联片、委员包乡镇为民办实事制度，每年人均下基层调查研究和办实事达100天以上，委室班子人员和机关干部人平达80天以上。五年来，人大常委会正、副主任、机关委室班子成员，除出色地完成本职工作外，还积极参加县委的各项中心工作，如争取洛湛铁路经过县城，争取国家扶贫开发工作重点县，修建潭邵高速公路邵阳县段，到省、到京争取项目、争取资金以及联点创税等，均得到了县委的好评；五是抓机关干部交流。五年来，人大机关先后有6名中青年干部交流到外单位任职，选调了17名中青年干部到人大机关任职，使人大干部队伍充满了生机与活力。六是抓人大制度宣传。五年来，机关干部在市级以上报刊发稿300多篇，在中央及省市级报刊推介了72名人大代表的优秀事迹，上稿量年年名列全市前茅，并有多篇稿件在全国和省新闻单位评选中获奖。同时，常委会开展了一系列的纪念活动，隆重庆祝了地方人大常委会设立二十周年和《中华人民共和国全国人民代表大会和地方各级人民代表大会代表法》颁布十周年。

各位代表，十三届人大常委会在县委的正确领导下，在“一府两院”的密切配合与支持下，在全体代表及广大人民群众的信任、支持和监督下，在全体组成人员和机关工作人员的共同努力下，圆满地完成了各项任务。在此，我代表十三届人大常委会向各位代表并通过你们向全县人民表示衷心的感谢！

回顾五年来的工作，我们在实践中探索，在探索中前进，在前进中发展，用不懈的努力，赢得了社会的赞誉，树立了人大常委会的权威。但对照宪法、法律和人民群众的要求，我们的工作还有一定的差距，一是对决议决定及重大事项的督促检查落实不够；二是监督手段缺乏刚性，监督效果还不理想；三是常委会的自身素质有待进一步提高；四是对在新形势下做好人大工作缺乏深层次的探讨。对存在的这些问题，我们一定要高度重视，在今后的工作中积极认真地予以解决。

二、五年来的工作体会（略）

三、对今后五年人大工作的建议（略）

第二节 第二次会议

邵阳县第十四届人民代表大会第二次会议于2003年3月15日至17日召开，会期3天。

本次会议与会代表306人，分10个代表团，各代表团代表人数和正副团长分别为：第一代表团代表29人，其中塘渡口镇代表28名、金江乡代表1名，团长陈小飞，副团长李新、伍又良、唐荣贵；第二代表团代表33人，其中五峰铺镇代表27名、黄荆乡代表6名，团长莫国强，副团长蒋水源、莫国林；第三代表团代表27人，其中九公桥镇代表17名、霞塘云乡代表17名，团长徐立华，副团长王满元；第四代表团代表33人，其中塘田市代表15名、岩口铺镇代表11名、长乐乡代表7名，团长陈友新，副团长刘建奇、夏正昌、周国昀；第五代表团代表32人，其中黄亭市镇代表17名、河伯乡代表9名、农口系统代表6名，团长何爱平，副团长刘犨、谭建明；第六代表团代表32人，其中谷洲镇代表15名、小溪市乡代表10名、罗城乡代表7名，团长刘克杰，副团长蒋兴东、刘文喜；第七代表团代表30人，其中长阳铺镇代表28名、县直机关代表16名，团长吴善成，副团长邓星强、屈校林；第八代表团代表32人，其中下花桥镇代表17名、蔡桥乡代表1名、诸甲亭乡代表7名，团长吴健全，副团长罗光辉、谢建阶、黎贵轩；第九代表团代表28人，其中郦家坪镇代表18名、金称市镇代表10名，团长李其云，副团长罗解平、尹景峰、佘金华；第十代表团代表30人，其中白仓镇代表22名、黄塘乡代表8名，团长朱大明，副团长莫正校。

本次会议议程有2项：听取和审查县发展计划局局长李建文所作的《计划工作报告》，并做出相应的决议；听取和审查县财政局局长罗翔国所作的《财政工作报告》，并做出相应的决议。

3月15日，与会人员在县招待所报到。同日，先后举行了召集人会议、预备会议和大会主席团第一次会议。宣布周符波、唐清洲、伍邵华、吴艺珍、黎德生、黎国宗、申建伟、王运发、吕敬忠、刘连生、刘克杰、刘芝芳、刘春风、杨卫东、吴善成、陈小飞、罗光辉、罗解平、莫正校、徐立华、谢树新、谭建明、颜寿生23人为本次会议临时党组成员，周符波任党组书记，唐清洲、伍邵华、吴艺珍、黎德生、黎国宗、申建伟任党组副书记。通过王运发、申建伟、吕敬忠、朱大明、伍至柔、伍邵华、刘文贤、刘连生、刘克杰、刘春风、刘桂林、刘海燕、阮晴生、李红平、陈学军、李其云、杨鸿德、吴艺珍、吴善成、吴健全、何爱平、张国荣、张泽鹏、陈小飞、陈友新、陈迎体、罗洪、罗玉良、周符波、胡迪芬、胡春香、莫国强、徐立华、唐汉林、唐红艳、唐国华、唐胜祥、唐铁钢、唐清洲、黄太平、黄伶俐、谢树新、黎国宗、黎德生、颜寿生、颜翠兰46人为本次会议主席团成员，周符波、唐清洲、伍邵华、吴艺珍、黎德生、黎国宗、申建伟、吕敬忠、谢树新、王运发、刘春风、刘连生、颜寿生、胡迪芬任主席团常务主席，谢树新兼秘书长，伍芬东、张国荣、陈迎体、钟经球为副秘书长；通过刘连生、张国荣、陈小飞、何爱平、钟经球5人为本次会议议案审查委员会成员，刘连生任主任委员，张国荣任副主任委员。通过王运发、伍至柔、邓开新、邓星强、唐荣贵、陈友新6人为本次会议财政预算审查委员会成员，王运发任主任委员，伍至柔任副主任。

3月16日上午，举行本次会议第一次全体会议，主席团常务主席唐清洲主持会议，县发展计划局局长李建文和县财政局局长罗翔国分别向大会作了《计划工作报告》和《财政工作报告》。下午，与会代表以代表团为单位，讨论审查两个工作报告。下午4时，主席团举行第二次会议，听取各代表团关于审查两个工作报告情况的汇报；听取议案审查委员会《关于议案审查情况的汇报》；听取预算审查委员会《关于财政预算审查情况的汇报》；讨论了关于两个工作报告的决议草案，并提交大会通过。

3月17日上午，举行本次会议第二次全体会议，主席团常务主席谢树新主持会议。本次会议议案审查委员会主任委员刘连生在会上作了《关于代表议案、建议、批评和意见审查情况的汇报》；会议通过了《关于代表所提议案的决议》《关于县计划工作报告的决议》《关于县财政工作报告的决议》《关于县人民政府副县长届内向人民代表大会述职、接受代表评议的决定》；中共邵阳县委书记周符波在会上发表了讲话。

最后，主持人宣布第十四届全县人民代表大会第二次会议闭幕。

本次会议特邀人员有：县人武部政委孙孝涛，县委常委伍先明，县委调研员杨自祥、王卓明，正县级离退休干部张玉庭、艾润身、杨辉、张必烈、刘仕继、李帮能、李志茂、蒋利民、王善祥，县人大常委会原副主任刘长寿、段义君、陆远阶、银祥集、黎佐成、羊正君、阮国仲、邵阳市九公桥煤矿矿长刘正平，省人大代表粟建国、刘成君、马运华、蒋梅娥。

本次会议列席人员有：县人民政府副县长易少华、王南桂、夏湘远、肖怀贵、李小平、刘长明、王成章、唐定明；第六届县政协副主席吴孝仁、艾翠娥、凌容生、刘慈祥、陈满莲；县人民政府组成单位负责人、县直机关负责人、不是县人大代表的县人大常委会各委室负责人、县人民法院和县人民检察院负责人、县人武部负责人、乡（镇、场）党委书记、乡（镇）人大主席或副主席、乡（镇、场）长、出席六届二次县政协会议的全体县政协委员。

第三节　第三次会议

第十四届人民代表大会第三次会议于2004年3月8日至12日召开。

本次会议与会代表297名，分10个代表团，各代表团代表人数和正副团长为：第一代表团代表33人（分别为塘渡口镇和金江乡代表），团长伍又良，副团长李新；第二代表团代表34人（分别为五峰铺镇和黄荆乡代表），团长莫国强，副团长蒋水源；第三代表团代表27人（分别为九公桥镇和岩口铺镇代表），团长刘建奇，副团长徐立华；第四代表团代表29人（分别为塘田市镇、霞塘云乡和长乐乡代表），团长陈友新，副团长王满元、周国昀；第五代表团代表31人（分别为黄亭市镇、河伯乡和农口系统代表），团长何爱平，副团长刘垈、谭建明；第六代表团代表29人（分别为谷洲镇、小溪市乡和罗城乡代表），团长刘文喜，副团长刘克杰、蒋兴东；第七代表团代表29人（分别为长阳铺镇和县直机关代表），团长吴善成，副团长邓星强；第八代表团代表28人（分别为下花桥镇、蔡桥乡和诸甲亭乡代表），团长吴健全，副团长莫国林、罗光辉；第九代表团代表28人（分别为郦家坪镇和金称市镇代表），团长李其云，副团长尹景峰；第十代表团代表29人（分别为白仓镇和黄塘乡代表），团长朱大明，副团长陈良成。

本次会议议程有以下9项：听取和审查邵阳县人民政府工作报告，并作出相应的决议；听取和审查县发展计划局关于邵阳县2003年国民经济和社会发展计划执行情况与2004年国民经济和社会发展计划草案的报告，并作出相应的决议；听取和审查县财政局关于邵阳县2003年全县及县级预算执行情况与2004年全县及县级预算草案的报告，并作出相应的决议；听取审查县人民代表大会常务委员会工作报告，并作出相应的决议；听取和审查县人民法院工作报告，并作出相应的决议；听取和审查县人民检察院工作报告，并作出相应的决议；选举县人民政府县长；选举县人民检察院检察长；表彰2003年度优秀人民公仆、优秀县人大代表和乡镇人大工作目标管理先进单位。

3月8日与会人员报到后，同日先后召开了召集人会议、预备会议、党员代表会议和大会主席团第一次会议。宣布周符波、唐清洲、黎德生、申建伟、王运发、吕敬忠、刘文贤、刘芝芳、刘连生、刘克杰、刘春风、刘桂林、李红平、杨卫平、杨鸿德、吴善成、陈小飞、罗解平、易延安、莫正校、莫国林、唐红艳、徐立华、谢树新、谭建明、颜寿生26人为本次会议临时党组成员，周符波任临时党组书记，唐清洲、黎德生、申建伟任临时党组副书记；通过王运发、申建伟、吕敬忠、朱大明、伍又良、伍至柔、刘文贤、刘文喜、刘连生、刘建奇、刘春风、刘桂林、刘海燕、阮晴生、李红平、陈学军、李其云、杨鸿德、吴善成、吴健全、何爱平、张国荣、张泽鹏、陈友新、陈迎体、易延安、罗洪、周符波、胡迪芬、胡春香、莫国强、唐汉林、唐红艳、唐国华、唐胜祥、唐铁钢、唐清洲、黄太平、黄伶俐、谢树新、黎德生、颜寿生、颜翠兰 43 人为本次会议主席团成员，周符波、唐清洲、黎德生、申建伟、吕敬忠、谢树新、王运发、刘春风、刘连生、颜寿生、胡迪芬任常务主席，谢树新兼秘书长，肖卫东、张国荣、陈迎体、钟经球为副秘书长。通过刘连生、张国荣、陈小飞、何爱平、钟经球 5 人为本次会议议案审查委员会成员，刘连生任主任委员，张国荣任副主任委员；通过王运发、伍至柔、邓开新、邓星强、陈友新、唐荣贵 6 人为本次会议财政预算委员会成员，王运发任主任委员，伍至柔任副主任委员。

3 月 9 日上午，举行本次会议第一次全体会议，主席团常务主席唐清洲主持会议，县人民政府代县长蒋耀华向大会作了《县人民政府工作报告》，蒋耀华在报告中回顾了 2003 年以来的政府工作，报告称：2003 年县人民政府克服了“非典”疫情对全县经济发展的严重影响，战胜了百年不遇的特大旱灾，实现了全县经济和社会协调发展，较好地完成了十四届人大二次会议确定的各项目标。2003 年，全县经济发展提速增效，改革开放不断深入，基础建设成绩显著，发展环境明显改善，人民生活水平不断提高，民主法制和精神文明建设得到加强，社会事业全面进步，年内全县完成国民生产总值 22 亿元，其中第一产业 9. 04 亿元，第二产业 4. 12 亿元，第三产业 8. 84 亿元，分别比 2002 年增长 4%、20. 8% 和 13. 3%；当年全县地方财政收入 1. 29 亿，是近 5 年中增长最快的一年。

蒋耀华作完《政府工作报告》后，县发展计划局局长李建文、县财政局局长罗翔国、县人大常委会副主任刘连生先后向大会作了《邵阳县 2003 年国民经济和社会发展计划执行情况与 2004 年国民经济和社会发展计划草案的报告》《邵阳县 2003 年全县及县级财政预算执行情况与 2004 年全县及县级财政预算草案的报告》以及《选举办法的报告》，大会通过了本次会议选举办法。当日下午，与会代表分团讨论审查《政府工作报告》《计划工作报告》《财政工作报告》。下午 4 时半，主席团举行第二次会议，会上，中共邵阳县委向大会主席团推荐了县人民政府县长和县人民检察院检察长候选人，主席团向各代表团推荐了上述候选人名单。

3 月 10 日上午，举行本次会议第二次全体会议，主席团常务主席王运发主持会议。县人大常委会主任唐清洲在会上作了《县人大常委会工作报告》，报告指出：2003 年县人大常委会坚持以邓小平理论和“三个代表”重要思想为指导，认真贯彻落实党的十六大和十六届三中全会精神，按照县委经济工作会议和县十四届人大二次会议提出的目标任务，紧扣发展主题，以维护人民群众根本利益为出发点，以深化监督、加强代表联系和自身建设为着重点，依法履行宪法、法律赋予的各项职责，各项工作都取得了新的成绩，为加快邵阳县改革发展、维护社会稳定做出了积极的贡献。并从6个方面明确了2004年人大工作的思路。随后，县人民法院院长张秀华和县人民检察院代检察长唐克俭分别向大会作了《县人民法院工作报告》和《县人民检察院工作报告》。

当日下午，与会代表分团讨论以上三个报告，并讨论酝酿县人民政府县长和县人民检察院检察长候选人。

3月11日上午，与会代表继续分团讨论，并推举了选举工作人员。上午10时半，主席团举行第三次会议，听取各代表团关于审查6个工作报告情况的汇报；听取议案审查委员会《关于议案审查情况的汇报》；听取财政预算审查委员会《关于财政预算审查情况的汇报》；讨论各项决议草案并决定提交大会通过；听取各代表团对县人民政府县长和县人民检察院检察长候选人酝酿情况的汇报；确定县人民政府县长和县人民检察院检察长正式候选人。

当日下午，举行本次会议第三次全体会议，主席团常务主席周符波主持会议，大会以无记名投票方式，选举蒋耀华为县人民政府县长，选举唐克俭为县人民检察院检察长。新当选的县人民政府县长蒋耀华在会上发表了就职讲话。

3月12日上午，举行本次会议第四次全体会议，主席团常务主席谢树新主持会议。会议决定授予塘渡口镇、五峰铺镇、长阳铺镇、河伯乡、黄荆乡5个乡镇人大主席团乡镇人大工作目标管理先进单位称号，授予钟经球“2003年度优秀人民公仆”荣誉称号，表彰了唐国华等37名（名单见第四编第二章第七节《优秀县人大代表名录》）2003年度全县优秀人大代表。会上，本次会议案审查委员会主任委员刘连生作了《关于代表议案、建议、批评和意见审查情况的报告》。然后，大会通过本次会议所做的决议决定，中共邵阳县委书记周符波作了总结讲话。

最后，主持人宣布第十四届人民代表大会第三次会议闭幕。

本次会议特邀人员有县委副书记兼代县长蒋耀华，县委副书记刘利平、李小平，县纪委书记吴劲松，县人武部政委孙孝涛，县委常委伍先明，县委调研员杨自祥、王卓明，正县级离退休干部张必烈、张玉庭、艾润身、杨辉、刘仕继、李帮能、李志茂、蒋利民、王善祥，县人大常委会原副主任刘长寿、段义君、陆远阶、银祥集、黎佐成、羊正君、阮国仲，邵阳市九公桥煤矿矿长刘正平，省人大代表粟建国、刘成君、马运华、蒋梅娥。

本次会议列席人员有：县人民政府副县长易少华、王南桂、肖怀贵、刘长明、王成章、唐定明、陈佳新、郭俊军、王镜宇；第六届县政协副主席艾翠娥、凌容生、刘慈祥、吴孝仁、陈满莲及县人民政府组成单位负责人、县直机关负责人、不是县人大代表的县人大常委会各委室负责人、县人民法院和县人民检察院负责人、县人武部负责人、乡（镇、场）党委书记、乡（镇）人大主席或副主席、乡（镇、场）长、出席六届三次县政协会议的全体县政协委员。

本次会议通过以下7项决议和3项决定：《关于代表所提议案的决议》《关于县人民政府工作报告的决议》《关于县计划工作报告的决议》《关于县财政工作报告的决议》《关于县人大常委会工作报告的决议》《关于县人民法院工作报告的决议》《关于县人民检察院工作报告的决议》；《关于〈严厉打击刑事犯罪分子议案〉的决定》《关于〈坚决取消公路运营线路垄断议案〉的决定》《关于〈整理县城交通秩序，坚决取缔慢慢游议案〉的决定》。

第四节　第四次会议

邵阳县第十四届人民代表大会第四次会议于2005年3月22日至25日召开，会期4天。

本次会议与会代表297名，分10个代表团，其中第一代表团33人，第二代表团34人，第三代表团27人，第四代表团29人，第五代表团31人，第六代表团29人，第七代表团29人，第八代表团28人，第九代表团28人，第十代表团29人。10个代表团的正副团长分别是：第一代表团团长陈小飞，副团长唐荣贵、周国昀；第二代表团团长刘文喜，副团长杨卫东；第三代表团团长徐立华，副团长尹景峰；第四代表团团长吴健全，副团长谢建阶、夏正昌、吕开生；第五代表团团长谭建明，副团长肖小大、唐伯岭；第六代表团团长王满元，副团长谢道生；第七代表团团长吴善成，副团长屈校林、何爱平、蒋水源；第八代表团团长莫国林，副团长谢胜良；第九代表团团长李其云，副团长蒋兴东；第十代表团团长莫正校，副团长罗光辉。

本次会议议程有9项：听取和审议邵阳县人民政府县长蒋耀华所作的《邵阳县人民政府工作报告》；听取和审议邵阳县发展计划局局长李建文所作的《邵阳县2004年国民经济和社会发展计划执行情况与2005年国民经济和社会发展计划草案的报告》；审查和批准邵阳县2004年国民经济和社会发展计划执行情况与2005年国民经济和社会发展计划；听取和审议邵阳县财政局局长罗翔国所作的《邵阳县2004年全县及县级预算执行情况与2005年全县及县级预算草案的报告》；审查和批准邵阳县2004年全县及县级预算执行情况与2005年全县及县级预算；听取和审议邵阳县人大常委会主任唐清洲所作的《邵阳县人民代表大会常务委员会工作报告》；听取和审议邵阳县人民法院院长张秀华所作的《邵阳县人民法院工作报告》；听取和审议邵阳县人民检察院检察长唐克俭所作的《邵阳县人民检察院工作报告》；表彰2004年度优秀县人大代表和乡镇

人大工作目标管理先进单位、执法责任制目标管理先进单位、优秀人民公仆。

3月22日，与会人员报到后，于同日先后召开了召集人会议、预备会议、党员代表会议和主席团第一次会议。宣布周符波、唐清洲、黎德生、申建伟、王运发、吕敬忠、刘垈、刘文贤、刘芝芳、刘连生、刘春风、刘桂林、李红平、杨卫东、肖小大、吴善成、陈小飞、罗光辉、罗解平、易延安、徐立华、唐红艳、谢树新、谢胜良、颜寿生25人为本次会议临时党组成员，周符波任临时党组书记，唐清洲、黎德生、申建伟任临时党组副书记。另各代表团均建立了中共临时支部。通过王运发、王满元、申建伟、吕敬忠、伍至柔、刘文贤、刘文喜、刘连生、刘春风、刘桂林、刘海燕、阮晴生、李红平、陈学军、李其云、吴善成、吴健全、张国荣、张泽鹏、陈小飞、陈迎体、易延安、罗洪、周符波、胡迪芬、胡春香、莫正校、莫国林、徐立华、唐汉林、唐红艳、唐国华、唐胜祥、唐铁钢、唐清洲、黄太平、黄伶俐、谢树新、谭建明、黎德生、颜寿生、颜翠兰42人为本次会议大会主席团成员。周符波、唐清洲、黎德生、申建伟、吕敬忠、谢树新、王运发、刘春风、刘连生、颜寿生、胡迪芬任常务主席，谢树新兼秘书长，肖卫东、张国荣、陈迎体、钟经球为副秘书长；通过刘连生、张国荣、吴健全、陈小飞、钟经球5人为本次会议议案审查委员会成员，刘连生任主任委员，张国荣任副主任委员；通过王运发、伍至柔、邓星强、刘克杰、李其云、唐荣贵6人为本次会议财政预算委员会成员，王运发任主任委员，伍至柔任副主任委员。

3月23日上午，在县委大礼堂举行本次会议第一次全体会议，主席团常务主席唐清洲主持会议。本次大会的议程有3项：听取县人民政府县长蒋耀华所作的《县人民政府工作报告》；听取县发展计划局李建文所作的《关于邵阳县2004年国民经济和社会发展计划执行情况与2005年国民经济和社会发展计划草案的报告》；听取县财政局局长罗翔国所作的《关于邵阳县2004年全县及县级预算执行情况与2005年全县及县级预算草案的报告》。《县人民政府工作报告》指出：2004年是全县大发展、大变化的一年，全县上下围绕“工业邵阳”“开放邵阳”“人本邵阳”的发展目标，较好地实现了十四届人大三次会议确定的各项目标，建设速度持续加快，发展后劲明显增强，改革顺利推进，环境不断优化，社会协调发展。2004年，全县GDP总量达25.61亿元，增长11.4%，在全市排名第一。

当日下午，与会代表分团进行讨论。

3月24日上午，举行本次会议第二次全体会议，主席团常务主席王运发主持会议，县人大常委会主任唐清洲向大会作《县人大常委会工作报告》，报告指出：2004年，县人大常委会紧紧围绕推进“三个邵阳”建设，依法批准了2003年县财政决算和2004年财政预算调整方案、县城规划部分修编；建立和健全代表及群众来信来访制度，建设廉洁务实型的人大工作机关。

唐清洲作完《县人大常委会工作报告》后，县人民法院院长张秀华和县人民检察院检察长唐克俭分别作了《县人民法院工作报告》和《县人民检察院工作报告》。

当日下午，在与会代表分团讨论后，于下午3时半，主席团举行第二次会议，听取各代表团关于审查6个工作报告情况的汇报；听取议案审查委员会《关于议案审查情况的汇报》；听取财政预算审查委员会《关于财政预算审查情况的汇报》。

3月25日上午，举行本次会议第三次全体会议，主席团常务主席谢树新主持会议，大会表彰唐国华等37名（名单见第四编第二章第七节《优秀县人大代表名录》）2004年度优秀县人大代表，表彰塘渡口镇人大主席团、五峰铺镇人大主席团、长阳铺镇人大主席团、下花桥镇人大主席团、金称市镇人大主席团、长乐乡人大主席团、黄荆乡人大主席团为2004年度乡镇人大工作目标管理先进单位，表彰县检察院、县林业局、县文化局、县卫生局、县物价局、县国税局、县农业局、县审计局为2004年度执法责任制目标管理先进单位；授予周雄2004年度“优秀人民公仆”荣誉称号。本次会议议案审查委员会主任刘连生在会上作了《关于代表议案、建议、批评和意见审查情况的报告》；大会表决通过了本次会议作出的各项决议；在县委书记周符波作了总结讲话后，大会闭幕。

本次会议特邀人员有县委副书记、县长蒋耀华，县委副书记刘利平、李小平、吴劲松，县委常委伍先明，县人武部政委蒋益民，县人武部部长蒋晔，县委调研员杨自祥、王卓明，正县级离退休干部张玉庭、艾润身、杨辉、刘仕继、李帮能、李志茂、蒋利民、王善祥、张必烈，县人大常委会原副主任段义君、陆远阶、银祥集、黎佐成、羊正君、阮国仲，市属九公桥煤矿矿长刘正平，省人大代表粟建国、刘成君、马运华、蒋梅娥，省委派驻邵阳县建设扶贫工作小组组长彭哲民。

本次会议列席人员有：县人民政府副县长易少华、王南桂、肖怀贵、刘长明、王成章、唐定明、郭俊军、王镜宇，六届政协副主席艾翠娥、凌容生、刘慈祥、吴孝仁、陈满莲；以及县人民政府组成单位负责人、县直机关负责人、不是县人大代表的县人大常委会各委室负责人、县人民法院和县人民检察院负责人、县人武部负责人、乡（镇、场）党委书记、乡（镇）人大主席或副主席、乡（镇、场）长、出席六届四次县政协会议的全体县政协委员。

本次会议通过以下7项决议：1、关于代表所提议案的决议；2、关于《邵阳县人民政府工作报告》的决议；3、关于《邵阳县2004年国民经济和社会发展计划执行情况与2005年国民济和社会发展计划（草案）报告》的决议；4、关于《邵阳县2004年全县及县级预算执行情况与2005年全县及县级预算（草案）报告》的决议；5、关于《邵阳县人民代表大会常务委员会工作报告》的决议；6、关于《邵阳县人民法院工作报告》的决议；7、关于《邵阳县人民检察院工作报告》的决议。

第五节　第五次会议

邵阳县第十四届人民代表大会第五次会议于2006年3月15日至19日召开。

本届人民代表大会第四次会议期间，有代表297人，原代表邓开新、艾祥明因犯罪判刑，刘春风因涉嫌犯罪被起诉，县人大常委会决定暂时停止刘春风、邓开新、艾祥明3人代表职务，故本次会议实有代表294人，分9个代表团，各代表团正副团长分别是：第一代表团团长吴善成，副团长唐荣贵、艾海柱；第二代表团团长谢胜良，副团长蒋水源；第三代表团团长王满元，副团长朱大明、刘跃元；第四代表团团长刘犨，副团长刘芝芳、刘建奇；第五代表团团长屈校林，副团长刘灯红、周国昀；第六代表团团长肖小大，副团长蒋兴东；第七代表团团长唐伯岭，副团长陆仕勋、蒋业明；第八代表团团长莫国林，副团长刘克杰；第九代表团团长刘文喜，副团长何爱平。

本次会议议程有9项：听取和审查县人民政府关于《邵阳县国民经济和社会发展第十一个五年规划纲要的报告》，并作出相应的决议；听取和审查县人民政府关于《邵阳县2005年国民经济和社会发展计划执行情况与2006年国民经济和社会发展计划（草案）的报告》，并作出相应的决议；听取和审查县人民政府关于《邵阳县2005年全县及县级预算执行情况与2006年全县及县级预算（草案）的报告》，并作出相应的决议；听取和审查《县人民代表大会常务委员会工作报告》，并作出相应的决议；听取和审查《县人民法院工作报告》，并作出相应的决议；听取和审查《县人民检察院工作报告》，并作出相应的决议；县人民政府副县长向大会述职，接受代表评议；补选县人民政府县长、县人民检察院检察长；表彰2005年度优秀县人大代表、乡镇人大工作目标管理先进单位。

3月15日，与会人员报到后，于当日先后召开召集人会议、工作人员会议、预备会议、党员代表会议和主席团第一次会议。宣布蒋耀华、唐清洲、赵湘明、黎德生、申建伟、王运发、王满元、吕敬忠、刘犨、刘文贤、刘文喜、刘连生、刘桂林、李红平、肖小大、吴善成、陈迎体、易延安、屈校林、莫国林、唐红艳、唐伯岭、谢树新、谢胜良、颜寿生25人为本次会议大会临时党组成员，蒋耀华任临时党组书记，唐清洲、赵湘明、黎德生、申建伟任临时党组副书记；通过王运发、王满元、申建伟、吕敬忠、伍至柔、刘犨、刘文贤、刘文喜、刘连生、刘桂林、刘海燕、阮晴生、李红平、陈学军、肖小大、吴善成、张泽鹏、陈迎体、易延安、罗洪、屈校林、赵湘明、胡迪芬、胡春香、莫国林、唐汉林、唐红艳、唐伯岭、唐国华、唐胜祥、唐铁钢、唐清洲、黄太平、黄伶俐、蒋耀华、谢树新、谢胜良、黎德生、颜寿生、颜翠兰40人为本次会议主席团成员，蒋耀华、唐清洲、赵湘明、黎德生、申建伟、谢树新、王运发、刘连生、颜寿生、胡迪芬任常务主席，谢树新兼秘书长，吴飞翔、陈迎体、罗立华、钟经球为副秘书长；通过刘连生、张国荣、刘文喜、杨卫东、钟经球5人为本次会议议案审查委员会成员，刘连生任主任委员，张国荣任副主任委员；通过王运发、伍至柔、王满元、邓星强、刘灯红、唐荣贵、徐立华7人为本次会议财政预算委员会成员，王运发任主任委员，伍至柔任副主任委员。

3月16日上午，在县委大礼堂举行本次会议第一次全体会议，主席团常务主席唐清洲主持会议，大会先后听取了县人民政府代县长赵湘明所作的《邵阳县国民经济和社会发展第十一个五年规划纲要的报告》、县发展计划局局长唐军良所作的《邵阳县2005年国民经济和社会发展计划执行情况与2006年国民经济和社会发展计划（草案）的报告》、县财政局局长罗翔国所作的《邵阳县2005年全县及县级预算执行情况与2006年全县及县级预算（草案）的报告》、县人大常委会副主任刘连生所作的《邵阳县第十四届人民代表大会第五次会议选举办法的报告》。当日下午，与会代表分团讨论审查4个报告。下午4时，主席团举行第二次会议，中共邵阳县委向主席团提名推荐县人民政府县长和县人民检察院检察长候选人。

3月17日上午，举行本次会议第二次全体会议，主席团常务主席王运发主持会议，县人大常委会主任唐清洲在会上作了《县人大常委会工作报告》。报告称：2005年，县人大常委会紧紧围绕全县工作大局，坚持抓重点、议大事、谋和谐、促发展，突出科学发展观，依法正确行使决议决定权；突出发展第一要务，加大工作监督力度；突出依法行政，加大法律监督力度；实行执法责任制，抓执法检查，加大执法审计力度；规范、督促、监督公正执法；抓个案监督，纠正不公正执法；依法规范人事任免；加强和规范代表工作，突出发挥代表作用；突出共产党员先进性教育，狠抓机关作风，完善各种制度，加强人大自身建设。

《县人大常委会工作报告》后，县人民法院院长张秀华作了《县人民法院工作报告》，县人民检察院代检察长孙在启作了《县人民检察院工作报告》。下午与会代表分团讨论。

3月18日上午，举行本次会议第三次全体会议，主席团常务主席赵湘明主持会议，县人民政府副县长易少华、肖怀贵、刘长明、王成章、唐定明、郭俊军向大会述职。下午与会代表分团对县人民政府6位副县长的述职报告进行民主评议，并通过无记名投票方式对述职的6位副县长进行民主测评。下午4时，主席团举行第三次会议。听取各代表团关于审查6个工作报告情况汇报；听取议案审查委员会关于《议案审查情况汇报》；听取财政预算审查委员会《关于财政预算审查情况汇报》；讨论各项决议草案并决定提交大会通过；听取各代表团关于对县人民政府副县长述职评议情况汇报；听取各代表团对县人民政府县长和县人民检察院检察长候选人酝酿情况汇报，确定县人民政府县长和县人民检察院检察长正式候选人。

3月19日上午，举行本次会议第四次全体会议，主席团常务主席蒋耀华主持会议，大会选举赵湘明为县人民政府县长、孙在启为县人民检察院检察长；新当选的县人民政府县长赵湘明发表了就职演说。

上午10时，举行本次会议第五次全体会议，主席团常务主席团谢树新主持会议，大会表彰唐三君等36名（名单见第四编第二章第七节《优秀县人大代表名录》）为2005年度优秀县人大代表；授予下花桥镇人大主席团、塘渡口镇人大主席团、岩口铺镇人大主席团、五峰铺镇人大主席团、金称市镇人大主席团、九公桥镇人大主席团、长阳铺镇人大主席团“2005年度乡镇人大工作目标管理先进单位”荣誉称号；授予县林业局、县人民法院、县人民检察院、县环境保护局、县审计局“2005年度执法责任制目标管理先进单位”荣誉称号。大会表决通过了本次会议作出的各项决议。

最后，主持人宣布第十四届人民代表大会第五次会议闭幕。

本次会议特邀人员有：县委副书记刘利平、吴劲松、李正益、王镜宇，县委常委伍先明、蒋益民、彭哲民，县人武部部长蒋晔，县委调研员杨自祥、王卓明，正县级离退休干部张玉庭、艾润身、杨辉、刘仕继、李帮能、李志茂、蒋利民、王善祥、张必烈，县人大常委会原副主任段义君、陆远阶、银祥集、黎佐成、羊正君、阮国仲，邵阳市九公桥煤矿矿长刘正平，县内省人大代表粟建国、刘成君、马运华、蒋梅娥。

本次会议列席人员有：县人民政府副县长易少华、肖怀贵、刘长明、王成章、唐定明、郭俊军，县政协六届副主席艾翠娥、凌容生、刘慈祥、吴孝仁、陈满莲；以及县人民政府组成单位负责人、县直机关负责人、不是县人大代表的县人大常委会各委室负责人、县人民法院和县人民检察院负责人、县人武部负责人、乡（镇、场）党委书记、乡（镇）人大主席或副主席、乡（镇、场）长、出席六届五次县政协会议的全体县政协委员。

本次会议共通过6项决议：1、县“十一五”规划纲要的决议；2、县计划工作报告的决议；3、县财政工作报告的决议；4、县人大常委会工作报告的决议；5、县人民法院工作报告的决议；6、关于县人民检察院工作报告的决议。

第六节　第六次会议

邵阳县第十四届人民代表大会第六次会议于2007年3月12—15日召开。

本次会议实有代表293人，分9个代表团，第一代表团由塘渡口镇和机关三组代表组成，有代表33人，团长吴善成，副团长唐荣贵、艾海柱；第二代表团由五峰铺镇、黄荆乡和金江乡代表组成，有代表34人，团长谢胜良，副团长蒋水源；第三代表团由九公桥镇、霞塘云乡和黄塘乡代表组成，有代表33人，团长王满元，副团长朱大明、刘跃元；第四代表团由塘田市镇、岩口铺镇和机关二组代表组成，有代表31人，团长刘牮，副团长刘芝芳、刘建奇；第五代表团由黄亭市镇、金称市镇和长乐乡代表组成，有代表33人，团长屈校林，副团长刘灯红、周国昀；第六代表团由白仓镇和小溪市乡代表组成，有代表33人，团长肖小大，副团长蒋兴东；第七代表团由长阳铺镇、蔡桥乡、罗城乡和机关一组代表组成，有代表31人，团长唐伯岭，副团长陆仕勋、蒋业明；第八代表团由下花桥镇和谷洲镇代表组成，有代表31人，团长莫国林，副团长刘克杰；第九代表团由郦家坪镇、诸甲亭乡和河伯乡代表组成，有代表34人，团长刘文喜，副团长蒋京贵。

本次会议共有7项议程：听取和审查《邵阳县人民政府工作报告》并作出相应的决议；审查县人民政府《关于邵阳县2006年国民经济和社会发展计划执行情况与2007年国民经济和社会发展计划（草案）的报告》并作出相应的决议；审查县人民政府《关于邵阳县2006年预算执行情况与2007年预算草案的报告》并作出相应的决议；听取和审查《邵阳县人大常委会工作报告》并作出相应的决议；听取和审查《邵阳县人民法院工作报告》并作出相应的决议；听取和审查《邵阳县人民检察院工作报告》并作出相应的决议；表彰2006年度优秀县人大代表。

3月12日大会报到后，于当日先后召开了召集人会议、预备会议、党员代表会议和主席团第一次会议；对大会有关工作进行了具体安排，通过了大会议程；宣布蒋耀华、唐清洲、赵湘明、黎德生、王运发、王满元、吕敬忠、刘牮、刘文贤、刘文喜、刘连生、刘桂林、李红平、肖小大、吴善成、陈迎体、屈校林、钟经球、莫国林、唐红艳、唐伯岭、谢树新、谢胜良、颜寿生24人为本次会议临时党组成员，蒋耀华任党组书记，唐清洲、赵湘明、黎德生任党组副书记；通过王运发、王满元、吕敬忠、伍至柔、刘牮、刘文贤、刘文喜、刘连生、刘桂林、刘海燕、阮晴生、李红平、陈学军、肖小大、吴善成、张泽鹏、陈迎体、罗洪、屈校林、赵湘明、胡迪芬、胡春香、钟经球、莫国林、唐汉林、唐红艳、唐伯岭、唐国华、唐胜祥、唐铁钢、唐清洲、黄太平、黄伶俐、蒋耀华、谢树新、谢胜良、黎德生、颜寿生、颜翠兰39人为本次会议主席团成员，蒋耀华、唐清洲、赵湘明、黎德生、谢树新、王运发、刘连生、颜寿生、胡迪芬为常务主席，谢树新兼秘书长；通过刘连生、唐胜祥、刘文喜、杨卫东、张国荣、蒋京贵6人为本次会议议案审查委员会成员，刘连生任主任委员，唐胜祥任副主任委员；通过王运发、伍至柔、王满元、邓星强、刘灯红、屈校林、唐荣贵7人为本次会议财政预算委员会成员，王运发任主任委员、伍至柔任副主任委员。

3月13日上午，在县委大礼堂（主会场）和县政府七楼会议室（分会场）举行本次会议第一次全体会议，主席团常务主席唐清洲主持会议。开幕式后，县长赵湘明向大会作《县人民政府工作报告》，报告回顾了县人民政府2006年的工作，提出了2007年县政府的目标任务和工作要点。报告说，2006年，全县工业经济增长较快；农业产业化水平不断提高；县城扩容提质步伐加快；基础设施明显改善；财政金融招商形势明显好转；重点项目建设强力推进；民生问题进一步改善；综治安全信访工作平稳；民主法制建设得到加强；社会事业协调发展；各项工作均取得较大进展。下午，与会代表分团讨论政府工作报告。

3月14日上午，举行本次会议第二次全体会议，主席团常务主席王运发主持会议，会议先后听取了县人大常委会唐清洲所作的《县人大常委会工作报告》、县人民法院张秀华所作的《县人民法院工作报告》、县人民检察院检察长孙在启所作的《县人民检察院工作报告》。唐清洲在报告中指出：2006年，县人大常委会一是立足民本，围绕全县大局依法科学行使了决议决定权，议大事，抓重点，求实效；二是维护民利，突出发展要务，依法正确行使监督权；三是尊重民意，坚持德才标准依法公正行使任免权；四是突出基层政权建设，加强和改进对乡镇人大工作的指导；五是从思想作风、规章制度等两个方面加强和改进了县人大常委会机关自身建设。

14日下午，与会代表分团讨论。下午4时，主席团举行第二次会议，分别听取了议案审查委员会《关于代表所提议案审查情况汇报》、财政预算委员会《关于财政预算审查情况汇报》和各代表团关于审查6个报告情况的汇报；讨论了各项决议草案，并提交大会表决。

3月15日上午，举行本次会议第三次全体会议，主席团常务主席谢树新主持会议。大会表彰谢胜良等37名（名单见第四编第二章第七节《优秀县人大代表名录》）为2006年度优秀县人大代表；本次会议案审查委员会主任委员刘连生向大会作了《关于代表所提议案处理意见的报告》；会议表决通过了本次会议所作的各项决议；县委书记蒋耀华发表讲话后，大会闭幕。

本次会议特邀人员有县委副书记吴劲松，县委常委伍先明、刘长明、王成章、唐定明、曾志红，县人武部政委蒋晔、邓劲松，县委调研员杨自祥、王卓明，正县级离退休干部张玉庭、艾润身、杨辉、刘仕继、李帮能、李志茂、蒋利民、王善祥、张必烈，县人大常委会原副主任段义君、陆远阶、银祥集、黎佐成、羊正君、阮国仲，邵阳市九公桥煤矿矿长刘正平，县内省人大代表粟建国、刘成君、马运华、蒋梅娥。

本次会议列席人员有县人民政府副县长易少华、李新华；县政协六届副主席艾翠娥、凌容生、刘慈祥、吴孝仁、陈满莲；以及县人民政府组成单位负责人、县直机关负责人、不是县人大代表的县人大常委会各委室负责人、县人民法院和县人民检察院负责人、县人武部负责人、乡（镇、场）党委书记、乡（镇）人大主席或副主席、乡（镇、场）长、出席六届六次县政协会议的全体县政协委员。

本次会议作出6项决议：1、关于县人民政府工作报告的决议；2、关于县人民政府计划工作报告的决议；3、关于县人民政府财政工作报告的决议；4、关于县人大常委会工作报告的决议；5、关于县人民法院工作报告的决议；6、关于县人民检察院工作报告的决议。

第十一章　第十五届人民代表大会

邵阳县第十五届人民代表大会共召开6次会议。

第一节　第一次会议

邵阳县第十五届人民代表大会第一次会议于2007年11月28日至12月3日举行，会期7天。

本次会议与会代表代314人，分10个代表团，其中：第一代表团（塘渡口镇代表）31人，团长刘诗珍，副团长黄洪华；第二代表团（五峰铺镇和金江乡代表）30人，团长许保喜，副团长吕小靖、唐志朴；第三代表团（九公桥镇和金称市镇代表）31人，团长莫文刚，副团长郭跃忠、莫海天、朱绮华；第四代表团（塘田市镇、岩口铺镇和黄塘乡代表）32人，团长陈志明，副团长周挺、唐剑平、李晓东、姜少华；第五代表团（黄亭市镇、黄荆乡和机关一组代表）31人，团长吴忠友，副团长周国华、周林涛、刘灯红；第六代表团（谷洲镇、河伯乡和机关二组代表）31人，团长唐向龙，副团长钱东平、钱沸涛、唐荣贵；第七代表团（长阳铺镇、小溪市乡和蔡桥乡代表）32人，团长唐国纯，副团长张剑球、刘林晖、邓亮华；第八代表团（下花桥镇、霞塘云乡和机关三组代表）32人，团长伍湘平，副团长吕华平、刘文龙、王立生；第九代表团（郦家坪镇、长乐乡和罗城乡）32人，团长肖剑，副团长谭拥军、李伟军、周卫东；第十代表团（白仓镇和诸甲亭乡代表）32人，团长唐建国，副团长郭彬、李红辉。

本次会议的议程有：听取和审查县人民政府工作报告，并作出相应的决议；听取和审查县人大常委会工作报告，并作出相应的决议；听取和审查县人民法院工作报告，并作出相应的决议；听取和审查县人民检察院工作报告，并作出相应的决议；表决通过邵阳县第十五届人民代表大会第一次会议举行办法；选举第十五届县人大常委会主任、县人民政府县长、县人民法院院长、县人民检察院检察长；选举第十五届县人大常委会副主任、县人民政府副县长，选举第十五届县人大常委会委员会；选举县内出席邵阳市十四届人民代表大会代表。

11月28日，与会人员报到，并于当日先后召开了各代表团召集人会议、大会工作人员会议、大会预备会议、党员代表会议、大会主席团第一次会议，通过了会议议程及有关会议安排，宣布蒋耀华、唐清洲、黎德生、赵湘明、吴劲松、王成章、王运发、王满元、邓星强、刘文贤、刘长明、刘连生、肖小大、肖湘政、吴善成、屈校林、赵叶飞、钟经球、唐红艳、唐益发、谢胜良、谢树新、蒋久鸿、蒋利军、廖献国、颜寿生26人为本次会议临时党组成员，蒋耀华任党组书记，唐清洲、黎德生、赵湘明、吴劲松任党组副书记。另10个代表团均成立了临时党支部；通过马运华、王成章、王运发、邓星强、刘长明、刘文贤、刘平国、刘连生、刘诗珍、刘绍波、刘桂林、朱清平、伍湘平、许保喜、李学军、肖剑、肖湘政、吴飞翔、吴劲松、吴忠友、陈云峰、陈志明、陈定岗、罗洪、罗立华、周祥平、赵湘明、胡娴春、钟经球、莫文刚、莫列良、郭跃德、唐向龙、唐红艳、唐国华、唐国纯、唐建国、唐清洲、蒋文平、蒋梅娥、蒋耀华、谢卫东、谢树新、黎德生、颜寿生45人为本次会议主席团成员，蒋耀华、唐清洲、黎德生、赵湘明、吴劲松、刘文贤、唐红艳、刘长明、王成章、钟经球、谢树新、王运发、刘连生、颜寿生、肖湘政、邓星强、蒋梅娥为常务主席，谢树新兼秘书长，伍芬东、肖卫东、吴飞翔、陈迎体、罗立华、蒋文平任为副秘书长；通过刘连生、蒋文平、邓亮华、伍芬东、屈校林、唐剑平6人为本次会议议案审查委员会成员，刘连生任主任委员，蒋文平任副主任委员；通过颜寿生、陈定岗、王满元、艾海柱、刘诗珍、李奇生6人为本次会议财政预算委员会成员，颜寿生任主任委员，陈定岗任副主任委员。

11月29日上午，举行本次会议第一次全体会议，大会主会场设县委大礼堂，另在县政府办公楼七楼会议室设有分会场，主席团常务主席唐清洲主持会议。大会首先听取了县人民政府县长赵湘明所作的《县人民政府工作报告》，报告称：2007年，全县GDP预计可达40亿元，比2002年增加19.29亿元，年均增长14%；全县经济实力显著提长，规模工业实现新跨越，农业产业化实现新发展，第三产业实现新飞跃，财政收入实现新突破，人民生活水平实现新的提高，城乡面貌变化喜人，改革开放深入推进，社会各项事业全面发展。大会在听取《政府工作报告》后，又先后听取了县人大常委会副主任刘连生所作的《邵阳县第十五届人民代表大会第一次会议选举工作报告》和县人大常委会副主任颜寿生所作的《邵阳县第十五届人民代表大会第一次会议选举办法（草案）的报告》，表决通过了选举办法。11时，在县委大礼堂主席台举行主席团第二次会议，中共邵阳县委向主席团提名推荐第十五届县人大常委会正副主任、委员、县人民政府正副县长、县人民法院院长、县人民检察院检察长候选人及出席市十四届人民代表大会代表候选人名单；主席团向各代表团推荐了上述候选人名单。

11月29日下午，以代表团为单位，审议县人民政府工作报告；酝酿第十五届县人大常委会主任、县人民政府县长、县人民法院院长、县人民检察院检察长及县人大常委会副主任、县人民政府副县长、县人大常委会委员、出席市十四届人大代表大会代表候选人。

11 月 30 日上午，举行本次会议第二次全体会议，主席团常务主席黎德生主持会议，县人大常委会主任唐清洲向大会作了《县人大常委会工作报告》（报告内容见本节附）。

随后，县人民法院代院长周继耐和县人民检察院检察长孙在启分别向大会作了《县人民法院工作报告》和《县人民检察院工作报告》。当日下午和 12 月 1 日，各代表团审议了政府、人大、法院、检察院的 4 个工作报告，并继续讨论酝酿各项候选人。12 月 1 日上午 10 时，主席团举行第三次会议，听取各代表团酝酿候选人情况的汇报，确定正式候选人。

12 月 2 日上午，举行本次会议第三次全体会议，主席团常务主席蒋耀华主持会议。大会选举黎德生为第十五届县人大常委会主任，赵湘明为第十五届县人民政府县长、周继耐为县人民法院院长、孙在启为县人民检察院检察长；选举刘连生、颜寿生、肖湘政、邓星强、蒋梅娥（女，兼职）为第十五届县人大常委会副主任；选举刘文贤、李红平、胡迪芬（女）、罗翔国、李军、吴善成为第十五届县人民政府副县长；选举马运华等 19 人（名单见第四编第二章第五节《县人大常务委员会委员名录》）为第十五届县人大常委会委员。

同日上午 11 时，举行主席团第四次会议，听取各代表团关于审查政府、人大、法院、检察院 4 个工作报告情况的汇报；听取议案审查委员会关于议案审查情况的汇报；讨论各项决议草案并决定提交大会通过。

下午，举行本次会议第四次全体会议，主席团常务主席吴劲松主持会议，大会选举王春生等 55 人为出席邵阳市第十四届人民代表大会代表（名单见第四编第二章第三节《市人大代表名录》）。

12 月 3 日，举行本次会议第五次全体会议，主席团常务主席颜寿生主持会议。本次会议议案审查委员会主任委员刘连生向大会作了《关于本次会议代表议案、建议、批评和意见审查情况的报告》；会议表决通过了本次会议所作的 5 项决议；新当选的县人大常委会主任黎德生和县人民政府县长赵湘明分别在会上发表就职演说；县委书记蒋耀华做了总结讲话。

最后，主持人宣布邵阳县第十五届人民代表大会第一次会议闭幕。

本次会议特邀人员有：县委常委李红平、唐定明、曾志红、蒋晔、邹昕晔、陈小飞；县人武部政委邓劲松；县委调研员杨自祥、王卓明；正县级离退休干部张玉庭、艾润身、刘仕继、李帮能、李志茂、蒋利民、王善祥、张必烈、陈卫国；县人大常委会原副主任段义君、陆远阶、银祥集、黎佐成、羊正君、阮国仲、颜翠兰、唐汉林；市属九公桥煤矿矿长刘正平；第十届省人大代表粟建国、刘成君；第十四届县人大常委会委员阮晴生、陈迎体、伍至柔、唐铁刚、黄太平、胡春香、刘海燕、黄伶俐、张泽鹏。

本次会议列席人员有：县人民政府副县长易少华、李新华、胡迪芬、廖云飞、罗翔国、李军；第六届县政协主席吕敬忠，第六届和第七届县政协副主席吴孝仁、艾翠娥、凌容生、刘慈祥、陈满莲、罗耀国、吕平；县委县政府副调研员廖庆元、钱选清、谭斌、杨天顺、李德文、李栋梁、李中华、吕老幸、杨爱国、邓小辉；县人民法院院长周继耐和县人民检察院检察长孙在启；县委党校校长唐胜祥；以及县人民政府组成单位负责人、县直属机关负责人、不是县人大代表的县人大常委会各委室负责人、各乡镇场党委书记、各乡镇人大主席或副主席、各乡镇长、出席县政协七届一次会议的全体县政协委员。

本次会议共作出以下 5 项决议：1、关于代表所提议案的决议；2、关于县人大常委会工作报告的决议；3、关于县人民政府工作报告的决议；4、关于县人民法院工作报告的决议；5、关于县人民检察院工作报告的决议。

附：

县第十四届人大常委会工作报告

（2007 年 11 月 30 日在县十五届人民代表大会第一次会议上）

五年来的主要工作

五年来，县十四届人大常委会在县委的正确领导下，高举邓小平理论伟大旗帜，以“三个代表”重要思想为指导，全面贯彻落实科学发展观，认真履行宪法和法律所赋予的各项职权，全面完成了十四届各次代表大会所确定的任务，为加强我县民主法制建设，维护社会稳定，推进经济社会协调发展，发挥了重要作用，作出了新的贡献。

一、依法科学行使决议决定权，为我县构建和谐社会做出了新贡献

五年来，人大常委会坚持抓大事、议大事、定大事、管大事的原则，建立了决策之前重调研、决定过程讲民主、决议内容求实效、决定之后抓监督的民主科学决策机制，依法作出决议决定 76 项。

1、围绕改革稳定作出宏观决定 10 项。五年来，人大常委会围绕企业改制、教育体制改革、水利体制改革、司法制度改革等 10 个重大事项，组织人大常委会组成人员深入到群众中听取“呼声”，深入到代表中听取“心声”，深入到“一府两院”工作中听取“同期声”，契合法律意图，结合我县实际，适时作出了决议决定，为推进我县改革向纵深发展、维护我县社会持续稳定提供了强有力的法律保障。

2、突出发展要务作出科学决策31项。五年来，人大常委会突出发展要务，围绕县内国民经济和社会发展计划、财政预决算及其执行情况、专项资金的管理和使用情况等依法作出了19项决议决定。尤其在决定财政预算调整方案时，人大常委会以预算法为准绳，坚持实事求是的原则，顶住压力，五年共计调减一般性财政收入九千多万元，夯实了我县财政基数，维护了财政预算的合法性、真实性、效益性。围绕城镇建设、新农村建设、兴工强县、产业发展、交通通信等一系列事关我县经济发展中的热点、难点问题作出了12项决议决定，有力地促进了我县的经济社会发展。

3、关注民生民利作出人性化决定17项。五年来，人大常委会始终坚持以民为本，以民利为先，抓住社会治安、劳动保障、“非典”防治、“新农合”、农村客运、行政执法、市场物价、农民负担等人民群众最关心、最直接、最现实的利益问题，依法作出决议决定。作出决定后，人大常委会还组织专门力量督促落实，从而有力地维护了民权，保障了民利。

此外，人大常委会还就换届选举、人事任免等重大事项，依法作出决议决定18项。

二、依法正确行使监督权，为我县经济社会又好又快发展做出了新贡献

五年来，人大常委会始终把依法履行监督职责摆在首位，突出监督重点，攻克监督难点，抓住监督热点，创新监督方式，完善监督程序，加大监督力度，增强监督实效，确保了宪法和法律法规的正确实施，促进了经济社会又好又快发展。

1、创新监督方式，拓宽监督层面。一是不断创新工作监督机制，实现工作监督由单纯审议向综合监督转变。为了进一步加大工作监督力度，增强工作监督效果，人大常委会积级探索加强工作监督的新形式、新途径，建立了“视察调查”（组织委员和代表进行视察、现场察看和调查）、“听取审议”（定期召开人大常委会会议，听取和审议专项工作汇报）、“评议评价”（针对事关全局、群众反映强烈的热点问题，对有关单位和专项工作进行评议评价）、“意见交办”（对人大常委会审议后的意见，向有关部门进行交办）、“督促落实”（对人大常委会交办的审议意见，事后实行督办，督促整改到位）等五种监督机制。实行了工作监督与法律监督相结合、专项监督与综合监督相结合、初次监督与跟踪监督相结合、听取专项工作汇报与执法检查相结合、推动自行整改与依法纠正相结合等五种方式进行监督，进一步加大了监督力度，增强了监督实效。二是不断创新法律监督机制，实现法律监督由单纯执法检查向综合监督转变。为了进一步加大法律监督力度，人大常委会采取了“一制”、“一查”、“一督”的办法加强对执法部门的监督。“一制”即建立执法责任制，落实奖惩办法，严格规范执法部门依法行政、公正司法。五年来，为了加大执法责任制落实力度，人大常委会一是与26个执法单位签订了《执法责任状》，二是采取定性评分和定量评分相结合的办法，定期或不定期地进行检查评估。表彰了先进，鞭策了后进。“一查”即开展执法大检查，落实责任追究制，严格监督执法部门，依法行政、公正司法。五年来，共开展了87次执法检查，纠正了36个大的问题，维护了法律的尊严。“一督”即加强个案监督，实行问责制，严格督促执法部门依法行政、公正司法。五年来，先后对77起个案进行了监督，纠正了错案25件，维护了人民群众的合法权益。

2、突出监督重点，维护发展稳定。五年来，人大常委会从全县经济发展大局出发，贴近中心

抓重点，贴近基层抓难点，贴近群众抓热点，把改革发展稳定、群众切身利益、社会普遍关注的重大问题作为监督重点，先后听取和审议“一府两院”工作汇报73次，提出合理化建议223条，督促解决具体问题156个。通过重点监督，有力地促进了全县的经济发展、社会稳定，维护了人民群众的根本利益。第一，围绕改革发展稳定大局开展监督，打造德政工程。五年来，人大常委把财政预算和管理、企业改制、产业强县、工业优先、城镇建设、教育发展、劳动保障和再就业等事关我县改革发展稳定大局的全局性问题，作为监督重点，在深入调研的基础上，先后19次听取政府专题报告，提出了59条建设性意见，解决了39个问题，促进了我县经济社会的健康发展。第二，围绕群众切身利益开展监督，打造民利工程。五年来，人大常委会抓住治理“三乱”、落实“两免一补”政策、退耕还林补贴、减轻农民负担、水库保安、人畜饮水、建设社会主义新农村、建设新型农村合作医疗机制、最低生活保障和五保户供养、通村公路建设、环境保护等事关人民群众切身利益的根本性问题，组织常委会组成人员，邀请部分省、市、县人大代表，采取专题调查。在深入调查的基础上先后29次听取政府的汇报，向政府提出了87条建设性意见，促使政府解决了59个问题，收到了好的效果，从而保障了人民的根本利益，维护了社会的稳定。第三，围绕社会普遍关注的重大问题开展监督，打造民心工程。五年来，人大常委会针对群众关注的“十一五”规划编制、网吧管理、计生队伍建设、社会抚养费征收、扶贫综合开发、打击刑事犯罪、预防职务犯罪、民事案件审判、市场物价、农村客运等热点问题。在深入调查的基础上先后25次听取“一府两院”的专题汇报，向“一府两院”提出了77条建设性意见。事后又组织人大常委会委员和代表采取现场查看、民意调查、视察评议和审议票决相结合的办法，依法行使监督职权，解决了58个具体问题，维护了群众的合法利益，赢得了民心。

3、加大监督力度，确保监督效果。五年来，人大常委会为了确保监督效果，实行五种机制加大监督力度。一是实行审议意见交办制。五年来，人大常委会在听取和审议“一府两院”工作汇报时，一律实行审议意见交办，限期整改，并在下次会议上汇报整改情况。二是实行评价工作汇报制。五年来，人大常委会在听取和审议“一府两院”工作汇报后，对工作汇报一律实行委员满意度测评，如果不满意率超过50%以上的，实行再次听取汇报，直到整改落实满意为止。五年中，有9个单位的汇报在审议中没有通过，被要求再次汇报，其中有一个单位经过两次汇报才得以通过。三是实行执法责任制。五年来，人大常委会为了加大法律监督力度，建立了执法范围法定化、执法工作程序化、执法文书规范化，实行错案和执法过错责任追究的“三化一制”责任制。并与26个执法单位签订了《执法责任状》，实行了定性评分和定量评分相结合的办法，定期或不定期地进行检查评估，对优秀的给予奖励，对不合格者实行黄牌警告。四是实行检查督办制。五年来，人大常委会组织有关委员和工作委员会对人大常委会交办的审议意见，进行了37次跟踪抽样检查，采取实地察看，进行督办，督促整改到位。五是实行履职评价制。五年来，为了加大对人大任命人员的监督力度，督促他们认真履行职责，每年年底，人大常委会组织全体委员对被任命人员进行优秀、称职、不称职三个档次评价，如被评价人员优秀票达到80%以上的就授予“优秀人民公仆”称号，如不称职票超过50%以上的，就给予免职。

三、依法公正行使任免权，为“一府两院”班子建设做出了新贡献

五年来，人大常委会依法、公正任免国家机关工作人员306名，其中，任职249人，免职45人，接受辞职12人，为我县改革开放、社会稳定、经济发展提供了坚强的组织保证。

1、坚持“四个原则”，做到任人唯贤。一是坚持党管干部的原则，做到与县委保持高度一致。二是坚持群众公认的原则，做到充分尊重民意。三是坚持发扬民主的原则，做到集体决定。四是坚持依法办事的原则，做到严格依法、按程序办事。

2、严把“五关”，认真履行职责。一是严把党组审议关，认真研究，统一思想。二是严把任前调查关，深入调查，听取意见。三是严把任前法律知识考试关，对考试不及格者，暂缓任命。四是严把任中施政发言、询问关，鞭策被任命者履行自己的承诺。五是严把任中审议关，做到依法、公正行使表决权。

3、狠抓“六项措施”落实，突出任后监督。一是听取和审议工作汇报，进行工作监督。二是听取专项工作汇报，进行重点监督。三是建立执法责任制，进行法律监督。四是检查专项经费使用情况，进行廉政监督。五是述职评议，进行评议监督。六是年终评价，进行综合监督。

四、突出代表职能作用，在加强和改进代表工作上实现新突破

五年来，人大常委会采取多种措施，拓宽了代表履职空间，充实了代表活动内容，完善了代表工作机制，增强了代表履职效果。

1、健全制度，拓宽了代表履职平台。年来，人大常委会建立了“四个制度”，拓宽代表履职平台。一是建立联系代表制度。做到主任联片、委员联乡，保持与人大代表经常性联系，及时向代表传递政务信息，畅通了代表知情渠道。二是建立走访代表制度。五年来，人大常委组成人员先后走访代表1521人次，听取代表意见1700多条，帮助代表解决履职中存在的困难和问题80余个，畅通了代表履职渠道。三是健全代表列席常委会会议制度。五年来，邀请了96位省、市、县代表列席人大常委会会议，畅通了代表议政渠道。四是创新代表视察、调研和考察制度。五年来，共组织116名省、市、县代表，开展了21次专题视察、调研和考察活动，畅通了代表参政渠道。

2、开展活动，发挥了代表先进作用。五年来，人大常委会以经常性活动为载体，充分发挥代表参政议政作用。一是围绕工业化进程、公路建设、振羽新区开发、民办教育、农村医疗、扶贫开发等重点项目，组织代表开展了8次专题视察活动。二是围绕人大制度建设、换届选举、执法责任制落实、劳动保障与社会就业等重要课题，组织代表开展了6次专题调研活动。三是组织部分省、市、县代表到经济发达地区考察，解放了代表的思想，拓宽了代表的视野。四是组织代表对有关单位开展工作评议，发挥了代表参政议政作用。五是开展优秀议案、建议评选活动，激发了代表依法履职热情。六是在人大代表中广泛开展“人民选我当代表、我当代表为人民”的争先创优活动。在活动中，人大代表带头跑项争资、带头招商引资，带头创办农业生产基地，带头创办经济实体，带头创办公益事业，带头为民排忧解难，用他们的实际行动兑现了以民为本，为民谋富的庄严承诺。五年来共评选优秀代表147名。

3、督办议案、建议，保障了代表参政议政权力。五年来，人大代表向代表大会提出议案6件，

建议860件。人大常委会把议案、建议督办工作作为一件大事来抓，作为一件要事来办。一是落实责任，加大监督力度。建立常委会正、副主任、各工作委室、县乡联动监督体系，创建齐抓共管机制；制定办理工作责任追究办法，创建责任追究机制，增强了督办工作合力。二是创新方式，加大督办力度。采取现场督办、重点督办、联合督办、回访督办、延伸督办、媒体督办等多种方式，扩大督办面，狠抓“回头看”，强化督办工作效果。三是会议审议，会后实地察看，加大落实力度。人大常委会就取缔“慢慢游”等6件代表议案办理工作及每年的建议办理工作，先后听取县政府工作汇报11次，提出审议意见27条，交办审议意见8条，通过审议督办，彰显了代表的权力，优化了办理质量。

五、突出政权建设，在加强和指导乡镇人大工作上实现新突破

乡镇人大是我国政权建设的基础力量。为切实加强对乡镇人大工作的指导，人大常委会坚持以思想教育为先导，以制度建设为根本，以业务培训为基础，以目标管理为手段，推动了乡镇人大工作的创新发展。一是抓思想建设。为进一步增强乡镇人大工作者的自豪感、责任感和使命感，人大常委会把加强思想教育与解决实际问题结合起来，进一步调动了他们的工作积极性，激发了他们的工作创新活力。二是抓制度建设。实行人大常委会组成人员联乡镇制度，指导乡镇人大主席团进一步完善各项规章制度和代表工作制度，从而进一步规范了乡镇人大主席团工作。三是抓业务培训。坚持乡镇人大主席团主席列席人大常委会会议制度，提高乡镇人大主席团主席履职水平；举办以学习地方组织法、选举法、代表法、监督法为主要内容的专题培训班，提高乡镇人大主席团主席工作驾驭能力，组织他们到先进地区考察，使他们进一步解放了思想，拓宽了思路。四是抓目标管理。五年来，在乡镇人大开展了工作竞赛，实行了目标考核，共表彰了19个乡镇人大工作目标管理先进单位，激发了乡镇人大主席团主席立足本职、争先创优的政治热情。

六、突出执政为民理念，在加强和改进常委会机关自身建设上实现新突破

五年来，为适应新形势下人大工作的需要，人大常委会按照“创新好的机制、建设好的队伍、发扬好的作风、做出好的成绩”的目标要求，努力创建依法履职的权力机关，高效运转的工作机关，亲民务实的代表机关。

1、加强思想作风建设。五年来，人大常委会以“三讲”教育、党的先进性教育、党内民主生活会、纪念人大制度建立五十周年、学习监督法为契机，经常坚持政治学习不动摇，专业学习不放松，做到了思想认识到位、学习教育到位、自我剖析到位、整改措施到位。机关干部的责任意识、群众意识、全局意识有了明显提高。

2、加强人大制度建设。为构建以制度管权，以制度管人、以制度管事的制度管理体系，人大常委会加大了规范管理力度，突出了制度建设，先后制定了8项议事规则、14项工作监督办法、21项机关内务管理制度，使人大工作步入了规范化轨道。

3、加强机关廉政建设。人大常委会始终把廉政建设作为自身建设的重点，制定了反腐倡廉长效机制，开展了以“艰苦奋斗、廉洁从政”，“创建学习型机关、争做廉政型干部”等为主题的实践活动，组织机关干部认真学习廉政建设理论，狠抓法纪教育、道德教育、警示教育，强化了机关

干部廉政意识，增强了机关干部廉政实效。

4、加强机关作风建设。五年来，人大常委会始终把加强机关作风建设，作为自身建设的着力点。一是作风民主。无论是决定重大事项，还是研究中心工作，事前深入调查，事中集体表决，事后跟踪服务，做到思想上统一、步调上一致、行动上协调。二是作风务实。人大常委会主任按照县委的安排，先后参与了联系乡镇、县城开发、计划生育、扶贫开发、招商引资、企事业单位改制、修建县城防洪大堤等重要工作，出色地完成了任务，得到了县委的好评。人大机关干部积极参加县委安排的各项中心工作，在建整扶贫、联点创税、企业双联、“四民”活动、“三最”调研等各项工作中都取得了较好的成绩。五年来，人大机关连续被评为“双文明单位”、先后获得省、市、县各项奖励30多项，其中，人大机关老干工作、信访工作、企业“双联”工作等先后被省、市评为先进单位。

各位代表：

县十四届人大常委会取得的以上成绩，是得益于县委的正确领导，得益于人大代表、人大常委会组成人员和人大机关干部职工的共同努力，得益于“一府两院”和乡镇人大主席团的大力支持配合，得益于人民群众的有效监督，得益于离退休老领导的帮助指导，在此，我谨代表县十四届人大常委会向大家表示衷心的感谢！在看到成绩的同时，我们也清醒地认识到，人大常委会的工作还存在一些不足，主要是监督工作还存在薄弱环节，依法监督的力度还有待于进一步加强，代表的主体作用发挥得还不够充分，为代表依法履职提供的服务还需进一步完善等等，这些，人大常委会将高度重视，采取有效措施加以解决。

各位代表：

过去的五年，是全县上下认真贯彻落实科学发展观，抢抓机遇，共创和谐的五年，是我县社会发展取得新突破、人大工作取得新进展的五年。五年的工作实践，使我们深刻地体会到：

一是人大工作必须坚持党的领导。中国共产党是中国特色社会主义事业的领导核心。坚持党的领导是作好人大工作的政治保证，是一项不可动摇的基本原则。五年来的实践证明，坚持党的领导，既有利于加强党对人大工作的领导，又有利于发挥人大权力机关的职能作用，也有利于实现党的主张和人民意愿的有机结合。对于这一点，无论是现在还是将来，决不能有丝毫的怀疑和动摇。

二是人大工作必须坚持贯彻落实科学发展观。科学发展观是我国经济社会发展的重要指导方针，是发展中国特色社会主义必须坚持和贯彻的重大战略思想。坚持贯彻落实科学发展观，是做好人大工作的根本要求。我们必须用科学发展观来统领人大各项工作，这样，才能正确行使决议决定权、监督权和人事任免权，才能充分发挥人大的职能作用，才能得到人民的信任，才能真正得到人民的拥护和支持。

三是人大工作必须坚持严格依法办事。坚持依法办事是做好人大工作的基本准则。人大常委会必须严格依法按程序行使决议决定权、监督权和人事任免权，始终做到决定重大事项要依法、科学，开展监督工作要依法、高效，任命国家机关干部要依法、公正。五年来的实践证明，只有坚持严格依法办事，才能维护法律的严肃性，才能推进社会主义民主法制建设。

四是人大工作必须坚持依靠人大代表和人民群众。坚持依靠人大代表和人民群众是做好人大工作的基础和依托。人大代表是人民代表大会的主体，是党和国家联系人民群众的桥梁和纽带，要做好人大工作，就必须要依靠人大代表和人民群众。实践表明，只有紧紧依靠人大代表，充分相信人民群众，人大常委会的工作才会有坚实的群众基础，才会有不竭的动力源泉。

五是人大工作必须坚持加强自身建设。坚持加强自身建设，是做好人大工作的关键。人大常委会自身素质的高低，直接关系到人大权力的行使、直接关系到社会的稳定、直接关系到经济社会的发展、直接关系到人民群众的根本得益。事实证明，人大常委会只有加强自身建设，人大工作才能把握规律性、体现时代性、富有创造性。

对今后工作的建议

今后的五年，是我县实现科学发展、和谐发展、健康发展的重要时期，任务光荣而艰巨。新一届人大常委会要在中共邵阳县委的正确领导下，以邓小平理论和“三个代表”重要思想为指导，认真贯彻落实党的十七大精神，坚持把党的领导、人民当家作主和依法办事有机结合起来，坚持围绕全县工作大局履行职责，为推进社会主义民主法制建设，实现我县经济社会和谐发展而努力奋斗。

一、以宪法和法律为依据，在行使决议决定权上拓展作为

人大常委会行使决议决定权，是人民当家作主的直接体现，也是把党委意图转变为人民意志的重要方式。所以要着眼于全局，紧紧围绕县委的中心工作和重大决策，深入调查研究，通过法定程序科学地作出决议、决定。要重视决议、决定的贯彻执行，要加大对“一府两院”落实人大及其常委会决议决定的监督力度，通过监督权的行使保证决定权的实现。

二、以监督法为准绳，在强化监督上拓展作为

人大常委会要自觉遵守监督法，充分发挥监督权的优势，依法规范监督方式，严格执行监督程序，综合运用监督手段，努力增强监督实效。要进一步加强和改进工作监督，把关系到改革发展稳定大局和群众切身利益、社会普遍关注、群众普遍关心的热点、难点问题作为监督的重点，进行重点监督。要进一步加强和改进法律监督，有重点、有计划地选择与经济社会发展和人民群众生活密切相关的一些法律，开展执法检查。要搞好规范性文件的审查备案工作，保证法律法规的正确实施。要进一步加强和改进对干部的任命和监督，通过对工作评议、代表对工作测评等方式，把监督部门、监督工作、监督人员有机地结合起来，为县域经济发展提供有力的组织保障。

三、以强化服务为着力点，在创新代表工作上拓展作为

人大代表是人大工作的基础，是人民群众根本利益的忠实代言人，是推进各项事业发展的中坚力量。人大常委会要不断创新代表工作方式，着力提高代表素质和履职能力；要构建代表履职平台，拓宽代表知情参政渠道；要组织代表开展活动，充分发挥代表主体作用，激发代表参政议政热情；要创新思路，增强代表议案和建议办理实效，激发代表参政议政的积极性。

四、以制度建设为重点，在加强自身建设上拓展作为

加强制度建设，是坚持和完善人民代表大会制度的重要内容。人大常委会要着力加强制度建设，推进制度创新，要按照监督法规定，制定和出台工作监督暂行办法和法律监督暂行办法，要进一步完善人事任免暂行办法，促进人大工作的制度化、规范化。在加强人大常委会制度建设的同时，还要进一步加强对人大机关的思想、组织、作风、制度建设，全面推进机关效能建设，为人大及其常委会依法履职提供可靠保障。

各位代表：

时代赋予我们神圣的使命，人民寄予我们殷切的期望。让我们高举中国特色社会主义伟大旗帜，以十七大会议精神为指导，在县委的正确领导下，以富民强县、赶超晋位为己任，激发一切创造活力，汇聚一切发展资源，把心思用在促进发展上，把精力用在为民造福上，把智慧用在干好工作上，把热情用在构建和谐上，以奋发昂扬的斗志，以开拓创新的精神，以求真务实的作风，为建设一个增强实力、迸发活力、彰显魅力的新邵阳而奋斗！

第二节 第二次会议

邵阳县第十五届人民代表大会第二次会议于2008年4月15日至18日召开，会期4天。

本次会议与会代表分10个代表团，各代表团正副团长分别是：第一代表团（塘渡口镇代表）团长刘诗珍、副团长黄洪华；第二代表团（五峰铺镇和金江乡代表）团长许保喜、副团长吕小靖、唐志朴；第三代表团（九公桥镇和金称市镇代表）团长郭跃忠、副团长莫海天、朱绮华；第四代表团（塘田市镇、岩口铺镇和黄塘乡代表）团长陈志明、副团长周挺、唐剑平、李晓东、莫文刚；第五代表团（黄亭市镇、黄荆乡和机关一组代表）团长吴忠友、副团长周国华、周林涛、刘灯红；第六代表团（谷洲镇、河伯乡和机关二组代表）团长唐向龙、副团长钱东平、钱沸涛、唐荣贵；第七代表团（长阳铺镇、小溪市乡和蔡桥乡代表）团长唐国纯、副团长张剑球、刘林晖、邓亮华；第八代表团（下花桥镇、霞塘云乡和机关三组代表）团长伍湘平、副团长吕华平、刘文龙、王立生；第九代表团（郦家坪镇、长乐乡和罗城乡代表）团长肖剑、副团长谭拥军、李伟军、周卫东；第十代表团（白仓镇和诸甲亭乡代表）团长唐建国、副团长郭彬、李红辉。

本次会议的议程有以下7项：听取和审议县人民政府工作报告，并作出相应的决议；审查县人民政府计划工作报告，并作出相应的决议；审查县人民政府财政工作报告，并作出相应的决议；听取和审议县人民代表大会常务委员会工作报告，并作出相应的决议；听取和审议县人民法院工作报告，并作出相应的决议；听取和审议县人民检察院工作报告，并作出相应的决议；表彰2007年度执法责任制目标管理先进单位、乡镇人大工作“争先创优”竞赛活动先进单位、人大工作先进个人。

4月15日上午，为大会报到时间。同日，举行召集人及工作人员会议、本次会议预备会议，党员代表会议、主席团第一次会议，宣布蒋耀华、黎德生、赵湘明、吴劲松、王琪、王运发、王满元、邓星强、刘文贤、刘长明、刘连生、肖小大、肖湘政、屈校林、赵叶飞、钟经球、唐红艳、唐益发、唐清洲、谢胜良、谢树新、蒋久鸿、蒋利军、廖献国、颜寿生25人为本次会议临时党组成员，蒋耀华任党组书记，黎德生、赵湘明、吴劲松任党组副书记；通过马运华、王运发、邓星强、刘长明、刘文贤、刘平国、刘连生、刘诗珍、刘绍波、刘桂林、朱清平、伍湘平、许保喜、李学军、肖剑、肖湘政、吴飞翔、吴劲松、吴忠友、陈云峰、陈志明、陈定岗、罗洪、罗立华、周祥平、赵湘明、胡娴春、钟经球、莫夠良、郭跃忠、郭跃德、唐向龙、唐红艳、唐国华、唐国纯、唐建国、唐清洲、蒋文平、蒋梅娥、蒋耀华、谢卫东、谢树新、黎德生、颜寿生44人为本次会议主席团成员，蒋耀华、黎德生、赵湘明、刘桂林、吴劲松、刘文贤、唐红艳、刘长明、钟经球、谢树新、刘连生、颜寿生、肖湘政、邓星强、蒋梅娥任常务主席，刘连生兼秘书长；通过刘连生、蒋文平、邓亮华、伍芬东、孙雨晴、唐剑平6人为本次会议议案审查委员会成员，刘连生任主任委员，蒋文平任副主任委员；通过颜寿生、陈定岗、王满元、艾海柱、刘诗珍、李奇生6人为本次会议财政预算委员会成员，颜寿生任主任委员，陈定岗任副主任委员。

4月16日上午，举行本次会议第一次全体会议，会议分别在县委大礼堂（主会场）和县政府七楼会议室（分会场）举行，主席团常务主席黎德生主持会议；县人民政府县长赵湘明向大会作了《县人民政府工作报告》，报告称：2007年，全县经济效益显著提高，规模工业快速成长，基地建设初见成效，县城建设步伐加快，项目建设抓实推进，各项社会事业协调发展，县政府年初计划的八件实事圆满完成，民主政治健康发展。当日下午，以代表团为单位审议《县人民政府工作报告》。

4月17日上午，在县委大礼堂举行本次会议第二次全体会议，主席团常务主席刘连生主持会议。县人大常委会主任黎德生向大会作了《县人大常委会工作报告》，报告称：2007年，县人大常委会较好地完成了十四届人大第六次会议和十五届人大第一次会议所确定的工作目标，县人大所作的决定切合全县经济发展的新要求，各项监督工作取得了新业绩，人事任免工作推出了新举措，政权建设凸显出新亮点，人大机关建设迈出了新步伐。随后，县人民法院院长周继耐和县人民检察院检察长孙在启分别在会上作了《县人民法院工作报告》和《县人民检察院工作报告》。当日下午，与会代表分团讨论审查以上三个工作报告。下午4时，在县政府常务会议室举行主席团第二次会议，听取议案审查委员会《关于代表所提议案审查情况的汇报》、财政预算审查委员会《关于财政预算审查情况的汇报》和各代表团对4个工作报告讨论审查情况的汇报，讨论了各项决议草案并决定提交大会表决。

4月18日上午，在县委大礼堂举行本次会议第三次全体会议，主席团常务主席颜寿生主持会议。会议表彰了金称市镇人大主席团、下花桥镇人大主席团、塘田市镇人大主席团、白仓镇人大主席团、塘渡口镇人大主席团、郦家坪镇人大主席团、九公桥镇人大主席团、诸甲亭乡人大主席团等8个2007年度乡镇人大工作争先创优竞赛活动先进单位和唐剑平等21名（名单见第四编第二章第七节《优秀县人大代表名录》）2007年度人大工作先进个人；表决通过了本次会议的7项决议；县人大常委会副主任刘连生在会上作了《关于代表议案、建议、批评和意见审查情况的报告》；中共邵阳县委书记蒋耀华在会上发表了讲话。上午12时，大会闭幕。

本次会议特邀人员有：县委常委李红平、唐定明、曾志红、邹昕晔、陈小飞、吴劲松、县人武部部长李忠生；县委调研员杨自祥、王卓明；县政协主席吕敬忠；正县级离退休干部张玉庭、艾润身、刘仕继、李帮能、李志茂、蒋利民、王善祥、张必烈、陈卫国；县人大常委会原副主任段义君、陆远阶、银祥集、黎佐成、羊正君、阮国仲、颜翠兰、唐汉林；邵阳市九公桥煤矿矿长刘正平；全国十一届人大代表王石齐，省人大代表粟建国、唐军良。

本次会议列席人员有：县人民政府副县长胡迪芬、廖云飞、罗翔国、李军；县政协副主席吴孝仁、刘慈祥、陈满莲、罗耀国、吕平、艾翠娥、凌容生；县人民法院院长周继耐和县人民检察院检察长孙在启；县委党校校长唐胜祥；以及县人民政府组成单位负责人、县直属机关负责人、不是县人大代表的县人大常委会各委室负责人、各乡镇场党委书记、各乡镇人大主席或副主席、各乡镇长、出席县政协七届二次会议的全体县政协委员。

本次会议共通过7项决议：1、关于代表所提议案的决议；2、关于县人民政府工作报告的决议；3、关于县人大常委会工作报告的决议；4、关于县人民政府计划工作报告的决议；5、关于县人民政府财政工作报告的决议；6、关于县人民法院工作报告的决议；7、关于县人民检察院工作报告的决议。

第三节　第三次会议

邵阳县第十五届人民代表大会第三次会议于2009年3月9日至13日召开，会期5天。

邵阳县第十五届人民代表大会第一次会议实有代表316名，第二次会议时实有代

表314名，第二次会议后，王成章、吴劲松、谢卫东、屈校林、刘灯红5位代表因工作调离邵阳县，依照代表法的规定，其代表资格自然消失；原周林涛代表因不宜担任县人大代表职务，提出辞职请求，第十五届县人大常委会第八次会议接受了他的辞职请求，依照代表法的有关规定，终止其代表资格；李峥伟代表因病去世，其代表资格自然消失。另第十五届人民代表大会第二次会议期间，在下花桥镇和五峰铺镇分别依法补选袁玉华和林彦博为第十五届县人大代表；本次会议实有代表309名，分10个代表团，各代表团正副团长分别是：第一代表团团长刘诗珍，副团长黄洪华；第二代表团团长许保喜，副团长唐志朴；第三代表团团长周挺，副团长莫海天、莫文刚；第四代表团团长唐剑平，副团长陈志明；第五代表团团长吴忠友，副团长周国华、唐明亮；第六代表团团长唐向龙，副团长钱东平、钱沸涛、唐荣贵；第七代表团团长唐国纯，副团长邓亮华；第八代表团团长吕华平，副团长伍湘平、王立生；第九代表团团长肖剑，副团长谭拥军、李伟军、周卫东；第十代表团团长郭彬，副团长吕晓清。

邵阳县第十五届人民代表大会第三次会议有以下7项议程：听取审议2008年度县人民政府工作报告；听取和审查2008年度县人民政府计划工作报告；听取和审查2008年度县人民政府财政工作报告；听取和审查2008年度县人大常委会工作报告；听取和审查2008年度县人民法院工作报告；听取和审查2008年度县人民检察院工作报告；表彰2008年度执法责任制目标管理先进单位、乡镇人大主席团“争先创优”竞赛活动先进单位、“优秀人民公仆”、优秀县人大代表。

3月9日下午，各代表团召集人和各乡镇人大主席团主席（含主席人选）、副主席（含副主席人选）、秘书和大会工作人员在县委招待所报到。

3月10日，先后召开了召集人及工作人员会议、代表中的党员会议和大会主席团第一次会议，宣布蒋耀华、黎德生、赵湘明、袁玉华、王琪、王运发、王满元、邓星强、刘文贤、刘长明、刘连生、孙雨晴、朱绮华、肖小大、肖湘政、林彦博、赵叶飞、钟经球、唐红艳、唐益发、唐清洲、蒋利军、谢树新、谢胜良、廖献国、颜寿生26人为本次会议临时党组成员，蒋耀华任党组书记，黎德生、赵湘明、袁玉华任党组副书记；另10个代表团分别建立了临时党支部；通过马运华、王运发、邓星强、刘文贤、刘长明、刘平国、刘连生、刘绍波、刘诗珍、刘桂林、吕华平、朱清平、许保喜、吴飞翔、吴忠友、李学军、肖剑、肖湘政、陈云峰、陈定岗、周挺、周祥平、林彦博、罗洪、罗立华、胡娴春、赵湘明、钟经球、唐向龙、唐红艳、唐国华、唐国纯、唐剑平、唐清洲、莫列良、袁玉华、郭彬、郭跃德、蒋文平、蒋梅娥、蒋耀华、谢树新、颜寿生、黎德生44人为本次会议主席团成员，蒋耀华、黎德生、赵湘明、刘桂林、袁玉华、刘文贤、唐红艳、刘长明、钟经球、林彦博、谢树新、刘连生、颜寿生、肖湘政、邓星强、蒋梅娥16人任常务主席，刘连生兼秘书长。伍芬东、吴飞翔、肖祥玉、陈定岗、蒋文平5人为副秘书长；通过刘连生、蒋文平、邓亮华、伍芬东、孙雨晴、唐剑平6人为本次会议议案审查委员会成员，刘连生任主任委员，蒋文平任副主任委员；通过颜寿生、陈定岗、王满元、艾海柱、刘诗珍、李奇生6人为本次会议财政预算审查委员会成员，颜寿生任主任委员，陈定岗任副主任委员。

3月11日上午，举行本次会议第一次全体会议，大会会场分别设于县委大礼堂（主会场）和县政府七楼会议室（分会场），主席团常务主席黎德生主持会议。开幕式后，县人民政府县长赵湘明向大会作了《县人民政府工作报告》。报告分《2008年工作回顾》《2009年政府工作的目标和任务》和《努力改进政府工作》3个部分。报告展示了2008年全县经济工作的成绩和工作中的困难及不足，提出了2009年全县经济发展的思路，从科学发展、依法行政、真抓实干、优化环境、廉洁从政等5个方面提出了改进政府工作的措施。大会听取《县政府工作报告》后，县发展和计划改革局局长唐军良和县财政局局长唐荣贵分别在会上作了《关于邵阳县2008年国民经济和社会发展计划执行情况与2009年国民经济和社会发展计划（草案）的报告》以及《关于2008年预算执行情况与2009年财政预算（草案）的报告》。当日下午，与会代表分团讨论审查3个报告。

3月12日上午，在县委大礼堂举行本次会议第二次全体会议，主席团常务主席刘连生主持会议，县人大常委会主任黎德生在会上作了《县人大常委会工作报告》。黎德生在报告中回顾，2008年县人大常委会主要做了6个方面的工作，即：决定重大事项促发展，履行监督职能重实效，行使任免职权严把关，夯实代表工作强基础，指导乡镇人大工作抓关键，加强自身建设树形象。黎德生做完《县人大常委会工作报告》后，县人民法院院长周继耐和县人民检察院检察长孙在启分别向大分作了《县人民法院工作报告》和《县人民检察院工作报告》。

当日下午，与会代表分团讨论。下午4时，主席团举行第二次会议，先后听取议案审查委员会关于《代表所提议案审查情况的汇报》和财政预算审查委员会关于《财政预算审查情况的汇报》；听取各代表团关于审查6个工作报告情况的汇报，讨论了各项决议草案并决定提交大会表决。

3月13日上午，举行本次会议第三次全体会议，主席团常务主席颜寿生主持会议，大会表彰了县人民法院、县民政局、县监察局、县人民检察院、县财政局、县城管行政执法局、县人口和计划生育局、县交通局、县林业局、县药监局等10个2008年度执法责任制目标管理先进单位，表彰塘渡口镇人大主席团、罗城乡人大主席团、金称市镇人大主席团、岩口铺镇人大主席团、郦家坪镇人大主席团、下花桥镇人大主席团6

个2008年度人大主席团"争先创优"竞赛活动先进单位；授予伍芬东"优秀人民公仆"荣誉称号，授予杨勋等36人（名单见第四编第二章第七节《优秀县人大代表名录》）"2008年度优秀人大代表"称号。接着，本次会议议案审查委员会作了《关于代表议案、建议、批评和意见审查情况的报告》；表决通过了本次会议所做的各项决议；中共邵阳县委书记蒋耀华发表讲话。

最后，主持人宣布邵阳县第十五届人民代表大会第三次会议闭幕。

本次会议特邀人员有县委常委李红平、唐定明、曾志红、陈小飞；县人武部部长李忠生、县人武部政委田连中；县政协在职正县级干部吕敬忠、艾翠娥；县委调研员杨自祥、王卓明；正县级离退休干部张必烈、张玉庭、刘仕继、李帮能、李志茂、蒋利民、王善祥、陈卫国；县人大常委会原副主任段义君、陆远阶、银祥集、黎佐成、羊正君、阮国仲、颜翠兰、唐汉林；十一届省人大代表粟建国、唐军良；市属九公桥煤矿矿长刘正平。

本次会议列席人员有：县人民政府副县长胡迪芬、罗翔国、李军，七届县政协副主席吴孝仁、刘慈祥、陈满莲、罗耀国、吕平，县人民法院院长周继耐，县人民检察院检察长孙在启，县委党校校长邓星耀，县委副调研员蒋水源、廖庆元、阮晴生、陈学军、钱选清、胡汉荣、林涛、唐胜祥，县政府副调研员谭斌、杨天顺、李栋梁、李中华、吕老幸、杨爱国、刘犇、邓小辉、钟彪；以及县人民政府组成单位负责人、县直属机关负责人、不是县人大代表的县人大常委会各委室负责人、各乡镇场党委书记、各乡镇人大主席或副主席、各乡镇长、出席县政协七届三次会议的全体县政协委员。

本次会议共做出以下7项决议：1、《关于代表所提议案的决议》；2、《关于县人民政府工作报告的决议》；3、《关于县人大常委会工作报告的决议》；4、《关于县人民政府计划工作报告的决议》；5、《关于县人民政府财政工作报告的决议》；6、《关于县人民法院工作报告的决议》；7、《关于县人民检察院工作报告的决议》。

第四节　第四次会议

邵阳县第十五届人民代表大会第四次会议于2010年3月2日至5日召开，会期4天。

本次会议有与会代表307人，分10个代表团。其中：第一代表团由塘渡口镇代表组成，有代表32人，团长王琪，副团长刘诗珍、黄洪华；第二代表团由五峰铺镇代表组成，有代表29人，团长谢胜良，副团长许保喜；第三代表团由九公桥镇和岩口铺镇代表组成，有代表29人，团长王满元，副团长蒋久鸿、周挺、莫海天、莫文刚；第四代表团由塘田市镇、金称市镇和黄塘乡代表组成，有代表 33 人，团长朱绮华，副团长唐剑平、唐向龙、陈志明；第五代表团由黄亭市镇、黄荆乡和机关一组代表组成，有代表 29 人，团长姜佳良，副团长刘文龙、吴忠友、周国华、邓小林；第六代表团由谷洲镇、河伯乡和机关二组代表组成，有代表 29 人，团长蒋利军，副团长钱东平、唐荣贵；第七代表团由长阳铺镇、小溪市乡和蔡桥乡代表组成，有代表 33 人，团长唐国纯，副团长邓亮华；第八代表团由下花桥镇、霞塘云乡和机关三组代表组成，有代表 29 人，团长吕华平，副团长伍湘平、王立生；第九代表团由郦家坪镇、长乐乡和罗城乡代表组成，有代表 31 人，团长肖剑，副团长谭拥军、李伟军、周卫东；第十代表团由白仓镇、诸甲亭乡和金江乡代表组成，有代表 32 人，团长郭彬，副团长吕晓清。

本次会议特邀人员有县委常委李红平、唐定明、曾志红、陈小飞、李忠生、周极宏，县人武部政委田连中，县政协在职正县级领导艾翠娥，县委调研员王卓明，正县级离退休干部张玉庭、刘仕继、李帮能、李志茂、王善祥、张必烈、陈卫国、吕敬忠、杨自祥，县人大常委会原副主任段义君、陆远阶、银祥集、黎佐成、羊正君、阮国仲、颜翠兰、唐汉林，县内十一届省人大代表粟建国、唐军良，邵阳市九公桥煤矿矿长何志瑛。

本次会议列席人员有：县人民政府副县长胡迪芬、罗翔国、李军、欧志文，县七届政协副主席吴孝仁、刘慈祥、陈满莲、罗耀国、吕平；县人民法院院长周继耐、县人民检察院检察长孙在启、县委党校校长邓星耀；县委副调研员和副县级干部蒋水源、廖庆元、阮晴生、陈学军、钱选清、胡汉荣、林涛、唐胜祥，县政府副调研员、副县级干部谭斌、李中华、吕老幸、杨爱国、刘垈、邓小辉、钟彪、吕保华，县长助理贾文；以及县人民政府组成单位负责人、县直属机关负责人、不是县人大代表的县人大常委会各委室负责人、各乡镇场党委书记、各乡镇人大主席团常务主席或副主席、各乡镇长、出席县政协七届四次会议的全体县政协委员。

本次会议议程有 7 项：听取和审查邵阳县人民政府工作报告；听取、审查和批准邵阳县 2009 年国民经济和社会发展计划执行情况与 2010 年国民经济和社会发展计划（草案）的报告，批准邵阳县 2010 年国民经济和社会发展计划；听取、审查和批准邵阳县 2009 年财政预算执行情况与 2010 年财政预算（草案）的报告，批准邵阳县 2010 年财政预算；听取和审查邵阳县人民代表大会常务委员会工作报告；听取和审查邵阳县人民法院工作报告；听取和审查邵阳县人民检察院工作报告；表彰“优秀人民公仆”、2009 年度执法责任制目标管理先进单位、乡镇人大主席团“争先创优”活动先进单位和优秀县人大代表。

各代表团召集人、各乡镇人大正副主席（含人选）、秘书和大会工作人员与会前一天报到。3月2日，全体代表、特邀人员、列席人员到县委招待所报到。同日，先后召开了召集人及工作人员会议、党员代表会议、预备会议和主席团第一次会议。

本次会议临时党组由蒋耀华、黎德生、赵湘明、袁玉华、王琪、王运发、王满元、邓星强、刘文贤、刘长明、刘连生、朱绮华、肖小大、肖湘政、林彦博、姜佳良、赵叶飞、钟经球、唐红艳、唐益发、唐清洲、蒋利军、谢树新、谢胜良、廖献国、颜寿生26人组成，蒋耀华任党组书记，黎德生、赵湘明、袁玉华任党组副书记。

本次会议大会主席团由马运华、王运发、邓星强、刘文贤、刘长明、刘平国、刘连生、刘绍波、刘诗珍、刘桂林、吕华平、朱清平、许保喜、吴飞翔、吴忠友、李学军、肖剑、肖湘政、陈云峰、陈定岗、周挺、周祥平、林彦博、罗洪、罗立华、胡娴春、赵湘明、钟经球、唐红艳、唐国华、唐国纯、唐剑平、唐清洲、莫列良、袁玉华、郭彬、郭跃德、钱东平、蒋文平、蒋梅娥、蒋耀华、谢树新、颜寿生、黎德生44人组成，蒋耀华、黎德生、赵湘明、刘桂林、袁玉华、刘文贤、唐红艳、刘长明、钟经球、林彦博、谢树新、刘连生、颜寿生、肖湘政、邓星强、蒋梅娥任常务主席，刘连生兼秘书长。

本次会议议案审查委员会由刘连生、蒋文平、王琪、邓亮华、伍芬东、唐剑平6人组成，刘连生任主任委员，蒋文平任副主任委员。

本次会议财政预算委员会由颜寿生、陈定岗、王满元、艾海柱、刘诗珍、李奇生6人组成，颜寿生任主任委员，陈定岗任副主任委员。

3月3日上午，在县委大礼堂（主会场）和县政府七楼会议室（分会场）举行本次会议第一次全体会议，主席团常务主席黎德生主持会议。开幕式后，县人民政府县长赵湘明向大会作《县人民政府工作报告》，报告回顾了2009年的全县经济形势和政府工作。赵湘明说：2009年全县经济增长加快，经济效益持续提升；规模工业增长，农业创出品牌；社会消费日趋活跃，招商引资取得突破；财政金融运行平衡，发展后劲增长；城镇建设加快，城镇网络结构改善；赵湘明在报告中，对2010年的政府工作提出了具体思路。

赵湘明作完《政府工作报告》后，县发展和改革局局长唐军良作了《关于邵阳县2009年国民经济和社会发展计划执行情况与2010年国民经济和社会发展计划（草案）的报告》，县财政局局长唐荣贵作了《关于2009年财政预算执行情况与2010年财政预算（草案）的报告》。当日下午，与会代表分团讨论审查了3个报告。

3月4日上午，在县委大礼堂举行本次会议第二次会议，主席团常务主席刘连生主持会议，县人大常委会主任黎德生作了《县人大常委会工作报告》。黎德生在回顾2009年县人大常委会工作时说：2009年，是县人大常委会秉承民意，认真履职，各项工作拓展新作为的一年。一年来，县人大常委会在中共邵阳县委的领导下，以促进发展为主线，科学决策重大事项；以关注民生为重点，依法开展监督工作；以严格把关为推手，着力规范任免工作；以优质服务为平台，充分展示代表风采；以联系指导为桥梁，推进乡镇人大建设；以提升效能为目标，打造自身建设亮点。

然后，县人民法院院长周继耐和县人民检察院代检察长孙在启分别作了《县人民法院工作报告》和《县人民检察院工作报告》。当日下午，与会代表继续分团讨论审查县政府、县人大常委会、县法院、县检察院、县计划发展局、县财政局所作的6个《工作报告》。下午4时，主席团举行第二次会议，先后听取议案审查委员会关于《代表所提议案审查情况的汇报》、听取财政预算审查委员会关于《财政预算审查情况的汇报》；听取各代表团团长关于审查6个工作报告的情况汇报；讨论了各项决议草案，并决定提交大会表决。

3月5日上午，举行本次会议第三次全体会议，主席团常务主席黎德生主持会议。大会表彰县检察院、县监察局、县审计局、县国税局、县计生局、县财政局、县民政局、县农业局、县建设局、县劳动局、县畜牧水产局、县工商局为2009年度执法责任制目标管理先进单位；表彰塘渡口镇人大主席团、霞塘云乡人大主席团、黄荆乡人大主席团、岩口铺镇人大主席团、郦家坪镇人大主席团、白仓镇人大主席团为2009年度乡镇人大主席团争先创优活动先进单位；表彰罗立华等39人（名单见第四编第二章第九节《优秀县人大代表名录》）为2010年度全县优秀人大代表；授予孙在启“优秀人民公仆”荣誉称号。表彰仪式结束后，本次会议议案审查委员会主任委员刘连生作了《关于代表议案、建议、批评和意见审查情况的汇报》；大会表决通过了本次会议所作的各项决议。

本次会议共通过7项决议：1、《关于代表所提议案的决议》；2、《关于县人民政府工作报告的决议》；3、《关于县人大常委会工作报告的决议》；4、《关于县人民政府计划工作报告的决议》；5、《关于县人民政府财政工作报告的决议》；6、《关于县人民法院工作报告的决议》；7、《关于县人民检察院工作报告的决议》。

第五节　第五次会议

邵阳县第十五届人民代表大会第五次会议于2011年3月12日至16日召开，会期5天。

邵阳第十五届人民代表大会第四次会议实有代表306名，第四次会议后，因工作需要，依照法律程序，在郦家坪镇、河伯乡分别补选周自珍、吕天妮为第十五届县人大代表，本次会议共有代表308名代表（名单见第四编《人物》第二章《人物名录》第二节《历届县人大代表名录》）。分10个代表团，各代表团正副团长分别是：第一代表团团长刘诗珍，副团长黄洪华；第二代表团团长唐志朴，副团长许保喜；第三代表团团长周挺，副团长莫海天、莫文刚；第四代表团团长唐剑平，副团长唐向龙、陈志明；第五代表团团长吴忠友，副团长邓小林；第六代表团团长钱东平，副团长唐荣贵；第七代表团团长唐国纯，副团长邓亮华；第八代表团团长肖剑，副团长伍湘平、吕华平、王立生；第九代表团团长周卫东，副团长谭拥军、李伟军；第十代表团团长郭彬，副团长吕晓清。

各代表团召集人、各乡镇人大主席团正副主席（含人选）、秘书和大会工作人员与会前一天在县委招待所报到。3月12日，全体代表、特邀人员、列席人员报到。同日，先后召开了召集人及工作人员会议、预备会议、党员代表会议和主席团第一次会议。

本次会议临时党组由蒋耀华、黎德生、赵湘明、袁玉华、王琪、王运发、王满元、邓星强、刘文贤、刘长明、刘连生、朱绮华、肖小大、肖湘政、林彦博、姜佳良、赵叶飞、钟经球、唐红艳、唐益发、唐清洲、蒋利军、谢树新、谢胜良、廖献国、颜寿生26人组成，蒋耀任任临时党组书记，黎德生、赵湘明、袁玉华任临时党组副书记；另各代表团均成立中共临时党支部。

本次会议主席团由马运华、王运发、邓星强、刘文贤、刘长明、刘平国、刘连生、刘绍波、刘诗珍、刘桂林、朱清平、吴飞翔、吴忠友、李学军、肖剑、肖湘政、陈云峰、陈定岗、周挺、周卫东、周祥平、林彦博、罗洪、罗立华、胡娴春、赵湘明、钟经球、唐红艳、唐志朴、唐国华、唐国纯、唐剑平、唐清洲、莫列良、袁玉华、郭彬、郭跃德、钱东平、蒋文平、蒋梅娥、蒋耀华、谢树新、颜寿生、黎德生44人组成；蒋耀华、黎德生、赵湘明、刘桂林、袁玉华、刘文贤、唐红艳、刘长明、钟经球、林彦博、谢树新、刘连生、颜寿生、肖湘政、邓星强、蒋梅娥16人任常务主席，刘连生兼秘书长；另经本次会议主席团第一次会议通过，伍芬东、吴飞翔、肖祥玉、陈定岗、罗立华、蒋文平为本次会议副秘书长。

本次会议设有《“十二五”规划纲要》审查委员会，其成员由颜寿生、陈定岗、艾海柱、伍亮武、李柏平、肖小大、胡娴春、黄洪华8人组成，颜寿生任主任委员，陈定岗任副主任委员。

本次会议议案审查委员会由刘连生、蒋文平、王琪、邓亮华、伍芬东、唐剑平6人组成，刘连生任主任委员，蒋文平任副主任委员。

本次会议财政预算委员会由颜寿生、陈定岗、王满元、艾海柱、刘诗珍、李奇生6人组成，颜寿生任主任委员，陈定岗任副主任委员。

3月13日上午，在县委大礼堂（主会场）和县政府七楼会议室（分会场）举行本次会议第一次全体会议，主席团常务主席黎德生主持会议。县人民政府县长赵湘明向大会作《县人民政府工作报告》，报告说：过去5年，是邵阳县综合实力提升最快的五年，是邵阳县基础设施变化最大的五年，是邵阳县产业发展最好的五年，是人民群众受惠最多的五年，是全县民主法制普及最广的五年。赵湘明在报告中还提出“十二五”规划期间全县经济社会发展的总体思路和任务。赵湘明作完《政府工作报告》后，县人大常委会副主任刘连生作了本次会议《选举工作报告》；大会表决通过了本次会议选举办法。

当日下午，与会代表分团讨论。下午4时，主席团举行第二次会议，中共邵阳县委向大会主席团提名县人民检察院检察长和需在本次会议补选的第十五届县人大常委会委员候选人，主席团向各代表团推荐了上述候选人。

3月14日上午，在县委大礼堂举行本次会议第二次全体会议，主席团常务主席刘连生主持会议，县人大常委会主任黎德生作了《县人大常委会工作报告》，报告总结了县人大常委会在2010年做出的5个方面的成绩，即：着眼全局，服务发展，人大决定更加科学；关注民生，注重公平，监督工作更加有力；严格把关，跟踪监督，人事任免更加规范；创新形式，加强联系，代表工作更富活力；提升素质，提高效能，自身建设更具实效。黎德生还在报告中，对2011年县人大常委会的工作，提出了“坚持一个主题，突出两个重点，紧扣三个环节，围绕四个加强，做实五项工作”的工作设想。

大会在听取黎德生的《县人大常委会工作报告》后，又分别听取了县人民法院院长周继耐和县人民检察院代检察长吴青山所作的《县人民法院工作报告》和《县人民检察院工作报告》。当日下午，与会代表分团参加了讨论。

3月15日，各代表团继续讨论审查县人民政府制订的《“十二五”规划纲要》和本次会议所作的7个工作报告；讨论酝酿了县人民检察院检察长和需补选的县人大常委会委员候选人。下午4时，主席团举行第三次会议，先后听取议案审查委员会关于《代表所提议案审查情况的汇报》、听取财政预算审查委员会关于《财政预算审查情况的汇报》、规划纲要审查委员会关于《“十二五”规划纲要审查情况的汇报》、各代表团对县人民检察院检察长和补选的县人大常委会委员候选人酝酿情况的汇报；确定了县人民检察院检察长和县人大常委会委员正式候选人。

3月16日上午8时半，在县委大礼堂举行本次会议第三次全体会议，主席团常务主席蒋耀华主持会议，大会以无记名投票方式，选举吴青山为县人民检察院检察长，补选周自珍、吕天妮为第十五届县人大常委会委员。

3月16日上午10时半，接着在县委大礼堂举行本次会议第四次全体会议，主席团常务主席黎德生主持会议。大会表彰县烟草局、县法院、县公安局、县民政局、县国土资源局、县人口与计划生育局、县财政局、县审计局、县建设局、县安监局、县公路局、县劳动和社会保障局、县检察院、县畜牧水产局、县农业局、县地税局16个单位为2010年度执法责任制目标管理先进单位；表彰金称市镇人大主席团、五峰铺镇人大主席团、郦家坪镇人大主席团、岩口铺镇人大主席团、塘渡口镇人大主席团、白仓镇人大主席团、九公桥镇人大主席团、蔡桥乡人大主席团、黄塘乡人大主席团为2010年度乡镇人大工作争先创优活动先进单位；表彰王四雪等39人（名单见第四编第二章第七节《优秀县人大代表名录》）为2010年度全县优秀人大代表。表彰仪式结束后，本次会议议案审查委员会主任委员刘连生作了《关于代表议案、建议、批评和意见审查情况的汇报》；大会表决通过了本次会议所作的各项决议。

最后，县委书记蒋耀华作了总结讲话。

本次会议特邀人员有县委常委李红平、唐定明、曾志红、陈小飞、李忠生，县人武部政委田连中，县政协在职正县级干部艾翠娥、刘慈祥，县委调研员王卓明，正县级离退休干部张必烈、张玉庭、刘仕继、李帮能、李志茂、陈卫国、吕敬忠、杨自祥，县委党校校长胡京平，县委副调研员和副县级干部蒋水源、廖庆元、阮晴生、陈学军、钱选清、胡汉荣、林涛、唐胜祥、邓星耀，县政府副调研员和副县级干部谭斌、李中华、吕老幸、杨爱国、刘铧、邓小辉、钟彪、吕保华、李晓明。

本次会议列席人员有：县人民政府组成单位负责人、县直属机关负责人、不是县人大代表的县人大常委会各委室负责人、各乡镇场党委书记、各乡镇人大主席或副主席、各乡镇长、出席县政协七届五次会议的全体县政协委员。

本次会议共通过以下8项决议：1、关于代表所提议案的决议；2、关于《县人民政府工作报告》的决议；3、关于《邵阳县民国经济和社会发展“十二五”规划纲要》的决议；4、关于《县人大常委会工作报告》的决议；5、关于《县人民政府计划工作报告》的决议；6、关于《县人民政府财政工作报告》的决议；7、关于《县人民法院工作报告》的决议；8、关于《县人民检察院工作报告》的决议。

第六节　第六次会议

邵阳县第十五届人民代表大会第六次会议于2012年4月25日至29日召开，会期5天。

本次会议与会代表308人，分10个代表团，其中第一代表团（塘渡口镇代表）33人，团长刘诗珍，副团长黄洪华；第二代表团（五峰铺镇代表）29人，团长唐志朴，副团长许保喜；第三代表团（九公桥镇和岩口铺镇代表）28 人，团长莫文刚，副团长周挺；第四代表团（塘田市镇、金称市镇和黄塘乡代表）34 人，团长陈志明，副团长唐剑平；第五代表团（黄亭市镇、黄荆乡和机关一组代表）28 人，团长姜佳良，副团长吴忠友；第六代表团（谷洲镇、河伯乡和机关二组代表）29 人，团长蒋利军，副团长唐荣贵、钱东平；第七代表团（长阳铺镇、小溪市乡和蔡桥乡代表）34 人，团长唐国纯，副团长邓亮华、吕天妮；第八代表团（下花桥镇、霞塘云乡和机关三组代表）30 人，团长伍湘平，副团长王立生、肖剑；第九代表团（郦家坪镇、长乐乡和罗城乡代表）31 人，团长周卫东，副团长谭拥军、李伟军；第十代表团（白仓镇、诸甲亭乡和金江乡代表）32 人，团长肖小大，副团长郭彬、吕晓清。

本次会议共有以下 8 项议程：听取和审议邵阳县人民政府工作报告；审查邵阳县 2011 年国民经济和社会发展计划执行情况与 2012 年国民经济和社会发展计划（草案）报告，批准邵阳县 2012 年国民经济和社会发展计划；审查邵阳县 2011 年预算执行情况与 2012 年预算（草案）报告，批准邵阳县 2012 年财政预算；听取和审议邵阳县人大常委会工作报告；听取和审议邵阳县人民法院工作报告；听取和审议邵阳县人民检察院工作报告；补选县十五届人大常委会副主任、县十五届人大常委会委员；表彰 2011 年度乡镇人大工作“争先创优”活动先进单位、2011 年度执法责任目标管理先进单位、县十五届人大先进代表小组、优秀人大代表、优秀法官、优秀检察官、优秀院长、优秀局长、优秀人民公仆。

本次会议临时党组由蒋耀华、黎德生、赵湘明、袁玉华、王琪、王运发、王满元、邓星强、刘文贤、刘长明、刘连生、朱绮华、李驰宇、肖小大、肖湘政、林彦博、姜佳良、赵叶飞、唐红艳、唐益发、唐清洲、蒋利军、谢树新、谢胜良、廖献国、颜寿生 26 人组成，蒋耀华任临时党组书记，黎德生、赵湘明、袁玉华任临时党组副书记。

本次会议主席团由马运华、王运发、王朝晖、邓星强、伍湘平、刘文贤、刘长明、刘平国、刘连生、刘绍波、刘诗珍、刘桂林、朱清平、张蒲生、李驰宇、李学军、肖小大、肖湘政、陈云峰、陈志明、陈定岗、周卫东、周自珍、周祥平、林彦博、罗洪、罗立华、姜佳良、胡娴春、赵湘明、钟经球、唐红艳、唐志朴、唐国华、唐国纯、唐清洲、莫文刚、莫夠良、袁玉华、郭跃德、蒋文平、蒋利军、蒋梅娥、蒋耀华、谢树新、颜寿生、黎德生 47 人组成；蒋耀华、黎德生、赵湘明、刘桂林、袁玉华、刘文贤、唐红艳、刘长明、林彦博、李驰宇、谢树新、刘连生、颜寿生、肖湘政、邓星强、蒋梅娥任常务主席，刘连生兼秘书长；另经本次会议主席团第一次会议决定，伍芬东、肖祥玉、陈定岗、周自珍、蒋文平、蒋玉明为本次会议副秘书长。

本次会议议案审查委员会由刘连生、蒋文平、王琪、伍芬东、伍湘平、唐国纯 6

人组成，刘连生任主任委员，蒋文平任副主任委员。

本次会议财政预算审查委员会由颜寿生、陈定岗、王朝晖、王满元、刘诗珍、刘绍波、李奇生、蒋利军8人组成，颜寿生任主任委员，陈定岗、王朝晖任副主任委员。

会议前一天，各代表团召集人和乡镇人大正副主席（含人选）、秘书、大会工作人员到中宏宾馆报到。

4月25日，全体代表、特邀人员、列席人员到中宏宾馆报到，并召开了召集人和工作人员会议、预备会议、党员代表会议和主席团第一次会议。

4月26日上午，在县委大礼堂（主会场）和县政府七楼会议室（分会场）举行本次会议第一次全体会议，主席团常务主席黎德生主持会议。开幕式后，大会听取县人政府县长赵湘明所作的《县人民政府工作报告》，赵湘明在《报告》中说：2011年，全县经济总量不断壮大，经济增长方式不断优化，农业集约化程度稳步提升，工业带动强度明显提高；基础设施发展优势更加凸现，基础建设显著变好；产业承接喜获丰收；社会保障有力，民生民利不断改善，群众幸福感增强，社会大局稳定；政府依法行政更加规范，廉政建设全面落实；政务公开扎实有序，建议提案办理质量和办理效率均有提高。会议通过了本次会议补选办法。下午，与会代表分团讨论审查《县人民政府工作报告》《邵阳县2011年国民经济和社会发展计划执行情况与2012年国民经济和社会发展计划（草案）报告》《邵阳县2011年预算执行情况与2012年预算（草案）报告》。下午4时，主席团举行第二次会议，会上，中共邵阳县委向主席团提名推荐了本次会议应补选的县人大常委会副主任和委员名单。

4月27日上午，举行本次会议第二次全体会议，主席团常务主席刘连生主持会议，大会先后听取了县人大常委会主任黎德生所作的《县人大常委会工作报告》、县人民法院周继耐所作的《县人民法院工作报告》、县人民检察院检察长吴青山所作的《县人民检察院工作报告》。黎德生在《县人大常委会工作报告》中说：2011年，县人大常委会主要做了以下4个方面的工作：1、紧跟核心，坚持科学发展，坚持“四个突出”，规范有效地行使行决定权和任免权；2、紧扣重心，积极履行监督职权，服务大局开展工作监督，注重实效开展法律监督，抓住热点开展专项监督；3、紧贴民心，扎实推进代表工作和指导乡镇人大工作；4、凝聚人心，加强自身建设。报告提出2012年县人大常委会工作的基本思路是：突出发展主题，依法行使决定权和任免权；履行法定职责，增强监督实效；发挥代表作用，夯实工作基础；坚持依法办事，做好人大换届选举工作；重视自身建设，提高履职能力。下午，与会代表分团讨论，并酝酿了本次会议需补选的县人大常委会副主任和委员候选人。

4月28日，与会代表继续分团讨论。下午4时，主席团举行第三次会议，会议审议了《县第十五届人民代表大会第六次会议关于接受刘连生、颜寿生辞去邵阳县第十五届县人大常委会副主任职务请求的决定（草案）》；听取了议案审查委员会《关于代表所提议案审查情况汇报》；听取了各代表团团长关于审查6个工作报告情况汇报；讨论了本次会议各项决议草案并决定提交大会表决；听取候选人讨论酝酿情况的汇报，确定了应补选的县人大常委会副主任和委员正式候选人。

4月29日上午8时半至10时，在县委大礼堂举行本次会议第三次全体会议，主席团常务主席蒋耀华主持会议。大会表决通过了县第十五届人民代表大会第六次会议《关于接受刘连生、颜寿生辞去县第十五届县人大常委会副主任职务请求的决定（草案）》，补选张蒲生、罗立华为第十五届县人大常委会副主任，补选钟经球、王朝晖为第十五届县人大常委会委员。

4月29日上午10时，举行本次会议第四次全体会议，主席团常务主席黎德生主持会议，大会表彰白仓镇人大主席团、九公桥镇人大主席团、小溪市乡人大主席团、金称市镇人大主席团、岩口铺镇人大主席团、塘渡口镇人大主席团、谷洲镇人大主席团为2011年度“争先创优”竞赛活动先进单位，表彰县检察院、县地税局、县国土资源局、县审计局、县计划生育局、县畜牧水产局、县交警大队、县农业局、县城管局、县林业局、县民政局、县财政局、县法院、县环保局、县建设局、县劳动局、县房产局、县人事局为2011年度执法责任制目标管理先进单位，表彰五峰铺镇代表小组、蔡桥乡代表小组、河伯乡代表小组、郦家坪镇代表小组、塘田市镇代表小组、下花桥镇代表小组为第十五届县人民代表大会先进代表小组，表彰龙解清等42人（名单见第四编第二章第九节《优秀县人大代表名录》）为2011年度优秀人大代表，授予尹帮武、刘亮、简寻源“优秀人民法官”荣誉称号，授予粟红梅、银常德“优秀人民检察官”荣誉称号，授予县人民法院院长周继耐“优秀院长”荣誉称号，授予唐荣贵、张蒲生、邓方明、唐军良、吴金华、谭建明、肖桂华“优秀局长”荣誉称号，授予刘克杰、杨卫东、杨玉平“优秀人民公仆”荣誉称号；表决通过了本次会议所作的各项决议；县委书记蒋耀华发表总结讲话后，大会闭幕。

本次会议特邀人员有县委常委唐定明、曾志红、陈小飞、汤建军、黄拥政、白光珍，县政协党组第一副书记李红平，县人武部部长申尧，县人武部政委唐晓勇，县政协在职正县级干部艾翠娥、刘慈祥，县委调研员王卓明，正县级离退休干部张玉庭、刘仕继、李志茂、张必烈、陈卫国、吕敬忠、杨自祥，县人大常委会原副主任段义君、银祥集、羊正君、阮国仲、颜翠兰、唐汉林，十一届省人大代表胡迪芬、粟建国、唐军良，邵阳市九公桥煤矿矿长刘正平。

本次会议列席人员有：县人民政府副县长罗翔国、李军、段绍兴，县七届政协副主任吴孝仁、陈满莲、罗耀国、吕平，县人民法院院长周继耐，县人民检察院检察长吴青山，县委党校校长胡京平，县委副调研员和副县级干部廖庆元、阮晴生、陈学军、钱选清、胡汉荣、林涛、唐胜祥、邓星耀，县政府副调研员和副县级干部谭斌、杨爱国、刘垈、邓小辉、申松能、肖绍荣、吕保华；以及县人民政府组成单位负责人、县直属机关负责人、不是县人大代表的县人大常委会各委室负责人、各乡镇场党委书记、各乡镇人大主席或副主席、各乡镇长、出席县政协七届六次会议的全体县政协委员。

本次会议共通过以下7项决议：1、表彰2011年度乡镇人大工作“争先创优”活动先进单位，2011年度执行责任制目标管理先进单位，县十五届人大先进代表小组、优秀人大代表、优秀法官、优秀检察官、优秀院长、优秀局长、优秀人民公仆；2、《关于代表所提议案的决议》；3、《关于县人大常委会工作报告的决议》；4、《关于县人民政府计划工作报告的决议》；5、《关于县人民政府财政工作报告的决议》；6、《关于县人民法院工作报告的决议》；7、《关于县人民检察院工作报告的决议》。

第十二章　第十六届人民代表大会

邵阳县第十六届人民代表大会共召开5次会议。

第一节　第一次会议

邵阳县第十六届人民代表大会第一次会议于2012年11月29日至12月3日召开，会期5天。

本次会议与会代表316人，分10个代表团，其中第一代表团（塘渡口镇）有代表33人、第二代表团（五峰铺镇和金江乡）有代表31人、第三代表团（九公桥镇和金称市镇）有代表33人、第四代表团（塘田市镇、岩口铺镇和黄塘乡）有代表33人、第五代表团（黄亭市镇、黄荆乡和机关组）有代表33人、第六代表团（谷洲镇和河伯乡）有代表26人、第七代表团（长阳铺镇、小溪市乡和蔡桥乡）有代表34人、第八代表团（下花桥镇和霞塘云乡）有代表27人、第九代表团（郦家坪镇、长乐乡和罗城乡）有代表34人、第十代表团（白仓镇和诸甲亭乡）有代表32人。本次会议10个代表团的正副团长分别是：第一代表团团长朱海鸥，副团长黄洪华；第二代表团团长李小春，副团长陈志明；第三代表团团长杨红凯，副团长蔡智明、陈中梁、黄先平；第四代表团团长李晓明，副团长周勇强、易爱民、尹帮群；第五代表团团长蒋宏富，副团长陈彦春、蒋丰华、吴飞翔；第六代表团团长蒋乐新，副团长蒋军、吴小前；第七代表团团长王成斌，副团长杨利军、易红亮、肖刚强、吕天妮；第八代表团团长杨小勇，副团长段伟强、伍湘平；第九代表团团长彭海军，副团长伍红军、李爱国、周卫东；第十代表团团长刘旭东，副团长唐维、彭军华。

本次会议特邀人员有：县委常委唐定明、陈小飞、汤建军、黄拥政、李驰宇、白光珍、申尧、许峰；县七届政协主席刘桂林，县人武部政委唐晓勇，县委调研员王卓明；县政协在职正县级干部艾翠娥、刘慈祥；正县级离退休干部刘仕继、唐清洲、李志茂、吕敬忠、张玉庭、杨自祥、陈卫国、王运发；县人大常委会原副主任段义君、银祥集、羊正君、阮国仲、颜翠兰、唐汉林、刘连生；县内十一届省人大代表粟建国、唐军良；县十五届人大常委会委员唐国华、莫列良。

本次会议列席人员有：县人民政府副县长胡迪芬、罗翔国、李军、段绍兴、申松能、杨卫东；第七届和第八届县政协副主席吴孝仁、陈满莲、吕平、罗耀国、伍芬东、唐志朴；县人武部副部长李志林、县人民法院院长周继耐、县人民检察院检察长吴青山、县委党校校长胡京平；副县级干部阮晴生、陈学军、钱选清、胡汉荣、林涛、唐胜祥、邓星耀，县工业园区管委会主任和党工委书记唐玉平、谭建明；以及县人民政府组成单位负责人、县直属机关负责人、不是县人大代表的县人大常委会各委室负责人、各乡镇场党委书记、各乡镇人大主席或副主席、各乡镇长、出席县政协八届一次会议的全体县政协委员。

本次会议议案审查委员会由罗立华、蒋文平、伍亮武、杨红凯、陈志明、赵叶飞6人组成，罗立华任主任委员，蒋文平任副主任委员。

本次会议临时党组由蒋耀华、黎德生、刘长明、袁玉华、王琪、邓星强、刘爱阳、朱绮华、张蒲生、肖小大、肖湘政、林彦博、罗立华、姜佳良、赵叶飞、钟经球、唐红艳、唐益发、曾志红、蒋利军、谢树新、谢胜良、廖献国、颜寿生24人组成，蒋耀华任党组书记，黎德生、刘长明、袁玉华任党组副书记；另10个代表团均建立了临时党支部。

本次会议主席团由马运华、王成兵、王朝晖、邓星强、艾富清、刘长明、刘平国、刘旭东、刘绍波、吕会龙、朱纯、朱海欧、朱清平、何旗红、吴选民、张蒲生、李小春、李红平、李晓明、杨小勇、杨红凯、肖湘政、陈云峰、陈定岗、周自珍、周祥平、易顺良、林彦博、罗云文、罗立华、罗洪、胡娴春、钟经球、唐红艳、唐建清、唐振兵、袁玉华、袁秋生、郭跃德、银祎、彭巧云、彭海军、曾志红、蒋文平、蒋乐新、蒋宏富、蒋梅娥、蒋耀华、谢树新、颜寿生、颜新宇、黎明剑、黎德生53人组成，肖湘政兼任秘书长。另主席团第一次会议通过王满元、陈定岗、周自珍、易昌虎、易顺良、蒋文平为本次会议副秘书长。

本次会议的议程主要有以下8项：听取和审议县人民政府工作报告，并作出相应的决议；听取和审议县人大常委会工作报告，并作出相应的决议；听取和审议县人民法院工作报告，并作出相应的决议；听取和审议县人民检察院工作报告，并作出相应的决议；选举县十六届人大常委会主任、县人民政府县长、县人民法院院长、县人民检察院检察长；选举县十六届人大常委会副主任、县人民政府副县长；选举县十六届人大常委会委员；选举邵阳县出席市十五届人民代表大会代表。

11月28日，大会工作人员报到。下午2时至4时，召开本次会议工作人员会议，对本次大会的有关工作进行具体安排。

11月29日上午，全体与会代表、特邀人员、列席人员到中宏宾馆报到。下午2时半开始，在县委大礼堂举行本次会议预备会，预备会由十五届县人大常委会副主任肖湘政主持，代表资格审查委员会主任委员罗立华在会上作了代表资格审查报告；会议表决通过大会议程、大会主席团成员和秘书长名单、议案审查委员会名单，并向各代表团提出正副团长建议名单；宣读了本次会议须知。3 时半，召开党员代表会议，中共邵阳县委书记蒋耀华发表讲话；会上宣布了大会临时党组成员和各代表团临时党支部书记、副书记名单。4 时半，主席团举行第一次会议，表决通过大会主席团常务主席和大会执行主席分组名单；决定了大会副秘书长名单及大会特邀人员和列席人员名单；表决通过大会日程及本次会议的其他事项。晚 8 时，在资汇宾馆振羽楼三楼会议室举行各代表团召集人、乡镇场党委书记、人大主席、乡镇场长参加的本次会议召集人会议。会上，县委、县人大领导对开好本次会议提出了具体要求。

11 月 30 日上午 8 时半开始，本次会议第一次全体会议在县委大礼堂（主会场）和县政府办公楼七楼会议室（分会场）举行，主席团常务主席黎德生主持会议。大会听取了县人民政府代县长袁玉华所作的《县人政府工作报告》，报告指出：五年来，第十五届县人民政府在市委、市政府和中共邵阳县委领导下，在县人大和县政协的监督支持下，围绕“赶超晋位，富民强县”的发展战略，团结带领全县人民，圆满完成十五届人大一次会议确定的各项发展目标。2012 年，全县预计国民生产总值可达 94 亿元，和 2007 年相比，年均增速 13%；财政收入可达 5.7 亿元，年均增速 19.7%，增速连续三年居全市前列；固定资产投资 74 亿元，年均增速 28%；社会消费品零售总额 34 亿元，年均增速 18.5%；工业生产总值 83 亿元，年均增速 63.9%；规模工业增加值 26 亿元，年均增速 33.8%；第一、第二、第三产业比重分别为 30.2%、34.4%、35.4%，实现了工业比重大于农业比重的历史性变化；五年间，全县规模企业达 74 家，比 2007 年增加 40 家；工业企业入库税金由 2007 年的 1350 万元增加到 1.82 亿元；五年来，迎来了中国建材、中电投资等大型国企入驻县内，引来长江粮油、双雄矿业、瑞柏茶油、中仁燃气等企业投资，彻底改变了县内没有大工业的历史。

袁玉华作完《政府工作报告》后，县人大常委会副主任肖湘政作了《邵阳县第十六届人民代表大会第一次会议选举工作报告》、县人大常委会副主任邓星强作了《邵阳县第十六届人民代表大会第一次会议选举办法（草案）的报告》，大会表决通过了选举办法。

11 时开始，主席团举行第二次会议。会上，中共邵阳县委向主席团提名推荐了县十六届人大常委会主任、县人民政府县长、县人民法院院长、县人民检察院检察长、县十六届人大常委会副主任、县人民政府副县长、县十六届人大常委会委员、出席市十五届人民代表大会代表等候选人名单，主席团向各代表团推荐了上述候选人。下午，以代表团为单位，讨论审议代县长袁玉华所作的《县人民政府工作报告》，讨论酝酿十六届人大常委会主任、县人民政府县长、县人民法院院长、县人民检察院检察长、县十六届人大常委会副主任、县人民政府副县长、县十六届人大常委会委员及出席市十五届人民代表大会代表等候选人。

12月1日上午，本次会议第二次全体会议在县委大礼堂举行，主席团常务主席刘长明主持会议。大会听取了县人大常委会主任黎德生所作的《县人大常委会工作报告》（报告内容见本节附）。

黎德生作完《县人大常委会工作报告》后，县人民法院院长周继耐和县人民检察院检察长吴青山分别向大会作了《县人民法院工作报告》和《县人民检察院工作报告》。下午以代表团为单位，讨论审议袁玉华、黎德生、周继耐、吴青生分别代表县人民政府、县人大常委会、县人民法院、县人民检察院所作的4个工作报告；并继续讨论酝酿各项候选人。

12月2日上午，与会代表继续审议4个工作报告和讨论酝酿各项候选人。上午10时半开始，主席团举行第三次会议，听取各代表团对各项候选人讨论酝酿情况的汇报，确定各项正式候选人名单。下午与会代表继续以代表团为单位，审议4个工作报告和讨论酝酿各项正式候选人。4时半，主席团举行第四次会议，听取各代表团关于审查县人民政府、县人大常委会、县人民法院、县人民检察院等4个工作报告情况的汇报；听取议案审议委员会《关于议案审查情况的汇报》；讨论各项决议草案并决定提交大会通过。

12月3日上午8时半开始，在县委大礼堂举行本次会议第三次全体会议，主席团常务主席蒋耀华主持会议。大会以无记名投票方式，选举刘长明为第十六届县人大常委会主任、袁玉华为第十六届县人民政府县长、周继耐为县人民法院院长、吴青山为县人民检察院检察长；选举肖湘政、邓星强、蒋梅娥、张蒲生、罗立华为第十六届县人大常委会副主任，选举唐红艳、陈小飞、胡迪芬、罗翔国、申松能、杨卫东、刘文龙为第十六届县人民政府副县长。

10时半，举行本次会议第四次全体会议，主席团常务主席钟经球主持会议，大会选举产生了县内出席邵阳市第十五届人民代表大会的代表；选举马运华等29人（名单见第四编第二章第五节《县人大常委会委员名录》）为第十六届县人大常委会委员。

下午2时半开始，在县委大礼堂举行本次会议第五次全体会议，主席团常务主席肖湘政主持会议，议案审查委员会主任委员罗立华在会上作了《关于代表议案、建议、批评和意见审查情况的报告》；大会表决通过了本次会议的各项决议。新当选的县人大常委会主任和县人民政府县长发表了就职演说，县委书记蒋耀华发表讲话。

最后，主持人宣布第十六届全县人民代表大会第一次会议闭幕。

本次会议共做出以下5项决议：1、关于代表所提议案的决议；2、关于《县人大常委会工作报告》的决议；3、关于《县人民政府工作报告》的决议；4、关于《县人民法院工作报告》的决议；5、关于《县人民检察院工作报告》的决议。

附：

县十五届人大常委会工作报告（节选）

（2012年12月1日在县十六届人民代表大会第一次会议上）

五年来的工作回顾

本届任期的五年，是我县经济发展提速加快，城乡面貌大为改观，民生民利大为改善的五年，也是我县民主政治建设和人大工作取得新进展的五年。五年来，常委会在县委的坚强领导和市人大常委会的精心指导下，坚持以中国特色社会主义理论为指导，以增进人民福祉，推动社会事业全面进步为立足点，以督促解决制约发展瓶颈、影响和谐稳定的重大问题为切入点，依法履职，努力做到与县委决策部署合拍，与“一府两院”重点工作合力，与人民群众所想所盼合心，全力促进工作落实与社会长治久安，人大地位在作为中提升，人大作用在监督中发挥，人大事业在创新中前进，为推动我县走上科学发展、晋位发展、和谐发展之路做出了积极的贡献。

一、以推动科学发展为主题，服务大局更加主动

常委会紧紧围绕加快发展主题，把县委重要决策、政府着力推进、群众普遍关心、社会广泛关注的事项作为工作重点，积极监督，鼎力推动，努力实现人大在推动科学发展中有新的作为。

（一）关注经济运行态势，深入做好调查研究。按照县委确定的“保增长、调结构、扩内需、促和谐”的决策部署，常委会积极投身于经济发展主战场，深入调查研究，为经济社会发展建言献策。为确保“十一五”规划各项目标任务的全面完成，2008年至2010年，常委会每年都听取和审议了国民经济和社会发展计划执行情况汇报，2009年还专题开展了“十一五”规划实施中期评估审议工作，提出了进一步加强重大项目的谋划和实施，加大规划纲要的组织和实施力度等意见和建议；提前介入全县国民经济和社会发展“十二五”规划纲要的编制工作，认真听取和审议县政府关于规划编制情况的汇报，并对具体指标数据、项目编制提出了明确要求和建议，使规划纲要更好地体现科学发展和构建和谐社会的要求，为县十五届人大五次会议审查批准规划纲要提供了依据。

（二）关注重点项目建设，推动经济协调发展。常委会全力支持政府实施项目带动战略，先后9次组织人大代表对南方水泥、孔雀滩电站、邵塘一级公路、人民医院新门诊大楼等重点工程和重点企业进行集中视察和专题调研，并提出40余条合理化建议和意见，县政府采取有效措施，加快重点项目建设步伐和招商引资力度，改善投资发展环境，一批重点工程项目相继建成投产，一批重点企业相继安家落户。

（三）关注主导产业发展，促进结构优化调整。紧紧围绕推动产业建设、促进农民增收目标，常委会重点开展了对优质稻、油茶、烤烟、生猪四大特色产业的视察调研，专题听取和审议县政府

关于粮食生产和农田水利基本建设情况汇报。在调研和审议中，常委会分别就产业发展现状、问题成因及相关措施向县政府提出了6条审议交办意见。政府及相关部门高度重视，认真研究，积极作为，我县初步实现了农业大县正在向农业强县的跨越。

二、以规范权力运行为重点，监督成效更加显著

常委会始终把监督工作放在首要位置，以支持的思维谋监督，从支持的角度重监督，用支持的方式抓监督，使监督工作真正做到了议到根本上，指到关键点，督在要害处，监督职能得到有效发挥。

（一）着眼政府重大事项，工作监督有力有为

深化财政监督，推动阳光预算。为人民管好“钱袋子”是常委会义不容辞的责任。常委会采取全程参与年度预算编制，全程跟踪财政预算执行，全程介入财政审计监督，全程督促审计结果运用等监督手段，加大对财政的监督力度。加强对财政预决算的审计监督工作，提前对预算草案进行预审，并加强对预算执行过程的监督。充分发挥审计监督作用，突出延伸审计链条和监督关口前移，通过交办重点审计项目、全程参与审计过程、督促抓好审计意见落实等多种途径，实现了人大监督与审计监督的有机结合，促进了财政监督从程序性向实质性转变。推动部门预算公开，促进政府改善预算管理，用好人民的财权，不断实现预算编制的完整性、预算科目的规范性、预算执行的严肃性和预算监督的有效性。加强对城建投资金、退耕还林资金、扶贫开发资金、生猪调出大县奖励资金、城乡低保资金、机关养老保险资金等专项资金管理和使用情况的监督，确保了专项资金管理和使用规范有序、合法高效，确保了强农惠民资金的全面落实。

聚焦热点难点，力促民生改善。食品卫生安全、医疗安全保障、基本用药制度改革、基础教育、治理“三乱”和减轻农民负担等已成为人民群众反映强烈、社会各界广泛关注的热点、难点问题。常委会及时组织专门力量开展专项检查，常委会会议专题听取和审议了县政府关于药品价格执行、新型农村合作医疗资金管理、基本用药制度改革、食品卫生安全、九年制义务教育、减轻农民负担和治理“三乱”等情况汇报，提出了积极推进卫生体制改革、整顿医疗服务秩序、确保群众用药安全、综合整治教育资源、保障农民合法权益等建议意见。此外，常委会还积极配合省、市人大开展“环保世纪行”、“农产品质量安全行”、“三湘农民健康行”等事关民生民利活动。

紧盯大事要事，决定重大事项。常委会坚持抓大事，议大事，努力使讨论、决定的重大事项更加突出发展要务，更加贴近民生民计，更加符合人民意愿。五年来，常委会按照“围绕中心抓大事，立足全局议大事，关注民生决大事”的思路，抓住国民经济和社会发展计划执行、财政预决算及其执行、法制宣传教育、城建规划、公共服务、重要民生建设项目、县委重要人事安排等重大事项，大胆用权，谨慎行权，依法作出决议决定69项，向“一府两院”提出审议意见67条，有力地保障和推动了社会各项事业和各项工作的发展。

（二）着眼推进法治进程，法律监督尽职尽责

强化执法责任，推动依法行政。对法律执掌部门实行执法责任制目标管理是常委会加强法律监督的有效手段。五年来，常委会以《执法责任制检查评估奖惩暂行办法》为依据，每年与县内47

个执法责任制建制单位分别签订《执法责任制目标管理责任书》，从组织领导、执法范围、执法程序、执法文书、“两错”追究等方面规范行政行为，采取跟踪检查与重点抽查相结合，定量评分与定性评分相结合，加大考核力度，评选先进，鞭策后进，弘扬法治。

强化执法检查，保障法律实施。常委会按照“少而精”的原则，采取县、乡两级联动的办法，先后对《中华人民共和国森林法》《中华人民共和国治安管理处罚法》《中华人民共和国城乡规划法》《中华人民共和国义务教育法》《中华人民共和国土地管理法》《中华人民共和国环境保护法》6部法律在我县贯彻实施情况进行了检查，并专题听取和审议了执法检查情况汇报，向县政府提出了13条审议交办意见。此外，还配合省、市人大对《中小企业促进法》等10多部法律法规进行联动检查，通过执法检查，确保了法律法规在我县得到有效实施。

强化司法监督，维护司法公正。维护公平正义，保障群众合法权益，始终是常委会关切的主题。五年来，常委会坚持一年围绕一个主题，选准一个重点，突破一个难点，先后对公、检、法、司四部门有关社会治安管理、自侦案件办理、审判执行、普法宣传教育等业务工作开展链条式监督，推动了社会矛盾化解、社会管理创新和公正廉洁执法，有力地促进了“平安邵阳”建设。

强化源头控制，严格备案审查。为保证政府“红头文件”规范合法，常委会制定了规范性文件备案审查暂行办法，从源头上规范了政府的行政行为，维护了国家法制统一。五年来，共受理规范性文件备案审查报告21项，经确认后，批复21项。

强化为民维权，做好信访工作。常委会始终坚持把处理群众信访问题作为了解民意、体察民情、化解民忧、维护民权的重要渠道，着力健全内部配合机制，不断完善横向协调机制，切实加大信访督办处理力度，督促有关部门解决了一批群众强烈的涉法涉诉、土地征用、弱势维权的问题，维护了人民群众的合法权益，促进了社会大局的和谐稳定。

三、以党管干部和依法任免为原则，人事任免更加规范

常委会坚持党管干部、依法任免和选贤任能的原则，全程监督人大任命干部，凸显人事监督“刚性”。

改进任免办法，完善任免程序。为进一步规范干部任免程序，常委会修订和通过了《人事任免暂行办法》，对提请任命时间、条件、考察、考试、试政发言、民主票决、公开结果都做了明确的规定，使人事任免更趋科学，更加严谨。

坚持选贤任能，严把任免关口。常委会始终坚持党管干部，充分发扬民主，严格依法办事相结合，始终坚持严把干部任前资格审查关、法律考试关、任职表态承诺关、审议票决关、检查评议关，十分注重拟任干部的政治素质，工作业绩、群众口碑、思想品德，对群众有意见、工作有失误、社会有反映的拟任干部，在调查核实的基础上，采取刚性监督手段。五年来，常委会共任免国家机关工作人员297人次，其中任命229人次，免职68人次。

注重履职成效，强化任后监督。常委会进一步加强对任命人员履职情况的监督，确保依法任命的干部用权受监督、工作不懈怠。工作评议是常委会加强对被任命人员工作监督的重要平台和有效方式。自换届以来，常委会先后对37个单位开展了工作评议。在评议中，按照事先调查、听取汇

报、审议发言、评议票决、公开结果等步骤进行，并将票决结果统一排队，及时报送县委主要领导，及时向新闻媒体和社会公布。通过评议，增强了被评议单位和人大任命人员认真工作的使命感、干事创业的责任感、时不我待的紧迫感，进一步推动了被评议单位走上科学决策、民主管理、依法行政的轨道。

四、以保障人民权力为己任，代表作用更加突出

常委会把加强和改进服务作为代表工作的着力点，搭建履职平台，强化履职保障，激发履职活力，代表主体作用得到有效发挥。

抓学习培训，提升代表综合素质。针对换届后新选人大代表多，履职意识不强，整体作用发挥不够等实际情况，常委会将代表培训列入年度人大工作重点和乡镇人大考核内容，采取专题培训，以会代训等方式，以代表活动小组为单位对县、乡两级人大代表进行培训，代表整体履职意识明显增强。

抓联系指导，保障代表依法履职。为开展好闭会期间代表活动，常委会按照便于组织和活动的原则，将316名县人大代表编成25个代表活动小组，形成了代表活动网络，实现了代表活动常态化。坚持邀请代表参加常委会组织的执法检查、视察、调研等活动和列席常委会会议，邀请代表参加部门行风评议、优化经济发展环境测评、执法责任制落实情况测评、干部人事测评等活动，扩大了代表的知情权、参政权和监督权。为代表征订人大杂志，发送相关资料。组织人大代表开展争先创优活动及优秀代表评选活动。

抓督办落实，激发代表履职热情。常委会不断改进督办机制，督促“一府两院”建立了办理议案和建议的长效机制，采取召开“交办会”“督办会”“评议会”加大督办力度，办理工作更加务实有效，代表满意率和问题解决率逐年提升，实现了建议办理由“答复型”向“落实型”转变。五年来，共督促办结代表议案5件，建议、批评和意见665件，促成很多难点、热点问题得以解决。尤其是对邵塘一级公路建设立项和小电网并入国家大电网两个议案的成功督办，极大地提升了我县交通区位优势，有效地解决了43万人口生活用电困难的问题。

抓基础工作，促进乡镇人大发展。常委会始终把提升乡镇人大工作水平作为基础性工作来抓，实行常委会领导包片联系制度和组成人员联乡镇制度，加强乡镇人大工作考核，组织召开全县乡镇人大工作经验交流现场会、安排乡镇人大主席团主席外出考察。五年来，乡镇人大监督工作取得了明显成效，迈出了新的步伐。一些乡镇人大组织人大代表对所辖“七站八所”进行了视察评议和工作评议，大多数乡镇人大有针对性地组织代表开展了重点工作视察检查活动，督促乡镇政府解决了一大批事关民生的问题，实现了县、乡人大工作同步发展。

抓换届选举，实现人民当家作主。依照地方组织法和选举法的规定，按照省、市人大常委会的统一部署，在县委的领导下，从今年9月上旬至11月中旬，我县进行了县、乡两级人大同步换届选举工作。这次换届选举工作是代表法、选举法修改后，首次实行城乡按相同人口比例选举人大代表，时间紧，任务重，常委会提前进行了专题调研，制定了实施方案，编印了《人大换届工作手册》，召开了培训工作会议。为加强对换届选举工作的领导，成立了县选举委员会，各乡镇也成立

了选举委员会和选举工作小组。县、乡两级选举委员会注重搞好对选举工作人员的培训，加强对乡镇、选区选举工作的检查推动，严格把握各阶段、各环节法律程序，及时解决工作中出现的突出问题，保证了换届选举工作风清气正，圆满完成了预定的各项工作任务。本次选举产生新一届县人大代表316名，乡镇人大代表1525名。

五、以提升能力建设为载体，履职水平更加提高

常委会始终坚持把自身建设摆在突出位置，按照“依法、规范、严谨”的原则，努力把县人大及其常委会建设成为依法办事的法制人大、集体履职的民主人大、坚守使命的效能人大、开拓创新的和谐人大。

强本固基，提升履职能力。常委会以创建学习型、服务型机关，打造一支思想好、作风实、业务精的干部队伍为目标，着力加强机关干部理论和法律业务学习，创新学习方式，增强学习效果；着力加强机关思想作风和廉政建设，打牢机关干部思想基础，筑牢拒腐防变长堤，增强做好新时期人大工作的责任感和紧迫感。通过加强机关建设，人大机关各委室充分发挥参谋助手、服务保障和督促落实等职能作用，主动服务大局、服务“三会”，服务基层，为常委会开展各项工作，保证机关高效运转创造了有利条件。

建章立制，规范履职行为。常委会针对人大自身工作规范性、程序性、专业性强等特点，先后制定和完善了议事规则、工作简则、工作评议暂行办法等13项规章性制度和17项机关工作管理制度，编印了《人大工作手册》，实现了人大监督工作有法可依，有章可循，有据可查。

严格程序，提升议事水平。紧紧围绕提高会议审议质量这一目标，常委会精选监督议题，深入调查研究、向组成人员提前寄送材料，推行分组审议发言。审议中发扬民主、议深议透，要求审议说明成绩恰如其分，不评功摆好，讲问题切中要害，不隔靴搔痒，提建议切实可行，不笼而统之；审议中注重发挥人大整体效能，坚持扩面审议，根据议题内容先后邀请22名乡镇人大主席团主席、37名人大代表列席会议，使审议质量不断提高，监督工作更具力度。

畅通渠道，激发干事活力。一是加强机构建设。在县委的高度重视下，在常委会的争取下，人大机关在原有工作机构的基础上，增设了预工委、信访办、规范性文件备案审查室3个工作机构，人大工作活力得到很大激发，人大干部士气得到很大鼓舞，人大履职环境得到很大改善。二是重视干部培养。2008年以来，先后选调10名有专业特长的人员充实到机关各委室，机关15名干部得到提拔、转任或交流，有效地解决了人员进出不畅的问题，形成了知识结构合理、年龄结构合理、人员配备合理的崭新局面，人大机关始终洋溢着奋发向上、民主团结、和谐融洽的良好氛围。

参与中心工作，树立人大形象。一是常委会主任、党组副书记、副主任积极参与抓产业、抓项目、抓招商、抓信访、抓包乡（镇）等重点工作，经常深入工作一线，密切联系群众，认真指导、检查和督促民生工程建设、防汛抗旱、建设扶贫、计划生育、综合治理、安全生产、信访稳定、产业发展等重要工作的落实。人大机关干部职工积极开展县委统一安排的各项中心工作，有力地支持和促进了经济社会发展。

各位代表，本届常委会已经圆满完成了历史赋予的使命。五年来所取得的成绩，是县委坚强领

导、大力支持的结果，是全体人大代表依法履职、辛勤工作的结果，是“一府两院”自觉接受监督、努力配合的结果，是全县人民关心支持、积极参与的结果，是离退休老领导帮助指导、有效监督的结果。在此，我谨代表县十五届人大常委会向关心、支持、理解、帮助人大工作的各位领导和同志们表示最衷心的感谢和最崇高的敬意。

在看到成绩的同时，我们也清醒地认识到，我们的工作与宪法和法律赋予的职责、与党和人民群众的要求，与全体人大代表的期望还有一定差距。突出表现在：监督工作的力度和效果有待进一步增强；服务代表的水平和能力有待进一步提高；常委会及其机关的自身建设有待进一步改进等。这些问题，需要在今后的工作中认真研究并切实加以解决。

五年来的工作体会（略）

今后的工作建议　（略）

第二节　第二次会议

邵阳县第十六届人民代表大会第二次会议于2013年3月25日至28日召开，会期4天。

第十六届县人大第一次会议实有代表316名，第一次会议后，白仓镇选举产生的代表赵湘明因工作调离县内，其代表资格自然消失；根据代表法的规定，经县人大常委会批准，在白仓镇补选曾梅林为第十六民县人民代表大会代表。本次会议代表分10个代表团，各代表团的正副团长分别是：第一代表团团长朱海鸥，副团长黄洪华；第二代表团团长李小春，副团长陈志明；第三代表团团长杨红凯，副团长蔡智明、陈中梁、黄先平；第四代表团团长李晓明，副团长周勇强、易爱民、尹帮群；第五代表团团长蒋宏富，副团长陈彦春、蒋丰华、吴飞翔；第六代表团团长蒋乐新，副团长蒋军、吴小前；第七代表团团长王成斌，副团长杨利军、易红亮、肖刚强、吕天妮；第八代表团团长杨小勇，副团长段伟强、伍湘平；第九代表团团长彭海军，副团长伍红军、李爱国、周卫东；第十代表团团长刘旭东，副团长唐维、彭军华。

本次会议议程主要有以下7项：听取和审议《县人民政府工作报告》，并作出相应决议；听取和审议《县人大常委会工作报告》，并作出相应决议；听取和审议《县人民法院工作报告》，并作出相应决议；听取和审议《县人民检察院工作报告》，并作出相应决议；听取和审议《县人民政府计划工作报告》，并作出相应决议；听取和审议《县人民政府财政工作报告》，并作出相应决议；表彰2012年度执法责任制目标管理先进单位和乡镇人大工作“争先创优”竞赛活动先进单位。

本次会议特邀人员有：县委常委唐定明、陈小飞、李驰宇、申尧、许峰，县七届政协主席刘桂林，县人武部政委唐晓勇，县委调研员王卓明，县政协在职正县级干部艾翠娥、刘慈祥，正县级离退休干部刘仕继、唐清洲、李志茂、吕敬忠、张玉庭、杨自祥、陈卫国、王运发，县人大常委会原副主任段义君、银祥集、羊正君、阮国仲、颜翠兰、唐汉林、刘连生，十二届省人大代表王勇、王石齐、高海斌、谭志雄。

本次会议列席人员有：县人民政府副县长胡迪芬、罗翔国、申松能、杨卫东，第七届和第八届县政协副主席吕平、罗耀国、伍芬东、吴孝仁、唐志仆、陈满莲，县人武部副部长李志林，县人民法院院长周继耐，县人民检察院检察长吴青山，县委党校校长胡京平，县委副调研员和副县级干部阮晴生、陈学军、钱选清、胡汉荣、林涛、邓星耀、邓胜红，县政府副调研员和副县级干部吴善成、李军、段绍兴、谭斌、杨爱国、刘垒、邓小辉、吕保华、肖绍荣，工业园区管委会主任和中共工业园区工委书记唐玉平、谭建明；以及县人民政府组成单位负责人、县直属机关负责人、不是县人大代表的县人大常委会各委室负责人、各乡镇场党委书记、各乡镇人大主席或副主席、各乡镇长、出席县政协八届二次会议的全体县政协委员。

本次会议临时党组由蒋耀华、袁玉华、曾梅林、刘长明、黎德生、王琪、邓星强、刘爱阳、朱绮华、张蒲生、肖小大、肖湘政、林彦博、罗立华、姜佳良、赵叶飞、钟经球、唐红艳、唐益发、曾志红、蒋利军、谢树新、谢胜良、廖献国、颜寿生 25 人组成，蒋耀华任临时党组书记，袁玉华、曾梅林、刘长明、黎德生任临时党组副书记。另各代表团均建立了临时党支部。

本次会议主席团由马运华、王成斌、王朝晖、邓星强、艾富清、刘长明、刘平国、刘旭东、刘绍波、吕会龙、朱纯、朱海鸥、朱清平、何旗红、吴选民、张蒲生、李小春、李红平、李晓明、杨小勇、杨红凯、肖湘政、陈云峰、陈定岗、周自珍、周祥平、易顺良、林彦博、罗云文、罗立华、罗洪、胡娴春、钟经球、唐红艳、唐建清、唐振兵、袁玉华、袁秋生、郭跃德、银祎、彭巧云、彭海军、曾志红、曾梅林、蒋文平、蒋乐新、蒋宏富、蒋梅娥、蒋耀华、谢树新、颜寿生、颜新宇、黎明剑、黎德生 54 人组成，蒋耀华、袁玉华、曾梅林、刘长明、黎德生、唐红艳、曾志红、林彦博、谢树新、钟经球、颜寿生、肖湘政、邓星强、蒋梅娥、张蒲生、罗立华为主席团常务主席，肖湘政兼秘书长；另经主席团第一次会议表决通过，王满元、陈定岗、周自珍、易昌虎、蒋文平为本次会议副秘书长。

本次会议议案审查委员会由罗立华、蒋文平、伍亮武、杨红凯、陈志明、赵叶飞 6 人组成，罗立华任主任委员，蒋文平任副主任委员。

本次会议财政预算审查委员会由邓星强、颜寿生、陈定岗、王朝晖、马运华、伍湘平、刘绍波、朱海鸥、蒋利军 7 人组成，邓星强任主任委员，颜寿生、陈定岗、王朝晖任副主任委员。

3 月 25 日，与会人员报到后，当日先后召开了工作人员会议、预备会议、党员代表会议和主席团第一次会议。

3 月 26 日上午，在县委大礼堂（主会场）和县政府七楼会议室（分会场）举行本次会议第一次全体会议，主席团常务主席刘长明主持会议。大会开幕式后，与会代表首先听取了县人民政府县长袁玉华所作的《县人民政府工作报告》。袁玉华在报告中说：2012 年，县人民政府在中共邵阳市委、市人民政府和中共邵阳县委的领导下，在县人大常委会和县政协的监督支持下，坚持“稳中求进”的总基调，团结带领全县干部群众，务实进取，圆满完成了十六届人大一次会议确定的各项目标任务；全县综合实力实现新提升，项目建设跃上新台阶，特色产业得到新发展，城乡面貌发生新变化，民生民利有了新改善，民主法制取得新进步；2012 年全县生产总值 90. 3 亿元，比上年增长 11%；固定资产投资 72. 3 亿元，增长 37. 7%；财政收入 5. 73 亿元，连续四年出现过亿元增长；社会消费品零售总额 34. 11 亿元，增长 14. 6%；城镇居民人均可支配收入 1. 43 万元，增长 14%；农民人平纯收入 3449 元，增长 14. 4%；产业结构更加优化，新型工业化快速推进，全县规模工业企业达 65 家，规模工业增加值 24. 2 亿元，增长 12. 9%；工业入库税金 2. 42 亿元，增长 37. 2%；纳税百万元以上的企业达 39 家，其中南方水泥实现税收 5280 万元。大会听取《政府工作报告》后，又分别听取了《计划工作报告》和《财政工作报告》。26 日下午，与会代表分团讨论审查了《县人民政府工作报告》《计划工作报告》和《财政工作报告》。

3 月 27 日上午，举行本次会议第二次全体会议，主席团常务主席肖湘政主持会议，大会先后听取了县人大常委会主任刘长明所作的《县人大常委会工作报告》、县人民法院院长周继耐《县人民法院工作报告》和县人民检察院检察长吴青山所作的《县人民检察院工作报告》。下午，与会代表继续分团讨论审查县人民政府、县人大常委会、县人民法院、县人民检察院所作的 6 个工作报告。下午 4 时半，主席团举行第二次会议，听取议案审查委员会《关于议案审查情况的汇报》；听取预算审查委员会《关于预算审查情况的汇报》；听取各代表团关于审查 6 个工作报告情况的汇报；讨论了各项决议草案并决定提交大会通过。

3 月 28 日上午，举行本次会议第三次全体会议，主席团常务主席刘长明主持会议，大会表彰县检察院、县财政局、县民政局、县法院、县公安局、县地税局、县建设局、县审计局、县规划局、县计生局、县交警大队、县安监局、县经信局、县农业局、县交通局、县水利局、县城管局、县畜牧局等 18 个单位为 2012 年度执法责任制目标管理先进单位；表彰蔡桥乡人大主席团、五峰铺镇人大主席团、岩口铺镇人大主席团、金称市镇人大主席团、长乐乡人大主席团、塘渡口镇人大主席团、霞塘云乡人大主席团、下花桥镇人大主席团为2012年度乡镇人大“争先创优”竞赛活动先进单位；表彰罗立华等38人（名单见第四编第二章第七节《优秀县人大代表名录》）为2012年度优秀人大代表。本次会议议案审查委员会主任委员罗立华作了《关于代表议案、建议、批评和意见审查情况的报告》；大会表决通过了本次会议所作的各项决议。县委书记蒋耀华发表总结讲话后，大会闭幕。

本次会议共通过7项决议：1、关于代表所提议案的决议；2、关于《县人民政府工作报告》的决议；3、关于《县人大常委会工作报告》的决议；4、关于《县人民法院工作报告》的决议；5、关于《县人民检察院工作报告》的决议；6、关于《县人民政府计划工作报告》的决议；7、关于《县人民政府财政工作报告》的决议。

第三节 第三次会议

邵阳县第十六届人民代表大会第三次会议于2014年3月18日至21日召开，会期4天。

第十六届县人大第二次会议实有代表316名，第二次会议后，塘渡口镇选举产生的代表蒋耀华因工作调离县内，其代表资格自然消失；根据代表法的规定，经县人大常委会批准，在塘渡口镇补选蒋伟为第十六民县人民代表大会代表。本次会议代表分10个代表团，各代表团的正副团长分别是：第一代表团团长黄洪华，副团长朱海鸥；第二代表团团长李小春，副团长陈志明；第三代表团团长杨红凯，副团长陈中梁、黄先平；第四代表团团长李晓明，副团长周勇强、易爱民、尹帮群；第五代表团团长蒋宏富，副团长陈彦春、蒋丰华、吴飞翔；第六代表团团长蒋乐新，副团长蒋军、吴小前；第七代表团团长王成斌，副团长杨利军、易红亮、肖刚强、吕天妮；第八代表团团长杨小勇，副团长段伟强、伍湘平；第九代表团团长彭海军，副团长伍红军、李爱国、周卫东；第十代表团团长刘旭东，副团长唐维、彭军华。

本次会议特邀人员有：县委常委陈小飞、许峰、梁威、邓胜红、罗翔国、唐晓勇、唐定明，县人武部部长周可求，县委调研员王卓明，县政协在职正县级干部刘慈祥、陈满莲，正县级离退休干部刘仕继、唐清洲、李志茂、吕敬忠、刘桂林、杨自祥、陈卫国、王运发、张玉庭、艾翠娥，县人大常委会原副主任段义君、银祥集、羊正君、阮国仲、颜翠兰、唐汉林、刘连生，十二届省人大代表王勇、王石齐、高海斌、谭志雄。

本次会议列席人员454人，分别有：县人民政府副县长胡迪芬、罗翔国、申松能、杨卫东，第八届县政协副主席吕平、罗耀国、伍芬东、唐志仆，县人武部副部长王江丰，县人民法院院长周继耐，县人民检察院检察长吴青山，县委党校校长胡京平，县委副调研员和副县级干部阮晴生、陈学军、钱选清、胡汉荣、林涛、邓星耀、谢磊，县政府副调研员和副县级干部吴善成、谭斌、杨爱国、刘犇、邓小辉、吕保华、肖绍荣，工业园区管委会主任和中共工业园区工委书记唐玉平、谭建明；以及（以下名单略）不是县人大代表的县人大常委会各委室主任或副主任 11 人、县委及县人民政府所属部门及其他相关单位负责人 84 人、各乡镇场党委政府（管委会）负责人 39 人、出席县政协八届三次会议的政协委员 292 名。

本次会议议程主要有以下 7 项：听取和审议县人民政府工作报告，并作出相应的决议；听取和审议县人大常委会工作报告，并作出相应的决议；听取和审议县人民法院工作报告，并作出相应的决议；听取和审议县人民检察院工作报告，并作出相应的决议；听取和审议县人民政府计划工作报告，并作出相应的决议；听取和审议县人民政府财政工作报告，并作出相应的决议；表彰 2013 年度执法责任制目标管理先进单位、乡镇人大工作“争先创优”竞赛活动先进单位、优秀县人大代表。

会前一天，大会工作人员报到，召开召集人和工作人员会议。3 月 18 日，全体与会人员报到，当日召开了预备会、党员代表会议和主席团第一次会议。

本次会议临时党组由蒋伟、袁玉华、曾梅林、刘长明、邓星强、刘爱阳、朱绮华、张蒲生、李红辉、肖湘政、林彦博、罗立华、姜佳良、赵叶飞、钟经球、唐红艳、唐益发、钱沸涛、黄洪华、曾志红、蒋利军、谢树新、廖献国、颜寿生 24 人组成，蒋伟任党组书记，袁玉华、曾梅林、刘长明任临时党组副书记。

本次会议主席团由马运华、王成斌、王朝晖、邓星强、艾富清、刘长明、刘平国、刘旭东、刘绍波、吕会龙、朱纯、朱清平、何旗红、吴选民、张蒲生、李小春、李红平、李晓明、杨小勇、杨红凯、肖湘政、陈云峰、陈定岗、周自珍、周祥平、易顺良、林彦博、罗云文、罗立华、罗洪、胡娴春、钟经球、唐红艳、唐建清、唐振兵、袁玉华、袁秋生、郭跃德、银祎、黄洪华、彭巧云、彭海军、曾志红、曾梅林、蒋伟、蒋文平、蒋乐新、蒋宏富、蒋梅娥、谢树新、颜寿生、颜新宇、黎明剑、黎德生 54 人组成，蒋伟、袁玉华、曾梅林、刘长明、唐红艳、曾志红、林彦博、谢树新、钟经球、颜寿生、肖时汉、邓星强、蒋美娥、张蒲生、罗立华为主席团常务主席，肖湘政兼秘书长；另经主席团第一次会议表决通过，王满元、陈定岗、周自珍、易昌虎、易顺良、蒋文平为本次会议副秘书长。

本次会议议案审查委员会由罗立华、蒋文平、伍亮武、杨红凯、陈志明、赵叶飞 6 人组成，罗立华任主任委员，蒋文平任副主任委员。

本次会议财政预算审查委员会由邓星强、颜寿生、陈定岗、王朝晖、马运华、伍湘平、刘绍波、段伟祥、蒋利军9人组成，邓星强任主任委员，颜寿生、陈定岗、王朝晖任副主任委员。

3月19日上午，在县委大礼堂（主会场）和县政府七楼会议室（分会场）举行本次会议第一次全体会议，主席团常务主席刘长明主持会议，县人民政府县长袁玉华向大会作了《县人民政府工作报告》，袁玉华说：2013年县人民政府围绕“赶超争先，富民强县”的发展目标，积极应对经济下滑和自然灾害等诸多不利因素，稳增长、扩投资、增活力、惠民生，全面完成了十六届人大二次会议确定的各项目标任务。全县综合实力显著增强，产业规模发展壮大，项目建设有序推进，基础条件明显改观，城镇建设加速，发展瓶颈逐步破解，民生条件改善，大局稳定，社会事业不断进步，政府效能持续提升。袁玉华做完《政府工作报告》后，大会接着听取了县政府《计划工作报告》和《财政工作报告》。当日下午，与会代表分团讨论审查了县人民政府的三个报告。

3月20日上午，举行本次会议第二次全体会议，主席团常务主席肖湘政主持会议，县人大常委会主任刘长明、县人民法院院长周继耐、县人民检察院检察长吴青山分别向大会作了《县人大常委会工作报告》《县人民法院工作报告》《县人民检察院工作报告》。

刘长明在《人大常委会工作报告》中说：2013年，县人大常委会坚定不移的贯彻落实县委的工作部署，在推进科学发展中认真履行人大职能；牢固树立为民理念，在推动解决人民群众最关心、最直接、最现实的利益问题上着力使劲；切实维护社会公平正义，努力推进法制邵阳建设；加强财政预算决算审查监督，支持县人民政府管好钱袋子；认真做好选举任免工作，保障市委和县委重要人事安排的圆满实现；尊重人大代表主体地位，发挥人大代表作用；加强县人大常委会自身建设，提高依法履职的能力和水平。刘长明在报告中提出：2014年，县人大常委会主要要依法行使监督职权，加强对“一府两院的监督”；完善代表工作机制，发挥代表主体作用；认真践行党的群众路线，切实加强县人大常委会的自身建设。

20日下午，与会代表继续分团讨论。下午4时半，主席团举行第二次会议，听取了议案审查委员会《关于议案审查情况的汇报》和预算审查委员会《关于预算审查情况的汇报》，听取各代表团关于审查6个工作报告情况的汇报，讨论了各项决议草案并提交大会通过。

3月21日上午，举行本次会议第三次全体会议。大会表彰县民政局、县农业局、县审计局、县财政局、县交通运输局、县监察局、县经信局、县交警大队、县检察院、县劳动局、县公安局、县卫生局、县地税局、县畜牧局、县建设局、县人民法院、县工商局、县人口计生局为2013年度执法责任制目标管理先进单位，表彰岩口铺镇人大主席团、蔡桥乡人大主席团、五峰铺镇人大主席团、金称市镇人大主席团、长乐乡人大主席团、九公桥镇人大主席团、郦家坪镇人大主席团、下花桥镇人大主席团、黄塘乡人大主席团为2013年度乡镇人大主席团“争先创优”竞赛先进单位，表彰彭军华等38人（名单见第四编第二章第七节《优秀县人大代表名录》）为2013年度优秀人大代表；议案审查委员会主任罗立华在会上作了《关于代表议案、建议、批评和意见审查情况的报告》；大家表决通过了本次会议所作的各项决议，中共邵阳县委书记蒋伟作了总结讲话。

最后，主持人宣布邵阳县第十六届人民代表大会第三次会议闭幕。

本次会议共通过7项决议：1、关于代表所提议案的决议；2、《关于邵阳县人民政府工作报告的决议》；3、《关于邵阳县人大常委会工作报告的决议》；4、《关于邵阳县人民法院工作报告的决议》；5、《关于邵阳县人民检察院工作报告的决议》；6、《关于邵阳县人民政府计划工作报告的决议》；7、《关于邵阳县人民政府财政工作报告的决议》。

第四节　第四次会议

邵阳县第十六届人民代表大会第四次会议于2015年3月24日至27日召开，会期4天。

本届会议第三次会议实有代表316名，第三次会议后，张远宏代表和刘文龙调离邵阳县，其代表资格自然消失；根据代表法的有关规定，经县人大常委会批准，补选蒋发明和隆伟峰为第十六全县人民代表大会代表。本次与会代表分10个代表团，其正副团长分别：是第一代表团团长黄洪华，副团长朱海鸥；第二代表团团长李小春，副团长陈志明；第三代表团团长杨红凯，副团长陈中梁、黄先平；第四代表团团长李晓明，副团长周勇强、易爱民、尹帮群；第五代表团团长蒋宏富，副团长陈彦春、蒋丰华、吴飞翔；第六代表团团长蒋乐新，副团长蒋军、吴小前；第七代表团团长王成斌，副团长杨利军、易红亮、肖刚强、吕天妮；第八代表团团长杨小勇，副团长段伟强、伍湘平；第九代表团团长彭海军，副团长伍红军、李爱国、周卫东；第十代表团团长刘旭东，副团长唐维、彭军华。

本次会议特邀人员有县委常委曾志红、陈小飞、汤建军、黄拥政、白光珍、唐定明，县政协党组第一副书记李红平，县人武部部长申尧，县人武部政委唐晓勇，县政协在职正县级干部蒋翠娥、刘慈祥，县委调研员王卓明，正县级离退休干部张必烈、张玉庭、刘仕继、李志茂、陈卫国、吕敬忠、杨自祥，县人大常委会原副主任段义君、银祥集、羊正君、阮国仲、颜翠兰、唐汉林、刘连生，十一届省人大代表胡迪芬、粟建国、唐军良，市属九公桥煤矿矿长刘正平。

本次会议列席人员有：县人民政府副县长胡迪芬、申松能、杨卫东、唐荣贵、左宁、陈道文，第八届县政协副主席吕平、罗耀国、伍芬东、唐志仆，县人武部副部长王江丰，县人民法院院长周继耐，县人民检察院检察长吴青山，县委党校校长胡京平，县委副调研员和副县级干部阮晴生、陈学军、钱选清、胡汉荣、林涛、邓星耀、谢磊，县政府副调研员和副县级干部吴善成、刘垈、邓小辉、吕保华、肖绍荣，工业园区管委会主任和中共工业园区工委书记唐玉平、谭建明；以及县人民政府组成单位负责人、县直属机关负责人、不是县人大代表的县人大常委会各委室负责人、各乡镇场党委书记、各乡镇人大主席或副主席、各乡镇长、出席县政协八届四次会议的全体县政协委员。

本次会议主要有以下 7 项：听取和审议《县人民政府工作报告》，并作出相应的决议；听取和审议《县人大常委会工作报告》，并作出相应的决议；听取和审议《县人民法院工作报告》，并作出相应的决议；听取和审议《县人民检察院工作报告》，并作出相应的决议；听取和审议《县人民政府计划工作报告》，并作出相应的决议；听取和审议《县人民政府财政工作报告》，并作出相应的决议；表彰 2014 年度执法责任制目标管理先进单位、乡镇人大工作“争先创优”竞赛活动先进单位、优秀县人大代表。

3 月 23 日，工作人员报到并召开会议。3 月 24 日，全体代表、特邀人员、列席人员在县城中宏宾馆报到。当日，先后召开了预备会议、党员代表会议和主席团第一次会议。

本次会议临时党组由蒋伟、袁玉华、曾梅林、刘长明、邓星强、刘爱阳、朱绮华、张蒲生、李红辉、肖湘政、林彦博、罗立华、姜佳良、赵叶飞、钟经球、唐红艳、唐益发、钱沸涛、黄洪华、曾志红、蒋利军、谢树新、廖献国 23 人组成，蒋伟任临时党组书记，袁玉华、曾梅林、刘长明任临时党组副书记。

本次会议主席团马运华、王成斌、王朝晖、邓星强、艾富清、刘长明、刘平国、刘旭东、刘绍波、吕会龙、朱纯、朱清平、何旗红、吴选民、张蒲生、李小春、李红平、陈晓明、杨小勇、杨红凯、肖湘政、陈云峰、陈定岗、周自珍、周祥平、易顺良、林彦博、罗云文、罗立华、罗洪、胡娴春、钟经球、唐红艳、唐建清、唐振兵、袁玉华、袁秋生、郭跃德、银祎、蒋文平、蒋乐新、蒋宏富、蒋梅娥、谢树新、颜寿生、颜新宇、黎明剑、黎德生 54 人组成，蒋伟、袁玉华、曾梅林、刘长明、唐红艳、曾志红、林彦博、谢树新、钟经球、肖湘政、邓星强、蒋梅娥、张蒲生、罗立华任主席团常务主席，肖湘政兼秘书长。另经大会主席团第一次会议通过，王满元、陈定岗、周自珍、易昌虎、易顺良、蒋文平为本次会议副秘书长。

本次会议议案审查委员会由罗立华、蒋文平、伍亮武、杨红凯、陈志明、赵叶飞6人组成，罗立华任主任委员，蒋文平任副主任委员。

本次会议财政预算审查委员会由邓星强、陈定岗、王朝晖、马运华、伍湘平、刘绍波、段伟祥、蒋利军7人组成，邓星强任主任委员，陈定岗、王朝晖任副主任委员。

3月25日上午，举行本次会议第一次全体会议，县委大礼堂为主会场，县政府七楼会议设有分会场，会议由主席团常务主席刘长明主持，县人民政府县长袁玉华作《县人民政府工作报告》。袁玉华在《报告》中，全面总结回顾了2014年县人民政府的工作，阐明了2015年政府工作的思路。下午与会代表讨论审查《县人民政府工作报告》《计划工作报告》《财政工作报告》。

3月26日上午，举行本次会议第二次全体会议，主席团常务主席肖湘政主持会议，县人大常委会主任刘长明在会上作了《县人大常委会工作报告》，报告提出：2014年，县人大常委会认真贯彻党的十八大和十八届三中、四中全会以及习近平总书记重要讲话精神，围绕县委决策，发挥地方国家权力机关作用，主要做了5个方面的工作：加强监督工作，在服务大局、促进发展中积极作为；加强代表工作，在搭建平台、创新机制中强化服务；开展党的群众路线教育实践活动，在学习教育、改进作风中大力加强常委会自身建设；组织开展人大制度建立60周年纪念系列活动，在活动开展中宣传人大制度，坚定根本政治制度的高度自信；积极服务全党全县工作大局，在明确责任、狠抓落实中圆满完成各项中心工作任务。刘长明强调，2015年县人大常委会工作的重点是：突出依法治县主题，认真做好人大监督工作；依法决定重大事项，提高决策的科学化水平；严格人事任免工作，选任好国家机关工作人员；建设代表履职平台，发挥代表的主体作用；加强乡镇人大的联系指导，确保依法履职；进一步加强自身建设，努力提高常委会工作水平。

刘长明作完《人大常委会工作报告》后，县人民法院院长周继耐和县人民检察院检察长吴青山分别作了《县人民法院工作报告》和《县人民检察院工作报告》。

26日下午，与会代表继续分团讨论6个工作报告。下午4时半，举行主席团第二次会议，听取议案审查委员会《关于议案审查情况的汇报》和预算审查委员会《关于预算审查情况的汇报》，听取各代表团关于审查6个报告情况的汇报；讨论本次会议各项决议草案并决定提交大会通过。

3月27日上午，举行本次会议第三次全体会议，主席团常务主席刘长明主持会议。

大会表彰县审计局、县民政局、县检察院、县监察局、县商务局、县法院、县教育局、县国税局、县地税局、县卫生局、县农业局、县林业局、县畜牧水产局、县工商局、县人社局、县交通运输局、县公安局、县住建局为2014年度执法责任制目标管理先进单位，表彰岩口铺镇人大主席团、长阳铺镇人大主席团、郦家坪镇人大主席团、谷洲镇人大主席团、黄荆乡人大主席团、九公桥镇人大主席团、金称市镇人大主席团、黄塘乡人大主席团、蔡桥乡人大主席团、下花桥镇人大主席团为2014年度乡镇人大工作争先创优竞赛活动先进单位，表彰彭巧云等42人（名单见第四编第二章第七节《优秀县人大代表名录》）为2014年度优秀人大代表。议案审查委员会主任罗立华作了《关于代表议案、建设、批评和意见审查情况的汇报》；大会表决通过了本次会议作出的各项决议；县委书记蒋伟作了总结讲话。

最后，主持人宣布第十六届人民代表大会第四次会议闭幕。

本次会议通过以下7项决议：1、关于代表所提议案的决议；2、关于《县人民政府工作报告》的决议；3、关于《县人大常委会工作报告》的决议；4、关于《县人民法院工作报告》的决议；5、关于《县人民检察院工作报告》的决议；6、关于《县人民政府计划工作报告》的决议；7、关于《县人民政府财政工作报告》的决议。

第五节　第五次会议

邵阳县第十六届人民代表大会第五次会议于2016年3月28日至31日召开，会期4天。

出席本次会议的代表分10个代表团，第一代表团团长黄洪华，副团长朱海鸥；第二代表团团长李小春，副团长易红亮；第三代表团团长杨红凯；第四代表团团长李晓明，副团长周勇强；第五代表团团长蒋宏富，副团长陈彦春、蒋丰华、吴飞翔；第六代表团团长蒋乐新，副团长蒋军；第七代表团团长王成斌，副团长杨利军、吕天妮；第八代表团团长杨小勇；第九代表团团长彭海军，副团长伍红军、李爱国；第十代表团团长刘旭东，副团长唐维、颜新宇。

本次会议特邀人员有县委常委唐定明、曾志红、陈小飞、汤建军、黄拥政、白光珍，县政协党组第一副书记李红平，县人武部部长申尧，县人武部政委唐晓勇，县政协在职正县级干部蒋翠娥、刘慈祥，县委调研员王卓明，正县级离退休干部张必烈、张玉庭、刘仕继、李志茂、陈卫国、吕敬忠、杨自祥，县人大常委会原副主任段义君、银祥集、羊正君、阮国仲、颜翠兰、唐汉林、刘连生，十一届省人大代表胡迪芬、粟建国、唐军良，市属九公桥煤矿矿长刘正平。

本次会议列席人员有：县人民政府副县长胡迪芬、申松能、杨卫东、唐荣贵、陈道文，第八届县政协副主席吕平、罗耀国、伍芬东、唐志仆，县人民法院院长周继耐，县人民检察院检察长戴哲建，县委党校校长胡京平，市国土局副调研员胡华卿、工业园区管委会主任和中共工业园区工委书记唐玉平、谭建明；县消防大队大队长薛孝东、蔡辉；县委副调研员和副县级干部阮晴生、陈学军、钱选清、胡汉荣、林涛、邓星耀、谢磊，县政府副调研员和副县级干部吴善成、刘垡、邓小辉、吕保华、肖绍荣；以及县人民政府组成单位负责人、县直属机关负责人、不是县人大代表的县人大常委会各委室负责人、各乡镇场党委书记、各乡镇人大主席或副主席、各乡镇长、出席县政协八届五次会议的全体县政协委员。

本次会议议程主要：听取和审议邵阳县人民政府工作报告；审议邵阳县国民经济和社会发展“十三五”规划纲要（草案），批准邵阳县国民经济和社会发展“十三五”规划纲要；审议邵阳县2015年国民经济和社会发展计划执行情况与2016年国民经济和社会发展计划（草案）报告，批准邵阳县2016年国民经济和社会发展计划；审议邵阳县2015年预算执行情况与2016年预算（草案）报告，批准邵阳县2016年财政预算；听取和审议邵阳县人大常委会工作报告；听取和审议邵阳县人民法院工作报告；听取和审议邵阳县人民检察院工作报告；选举邵阳县人民检察院检察长；表彰2015年度执法责任制目标管理先进单位、乡镇人大工作“争先创优”竞赛活动先进单位；表彰优秀县人民代表、优秀人民法官、优秀人民检察官。

3月27日，召开工作人员和召集人会议，对有关会议工作作出具体安排。3月28日，全体与会人员在中宏宾馆报到，并召开了预备会议、党员代表会议和主席团第一次会议。

本次会议临时党组由蒋伟、袁玉华、曾梅林、刘长明、邓星强、刘爱阳、吴小前、张蒲生、李红辉、肖刚强、肖湘政、周卫东、林彦博、罗立华、姜佳良、钟经球、唐旭峰、唐红艳、黄洪华、曾志红、蒋新、谢树新、廖献国23人组成，蒋伟任临时党组书记，袁玉华、曾梅林、刘长明任临时党组副书记。

本次会议主席团马运华、王成斌、王朝晖、邓星强、艾富清、刘长明、刘平国、刘旭东、刘绍波、吕会龙、朱纯、朱清平、何旗红、吴选民、张蒲生、李小春、李红平、陈晓明、杨小勇、杨红凯、肖湘政、陈云峰、陈定岗、周自珍、周祥平、易顺良、林彦博、罗洪、罗云文、罗立华、胡娴春、钟经球、唐红艳、唐建清、唐振兵、袁玉华、袁秋生、郭跃德、银祎、黄洪华、彭巧云、彭海军、曾志红、曾梅林、蒋伟、蒋文平、蒋乐新、蒋宏富、蒋梅娥、谢树新、颜寿生、颜新宇、黎明剑、黎德生54人组成，蒋伟、袁玉华、曾梅林、刘长明、唐红艳、曾志红、林彦博、谢树新、钟经球、肖湘政、邓星强、蒋梅娥、张蒲生、罗立华任主席团常务主席，肖湘政兼秘书长。另经大会主席团第一次会议通过，王琪、王满元、陈定岗、周自珍、胡四方、蒋文平为本次会议副秘书长。

本次会议议案审查委员会由罗立华、蒋文平、伍亮武、杨红凯、赵叶飞、颜新宇6人组成，罗立华任主任委员，蒋文平任副主任委员。

本次会议财政预算审查委员会由邓星强、陈定岗、王朝晖、马运华、刘丹、刘绍波、朱海鸥、段伟祥 8 人组成，邓星强任主任委员，陈定岗、王朝晖任副主任委员。

本次会议设有“十三五规划纲要”审查委员会，成员由邓星强、陈定岗、王朝晖、朱海鸥、吴飞翔、胡娴春、袁秋生、蒋宏富、廖献国 9 人组成，邓星强任主任委员，陈定岗、王朝晖任副主任委员。

3 月 29 日上午，在县委大礼堂（主会场）和县政府七楼会议（分会场）举行本次会议第一次全体会议，主席团常务主席刘长明主持会议。开幕式后，县人民政府县长袁玉华向大会作《县人民政府工作报告》。

大会听取《县人民政府工作报告》后，又听取了县人大常委会副主任罗立华所作的《选举工作报告》，大会通过了本次会议补选办法。

上午 11 时，主席团举行第二次会议，中共邵阳县委向主席团提名推荐了县人民检察院检察长候选人。下午，各代表团在指定的各自会议室召开会议，审议《县人民政府工作报告》《邵阳县国民经济和社会发展“十三五”纲要（草案）报告》《邵阳县2015 年国民经济和社会发展计划发展情况与 2016 年国民经济和社会发展计划（草案）报告》《邵阳县 2015 年预算执行情况与 2016 年预算（草案）报告》；讨论酝酿了县人民检察院检察长候选人。

3 月 30 日上午，举行本次会议第二次全体会议，主席团常务主席肖湘政主持会议，大会听取了县人大常委会主任刘长明所作的《县人大常委会工作报告》。刘长明作完《县人大常委会工作报告》后，县人民法院院长周继耐和县人民检察院代检察长戴哲建分别作了《县人民法院工作报告》和《县人民检察院工作报告》。当日下午各代表团继续审查《县人民政府工作报告》《“十三五”规划纲要》《计划工作报告》《财政工作报告》《县人大常委会工作报告》《县人民法院工作报告》《县人民检察院工作报告》，讨论酝酿县人民检察院检察长候选人。

3 月 31 日，与会代表继续分团讨论和酝酿检察长正式候选人。上午 9 时，主席团举行第三次会议，听取议案审查委员会《关于议案审查情况的汇报》和预算审查委员会《关于预算审查情况的汇报》，听取各代表团讨论情况的汇报，听取规划纲要审查委员会《关于规划纲要审查情况的汇报》，听取对检察长候选人酝酿情况的汇报，并确定正式候选人。

下午2时半，举行本次会议第三次全体会议，主席团常务主席蒋伟主持会议，大会以无记名投票方式，选举戴哲建为县人民检察院检察长。

下午4时半，举行本次会议第四次全体会议，主席团常务主席刘长明主持，大会表彰县财政局、县农业局、县民政局、县检察院、县法院、县监察局、县经信局、县房产局、县地税局、县林业局、县交通局、县发改局、县国税局、县审计局、县公安局、县卫生和计划生育局、县人力资源和社会保障局、县水利局、县城管局、县公安局、县烟草局、县畜牧局、县教育局、县市场和质量监督管理局为2015年执法责任制目标管理先进单位；表彰长阳铺镇人大主席团、金江乡人大主席团、蔡桥乡人大主席团、岩口铺镇人大主席团、小溪市乡人大主席团、金称市镇人大主席团、河伯乡人大主席团、九公桥镇人大主席团、郦家坪镇人大主席团为2015年乡镇人大主席团争先创优竞赛活动先进单位；表彰颜建国等50人（名单见第四编第二章第七节《优秀县人大代表名录》）为2015年度优秀县人大代表；授予陈翔、杨泽田、李文玲、刘亮、李梅生5人“优秀人民法官”荣誉称号；授予陈青华、银常德、粟红梅、陈玲4人“优秀人民检察官”荣誉称号。议案审查委员会主任委员罗立华在会上作了《关于代表议案、建议、批评和意见审查情况的汇报》。大会表决通过了本次会议作出的各项决议。中共邵阳县委书记发表讲话后，主持人宣布大会闭幕。

本次会议通过以下8项决议：1、关于代表所提议案的决议；2、关于《县人民政府工作报告》的决议；3、关于《邵阳县国民经济和社会发展“十三五”规划纲要》的决议；4、关于《县人民政府计划工作报告》的决议；5、关于《县人民政府财政工作报告》的决议；6、关于《县人大常委会工作报告》的决议；7、关于《县人民法院工作报告》的决议；8、关于《县人民检察院工作报告》的决议。

本次会议为第十六届全县人民代表大会的最后一次会议，也是本志记述的最后一次全县人民代表大会。2016年11月25日，第十七届全县人民代表大会第一次会议开幕，在本次会议上，刘长明代表第十六届县人大常委会向大会作了《第十六届县人大常委会工作报告》（报告内容见本节附）。29日选举产生第十七届县人大常委会，第十六届全县人民代表大会届满，也是本志记述的最终下限，下一部《邵阳县人民代表大会志》编写当从此始。

表 2 邵阳县各届次人民代表大会召开时间、实到代表人数、决议一览表

<table>
<tr><th></th><th>届次</th><th>届次别</th><th>会议召开时间</th><th>实到代表（人）</th><th>作出决议（项）</th><th>备注</th></tr>
<tr><td rowspan="12">邵阳县各界人民代表会议</td><td rowspan="4">第一届</td><td>第一次会议</td><td>1950 年 2 月 10 日 – 14 日</td><td>258</td><td>6</td><td rowspan="7">以上各次会议均在老县城邵阳市召开</td></tr>
<tr><td>第二次会议</td><td>1950 年（具体月、日无考）</td><td></td><td></td></tr>
<tr><td>第三次会议</td><td>1950 年（具体月、日无考）</td><td></td><td>2</td></tr>
<tr><td>第四次会议</td><td>1951 年 4 月 28 – 30 日</td><td></td><td>1</td></tr>
<tr><td rowspan="3">第二届</td><td>第一次会议</td><td>1951 年 7 月 30 日至 8 月 7 日</td><td>275</td><td>1</td></tr>
<tr><td>第二次会议</td><td>1951 年秋后（具体时间无考）</td><td></td><td>1</td></tr>
<tr><td>第三次会议</td><td>1951 年 12 月（具体日期无考）</td><td></td><td></td></tr>
<tr><td rowspan="4">第三届</td><td>第一次会议</td><td rowspan="4">均于 1952 年召开，各次会议具体时间无考</td><td></td><td></td><td rowspan="5">从第二届各界人民代表会议第三次会议开始，以后的会议都在新县城塘渡口召开</td></tr>
<tr><td>第二次会议</td><td></td><td></td></tr>
<tr><td>第三次会议</td><td></td><td></td></tr>
<tr><td>第四次会议</td><td></td><td></td></tr>
<tr><td colspan="2">第四届</td><td>1953 年 1 月（具体日期无考）</td><td></td><td></td></tr>
<tr><td rowspan="10">邵阳县人民代表大会</td><td rowspan="3">第一届</td><td>第一次会议</td><td>1954 年 6 月 27 日至 7 月 1 日</td><td>253</td><td>5</td><td rowspan="10">从第二届各界人民代表会议第三次会议开始，以后的会议都在新县城塘渡口召开</td></tr>
<tr><td>第二次会议</td><td>1955 年 4 月 11 – 13 日</td><td>238</td><td>3</td></tr>
<tr><td>第三次会议</td><td>1955 年 12 月 19 日</td><td></td><td>3</td></tr>
<tr><td rowspan="2">第二届</td><td>第一次会议</td><td>1956 年 12 月 8 – 11 日</td><td>299</td><td>2</td></tr>
<tr><td>第二次会议</td><td>1957 年 6 月 5 – 8 日</td><td>261</td><td>1</td></tr>
<tr><td rowspan="2">第三届</td><td>第一次会议</td><td>1958 年 6 月 8 – 9 日</td><td>268</td><td>4</td></tr>
<tr><td>第二次会议</td><td>1959 年 11 月 7 – 9 日</td><td>179</td><td>1</td></tr>
<tr><td colspan="2">第四届</td><td>1960 年 12 月 17 – 19 日</td><td>206</td><td></td></tr>
<tr><td colspan="2">第五届</td><td>1964 年 9 月 2 – 4 日</td><td>305</td><td>1</td></tr>
<tr><td colspan="2">第六届</td><td colspan="3">县革委会成立大会，后被列为第六届全县人民代表大会</td></tr>
</table>

接上表

	届次	届次别	会议召开时间	实到代表（人）	作出决议（项）	备注
邵阳县人民代表大会	第七届		1978 年 1 月 19－22 日	755		
	第八届	第一次会议	1980 年 12 月 2－7 日	375	3	
		第二次会议	1981 年 12 月 16－20 日	314	4	
		第三次会议	1983 年 3 月 17－22 日		5	
	第九届	第一次会议	1984 年 4 月 16－21 日	426	4	
		第二次会议	1985 年 4 月 23－28 日		4	
		第三次会议	1986 年 4 月 7－11 日	380	4	
	第十届	第一次会议	1987 年 2 月 26 日至 3 月 4 日	336	5	
		第二次会议	1987 年 12 月 25－27 日	312		
		第三次会议	1988 年 3 月 26－30 日		6	
		第四次会议	1989 年 4 月 9－14 日		7	
	第十一届	第一次会议	1990 年 2 月 21－28 日	330	7	
		第二次会议	1991 年 3 月 14－18 日		5	
		第三次会议	1992 年 3 月 5－9 日		6	
	第十二届	第一次会议	1992 年 12 月 28 日至 1993 年 1 月 4 日	334	6	
		第二次会议	1994 年 3 月 20－24 日	326	6	
		第三次会议	1995 年 3 月 13－16 日		6	
		第四次会议	1996 年 3 月 12－17 日		7	
		第五次会议	1997 年 3 月 11－17 日	337	6	
	第十二届	第一次会议	1997 年 12 月 5－11 日	303	4	
		第二次会议	1998 年 3 月 25－27 日		2	
		第三次会议	1999 年 3 月 15－19 日	299	6	
		第四次会议	2000 年 3 月 12－16 日		6	
		第五次会议	2001 年 3 月 11－16 日	269	6	
		第六次会议	2002 年 3 月 15－19 日	294	6	

接上表

	届次	次别	会议召开时间	实到代表（人）	作出决议（项）	备注
邵阳县人民代表大会	第十四届	第一次会议	2002 年 11 月 25－30 日	5		
		第二次会议	2003 年 3 月 15－17 日	306	3	
		第三次会议	2004 年 3 月 8－12 日	297	7	
		第四次会议	2005 年 3 月 22－25 日	297	7	
		第五次会议	2006 年 3 月 15－19 日	294	6	
		第六次会议	2007 年 3 月 12－15 日	293	6	
	第十五届	第一次会议	2007 年 11 月 28 日至 12 月 3 日	314	5	
		第二次会议	2008 年 4 月 15－18 日	314	7	
		第三次会议	2009 年 3 月 9－13 日	309	7	
		第四次会议	2010 年 3 月 2－5 日	307	7	
		第五次会议	2011 年 3 月 12－16 日	306	8	
		第六次会议	2012 年 4 月 25－29 日	308	7	
	第十六届	第一次会议	2012 年 11 月 29 日至 12 月 3 日	316	5	
		第二次会议	2013 年 3 月 25－28 日	316	7	
		第三次会议	2014 年 3 月 18－21 日	316	7	
		第四次会议	2015 年 3 月 24－27 日	316	7	
		第五次会议	2016 年 3 月 28－31 日	315	8	

附：

县第十六届人大常委会工作报告（节选）

（2016 年 11 月 27 日在邵阳县第十七届人民代表大会第一次会议上）

县第十六届人大常委会工作回顾

县第十六届人大常委会任期的四年，是县委领导全县人民砥砺奋进、实干追梦的四年，也是县人大常委会改革创新、履职有为的四年。四年来，县人大常委会在中共邵阳县委的坚强领导下，深入贯彻落实党的十八大、十八届三中、四中、五中、六中全会和习近平总书记系列重要讲话精神，坚持党的领导、人民当家作主、依法治国的有机统一，认真履行宪法和法律赋予的职责，圆满完成了县第十六届人大常委会任期的各项工作任务，为推动我县经济社会持续快速健康发展、推进民主法制建设和全面小康邵阳建设做出了积极贡献。

一、依法履职，强化监督，推动经济社会科学发展

常委会积极回应社会和人民群众的关切，改进监督方式，加大监督力度，推动“一府两院”依法行政，公正司法。突出第一要务，致力推动经济社会科学发展。强化对宏观经济运行情况的监督。常委会每年认真听取和审议国民经济和社会发展计划执行情况汇报，针对执行中的突出问题，督促县人民政府积极应对各种困难和挑战，优化发展环境，凝聚发展合力，破解发展瓶颈，全力推动县域经济又好又快发展。强化对“十三五”规划的审查。常委会高度关注“十三五”规划编制工作，采取组织省、市、县人大代表专题座谈调研，召开主任会议专题研究讨论，召开常委会会议专题听取和审议等形式，深入一线摸实情，注重结合找短板，认真审议提建议，为我县“十三五”规划的科学编制贡献了重要的人大智慧。强化对财政预决算的审查监督。常委会认真贯彻落实新的《中华人民共和国预算法》，提前参与和介入年度财政预算方案的科学编制工作，精心组织开展预算执行情况的检查，听取和审议县人民政府每个年度财政预决算和半年财政预算执行，以及财政决算审计等情况汇报，抓好审计发现问题整改工作，督促县人民政府管好人民的“钱袋子”。积极推动国库集中支付改革工作，推行公务卡结算制度，加强财源建设，规范财政支出管理，全县“三公”经费支出逐年减少。

关注民生事业，积极回应人民关切。听取和审议了县人民政府关于教育工作情况汇报，针对当前教育工作存在的城乡教育发展不平衡、经费保障水平偏低、校园周边环境不优、留守儿童教育不到位等问题，督促县人民政府把教育摆在优先发展的地位，加快新一中建设步伐，优化中小学教育资源配置，扎实开展对校园周边环境的集中整治，创新留守儿童教育管理机制，推动全县教育持续均衡发展。听取和审议新农村建设工作情况汇报，向县人民政府提出了做好新农村建设的规划编制、加大农村生态环境保护和治理力度、加快农业产业化发展步伐、完善农村基础设施建设等建议，督促县人民政府及有关部门抓好工作落实，加快邵阳美丽乡村建设。听取和审议专项资金管理使用情况汇报，组织专门力量对政府融资资金、重大项目建设资金、水利建设资金、保障性住房建设资金、产粮大县专项资金、医疗保险基金、养老保险基金、民政低保资金等专项资金的管理使用情况开展专项检查，根据发现的问题，有针对性地提出意见和建议，确保专项资金的安全运行。听

取和审议扶贫开发工作情况汇报，督促和支持县人民政府认真落实“六个精准”“四个切实”扶贫工作要求，扎实推进扶贫开发工作，坚决打赢扶贫攻坚战。

强化法律监督，大力推进法治邵阳建设。实施执法责任制目标管理考核。每年，常委会与全县47个执法责任制建制单位签订目标管理责任书，采取年底检查与平时考察相结合、代表和委员打分相结合的办法，对建制单位贯彻落实执法责任制的情况进行综合考核评价，考核结果向社会公开，提升了各执法单位依法行政、公正司法的能力和水平。

组织开展执法检查。四年来，常委会对《中华人民共和国食品安全法》《中华人民共和国环境保护法》《中华人民共和国城乡规划法》等8部法律法规在我县的贯彻实施情况进行了检查，听取和审议了县人民政府贯彻实施法律法规情况的专题汇报，督促县人民政府及其主管部门抓好法律法规的宣传和贯彻实施。同时，常委会还配合省、市人大对《中华人民共和国水污染防治法》《中华人民共和国道路交通安全法》《中华人民共和国职业教育法》等10部法律法规的贯彻实施情况进行执法检查，收到了良好的法律效果和社会效果。

对县公安局开展工作评议。2014年，常委会采取走访座谈、现场察看、代表测评、听取汇报等方式，对近三年来县公安局的工作开展情况进行了专项评议，针对评议中发现的问题，要求公安机关公安干警牢固树立“立警为公、执法为民”的宗旨，切实加强队伍建设，加强警务保障，加大打击违法犯罪力度，为县域经济发展保驾护航。

开展“优秀人民法官”和“优秀人民检察官”评选表彰活动。2015年，常委会按照宣传发动、初选推荐、组织考察、初审公示、审查批准等步骤，评出陈翔等5名“优秀人民法官”，陈青华等4名“优秀人民检察官”，为司法干警队伍建设注入了正能量。

加强规范性文件备案审查工作。常委会依法对县人民政府及其职能部门报送的规范性文件进行了认真审查，确保县人民政府及各部门下发的文件合法合规。我县规范性文件备案审查工作多次被省、市人大评为先进，工作经验在省、市人大系统中得到推介。

二、服务大局，积极作为，提高人大履职效率

常委会始终坚定人大工作的政治方向，紧紧围绕全县经济社会发展大局，坚持职权法定原则，着力回应群众和社会关切，加大履职力度，为维护改革发展稳定大局，促进科学发展和社会和谐，发挥了重要作用。

依法审议决定重大事项。常委会围绕行政区划调整、油茶产业发展、县一中搬迁等事关全县经济社会发展的全局性的重大事项，在深入开展调研的基础上，依法作出了《关于批准邵阳县人民政府关于提请审议邵阳县乡镇区划调整的议案的决议》《关于批准县人民政府“建设中国茶油之都·邵阳油茶产业园”的决定》《关于批准县人民政府提请审议将邵阳县第一中学新校区建设项目财政回购资金列入中长期财政预算的议案的决议》。常委会先后审议了以县人民医院和县中医院为平台实施融资租赁、工业集中区融资、棚户区建设融资等17个融资议案，并相应作出决议决定，支持县人民政府化解资金瓶颈，加大对重点工程项目建设和民生事业发展的投入力度，有力地支持了县域经济社会的加快发展。依法任免国家机关工作人员。常委会始终坚持党管干部原则和人大依法任

免的有机统一，认真做好人事任免工作，确保市委、县委人事安排意图的实现。四年来，常委会共任免国家机关工作人员163人次，其中，决定任命和任命国家机关工作人员138人次，接受辞职和免职25人次。全面规范实施常委会任命的国家机关工作人员在就职前宪法宣誓的制度，增强国家机关工作人员的法律意识和公仆意识。

积极参与全县中心工作。常委会领导班子在认真做好人大工作的同时，积极参与全县中心工作，圆满完成各项中心工作任务。在“三重”工作中担当奉献。常委会班子成员直接参与和承担了县城旧城改造、塘田市大桥建设、油茶产业示范园建设、棚户区改造、S223、S224、S238、Y043公路建设、“气化湖南”邵阳县段输气管道建设、长阳铺新能源项目建设、县人民医院、中医院整体搬迁、国有企业改革改制、怀邵衡铁路建设、岩口铺新型城镇化整体综合开发等19项重点工作，为推进“三重”工作建设发挥了积极作用。在驻村帮扶中积极作为。常委会组织机关干部常驻谷洲镇西岭村、九公桥镇黄花村，积极开展精准扶贫工作，组织党员进驻塘渡口镇沙坪社区，认真开展帮扶活动，千方百计筹措资金，完善基础设施建设，指导基层党建工作，帮扶贫困群众自力更生，脱贫致富。在各项中心工作中争先创优。常委会全面参与“三联二访一帮”、“一进二访”、综治民调等重要工作，全力促进“三边三年”绿化、计划生育、油茶产业发展、双季稻和烤烟生产等中心工作任务的完成。

三、创新机制，强化服务，充分发挥代表作用

人大代表是国家权力机关的组成人员，尊重代表权利就是尊重人民的权利，保障代表依法履职就是保障人民当家作主。常委会创新载体，积极支持和保障代表依法履行职责，充分发挥了代表的主体作用。

常委会以“三联”活动为纽带，推动代表工作纵深发展。常委会结合省、市人大“双联”工作要求，制定出台了“三联”活动实施方案，密切主任会议组成人员与乡镇人大主席团、常委会委员与人大代表、人大代表与选民之间的联系，彰显尽职尽责办实事、关注民生谋发展、倾听民声促和谐的人大代表工作特色。

常委会以推进代表联系群众工作室建设为载体，实现代表联系群众工作常态化。代表联系群众工作室建设工作于2014年启动，2015年全面完成。全县20个乡镇代表联系群众工作室的建成，搭起了代表与选民经常性联系的平台，畅通了社情民意反映和表达的渠道。

常委会高度重视代表建议批评意见办理工作。研究制定了《邵阳县人大代表建议、批评和意见重点处理工作暂行办法》，突出办理工作重点。综合运用现场交办、联合督办、听取和审议办理工作情况汇报等督办措施，加大督办力度，增强办理实效，解决问题率逐年提升，实现了建议办理由“答复”向“落实”转变。本届人大历次会议收到的1件议案、579件建议、批评和意见已办理完结，解决了一批基础设施建设、公益事业发展、民主法制完善等问题，有力促进了全县经济社会的和谐发展。

常委会积极组织代表开展调研视察活动。每年组织代表开展集中调研视察活动，围绕县城旧城改造工程、邵塘一级公路建设、人民医院搬迁等“三重”工作，现场调研视察，听取县人民政府关

于“三重”工作情况汇报，代表们聚焦“三重”，心系发展，献计献策，充分发挥了人大代表参政议政的职能作用。常委会坚持邀请代表参加部门行风评议、优化经济发展环境测评、执法责任制落实情况测评、干部人事测评、庭审观摩等活动，扩大知情权、参政权和监督权，丰富了履职内容，激发了履职活力。

常委会重视代表学习培训，提高代表履职能力。在十六届人大代表履职之初，常委会即组织全体县十六届人大代表进行集中培训学习，组织代表学习政治，提高政治觉悟，学习法律和人大业务知识，提高法律素养和依法履职能力水平。在届中，常委会为全体代表订阅了《人民之友》杂志，为代表学习创造条件。同时，将代表培训列入乡镇人大“争先创优”的考核内容，督促指导各乡镇代表活动组开展形式多样的培训活动。

四、精心指导，严肃纪律，依法组织搞好县乡人大代表换届选举

常委会认真贯彻落实中央、省委、市委、县委关于换届选举工作的决策部署，牢牢把握换届选举工作的总体要求和原则，切实加强对换届选举工作的组织领导和具体指导，召开了高规格的县委人大工作会议，对县乡人大换届工作进行精心部署。召开了换届选举工作人员培训会议，对换届业务进行了专门培训。严把代表“入口关”。各提名责任主体认真把握代表人选“三个基本条件”“五个好标准”“十五项负面清单”重点审查的要求，组织相关部门对县乡人大代表人选进行联合审查，从严把好代表政治关、身份关、结构关。依法依规组织选举活动。按照法定程序和时间节点及时公布选举日期、选民名单、初步候选人名单、正式候选人名单，统一制作选票和票箱，严格流动票箱管理，依法规范委托投票。开展换届纪律的宣传教育。组织观看《镜鉴》等教育片，广泛宣传“九个严禁”“约法三章”“十个不准”的纪律规定。实行换届工作目标管理责任制，层层传导压力、压实责任。本次县乡人大代表换届共选举产生县十七届人大代表316名，乡镇人大代表1457名。全县县乡人大代表选举工作和乡镇新一届人民代表大会第一次会议依法有序、风清气正、圆满成功。

五、从严要求，改进作风，不断强化自身建设

常委会注重加强自身建设。注重加强思想政治建设。常委会认真组织学习贯彻党的十八大、十八届三中、四中、五中、六中全会和习近平总书记系列重要讲话精神，用党的最新理论成果武装头脑、指导工作。深入开展党的群众路线教育实践活动、“三严三实”专题教育和“两学一做”学习教育。始终坚持党的领导，自觉将人大工作置于县委领导之下，政治上、思想上、行动上保持与县委的高度一致，牢牢把握人大工作正确的政治方向。注重加强机关制度建设。常委会认真贯彻民主集中制原则，健全完善常委会议事规则，坚持集体行使职权，严格依法按程序办事。修订完善了人大机关学习、考勤、财务管理等各项规章制度和管理制度，对县级干部的出勤也实行了严格的签到制度，加强人财物的管理，财务会审坚持集体会审、一支笔审批制度，进一步扎紧扎密制度的“笼子”，用制度管人管事、规范行为得到了较好的落实，为民务实清廉形象得到提升。注重加强干部作风建设。常委会深入贯彻党的十八大精神和中央“八项规定”，打好作风建设“持久战”，以“三严三实”的工作标准，加强干部队伍的教育管理，增强责任意识，坚持规范管理，促进机关文

风、会风、作风的转变。组织干部职工进村入户开展“三联二访一帮”、“一进二访”、精准扶贫等活动，密切党群干群关系。在机关开展最美干部评选和优秀党员评选活动，激发干事创业的热情。创建人大机关微信群和人大代表微信群，密切工作联系，提高办事效率。注重加强党风廉政建设。常委会认真学习党章党规和习近平总书记系列重要讲话精神，认真学习“两条例一准则”等党风廉政建设新规定，深入贯彻党的十八届六中全会精神，让党规党纪和全面从严治党的新要求入脑入心。常委会党组认真履行党风廉政建设“一岗双责”的主体责任，形成了一级抓一级、一级带一级、层层抓落实的工作机制，营造了山清水秀的常委会机关政治生态。

常委会注重加强人大制度宣传。常委会组织开展了庆祝人民代表大会制度建立60周年纪念活动，召开了一次高规格的纪念大会，评比表彰了一批县乡人大工作先进工作者，开展了一次纪念和理论研讨征文活动等，深入学习贯彻党的十八大会议精神和习近平总书记的系列重要讲话精神，坚持党的领导、人民当家作主、依法治国有机统一，在新的历史起点上，坚持和完善人民代表大会制度，努力把法治邵阳建设推向前进。

常委会注重加强对乡镇人大的联系指导。健全常委会领导联系乡镇人大制度，组织开展乡镇人大工作“争先创优”活动，指导乡镇人大主席团组织召开乡镇人民代表大会，支持乡镇人大依法开展执法检查、工作评议、视察调研、联系代表等工作。完善乡镇人大主席团主席列席常委会会议制度，组织乡镇人大工作人员参加业务学习和培训，增强依法履职能力。

各位代表：县第十六届人大常委会工作取得的成绩，是县委坚强领导的结果，是全县人民、全体代表和全县人大工作者共同努力的结果，是县人民政府、县人民法院、县人民检察院积极协同配合的结果，是全县社会各界大力支持的结果。在此，我谨代表县十六届人大常委会向大家表示最崇高的敬意和最衷心的感谢！

在看到成绩的同时，我们也清醒地认识到，我们的工作与宪法和法律赋予的职责、与党和人民群众的要求，与全体人大代表的期望还有一定差距。突出表现在：监督工作的力度和效果有待进一步增强；服务代表的能力和水平有待进一步提高；常委会及其机关的自身建设有待进一步改进等。这些问题，需要在今后的工作中认真研究并切实加以解决。

各位代表，县第十六届人大常委会任职期间，我们始终围绕中心，服务大局，认真履职，依法工作，大胆实践，积极探索，积累和形成了一些有益的经验和体会，概括起来主要有：

——坚持加强党的领导，是做好人大工作的根本保证。四年来，常委会紧跟核心，坚持重大事项先向县委报告制度，充分领会县委精神，及时把县委的决策部署通过法定程序变成全县人民的共同意志和行动。人大工作的每一项重要决策，每一项改革创新，都得到了县委的重视、关心和支持。

——坚持服务全县大局，是做好人大工作的根本目标。四年来，常委会加强对“一府两院”的监督，坚持监督与支持的统一，寓支持于监督之中，在监督中支持，在支持中监督，使监督的过程成为统一思想形成共识的过程；成为聚心合力、推动工作的过程，做到了解难不设难、支持不代替、监督不对立。

——坚持人民利益为重，是做好人大工作的根本宗旨。四年来，常委会始终把人民群众最关心的热点、难点问题作为人大工作的重点，监督和支持“一府两院”解决了教育卫生、社会保障、食品安全、环境保护等一批事关民生民计的问题，积极化解了社会矛盾，有力地促进了社会和谐。

——坚持严格依法履职，是做好人大工作的根本规则。四年来，常委会始终牢固树立依法用权意识，时刻将“法”铭刻在心，用“法”约束行为，依“法”履行职责，切实做到视察检查先学法，讨论问题不离法，行使职权不越法，作出决议符合法。

——坚持发挥代表主体作用，是做好人大工作的根本动力。四年来，常委会积极吸纳人大代表的真知灼见，有效调动人大代表履职热情，代表作用得到有效发挥，代表履职能力得到明显增强，有力地推动了全县经济发展和社会进步。

新一届人大常委会的工作建议（略）

刚刚胜利闭幕的省第十一次党代会、市第十一次党代会和县第十二次党代会为我们今后五年的发展描绘了宏伟蓝图，吹响了全面建成小康社会的“冲锋号”。新愿景令人向往，新鼓点催人奋进！在这个风生水起的伟大时代，唯有努力工作，方能不负党的期望、不负人民重托！让我们紧密团结在以习近平同志为核心的党中央周围，在中共邵阳县委的坚强领导下，坚守人大代表代表人民、为了人民、服务人民的初心，以更加坚定的信心、更加昂扬的斗志、更加务实的作风、更加积极的担当，创造人大履职的光辉业绩，共同努力为百万邵阳人民创造一个更加幸福美好的未来！

第十三章　乡镇人民代表大会

第一节　乡镇人大会议

实行人民代表大会制度前的各界人民代表会议期间，各乡镇召开各界座谈会和农民代表会议，负责推选县各界人民代表会议农民代表和决定乡镇重大事项。

1954 年全面实行人民代表大会制度后，是年 3 月，邵阳县 221 乡、4 镇（塘渡口、五峰铺、黄亭市、白仓）相继召开全县首届乡镇人民代表大会，全县 2965 名各乡镇人大代表在各自所在乡镇出席会议，共选举产生出席第一届全县人民代表代表 301 名。

1956 年 11 月，在全县第二届基层选举中，全县 44 乡、4 镇相继召开全县乡镇人民代表大会，全县 3309 名乡镇人大代表在各自所在乡镇参加大会。本届全县乡镇人民代表大会共选举产生 44 个乡人民委员会、4 个镇人民委员会；共选出乡人民委员会委员 750 人、镇人民委员会委员 44 人，选举产生第二届全县人民代表大会代表 329 人。

第三届全县各乡镇人民代表大会于 1958 年 4 月 15 日前后相继召开，全县 3039 名乡镇人大代表（其中农民代表 2956 人、工人代表 11 人、其他职业代表 83 人）出席了各自乡镇的人民代表大会，会期一般为一天或一天半。本届乡镇人民代表大会共选出 44 个乡人民委员会委员 574 人、4 个镇人民委员会委员 36 人，另外还选出了各乡镇的人民陪审员，通过了 1958 年各乡镇农副业生产指标和远景规划。

1960 年 1 月底，根据湖南省人民委员会的统一部署，全县 12 个人民公社在整社运动后期，均相继召开社员代表大会，选举产生新一届公社管理委员会。同年 9 月，根据湖南省人民委员会《关于 1960 年选举工作的指示》，全县 12 个人民公社均相继召开社员代表大会，共选举产生出席第四届全县人民代表大会的代表 314 人。

1963 年 8 月下旬，全县 61 个公社、1 个区级镇和 3 个农林场相继召开社员代表大会。全县 7664 名社员代表（其中农民代表 5572 人、工人代表 305 人、干部代表 577 人、文教卫生界代表 146 人、商业界代表 98 人）在各自公社（镇）出席大会。这次社员代表大会共选举产生 61 个人民公社（镇）和 3 个农林场新一届管理委员会、镇人民委员会委员 944 人、公社监察委员会委员 580 人；选举产生第五届全县人民代表大会的代表 382 名。

县内未进行第六届基层选举，故未召开第六届各公社社员代表大会，只是在1968年9月17日邵阳县革命委员会成立大会（此次成立大会后被列为第六届全县人民代表大会）后，又以县革命委员会的名义，先后批复全县成立了43个公社和农林场的革命委员会，共批准全县各公社和农林场的革命委员会组成人员（委员）1144人。

县内未进行第七届乡镇（公社）人大代表选举，故未召开第七届乡镇（公社）人民代表大会。

1980年10月底全县基层选举工作结束后，全县40个公社、2镇（区级镇1个、社级镇1个）相继召开公社（镇）人民代表大会。全县3809名社（镇）人大代表（其中农民代表3040人、工人代表53人、干部代表605人、知识分子代表76人、军人代表1人、其他行业代表34人；以性别分，男性代表3101人，女性代表708人；以政治面貌分，中共党员代表2502人、非党群众代表1307人）在各自所在公社（镇）参加代表大会。本次公社（镇）代表大会共选举产生40个新一届公社管理委员会和2个镇人民政府。选举产生113名公社管理委员会正副主任和4名镇人民政府正副镇长，选举产生公社管理委员会和镇人民政府组成人员共216名。

1984年3月县第九届基层选举完成后，5月，全县42个乡镇（含区级镇1个）相继召开乡镇人民代表大会。全县5504名乡镇人大代表（其中男性代表4287人，女性代表1217人；中共党员代表3453人、非党群众代表2051人；农民代表4040人、工人代表141人、干部代表794人、知识分子代表431人、军人代表2人、其他代表96人）。本次乡镇人民代表大会分别听取审议了前届各公社管理委员会工作报告，共选举产生各乡人民政府正副乡长、镇人民政府正副镇长，以及乡镇人民政府组成人员。

1987年1月8日至15日，全县42个乡镇中除金江乡外，其余41个乡镇均相继召开了全县第十届各乡镇人民代表大会。全县2426名乡镇人大代表（其中男性代表2014人，女性代表412名；中共党员代表1523名、非党群众代表903名；农民代表1781名、工人代表27名、干部代表463名、知识分子代表77名、其他行业代表68名）在各自乡镇出席代表大会。本次乡镇人民代表大会依法选举产生新一届乡镇人大主席团和新一届乡镇人民政府，其中选举产生乡镇人大主席团常务主席41人、镇人民政府镇长7人、副镇长18人、乡人民政府乡长35人，副乡长71人；另外还选举产生了乡镇人民陪审员。本届各乡镇人民代表大会会期均为3天。

1989年12月26日，县选举委员会办公室制订下发《召开乡镇新一届人民代表大会第一次会议工作方案》，从代表资格审查、会议材料准备、会务工作、会议议程、选举程序等均作了详细的规定。1990年2月，全县42个乡镇相继召开乡镇人民代表大会。全县2476名乡镇人民代表大会代表（其中男性代表1990名、女性代表486名；中共党员代表1649名、非党群众代表827名；农民代表1771名、工人代表352名；其他职业代表333名）在各自乡镇出席代表大会。在本届各乡镇人民代表大会上，全县共选举产生42个新一届乡镇人大主席团和42个新一届乡镇人民政府；选举产生新一届乡镇人大主席42名、乡镇长41名、副乡镇长99名。

1992年12月，全县42个乡镇均召开乡镇人民代表大会，选举产生新一届乡镇人大主席团和新一届乡镇人民政府。

1995年撤区并乡时，全乡由原来的42个乡镇合并为22个乡镇。同年10月，合并后的22个乡镇相继召开各乡镇人民代表大会，选举产生了22个新的乡镇人大主席团和22个新一届乡镇人民政府。

1995年后至2016年，全县又先后于1998年10月、2001年9月、2007年11月、2012年10月、2016年11月召开5届乡镇人民代表大会，依法选举产生了各届乡镇人大主席团和各届乡镇人民政府。

表3

1995-2016年部分乡镇人民代表大会召开情况表

乡镇名	第十届（1995年10月-1998年10月）		第十一届（1998年10月-2001年10月）		第十二届（2001年11月-2007年10月）		第十三届（2007年11月-2012年10月）		第十四届（2012年10月-2016年11月）		第十五届（2016年11月至今）	
	代表人数	本届召开会议次数	代表人数	本届召开会议次数	代表人数	本届召开会议次数	代表人数	本届召开会议次数	代表人数	本届召开会议次数	代表人数	本届召开会议次数
塘渡口镇							101	6	118	4	159	1
五峰铺镇	79	3	90	3	90	8	97	4	102	4	106	1
白仓镇												
长阳铺镇					66		67	1	67		67	1
岩口铺镇												
黄亭市镇				3	76	6	72	3	79	2	78	1
金称市镇												
塘田市镇		2				1		2		1		1
九公桥镇		2		1		1	77	5	77	4	77	1
下花桥镇	75	2	75	5	75	5	75	3	76	1	75	1
谷洲镇			74		72		76		73		76	
郦家坪镇												
黄塘乡												
霞塘云乡												
小溪市乡												
蔡桥乡							57		59		58	
长乐乡												
河伯乡												
罗城乡					50	6	48	6	52	4	52	1
诸甲亭乡												
黄荆乡												
金江乡												

第二节　乡镇人大主席团

一、沿革

1987年，全县42个乡镇均设立人大主席团，主席团设常务主席1人。1987年至1995年5月，各乡镇历届人大主席团常务主席分别是（连任者不重复记名）：

陈健生（兼1987.10－1990.02）、彭迪先（1990.02－1992.12）、黄荣生（1992.12－1995.05）先后任塘渡口镇人大主席团常务主席；

唐振林（1987.10－1990.02）、袁太平（1990.02－1992.12）、邓田富（1992.12－1995.05）先后担任红石乡人大主席团常务主席；

陈启刚（1987.10－1990.02）、唐振林（1990.02－1995.05）先后任黄塘乡人大主席团常务主席；

曾文龙（1987.10－1990.02）、张兵华（1992.02－1992.12）、刘鲜时（1992.12－1994.03）、张国荣（1994.3－1995.05）先后担任小溪市乡人大主席团常务主席；

邓爱国（1987.10－1990.02）、陆选民（1990.02－1991.09）、王步惠（兼1992.04－1992.12）、蒋兴国（1992.12－1995.05）先后任霞塘云乡人大主席团常务主席；

唐杏池（1987.10－1992.12）、王跃平（1992.12－1995.05）先后任大田乡人大主席团常务主席；

张宗清（1987.10－1990.02）、陈竹山（1990.02－1995.05）先后任塘渡口乡人大主席团常务主席；

邓春升（1987.10－1992.12）、吴才秋（1992.12－1995.05）先后任五峰铺镇人大主席团常务主席；

李陵（1987.10－1995.05）任水田乡人大主席团常务主席；

黎恢照（1987.10－1990.02）、陈平（1990.02－1992.12）、李合军（1992.12－1995.05）先后罗城乡人大主席团常务主席；

蒋贻学（兼1987.10－1990.02）、蒋宏寿（1990.02－1995.05）先后任中和乡人大主席团常务主席；

刘友清（兼1987.10－1989.04）、莫浩然（1989.04－1992.12）、莫元清（1992.12－1995.05）先后任新建乡人大主席团常务主席；

蒋普成（兼 1987.10 - 1990.02）、刘友清（1990.02 - 1992.12）、陈云清（1992.12 - 1995.05）先后任金江乡人大主席团常务主席；

罗仁文（1987.10 - 1992.12）、谢云龙（1992.12 - 1993.12）、颜家伦（1993.12 - 1995.05）先后任郦家坪乡（镇）人大主席团常务主席；

唐友生（1987.10 - 1990.02）、向国华（1990.02 - 1992.12）、吴健全（1992.12 - 1994.07）、陈学军（1994.07 - 1995.05）先后任诸甲亭乡人大主席团常务主席；

吴昌祥（1987.10 - 1990.02）、粟新盛（1990.02 - 1992.12）、粟和平（1992.12 - 1995.05）先后任杉木桥乡人大主席团常务主席；

曾开明（1987.10 - 1995.05）任城天堂乡人大主席团常务主席；

赵泰春（1987.10 - 1992.12）、黄承柱（1992.12 - 1995.05）先后任下花桥乡（镇）人大主席团常务主席；

刘旺兴（1987.10 - 1995.05）任双江乡人大主席团常务主席；

刘桂长（1987.10 - 1990.02）、陈贻清（1990.02 - 1991.04）、谢维振（1991.04 - 1992.12）、刘书甫（1999.12 - 1995.05）先后任湾塘乡人大主席团常务主席；

曾祥利（1987.10 - 1990.02）、刘书甫（1990.02 - 1992.12）、刘永彦（1992.12 - 1995.05）先后任谷洲乡（镇）人大主席团常务主席；

刘勉之（1987.10 - 1992.12）刘艾平（1992.12 - 1995.05）先后任白马乡人大主席团常务主席；

刘文国（兼 1987.10 - 1988.07）、伍乔生（1988.07 - 1992.12）、黎曙南（1992.12 - 1995.05）先后任九公桥乡人大主席团常务主席；

刘玉新（1987.10 - 1990.02）、刘爱平（1990.02 - 1992.12）、阮迪光（1992.12 - 1995.05）先后任东田乡人大主席团常务主席；

谢仲康（1987.10 - 1989.04）、覃胜发（1989.04 - 1995.05）先后任黄荆乡人大主席团常务主席；

陆克敏（1987.10 - 1988.04）、胡训高（1988.04 - 1992.12）、海振兵（1992.12 - 1995.05）先后任梽木山乡人大主席团常务主席；

王若良（1987.10 - 1989.10）、陈仲轩（1989.10 - 1995.05）先后任长阳铺乡（镇）人大主席团常务主席；

赵林祥（1987.10 - 1992.12）、陈交（1992.12 - 1995.05）先后任岩口铺乡（镇）人大主席团常务主席；

刘春林（1987.10 - 1995.05）任皇安寺乡人大主席团常务主席；

吴存美（1987.10 - 1989.04）、钱友成（1989.04 - 1990.02）、涂太庭（1990.02 -

1992.12）、邓焕云（1992.12－1995.05）先后任黄亭市镇人大主席团常务主席；

黄正生（兼1987.10－1990.02）、黄建安（1990.02－1992.12）、邓昭卿（1992.12－1994.07）、邓良雄（1994.7－1995.05）先后任双清乡人大主席团常务主席；

罗选国（1987.10－1991.04）、邓放荣（1991.04－1992.12）、涂太庭（1992.12－1995.05）先后任长乐乡人大主席团常务主席；

肖勋章（1987.10－1990.02）、杨谟泽（1990.02－1992.12）、尹兴国（1990.12－1994.07）、邓星强（兼1994.07－1995.05）先后任蔡桥乡人大主席团常务主席；

肖桂喜（1987.10－1990.02）、钱友成（1990.02－1992.12）、莫建安（1992.12－1995.05）先后任永兴乡人大主席团常务主席；

唐运玉（1987.10－1990.02）、陈松林（1990.02－1995.05）先后任塘田市乡（镇）人大主席团常务主席；

廖本芳（1987.10－1990.02）、易秉玉（1990.02－1995.05）先后任河伯乡人大主席团常务主席；

黄中庸（1987.10－1992.12）、陈良地（1992.12－1995.05）先后任金称市乡（镇）人大主席团常务主席；

刘正中（1987.10－1988.04）、吕普庆（1988.04－1995.5）先后任芙蓉乡人大主席团常务主席；

陈彪（1987.10－1991.04）、刘安国（兼1991.04－1992.12）、周生奇（1992.12－1995.05）先后任千秋乡人大主席团常务主席；

高利群（1987.10－1992.12）、谢安清（1992.12－1995.05）、先后任白仓镇人大主席团常务主席；

吕普庆（1987.10－1988.04）、刘正中（1988.04－1992.12）、邓善清（1993.01－1993.12）、吕祥生（1993.12－1995.5）先后任河边乡人大主席团常务主席；

杨地能（兼1987.10－1990.02）、廖本芳（1990.2－1995.5）先后任杨青乡人大主席团常务主席。

1995年5月撤区并乡，全县原40个乡、2镇1个区级镇、1个乡级镇）合并为22个乡镇。1995年5月至1995年10月因新合并的乡镇未召开乡镇人民代表大会，故在每个乡镇设立一名人大工作联络员。1995年10月，各乡镇均召开乡镇人民代表大会，选举产生新的乡镇人大主席团，乡镇人大主席团一般由5至9人组成，乡镇人大主席、副主席是乡镇人大主席团的法定成员。至2016年底，各乡镇人大工作联络员和历届人大主席分别是（连任者不重复记名）：

塘渡口镇人大主席先后有黄荣生（1995.05－1998.10，1995年5月至10月为联络员）、王建华（1998.10－2001.11）、吴敏健（2001.11－2003.04）、伍又良（2003.04－2005.04）、黄洪华（2005.04－2006.04）、张选贵（2006.04－2007.11）、刘诗珍（2007.11－2012.11）、朱海欧（2012.11－2014.03）、彭红枫（2014.04－2016.11）、张姬凤（2016.11－）；

五峰铺镇人大主席先后有邓春升（1995.10－2001.11，1995年5月至10月为联络员）、莫国强（2001.11－2005.04）、颜桂生（2005.04－2006.04）、许宝喜（2006.04－2010.04）、杨红凯（2010.04－2012.11）、李小春（2012.11－2016.10）、袁多良（2016.10－）；

白仓镇人大工作联络员莫元清、人大主席先后有刘贤贵（1995.10－1998.04）、刘学义（1998.10－2001.11）、刘军（2001.11－2003.04）、唐建国（2003.04－2009.04）、刘楷（2009.04－2012.11）、刘旭东（2012.11－2016.10）、杨文军（2016.10－）；

黄亭市镇人大主席先后有肖桂喜（1995.10－1998.10，1995年5月至10月为联络员）、尹帮喜（1998.10－2001.10）、李进华（2001.11－2003.04）、刘代祥（2003.04－2005.04）、周林涛（2005.04－2006.04）、邹志峰（2006.04－2007.11）、吴忠友（2007.11－2011.05）、蒋宏富（2011.05－2016.10）、李军宁（2016.11－），联络员（1998年4月）有尹帮喜、王友成；

长阳铺镇人大主席先后陆克敏（1995.10－2001.11，1995年5月至10月为联络员）、陆仕勋（2001.11－2003.04）、陈阳秀（女）（2003.04－2005.04）、李爱军（2005.04－2006.04）、邓亮华（2006.04－2007.11）、唐国纯（2007.11－2012.10）、王成斌（2012.11－2016.10）、何晚良（2016.11－），联络员有罗云莲；

九公桥镇人大主席先后有陈湘华（兼1995.10－1996.06）、伍乔生（1996.06－2001.11）、伍又良（2001.11－2003.04）、谢建阶（2004.4－2005.04）、邓亮华（2005.04－2006.04）、莫文刚（2006.04－2009.04）、李冬林（2009.04－2010.04）、谢四银（2010.04－2012.11）、杨红凯（2012.11－2016.10）、张贵华（2016.11－），联络员有刘永福；

岩口铺镇人大主席先后有李仕荣（1995.10－1997.06，995年5月至10月为联络员）、陆仕勋（1997.06－2001.11）、刘建奇（2001.11－2005.04）、姜少华（2005.04－2016.04）、周挺（2006.04－2011.05）、唐旭明（2011.05－2012.10）、周勇强（2012.11－2016.10）、王成斌（2016.11－）；

下花桥镇人大主席先后有王秀清（1995.10－1998.12，1995年5月至10月为联络员）、蒋业群（1998.12－2000.07）、蒋新祥（2000.07－2001.11）、张鹰（2001.11－2003.04）、谢建阶（2003.04－2004.04）、周卫东（2004.04－2007.11）、伍湘平（2007.11－2009.04）、汪开云（女）　（2009.04－2011.05）、唐维（2011.05－2012.11）、杨小勇（2012.11－2016.10）、吴红海（2016.11－）；

谷洲镇人大工作联络员刘书甫、人大主席先后有谢仲康（1995.10－2001.11）、谢道生（2001.11－2003.04）、蒋利军（2003.04－2005.04）、罗进（2005.04－2007.06）、史前达（2007.06－2007.11）、唐向龙（2007.11－2010.04）、吴玉竹（2010.04－2012.11）、蒋乐新（2012.11－2016.10）、李彩红（女）（2016.11－）；

郦家坪镇人大主席先后有曾健民（1995.10－1998.04，1995年5月至10月为联络员）、唐大美（1998.12－2001.11）、李其云（2001.11－2006.04）、刘文喜（2006.04－2007.11）、肖剑（2007.11－2011.05）、李小春（2011.05－2012.10）、彭海军（2012.11－2016.10）、吴君（2016.11－），联络员有唐大美；

塘田市镇人大主席先后有伍炳柳（1995.10－1998.12，1995年5月至10月为正科级联络员）、张治中（1998.12－2001.11）、陈友新（2001.11－2005.04）、陈转生（2005.04－2006.04）、陈年江（2006.04－2007.11）、陈志明（2007.11－2008.11）、唐成元（2008.11－2012.11）、李晓明（2012.11－2016.10）、伍建文（2016.11－）；

金称市镇人大主席先后有易延安（1995.01－1997.06，1995年5月至10月为联络员）、刘灯红（1997.06－1998.12）、罗太贵（1998.12－2001.11）、尹景峰（2001.11－2003.04）、夏晓岚（2003.04－2006.04）、邓联清（2006.04－2007.06）、郭跃忠（2007.06－2009.04）、刘丹（女）　（2009.04－2011.05）、易爱民（2011.05－2012.10）、蔡智明（2012.11－2014.04）、蒋振兴（2014.04－）；

黄塘乡人大工作联络员刘跃生，人大主席先后蒋兴国（1995.10－2001.11）、朱大明（2001.11－2005.04）、唐剑平（2005.04－2011.05）、曾祥发（2011.05－2012.11）、易爱民（2012.11－2016.02）；

霞塘云乡人大工作联络员蒋兴国、人大主席先后有陈刚清（1995.10－1998.12）、刘跃元（1998.12－2003.03）、邓联清（2003.04－2006.04）、袁崇顺（2006.04－2007.06）、向小芳（女）（2007.06－2007.12）、吕华平（2007.12－2011.05）、段伟祥（2011.05－2016.02）；

小溪市乡人大主席先后有张治中（1995.10－1998.04，995年5月至10月为联络员）、何登高（1998.02－2001.11）、林道平（2001..11－2003.04）、李小春（2003.04－2007.11）、张剑球（2007.11－2009.04）、易晓阳（2009.04－2012.11）、杨利军（2012.11－2016.10）；

黄荆乡人大工作联络员覃胜发，人大主席先后刘艾平（1995.10－1997.06）、王兴国（1997.06－1998.12）、杨天喜（1998.12－2001.11）、胡水源（2001.11－2003.04）、杨再生（2003.04－2005.04）、吴忠友（2005.04－2007.11）、周国华（2007.11－2010.04）、唐旭明（2010.04－2011.05）、邓超良（2011.05－2012.10）、陈彦春（2012.11－2016.10）、刘啸（2016.11－）；

长乐乡人大主席先后有尹帮喜（1995.10－1998.05，1995年5月至10月为联络员）、张益卿（1998.05－2001.11）、赵新国（2001.11－2003.04）、周国昀（2003.04－2007.06）、谭拥军（2007.11－2011.05）、陈亮（2011.05－2012.11）、伍红军（2012.11－）；

蔡桥乡人大主席先后有邓昭卿（1995.10－2001.11，1995年5月至10月为联络员）、罗光辉（2001.11－2003.04）、王细军（2003.04－2005.04）、尹亮（2005.04－2006.04）、谭拥军（2006.04－2007.11）、刘林晖（2007.11－2009.04）、张琦（2009.04－2012.04）、胡文凯（2012.04－2012.10）、易红亮（2012.11－2016.10）、黄玉桂（2016.11－），联络员肖调忠（1998年4～12月）；

诸甲亭乡人大主席先后有粟和平（1995.12－2001.11）、吴健全（2001.11－2006.04）、郭彬（2006.04－2011.04）、陈建成（2011.04－2012.11）、唐维（2012.11－2016.03）；

罗城乡人大工作联络员李立军、人大主席先后有何均成（1995.10－1997.06）、蒋军强（1997.06－1998.12）、黎湘解（1998.12－2001.11）、蒋业明（2001.11－2003.04）、刘文喜（2003.04－2006.04）、李伟军（2006.04－2011.05）、蒋丰华（2011.05－2012.10）、李爱国（2012.11－2016.10）、刘春笋（2016.11－）；

金江乡人大主席先后有刘中秋（1995.10－1998.12）、蒋业明（1998.12－2001.11）、李新（2001.11－2005.04）、吕晓靖（2005.04－2010.05）、陈建成（2010.05－2011.05）、丁年桥（2011.05－2012.11）、何晚良（2012.11－2016.10）；

河伯乡人大主席先后有方荣东（1995.10－2001.11，1995年5月至10月为联络员）、何爱平（2001.11－2005.04）、尹帮群（2005.04－2006.04）、钱东平（2006.04－2011.05）、朱德祥（2011.05－2012.11）、蒋军（2012.11－）。

二、工作职责

设立乡镇人大主席团之始，乡镇人大主席团工作职责相对单一，随着乡镇人大工作的不断深入和完善，乡镇人大主席团的工作逐渐丰富，职责逐渐扩大和具体。2002年县人大常委会制定下发《乡镇人大主席团职责》，自此，乡镇人大主席团职责逐步走上具体化和规范化轨道。《乡镇人大主席团职责》全文如下：

一、主持本级人民代表大会会议，负责召集下一次人民代表大会会议和换届后的第一次人民代表大会会议；根据五分之一以上代表提议，决定临时召开本级人民代表大会会议。

二、依法组织代表认真审议大会有关报告、决议、决定和选举事项，认真行使职权，确保大会各项议程的顺利完成。

三、负责本级人民代表大会的准备工作，确定会议的召开日期，决定列席会议人员名单，撰写会议议程草案和代表议案及建议、批评、意见处理办法草案等，分别提请预备会议和主席团会议通过。会议有选举议程的，负责拟定会议选举办法草案，提请大会通过。

四、负责将本级人民代表大会代表提出的建议、批评和意见交有关机关和组织研究处理并负责答复。

五、组织本级人民代表大会代表和邀请在本行政区域内居住或者工作的上一级人民代表大会代表，评议乡镇人民政府或者上一级国家机关驻本行政区域的部门工作。

六、负责报请县级人民代表大会常务委员会批准本级人民代表大会换届设立的选举委员会。

七、督促政府贯彻执行本级人民代表大会和上级人民代表大会及其常务委员会的决议、决定；听取政府及有关部门的工作汇报；有计划、有目的地组织代表对决议、决定的贯彻落实情况进行调查和视察。

八、认真组织代表小组和代表开展“创优争先”活动，适时召开代表活动经验交流会，评比先进典型，充分发挥代表作用。

九、办理依法由主席团办理的其他事项，积极完成本级人民代表大会和上级人大及其常委会交办的工作任务。

同年，县人大常委会还制定下发《乡镇人大主席团成员联系代表制度》，全文如下：

一、人大主席团成员联系代表，采取定期接待，普遍走访和设立主席信箱的形式进行。

二、人大主席团确定每月接待代表的时间，负责接待本行政区域内的各级人大代表。

三、人大主席团成员分工包片联系代表，每年内要联系本乡镇60%以上的人大代表。人大主席、副主席每年要普遍走访一次人大代表。

四、人大主席团成员联系代表，要及时了解代表的情况，认真听取代表的意见和要求，做到次次都有记录，并及时转办和及时反馈代表建议和意见的办理情况，为代表履行职责，提供服务。

五、人大主席团成员联系代表，要注意总结和推介先进典型，要求每个成员一年内要推介1～2名代表先进典型，不断提高代表参政议政能力，充分发挥代表的作用。

第三编
县人大常委会

第一章　机　构

第一节　县人大常委会

1980年12月，在县第八届人民代表大会第一次会议上，建立县人民代表大会常务委员会（以下简称县人大常委会）。县人大常委会由主任、副主任、常务委员组成，至2016年第十六届全县人民代表大会止，先后选举产生了9届县人大常委会，历届县人大常委会正副主任名单和常务委员人数如下：

第八届县人大常委会（1980年12月至1984年4月）

主　　任：曾谱成（张玉庭于1983年12月以县人大常委会党组书记身份主持日常工作）；

副 主 任：刘长寿、艾润身、段义君（1982年3月退休），刘仕继、黎佐成均在正式选举前于1983年12月到县人大常委会履行副主任职责。

常务委员：13人（名单见第四编第二章第五节《县人大常委会委员名录》，届中变动情况从略，下同）。

第九届县人大常委会（1984年4月至1987年3月）

主　　任：张玉庭；

副 主 任：艾润身（1989年4月退休）、刘仕继、黎佐成、阮国仲（兼）；

常务委员：14人。

第十届县人大常委会（1987年4月至1990年3月）

主　　任：李帮能；

副 主 任：刘仕继、罗桂森、王善祥、蒋利民；

常务委员：11人。

第十一届县人大常委会（1990年4月至1993年1月）

主　　任：刘仕继；

副 主 任：罗桂森、王善祥、蒋利民、阮国仲、陆远阶、银祥集；

常务委员：14人。

第十二届县人大常委会（1993年1月至1997年12月）

主　　任：魏太平（1996 年 3 月辞职，不再兼任）；

唐清洲（1996 年 3 月补选）；

副 主 任：蒋利民、王善祥、阮国仲、羊正君、陈卫国、王运发（1996 年 3 月补选）；

常务委员：16 人。

第十三届县人大常委会（1997 年 12 月至 2002 年 11 月）

主　　任：唐清洲；

副 主 任：陈卫国、王运发、颜翠兰（女）、刘春风、唐汉林、陈芬保（兼）；

调 研 员：王善祥；

常务委员：14 人。

第十四届县人大常委会（2002 年 12 月至 2007 年 11 月）：

主　　任：唐清洲；

副 主 任：谢树新、王运发、刘春风、刘连生、颜寿生、胡迪芬（女、兼）；

常务委员：13 人。

第十五届县人大常委会（2007 年 12 月至 2012 年 11 月）

主　　任：黎德生；

副 主 任：刘连生、颜寿生、肖湘政、邓星强、蒋梅娥（女）、张蒲生（2012 年 4 月补选）、罗立华（2012 年 4 月补选）；

常务委员：19 人。

第十六届县人大常委会（2012 年 11 月至 2016 年 11 月）

主　　任：刘长明；

副 主 任：肖湘政、邓星强、蒋梅娥（女）、张蒲生、罗立华；

常务委员：29 人。

第二节　县人大常委会工作机构

一、综述

1980 年前，县人民代表大会未设常务委员会，代表大会闭会后有关事宜，先后由县人民政府、县人民委员会、县革命委员会的办事机构办理。

1980 年 12 月，邵阳县第八届人民代表大会第一次会议决定设立县人民代表大会常务委员会（以下简称县人大常委会）。是年，县人大常委会下设办公室，配员 6 人。

1982 年 2 月 28 日，中共邵阳县委编制委员会邵编〔1982〕002 号文件批复，县人大常委会办公室设秘书组、法制组、提案信访组，人员编制增至 14 人，实际工作人员增至 10 人。

1984 年 11 月 2 日，县编制委员会邵编〔1984〕34 号文件通知，县人大常委会设办公室和财政经济、法制、教科文卫 3 个工作委员会，人员编制增至 28 人，实际工作人员增至 16 人。

1988 年 3 月，增设联络工作委员会。1989 年 1 月，增设农村工作委员会。1989 年 3 月 15 日，县编制委员会邵编〔1989〕11 号文件通知，县人大常委会内设的农村工作委员会、联络工作委员会、法制工作委员会、财经工作委员会、科教文卫工作委员会为部办委机构，当年县人大常委会机关人员编制增至 35 人，实际工作人员增至 33 人。

1997 年 9 月 2 日，中共邵阳县委办公室邵办文〔1997〕59 号文件通知，县人大常委会办公室内设人秘组和信访组（为正股级机构），法制工作委员会更名内务司法工作委员会、联络工作委员会更名选举任免联络工作委员会、教科文卫工作委员会更名教育科学文化卫生工作委员会、财政经济工作委员会更名财政经济城乡建设工作委员会、农村工作委员会更名农业民族华侨外事工作委员会，各委室正副主任由县委提名、县人大常委会任免。当年，县人大常委会机关人员编制减至 30 人，实际工作人员增至 39 人。2002 年 1 月 6 日，邵阳县机构编制委员会办公室邵编办发〔2002〕1 号文件通知，同意在县人大常委会办公室加挂信访工作办公室牌子。

2002 年 8 月 20 日，中共邵阳县委邵文〔2002〕46 号文件通知，县人大常委会机关设 6 个正科级机构：县人大常委会办公室、县人大常委会选举任免联络工作委员会、县人大常委会内务司法工作委员会、县人大常委会财政经济城乡建设工作委员会、县人大常委会农业民族华侨外事工作委员会、县人大常委会教育科学文化卫生工作委员会；县人大常委会办公室内设人秘组和信访组，其他委员会设综合组，均为正股级机构。

2009 年 1 月，邵阳县机构编制委员会办公室邵编办发〔2009〕1 号文件通知，县人大常委会内务司法工作委员会加挂规范性文件备案审查室（刘战强任主任）牌子。同月，邵阳县机构编制委员会办公室邵编办发〔2009〕2 号文件通知，县人大常委会财政经济城乡建设工作委员会加挂预算工作委员会牌子。

表4　　1980－2016年县人大常委会人员编制及在职人数

单位：人

年份	编制数	实有工作人员数	年份	编制数	实有工作人员数	年份	编制数	实有工作人员数
1980	14	6	1993	35	32	2006	30	38
1981	14	8	1994	35	30	2007	30	38
1982	14	10	1995	35	25	2008	30	38
1983	14	11	1996	35	28	2009	30	40
1984	28	16	1997	30	39	2010	32	42
1985	28	22	1998	30	32	2011	32	43
1986	28	24	1999	30	33	2012	32	48
1987	28	26	2000	30	33	2013	32	47
1988	28	31	2001	30	34	2014	32	45
1989	35	33	2002	30	35	2015	32	47
1990	35	35	2003	30	36	2016	32	47
1991	35	35	2004	30	34			
1992	35	33	2005	30	35			

说明：此表未含县人大常委会兼职的正副主任

二、办公室

1980年12月，县人大常委会建立后即设有办公室。1982年2月，在县人大常委会办公室内设秘书组、法制组和提案信访组。1984年7月，增设财政经济组、科教文卫组。1984年11月，法制组、财政经济组、科教文卫组从县人大常委会办公室分出，分别升格为财政经济委员会、法制委员会、教科文卫委员会。时规定办公室的职责是：

1、在县人大常委会领导下，组织起草和审查校正县人大常委会发出的文件；

2、负责全县人民代表大会、县人大常委会、县人大主任会议和以县人大常委会名义召开的其他会议的筹备及会议期间的服务；

3、负责协调县人大常委会机关各委室之间的工作；

4、负责县人大常委会机关行政事务及信访工作。

2002年8月20日，中共邵阳县委邵文〔2002〕46号文件规定，县人大常委会办公室主要职责为以下 10 项：

1、在县人大常委会的领导下，组织起草和审查校正县人大常委会和县人大常委会党组发出的文件；

2、负责全县人民代表大会会议、县人大常委会会议、县人大常委会主任会议和以县人大常委会名义召开的其他会议的准备工作及会议期间的有关服务工作，会同选举任免联络工作委员会负责县内赴省参加省人大会议的省代表和县内出席市人大会议的邵阳县代表团的有关服务工作；

3、负责协调县人大常委会机关各委室之间的有关工作，对意见不一致的问题提出处理意见，报县人大常委会领导决定；

4、负责县人大常委会机关值班、通讯、文秘、档案、保密、人事劳资、老干管理、纪检监察、党群工作以及房产基建、后勤保障和治安保卫工作；

5、会同有关部门负责省、市人大常委会及所属部门领导来县检查指导工作期间的接待工作；

6、负责收集、整理、传递人大工作及其有关政务信息，为领导工作提供服务；

7、负责县人大常委会组成人员、县人大常委会主任会议组成人员进行有关执法检查、视察的具体组织工作；

8、负责归口处理县人大常委会机关的信访工作；

9、加强与县政府办公室的工作联系；

10、完成上级人大和县人大常委会及其主任会议交办的其他工作任务。

2012 年 1 月 6 日，邵阳县机构编制委员会办公室邵编办发〔2012〕1 号文件通知，县人大常委会办公室加挂信访工作办公室牌子。

三、内务司法工作委员会

1984 年 11 月，县人大常委会办公室下设的法制组升格为法制工作委员会，时规定法制工作委员会的主要职责为：

1、负责对县内内务司法机关的对口联系，加强对内务司法机关的法律监督；

2、负责县人大常委会执法检查的组织和服务；

3、督促办理人大代表对县内内务司法机关工作提出的建议、批评、意见和群众的来信来访。

1997 年，法制工作委员会更名内务司法工作委员会。

2002 年 8 月 20 日，中共邵阳县委邵文〔2002〕46 号文件规定，县人大常委会内务司法工作委员会的主要职责为以下 6 项：

1、在县人大常委会的领导下，加强和县内内务司法机关的对口联系，参加这些单位的重要会议和重大活动，及时了解和掌握这些单位的有关工作情况，并就一些重大问题向常委会或主任会议汇报，提出建议和意见；

2、加强对内务司法机关工作人员的法律监督，发现违法行为，督促有关司法机关及时处理，对申诉有理、控告有据的案件顶着不办的、对错案不予纠正的及时提出建议和意见，报请主任会议决定；

3、对常委会会议或主任会议听取司法机关的工作汇报组织专题调查，为常委会会议或主任会议提供审议和决定问题的依据，并对常委会会议或主任会议提出的审议意见综合整理转交有关司法机关处理；

4、加强和督促办理县人大代表对内务司法机关工作提出的建议、批评、意见和群众的来信来访；

5、受县人大常委会会议或主任会议委托，承办监督中的有关具体工作；

6、完成上级人大和县人大常委会及其主任会议交办的其他工作任务。

2009年1月，邵阳县机构编制委员会办公室邵编办发〔2009〕1号文件通知，县人大常委会内务司法工作委员会加挂规范性文件备案审查室牌子。

四、财政经济城乡建设工作委员会

1984年11月，县人大常委会办公室下设的财政经济组升格为财政经济工作委员会，当时规定县人大常委会财政经济工作委员会的主要职责为：

1、负责对县内有关财政经济、城乡建设、环境资源保护等法律、法规、条例和政策的贯彻实施进行检查和监督，提出意见和建议；

2、对县人民政府提交县人大常委会审议的国民经济和社会发展计划、财政预算和决算、工业交通建设、城乡建设、环境资源保护、民营经济发展规划及执行情况进行初步审查和跟踪检查，提出意见和建议；

3、对县人民政府及所属职能部门和乡镇人大作出的有关财政经济、工业交通、城建环保、计划物价等方面的决议、决定、办法、规定进行检查，发现与宪法、法律相违背的问题时，及时向县人大常委会报告并予以纠正。

1997年，财政经济工作委员会更名财政经济城乡建设工作委员会。

2002年8月20日，中共邵阳县委邵文〔2002〕46号文件规定，县人大常委会财政经济城乡建设工作委员会的主要职责为以下8项：

1、在县人大常委会领导下，加强同县人民政府财政经济及城乡建设部门的对口联系，参加这些单位的重要会议和重大活动，及时了解和掌握这些单位的工作情况；

2、对有关财政经济城乡建设方面的法律、法规、条例和政策的贯彻实施情况开展检查和调查，并向县人大常委会写出调查报告，提出意见和建议；

3、对县人民政府提交县人大常委会审议的国民经济和社会发展计划、财政预算和财政决算、工业交通建设、城乡建设、环境和资源保护规划及其执行情况进行初审和调查，提出建议和意见；

4、为县人大常委会听取县人民政府汇报，决定本行政区域的财政经济、城乡建设和环境资源保护等方面的重大事项，以及开展财政经济体制改革、对外开放、国民经济和社会发展计划、城乡建设和财政预决算执行情况等重大决策的调查研究，提供情况和依据；

5、加强对代表、群众的联系，认真听取他们对财政经济、工业交通、城建环保、计划物价等方面的意见，反映他们的要求，并督促政府有关部门认真办理；

6、对县人民政府及所属职能部门和乡镇人大作出的有关财政经济、工业交通、城建环保、计划物价方面的决议、决定、办法、规定进行检查，发现与宪法、法律相违背的条款，及时向县人大常委会报告并予以纠正；

7、按照县人大常委会会议及其主任会议的安排，对本级政府国民和社会发展计划、城镇建设规划、财政预算执行情况开展跟踪监督；

8、完成上级人大和县人大常委会及其主任会议交办的其他工作任务。

2009 年 1 月，邵阳县机构编制委员会办公室邵编办发〔2009〕2 号文件通知，县人大常委会财政经济城乡建设工作委员会加挂预算工作委员会牌子。

五、教育科技文化卫生工作委员会

1984 年 11 月，县人大常委会办公室下设的教科文卫组升格为教科文卫工作委员会，当时规定县人大常委会教科文卫工作委员会的主要职责为：负责对县人民政府关于教育、科学、文化、卫生方面的法律、法规的贯彻实施进行检查和监督，提出意见和建议。

1997 年，教科文卫工作委员会更名为教育科学文化卫生工作委员会。

2002 年 8 月 20 日，中共邵阳县委邵文〔2002〕46 号文件规定，县人大常委会教育科学文化卫生工作委员会的主要职责为以下 6 项：

1、在县人大常委会领导下，加强同县人民政府教育科学文化卫生部门的对口联系，参加这些单位的重要会议和重大活动，及时了解和掌握这些单位的工作情况；

2、对教育科学文化卫生方面的法律、法规的贯彻实施情况进行调查，向县人大常委会写出调查报告，提出意见和建议；

3、为县人大常委会会议讨论、决定全县教育科学文化卫生方面的重大问题提供必要的情况和资料，起草有关的决议、决定草案；

4、对县人民政府所属部门和乡镇人大作出有关教育科学文化卫生方面的决议、决定进行检查，发现与宪法、法律相违背的，及时向县人大常委会报告；

5、认真做好群众来信来访工作，对人民群众普遍关心、迫切需要解决的教育科学文化卫生方面的重大问题进行调查研究，及时向县人大常委会汇报，并提出意见和建议；

6、完成上级人大和县人大常委会及其主任会议交办的其他工作任务。

六、农业民族华侨外事工作委员会

1989年1月，县人大常委会增设农村工作委员会。1997年，县人大常委会农村工作委员会增加民族、华侨和外事职责，改称农业民族华侨外事工作委员会，负责对县人民政府关于农业、民族、华侨、外事方面的法律、法规的贯彻实施进行检查和监督，对县内扶贫开发、退耕还林、减轻农民负担等问题进行调查研究，提出意见和建议。

2002年8月20日，中共邵阳县委邵文〔2002〕46号文件规定，县人大常委会农业民族华侨外事工作委员会的主要职责为以下6项：

1、在县人大常委会领导下，加强同县人民政府农业、民族、华侨、外事等部门的对口联系，参加这些单位的重要会议和重大活动，及时了解和掌握这些单位的工作情况；

2、对农业、民族、华侨、外事等方面的有关法律、法规的贯彻实施情况进行调查，并向县人大常委会写出调查报告，提出意见和建议；

3、为县人大常委会会议讨论、决定全县农业、民族、华侨、外事等方面的重大问题提供必要的情况和资料，起草有关的决议、决定草案；

4、对县人民政府所属部门和乡镇人大作出的有关农业、民族、华侨、外事等方面的决议、决定进行检查，发现与宪法、法律相违背的，及时向县人大常委会报告，并予以纠正；

5、对减轻农民负担及人民群众普遍关心、反映强烈的有关农业、民族、华侨、外事等方面的重大问题进行调查研究，及时向县人大常委会汇报，并提出意见和建议；

6、完成上级人大和县人大常委会及其主任会议交办的其他工作任务。

七、选举任免联络工作委员会

1988年3月设立，初名联络工作委员会。主要职责为：

1、负责县人大常委会履行人事任免、罢免、撤职和接受批准辞职的有关业务工作；

2、负责县人大常委会对县人民政府副县长和政府工作部门负责人及县人民法院、县人民检察院副职进行述职评议的有关业务工作；

3、负责办理县人大常委会对县人大代表资格的初步审查和对市、县人大代表补选、罢免的有关工作；

4、督促县人民政府、县人民法院和县人民检察院执行人大议案决定和办理人大代表建议、批评和意见；为县内的省、市、县人大代表履行职责、开展活动搞好联络服务；

5、督促办理人大代表的来信来访；

6、负责指导乡镇人大工作。

1997 年，联络工作委员会更名选举任免联络工作委员会。

2002 年 8 月 20 日，中共邵阳县委邵文〔2002〕46 号文件规定，县人大常委会选举任免联络工作委员会的主要职责为以下 6 项：

1、在县人大常委会领导下，负责办理县人大常委会人事任免、辞职、撤职和罢免有关工作；

2、负责县人大常委会对县人民政府组成人员和县人民法院、县人民检察院正副职进行述职评议的有关工作；

3、负责县、乡（镇）人大换届选举的指导工作和代表资格初步审查工作；

4、办理县人大常委会对市、县人大代表的补选、罢免工作；

5、为县内的省、市、县人大代表履行职责、开展各项活动搞好联络服务工作；

6、做好本县赴省参加人大会议的人大代表及参加市人大会议的邵阳县代表团的有关服务工作；负责各级人大代表的来信来访的接待处理工作，负责督促“一府两院”认真办理人大代表的议案、建议、批评和意见，并对办理落实情况进行调查，为人大常委会审议提供依据；加强与乡镇人大的联系，负责乡镇人大工作的业务指导；完成上级人大和县人大常委会及其主任会议交办的其他工作任务。

第三节　党组织机构

一、县人大常委会党组

第八届县人大常委会党组　1981 年 5 月 31 日，中共邵阳县委下发邵发〔1981〕

035号文件《关于成立中共邵阳县人民代表大会常务委员会党组的通知》，成立中共邵阳县人民代表大会常务委员会党组，成员由曾谱成、刘长寿、艾润身、段义君、王善祥、孙治国等6人组成，曾谱成任书记，刘长寿任副书记。

第九届县人大常委会党组 1984年6月，中共邵阳县委邵发〔1984〕057号文件通知：中共邵阳县人大常委会党组由张玉庭、艾润身、刘仕继、黎佐成、曾纪松5人组成，张玉庭任党组书记，艾润身任党组副书记。

第十届县人大常委会党组 1987年3月5日，中共邵阳县委邵发干〔1987〕9号文件通知：中共邵阳县人大常委会党组由李帮能、刘仕继、罗桂森、王善祥、蒋利民、朱长青等6人组成，李帮能任书记，刘仕继任副书记。

第十一届县人大常委会党组 第十一届县人大常委会党组由刘仕继、罗桂森、王善祥、蒋利民、陆远阶、银祥集、肖时汉等7人组成，刘仕继任书记。

第十二届县人大常委会党组 1993年1月至1997年12月，第十二届县人大常委会党组由魏太平（1996年3月辞职）、唐清洲（1996年3月任）先后任书记，蒋利民任副书记，王善祥、羊正君、陈卫国、王运发为党组成员。

第十三届和第十四届县人大常委会党组 1997年12月至2007年12月，第十三届和第十四届县人大常委会党组由唐清洲任书记，王善祥、陈卫国、谢树新、黎德生先后任副书记。王运发、颜翠兰、刘春风、唐汉林、肖时汉、刘连生、颜寿生、陈迎体、羊正君、罗玉良先后为党组成员。

第十五届县人大常委会党组 2007年12月至2011年5月，第十五届县人大常委会党组由黎德生任县人大常委会党组书记，谢树新（2008年5月免）、刘连生先后任副书记，肖湘政、邓星强、颜寿生、陈迎体、吴飞翔为党组成员，谢树新、王运发为党组正县级干部。

第十六届县人大常委会党组 2011年5月始，刘长明先后任县人大常委会党组第一副书记、正县级干部、书记，颜寿生、罗玉良、肖湘政、邓星强、吴飞翔、周自珍为党组成员，谢树新、颜寿生、王运发为党组正县级干部。2012年始，钟经球任县人大常委会党组副书记，张蒲生、罗立华为党组成员。

二、中共邵阳县人大常委会总支委员会

1985年元月，成立中共邵阳县人大常委会支部（后为中共邵阳县人大常委会总支部），刘仕继、朱长青、杨志成、肖时汉、陈迎体、吴飞翔、周自珍先后任县人大党支部或党总支书记。2016年，中共邵阳县人大常委会总支部辖中共邵阳县人大常委会机关支部和中共邵阳县人大常委会老干支部，肖湘政任总支书记，周自珍、肖时汉任总支委

员；周自珍任中共邵阳县人大常委会机关支部书记，艾金凤任机关支部组织委员，刘治任机关支部宣传委员；肖时汉任中共邵阳县人大常委会老干支部书记，肖新生任老干支部组织委员，吕敬国任老干支部宣传委员。

第二章　县人大常委会会议

根据《中华人民共和国地方各级人民代表大会和地方各级人民政府组织法》的规定，县人民代表大会常务委员会至少每两个月召开一次例行会议，听取和审议县人民政府、县人民法院和县人民检察院工作汇报，决定重大事项和人事任免。从1980年12月成立邵阳县第八届人民代表大会常务委员会开始，至2016年邵阳县第十六届县人民代表大会常务委员会届满为止，共九届县人大常委会累计召开了252次县人大常委会例行会议。

第一节　县人大常委会议事规则

1990年前，县人大常委会未制定详细具体的议事规则。1990年5月27日，第十一届县人大常委会第四次会议做出《邵阳县人民代表大会常务委员会会议议事规则》，以后，县人大常委会会议议事均遵循此规则实行。议事规则全文如下：

根据《中华人民共和国地方各级人民代表大会和地方各级人民政府组织法》的有关规定，结合我县人大常委会的工作实践，制定本规则。

第一条、常务委员会会议依法每两个月至少举行一次，特殊情况主任会议决定，可以临时召集。常务委员会会议由主任主持或由主任委托副主任主持，会议日期和主持人分工，由主任会议确定。常务委员会组成人员应按时出席会议，因病或其他特殊原因不能到会的必须请假。

第二条、常务委员会会议的日程安排和议程草案由主任会议拟定，提请常务委员会会议通过。常务委员会举行会议10日前，办公室应将开会日期、会议议程和日程安排，通知常委会组成人员，以利收集有关情况，准备审议意见，临时召开的会议，临时通知。

第三条、常务委员会举行会议的时候，县人民政府、县人民法院、县人民检察院的负责人，县人大常委会各委（办）的有关人员，县人民政府所属有关部门主要负责人，乡镇人大主席团主席列席会议；必要时，邀请部分县人大代表列席会议。常务委员会举行会议时，县人民政府、县人民法院、县人民检察院的负责人及政府有关部门负责人必须按时列席会议，不得缺席。

第四条、常务委员会实行民主集中制的原则，充分发扬民主，集体行使职权，保证常务委员会组成人员的民主权利。

第五条、常务委员会组成人员三人以上联名，可以向县人大常委会提出属于常务委员会范围内的议案，由主任会议决定是否提请常务委员会会议审议，不需提请常务委员会会议审议的，应向常务委员会会议报告或向提案人说明。

第六条、常务委员会组成人员在常务委员会会议上的发言，应事先做好准备，做到言简意明，一般不得超过15分钟，如需延长时间，应事先说明。常务委员会组成人员，在常务委员会会议上的发言和表决，不受法律追究。

第七条、常务委员会会议听取工作汇报或审议议案时，汇报人、提案人或常务委员会有关委（办）应当提供有关资料。在审议中遇有重大问题需要进一步调查研究，经多数委员同意，可以暂不付表决，待进一步调查研究后再作处理。重大问题的审议应写出会议纪要，交付“一府两院”研究执行，并向人大常委会反馈落实情况。必要时可以组织对于特定问题的调查委员会。常务委员会在审议人事任免事项时，提请任免机关应按照法律程序呈报，并由提请任免机关的主要负责人到会介绍被提请任免人员的基本情况和任免理由，听取和解答委员审议意见。

第八条、常务委员会会议期间，常务委员会组成人员三人以上联名，可以向常务委员会书面提出对县人民政府、县人民法院、县人民检察院的质询案。质询案必须写明质询对象、内容。提案必须提供与质询案有关的材料。质询案由主任会议决定是否立案，立案后由受质询机关的负责人在常务委员会会议上口头答复或书面答复。以书面形式答复的应由被质询机关负责人署名。

第九条、常务委员会会议通过决议、决定和人事任免事项，必须以全体组成人员过半数通过。表决方式可以无记名投票，也可以举手表决，由多数委员决定。

第十条、常务委员会会议通过决议、决定，应及时报送上级人大常务委员会备案。

第二节　第八届人大常委会会议

第八届县人大常委会共召开21次会议。

第一次会议　于1981年1月7日下午，在县第八届人民代表大会第一次会议闭幕后，随即在县委大会场主席台召开第八届县人大常委会第一次会议，刚刚当选的15名县人大常务委员会委员除1人因事缺席，其余14人全部出席会议。当日下午的会议内容有两项：一是研究关于召开县人大常委会第一次扩大会议的内容和具体召开办法，二是对组织代表学习《中华人民共和国宪法》和《中华人民共和国地方各级人民代表大会和地方各级人民政府组织法》进行了部署安排。1月8日下午，县八届人大常委会第一次会议在县委常委会议室接着召开，县民政局局长伍炳章列席当日下午的会议，会议就学习《湖南省人民政府若干工作的规定》和《彭真在全国各省、市、自治区人大常委会负责人会议上的讲话》、代表提案的处理、有关人事任免事项等进行了讨论研究，并作出相应决议。

第二次会议　于1981年2月29日下午在县委常委会议室召开，应到委员15人，实到委员 9 人，县人民检察院工作人员孙治国列席会议。会议主要研究了县人民检察委员会的人选，并就县人大常委会当前工作进行了部署安排。

第三次会议 于 1981 年 4 月 11 日上午在县委常委会议室召开，应到委员 15 人，实到 10 人，县人民法院院长袁振国、县人检察院检察长唐远友、县人民检察院工作人员孙治国列席会议。会议讨论通过了对邵阳县审判委员会组成人员的任命，听取并审议了县人民检察院的工作汇报。

第四次会议 于 1981 年 4 月 26 日至 29 日在县委常委会议室召开，曾谱成、刘长寿、艾润身、段义君、乔德彰、王善祥、李桂英、颜翠兰、卿友林、唐鹤安、马绍周、莫荷花、田香庭、周更华出席会议（其中部分委员因事请假），县人民政府副县长银北海、县人民法院院长袁振国、县人民检察院检察长唐远友和工作人员孙治国、县财税局副局长莫之贵、县计委副主任何秀峰先后列席会议。本次会议内容为：传达湖南省各市、州、县人大常委会负责人座谈会精神；听取并审议县计委《关于 1981 年全县国民经济计划情况的汇报》、县财政局《关于 1981 年全县财政预算变更情况的汇报》、县人大常委会办公室《关于代表提案办理情况的汇报》，审议县人大常委会《关于加强联系县人大代表的几项决定》，并作出相应决议；决定有关人事任免。

第五次会议 先后于 1981 年 6 月 2 日、7 月 3 日至 5 日相继举行，应到委员 15 人，实到委员 14 人。县人民政府县长李帮能、副县长银北海、县人民法院院长袁振国、县人民检察院检察长唐远友以及县人民政府相关单位负责人、各区镇和县直各系统的县人大代表小组组长、县内的省人大代表共 61 人列席会议。县人大常委会主任曾谱成、副主任刘长寿、艾润身、段义君先后主持会议。会议学习了中共中央〔1981〕16 号文件和中共湖南省〔1981〕33 号文件；听取并审议了县人民政府教育局局长周绍贤《关于调整普通中学设点布局，扎扎实实提高教育质量》和《尊重教师，提高教师的社会地位，充分相信和依靠他们办好教育事业》的汇报、县人民政府煤炭局局长易延让《关于煤炭供应情况的汇报》、县人民政府相关部门《关于厂矿企事业单位资金发放工作的汇报》，并做出相应决议；会议就如何开展县人大代表和代表小组的工作活动进行了座谈，并通过《邵阳县人民代表小组组长座谈会纪要》；会议还通过决定了有关人事任免事项。

第六次会议 于 1981 年 9 月 2 日至 3 日举行，会议应到委员 15 名，实到委员 12 名。县人民政府副县长银北海、县人民法院院长袁振国、县人民检察院检察长唐远友、县建委副主任杨举泽列席会议。县人大常委会副主任刘长寿主持会议。会议听取和审议了县人民检察院检察长唐远友《关于检察院工作情况的汇报》、县人民法院院长袁振国《关于法院工作情况的汇报》、县建委副主任杨举泽《关于城镇建设规划的汇报》；

审议通过了相关人事任免事项；会议讨论了《关于召开邵阳县第八届人民代表大会第二次会议的决定》《邵阳县第八届人民代表大会第二次会议提案产生办法和要求》；会议对本次会议后县人大常委会委员和县内的全国人大代表及省人大代表分组赴各区视察，进行了部署安排。

第七次会议 于1981年11月14日至18日，先后在县委招待所五栋四楼会议室和县人民政府会议室举行。会议应到委员15人，实到委员10人。县人民政府县长李帮能、县人民法院院长袁振国、县人民检察院检察长唐远友、县工业局局长罗友人、县轻工业局局长朱兰森、县人事局副局长康宁、县财税局副局长莫之贵、全国人大代表黄文斌列席会议。县人大常委会副主任艾润身主持会议。会议听取和审议了县工业局、县轻工业局本年度的工作情况汇报，并做出相应决议；听取和审议了第八届县人民代表大会第二次会议筹备情况，作出了《关于召开第八届全县人民代表大会第二次会议的决定》；会议讨论通过了有关人事任免事项和《第八届全县人民代表第二次会议提案产生的办法和要求》；会议还通过了《关于撤销车昭仕县人大代表资格的决议》和《关于撤销何正国县人大代表资格的决议》；会议决定了县人大常委会委员、全国及省人大代表赴各区视察的分组、视察内容和具体时间安排。11月16至17日，与会人员赴各区视察。11月18日本次会议继续在县委招待所五栋四楼会议室召开，会议对各组视察情况进行了归纳总结。

第八次会议 于1982年2月12日至13日举行，应到委员14人（原15名常务委员中的段义君已退休）全部到会。会议由县人大常委会主任曾谱成主持，县人民政府县长李帮能、副县长粟林秀、县人事局局长蒋高魁、县人民法院院长袁振国、县人民检察院副检察长谢仕袖列席会议。会议学习了《王任重在中共湖南省委第四届第五次全体（扩大）会议上的讲话》，讨论研究了县人大常委会1982年工作要点，讨论决定了有关人事任免，并提出下次会议的主要议题；听取和审议了县人民政府《关于邵阳县1982年国民经济计划和1982年财政预算的汇报》及《社会治安工作的汇报》。

第九次会议 于1982年2月26日和4月6日至8日举行，会议应到委员14人，实到12人。县人民政府副县长粟林秀、刘仕继及县计委主任蒋光明、县财贸办公室主任曾纪松、县人事局局长蒋高魁、县公安局局长陈希成、县财税局局长李建基、县人民法院院长袁振国、县人民检察院副检察长刘义萍、县司法局局长尹中球列席会议。县人大常委会主任曾谱成，副主任刘长寿、艾润身先后主持会议。会议学习了中共中央17号文件和全国人大常委办公厅编印的《工作简讯》；听取和审议了县计委主任蒋光明《关于邵阳县国民经济计划的汇报》、县财税局局长李建基《关于邵阳县1982年财政预算的汇报》，并作出了《关于完成和力争超额完成1982年全县国民经济计划的决议》；听取了县公安局局长陈希成《关于社会治安工作情况的汇报》；讨论通过了人事任免名单，并拟于5月10日左右组织县人大常务委员和部分代表进行视察；确定了下次会议的主要议题，并拟在插秧后召开一次代表小组组长会议。

第十次会议 于1982年5月28日至30日举行，会议应到委员15人，实到15人。县人民政府副县长粟林秀、县人民法院院长袁振国、县人民检察院副检察长谢仕袖、县人民政府文教办公室负责人罗德成、县交通局局长彭杰、县卫生局局长易克俭、县商业局副局长陈建国、县人大常委会办公室主任孙治国先后列席会议。县人大常委会主任曾谱成主持会议。会议听取和审议了易克俭《关于卫生工作情况的汇报》、陈建国《关于商业工作情况的汇报》及《商业局办理人大代表提案情况的汇报》；学习讨论了《宪法修改草案》；通过有关人事任免。

第十一次会议 于1982年8月15日至17日举行，会议应到委员14人，实到12人。县人民政府县长李帮能、副县长黎佐成、县财贸办公室主任曾纪松、县计委主任蒋光明、县建委副主任宁芬、县粮食局局长肖顺国、塘渡口镇镇长李君前、县人民检察院检察长唐远友、县人民法院院长袁振国列席会议。县人大常委会主任曾谱成、副主任艾润身先后主持会议。会议学习讨论了中共十一届七中全会公报：听取了县粮食局局长肖顺国《关于全县粮食工作情况的汇报》、县计委主任蒋光明《关于我县物价工作情况的汇报》、县建委副主任宁芬《关于城镇建设工作情况的汇报》、县人民政府副县长黎佐成《关于办理本届人民代表大会第二次会议代表提案情况的报告》；讨论通过了有关人事任命。

第十二次会议 于1982年10月3日至5日在县招待所五栋四楼会议室举行，应到委员14人，实到11人。县人大常委会副主任刘长寿、艾润身先后主持会议。县人民法院院长袁振国、县人民检察院检察长唐远友、县经委主任陆远阶、县水利局局长刘兴华、县供销社主任邓代英列席会议。会议学习了中共中央十二大文件，先后听取审议了县供销社主任邓代英《关于全县供销社工作汇报》、县水利局局长刘兴华《关于全县水利工作的汇报》，讨论了《邵阳县水利管理条例》，通过了有关人事任免。

第十三次会议 资料缺。

第十四次会议 于1983年2月5日举行，会议应到委员14人，实到12人。县人民政府副县长刘仕继、县政府办公室副主任柏玉楚、县林业局局长吕时旺、县地名普查办公室负责人申瑞初、县人民法院院长袁振国、县人民检察院检察长唐远友列席会议。县人大常委会副主任刘长寿、艾润身先后主持会议。会议听取了县林业局局长吕时旺《关于开展全民义务造林运动的汇报》和县地名普查办办公室负责人申瑞初《关于全县地名普查情况的汇报》；会议作出了《关于开展全民义务植树运动的决议》。

第十五次会议　于 1983 年 3 月 13 日举行。会议应到委员 14 人，实到 9 人。县人事局副局长康宁、县人民法院院长袁振国、县人民检察院检察长唐远友列席会议。曾谱成主持会议，会议就 3 月 17 日召开邵阳县第八届人民代表大会第三次会议的有关工作进行了研究，讨论了将在八届三次人民代表大会所要作出的县人大常委会八届二次会议闭幕以来的工作报告。

第十六次会议　于 1983 年 5 月 15 日至 17 日举行，会议应到委员 14 人，实到 13 人。县人民政府县长李帮能、县科委主任邓星球、县农业局局长周诚立、县农业银行行长杨家信、县广播局局长李玉娥、县文化局局长何晋则、县人民法院院长袁振国、县人民检察院检察长唐远友及塘田市、杨青、长阳铺、长乐、水田、东田、诸甲亭、谷洲、塘渡口、五峰铺等 10 个公社管委会负责人列席会议。县人大常委会主任曾谱成和副主任刘长寿、艾润身先后主持会议。会议听取了县科委主任邓星球《关于科学技术工作情况的汇报》、县农业局局长周诚立《关于农业技术推广工作情况的汇报》、县农业银行行长杨家信《关于 1983 年农行工作任务与工作情况的汇报》、县广播局局长李玉娥《关于广播电视工作情况的汇报》、县文化局局长何晋则《关于文化工作情况的汇报》。列席会议的公社管委会负责人互相交流公社人大工作情况。

第十七次会议　于 1983 年 7 月 9 日至 11 日举行，会议应到委员 14 人，实到 12 人。县人民政府副县长粟林秀、副县长刘仕继、县交通局局长彭杰、县水电局局长刘兴华、县工商局副局长廖本昌、县人民法院院长袁振国、县人民检察院检察长唐远友，以及櫶木山、中和、永兴、湾塘、黄荆、金称市 6 个公社管委会负责人、红石乡人民政府负责人列席会议。县人大常委会主任曾谱成、副主任艾润身先后主持会议。会议学习了国家主席李先念、全国人大常委会委员长彭真在六届全国人大一次会议上的讲话和国务院总理赵紫阳的《政府工作报告》；听取了县交通局局长彭杰、县水电局局长刘兴华、县工商局副局长廖本昌就各自部门工作所作的汇报；会议还听取了县交通局、县水电局关于办理代表提案的汇报；会议通过《关于坚决打击拐卖妇女儿童犯罪活动，确保妇女儿童人身权利的决议》。列席会议的公社管委会和乡人民政府负责人交流了公社和乡里的人大工作情况。

第十八次会议　于 1983 年 9 月 23 日至 25 日举行，会议应到委员 14 人，实到 11 人。县人民政府副县长刘仕继、县民政局局长伍炳章、县供销社主任邓代英、县环保办公室主任周定玉、县人民法院院长袁振国、县人民检察院检察长唐远友、塘渡口镇镇长李君前、五峰铺镇人民政府负责人及小溪市、黄亭市、白马、河边、九公桥、岩口铺 6 个公社管委会负责人列席会议。县人大常委会主任曾谱成和副主任刘长寿、艾润身先后主持会议。会议学习了全国人大常委会《关于严惩严重危害社会治安的犯罪分子的决定》；听取了县民政局局长伍炳章、县供销社主任邓代英、县环保办主任周定玉等代表县人民政府就各自部门工作所作的汇报；会议通过《积极投入打击刑事犯罪活动的斗争，为实现社会治安的根本好转贡献力量——致全县人大代表的一封信》。列席会议的镇、乡、公社负责人交流了镇、乡、公社人大工作情况。

第十九次会议 于1983年11月28日至30日举行，会议应到委员15人，实到12人。县人民政府副县长刘仕继、县计委主任蒋光明、县财办主任曾纪松、县文教办主任罗德成、县公安局局长陈希成、县财税局副局长莫之贵、县教育局局长蒋志伟、县物委主任张乐云、县人民法院院长袁振国、县人民检察院检察长唐远友及河伯、芙蓉、新建、城天堂、下花桥、双江、双清等公社管委会负责人列席会议。县人大常委会主任曾谱成和副主任刘长寿、艾润身先后主持会议。会议听取了县计委主任蒋光明、县财税局副局长莫之贵《关于1983年我县国民经济与社会发展计划执行情况和我县财政预算执行情况的汇报》、县公安局局长陈希成《关于严厉打击刑事犯罪活动初战情况的汇报》，以及县教育局、县物委负责人就各自部门所作的工作汇报。列席会议的公社管委会负责人交流了公社人大工作情况。

第二十次会议 于1984年1月21日举行，会议应到委员15人，实到11人。县人大常委会主任曾谱成主持会议。会议就县、乡人民代表换届选举工作进行了讨论。决定成立邵阳县选举委员会，并讨论通过了选举委员会组成人员名单；批准县人民政府报请的各乡、镇选举委员会组成人员名单。

第二十一次会议 于1984年4月4日举行，会议应到委员14人，实到12人。县人大常委会主任曾谱成主持会议。会议听取了县选举委员会办公室副主任朱长青《关于换届选举工作情况的汇报》，讨论通过了代表资格审查委员会组成人员名单；审议并通过了代表资格审查委员会《关于邵阳县第九届人民代表大会代表资格的审查报告》，确定了邵阳县第九届人民代表大会第一次会议的召开日期。

第三节 第九届人大常委会会议

第九届县人大常委会共召开19次会议。

第一次会议 于1984年4月22日举行，应到委员17人，实到16人，县人民政府县长李帮能、县人民法院院长袁振国、县人民检察院检察长唐远友列席会议。县人大常委会主任张玉庭、副主任艾润身先后主持会议。会议根据多数委员系新进人人大常委会的状况，所以本次会议重点学习了《中华人民共和国地方各级人民代表大会和地方各级人民委员会组织法》和其他有关文件，使与会委员明确人大常委会的性质、地位和作用。会议根据县人大常委会主任张玉庭的提议，任命了县人大常委会办公室正副主任；根据县长李帮能的提议，任命了24名政府组成人员；根据检察长唐远友的提议，任命了3名副检察长。

第二次会议 于1984年6月6日至8日举行，应到委员17人，实到15人。县人民政府副县长刘汉成和黄泽云、县人民法院院长袁振国、副院长袁诗涛、县人民检察院检察长唐远友、副检察长莫知仕、县经委主任陆远阶、县商业局局长肖伟、县粮食局副局长简福元、县多种经营办公室副主任谭贤绍、塘渡口镇镇长和红石等7个乡的乡长列席会议。县人大常委会主任张玉庭和副主任艾润身、刘仕继、黎佐成先后主持会议。会议学习了中共中央（1984）8号、9号文件和《六届全国人大二次会议上的工作报告》；听取了县人民政府《关于发展商品生产情况的汇报》、县经委主任陆远阶《关于全县工业生产的汇报》、县商业局局长肖伟《关于塘渡口镇蔬菜供应情况的汇报》、县粮食局副局长简福元《关于粮食工作情况的汇报》。会议强调要充分发挥农村重点户和专业户的骨干作用，进一步疏理流通渠道，加强技术服务。会议要求县人民政府尽快采取措施，解决塘渡口镇蔬菜供应问题。会议还审议通过了《县人大常委会1984年工作要点》，通过了县九届人大常委会代表资格审查委员会名单和人事任免事项。

第三次会议 于1984年7月18日至20日举行，应到委员17人，实到16人，县人民政府副县长黄泽云、县人民法院院长袁振国和副院长袁诗涛、县人民检察院副检察长刘义萍、县公安局副局长秦忠和、县卫生局局长易克俭、县城建环保局副局长谢南山、县财政局副局长邓湘生、县税务局副局长陈宝林、塘渡口镇和五峰铺镇镇长及白仓、长阳铺、塘渡口、金称市、诸甲亭、下花桥6个乡的乡长列席会议。县人大常委会主任张玉庭和副主任艾润身、刘仕继、黎佐成、阮国仲先后主持会议。会议听取和审议了县人民检察院副检察长刘义萍《关于今年来打击刑事犯罪和经济犯罪活动情况的汇报》、副县长黄泽云《关于人民代表提案办理情况的汇报》和县卫生局局长易克俭、县城建环保局副局长谢南山、县财政局副局长邓湘生就各自部门工作所作的汇报，并作出相应决议；通过了人事任免事项；塘渡口、五峰铺、白仓等8个乡镇的乡镇长就开展乡镇人大代表工作交谈了情况。

第四次会议 于1984年9月24日至26日举行，应到委员17人，实到15人。副县长罗安荣、县人民法院院长袁振国、县人民检察院检察长唐远友、县公安局局长陈希成、县交通局局长杨志成、县乡镇企业局局长张阶弟、县教育局副局长钟一成、县民政局副局长李达武以及大田、湾塘、岩口铺、五峰铺、罗城、河伯、城天堂、东田8个乡的负责人列席会议。县人大常委会主任张玉庭和副主任艾润身、刘仕继、黎佐成先后主持会议。会议听取和审议了县交通局局长杨志成《关于交通工作情况的汇报》、县乡镇企业局局长张阶弟《关于乡镇企业工作情况的汇报》、县教育局副局长钟一成《关于民政工作情况的汇报》，通过了《关于进一步办好中小学教育的决议》。

第五次会议 于1984年10月24日至26日举行，应到委员17人，实到12人，县长李帮能、副县长黄泽云、县人民法院院长袁振国、县人民检察院检察长唐远友、县审计局局长颜翠兰、县林业局局长吕时旺、县物价局副局长张乐荣、县计划生育委员会副主任黎益群以及塘渡口、五峰铺、下花桥、郦家坪、九公桥、棠木山、黄亭市、塘田市8个区和塘渡口镇的人大工作联络员列席会议。张玉庭、艾润身、刘仕继先后主持会议。会议学习了十二届三中全会公报和《中共中央关于经济体制改革的决定》，分别听取和审议了张乐荣《关于物价工作情况的汇报》、颜翠兰《关于审计工作情况的汇报》、吕时旺《关于林业工作情况的汇报》、黎益群《关于计划生育工作开展情况的汇报》，并作出相应决议。会议强调物价部门要认真贯彻《中共中央关于经济体制改革的决定》，加强对物价的检查和监督，决不允许任何单位和个人趁改革之机任意涨价；审计部门要依照法律规定，独立行使审计监督权。会议同意县教育局提出的县六中由小溪市搬迁塘渡口、县七中由棠木山搬迁长阳铺的提议，否决了县农业技术学校（原五七大学）由长乐乡搬迁塘渡口的提议。会议决定了人事任免事项；各区（镇）人大工作联络员专门研究了人大联络工作。

第六次会议 于1984年12月31日和1985年1月29日至31日先后分两次举行，会议应到委员17人，实到16人。县人大常委会主任张玉庭和副主任艾润身、刘仕继、黎佐成、阮国仲先后主持会议。县人民政府县长李帮能、副县长刘汉成和粟林秀、县人民法院院长袁振国、县人民检察院检察长唐远友、县计委主任蒋光明、县财委副主任陈建国、县商业局副局长胡光泉、县供销社主任邓代英、县统计局局长陈玲及塘渡口、小溪市、杉木桥、白马、黄荆、长乐、皇安寺等乡镇负责人列席会议。会议听取和审议了县商业局、县供销社、县统计局负责人的工作汇报；审议并同意县人民政府《关于修建塘渡口镇新街的议案》；通过县人民政府《关于撤销九公桥、白仓、黄亭市、塘田市、五峰铺5乡建置，建立九公桥、白仓、黄亭市、塘田市4镇，原五峰铺乡行政区划归五峰镇管辖的提议》；通过县城建局《关于五峰铺镇总体规划的报告》和原则通过县人大常委会《关于依法审议、决定重大事项的范围、程序和方法的暂行规定》以及县人大常委会《一九八五年工作要点》；通过了有关人事任免。

第七次会议 于1985年3月26日至27日举行，会议应到委员17人，实到13人，县人大常委会副主任艾润身主持会议。县人民政府副县长刘汉成、县人民法院院长袁振国、县人民检察院检察长唐远友、县司法局局长尹中球、县公安局局长陈希成及塘田市、黄塘、金江、新建、河边、霞塘云等乡镇的负责人列席会议。会议听取和审议了县司法局、县公安局《关于全县法制宣传工作情况的汇报》《向全县公民普及法律常识的意见》和《关于严厉打击刑事犯罪活动情况的汇报》，通过了《关于向全县公民加强法制宣传教育，普及法律常识的决议》；讨论决定了县九届人大二次会议的召开日期，通过了有关人事任命。

第八次会议　于1985年6月6日至8日举行，会议应到委员17人，实到12人。县人大常委会主任张玉庭、副主任阮国仲先后主持会议。县人民政府副县长刘汉成、县人民法院院长袁振国、县人民检察院检察长唐远友、县属有关单位负责人及郦家坪、下花桥、红石、黄亭市等乡镇负责人列席会议。会议听取和审议了县教育局局长钟一成《关于教育局几项工作的汇报》、县财政局局长唐应中《关于县机动财力开支情况的汇报》、县粮食局副局长简福元《关于粮食工作情况的汇报》、县煤炭公司副经理刘文金《关于煤炭生产销售情况的汇报》；会议通过了有关人事任命事项。

第九次会议　于1985年7月12日至14日行举行，会议应到委员17人，实到12人。县人大常委会主任张玉庭、副主任刘仕继和黎佐成先后主持会议。县人民政府副县长刘汉成和刘志刚、县人民法院院长袁振国、县人民检察院检察长唐远友、副检察长刘义萍和县属有关委、局负责人及塘渡口、诸甲亭、罗城、谷洲、塘渡口、蔡桥、岩口铺等乡镇人民政府负责人列席会议。会议听取和审议了县工商局局长刘服钦《关于工商行政管理工作情况的汇报》、县卫生局局长王巨联《关于一九八五年上半年卫生工作情况的汇报》、县物价局副局长旷文袖《关于物价工作情况的汇报》、县人民政府“三食”卫生工作检查组《关于全县“三食”卫生工作大检查情况的汇报》。

第十次会议　于1985年9月20日至22日举行，会议应到委员17人，实到13人。县人大常委会主任张玉庭和副主任刘仕继、黎佐成、阮国仲先后主持会议。县人民政府副县长陈建国、县人民法院院长袁振国、县人民检察院检察长唐远友、塘渡口镇镇长、塘渡口区副区长、各区人大工作联络员列席会议。会议听取和审议了县经委主任陆远阶《关于工业生产形势和体制改革情况的汇报》、县财委副主任颜翠兰《关于邵阳县财贸经济体制改革情况的汇报》、县劳动人事局副局长刘飞《关于全县劳动就业工作情况的汇报》、县人民政府办公室副主任柏玉楚《关于九届二次人大代表提案办理情况的汇报》；通过了《县人大代表，县人大代表小组正副组长，县人大工作联络员职责》；会议最后留下各区、镇人大工作联络员研究工作。

第十一次会议　于1985年11月25日至27日举行，会议应到委员17人，实到12人。县人民政府县长李帮能、副县长刘汉成、县人民法院院长袁振国、县人民检察院检察长唐远友、县人民政府有关委局负责人及新建、皇安寺、城天堂、白马、大田、千秋等6乡负责人列席会议。县人大常委会主任张玉庭和副主任刘仕继、黎佐成先后主持会议。会议首先学习了胡耀邦、邓小平、李先念、陈云等中央领导在全国党代表会议上的讲话，听取和审议了县财政局局长唐应中《关于1985年1月至10月财政收支执行情况的汇报》、县税务局副局长陈宝林《关于全县税收工作情况的汇报》；会议审议通过了县人民政府《关于成立邵阳县教育委员会和邵阳县建设委员会，撤销邵阳县教育局和邵阳县城乡建设环境保护局的议案》；讨论落实了县人民医院门前公路和石湾至县造纸厂公路维修工作；通过了有关人事任免；会议结束前，县长李帮能就委员们提出的有关问题和意见，做了题为《要依法办事，尊重人民代表权利》的发言；列席会议的6个乡负责人就做好乡人大工作提出了建议。

第十二次会议 于1985年12月28日和1986年1月22日至24日先后分两次举行，会议应到委员17人，实到14人。县人大常委会主任张玉庭和副主任刘仕继、黎佐成、阮国仲先后主持会议。县人民政府县长李帮能、副县长刘汉成、县人民法院院长袁振国、副院长袁诗涛、县人民检察院检察长唐远友、县人民政府有关委局及办公室负责人列席会议。会议听取和审议了县农业局局长邓自重《关于全县农业生产结构调整和当前宰杀耕牛情况的汇报》、县公安局局长陈希成《关于禁止赌博和罚没款管理情况的汇报》、县文化局副局长罗美中《关于全县农村文化工作情况的汇报》；审议并原则同意县人民政府《关于全县乡（镇）、村规划工作报告》的议案；通过了人事任免事项。

第十三次会议 于1986年3月4日和4月2日两次举行。17名委员中，已有1人因病逝世，故应到委员为16人，除1人请假外，其余全部到会。县人民政府副县长刘汉成和吕飞虎、县人民法院院长袁振国、县人民检察院检察长唐远友列席会议。会议由县人大常委会主任张玉庭、副主任刘仕继先后主持。会议听取了县人民政府副县长吕飞虎《关于县九届人大二次会议提案办理情况的汇报》，确定了县九届人大三次会议的召开日期，讨论通过了县九届三次人大会议《县人大常委会工作报告（草案）》、县九届人大三次会议建议议程和日程安排（草案）及大会主席团和秘书长人选的初步方案；补选了省六届人大代表；通过了有关任免事项。同时，委员们对如何开好县九届人大三次会议进行了讨论和研究。会议结束前，县人民检察院检察长唐远友传达了全国人大常委会《关于打击经济犯罪的意见》。

第十四次会议 于1986年5月15日至19日举行，会议应到委员16人，实到12人。县人大常委会副主任刘仕继、黎佐成、阮国仲先后主持会议。县人民政府副县长刘汉成和陈建国、县人民法院法院长袁振国、县人民检察院检察长唐远友、县直有关委、局负责人及各区（镇）人大工作联络员列席会议。会议讨论通过了县人大常委会工作要点（草案)；听取和审议了县人民法院院长袁振国《关于打击经济犯罪和开展经济审判工作情况的汇报》、县人民检察院检察长唐远友《关于打击经济犯罪工作情况的汇报》、县财政局局长唐应中《关于一九八六年财政收支安排及一至四月财政执行情况的汇报》、县水电局副局长周祖勋《关于全县水电工作情况的汇报》。会议最后通过了补选邵阳市第九届人大代表和有关人事任免。

第十五次会议 于1986年7月15日至17日举行，会议应到委员14人，实到13人。县人大常委会主任张玉庭、副主任刘仕继、黎佐成、阮国仲先后主持会议。县人民政府副县长刘志刚、县人民法院和县人民检察院及县直有关委局负责人及白马、黄荆、诸甲亭、长乐、河伯、长阳铺、塘渡口7个乡的乡长列席会议。会议传达了省、市人民代表大会精神，听取和审议了县经委主任夏国忠《关于上半年工业生产情况的汇报》、县邮电局局长孙新春《关于邮电通信和报刊发行情况的汇报》、县广播电视局局长伍忠祥和县卫生局局长王巨联《关于“两法”贯彻执行情况的汇报》；通过了有关人事任免。

第十六次会议 于1986年9月20日至24日举行，会议应到委员14人全部到会。县人大常委会主任张玉庭和副主任刘仕继、黎佐成先后主持会议。县人民政府县长李帮能、副县长陈建国、县人民法院院长袁振国、县人民检察院检察长唐远友、副检察长莫知仕，县人大常委会办公室、科教文卫工作委员会、财政经济工作委员会和县直有关委局负责人及双清、东田、下花桥等乡人民政府负责人列席会议。会议学习了中共中央〔1986〕18号文件；听取和审议了县长李帮能《关于县人民政府今年办好十件实事的情况汇报》、县教委副主任邓雄飞《关于〈中华人民共和国义务教育法〉宣传贯彻情况和教育体制改革情况的汇报》、县人民政府办公室主任蒋利民《关于邵阳县第九届人民代表大会第三次会议代表提案办理情况的汇报》、县司法局副局长杨吉甫《关于全县普及法律常识工作情况的汇报》；会议期间，市人大常委会主任朱静安和县委主要负责人就如何开展人大工作和学习中共中央十八号文件做了讲话。会议通过了人事任免事项。

第十七次会议 于1986年11月20日至23日举行，应到委员14人，实到12人。县人大常委会主任张玉庭和副主任刘仕继、黎佐成、阮国仲先后主持会议。县人民政府县长李帮能、副县长吕飞虎、县人民法院院长袁振国、县人民检察院检察长唐远友、县人大常委办公室及教科文卫工作委员会、财政经济工作委员会、法制工作委员会和县直有关委局负责人列席会议。会议听取和审议了副县长吕飞虎《关于邵阳县工业技术改革和新项目计划的汇报》、县商业局局长廖庆元《关于商业工作情况的汇报》、县供销合作联社主任刘定成《关于全县供销工作情况的汇报》、县科委副主任唐寿卿

《关于科技工作情况的汇报》、县税务局副局长肖谓涛《关于税收工作情况的汇报》。

第十八次会议 于1987年1月7日至9日举行，应到委员14人，实到12人。县人大常委会主任张玉庭、副主任刘仕继先后主持会议。县人民政府县长李帮能、县人民法院院长袁振国、县人民检察院检察长唐远友、不是县人大常委会委员的县人大常委会委室负责人和县建委、县民政局、县水电局、县乡镇企业局负责人列席会议。会议听取和审议了县民政局局长黄嘉政《关于一九八六年“双扶”工作情况的汇报》、县选举委员会副主任黎佐成《关于县、乡镇换届选举工作情况的汇报》、县建委副主任谢显明《关于请求修改谷州、杉木桥两集镇规划方案的汇报》。

第十九次会议 于1987年2月16日举行，应到委员14人，实到12人。县人大常委会主任张玉庭主持会议，县人民政府副县长李晓红、县人民法院院长袁振国列席会议。会议听取和审议了县人大常委会代表资格审查委员会主任委员刘仕继《关于邵阳县第十届人民代表资格审查的报告》，确认当选的336名代表资格有效。会议最后还审议通过了《邵阳县人常委会工作报告草案》。

第四节　第十届人大常委会会议

第十届县人大常委会共举行21次会议。

第一次会议 于1987年3月31日至4月2日举行，应到委员16人，实到14人。县人大常委会主任李帮能和副主任刘仕继、罗桂森、王善祥、蒋利民先后主持会议。县人民政府县长周柏民、县人民法院院长袁振国、不是县人大常委会委员的县人大常委会各委室负责人及县财委、县财政局、县供销社联社等单位负责人、黄亭市镇人大主席团常务主席、杉木桥乡乡长列席会议。会议学习了全国人民代表大会常务委员会《关于加强法制教育，维护安定团结的决定》和有关法律知识；听取和审议了县人民政府县长周柏民《关于一九八七年承办十项实事安排意见的汇报》、县供销社联社理事会主任刘定成《关于邵阳县供销系统支农工作情况的汇报》和县财政局局长唐应中《关于我县一九八七年财政预算安排情况的汇报》；通过了有关人事任免。

第二次会议 于1987年5月28日至31日举行，应到委员16人，实到13人。县人大常委会主任李帮能和副主任刘仕继、罗桂森、王善祥、蒋利民先后主持会议，第九届人大常委会原副主任黎佐成应邀参加会议。县人民政府副县长李晓红、陈健生及县人民法院院长袁振国、县人民检察院检察长李栋梁、不是县人大常委会委员的县人大常委会各委室负责人及县政府办公室、县建委、县国土局等单位负责人、五峰铺镇镇长、白仓镇镇长、下花桥乡乡长、长阳铺乡乡长列席会议。李帮能在会上传达了省人大六届五次会议精神，与会人员学习了省人大常委会主任焦林义在湖南省六届人大五次会议预备会上的讲话、省长熊清泉所作的《政府工作报告》、省人大常委会副主任黄道奇所作的《湖南省人民代表大会常务委员会工作报告》和《湖南省土地管理实施办法》《湖南省乡镇集体企业采矿和个体采矿管理办法》等文件，会议听取和审议了县国土局负责人谭斌《关于我县土地管理工作情况的汇报》、县建委副主任谢显明《关于我县村镇规划实施情况的汇报》。会议还就县城河道淤塞问题进行了讨论，并要求政府组织有关单位采取果断措施，加以解决。会议最后通过了人事任命事项。

第三次会议 于1987年7月18至20日举行，16名委员全部参加会议，县人大常委会主任李帮能和副主任刘仕继、王善祥、蒋利民先后主持会议，县人大常委会调研员黎佐成、县人民政府副县长吕飞虎和周柏林、县人民法院院长袁振国、县人民检察院检察长李栋梁、不是县人大常委会委员的县人大常委会各委室负责人及县政府办公室、县财委、县财政局、县二轻局、县工商银行、县工业公司等单位负责人和红石乡人大主席团常务主席、城天堂乡乡长列席会议。会议就如何开好县人大常委会会议进行了学习讨论；听取了县人民政府副县长周柏林《关于扭转财政被动状况的设想的汇报》、县人民政府办公室副主任吴寿涛《关于县十届人大常委会第二次会议审议意见落实情况的汇报》和《关于县十届人大一次会议议案、批评、意见和建议办理情况的汇报》、县人大常委会财政经济工作委员会主任银祥集《关于如何广辟财源增加财政收入情况调查的汇报》；会议要求县人民政府根据会议的审议意见，认真研究，组织力量，对《扭转财政被动状况的设想》做进一步的修订完善，并提交县人大常委会第四次会议讨论通过。会议最后讨论通过了《县人大工作联络员职责》和人事任免。

第四次会议 于1987年8月10日、9月28日至29日分两次举行，应到委员16人，实到13人。县人大常委会主任李帮能和副主任刘仕继、王善祥、蒋利民先后主持会议。县人大常委会调研员黎佐成、县人民政府县长周柏民、副县长李晓红、县人民法院院长袁振国、县人民检察院检察长李栋梁、不是县人大常委会委员的县人大常委会各委室负责人及县政府办公室、县财委、县经委、县教委、县老龄委员会、县民政局、县财政局计财股等单位负责人及黄塘、千秋、白马、长乐、中和等乡人大主席团常务主席、金江乡乡长列席会议。会议听取和审议了县人民政府县长周柏民《关于近期发展工业、开辟财源的情况汇报》、县民政局副局长陈启茂《关于解决农村“五保户”供养问题的汇报》、讨论通过了《关于认真做好农村“五保户”供养工作的决议》、县教委主任钟一成《关于改造学校危房、改善办学条件情况的汇报》；通过了有关人事任免。

第五次会议 于1987年11月24日举行，应到委员16人，实到15人。县人大常委会副主任蒋利民、王善祥、刘仕继先后主持会议，副主任罗桂森传达了省人大常委会工作会议精神；会议决定1987年12月17日至18日召开第十届全县人民代表大会第二次会议。

第六次会议 于1987年12月10日举行，会议应到委员16人，实到9人，县人大常委会主任李帮能主持会议，会议根据市人大工作会议精神，将原定1987年12月17日至18日召开的第十届全县人民代表大会第二次会议延期至1987年12月25日至27日召开。

第七次会议 于1988年2月2日至3日举行，应到委员16人，实到委员14人。县人大常委会主任李帮能和副主任罗桂森、蒋利民先后主持会议。县人大常委会调研员黎佐成、县人民政府副县长李晓红、陈健生、县人民法院院长袁振国、县人民检察院检察长李栋梁、不是县人大常委会委员的县人大常委会各委室负责人及县政府办公室、县农委、县财委、县粮食局、县供销社、县农业局、县水电局、县林业局等单位负责人及杉木桥、皇安寺、塘田市等乡镇人大主席团常务主席列席会议。会议听取和审议了县人民政府副县长陈健生《关于一九八七年十件实事落实情况的汇报》、县林业局局长银道礼《关于认真执行邵阳县第十届人民代表大会第一次会议〈关于制止乱砍滥伐、全面开展封山育林的决议〉的汇报》、县人大常委会财政经济工作委员会主任银祥集《关于我县近几年来粮食生产情况的调查汇报》。会议审议通过了县人大常委会主任李帮能《关于提请补选县十届人民代表大会代表的报告》。拟定宁芬、谢武、刘高生、莫爱国为县十届人民代表大会代表候选人，分别推荐到谷洲、皇安寺、芙蓉、塘渡口等乡依法补选。

第八次会议 于1988年3月16日举行，应到委员16人，实到14人。县人大常委会副主任刘仕继、罗桂森、王善祥先后主持会议。县人大常委会调研员黎佐成、县人民政府副县长李晓红、县人民法院院长袁振国、副院长袁诗涛、县人民检察院检察长李栋梁、副检察长康福荣、不是县人大常委会委员的县人大常委会各委室负责人及县政府办公室、县农委、县财委、县粮食局、县民政局等单位负责人和岩口铺乡人大主席团常务主席列席会议。会议讨论通过了县人大常委会《1988年度工作要点》《关于设立邵阳县人大常委会联络工作委员会的决定》《关于设立县十届人大常委会代表资格审查委员会的决定》《关于县十届人大第三次会议召开日期的决定》，会议原则通过县十届人大三次会议议程、主席团和秘书长、财政预算委员会、议案审查委员会等人选以及《邵阳县人大代表职责》《县人大常委会工作报告（草案）》。会议听取和审议了县人民政府副县长李晓红《关于切实加强农业，突破粮食徘徊局面的意见》《关于1988年春、夏荒群众生活安排意见》。

第九次会议 于1988年5月23日至24日举行，应到委员15人，实到4人。县人大常委会主任李帮能和副主任罗桂森、蒋利民先后主持会议。县人大常委会调研员黎佐成、县人民政府副县长李晓红、县人民法院副院长袁诗涛、县人民检察院检察长李栋梁、不是县人大常委会委员的县人大常委会各委室负责人和县文化局、县环保局、县乡镇企业局等单位负责人及塘渡口镇人大工作联络员和双江、金江、黄荆、金称市、新建、五峰铺等乡镇人大主席团常务主席列席会议。会议听取和审议了县环保局局长谢显明《关于我县贯彻执行环保法情况的汇报》和县文化局局长肖国秘《关于邵阳县群众文化工作情况的汇报》；通过了人事任免。

第十次会议 于1988年7月15日至16日和7月25日至26日举行，应到委员15人，实到14人。县人大常委会主任李帮能和副主任刘仕继、王善祥、蒋利民先后主持会议。县人大常委调研员黎佐成、县人民政府副县长陈健生、县人民法院副院长袁诗涛、县人民检察院检察长李栋梁、副检察长康福荣以及县人大常委会教科文卫工作委员会、县财委、县农委、县农业局、县水电局、县粮食局等单位负责人、谷洲乡人大主席团常务主席、县人大代表钟运涛、谢楚华列席会议。会议听取和审议了副县长陈健生《关于贯彻落实县十届人大三次会议〈关于加强粮食生产的决议〉情况汇报》，同时分别听取了县水电局、县粮食局、县农业局关于水利经费的使用、粮食预购定金发放和农业科技网建设等情况的口头汇报。会议接受了县财政局局长颜翠兰、县水利水电局局长蒋玉球、县农业局局长李达君的辞职请求；通过了有关人事任免。

第十一次会议 于1988年9月7日和9月27日至28日举行，应到委员15人，实到11人。县人大常委会主任李帮能，副主任刘仕继、罗桂森、蒋利民先后主持会议。县人民政府县长周柏民、副县长李晓红、县人民法院院长袁振国、县人民检察院副检察长康福荣、县人大常委会调研员黎佐成、县人大常委会法制工作委员会协理员孙治国和县委政法委员会、县财委、县财政局、县乡镇企业局等单位的主要负责人及黄塘、蔡桥、五峰铺、白仓、九公桥等乡镇人大主席团常务主席、县人大代表李化球和刘庚良列席会议。会议听取和审议了县财政局局长张坤高《关于调整1988年部分财政支出预算的报告》、县人民法院院长袁振国《关于实施民事诉讼法（试行）情况的汇报》和县乡镇企业局局长毛益顺《关于邵阳县乡镇企业发展情况的汇报》；通过了有关人事任免事项。

第十二次会议 于1988年11月24日至26日举行，应到委员15人，实到11人。县人大常委会主任李帮能和副主任刘仕继、罗桂森先后主持会议。县人民政府县长周柏民、副县长羊正君、县人民检察院检察长李栋梁、县人民法院副院长袁诗涛、县人大常委会法制工作委员会协理员孙治国、县人大常委会办公室协理员莫荷花及县人大常委会科教文卫工作委员会和联络工作委员会、县农委、县卫生局、县工商局、县药材公司等单位主要负责人和芙蓉乡人大主席团常务主席、县人大代表艾夭生列席会议。会议分别听取和审议了县林业局副局长戴芬清《关于森林法贯彻执行情况的汇报》、县卫生局局长王巨联《关于药品管理法执行情况的汇报》、县人大常委会科教文卫工作委员会副主任周绍贤《关于药品管理法执行情况的调查报告》；通过了有关人事任免。

第十三次会议 于1989年1月16日至18日举行，应到委员15人，实到12人。县人大常委会主任李帮能和副主任刘仕继、罗桂森、王善祥、蒋利民先后主持会议。县人大常委会调研员黎佐成、县人民政府副县长李晓红、县人民法院院长袁振国、副院长袁诗涛、县人民检察院检察长李栋梁、副检察长刘义平和县人大常委会教科文卫工作委员会、联络工作委员会、县审计局、县公安局等单位负责人、县人大常委会办公室协理员莫荷花、县人大常委会法制工作委员会协理员孙治国、五峰铺镇和金称市乡人大主席团常务主席、县人大代表陆远阶和李化球列席会议。会议分别听取和审议了县审计局局长唐应中《关于1988年度审计工作和1989年工作意见的汇报》、县公安局局长刘汉云《关于我县治安联防工作情况的汇报》；原则通过了《县人大常委会1989年工作要点》；通过了县人大常委会主任李帮能《关于提请设立县人大常委会农村工作委员会的报告》，通过了有关人事任免。

第十四次会议 于1989年3月20日至23日举行，应到委员15名，实到12名。县人大常委会主任李帮能和副主任刘仕继、罗桂森、王善祥、蒋利民先后主持会议。县人大常委会调研员黎佐成、县人民政府县长周柏民和副县长李晓红、周柏林、陈健生及县人民法院院长袁振国、县人民检察院副检察长刘义萍和县人民政府办公室、县人大常委教科文卫工作委员会、联络工作委员会等单位负责人列席会议。会议听取和审议了县人民政府《关于加强农业的情况汇报》《关于1989年财政预算草案的汇报》《关于办理县十届人大三次会议议案和代表建议、批评、意见情况的汇报》；决定了县十届人大四次会议的召开日期，原则通过《县十届人大四次会议议程（草案）》《县十届人大四次会议主席团和秘书长名单（草案）》《县十届人大四次会议议案审查委员会主任委员、副主任委员、委员名单（草案）》和《县十届人大四次会议财政预算委员会主任委员、副主任委员、委员名单（草案）》，将分别提请县十届人大四次会议预备会议审议通过。会议还审议并原则通过县人大常委会将在县十届人大四次会议作出的《工作报告》，授权主任会议修改审定，提请县十届人大四次会议审议；会议最后通过了有关人事任免。

第十五次会议 于1989年4月6日上午举行，应到委员15人，实到12人。县人大常委会主任李帮能主持会议，县委副书记刘玉凤应邀参加会议。会议研究了县十届人民代表大会第四次会议关于县长的选举和县人大财经工作委员会主任的任命事项。会议鉴于原任县长周柏民已调任县委书记，同意其辞去县长职务和补选县长，并同意中共邵阳市委的建议，由原常务副县长李晓红作为县长候选人；会议任命罗友人为邵阳县人大常委会财经工作委员会主任。

第十六次会议 于1989年5月29日至31日举行，应到委员15人，实到12人，县人大常委会副主任刘仕继、罗桂森、蒋利民先后主持会议。县人大常委会调研员黎佐成、县人民政府副县长吕飞虎和羊正君、县人民检察院检察长李栋梁、副检察长刘义萍、县人大常委会办公室协理员莫荷花及县人大常委会财经工作委员会、教科文卫工作委员会、联络工作委员会、县经委、县科委、县计生委、县二轻局、县工业公司、县煤炭公司等单位负责人和谷洲镇人大主席团常务主席列席会议。会议首先听取了省人大代表、县人大常委会副主任刘仕继传达的省七届人大二次会议精神，然后分别听取和审议了县人民政府副县长吕飞虎《关于企业法贯彻实施情况的汇报》、县科委主任夏国忠《关于科技工作情况的汇报》、县计生委主任袁镇南《关于计划生育工作情况的汇报》、县人大常委会财经工作委员会《关于企业法贯彻落实情况的调查汇报》、县人大常委会教科文卫工作委员会《关于我县计划生育工作情况的调查汇报》；通过了有关人事任免。

第十七次会议 于1989年7月16日至18日举行，应到委员15人，实到13人。县人大常委会副主任刘仕继、蒋利民、罗桂森先后主持会议。县人民政府县长李晓红、副县长周柏林和羊正君、县人大常委会调研员黎佐成、县人民检察院检察长李栋梁、副检察长刘义萍、县人民法院院长袁振国、县人大常委会法制工作委员会协理员孙治国及县财政局、县国土局、县审计局、县工商局、县税务局、县统计局、县物价局、县体委、县人大常委会有关委室负责人和原县“两清三查”办负责人、五峰铺镇和岩口铺镇人大主席团常务主任列席会议。会议学习了邓小平与中央有关领导的谈话要点和江泽民在中共中央十三届四中全会上的讲话；听取和审议了县国土管理局局长谭斌《关于宣传贯彻实施“制止乱占滥用耕地，切实加强土地管理的决议”的情况汇报》、县统计局局长陈玲《关于统计法贯彻实施情况的汇报》、县体委主任唐顺成《关于体育工作情况的汇报》、县长李晓红《关于“两清三查”情况的汇报》。会议结束前，县人大常委会主任李帮能传达了全市各县、区人大常委会主任会议精神。

第十八次会议 于1989年9月18日至20日举行，应到委员15人，实到12人。县人大常委会主任李帮能和副主任罗桂森、蒋利民、王善祥先后主持会议。县人民政府县长李晓红和副县长周柏林、陈健生、羊正君及县人民检察院检察长李栋梁、副检察长刘义萍、县人民法院副院长袁诗涛、县人大常委会调研员黎佐成、县人大常委会办公室协理员莫荷花、县人大常委会法制工作委员会协理员孙治国和县农委、县教委、县财政局、县农业局、县水利局、县交通局、县广播电视台、县畜牧办、县人大常委员会联络工作委员会、科教文卫工作委员会、财经工作委员会等单位负责人及水田乡人大主席团常务主席列席会议。会议听取和审议了县财政局局长张坤高《关于1989年1月至8月财政预算执行情况的报告》、县交通局局长厉永根《关于全县交通情况的汇报》、县教委主任钟一成《关于职工技术教育工作情况的汇报》、县广播电视局局长蒋江魁《关于广播电视工作情况的汇报》、副县长陈健生《关于支农资金的拨付、管理、使用情况的汇报》、县长李晓红《关于1989年1－8月经济工作情况和今年最后四个月经济工作意见的汇报》；通过了《邵阳县人大常委会关于切实加强专项支农资金管理的决议》和有关人事任免。

第十九次会议 于1989年11月6日上午和7日下午举行，应到委员15人，实到13人。县人大常委会主任李帮能、副主任刘仕继先后主持会议。县人大常委会副主任罗桂森传达了全市换届选举工作会议精神，并对全选举工作方案、选区划分、代表名额分配等事项提出了初步意见。会议决定成立邵阳县选举委员会，批准任命了县选举委员会组成人员，原则通过了各乡镇选举委员会组成人员，对部分乡镇选举委员会个别组成人员尚未确定，授权县人大常委会主任会议审定。

第二十次会议 于1989年11月25日至26日举行，应到委员15人，实到12人。县人大常委会主任李帮能和副主任刘仕继、王善祥、蒋利民先后主持会议。县人民政府副县长吕飞虎、县人大常委会调研员黎佐成、县人大常委会法制工作委员会协理员孙治国和县人大常委会教科文卫工作委员会、财政经济工作委员会、联络工作委员会及塘渡口镇、县财委、县物价局、县商业局、县粮食局、县蔬菜公司等单位负责人列席会议。会议学习了中共中央十三届五中全会公报；听取和审议了县物价局局长刘喜生《关于物价工作情况的汇报》和县商业局局长廖庆元《关于我县蔬菜生产、供应工作情况的汇报》；通过1989年全县财政预算的部分变更；通过县人大常委会《关于设立区人大联络工作委员会的决定》及有关人事任免；审议通过县人大常委会《关于加强职业技术教育的决议》。

第二十一次会议 于1990年1月14日至15日举行，应到委员15人，实到13人。县人大常委会主任李帮能和副主任刘仕继、罗桂森、蒋利民先后主持会议。县人民政府副县长周柏林、县人大常委会调研员黎佐成、县人民检察院检察长李栋梁、县人大常委会办公室协理员莫荷花及县人大常委会教科文卫工作委员会、财经工作委员会、联络工作委员会、县民政局、县监察局等单位负责人列席会议。会议听取和审议了县民政局副局长莫步云《关于1989年"五保户"供养情况的汇报》、县监察局副局长赵文新《关于监察工作情况的汇报》、县人大常委会选举委员会办公室主任罗桂森《关于县、乡（镇）换届选举工作的情况汇报》；审议了将在第十一届全县人民代表大会第一次会议上作出的《县人大常委会工作报告》，决定邵阳县第十一届人民代表大会第一次会议拟于1990年2月底举行。

第五节　第十一届人大常委会会议

第十一届县人大常委会共召开23次会议。

第一次会议　于1990年3月15日至17日举行，应到委员21人，实到19人。县人大常委会主任刘仕继和副主任罗桂森、蒋利民、银祥集先后主持会议。县人民政府县长李晓红、副县长羊正君、县人大常委会调研员黎佐成、县人大常委会办公室主任朱长青、协理员莫荷花、县人大常委会法制工作委员协理员孙治国及县供销社、县农资公司负责人和各区人大工委主任或副主任、塘渡口镇人大主席团常务主席列席会议。与会人员学习了中共中央〔1990〕1号和2号文件和有关人大工作的业务知识；会议听取和审议了县供销社负责人《关于农业生产资料货源和供应情况的汇报》，通过增补刘仕继、李晓红两人为第十届市人大代表，通过县人大常委会《1990年工作要点》和有关人事任免。

第二次会议　于1990年3月24日举行，应到委员21人，实到18人。会议由县人大常委会副主任王善祥主持，会议表决通过了《邵阳县人大常委会关于成立教委问题特别调查委员会的决定》。

第三次会议　于1990年4月10日举行，应到委员21人，实到14人。会议由县人大常委会副主任阮国仲主持。县人民政府副县长余松树、县人民法院院长袁振国列席会议。会议根据县人民法院院长袁振国的提请，审议通过了有关人事任命事项。

第四次会议　于1990年5月25日至26日举行，应到委员21人，实到17人。县人大常委会主任刘仕继和副主任罗桂森、蒋利民、银祥集先后主持会议。会议分别听取了县劳动局局长苏书科《关于劳动就业服务工作情况的汇报》、县国土局局长莫步云《关于土地管理工作情况的汇报》、县科委主任李君前《关于科技为经济服务情况的汇报》、县人大常委会农村工作委员会主任袁镇南《关于邵阳县国土管理与开发情况的调查报告》、科教文卫工作委员会副主任周绍贤《关于邵阳县近期科技工作情况的调查报告》。会议审议通过了《邵阳县人大常委会主任会议制度》《邵阳县人大常委会会议议事规则》《邵阳县人大常委会人事任免暂行办法》。会议根据县人民法院院长袁振国的提请，通过了人事任命事项。中共邵阳县委副书记陈健生、县人民政府县长李晓红、副县长余松树、县人大常委会调研员黎佐成、法制工作委员会协理员孙治国及县人民法院、县人民检察院、县人大常委会农村工作委员会、县人大常委会科教文卫工作委员会及县人民政府有关部门负责人、区人大联络工作委员会和塘渡口镇人大主席团负责人、黄塘乡和中和乡党政负责人列席会议。

第五次会议 于1990年7月12日至14日举行，应到委员21人，实到19人。会议听取了县人民政府县长李晓红《关于本届政府拟办十件实事实施方案的汇报》、县计委主任何秀峰《关于我县1990年上半年国民经济计划和社会发展计划执行情况的汇报》、县财政局局长张坤高《关于1990年财政预算部分调整的报告》、县水电局局长刘敬文《关于贯彻落实〈切实加强水利建设的决议实施办法〉的汇报》、县人大常委会农工委主任袁镇南《关于加强水利建设实施办法的意见》、县教委问题调查委员会主任委员蒋利民关于教委问题调查情况的口头汇报。会议通过了1990年财政预算部分调整；根据县人民法院院长袁振国的提请，通过了人事任命事项。县人民政府副县长唐清洲和副县长羊正君、县人民检察院检察长李栋梁、县人民法院副院长袁诗涛、县人大常委会调研员黎佐成、法制工作委员会协理员孙治国、办公室协理员莫荷花及县人民政府办公室、县经研室、县经委、县建委、各区人大联工委、塘渡口镇人大主席团及岩口铺乡党政负责人列席会议。

第六次会议 于1990年9月25日至27日举行，应到委员21人，实到18人。县人大常委会主任刘仕继和副主任罗桂森、王善祥、蒋利民先后主持会议，县人民政府县长李晓红和副县长周柏林、张吉庭、羊正君及县人大常委会调研员黎佐成和县人民法院、县人民检察院、县人大常委会各委室、县人民政府有关单位、各区人大联工委负责人、塘渡口镇人大主席团常务主席共19人列席会议。会议开始时，县委副书记陈健生向委员们通报了全县夏秋连旱的严重灾情和县委、县政府组织全县人民抗旱救灾的情况；县人大常委会决定向全县人大代表发出公开信，号召全县所有县人大代表积极投入抗旱救灾。会议听取和审议了县人民政府副县长张吉庭《关于加强工业企业管理，提高经济效益情况的汇报》、县财政局局长张坤高《关于1990年1－8月县财政预算执行情况的汇报》《县人大及其常委会十年工作和建设总结》、县人大常委会教委问题调查委员会《关于教委问题的调查报告》。会议最后根据县长李晓红、县人民检察院检察长李栋梁、县人民法院院长袁振国的分别提请，通过了有关人事任免事项。

第七次会议 于1990年11月22日至24日举行，应到委员21人，实到20人。县人大常委会主任刘仕继和副主任罗桂森、蒋利民、陆远阶、银祥集分别主持会议。县人民政府副县长羊正君、余松树、唐清州、曹运解、县人大常委会调研员黎佐成、县人民法院院长袁振国、县人民检察院检察长李栋梁、县人大常委会各委室和县人民政府有关单位及各区人大联工委负责人、塘渡口乡人大主席团常务主席、东田乡乡长共22人列席会议。会议听取和审议了县计生委主任王卓明《关于贯彻〈湖南省计划生育条例〉实施情况的汇报》、县人大常委会教科文卫工作委员会《关于我县贯彻〈湖南省计划生育条例〉情况的调查报告》、县公安局局长刘汉云《关于全县除“六害”工作情况的汇报》、县审计局局长唐应中《关于1990年度审计工作的汇报》、县林业局局长银道礼《关于林业生产情况的汇报》。

第八次会议　于1991年1月22日至24日举行，应到委员29人，实到17人。县人大常委会主任刘仕继和副主任蒋利民、陆远阶、阮国仲、银祥集先后主持会议，县人民政府县长李晓红、副县长唐清洲、张吉庭、县人大常委会调研员黎佐成、县人民法院院长袁振国、县人民检察院副检察长刘义萍、县人大常委会法制工作委员会协理员、县人大常委会农工委主任及县人民政府办公室、县计委、县教委、县农委、县计生委、县物价局、县水电局、县公安局、县监察局、县审计局、县财政局、县“三查”办等单位主要负责人和各区人大联工委正副主任及塘渡口镇人大主席团常务主席共31人列席会议。会议听取和审议了县人民政府《关于减轻农民负担情况的汇报》《关于三查工作情况的汇报》《关于贯彻执行〈加强水利建设决议〉（细则）情况的汇报》和《县物价工作情况的汇报》；审议通过了《邵阳县人民代表大会常务委员会关于召开邵阳县第十一届人民代表大会第二次会议的决定》和《邵阳县人民代表大会常务委员会关于依法监督县财政预、决算工作的暂行办法》。

第九次会议　于1991年3月28日至29日举行，应到委员21人，实到19人。县人大常委会副主任蒋利民、银祥集、罗桂森、王善祥先后主持会议。县人民政府副县长唐清洲、县人大常委会调研员黎佐成、县人民检察院副检察长莫知仕、县人大常委会农工委主任和县人民政府办公室、县财委、县粮食局、县民政局、县畜牧水产局等单位主要负责人及塘渡口、五峰铺、九公桥、黄亭市、塘田市等区的人大联工委正副主任、塘渡口镇人大主席团常务主席、城天堂乡乡长、黄荆乡人大主席团常务主席列席会议。会议分别听取和审议了县人民政府《关于救灾工作情况的汇报》、县畜牧水产局《关于发展畜牧水产业和防治牲畜五号病工作的情况汇报》；审议通过了《邵阳县人大常委会1991年度工作要点》，补选吴向东、莫万美为邵阳市第十届人民代表大会代表。

第十次会议　于1991年5月28日至29日举行，应到委员21人，实到18人，县人大常委会主任刘仕继和副主任王善祥、蒋利民、阮国仲、银祥集先后主持会议，县人民政府县长李晓红和副县长周柏林、羊正君、县人大常委会调研员黎佐成、县人民法院院长袁振国、县人民检察院检察长李栋梁及县人大农工委、县人民政府办公室、县教委、县司法局、县卫生局、县“三查”办、县防疫站、县人民医院、县检察院经检股等单位负责人列席会议。刘仕继传达了省市人大工作会议精神；会议听取和审议了县教委《关于我县九年义务教育规划的汇报》、县卫生局《关于我县卫生工作情况的汇报》、县司法局《关于全县普法工作情况的汇报》和县人民检察院《关于“两高”通告以来反贪污反贿赂工作情况的汇报》。会议根据县长李晓红的提请，鉴于副县长余松树工作已经变动和余松树本人的辞职请求，决定免去他的副县长职务。会议还审议通过了县人民法院部分工作人员的任免。

第十一次会议 于1991年7月16日至18日举行，县人大常委会副主任罗桂森、王善祥、蒋利民、陆远阶先后主持会议。县人民政府县长李晓红、副县长羊正君、张吉庭、县人大常委会调研员黎佐成、县人民检察院检察长李栋梁和县人大农工委、县人民政府办公室、县政府经研室、县教委、县计委、县经委、县农委、县建委、县财政局、县物价局、县水电局、县邮电局、县“三查”办公室及各区人大联工委负责人、塘渡口镇人大主席团常务主席、镇长列席会议。会议听取和审议了本届县人民政府拟办的“十件实事”实施情况的汇报、县人民政府《1991年上半年国民经济计划和财政预算执行情况汇报》《全县治理“三乱”工作的汇报》，会议对《财政预算部分调整的报告》，决定按程序先交县政府常务会议研究后，再由县人大常委会授权主任会议审议批准。会议根据县人民政府的提请，审议通过了《邵阳县九年义务教育规划》。

第十二次会议 于1991年9月25日至27日举行。县人大常委会主任刘仕继和副主任罗桂森、王善祥、蒋利民、陆远阶、银祥集先后主持会议，副主任阮国仲和10名委员出席会议，县人民政府副县长羊正君、唐清洲、曹运解、县人大常委会调研员黎佐成、县人民法院院长袁振国、县人民检察院副检察长刘义萍和县人大常委会农工委、县人民政府办公室、县财委、县教委、县商业局、县财政局、县公安局、县减轻农民负担办公室等单位负责人及各区人大联工委正副主任、塘渡口镇人大主席团常务主席、蔡桥乡乡长列席会议。会议听取和审议了县教委主任蒋志伟《关于贯彻实施〈中华人民共和国义务教育法〉情况汇报》、县商业局副局长刘泽民《关于我县商业批发业务情况的汇报》、县减轻农民负担办公室主任陈光觉《关于减轻农民负担情况的汇报》、县政府办公室主任刘兴华《关于办理县十一届人大二次会议代表建议、批评、意见的汇报》、县公安局局长刘汉云《关于开展严厉打击刑事犯罪活动的情况汇报》；审议通过了有关人事任免。

第十三次会议 于1991年11月26日至27日举行。县人大常委会副主任罗桂森、王善祥、陆远阶、阮国仲先后主持会议，县人大常委会主任刘仕继和副主任蒋利民、银祥集及12名委员出席会议；县人民政府县长李晓红、副县长周柏林、县人大常委会调研员黎佐成、县人民法院院长袁振国、县人民检察院副检察长康福荣、中共邵阳县委统战部、县人大常委会农工委、县政府办公室、县法制办、县农委、县财委、县建委、县科委及各区人大联工委负责人和塘渡口镇、永兴乡人大主席团常务主席列席会议。与会人员学习了《湖南省散居少数民族工作条例》；听取和审议了县人民政府副县长周柏林《关于贯彻〈湖南省散居少数民族工作条例〉的情况汇报》、县人民法院《关于〈行政诉讼法〉执行情况的汇报》、县长李晓红《关于县人民政府办理县人大代表视察后交办的26个问题的汇报》；通过了有关人事任免。

第十四次会议 于1992年1月15日至16日举行。县人大常委会主任刘仕继和副主任罗桂森、王善祥、蒋利民、陆远阶先后主持会议，副主任阮国仲、银祥集及12名委员出席会议。县人民政府县长李晓红、副县长羊正君、县人大常委会调研员黎佐成、县人民法院院长袁振国、县人民检察院检察长李栋梁及县政府办公室、县法制办、县公安局、县司法局、县粮食局、各区人大联工委等单位负责人和塘渡口镇人大主席团常务主席列席会议。会议听取和审议了县粮食局局长严克俭《关于粮食工作情况的汇报》及县人民法院、县人民检察院、县公安局、县司法局等单位有关队伍整顿情况的汇报，听取了县人大常委会副主任罗桂森《关于县十一届人民代表大会第三次会议筹备工作情况的汇报》，审议通过了《邵阳县人民代表大会常务委员会关于召开邵阳县第十一届人民代表大会第三次会议的决定》，听取和审议了《邵阳县人大常委会工作报告(草案)》；通过了有关人事任免。

第十五次会议 于1992年3月24日至25日举行。县人大常委会副主任罗桂森、蒋利民、陆远阶分别主持会议；县人大常委会主任刘仕继和副主任王善祥、阮国仲、银祥集及13名委员出席会议。县人民政府副县长唐益桥、唐清洲、张吉庭、曹运解、县人民法院副院长彭美开、县人民检察院副检察长康福荣及县人大农工委、县人民政府办公室、县农委、县经委、县农业局、县工业局、县二轻局、各区人大联工委等单位负责人和九公桥镇、白仓镇人大主席团常务主席和县人大代表朱兰森、覃美娥列席会议。会议听取和审议了县人民政府《关于1991年“质量、品种、效益年”实施情况的汇报》和《1992年农业开发安排情况的汇报》。会议要求县人民政府在5月份前拿出《工业富县的规划报告》，向县人大常委会第十六次会议汇报。会议审议通过了《1992年县人大常委会工作要点》和有关人事任免。

第十六次和第十七次会议 分别于1992年4月27日、5月26日至28日举行。第十六次会议根据县人民政府的提请，决定授予姜青春等6人“邵阳县劳动模范”荣誉称号。第十七次会议学习了代表法；听取和审议了县人民政府《关于加强文化市场管理情况的汇报》《关于工业富县规划的报告》《关于优抚救灾情况的汇报》《关于清理假冒伪劣商品情况的汇报》《关于县工具二分厂迁址和筹建县奶粉厂选址的提请报告》。

第十八次和第十九次会议 分别于1992年7月4日、7月15日至16日举行。第十八次会议由县人大常委会主任刘仕继主持，会议根据县人民检察院的提请和《中华人民共和国全国人民代表大会和地方各级人民代表大会代表法》第三十条规定，决定批准县人民检察院《关于提请逮捕刘均发（县人大代表）的报告》。第十九次会议听取和审议了县计委主任何秀峰《关于邵阳县一九九二年上半年国民经济计划执行情况的汇报》、县财政局局长张坤高《关于一九九二年上半年财政预算执行情况的报告》和《关于请求调整一九九二年财政收支预算方案的报告》、县老龄委员会副主任易荣春《关于贯彻落实〈湖南省老年人保护条例〉情况的汇报》、县标准计量局局长彭迪语《关于计量法、标准化法贯彻执行情况的汇报》。

第二十次和第二十一次会议 分别于1992年9月21日下午、9月28日至29日举行。第二十次会议由县人大常委会主任刘仕继主持，会议决定任命刘仕继、邹旭阳、罗桂森、蒋利民、王善祥、陆远阶、黎佐成、王忠屏、陈卫国、杨志成、莫银魁、唐汉林、李建文、肖雄伟、吕时旺15人为县选举委员会组成人员，刘仕继为县选举委员会主任，邹旭阳、罗桂森、蒋利民为县选举委员会副主任；同时决定任命了各乡（镇）选举委员会组成人员。第二十一次会议分别由县人大常委会副主任陆远阶、蒋利民、王善祥、银祥集主持，会议审议通过了《关于依靠科技兴县的决议》；听取和审议了县人民政府代县长陈健生《关于第十一届县人民政府拟办“十件实事”的落实情况汇报》和《办理县十一届人大三次会议代表建议、批评、意见的汇报》；通过了有关人事任免事项。

第二十二次会议 于1992年11月27日至28日举行。县人大常委会副主任陆远阶、蒋利民、罗桂森、王善祥先后主持会议，应到委员21人，实到20人。县人大常委会调研员黎佐成、县人民政府副县长唐清洲、唐伯阶和县人大常委会农工委、县人民政府有关部办委局、县科协、塘渡口镇人大主席团、各区人大联工委等单位负责人列席会议。会议听取和审议了县人民政府副县长唐清洲《关于科技兴县的实施意见》、县政府办公室副主任吕定平《关于开发资金使用情况的汇报》、县选举委员会办公室主任莫银魁《关于邵阳县换届选举工作情况汇报》；通过了邵阳县人民代表大会常务委员会《关于召开邵阳县第十二届人民代表大会第一次会议的决定》。

第二十三次会议 于1992年12月18日举行，县人大常委会主任刘仕继主持会议，应到委员21人，实到20人。县人民政府副县长张吉庭及县政府办公室、塘渡口镇人大主席团、各区人大联工委等单位负责人列席会议。会议讨论了本届县人大常委会将向第十二届全县人民代表大会第一次会议作出的《县人大常委会工作报告（草案)》，听取了县十一届人大常委会代表资格审查委员会主任委员王善祥《关于邵阳县第十二届人民代表大会代表资格的审查报告》和县十一届人大常委会主任刘仕继《关于邵阳县第十二届人民代表大会筹备工作情况的汇报》。

第六节　第十二届人大常委会会议

第十二届县人大常委会共召开34次会议。

第一次会议　于1993年3月23日至25日在县人大常委会会议室举行，应到委员23人，实到17人，县人大常委会主任魏太平和副主任蒋利民、王善祥、羊正君、陈卫国先后主持会议。县人民政府县长陈健生和副县长唐清洲、石舟云、县人民法院院长彭美开、县人民检察院检察长刘高生、县人大常委会各委室负责人、县人民政府有关单位负责人、各区人大联工委主任和塘渡口镇人大主席团常务主席列席会议，原县人大常委会副主任陆远阶、银祥集、黎佐成应邀参加会议。会议先后听取和审议了副县长唐清洲《关于邵阳县1993年经济超常规发展实施方案的报告》、县财政局局长张坤高《关于我县1992年财政决算和1993年财政预算（草案）的报告》及《邵阳县人大常委会1993年工作要点》和有关人事任免。

第二次会议　于1993年5月26日至28日举行，应到委员23人，实到17人。县人大常委会主任魏太平和副主任蒋利民、羊正君、王善祥先后主持会议，县人大常委会特邀顾问刘仕继、陆远阶、银祥集、县人大常委会调研员黎佐成、县人民政府县长陈健生、副县长唐清洲、石舟云、县人民法院院长彭美开、县人民检察院检察长刘高生、县人大常委会各委室负责人、县人民政府办公室及有关委局负责人、塘渡口镇人大主席团常务主席、各区人大联工委主任列席会议。会议听取了县人民政府县长陈健生《关于减轻农民负担工作的情况汇报》和县人大常委会农工委《关于当前农民负担情况的调查报告》，听取和审议了副县长石舟云《关于国有工业企业转换经营机制落实企业十四项自主权情况汇报》，决定了有关人事任免。

第三次和第四次会议　分别于1993年6月28日和1993年7月19日至20日举行。县人大常委会主任魏太平主持第三次会议，县人民政府县长陈健生、县人大常委会特邀顾问陆远阶、县委组织部相关负责人列席会议，会议根据县人民政府县长陈健生的提请，决定任命曾建秋为县人民政府副县长。第四次会议先后由副主任蒋利民、羊正君主持，会议先后听取和审议了县计委主任何秀峰《关于邵阳县1993年上半年国民经济计划执行情况的汇报》、县财政局局长唐应中《关于1993年上半年财政预算执行情况的汇报》，审议通过了《邵阳县人大常委会联系县人大代表的办法》和《邵阳县人大常委会组成人员工作守则》。

第五次会议 于1993年9月27日至28日举行，应到委员23人，实到18人。县人大常委会主任魏太平和副主任蒋利民、羊正君先后主持会议，县人民政府副县长唐清洲、张吉庭、县人大常委会特邀顾问刘仕继、陆远阶、银祥集、县人民法院院长彭美开、县人大常委会委室负责人、县人民政府办公室和有关委局负责人、县工商银行和县农业银行负责人及塘田市区、五峰铺区、下花桥区、黄亭市区、九公桥区、桧木山区人大联工委主任和塘渡口镇人大工作联络员、郦家坪区区委秘书列席会议。会议先后听取和审议了县人民政府常务副县长唐清洲《关于围绕经济建设实施“五业”突破的情况汇报》、县卫生局局长王巨联《关于我县初级卫生保健工作情况的汇报》，通过了有关人员的免职事项。

第六次会议 于1993年11月26日至27日举行。副主任蒋利民、王善祥、陈卫国先后主持会议，县人大常委会特邀顾问刘仕继、陆远阶、银祥集、调研员黎佐成、县人民政府县长陈健生、副县长唐清洲、张吉庭、县人民检察院检察长刘高生、县人民法院副院长袁诗涛、县人民政府办公室及相关单位负责人、塘渡口镇人大主席团常务主席、各区人大联工委主任、县人大代表邓放云和银更生、县纪委书记王忠屏、县委政法委书记吕敬忠列席会议。会议先后听取和审议了县物价局局长刘喜生《关于贯彻实施〈湖南省行政事业性收费管理条例〉的情况汇报》、县人民政府常务副县长唐清洲《关于办理1993年代表议案、批评、建议、意见的情况汇报》、县人民检察院检察长刘高生、县监察局局长赵文新分别就反腐败工作作的汇报。会议通过了有关人事任命事项。

第七次会议 于1994年1月21日举行。县人大常委会副主任蒋利民、陈卫国先后主持会议。县人大常委会特邀顾问刘仕继、县人民政府副县长石舟云、县人民法院、县司法局和县人大常委会机关委室负责人列席会议。会议听取和审议了县人民政府副县长石舟云《关于全县“二五”普法工作情况的汇报》；会议通过了《邵阳县人民代表大会常务委员会关于召开邵阳县第十二届人民代表大会第二次会议的决定》。

第八次会议 于1994年3月8日举行。县人大常委会副主任蒋利民主持会议，县人大常委会特邀顾问刘仕继、调研员黎佐成、县人民法院院长彭美开列席会议。会议听取了县人大常委会办公室主任杨志成《关于邵阳县第十二届人民代表大会第二次会议筹备工作情况的汇报》。

第九次会议 于1994年5月30日至31日举行，18名委员全部到会。县人大常委会副主任蒋利民、羊正君、陈卫国、阮国仲先后主持会议。县人大常委会特邀顾问刘仕继、银祥集，县人大常委会调研员黎佐成，县人民政府副县长唐伯阶、杨自祥、石舟云，县人民法院院长彭美开，县人民检察院检察长刘高生，县人民政府办公室、县经研室、县计委、县经委、县乡经委、县财委、县农委、县建委、县煤炭局、县二轻局、县工商局、县环保局、县烟草办、县农业银行负责人和县人大常委会机关委室正副主任、塘渡口镇人大主席团主席、各区人大联工委主任、县人大代表李红平、陈正平列席会议。会议先后听取和审议县人民政府副县长石舟云《关于1994年工业“六线三工程”规划和措施的方案报告》、乡镇经委副主任伍益寿《关于1994年乡镇企业发展规划和措施实施情况的报告》、副县长杨自祥《关于1994年农业商品基地建设实施方案的报告》、副县长唐伯阶《关于1994年全县市场建设实施方案的报告》。会议审议通过了《邵阳县人大常委会1994年度工作要点》，通过了有关人事任免。

第十次会议 于1994年7月19日至20日举行，县人大常委会副主任蒋利民、阮国仲先后主持会议。县人大常委会特邀顾问刘仕继、陆远阶、银祥集、调研员黎佐成，县人民政府常务副县长唐清洲，县人民检察院检察长刘高生，县人民法院院长彭美开、县人民政府办公室、县经研室、县财委、县经委、县计委、县财政局、县税务局负责人及县人大常委会各委室副主任、塘渡口镇人大主席、各区人大联工委主任、县人大代表何友生列席会议。会议听取和审议了县计委主任何秀峰《关于1994年上半年国经济计划执行情况的汇报》、县财政局局长唐应中《关于上半年我县财政预算执行情况汇报》。

第十一次会议 于1994年9月26日至27日举行，应到委员18人，实到17人。县人大常委会主任魏太平和副主任蒋利民、王善祥先后主持会议。县人民政府县长陈健生和副县长唐清洲、唐伯阶、县人大常委会调研员黎佐成、县人民法院院长彭美开、县人民检察院检察长刘高生及县人民政府办公室、县经研室、县财委、县财政局、县农行、县工行负责人和县人大常委会各委室副主任、各区人大联工委主任列席会议。会议听取和审议了《邵阳县预算外资金管理的暂行规定》及县财政局局长唐应中《关于〈邵阳县预算外资金管理暂行规定〉的说明》、县人民政府常务副县长唐清洲《关于办理1994年人大代表建议、批评、意见的情况汇报》；决定了有关人事任免。

第十二次会议 于1994年11月28日至30日举行。会议应到委员18人，实到16人，县人大常委会副主任羊正君、阮国仲、蒋利民、王善祥先后主持会议。县人民政府副县长唐清洲、杨自祥、李志龙、县人大常委会特邀顾问刘仕继、陆远阶、调研员黎佐成、县人民法院院长彭美开、县人民检察院副检察长邓建社、县人民政府办公室、县教委、县计委、县农委、县劳动局、县人事局、县财政局、县水电局负责人和县人大常委会各委室正副主任、各区人大联工委主任和县委组织部干部组长李斌玉列席会议。会议听取和审议了县教委主任夏路阳所作的《关于贯彻实施〈中华人民共和国教师法〉的情况汇报》、县农委主任田卫国所作的《关于邵阳县丘岗农业开发的情况汇报》以及县农委主任田卫国和县水电局局长何永祥的《述职报告》。

第十三次会议 于1995年1月10日至11日举行，会议应到委员18人，实到15人。县人大常委会主任魏太平和副主任蒋利民、王善祥、羊正君先后主持会议。县人大常委会特邀顾问刘仕继、陆远阶、银祥集、调研员黎佐成、县人民政府副县长唐清洲、唐伯阶、石舟云、县人民法院院长彭美开、县人民检察院检察长刘高生、县直机关有关部办委局负责人、县人大常委机关各委室正副主任、各区人大联工委主任和塘渡口镇人大主席团常务主席列席会议。会议听取和审议了县司法局局长杨吉甫《关于依法治村、民主管理试点工作的情况汇报》、县人民政府、县人民法院、县人民检察院、县公安局《关于贯彻〈中华人民共和国国家赔偿法〉的实施方案》、县财政局局长唐应中《关于实施预算法和执行县人大常委会〈关于加强预算外资金管理的决议〉的情况汇报》；会议最后通过了《邵阳县人民代表大会常务委员会关于召开邵阳县第十二届人民代表大会第三次会议的决定》。

第十四次会议 于1995年3月5日至6日举行，18名委员全部到会，县人大常委会主任魏太平和副主任蒋利民、陈卫国、王善祥先后主持会议。县长陈健生、副县长唐伯阶、县人民法院院长彭美开、县人民检察院检察长刘高生和县人民政府办公室、县财政局负责人、县编委办公室等单位负责人、县人大常委会各委室正副主任和各区人大联工委主任列席会议。会议听取了县人大常委会办公室主任杨志成《关于第十二届全县人民代表大会第三次会议筹备工作情况汇报》，审议并通过了《县人大常委会工作报告（草案）》《县人大常委会1995年工作要点》；听取和审议了县财政局局长唐应中《关于1994年财政决算和1995年财政预算（草案）的情况汇报》，会议审议通过了县人大常委会主任魏太平《关于提请更改县人大常委会法制工作委员会和联络工作委员会名称的报告》。

第十五次会议 于1995年5月19日举行，应到委员18人，实到12人。县人大常委会副主任蒋利民主持会议，县人大常委会特邀顾问陆远阶、调研员黎佐成、县人民政府副县长曾建秋、县人民政府办公室负责人列席会议。会议审议了县人民政府《关于我县撤区并乡建镇方案的报告》《关于我县撤区并乡建镇行政区划调整的方案》。

第十六次会议 于1995年7月18日至19日举行。县人大常委会副主任蒋利民、王善祥分别主持会议。县人民政府县长陈健生、常务副县长唐清洲、县人大常委会特邀顾问陆远阶、调研员黎佐成、县人民法院院长彭美开、县人民检察院检察长刘高生及县政府办、县财贸办、县经委、县财政局、县计划物价局、县乡镇企业局等单位负责人、县人大常委会各委室副主任、九公桥镇人大工作联络员和县人大代表何秀峰列席会议。会议听取和审议了计划物价局局长刘喜生《关于1995年上半年全县国民经济和社会发展计划执行情况的汇报》、县财政局副局长刘慈祥《关于我县财政预算上半年执行情况的汇报》、县乡镇企业局局长谭斌《关于乡镇企业发展的情况汇报》；通过了有关人事任免。

第十七次会议 于1995年9月11日举行，应到委员18人，实到15人。会议由县人大常委会副主任王善祥主持。县委副书记谭爱雄、县委组织部部长徐光旗、县人大常委会特邀顾问陆远阶、县人民法院院长彭美开、县人民检察院副检察长唐规华列席会议。

第十八次会议 于1995年9月21日至22日举行，应到委员18人，实到13人。县人大常委会副主任蒋利民、陈卫国、阮国仲先后主持会议，县人大常委会特邀顾问银祥集、调研员黎佐成、县人民政府副县长杨自祥、潘芳喜、县人民法院院长彭美开、县人民检察院检察长刘高生及县人民政府办公室、县法制办、县农村工作办、县经委、县计划物价局、县工商局、县水电局、县林业局、县农机局、县交通局、县财政局、县国土局、县公路段、县航监站等单位和塘渡口镇负责人及县人大常委会各委室副主任列席会议。会议听取审议了县计划物价局局长刘喜生《关于贯彻实施〈中华人民共和国物价管理条例〉的情况汇报》、县水电局局长何永祥《关于贯彻实施〈中华人民共和国水利法〉的情况汇报》、县人民政府副县长潘芳喜《关于全县重点工程建设实施情况的汇报》。

第十九次会议 于1995年9月28日举行，应到委员18人，实到10人。县人大常委会副主任蒋利民主持会议。（会议内容资料缺）

第二十次会议 于1995年11月28日至29日举行，会议先后由县人大常委会副主任陈卫国、羊正君、阮国仲主持。县人民政府副县长曾建秋、张吉庭、县人大常委会顾问陆远阶、银祥集、调研员黎佐成、县人民法院院长彭美开、县人民检察院副检察长唐规华、县人大常委会各委室副主任及县政府办、县卫生局、县防疫站、县妇幼保健院等单位负责人、塘渡口镇镇长及五峰铺、白仓、九公桥等乡镇人大主席列席会议。会议先后听取审议了县人大常委会代表资格审查委员会主任委员王善祥《关于补选的县十二届人大代表资格审查报告》、县乡镇人大换届选举工作办公室副主任杨志成《关于乡镇人大换届选举工作情况的汇报》、县卫生局局长吕敬恒《关于我县实施初级卫生保健工作的情况汇报》、县人民政府副县长曾建秋《关于办理1995年人大代表建议、批评、意见的情况汇报》；作出了《关于东山等26个村行政区划调整的决定》。

第二十一次会议 于1995年12月29日举行，应到委员18人，实到12人。会议由县人大常委会副主任蒋利民主持。县人民政府副县长唐伯阶、县财政局局长唐应中及县财政局预算股股长列席会议。会议听取审议了县财政局局长唐应中《关于邵阳县1995年财政预算部分变更的报告》和副县长唐伯阶《关于一九九五年财政预算部分变更的补充说明》。

第二十二次会议 于1996年2月26日举行，应到委员18人，实到12人，县人大常委会副主任蒋利民主持会议。县人民政府副县长李志龙、县人大常委会各委室副主任列席会议。会议听取了县人大常委会办公室主任杨志成《关于县十二届人大四次会议各项筹备工作的情况汇报》和办公室副主任王永中就人大常委会工作报告的撰写和主要内容作的汇报说明；听取了县人民政府副县长李志龙就县十二届人大三次会议通过的《关于〈全县中学布局、改制的议案〉办理情况汇报》。

第二十三次会议 于1996年3月11日举行，应到委员18人，实到13人，县人大常委会主任魏太平主持会议。县人民政府副县长唐伯阶、潘芳喜、县人民法院院长彭美开、县政府办副主任刘和平、县审计局局长彭友联、县财政局副局长刘慈祥列席会议。会议听取了县审计局局长彭友联《关于1995年财政预算执行情况的审计报告》。

第二十四次会议 于1996年5月7日至10日举行，应到委员21人，实到20人，县人大常委会副主任羊正君、陈卫国、王运发、王善祥先后主持会议。县长陈健生、副县长唐伯阶、谢树新、县人民法院院长彭美开、县人民检察院检察长李平军、县人大常委会调研员黎佐成、县人大常委会各委室副主任和县人民政府办公室、县财贸办、县法制办、县教育局、县公安局、县司法局、县财政局等单位负责人及各乡镇人大主席团主席列席会议。会议审议通过了《邵阳县人大常委会一九九六年度工作计划要点》；先后听取审议了县教育局局长夏路阳《关于调整“普九”规划的报告》、县司法局局长杨吉甫《关于全县“三五”普法规划的报告》；审议通过了《县人民代表大会常务委员会关于监督本级人民法院、人民检察院工作的暂行办法》《邵阳县人民代表大会常务委员会关于建立财政预决算审批、监督程序的暂行规定》《邵阳县人民代表大会常务委员会人事任免办法》；讨论决定了有关人事任免。

第二十五次会议 于1996年7月17日和8月13日至14日举行，21名委员全部到会。县人大常委会主任唐清洲和副主任王善祥、阮国仲、王运发先后主持会议。副县长曾建秋、唐伯阶、杨自祥、潘芳喜、县人大常委会特邀顾问银祥集、调研员黎佐成、县人民法院院长彭美开、县人民检察院检察长李平军及县政府办、县财贸工作办、县农村工作办、县财政局、县计划物价局、县农业局、县林业局、县水电局等单位负责人、县人大常委会各委室副主任、各乡镇人大主席列席会议。会议先后听取和审议了县计划物价局局长刘喜生《关于1996年上半年邵阳县国民经济计划执行情况的汇报》、县人大常委会财经工作委员会副主任李树荣《关于上半年县属国有工商企业执行国民经济和社会发展计划的调查报告》、县财政局局长唐应中《关于上半年财政预算执行情况的汇报》、县人大常委会财经工作委员会主任罗友人《关于上半年执行财政预算计划的调查报告》和《关于我县1995年财政决算的初审报告》、县财政局副局长李新国《关于1995年财政决算的报告》、副县长杨自祥《关于高效农业八大基地建设情况的汇报》、县人大常委会农村工作委员会主任袁镇南《关于加快基地建设的调查报告》；通过了有关人事任免。

第二十六次会议 于1996年9月18日至20日举行，应到委员21人，实到19人，县人大常委会主任唐清洲和副主任王善祥、羊正君、阮国仲、陈卫国、王运发先后主持会议。县长陈健生、副县长曾建秋、张吉庭、杨自祥、县人民法院院长彭美开、县人民检察院检察长李平军、县人大常委会特邀顾问银祥集、调研员黎佐成、县人大常委会各委室正副主任及县人民政府办公室、县财委、县经委、县农委、县乡经委、县计生委、县环保局、县水电局、县国土局、县粮食局、县民政局、县教育局、县减负办、县邮电局、县政府法制办等单位负责人和各乡镇人大主席（或副主席）列席会议。会议先后听取并审议了副县长张吉庭《关于贯彻实施〈中华人民共和国城市规划法〉的情况汇报》、县人大常委会财经工作委员会主任罗友人《关于贯彻实施〈中华人民共和国城市规划法〉的调查情况汇报》、县政府办公室主任杨天顺《关于发展民营经济的情况汇报》和《关于全县发展个体私营经济情况的调查报告》。县人民政府办公室副主任邓星耀《关于我县救灾工作情况汇报》、副县长杨自祥《关于减轻农民负担工作情况的汇报》、县人大常委会农村工作委员会主任袁镇南《关于当前农民负担情况的调查报告》、县人民政府常务副县长曾建秋《关于〈中华人民共和国行政处罚法〉实施前的准备工作情况汇报》；通过了人事任免。

第二十七次会议 于1996年11月18日至20日举行，应到委员21人，实到16人。会议先后由县人大常委会副主任王善祥、阮国仲、陈卫国主持。代县长石民生、副县长曾建秋、副县长石舟云、县公安局局长袁柱基、县人民检察院检察长李平军、县人民法院院长彭美开、县人大常委会特邀顾问银祥集、县人大常委会各委室正副主任及县人民政府办公室、县财委、县经委、县计委、县教委、县财政局、县交通局等单位负责人和各乡镇人大主席或副主席列席会议。会议先后听取审议了副县长曾建秋《关于办理1996年人大代表建议、批评、意见的情况汇报》、副县长石舟云《关于邵阳县国民经济“九五”计划及2010年科学技术发展规划的报告》和《全县公路建设五年总体战进展情况的汇报》、县科委主任李连保《关于实施科教兴县、促进经济发展的情况汇报》、县人大常委会科教文卫工作委员会主任曾新华《关于检查〈中华人民共和国科技进步法〉等法律法规贯彻实施情况的报告》、县人大常委会财经工作委员会副主任李树荣《关于我县“五路一桥”建设情况的调查报告》、县公安局局长袁柱基《关于实施新刑事诉讼法前的各项准备工作汇报》、县人民检察院检察长李平军《关于修改后的新刑诉法实施准备工作的情况汇报》、县人民法院院长彭美开所作的《贯彻实施新的刑事诉讼法准备工作情况汇报》；通过了有关人事任免。

第二十八次会议 于1997年1月14日至17日举行，应到委员21人，实到17人。县人大常委会副主任阮国仲、羊正君、王运发先后主持会议。县人民政府代县长石民生、副县长石舟云、县人民检察院检察长李平军、县人民法院院长彭美开、县人大常委会特邀顾问银祥集、县人大常委会各委室正副主任及县人民政府办公室、县财委、县经委、县计委、县教委、县建委、县科委、县乡经委、县计生委等单位负责人和各乡镇人大主席或副主席列席会议。会议先后听取审议了县人民政府代县长石民生《关于查处“三乱”问题的情况汇报》、县人大常委会农村工作委员会《关于县人大常委会第28次会议向政府交办的〈关于严肃查处“三乱”问题〉办理情况的调查报告》、县人民检察院检察长李平军、县监察局局长邹中秋分别所作的《关于邵阳县反腐败工作情况汇报》、县人大常委会内务司法工作委员会《关于反腐工作情况的调查报告》；会议还分别听取了县民政局局长何学群、县审计局局长彭友联的述职报告。

第二十九次会议 于1997年2月15日举行，应到委员21人，实到17人，县人大常委会副主任王善祥主持会议。县人民法院院长彭美开、县人民检察院检察长李平军、县人大常委会各委室正副主任、县人民政府办公室负责人列席会议。会议先后听取和审议了县人大常委会办公室主任杨志成《关于县十二届人大第五次会议各项筹备工作的情况汇报》、县人大常委会代表资格审查委员会副主任委员莫银魁《关于县十二届人大四次会议以来县人大代表异动情况的报告》。

第三十次会议 于1997年4月22日举行，21名委员全部到会，县人大常委会主任唐清洲和副主任王运发、陈卫国、王善祥先后主持会议。县人民政府县长石民生、副县长曾建秋、谢树新、县人民法院院长彭美开、县人民检察院检察长李平军、县人大常委会各委室正副主任及县政府办、县财委、县财政局、县审计局、县民政局、县国税局、县地税局等单位负责人和乡镇人大主席或副主席列席会议。会议先后听取和审议了县财政局局长唐应中《关于1996年财政预算执行情况和1997年财政预算（草案）的报告》、县人大常委会主任会议《关于1996年财政预算执行情况和1997年财政预算（草案）的审查报告》、县民政局局长何学群《关于1996年度救灾款物管理与使用的情况汇报》、县人大常委会内务司法工作委员会主任刘犨《关于1996年度救灾款物管理和使用情况的调查报告》；审议通过了《邵阳县人大常委会一九九七年工作要点》；通过了有关人事任免。

第三十一次会议 于1997年6月23日至25日举行，21名委员全部到会，县人大常委会主任唐清洲和副主任阮国仲、王运发、陈卫国、羊正君、王善祥先后主持会议。县人民政府县长石民生、副县长曾建秋、杨自祥、张吉庭、县人民法院院长彭美开、县人民检察院检察长李平军、县人大常委会各委室主任副主任及县政府办、县经研室、县计委、县经委、县财委、县农委、县建委、县科委、县教委、县公安局、县监察局、县审计局、县物价局、县司法局、县广播局、县煤炭局、县减负办等单位负责人和乡镇人大主席或副主席列席会议。会议先后听取审议了县人民政府副县长杨自祥《关于贯彻实施中央13号文件精神，切实减轻农民负担的情况汇报》、县人大常委会农工委主任袁镇南《关于当前农民负担情况的调查报告》、县经委主任邓东北《关于加快国有企业"三改"情况的汇报》、县人大常委会财经工作委员会陈和国《关于国有企业"三改"工作情况的调查报告》、县公安局局长袁柱基《关于公安机关贯彻实施〈治安管理处罚条例〉的情况汇报》、县人大常委会内务司法工作委员会主任刘垒《关于县公安局实施〈治安管理处罚条例〉情况的调查报告》、县广播电视局局长黎晓华《关于广播电视事业发展情况的汇报》、县人大常委会教科文卫工作委员会主任陈飞虎《关于我县广播电视事业发展情况的调查报告》；通过了有关人事任免。

第三十二次会议 于1997年8月20日至23日举行，会议应到人员20人，实到19人，县人大常委会主任唐清洲和副主任王运发、王善祥、陈卫国分别主持会议。县人民政府代县长曾建秋、副县长谢树新、马均平、黎国宗、县人民法院院长彭美开、县人民检察院检察长李平军、县人大常委会各委室正副主任及县政府办、县经研室、县法制办、县计委、县经委、县财委、县农委、县建委、县科委、县乡经委、县计生委、县财政局、县审计局、县监察局、县人事局、县劳动局、县公安局、县司法局、县交通局、县农业局、县水电局、县林业局、县畜牧局、县环保局、县煤炭局、县统计局、县物价局等单位负责人和乡镇人大主席或副主席列席会议。会议先后听取审议了县计委主任刘喜生《关于上半年我县国民经济和社会发展计划执行情况的汇报》、县人大常委会财政经济城乡建设工作委员会主任罗友人《关于上半年我县国民经济和社会发展执行情况的调查报告》、县财政局局长唐应中《关于1996年财政决算草案的报告》和《关于1997年上半年财政预算执行情况的汇报》、县审计局局长彭友联《关于邵阳县一九九六年度财政预算执行情况的审计结算报告》、县人大常委会财政经济城乡建设工作委员会主任陈和国《关于1997年上半年财政预算执行情况的调查报告》、县人大常委会副主任王运发《关于1996年财政决算的审查报告》、县政府办公室主任杨天顺《关于办理三个议案和代表建议、批评、意见的情况汇报》、县人大常委会选举任免联络工作委员会主任肖新生《关于县人民政府办理人大议案决定和建议、批评、意见调查情况的汇报》、副县长黎国宗《关于近三年来我县录干招工及干部职工异动情况的汇报》、县人大常委会内务司法工作委员会主任刘犨《关于近三年来全县录干招工及干部职工异动情况的调查报告》、县公安局局长袁柱基《关于公安机关依法办理治安案件清查整改的情况汇报》、县人大常委会内务司法工作委员会主任刘犨《关于县公安局依法办理治安案件清查整改情况的调查报告》；会议审议了县人民政府向人大常委会提出的《关于依法治县》的议案，通过了有关人事任免。

第三十三次会议 于1997年10月13日至15日举行，应到委员19人，实到19人，县人大常委会主任唐清洲和副主任阮国仲、王运发、王善祥先后主持会议。县人民政府副县长谢树新、李自强、马均平、县人民法院院长彭美开、县人民检察院检察长李平军、县人大常委会各委室正副主任、县政府办、县经研室、县计委、县经委、县财委、县农委、县科委、县财政局、县农业局、县林业局、县水利局、县畜牧局、县物价局、县统计局、县工商局、县医药局等单位负责人和乡镇人大主席或副主席列席会议。会议先后听取审议了县农委主任谭敦连《关于邵阳县六大基地建设的情况汇报》、县人大常委会农业民族华侨外事工作委员会主任袁镇南《关于建设六大基地，推进农业产业化的调查报告》和《关于实施基本农田保护条例的调查报告》、县国土局局长谭超雄《关于实施基本农田保护条例的情况汇报》、县财政局局长唐应中《关于今年1－9月财政预算执行情况和财政收支预算调整的报告》及《关于县直行政事业单位综合财政零基预算工作的报告》、县人大常委会选举任免联络工作委员会主任肖新生《关于我县人大换届选举准备工作的情况汇报》；通过了有关人事任免。

第三十四次会议 于1997年11月26日至28日举行，应到委员19人，实到18人，县人大常委会主任唐清洲和副主任阮国仲、王运发、王善祥先后主持会议。县人民政府代县长曾建秋、副县长黎国宗、谢树新、县人民法院院长彭美开、县人民检察院检察长李平军、县人大常委会各委室正副主任及县政府办、县经研室、县计委、县经委、县财委、县农委、县科委、县交通局、县公路局、县财政局、县开发办、县扶贫办、县减负办等单位负责人和乡镇人大主席或副主席列席会议。会议先后听取和审议了县扶贫办主任毛解生《关于邵阳县扶贫工作的情况汇报》、县人大常委会农业民族华侨外事工作委员会《关于我县实施〈国务院关于尽快解决农村人口温饱问题的决定〉的调查报告》、县交通局局长刘华玉《关于“五路一桥”建设的情况汇报》、110千伏变电站常务副指挥长肖良仁《关于邵阳县110千伏输变电站工程建设情况汇报》、县人大常委会财政经济城乡建设工作委员会主任陈和国《关于我县“五路一桥”建设情况的调查报告》；会议还听取了将在第十三届全县人民代表大会第一次会议作出的

《县人大常委会工作报告（草案）》、县人大常委会委员杨志成《关于筹备县十三届人民代表大会第一次会议的情况汇报》、县选举办公室主任肖新生《县人大代表换届选举的情况汇报》、县十二届人大常委会代表资格审查委员会副主任委员莫银魁所作的《关于邵阳县第十三届人民代表大会代表资格的审查报告》。

第七节　第十三届人大常委会会议

本届县人大常委会共召开33次会议。

第一次会议　于1998年1月7日至8日举行，应到委员21人，实到19人，县人大常委会副主任陈卫国、王运发、颜翠兰、刘春风、唐汉林分别主持会议。县人民政府副县长黎国宗、县人民法院副院长刘银球、县人民检察院副检察长唐规华、县人大常委会各委室副主任及各乡镇人大主席或副主席列席会议。（会议内容资料缺）

第二次会议　于1998年3月3日至5日举行，应到委员21人，实到21人，县人大常委会主任唐清洲和副主任陈卫国、王运发、唐汉林先后主持会议。县人民政府县长曾建秋、副县长黎国宗、马均平、县人民法院院长彭美开、县人民检察院检察长李平军及县政府办、县经研室、县财委、县财政局等单位负责人和县人大常委会各委室副主任、各乡镇人大主席或副主席列席会议。会议审议通过了《一九九八年度人大常委会工作要点》，先后听取审议了县人大常委会委员肖时汉《关于筹备县十三届人民代表大会第二次会议的情况汇报》、县财政局局长唐应中《关于1997年财政预算执行情况和1998年全县及县本级财政预算（草案）的情况汇报》。

第三次会议　于1998年5月19日至21日举行，应到委员20人，实到18人，县人大常委会主任唐清洲和副主任刘春风、颜翠兰、陈卫国、唐汉林分别主持会议。县人民政府副县长黎国宗、潘芳喜、马均平、易少华、孙剑霖、县人民法院院长彭美开、县人民检察院检察长李平军及县政府办、县经研室、县财委、县农委、县建委、县农业局、县卫生局、县医药局、县司法局、县公安局、县城市规划局等单位负责人和县人大常委会各委室副主任、各乡镇人大主席列席会议。会议先后听取审议了县农委主任谭敦连《关于邵阳县优质稻与杂交玉米开发情况的汇报》、县人大常委会农业民族华侨外事工作委员会主任袁镇南《关于我县开发优质稻和杂交玉米的调查报告》、县政府办副主任李连保《关于贯彻实施药品管理法及整顿医药市场的情况汇报》、县人大常委会教育科学文化卫生工作委员会主任陈飞虎《关于县政府贯彻实施药品管理法及整顿医药市场情况的调查报告》、县司法局局长周文跃《关于全县“三五”普法工作的情况汇报》、县人大常委会内务司法工作委员会副主任罗洪《关于全县“三五”普法实施情况的调查报告》、县公安局局长袁柱基《关于刑侦体制改革的情况汇报》、县人民政府副县长马均平《关于对塘渡口镇总体规划进行局部调整和变更的报告》。

第四次会议 于1998年7月22日至24日举行，应到委员28人，实到28人，县人大常委会主任唐清洲和副主任王运发、颜翠兰、唐汉林先后主持会议。县人民政府县长曾建秋、副县长马均平、孙剑霖、易少华、申建伟、县人民法院院长彭美开、县人民检察院检察长李平军、县政府办、县财委、县计委、县经委、县建委、县农委、县教委、县乡经委、县计生委、县科委、县财政局、县审计局、县“三查”办、县国税局、县地税局、县国土局、县物价局、县规划局、县水利局、县环保局等单位负责人和县人大常委会各委室副主任、各乡镇人大主席列席会议。会议先后听取审议了县计委主任唐胜祥《上半年我县国民经济和社会发展计划执行情况的汇报》、县人大常委会财经城乡建设工作委员会副主任易平军《关于我县上半年国民经济和社会发展计划执行情况的调查报告》、县财政局局长唐应中《关于上半年我县财政预算执行情况的报告》和《关于1997年财政决算的报告》、县审计局负责人李斌玉《关于对邵阳县一九九七年度本级财政预算执行情况的审计结果的报告》、县人大常委会财经城乡建设工作委员会主任陈和国《关于我县上半年财政预算执行情况的调查报告》、县教委主任谢显贵《关于贯彻实施义务教育法和“普九”工作的情况汇报》、县人大常委会教科文卫工作委员会主任陈飞虎《关于县政府贯彻实施义务教育法及“普九”工作情况的调查报告》、县水电局局长刘犨《关于县城河道清障工作的汇报》。

第五次会议 于1998年9月22日至25日举行，20名委员全部到会，县人大常委会主任唐清洲和副主任刘春风、王运发、陈卫国、颜翠兰、唐汉林先后主持会议。县人民政府县长曾建秋、副县长黎国宗、马均平、县人民法院院长彭美开、县人民检察院检察长李平军及县政府办、县农委、县教委、县乡经委、县经委、县财委、县财政局、县公安局、县减负办、县经管局、县物价局、县电业局、县开发办、县农业局、县林业局、县粮食局、县水利局、县畜牧局、县企改办、县二轻局、县监察局、县民政局、县文化局、县医药局、县卫生局、县工商局、县人事局、县法制办、县国税局、县地税局等单位负责人和县人大常委会各委室副主任、各乡镇人大主席或分管乡镇人大工作的副书记列席会议。会议先后听取并审议了县政府副县长黎国宗《关于治理“三乱”和减轻农民负担的情况汇报》、县人大常委会农业民族华侨外事工作委员会主任袁镇南《关于我县治理“三乱”和减轻农民负担情况的调查报告》和《关于我县“六大基地”建设情况的调查报告》、县农委主任谭敦连《关于邵阳县六大基地建设的情况汇报》、县经委主任蒋业龙《关于我县工业企业“三改一加强”的情况汇报》、县人大常委会财政经济城乡建设工作委员会副主任易平军《关于我县“三改一加强”工作情况的调查报告》、县文化局局长杨焕湘《关于整顿文化市场的情况汇报》、县监察局局长唐勤俭《关于查处违纪案件的情况汇报》、县人大常委会内务司法工作委员会副主任罗洪《关于县监察局查处违纪案件情况的调查报告》，县政府办副主任李连保再次就《邵阳县医药市场整顿的情况》作了汇报。会议审议通过了各乡镇换届选举委员会组成人员名单。

第六次会议 于1998年11月24日至27日举行，应到委员20人，实到18人。县人大常委会主任唐清洲和副主任颜翠兰、陈卫国、王运发、唐汉林先后主持会议。县人民政府副县长黎国宗、马均平、孙剑霖、申建伟、县人民政府助理调研员杨天顺、县人民法院院长彭美开、县人民检察院检察长李平军及县政府办、县科委、县经委、县农委、县乡经委、县财委、县教委、县建委、县计委、县财政局、县农业局、县卫生局、县公安局、县监察局、县司法局、县审计局、县民政局、县劳动局、县人事局、县经管局等单位负责人、县人大常委会各委室副主任、各乡镇人大主席列席会议。会议先后听取审议了县科委主任肖湘政《关于贯彻实施〈中华人民共和国科技进步法〉的情况汇报》、县人大常委会教科文卫工作委员会主任陈飞虎《关于县政府贯彻实施科学技术进步法情况的调查报告》、县人民检察院检察长李平军《关于打击经济犯罪的情况汇报》、县人大常委会内务司法工作委员会副主任罗洪《关于县检察院查处经济犯罪案件情况的调查报告》和《关于近两年来退伍军人安置情况的调查报告》、县民政局局长何学群《关于我县1996—1997年两年退伍安置工作的情况汇报》、县政府助理调研员杨天顺《关于县十三届人大一次、二次会议的议案决定执行和办理代表建议的情况汇报》、县人大常委会选举任免联络工作委员会主任肖新生《关于县人民政府办理县人大议案决定和代表建议、批评、意见的调查情况汇报》和《关于乡镇人大换届选举工作情况的汇报》。会议审议了《邵阳县人民代表大会常务委员会关于〈乡、镇人民代表大会审批本级财政预算、决算和监督预算执行情况的暂行办法〉》及《邵阳县人大常委会关于接受本级人大代表评议人大常委会工作的实施意见》、县人民政府《关于变更塘渡口镇公园选址方案的议案》、县人民法院《关于县人大代表伍炳柳涉嫌经济犯罪接受审判的报告》。

第七次会议 于1999年1月19日至22日举行，会议应到委员20人，实到18人、县人大常委会主任唐清洲和副主任王运发、唐汉林分别主持会议。县人民政府县长曾建秋、副县长黎国宗、申建伟、李自强、县人民法院院长彭美开、县人民检察院检察长李平军、县人民法院副院长、县人民检察院副检察长、县政府组成单位负责人、县人大常委会各委室副主任、各乡镇人大主席列席会议。会议先后听取审议了县人事局负责人何永祥《关于我县1996－1998年机关事业单位养老保险工作情况的汇报》、县人大常委会内务司法工作委员会副主任罗洪《关于全县机关事业单位养老保险工作及经费管理使用情况的调查报告》和《关于县人民法院近两年来判处缓刑案件情况的调查报告》、县人民法院院长彭美开《关于1997－1998年度刑事判决适用缓刑的情况汇报》；听取并审议了县农委主任谭敦连、县交通局局长刘华玉、县卫生局局长吕敬恒等3人的述职报告。

第八次会议 于1999年3月5日至6日举行，应到委员20人，实到20人。县人大常委会主任唐清洲和副主任陈卫国、唐汉林先后主持会议。县人民法院院长彭美开、县人民检察院检察长李平军、县人大常委会各委室副主任、各乡镇人大主席列席会议。会议听取了县人大常委会办公室主任肖时汉《关于召开县十三届人民代表大会第三次会议筹备工作的情况汇报》，审议通过了关于伍炳柳停止执行代表职务一年的公告。

第九次会议 于1999年5月18日至19日举行，应到委员20人，实到20人，县人大常委会主任唐清洲和副主任刘春风、陈卫国、颜翠兰、唐汉林先后主持会议。县人民政府县长曾建秋、副县长黎国宗、易少华、县人民检察院副检察长唐规华、县人民法院院长彭美开、县农委、县科委、县农业局、县林业局、县水电局、县畜牧局、县农业综合开发办、县计生委、县公安局等单位负责人及县人大常委会各委室副主任、各乡镇人大主席列席会议。会议先后听取审议了县农委主任谭敦连《关于我县科技兴农情况的汇报》、人大常委会农业民族华侨外事工作委员会主任袁镇南《关于我县科技兴农情况的调查报告》、县人民政府副县长黎国宗《关于邵阳县第十三届人民代表第三次会议〈关于撤销邵阳县公安局各刑侦中队议案立案的决定〉执行情况的汇报》、县计生委负责人陈学军《关于将计划生育流动人口证下放到乡镇办理的汇报》；会议审议通过了《邵阳县人大常委会一九九九年工作要点》和有关人事任免。

第十次会议 于1999年7月20日至22日举行，20名委员全部到会，县人大常委会主任唐清洲和副主任王运发、陈芬保、颜翠兰先后主持会议。县人民政府副县长马均平、潘芳喜、申建伟、县人民法院院长彭美开、县人民检察院检察长李平军及县政府办、县财委、县计委、县经委、县农委、县建委、县科委、县计生委、县教委、县乡经委、县审计局、县财政局、县卫生局、县医药局、县物价局、县减负办等单位负责人和县人大常委会各委室副主任、各乡镇人大主席或副主席列席会议。会议先后听取审议了县计委主任唐胜祥《关于1999年上半年国民经济与社会发展计划执行情况的汇报》、县人大常委会财经委副主任易平军《关于我县上半年国民经济和社会发展计划执行情况的调查报告》、县财政局局长唐应中《关于上半年全县财政预算执行情况的报告》和《关于1998年财政决算（草案）的报告》、县人大常委会财经委主任陈和国《关于我县今年上半年财政预算执行情况的调查报告》和《关于我县1998年财政预算执行情况的调查报告》、县审计局局长李斌玉《关于我县1998年财政预算执行情况的审计报告》、县卫生局局长王巨联《关于我县医疗机构整顿管理工作的汇报》、县人大常委会教科文卫工作委员会主任陈飞虎《关于县政府清理整顿医疗机构情况的调查报告》、县教委主任谢显贵《关于教育战线制止乱收费情况的汇报》、县人大常委会教科文卫工作委员会主任陈飞虎《关于我县教育战线制止乱收费情况的调查报告》。

第十一次会议 于1999年9月21日至23日举行，应到委员20人，实到19人，县人大常委会主任唐清洲和副主任王运发、唐汉林、颜翠兰先后主持会议。县人民政府县长曾建秋、副县长马均平、申建伟、邓东北、县政府助理调研员杨天顺、县人民法院院长彭美开、县人民检察院检察长李平均及县政府办、县财委、县建委、县教委、县计生委、县经委、县计委、县交通局、县财政局、县劳动局、县审计局等单位负责人和县人大常委会各委室副主任、各乡镇人大主席列席会议。会议先后听取审议了县审计局局长李斌玉《关于对民兵训练费、农村教育费附加、解困资金、道路交通建设费征收管理及使用情况审计结果的报告》、县经委主任蒋业龙《关于我县实施工业名牌工程有关情况的汇报》、县政府助理调研员杨天顺《关于县人大十三届三次会议代表建议办理情况的汇报》、县人大常委会选举任免联络工作委员会副主任张国荣《关于县人民政府办理县十三届人大三次会议代表建议、批评、意见的调查情况汇报》、县教委主任谢显贵《关于邵阳县代课教师清退工作的情况汇报》、县人大常委会教科文卫工作委员会主任陈飞虎《关于县政府办理人大代表〈清退代课教师〉议案情况的调查报告》；会议通过了有关人事任免。

第十二次会议 于1999年11月24日至26日举行，应到委员20人，实到19人，县人大常委会主任唐清洲和副主任刘春凤、王运发、陈卫国先后主持会议。县人民政府副县长黎国宗、马均平、县人民政府助理调研员杨天顺、县人民检察院检察长李平军、县人民法院院长彭美开及县财委、县农委、县计生委、县计委、县建委、县教委、县财政局、县财政监督局、县监察局、县经管局、县减负办、县物价局、县卫生局、县文化局、县畜牧局、县公安局、县房产局、县林业局、县国土局、县交通局、县公路局、县审计局、县司法局、县信用联社、县规划局、县邮政局、县劳动局、县人事局等单位负责人、县人大常委会各委室副主任、各乡镇人大主席列席会议。会议先后听取审议了县国土局局长唐定明《关于〈中华人民共和国土地管理法〉贯彻实施情况的汇报》、县人大常委会农业民族华侨外事工作委员会副主任唐铁钢《关于我县贯彻实施〈中华人民共和国土地管理法〉情况的调查报告》、县财委主任刘金惕《关于部分乡镇财务清理整顿情况的汇报》、县经管局局长颜寿生《关于减轻农民负担工作的情况汇报》和《关于清理整顿农村合作基金会的情况汇报》、县人大常委会农业民族华侨外事工作委员会主任袁镇南《关于我县治理“三乱”和减轻农民负担情况的调查报告》、县人民法院副院长袁更宝《关于邵阳县人民法院近三年民事审判工作情况的汇报》、县人大常委会副主任罗洪《关于县人民法院近三年民事审判工作情况的调查报告》。

第十三次会议 于2000年1月11日至13日举行，20名委员全部到会，县人大常委会主任唐清洲和副主任刘春风、陈卫国、唐汉林先后主持会议。县人民政府副县长潘芳喜、易少华、申建伟、县人民法院院长彭美开、县人民检察院检察长李平军及县政府各组成单位负责人、县人民法院副院长、县人民检察院副检察长、县小水电办、县农业综合开发办等单位负责人、各乡镇人大主席、县人大常委会各委室副主任列席会议。会议先后听取审议了县水利水电局负责人苏德斌《关于我县水利基础设施建设的情况汇报》、县人大常委会农业民族华侨外事工作委员会副主任唐铁钢《关于我县水利基础设施建设情况的调查报告》、县公安局局长唐勤俭《关于我县公安机关打击刑事犯罪的情况汇报》、县人大常委会内务司法工作委员会副主任罗洪《关于我县公安机关近两年打击刑事犯罪情况的调查报告》；会议听取审议了县人事局局长彭松华、县农业局局长肖森林、县建委主任吕太平、县科委主任肖湘政4人的述职报告；审议并同意对康拥春等5名县人大常委会委员提出的《关于实事求是统计全县农民人均纯收入的议案》立案；通过了有关人事任免。

第十四次会议 于2000年3月1日举行，20名委员全部到会，县人大常委会主任唐清洲和副主任唐汉林、陈卫国先后主持会议。县人民政府助理调研员杨天顺、县人民法院院长彭美开、县人民检察院检察长李平军、各乡镇人大主席、县人大常委会各委室副主任列席会议。会议听取并审议了县政府《关于我县农民人均纯收入调查的情况汇报》，听取了县人大常委会办公室《关于召开县十三届人民代表大会第四次会议筹备工作的情况汇报》。

第十五次会议 于2000年5月23日至24日举行，20名委员全部到会，县人大常委会主任唐清洲和副主任刘春风、颜翠兰、唐汉林先后主持会议。县人民检察院检察长李平军、县人民法院院长彭美开及县政府办、县农委、县建委、县农业局、县林业局、县水利局、县卫生局、县医药局、县卫生防疫站等单位负责人和县人大常委会各委室副主任、各乡镇人大主席列席会议。会议审议通过了《县人大常委会2000年工作要点》，先后听取审议了县林业局局长吕开生《关于森林法贯彻实施情况的汇报》、县人大常委会农业民族华侨外事工作委员会副主任唐铁钢《关于〈中华人民共和国森林法〉在我县贯彻实施情况的调查报告》、县卫生局局长王巨联《关于〈传染病防治法〉贯彻实施情况的汇报》、县人大常委会教科文卫工作委员会《关于我县传染病防治法贯彻实施情况的调查报告》。

第十六次会议 于2000年7月11日至13日举行，应到委员20人，实到20人，县人大常委会主任唐清洲和副主任王运发、刘春风、颜翠兰、唐汉林先后主持会议。县检察院副检察长唐规华和向见珍、县法院负责人吕老幸、县法院副院长吕开东及县政府办、县财委、县计委、县农委、县经委、县乡经委、县建委、县计生委、县科委、县教委、县财政局、县审计局、县公安局、县司法局、县物价局、县水电局、县交通局、县农业局、县林业局、县文化局、县卫生局、县工商局、县环保局、县统计局、县国土局、县劳动局、县交警队、县房产局、县财政监督局、县矿管办、县卫生防疫站、县自来水公司等单位负责人和县人大常委会各委室副主任、各乡镇人大主席列席会议。会议先后听取审议了县财政局局长唐应中《关于上半年全县财政预算执行情况的汇报》和《关于1999年全县财政决算（草案）的报告》、县人大常委会财经委主任陈和国《关于我县1999年财政预算执行情况的调查报告》和《关于2000年上半年全县财政预算执行情况的调查报告》、县计委主任唐胜祥《我县上半年国民经济与社会发展计划执行情况的汇报》、县人大财经委副主任易平军《2000年上半年国民经济和社会发展计划执行情况的调查报告》、县农委主任谭敦连《关于我县调整农业产业结构，实现优质高产高效农业的情况汇报》、县人大常委会农工委副主任唐铁钢《关于我县农业产业结构调整情况的调查报告》、县计生委主任陈学军《关于〈邵阳县第十三届人民代表大会第四次会议关于切实加强对计生职能部门管理整顿的议案立案的决定〉办理情况的汇报》、县审计局局长李斌玉《关于对县计生系统1997至1999财政财务收支情况审计结果的报告》、县人大常委会教科文卫工作委员会主任陈飞虎《关于县政府办理县十三届人大四次会议“加强计生职能部门管理整顿”议案情况的调查报告》、县政府常务副县长黎国宗《关于开展治理经济发展环境工作的情况汇报》。

第十七次会议 于2000年9月19日至21日举行，应到委员20人，实到19人，县人大常委会主任唐清洲和副主任唐汉林、陈卫国、王运发、刘春风先后主持会议。县政府副县长黎国宗、易少华、邓东北、县政府助理调研员杨天顺、县法院代理院长吕老幸、县检察院检察长李平军及县政府办、县财委、县经委、县乡经委、县农委、县计委、县建委、县教委、县科委、县计生委、县财政局、县财政监督局、县审计局、县司法局、县技监局、县交通局、县电力局、县邮政局、县工商局、县环保局、县物价局、县减负办、县国土局、县人事局、县林业局、县畜牧局等单位负责人、县人大各委室副主任、各乡镇人大主席列席会议。会议先后听取审议了县政府助理调研员杨天顺《关于县人大十三届四次会议代表建议办理情况的汇报》、县人大常委会选举任免联络工作委员会副主任张国荣《关于县人民政府办理县十三届人大四次会议代表建议、批评和意见的调查汇报》、县司法局局长周文跃《关于全县“三五”普法工作情况的汇报》、县人大常委会内务司法工作委员会副主任罗洪《关于全县“三五”普法情况的调查报告》、县经管局局长颜寿生《关于减轻农民负担工作情况的汇报》、县人大常委会农业民族华侨外事工作委员会副主任唐铁钢《关于我县治理“三乱”和减轻农民负担情况的调查报告》、县财政局局长唐应中《关于我县乡镇财政消赤减债情况的汇报》、县人大常委会财经工作委员会主任陈和国《关于我县乡镇财政消赤减债情况的调查报告》，会议最后审议通过了《邵阳县人民代表大会常务委员会关于建立执法责任制的决定》。

第十八次会议 于2000年11月14日至15日举行，应到委员20人，实到17人，县人大常委会主任唐清洲和副主任陈卫国、唐汉林先后主持会议。县人民政府副县长黎国宗、申建伟、县人民检察院检察长李平军、县人民法院代理院长吕老幸及县政府办、县计生委、县计委、县教委、县建委、县公安局、县司法局、县农业局、县林业局、县水利局、县财政局、县审计局、县交通局、县物价局、县卫生局、县劳动局、县文化局、县工商局、县国土局、县国税局、县地税局、县技监局、县环保局、县畜牧局、县房产局等单位负责人和县人大各委室副主任、各乡镇人大主席列席会议。会议先后听取审议了县公安局局长唐勤俭《关于办理〈加大刑事案件侦破力度〉议案的情况汇报》、县人大常委会内委司法工作委员会副主任罗洪《关于办理〈加大刑事案件侦破力度〉议案情况的调查报告》。

第十九次会议 于2001年1月3日至5日举行，应到委员20人，实到18人，县人大常委会副主任王运发、陈卫国先后主持会议。县委副书记王忠屏、县人民政府常务副县长黎国宗、副县长申建伟和潘芳喜、县人民检察院检察长李平军、县人民法院院长吕老幸及各乡镇人大主席、县人大各委室主任、县人民政府相关单位负责人和特邀代表李跃平、周炜、彭柳蓉列席会议。会议听取审议了常务副县长黎国宗《关于开展治理经济发展环境工作情况的汇报》，讨论审议了《邵阳县国民经济和社会发展“十五”计划纲要（草案)》；听取县教委主任谢显贵、县乡经委主任伍至柔、县劳动局局长赵早生、县物价局局长邓节生的述职报告并进行了评议；会议最后通过了人事任免。

第二十次会议 于2001年2月11日下午举行，应到委员20人，实到16人，县人大常委会副主任唐汉林受主任委托主持会议。中共邵阳县委书记石民生、县人民政府县长曾建秋及王忠屏、吴艺珍等县级领导和县委组织部副部长刘连生列席会议。会议讨论通过，任命罗华为县人民政府副县长。

第二十一次会议 于2001年3月1日至2日召开，应到委员20人，实到19人，县人大常委会副主任唐汉林、陈卫国受主任委托先后主持会议。县人民政府县长曾建秋、县人民法院院长吕老幸、县人民检察院检察长李平军、各乡镇人大主席、县人大常委会各委室副主任列席会议。会议对县人民政府组成单位主要负责人及县人民法院和县人民检察院副职的工作进行了集中评议；听取了本届人民代表大会第五次会议筹备情况的汇报；讨论了将在本届人大第五次会议上作出的《县人大常委会工作报告》；通过了《关于表彰2000年度优秀县人大代表和乡镇人大工作目标管理先进单位的决定》和有关人事任免。

第二十二次会议 于2001年5月9日至10日召开，应到委员20人，实到17人，县人大常委会副主任陈卫国、唐汉林、颜翠兰受主任委托先后主持会议。县人民政府县长曾建秋列席会议。会议讨论通过了《县人大常委会2001年度工作要点》和《执法责任制检查评估及奖惩办法》；听取了全县税收改革情况和九年制义务教育开展情况的汇报；通过了有关人事任免。

第二十三次会议 于2001年7月25日至27日举行，应到委员19人，实到15人，县人大常委会副主任王运发、颜翠兰、刘春风、陈卫国受主任委托先后主持会议。县人民政府副县长申建伟、谭斌及两院和政府部分组成单位负责人、各乡镇人大主席、县人大常委会各委室副主任列席会议。会议听取审议了县计委主任唐胜祥《关于上半年全县国民经济和社会发展计划执行情况的汇报》、县人民政府副县长谭斌《关于全县卫生改革情况的汇报》、县国土局局长唐定明《关于国土法贯彻实施情况的汇报》、县规划局负责人《关于县城总体规划修编情况的汇报》、县公安局局长唐勤俭《关于开展严打整治专项斗争情况的汇报》。

第二十四次会议 于2001年8月23日召开，应到委员20人，实到18人，县人大常委会副主任唐汉林受主任委托主持会议，市人大常委会主任阮开全、县委书记周符波、县委副书记王忠屏等领导列席会议。会议同意曾建秋辞去邵阳县人民政府县长职务，任命伍邵华（女）为县人民政府副县长、代理县长。

第二十五次会议 于2001年9月25日至26日举行，应到委员20人，实到16人，县人大常委会主任唐清洲委托副主任唐汉林、王运发、刘春风先后主持会议。县人民政府常务副县长黎国宗及县人民政府有关单位负责人、各乡镇人大主席、县人大常委会各委室副主任列席会议。会议先后听取审议了县人民政府常务副县长黎国宗《关于人大议案和人大代表建议办理情况的汇报》、县财委主任刘金惕《关于〈规范税收管理议案〉办理情况的汇报》、县扶贫办主任颜寿生《关于减轻农民负担情况的汇报》及《关于建立政务服务中心的汇报》。

第二十六次会议 于2001年11月20日至22日举行，应到委员20人，实到17

人，县人大常委会副主任刘春风、陈卫国、王运发、唐汉林受主任委托先后主持会议。县人民政府副县长易少华、马均平、罗华及政府有关单位负责人列席会议。会议听取审议了县扶贫办主任刘犨《关于我县农业产业结构调整的汇报》、县人大农工委主任唐铁钢《关于我县农业产业结构调整的调查报告》、县农业局局长肖森林《关于〈加强农业技术指导，切实服务于农业和农民的议案〉办理情况汇报》、县人民政府《关于县级机构改革实施方案的汇报》、县财政局关于《县会计核算中心筹备工作情况的汇报》；会议同意申建伟辞去县人民政府副县长的职务；通过了有关人事任免。

第二十七次会议 于2002年1月21日至22日召开，应到委员20人，实到18人，县人大常委会副主任王运发、陈卫国、唐汉林受主任委托先后主持会议。县人民政府常务副县长黎国宗、副县长易少华、副县长潘芳喜、县人民法院院长吕老幸及政府相关部门负责人列席会议。会议听取审议了县水利局局长邓开新《关于〈采取有措施，加强夫夷县内河段环境保护的议案〉办理情况的汇报》、县人大常委会办公室主任肖时汉《关于执法责任制检查情况的汇报》；通过了有关人事任免。

第二十八次会议 于2002年3月5日召开，应到委员20人，实到17人，县人大常委会副主任陈卫国受主任委托主持会议。王卓明、潘芳喜等县级领导及一府两院部分单位负责人列席会议，会议听取了县人大常委会办公室主任肖时汉《关于第十三届全县人民代表大会第六次会议筹备情况的汇报》。

第二十九次会议 于2002年5月16日至17日举行，应到委员20人，实到17人。县人大常委会主任唐清洲和副主任王运发、刘春风、陈卫国先后主持会议。县人民政府县长伍邵华、副县长罗华、县人民法院院长吕老幸、县人民检察院检察长易延安及县政府相关单位负责人、县人大常委会各委室副主任列席会议。会议讨论通过了《县人大常委会2002年工作要点》，听取审议了县财政局局长罗翔国《关于全县农村税费改革情况的汇报》、县民政局局长刘金惕《关于村民委员会组织法贯彻实施情况的汇报》；通过了有关人事任免。

第三十次会议 于2002年7月23日至24日举行，应到委员20人，实到19人。县人大常委会副主任王运发、刘春风受主任委托先后主持会议。刘桂林、肖怀贵、夏湘远、颜寿生、谢树新、胡迪芬、蒋水源、张秀华、易延安等"一府两院"及部门负责人列席会议。会议听取了《2002年上半年我县国民经济和社会发展计划报告情况的汇报》《全县2001年财政决算和2002年上半年财政预算执行情况的汇报》《全县优化经济发展环境情况的汇报》《全县农业产业结构调整情况的汇报》；通过了有关人事任免。

第三十一次会议 于2002年9月10日至11日举行，应到委20人，实到委员15

人，县人大常委会副主任唐汉林、王运发、刘春风受主任委托先后主持会议。刘桂林、易少华、颜寿生、谢树新、胡迪芬、蒋水源、易延安、张秀华、刘连生等“一府两院”负责人列席会议。会议听取审议了县人民政府《关于代表建议办理情况的汇报》《全县推进工业化进程情况的汇报》和《全县扶贫开发工作情况的汇报》；通过了有关人事任免。

第三十二次会议 于2002年9月29日举行，应到委员20人，实到17人。会议听取了第十四届全县人民代表大会第一次会议筹备工作的汇报。

第三十三次会议 于2002年11月15日举行，应到委员20人，全部到会。县人大常委会主任唐清洲主持会议。谢树新、刘连生、颜寿生、胡迪芬、罗翔国、邓星强及“一府两院”及部分负责人、乡镇人大主席、县人大各委室副主任列席会议。会议听取了《全县财政预算调整情况汇报》，作出了《关于财政预算调整的决定》；听取审议并通过了《关于调整塘渡口镇社区居委会组建方案（草案）》；决定了第十四届全县人民代表大会第一次会议召开日期；通过了有关人事任免。

第八节　第十四届人大常委会会议

第十四届县人大常委会共召开33次会议。

第一次会议 因会议记录散失，会议召开日期和内容无考。

第二次会议 于2003年3月5日至6日举行，应到委员21人，实到21人。县人大常委会常务副主任谢树新、副主任刘连生先后主持会议。县委副书记吴艺珍、县委组织部部长刘文贤应邀出席会议；县长伍邵华、县人民法院院长张秀华、县人民检察院检察长易延安及县政府办、县发展计划局、县人事局、县民政局、县建设局、县环保局、县财政局、县经济发展局、县水利局、县林业局、县农业局、县卫生局、县计生局、县教育局、县统计局、县审计局、县公安局、县司法局、县文化局、县国土局、县科技局、县劳动和社会保障局、县监察局、县交通局等单位负责人和县人民法院副院长、县人民检察院副检察长、县人大常委会各委室副主任、各乡镇人大主席列席会议。听取审议了县人大常委会办公室《关于县十四届人大二次会议筹备情况的汇报》；作出了《关于召开县十四届人民代表大会第二次会议的决定》；通过了人事任免事项。

第三次会议 于2003年5月20日至22日举行，应到委员21人，实到20人。县人大常委会主任唐清洲和副主任谢树新、刘连生、颜寿生先后主持会议，市人大代表周前勇、张晓艳应邀出席会议。县人民政府副县长易少华、刘长明、肖怀贵，县人民法院院长张秀华，县人民检察院检察长易延安和县政府办、县发展计划局、县公安局、县畜牧局、县乡镇（民营）企业局、县工商局、县经济发展局、县卫生局、县防疫站、县农办、县开发办、县扶贫办、县农行、县建行、县工行等单位负责人及县人大常委会各委室副主任列席会议。会议先后听取审议了县文化局局长谢瑞雄《关于我县文化市场整顿情况的汇报》、县人大教科文卫工委主任黄太平《关于我县文化市场管理情况的调查报告》、县人民政府副县长肖怀贵《关于对〈实现我县经济跨越式发展，必须制订切实可行的加快发展非公有制经济实施方案的议案〉办理情况的汇报》、县人大选举任免联络工委主任张国荣《关于县人民政府对〈实现我县经济跨越式发展，必须制订切实可行的加快发展非公有制经济实施方案的议案〉办理情况的调查报告》、县畜牧水产局局长刘耀清《关于我县肉牛生产情况的汇报》、县人大农业民族华侨外事工委主任唐铁钢《关于我县肉牛生产情况的调查报告》、县人民政府助理调研员谭斌《邵阳县贯彻实施传染病防治法及非典型肺炎防治情况的汇报》；会议决定接受夏湘远辞去县人民政府副县长职务的请求。

第四次会议 于2003年7月24日至27日举行，应到委员人员21人，实到20人。县人大常委会主任唐清洲和副主任谢树新、王运发、刘春风、刘连生、颜寿生先后主持会议。县委副书记申建伟、县委组织部部长刘文贤、县人大代表曾志文和莫国林应邀出席会议。县政府常务副县长刘桂林、副县长肖怀贵、刘长明、唐定明、县政府调研员陈卫国、县政法委书记兼县人民检察院检察长易延安、县人民法院院长张秀华和县政府办、县发展计划局、想财政局、县国税局、县地税局、县教育局、县公安局、县水利局、县经济发展局、县乡镇企业局、县建设局、县农办、县扶贫办、县开发办、县内贸办、县工商局、县计生局、县卫生局、县科技局、县审计局、县人事局、法制办等单位负责人及人大常委会各委室副主任、各乡镇人大主席列席会议。会议先后听取审议了县水利局局长邓开新所作的《全县水利管理体制改革情况的汇报》、县人大农业民族华侨外事工作委员会主任唐铁钢《关于我县水利工程管理体制改革情况的调查报告》、县教育局局长李斌玉所作的《邵阳县教育系统体制改革情况的汇报》、县人大常委会教育科学文化卫生工作委员会主任黄太平《关于我县教育体制改革情况的调查报告》、县公安局局长唐勤俭所作的《我县公安机关打击刑事犯罪情况的汇报》、县人大常委会内务司法工作委员会主任罗洪《关于县公安局打击刑事犯罪情况的调查报告》、县发展计划局局长李建文所作的《2003年上半年国民经济与社会发展计划执行情况的汇报》、县人大常委会财经城乡建设工作委员会主任伍至柔所作的《2003年上半年国民经济与社会发展计划执行情况的调查报告》、县财政局局长罗翔国《关于邵阳县2002年财政决算及2003年上半年财政预算执行情况的报告》、县人大常委会财政经济城乡建设工作委员会主任伍至柔《关于邵阳县2002年财政决算情况和2003年上半年财政预算执行情况的调查报告》、县人民法院院长张秀华《关于邵阳县人民法院执行工作情况的汇报》、县人大常委会内务司法工作委员会主任罗洪《关于县人民法院执行工作情况的调查报告》；审议通过了《邵阳县人民代表大会常务委员会关于县人民政府副县长届内向人民代表大会述职，接受代表评议的实施细则》，会议决定接受伍邵华辞去县人民政府县长职务的请求；根据县人大常委会主任唐清洲的提请，决定任命蒋耀华为县人民政府副县长、代理县长；根据县人民政府代县长蒋耀华的提请，决定任命陈佳新为县人民政府副县长。

第五次会议　于2003年9月23日至26日举行，应到委员21人，实到21人。县人大常委会主任唐清洲和副主任谢树新、王运发、刘春风、刘连生、颜寿生先后主持会议，县人大代表唐荣贵、县委副书记申建伟、县委组织部部长刘文贤及县内所有省人大代表应邀出席会议。代县长蒋耀华及副县长易少华、陈佳新、县政府调研员陈卫国、助理调研员谭斌、县政法委书记兼检察院检察长易延安、县人民法院院长张秀华和县政府办、县发展计划局、县财政局、县林业局、县教育局、县公安局、县水利局、县经济发展局、县建设局，县农办、县开发办、县内贸办、县粮食局、县计生局、县交通局、县国土局、县环保局、县卫生局、县科技局、县房产局、县规划局、县农发行、县信用社等单位负责人及县人大常委会各委室副主任、各乡镇人大主席列席会议。会议先后听取审议了县人民政府调研员陈卫国《关于县十四届人大一、二次会议代表建议办理工作的汇报》、县人大选举任免联络工作委员会主任张国荣《关于县人民政府办理县十四届人大一、二次会议代表建议、批评和意见的调查情况汇报》、县建设局局长邓节生《关于我县推进城镇化进程的工作汇报》、县人大财政经济城乡建设工作委员会主任伍至柔《关于推进城镇化建设情况的调查报告》、县卫生局局长肖治国《关于〈中华人民共和国执业医师法〉贯彻实施情况的报告》、县人大常委会教育科学文化卫生工作委员会主任黄太平《关于〈中华人民共和国执业医师法〉在我县贯彻实施情况的调查报告》、县检察院检察长易延安《关于2002年以来县检察院打击和预防职务犯罪的情况汇报》、县人大常委会内务司法工作委员会主任罗洪《关于县人民检察院查处和预防职务犯罪情况的调查报告》、县林业局副局长周雄《关于我县2002年退耕还林工作情况的汇报》、县人大常委会农业民族华侨外事工作委员会主任唐铁钢《关于我县退耕还林情况的调查报告》；会议还通过了有关人事任免事项。

第六次会议　于2003年11月18日至20日在县人大常委会会议室举行，应到委员21人，实到21人。县人大常委会主任唐清洲和副主任谢树新、王运发、刘春风、刘连生、颜寿生先后主持会议，县委督查室主任蒋水源应邀参加会议。代县长蒋耀华、常务副县长刘桂林、副县长王成章和肖怀贵、县人民法院院长张秀华、县人民检察院代检察长唐克俭和县政府办、县发展计划局、县财政局、县教育局、县公安局、县经济发展局、县农办、县内贸办、县计生局、县国土局、县劳动局、县物价局、县减负办、县乡镇企业局、县电力局、县水利局、县邮政局、县国税局、县地税局、县地方电力公司等单位负责人及县人大常委会各委室副主任、各乡镇人大主席列席会议。会议先后听取审议了县减负办主任王立生《关于减轻农民负担工作情况的汇报》、县人大常委会农业民族华侨外事工作委员会主任唐铁钢《关于我县治理“三乱”和减轻农民负担情况的调查报告》、县计生局局长蒋小燕所作的《邵阳县计生队伍建设情况的汇报》、县人大常委会教科文卫工作委员会主任黄太平《关于我县计生队伍建设情况的调查报告》、县劳动局局长李清荣《关于再就业工作情况的汇报》、县人大常委会内司委主任罗洪《关于再就业工作情况的调查报告》、县经济发展局局长高杰所作的《全县推进工业化进程的工作汇报》、县人大常委会财政经济城乡建设工作委员会主任伍至柔所作的《我县推进工业化进程情况的调查报告》；会议审议了《2003 年财政预算调整方案》，作出了《关于批准邵阳县人民政府 2003 年财政预算调整方案的决定》；审议通过了《2003 年述职评议评价方案》；通过了人事任免事项。

第七次会议 于 2004 年 1 月 4 日至 7 日举行，21 名委员全部到会，县人民政府代县长蒋耀华、常务副县长刘桂林、副县长刘长明、县政府调研员陈卫国、县人民法院院长张秀华、县人民检察院代检察长唐克俭、县人民法院副院长、县人民检察院副检察长及县政府办、县发展计划局、县经济发展局、县教育局、县科技局、县公安局、县监察局、县民政局、县司法局、县财政局、县人事局、县劳动和社会保障局、县国土资源局、县建设局、县交通局、县水利局、县农业局、县林业局、县文化局、县卫生局、县环境保护局、县计划生育局、县审计局、县统计局等单位负责人和县人大常委会各委室副主任、乡镇人大主席列席会议。县人大常委会主任唐清洲和副主任谢树新、刘春风、刘连生先后主持会议；县委副书记申建伟、县委组织部部长刘文贤、县政法委书记易延安应邀参加会议；县水利局局长邓开新、县科技局局长胡京平、县交通局局长吕开生、县人民法院副院长袁更宝向大会述职；会议听取了县人民法院院长张秀华所作的《关于邵阳县人民法院执行工作情况的汇报》；审议通过了《邵阳县人民代表大会常务委员会工作简则》等 8 个规范性文件；做出《关于召开邵阳县第十四届人民代表大会第三次会议的决定》《关于表彰 2003 年度执法优秀单位的决定》《关于表彰 2003 年度乡镇人大工作目标管理先进单位的决定》《关于表彰 2003 年度乡镇优秀人大代表的决定》；会议根据县人民政府代县长蒋耀华提请，决定任命王镜宇同志为县人民政府副县长。

第八次会议 于 2004 年 3 月 1 日至 2 日举行，21 人委员全部到会，县人民政府副县长唐定明、县人民法院院长张秀华、县人民检察院代检察长唐克俭、县政府办负责人、县人大常委会各委室副主任、乡镇人大主席列席会议。县人大常委会主任唐清洲和副主任谢树新、刘连生先后主持会议。会议听取审议了县人大常委会办公室《关于县十四届人大三次会议筹备情况的汇报》，作出了《关于确定在邵阳县第十四届人大常委会第九次会议上述职和书面报告工作人员名单的决定》；会议根据县人大常委会组成人员无记名投票评价结果，作出了《关于授予钟经球同志“二〇〇三年度优秀人民公仆”荣誉称号的决定》。

第九次会议 于2004年5月17日至20日举行，会议应到委员21人，实到委员21人。县人民政府县长蒋耀华，副县长刘桂林、王成章、唐定明、郭俊军，县人民法院院长张秀华，县人民检察院副检察长曾林明，县政府工作部门负责人，县内各执法责任制建制单位负责人，县人大常委会各委室副主任，各乡镇人大主席列席会议。县人大常委会主任唐清洲和副主任谢树新、王运发、刘春风、刘连生、颜寿生先后主持会议。会议审议通过了《邵阳县人大常委会2004年度工作要点》；会议听取和审议了副县长郭俊军《关于县人民政府对〈整治县城交通秩序，坚决取缔慢慢游的议案〉办理情况的调查报告》、县监察局局长易顺良所作的《行政监察工作开展情况的汇报》、县教育局局长李斌玉所作的《义务教育执法检查整改工作情况汇报》、县水利局局长邓开新所作的《全县除险保安及人畜饮水情况汇报》、县人大常委会内务司法工作委员会所作的《关于监察工作情况的调查报告》、县人大常委会教育科学文化卫生工作委员会《关于我县义务教育执法检查整改工作情况的调查报告》、县人大常委会农业民族华侨外事工作委员会《关于水利除险保安及人畜饮水工程实施情况的调查报告》；通过了人事任免和其它事项。

第十次会议 于2004年7月19日至23日举行，会议应到委员21人，实到委员21人；县人民政府县长蒋耀华，副县长刘桂林、易少华、肖怀贵、王成章、唐定明、陈佳新，县人民法院院长张秀华，县人民检察院检察长唐克俭，县政府工作部门负责人，县人大常委会各委室副主任，各乡镇人大主席列席会议。县人大常委会主任唐清洲和副主任谢树新、王运发、刘春风、颜寿生、刘连生先后主持会议。会议先后听取审议了县公安局局长唐勤俭《关于加强全县公安队伍建设的情况汇报》、县计生局局长蒋小燕所作的《关于计划生育社会抚养费征收管理工作情况的汇报》、县发展计划局局长李建文《关于上半年我县国民经济和社会发展计划执行情况的汇报》、县财政局局长罗翔国《关于邵阳县2003年财政决算（草案）及2004年上半年财政预算执行情况的报告》、县农办主任伍亮武《关于“两大产业、六大支柱、十大基地”建设情况汇报》、县人大常委会内务司法工作委员会《关于我县公安队伍建设情况的调查报告》、县人大常委会教育科学文化卫生工作委员会《关于社会抚养费征收管理情况的调查报告》、县人大常委会财政经济城乡建设环境资源保护工作委员会《关于我县上半年国民经济与社会发展计划执行情况的调查报告》、县审计局局长唐四清《关于2003年度本级财政预算执行情况的审计结果报告》、县人大常委会财政经济城乡建设环境资源保护工作委员会《关于我县2003年财政预算情况和2004年上半年财政预算执行情况的调查报告》、县人大常委会农业民族华侨外事工作委员会《关于我县“两大主导产业、六大支柱产业、十大基地”建设情况的调查报告》；通过了人事任免和其他事项。

第十一次会议 于2004年9月20日至24日举行，会议应到委员21人，实到委员21人；县人民政府县长蒋耀华、副县长易少华、肖怀贵、郭俊军、县政府助理调研员谭斌、县人民法院院长张秀华、县人民检察院检察长唐克俭、县政府工作部门负责人、县人大各委室副主任、各乡镇人大主席列席会议。县人大常委会主任唐清洲和副主任谢树新、王运发、刘春风、刘连生、颜寿生先后主持会议。会议先后听取和审议了县经济发展局局长高杰《关于邵阳县工业化起步年工作情况汇报》、县人民政府副县长肖怀贵《关于对〈坚决取消公路营运线路垄断的议案〉办理情况的汇报》、县民政局局长肖湘政《关于城市居民最低生活保障和五保供养工作情况汇报》、县文化局局长谢瑞雄《关于我县“扫黄打非”工作情况的汇报》、县减负办主任王立生《关于减轻农民负担工作情况的汇报》、县农办主任伍亮武《关于〈中华人民共和国农业法〉综合执法检查自查情况的汇报》、县政府办副主任秦永存《县人大十四届三次会议代表建议、批评和意见办理工作情况汇报》、县人大常委会财政经济城乡建设工作委员会《关于工业化起步年工作情况的调查报告》、县人大常委会选举任免联络工作委员会《关于县内客运线路垄断情况及县政府办理〈坚决取消公路营运线路垄断的议案〉的调查报告》、县人大常委会内务司法工作委员会《关于城镇居民最低生活保障和五保供养工作情况的调查报告》、县人大常委会教育科学文化卫生工作委员会《关于我县“扫黄打非”工作的调查报告》、县人大常委会农业民族华侨外事工作委员会《关于我县治理“三乱”和减轻农民负担情况的调查报告》、县人大常委会农业综合执法检查领导小组办公室《关于检查农业法及其相关法规在我县贯彻实施情况的汇报》、县人大常委会选举任免联络工作委员会《关于县人民政府办理县十四届人大三次会议代表建议、批评和意见的调查情况汇报》；会议最后通过了人事任免和其他事项。

第十二次会议 于2004年11月22日至26日举行，应到委员21人，实到20人。县人大常委常务副主任谢树新、副主任王运发、刘春风、刘连生、颜寿生先后主持会议。会议听取审议了县财政局局长罗翔国《邵阳县2004年财政预算调整方案（草案）汇报》、县人事局局长罗立华《邵阳县贯彻实施国家公务员暂行条例的情况汇报》、县交通局局长吕开生《邵阳县公路建设情况的汇报》、县卫生局局长肖治国《关于医疗机构管理条例贯彻实施情况的报告》、县扶贫办公室刘犨《邵阳县扶贫工作情况汇报》、县农业综合开发办主任罗耀国《关于我县2003年至2004年农业综合开发情况的汇报》、县人民政府副县长唐定明《关于塘渡口火车站站前区昭阳大道规划修编情况的汇报》和《关于〈严厉打击刑事犯罪分子的议案〉办理情况的汇报》、县人大常委会内务司法工作委员会《关于贯彻实施国家公务员暂行条例情况的调查报告》、县人大常委会财政经济城乡建设工作委员会《关于我县通乡公路建设工作的调查报告》、县人大常委会教科文卫工作委员会《关于医疗机构管理条例在我县贯彻实施情况的调查报告》、县人大常委会农业民族外事华侨工作委员会《关于我县扶贫和农业综合开发情况的调查报告》、县人大常委会选举任免联络工作委员会《关于县政府办理严厉打击刑事犯罪分子的议案的调查报告》；会议最后表决通过了《邵阳县人民代表大会常务委员会关于确定在县十四届人大常委会第十三次会议上述职人员名单的决定》。

第十三次会议 于2005年1月11日至14日举行，21名委员全部到会，县人大常委会主任唐清洲和副主任谢树新、王运发、刘春风、刘连生先后主持会议。县人民政府县长蒋耀华、县人民政府副县长易少华、肖怀贵、王成章、郭俊军、县人民法院院长张秀华、县人民检察院检察长唐克俭、县政府工作部门负责人和县内执法责任制建制单位负责人、县人大常委会各委室副主任、乡镇人大主席列席会议。会议先后听取审议了县人民政府副县长肖怀贵《关于办理〈坚决取消公路营运线路垄断议案〉情况汇报》、县监察局局长易顺良的《述职报告》、县计生局局长蒋小燕所的《述职报告》、县人大常委会执法责任制领导小组办公室《2004年度执法责任制检查情况汇报》、县人大常委会选举任免联络工作委员会《2004年度乡镇人大工作目标管理考核情况汇报》和《关于县政府办理〈坚决取消公路营运线路垄断的议案〉情况的调查报告》、县人大常委会述职评议调查组《对邵阳县监察局局长易顺良同志的评议发言》和《对邵阳县计生局局长蒋小燕同志的评议发言》。会议作出了《邵阳县人大常委会关于召开邵阳县第十四届人民代表大会第四次会议的决定》。

第十四次会议 于2005年3月4日举行，会议应到委员21人，实到委员21人，县人大常委会主任唐清洲和副主任谢树新、刘连生先后主持会议。县人民政府常务副县长刘桂林、副县长刘长明、县人民法院院长张秀华、县人民检察院检察长唐克俭、县政府办负责人、县人大各委室副主任、乡镇人大主席列席会议。会议听取和审议了县人大办公室《关于县十四届人大第四次会议筹备情况的汇报》；通过了人事任免。

第十五次会议 于2005年5月19日至20日举行，会议应到委员21人，实到委员19人。县人大常委会主任唐清洲和副主任谢树新、刘春风、刘连生先后主持会议。县人民政府县长蒋耀华、常务副县长刘桂林、副县长肖怀贵和王镜宇、县人民法院院长张秀华、县人民检察院检察长唐克俭、县政府工作部门负责人、县内各执法责任制建制单位负责人、县人大常委会各委室副主任、乡镇人大主席列席会议。会议审议、修订、通过了《邵阳县人大常委会关于执法责任制检查评估奖惩暂行办法》，审议通过了《2005 年度邵阳县人大常委会工作要点》；听取和审议了县人民法院院长张秀华《关于邵阳县人民法院民事审判工作情况的汇报》；听取了县人大常委会内务司法工作委员会《关于县人民法院民事审判工作情况的调查报告》；作出了《关于召开邵阳县第十四届人民代表大会第四次会议的决定》。会议最后通过了人事任免和其他事项。

第十六次会议 于 2005 年 7 月 19 日至 20 日举行，会议应到委员 21 人，实到 20 人，县人大常委会主任唐清洲和副主任谢树新、王运发、刘连生先后主持了会议。县人民政府副县长王成章、刘长明、王镜宇、唐定明、县人民法院院长张秀华、县人民检察院检察长唐克俭、县政府工作部门负责人、县人大常委会各委室副主任、各乡镇人大主席列席会议。会议先后听取审议了县发展计划局党组书记唐军良《关于我县上半年国民经济与社会发展计划执行情况的汇报》、县财政局局长罗翔国《关于邵阳县 2004 年财政预算（草案）及 2005 年上半年财政预算执行情况的报告》、县审计局局长罗开益《关于邵阳县 2004 年度本级财政预算执行情况的审计报告》、县文化局局长谢瑞雄《关于我县“扫黄打非”工作情况的汇报》、县人民法院院长张秀华《关于县人大常委会对县人民法院民事审判工作审议交办意见办理情况的汇报》、县人大常委会财政经济城乡建设工作委员会《关于 2004 年财政决算情况和 2005 年上半年国民经济与社会发展计划及财政预算执行情况的调查报告》、县人大常委会教育科学文化卫生工作委员会《关于我县“扫黄打非”工作情况的调查报告》；会议确定县人民政府副县长刘桂林、易少华、肖怀贵、王成章、唐定明、郭俊军、刘长明向邵阳县第十四届人民代表大会第五次会议述职；会议最后通过了人事任免和其他事项。

第十七次会议 于 2005 年 9 月 13 日至 15 日举行，会议应到委员 21 人，实到 20 人，县人大常委会主任唐清洲和副主任谢树新、王运发、刘连生、颜寿生先后主持会议。县人民政府副县长刘桂林、易少华、肖怀贵、刘长明及县人民法院院长张秀华、县人民检察院党组副书记李爱琼、县政府相关职能部门及省市驻邵单位相关负责人、县人大常委会各委室副主任和乡镇人大主席列席会议。会议先后听取审议了县人民政府常务副县长刘桂林《关于县人民政府办理〈整顿县城市场经济秩序的议案〉的工作汇报》、县政府办公室主任钟经球《关于县十四届人大四次会议代表建议、批评、意见办理情况汇报》、县经济发展局局长高杰《关于实施“工业优先”发展战略情况汇报》、县减负办主任王立生《关于治理“三乱”和减轻农民负担情况的调查报告》、县人大常委会选举任免联络工作委员会《关于县人民政府办理〈整顿县城市场经济秩序的议案〉情况的调查报告》和《关于县人民政府办理县十四届人大四次会议代表建议、批评、意见情况的调查报告》、县人大常委会财政经济城乡建设工作委员会《关于我县实施“工业优先”战略工作情况的调查报告》、县人民政府副县长肖怀贵《关于县人大常委会对2005年计划与财政工作审议意见办理情况的汇报》、县文化局局长谢瑞雄《关于县人大常委会对“扫黄打非”工作审议意见办理情况的汇报》。

第十八次会议 于2005年11月13日至18日举行，会议应到委员21人，实到委员20人。县人大常委会主任唐清洲和副主任谢树新、王运发、刘连生、颜寿生、胡迪芬先后主持会议。县人民政府县长赵湘明、副县长刘桂林、易少华、刘长明、王成章、郭俊军和县人民法院副院长袁更宝、唐超林及县人民检察院副检察长王佰平、县政府相关职能部门负责人、县人大常委会各委室副主任、乡镇人大主席列席会议。会议先后听取审议了县财政局局长罗翔国《关于邵阳县2005年财政预算调整方案（草案）汇报》、县计生局局长张蒲生《关于贯彻实施〈中华人民共和国人口与计划生育法〉情况汇报》、县农办主任伍亮武《关于我县“产业强县”工作的情况汇报》、县公安局局长申宏伟《关于打击刑事犯罪的工作汇报》、县经济发展局局长高杰《关于实施“工业优先”战略工作情况审议意见交办函的办理情况汇报》、县市场管理局局长颜卫星《关于办理〈整顿县城市场经济秩序议案〉整改情况的汇报》、县减负办主任王立生《关于县人大常委会对“减负和治乱”工作审议意见办理情况的汇报》；听取了县民政局局长肖湘政、县卫生局局长肖治国、县建设局局长周炜、县林业局局长周雄等人的《述职报告》；听取了县人大常委会教育科学文化卫生工作委员会《关于〈中华人民共和国人口与计划生育法〉在我县贯彻实施情况的调查报告》、县人大常委会农业民族华侨外事工作委员会《关于我县“产业强县”战略实施情况的调查报告》、县人大常委会内务司法工作委员会《关于全县打击刑事犯罪工作情况的调查报告》；县人大常委会述职评议调查组对县民政局局长肖湘政、县卫生局局长肖治国、县建设局周炜、县林业局局长周雄等人的述职评议调查。

第十九次会议 于2006年1月9日至10日举行，应到委员21人，实到21人。县人大常委会主任唐清洲和副主任王运发、刘连生先后主持会议。县人民政府副县长易少华、刘长明、县人民政府助理调研员吕老幸、县人民法院院长张秀华、县人民检察院党组书记孙在启、县政府办负责人、县发展计划局负责人、县人大常委会各委室副主任和乡镇人大主席列席会议。会议听取和审议了县发展计划局负责人唐军良关于《邵阳县“十一五”规划纲要（草案）编制情况报告》；听取了县人大常委会选举任免联络工作委员会主任张国荣《关于县人民政府副县长述职评议调查情况的汇报》《关于2005年度乡镇人大工作目标管理考核情况汇报》《关于2005年度优秀县人大代表评选工作情况汇报》和县人大常委会执法责任制工作领导小组办公室主任罗洪《关于2005年执法责任制检查情况汇报》；作出了《关于召开邵阳县第十届四人民代表大会第五次会议的决定》。

第二十次会议 于2006年3月6日至7日举行，会议应到委员21人，实到20人。县人大常委会主任唐清洲和副主任王运发、刘连生先后主持会议。县人民政府代县长赵湘明、县人民法院院长张秀华、县人民检察院代检察长孙在启、县政府办主任伍芬东、县人民政府部分工作机构的主任或局长、县人民法院副院长、县人民检察院副检察长、县人大常委会各委室副主任、乡镇人大主席列席会议，县委副书记申建伟、县委组织部部长刘文贤应邀出席会议。会议听取审议了县人大常委会办公室《关于第十四届县人民代表大会第五次会议筹备情况的汇报》，决定唐国华等36人为2005年度优秀县人大代表，决定下花桥镇、塘渡口镇、岩口铺镇、五峰铺镇、金称市镇、九公桥镇、长阳铺镇7个乡镇人大主席团为2005年度乡镇人大工作目标管理先进单位，决定县林业局、县人民法院、县人民检察院、县环保局、县审计局5个单位为2005年度执法责任制目标管理先进单位，通过了人事任免事项。

第二十一次会议 于2006年5月10日举行，会议应到委员20人，实到19人。县人大常委会主任唐清洲和副主任谢树新、刘连生先后主持会议。县人民政府县长赵湘明、副县长刘长明、县人民法院院长张秀华、县人民检察院检察长孙在启、县政府部分工作部门负责人、县内各执法责任制建制单位负责人、县人大常委会各委室正副主任、乡镇人大主席列席会议。会议审议通过了《2006年度邵阳县人大常委会工作要点》，听取和审议了县卫生局局长肖治国《邵阳县贯彻落实〈中华人民共和国传染病防治法〉和〈疫苗流通和预防接种管理条例〉情况汇报》，听取了县人大教工委主任蒋文平同志《关于〈中华人民共和国传染病防治法〉执法检查情况的报告》，通过了有关人事任免。

第二十二次会议 于2006年7月27日至28日举行，应到委员20人，实到19人。县人大常委会主任唐清洲和副主任王运发、刘连生先后主持会议。县人民法院院长张秀华、县人民检察院检察长孙在启、县人民政府部分工作机构负责人、县人大常委会各委室正副主任、各乡镇人大主席列席会议。会议先后听取和审议了县发展和改革局负责人唐军良《关于我县上半年国民经济与社会发展计划执行情况的汇报》、县财政局局长罗翔国《关于2005年邵阳县财政预算及2006年上半年财政预算执行情况的报告》、县劳动和社会保障局局长邓星强《关于贯彻实施〈中华人民共和国劳动合同法〉情况的汇报》、县规划局局长黄小健《关于县城总体规划局部调整的情况汇报》、县审计局局长罗开益《关于2005年邵阳县本级财政预算执行情况的审计报告》、县人大常委会财政经济城乡建设环境资源保护工作委员会《关于2005年我县财政决算和2006年上半年国民经济与社会发展计划执行情况的调查报告》、县人大常委会内务司法工作委员会《关于〈中华人民共和国劳动法〉贯彻实施情况的调查报告》；通过了人事任免和其他事项。

第二十三次会议 于2006年9月26日至28日举行，应到委员20人，实到19人。县人大常委会主任唐清洲和副主任谢树新、王运发、刘连生、颜寿生先后主持会议。县人民政府副县长刘文贤、李红平、陈小飞及县人民法院院长张秀华、县人民检察院检察长孙在启、部分县直单位负责人、县人大常委会各委室正副主任、各乡镇人大主席列席会议。会议先后听取审议了县卫生局局长肖治国《关于邵阳县新型农村合作医疗试点工作开展情况汇报》、县减负办主任王立生《关于减轻农民负担和治理“三乱”情况汇报》、县人民政府办公室党组成员易昌虎《关于代表建议、批评和意见办理情况汇报》、县人民检察院检察长孙在启《关于查办职务犯罪工作情况的报告》、县环保局局长伍先规《关于邵阳县贯彻实施环境保护法等相关法律法规的情况汇报》、县人大教育科学文化卫生工作委员会《关于我县新型农村合作医疗试点工作情况的调查报告》、县人大常委会农业民族外事华侨工作委员会《关于减轻农民负担和治理“三乱”和减轻农民负担情况的调查报告》、县人大选举任免联络工作委员会《关于县十四届人大五次会议代表建议、批评和意见办理情况的调查》、县人大常委会内务司法工作委员《关于县人民检察院关于查办职务犯罪工作情况的调查报告》、县人大常委会财经城乡建设环境保护工作委员会《关于〈中华人民共和国环境保护法〉及相关法律法规执法检查情况的报告》；通过了人事任免和其他事项。

第二十四次会议 于2006年11月27日至29日举行，会议应到委员20人，实到19人。县人大常委会主任唐清洲和副主任谢树新、王运发、刘连生、颜寿生先后主持会议。会议先后听取审议了县财政局局长罗翔国《关于邵阳县2006年财政预算调整方案（草案）汇报》、县广播电视局局长邓方明《关于邵阳县“县乡有线电视光缆联网工程”建设情况汇报》、县农办主任伍亮武《关于社会主义新农村建设工作情况汇报》、县人大教育科学文化卫生工作委员会《关于“县乡有线电视光缆联网工程”建设情况的调查报告》、县人大常委会农业民族华侨外事工作委员会《关于社会主义新农村建设情况的调查报告》；通过了《关于废止〈邵阳县人民代表大会常务委员会关于述职评议评价工作暂行办法〉等14个文件的决议》；通过了其他事项。

第二十五次会议 于2007年1月11日举行，应到委员20人，实到19人。县人大常委会主任唐清洲和副主任谢树新、刘连生先后主持会议。县人民政府常务副县长刘文贤、县人民法院院长张秀华、县人民检察院检察长孙在启、县直有关单位负责人、县人大常委会各委室正副主任、各乡镇人大主席列席会议。会议听取了县人大常委会选举任免联络工作委员会《关于2006年度县人大“争先创优”竞赛活动开展情况汇报》，作出了《关于召开邵阳县第十四届人民代表大会第六次会议的决定》，通过了人事任免和其他事项。

第二十六次会议 于2007年3月6日举行，应到委员20人，实到19人。县人大常委会主任唐清洲和副主任谢树新、刘连生先后主持会议。县人民政府副县长刘文贤、县人民法院院长张秀华、县人民检察院检察长孙在启、县政府办主任、县财政局局长、县发展和改革局局长、县人大常委会各委室正副主任、乡镇人大主席列席会议。会议听取和审议了县人大常委会办公室《关于第十四届全县人民代表大会第六次会议筹备情况汇报》，会议决定邵阳县第十届人民代表大会第六次会议于2007年3月12日至3月15日召开，讨论了《邵阳县人民代表大会常务委员会工作报告（草案）》。会议评定谢胜良等37名同志为2006年度优秀县人大代表，作出了《关于表彰2006年度优秀县人大代表的决定》；通过了人事任免和其他事项。

第二十七次会议 于2007年3月11日举行，应到委员20人，实到19人。会议决定接受本届县人大常委会副主任刘春风的辞职要求，作出《关于接受刘春风辞去邵阳县第十四届人大常委会副主任职务的决定》。

第二十八次会议 于2007年5月18日举行，会议应到委员19人，实到19人。县人大常委会主任唐清洲和副主任谢树新、刘连生先后主持会议。县人民政府副县长陈小飞、县人民法院院长张秀华、县人民检察院检察长孙在启、县政府部分工作机构负责人、县人大常委会各委室正副主任、乡镇人大主席列席会议。会议审议通过了《2007年度邵阳县人大常委会工作要点》《邵阳县人民代表大会常务委员会人事任免暂行办法》和《邵阳县人民代表大会常务委员会关于执法责任制检查评估奖惩暂行办法》；会议决定接受艾祥明、罗解平的辞职请求，作出《关于接受艾祥明、罗解平辞去邵阳县第十四届人大代表职务的决定》；通过了其他事项。

第二十九次会议 于2007年6月15日举行，应到委员19人，实到19人。县人大常委会主任唐清洲和副主任刘连生先后主持会议。县人民法院院长张秀华、县人民检察院检察长孙在启列席会议，会议依法进行了人事任免。

第三十次会议 于2007年7月23日举行，应到委员19人，实到19人。县人大常委会主任唐清洲和副主任王运发、刘连生先后主持会议。县人民法院院长张秀华、县人民检察院检察长孙在启、县政府部分工作机构负责人、县人大常委会各委室正副主任、乡镇人大主席列席会议。会议先后听取审议了县发展和改革局局长唐军良《关于我县上半年国民经济与社会发展计划执行情况的汇报》、县财政局负责人唐荣贵《关于邵阳县2006年财政决算及2007年上半年财政预算执行情况的报告》、县审计局局长罗开益《关于邵阳县2006年财政预算执行情况审计报告》、县人大常委会财政经济城乡建设环境资源保护工作委员会所作的《2007年上半年国民经济与社会发展计划执行情况的调查报告》和《关于2006年我县财政决算和2007年上半年财政预算执行情况的调查报告》；作出了《关于批准邵阳县2006年财政决算的决议》；通过了有关人事任免。

第三十一次会议 于2007年9月27日至28日举行，会议应到委员19人，实到委员19人。县人大常委会主任唐清洲和副主任谢树新、刘连生、颜寿生先后主持会议。县人民政府副县长刘文贤、陈小飞、李新华及县人民法院院长张秀华、县人民检察院检察长孙在启、县政府部分工作机构负责人、乡镇人大主席列席会议。会议先后听取审议了县人民政府办公室主任伍芬东《关于县十四届人大六次会议代表建议、批评和意见办理情况汇报》、县减负办公室主任王立生《关于减轻农民负担和治理“三乱”工作情况汇报》、县文化局局长谢瑞雄《关于网吧规范管理工作情况汇报》、县公安局局长申宏伟《关于贯彻实施〈中华人民共和国治安管理处罚法〉工作情况的报告》、县人大常委会副主任刘连生《关于人大换届选举工作的有关情况汇报》、县人大常委会选举任免联络工作委员会《关于代表建议办理工作情况的调查报告》、县人大常委会农业民族外事华侨工作委员会《关于治理“三乱”和减轻农民负担情况的调查报告》、县人大常委会教育科学文化卫生工作委员会《关于网吧规范管理工作的调查报告》、县人大常委会内务司法工作委员会《关于〈中华人民共和国治安管理处罚法〉贯彻实施情况的调查报告》；作出了《关于批准〈邵阳县县乡人大换届选举工作方案〉的决定》《关于成立邵阳县选举委员会的决定》《关于任命乡镇选举委员会组成人员的决定》《关于县乡人大换届选举乡镇、县直机关选举领导小组成员的任命决定》《关于确定新一届乡镇人民代表大会代表名额的决定》《关于批准〈邵阳县第十五届人大代表名额分配方案〉的决定》；会议通过了其他事项。

第三十二次会议 于2007年10月25日举行，会议应到委员19人，实到17人。县人大常委会主任唐清洲、副主任刘连生先后主持会议。县人民法院院长张秀华、县人民检察院检察长孙在启、县人大常委会各委室正副主任列席会议。会议确定全县县乡人大代表换届选举日为2007年11月13日至15日，决定县十五届人民代表大会第一次会议于2007年11月28日至12月3日在县城举行；决定任命周继耐为邵阳县人民法院副院长，会议作出了《关于接受张秀华辞去邵阳县人民法院院长职务的决定》和《关于任命周继耐副院长为邵阳县人民法院代理院长的决定》；会议最后还通过了其他事项。

第三十三次会议 于2007年11月21日举行，会议应到委员19人，实到委员会17人。县人大常委会主任唐清洲主持会议。县人民法院代院长周继耐、县人民检察院检察长孙在启、县政府办公室主任、县人大常委会各委室正副主任、各乡镇人大主席、机关县人大代表小组组长刘灯红、唐荣贵、王立生列席会议。会议听取了县人大常委会办公室主任陈迎体《关于县十五届人大一次会议筹备工作情况汇报》，讨论了《邵阳县人民代表大会常务委员会工作报告（草案）》。

第九节　第十五届人大常委会会议

第十五届县人大常委会共召开36次会议。

第一次会议 资料佚。

第二次会议 于2008年2月27日举行，会议应到委员25人，实到25人，本届县人大常委会主任黎德生、副主任刘连生、肖湘政先后主持会议。县人民法院院长周继耐、县人民检察院检察长孙在启、县政府办公室主任、县内执法责任制各建制单位主要负责人、县人大常委会各委室副主任、各乡镇人大主席列席会议。会议作出《关于召开邵阳县第十五届人民代表大会第二次会议的决定》；听取了县人大常委会选举任免联络工作委员会《关于2007年度乡镇人大工作“争先创优”竞赛活动考评情况汇报》，评定金称市镇、塘渡口镇、下花桥镇、郦家坪镇、塘田市镇、诸甲亭乡、九公桥镇、白仓镇8个乡镇人大主席团为2007年度乡镇人大工作“争先创优”竞赛活动先进单位；评选出唐铁钢等21名人大工作先进个人；会议听取了县人大常委会执法责任制工作领导小组办公室《关于2007年度执法责任制检查情况汇报》，评选出县财政局、县人民检察院、县审计局、县监察局、县人口和计划生育局、县人民法院、县建设局、县城管行政执法局、县烟草专卖局、县水利局等10个单位为“2007年度执法责任制目标管理先进单位”。

第三次会议 于2008年3月13日至14日举行，应到委员25人，实到25人。县人民政府县长赵湘明、县人民法院院长周继耐、县人民检察院检察长孙在启、县政府部分工作机构负责人、县人大常委会各委室副主任列席会议。会议通过了有关人事任命事项。

第四次会议 于2008年4月8日至9日举行，会议应到委员25人，实到25人。县人民政府县长赵湘明、副县长李军、县人民检察院检察长孙在启、部分县直及省市驻县正局级单位负责人、乡镇人大主席、县人大常委会各委室副主任、县人民法院副院长列席会议。会议听取了关于第十五届全县人民代表大会第二次会议大会筹备工作情况汇报，确定了召开县第十五届全县人民代表大会第二次会议的时间，审议通过了《二〇〇八年度邵阳县人大常委会工作要点（草案）》《邵阳县人民代表大会常务委员会工作报告（草案）》《邵阳县人民代表大会常务委员会议事规则》《邵阳县人民代表大会常务委员会工作简则》；听取和审议了县人民政府《关于对县城污水处理厂用地规划进行调整的议案》，并作出了相应的决定。

第五次会议 于2008年6月27日举行，会议应到委员25人，实到25人。县人民政府常务副县长刘文贤、副县长罗翔国、李军、县人民检察院检察长孙在启、县人民政府工作机构及部分县直正局级单位负责人，乡镇人大主席、县人大常委会各委室副主任、县人民法院副院长列席会议。会议先后听取审议了县人民政府副县长李军《关于互联网上网服务经营场所规范管理工作情况汇报》、县人民政府办公室主任伍芬东《关于〈提高村干部待遇的议案〉和〈设立县城学校扩容扩建专项资金的议案〉办理情况汇报》，听取了县人大常委会科教文卫工作委员会《关于互联网范围管理工作情况的调查报告》、县人大常委会联工委《关于县人民政府〈关于提高村干部待遇的议案〉和〈关于设立县城中小学校扩容扩建专项资金的议案〉办理情况的调查报告》；审议通过了《邵阳县人民代表大会常务委员会听取和审议专项工作报告暂行办法（草案）》，审查了县人民政府提请的《关于邵阳县县城新区基本建设项目实行优惠收费的暂行规定的议案》。

第六次会议 于2008年8月18日至21日举行，会议应到委员24人，实到23人。县人民政府常务副县长刘文贤、副县长李红平、副县长罗翔国、胡迪芬、李军和县人民法院院长周继耐、县人民检察院检察长孙在启、县人民法院分管执行工作的副院长、县法院执行局局长列席会议。会议先后听取和审议了县物价局局长陈舜田《关于药品价格监管工作情况汇报》和县人大常委会教工委《关于药品价格执行情况的调查报告》、县人民法院院长周继耐《邵阳县人民法院执行工作情况汇报》和县人大内司工委《关于县人民法院执行工作情况的调查报告》、县水利局局长陈迎体《关注民生民利，推动水利事业新发展的报告》和县人大常委会农工委《关于我县农田水利基本情况的调查报告》、县发展和改革局局长唐军良《关于我县上半年国民经济和社会发展计划执行情况的汇报》、县财政局局长唐荣贵《关于邵阳县2007年财政决算及2008年财政预算执行情况的报告》及县人大常委会财经委《关于我县2007年财政决算和2008年上半年财政预算执行情况的调查报告》和《关于我县2008年上半年国民经济与社会发展计划执行情况的调查报告》。

第七次会议 于2008年10月19日至22日举行，应到委员24人，实到23人，县人民政府副县长李红平、胡迪芬、县人民法院院长周继耐、县人民检察院检察长孙在启、县人民政府工作机构及部分县直正局级单位负责人、乡镇人大主席、县人大常委会各委室副主任列席会议。会议先后听取审议了县经管局局长王立生《关于治理“三乱”和减轻农民负担情况汇报》和县人大常委会农工委《关于治理“三乱”和减轻农民负担情况的调查报告》、县政府办公室主任伍芬东《关于代表建议、批评和意见办理情况汇报》和县人大常委会联工委《关于县人民政府办理县十五届人大一次会议和二次会议代表建议、批评和意见的调查情况汇报》、县林业局局长周雄《关于检查〈中华人民共和国森林法〉贯彻实施情况的报告》和县人大常委会森林法执法检查办公室《关于检查〈中华人民共和国森林法〉贯彻实施情况的报告》；会议审议通过了《邵阳县人民代表大会常务委员会财政监督暂行办法》，听取了县人民政府关于药品价格执行工作整改落实情况汇报；通过了《邵阳县人民代表大会常务委员会评议县政府办、县建设局、县地税局的工作实施方案》。

第八次会议 于2008年12月28日至31日举行，会议应到委员24人，实到23人。常务副县长刘文贤、副县长李红平、县人民法院院长周继耐、县人民检察院检察长孙在启、县人民政府工作机构及部分县直正局级单位负责人、乡镇人大主席、县人大常委会各委室副主任列席会议。会议审议通过《邵阳县人民代表大会常务委员会工作评议暂行办法》，听取了县人大常委会执法责任制领导小组办公室《关于2008年执法责任制检查情况汇报》、县人大常委会联工委《关于2008年度乡镇人大“争先创优”竞赛活动开展情况汇报》；听取和审议了县财政局局长唐荣贵《关于邵阳县2008年财政预算调整方式（草案）情况汇报》，作出了《邵阳县人民代表大会常务委员会关于批准2008年财政预算调整方案的决议》。会议还听取了县政府办、县建设局、县地税局3个单位的工作汇报和县人大常委会工作评议调查小组对以上3个单位的工作评议调查报告。

第九次会议 于2009年2月25日举行，会议应到委员24人，实到24人。县人大常委会主任黎德生主持会议，县人民检察院检察长孙在启、县人民法院院长周继耐、县人民政府工作组成局负责人、乡镇人大主席、人大常委会各委室副主任列席会议。会议听取和审议了《二〇〇九年度人大常委会工作要点（草案）》《邵阳县人民代表大会常务委员会工作报告（草案）》；作出了《关于召开邵阳县第十五届人民代表大会第三次会议的决定》《邵阳县人大常委会关于表彰2008年度乡镇人大主席团工作“争先创优”竞赛活动先进单位的决定》《邵阳县人大常委会关于表彰2008年度执法责任制目标管理先进单位的决定》《邵阳县人大常委会关于授予伍芬东同志“优秀人民公仆”荣誉称号的决定》《邵阳县人大常委会关于表彰2008年度优秀县人大代表的决定》

《邵阳县人民代表大会常务委员会关于授受伍湘平同志辞职的决定》。

第十次会议 于2009年4月23日举行，会议应到委员23人，实到23人。县人大常委会主任黎德生和副主任刘连生、颜寿生、肖湘政先后主持会议，县人民检察院检察长孙在启、县人民法院院长周继耐、县直机关相关单位负责人、执法责任制建制单位负责人、乡镇人大主席、县人大常委会各委室副主任列席会议。会议听取和审议了《2009年度执法责任制目标管理责任书》、县卫生局局长肖治国关于《邵阳县新型农村合作医疗制度运行情况汇报》、县人大常委会教育科学文化卫生工作委员会所作的《邵阳县农村合作医疗资金管理调查报告》。

第十一次会议 于2009年6月23日举行，应到委员23人，实到23人。县人大常委会主任黎德生和副主任颜寿生、肖湘政先后主持会议。县人民政府副县长欧志文、县人民检察院检察长孙在启、县人民法院院长周继耐、县直相关单位负责人，塘渡口镇、白仓镇、五峰铺镇、黄亭市镇、岩口铺镇、诸甲亭乡人大主席及县人大各委室副主任列席会议。会议先后听取和审议了县公安局局长曾昭斌《关于我县贯彻实施〈中华人民共和国治安管理处罚法〉的情况汇报》、县人大内司委《对我县贯彻实施〈中华人民共和国治安管理处罚法〉的调查情况汇报》、县扶贫办主任刘犨受县人民政府委托《关于我县扶贫开发工作情况汇报》、县人大农工委《我县扶贫工作情况调查报告》。

第十二次会议 于2009年7月21日举行，应到委员23人，实到22人。县人大常委会主任黎德生、副主任刘连生先后主持会议。县人民政府副县长李军、县人民医院院长列席会议。会议听取和审议了县人民政府提请的《关于提请审议安排县人民医院综合扩建工程项目资金的议案》，作出了《关于批准县人民政府安排县人民医院综合扩建工程项目资金的决定》。

第十三次会议 于2009年8月25日至27日举行，应到委员23人，实到21人。县人大常委会主任黎德生和副主任刘连生、颜寿生先后主持会议。县人民政府副县长罗翔国、欧志文和县人民检察院检察长孙在启、县人民法院院长周继耐、县直相关单位负责人及长阳铺、下花桥、郦家坪、塘田市、霞塘云、罗城等乡镇人大主席及县人大各委室副主任列席会议。会议先后听取审议了县发展和改革局局长唐军良《关于2009年上半年国民经济和社会发展计划执行情况汇报》、县人大财经委《关于2009年上半年国民经济和社会发展计划执行情况的调查报告》、县财政局局长唐荣贵《邵阳县2008年财政决算及2009年上半年财政预算执行情况的报告》、县审计局局长罗开益受县人民政府委托所作的《2008年县财政预算执行和其他财政收支情况的审计工作报告》、县人大预算工委所作的《2008年财政决算和2009年上半年财政预算执行情况的调查报告》、县人民政府副县长罗翔国《关于〈中华人民共和国城乡规划法〉在我县贯彻实施情况汇报》、县人大执法检查办公室《关于〈中华人民共和国城乡规划法〉执法检查情况的报告》；会议作出了《关于批准邵阳县2008年财政决算的决议》。

第十四次会议 于2009年10月27日至29日举行，应到委员23人，实到22人。县人大常委会主任黎德生和副主任刘连生、颜寿生、邓星强先后主持会议，县人民政府副县长李军、县人民检察院检察长孙在启、县人民法院院长周继耐、县直相关单位负责人及蔡桥、长乐、金称市、河伯、黄塘、九公桥等乡镇人大主席和人大各委室副主任列席会议。会议先后听取审议了县教育局局长肖桂华《关于县人民政府贯彻实施〈中华人民共和国义务教育法〉情况汇报》、县人大常委会科教文卫工作委员会《关于义务教育法执法检查情况的汇报》、县农业局局长吴金华《关于粮食生产情况的汇报》、县人大农工委《关于我县粮食生产情况的调查报告》、县人民政府办公室副主任郭振业《关于代表议安、建议、批评、和意见办理情况汇报》、县人大联工委《关于县人民政府办理第十五届人大三次会议代表议案、建议、批评和意见情况的调查报告》。

第十五次会议 于2009年12月22日举行，应到委员23人，实到22人，县人大常委会主任黎德生和副主任刘连生、颜寿生、肖湘政先后主持会议。县人民检察院检察长孙在启、县人民法院院长周继耐、县人民政府组成局负责人、执法责任制建制单位负责人、各乡镇人大主席、县人大各委室副主任列席会议。会议先后听取审议了县财政局局长唐荣贵《关于2009年预算方案（草案）调整情况报告》、县人大常委会内司委《关于执法责任制检查情况报告》和县人大常委会联工委《关于2009年度乡镇人大主席团工作“争先创优”活动情况报告》。会议作出了《关于授予县人民检察院检察长孙在启“优秀人民公仆”荣誉称号的决定》和《关于批准2009年度财政预算调整方案的决议》。

第十六次会议 于2010年2月23日举行，会议应到委员23人，实到23人。县人大常委会主任黎德生、副主任刘连生先后主持会议，县人民检察院检察长孙在启、县人民法院院长周继耐、县人民政府组成局负责人、县人大常委会各委室副主任列席会议。会议先后听取审议了《2010年度人大常委会工作要点（草案）》《邵阳县人民代表大会常务委员会工作报告（草案）》；会议作出了《关于召开邵阳县第十五届人民代表大会第四次会议的决定》《关于表彰2009年度乡镇人大工作“争先创优”竞赛活动先进单位的决定》《关于表彰2009年度执法责任制目标管理先进单位的决定》《关于表彰2009年度优秀县人大代表的决定》。

第十七次会议 于2010年3月10日举行，应到委员23人，实到23人。县人大常委会主任黎德生主持会议，县人民政府办公室主任、县人民医院院长列席会议。会议听取和审议了县人民政府提出的《关于提请审议解决县人民医院综合扩建工程超项目预算部分资金的议案》，作出了《关于批准县人民政府解决县人民医院综合扩建工程超项目预算部分资金的决定》。

第十八次会议 于2010年4月22日至23日举行，会议应到委员23人，实到22人。县人大常委会主任黎德生和副主任刘连生、肖湘政先后主持会议，县人民法院院长周继耐、县人民检察院检察长孙在启、县人民政府工作机构负责人、执法责任制建制单位主要负责人、县人大常委会各委室副主任列席会议。（会议内容资料缺）

第十九次会议 于2010年6月22日举行，会议应到委员23人，实到23人。县人大常委会主任黎德生、副主任颜寿生先后主持会议。县人民法院院长周继耐，县人民检察院检察长孙在启及县政府办、县财政局、县发展和改革局、县教育局、县民政局、县人事局、县卫生局、县物价局、县广播电视局、县工商局、县减负办、县医疗保险站、县合管办等单位主要负责人和塘渡口镇、塘田市镇、岩口铺镇、罗城乡、诸甲亭乡等乡镇人大主席、县人大各委室副主任、县人大机关纪检员和工会主席列席会议。会议听取审议了县卫生局副局长龙忠雄《关于邵阳县实施国家基本药物制度试点工作情况汇报》、县人大常委会教育科学文化卫生工作委员会《关于实施基本药物制度专项调查情况的报告》。

第二十次会议 于2010年8月18日至20日举行，会议应到委员23人，实到23人。县人大常委会主任黎德生和副主任刘连生、肖湘政先后主持会议，县人民政府副县长罗翔国、吴善成、县人民法院院长周继耐、县人民检察院检察长孙在启及县政府办、县财政局、县发展和改革局、县教育局、县民政局、县人事局、县卫生局、县物价局、县广播电社局、县工商局、县药监局、县减负办、县医疗保险站、县合管办等单位主要负责人和塘渡口镇、塘田市镇、岩口铺镇、罗城乡、诸甲亭乡等乡镇人大主席及县人大各委室副主任、县人大机关纪检员和工会主席列席会议。会议先后听取审议了县交通局局长谭建明关于《邵阳县交通局工作情况汇报》、县人大常委会工作评议第一调查小组《关于县交通局工作开展情况的调查报告》、县卫生局局长肖治国《邵阳县卫生局工作情况汇报》、县发展和改革局局长唐军良《关于2010年上半年国民经济和社会发展计划执行情况汇报》、县人大财经委《关于2010年上半年国民经济和社会发展计划执行情况的调查报告》、县财政局局长唐荣贵《邵阳县2009年财政决算及2010年上半年财政预算执行情况的报告》、县审计局局长罗开益《2009年县财政预算执行和其他财政收支情况的审计工作报告》、县人大预算工委《2009年财政决算和2010年上半年财政预算执行情况的调查报告》、县司法局局长黄虚静《关于“五五”

普法工作的情况汇报》、县人大常委会内务司法工作委员会《关于我县“五五”普法工作情况的调查报告》。会议作出了《关于批准邵阳县2009年财政决算的决议》。

第二十一次会议 于2010年10月27日至29日举行，应到委员23人，实到20人。县人大常委会主任黎德生和副主任颜寿生、邓星强、刘连生先后主持会议，县人民政府副县长罗翔国、胡迪芬、县人民法院院长周继耐、县人民检察院检察长孙在启、县政府办主任伍芬东、县直相关单位主要负责人及白仓镇、谷洲镇、霞塘云乡、小溪市乡等乡镇人大主席和县人大各委室副主任、县人大机关纪检员和工会主席列席会议。会议先后听取审议了县经管局局长王立生受县人民政府委托所作的《关于减轻农民负担和治理“三乱”工作情况汇报》、县人大农业民族华侨外事工作委员会所作的《关于减轻农民负担和治理“三乱”工作情况的调查报告》、县人民政府办公室主任伍芬东《关于代表议案、建议、批评和意见办理情况汇报》、县人大联工委《关于县人民政府办理第十五届人大四次会议代表议案和建议批评意见情况的调查报告》、县人民政府副县长罗翔国《关于贯彻实施〈中华人民共和国土地管理法〉的情况汇报》，县人大常委会执法检查办公室《关于〈中华人民共和国土地管理法〉执法检查情况的报告》。

第二十二次会议 于2010年12月28日举行，会议应到委员23人，实到22人。县人大常委会主任黎德生和副主任刘连生、肖湘政先后主持会议。县人民法院院长周继耐、县人民检察院检察长孙在启、县政府办主任伍芬东、县内各执法责任制建制单位主要负责人、各乡镇人大主席、县人大各委室副主任、县人大机关纪检员和工会主席列席会议。会议听取审议了县人民政府《关于提请审议决定邵阳县长阳铺镇行政区划调整的议案》和《关于提请审议决定邵阳县振羽新区土地整治工程工项目建设资金有关问题的议案》，会议作出了《关于同意长阳铺镇行政区划成建制划归邵阳市北塔区管辖的决议》和《关于批准邵阳县城市建设投资经营有限公司向中国农业发展银行邵阳县支行申请县城振羽新区土地整治工程项目建设贷款的决定》；会议听取了县人大常委会内司委《关于我县2010年执法责任制检查的情况汇报》和县人大常委会联工委关于《2010年度乡镇人大工作“争先创优”活动开展情况汇报》。

第二十三次会议 于2011年2月28日举行，会议应到委员23人，实到23人。县人大常委会主任黎德生和副主任刘连生、颜寿生、肖湘政先后主持会议，县人民政府副县长李军，县人民法院院长周继耐、县人民检察院检察长孙在启、县人民政府办公室主任伍芬东、县内各执法责任制建制单位负责人、各乡镇人大主席、人大常委会各委室副主任列席会议。会议听取和审议了《2011年度人大常委会工作要点（草案）》《邵阳县人民代表大会常务委员会工作报告（草案）》、县发展和改革局局长唐军良所作的《邵阳县国民经济和社会发展第十二个五年规划纲要（草案）的报告》；作出《关于召开邵阳县第十五届人民代表大会第五次会议的决定》《关于表彰2010年度乡镇人大工作“争先创优”竞赛活动先进单位的决定》《关于表彰2010年度执法责任制目标管理先进单位的决定》《关于表彰2010年度优秀县人大代表的决定》。

第二十四次会议 于2011年3月11日举行，应到委员23人，实到22人。县人大常委会主任黎德生主持会议，县人民法院院长周继耐、县政府办主任伍芬东、县财政局局长唐荣贵、县人民检察院副检察长陈小兵列席会议。会议听取和审议了县财政局局长唐荣贵《关于邵阳县2010年财政预算执行情况与2011年预算草案的报告》，作出《关于接受孙在启同志辞去邵阳县人民检察院检察长职务的决定》《关于吴青山副检察长为邵阳县人民检察院代理检察长的决定》。

第二十五次会议 于2011年4月15日举行，应到委员25人，实到23人。县人大常委会主任黎德生和副主任肖湘政、刘连生先后主持会议。县人民政府副县长罗翔国、县人民法院院长周继耐、县人民检察院检察长吴青山、县内执法责任制建制单位主要负责人、各乡镇人大主席团主席（含人选）、人大常委会各委室副主任列席会议。

第二十六次会议 于2011年6月22日举行，会议应到委员25人，实到25人。县人大常委会主任黎德生和副主任邓星强、颜寿生、刘连生先后主持会议，会议听取审议了县林业局局长黄小健所作的《邵阳县集体林权制度改革工作情况汇报》、县人大常委会农业民族华侨外事工作委员会《关于我县集体林权制度改革情况的调查报告》、副县长李军所作的《邵阳县人民政府关于全县食品安全监管工作情况汇报》、县人大常委会教育科学文化卫生工作委员会所作的《邵阳县食品安全监管工作情况调查报告》。

第二十七次会议 于2011年8月23日至25日举行，应到委员25人，实到24人。县人大常委会主任黎德生和副主任刘连生、颜寿生先后主持会议，县人民政府常务副县长刘文贤和县人民政府副县长罗翔国、县人民法院院长周继耐、县人民检察院检察长吴青山及县政府办、县财政局、县审计局、县交通局、县环境保护局、县公安局、县发展和改革局、县国土局、县卫生局、县水利局、县农业局、县商务局、县经济和信息化局、县建设局、县统计局、县安监局、县民政局、县劳动和社会保障局、县国税局、县地税局、县税费征收协调办、县扶贫办、县城建投资办、县工业园区管委会、县工商局、县煤炭局、县房产局、县规划局、县能源办等单位主要负责人和县人大各委室副主任、县人大机关纪检员和工会主席列席会议。会议先后听取审议了县发展和改革局局长唐军良《关于2011年上半年国民经济和社会发展计划执行情况汇报》、县人大财经委《关于2011年上半年国民经济和社会发展计划执行情况的调查报告》、县财政局局长唐荣贵《邵阳县2010年财政决算及2011年上半年财政预算执行情况的报告》、县审计局局长罗开益所作的《2010年度财政预算执行情况审计工作报告》、县人大预算工委所作的《2010年财政决算和2011年上半年财政预算执行情况的调查报告》、县人民政府副县长罗翔国《邵阳县贯彻实施〈中华人民共和国环境保护法〉情况汇报》、县人大常委会环保法执法检查工作组所作的《关于〈中华人民共和国环境保护法〉执法检查情况的报告》；会议作出了《关于批准邵阳县2010年财政决算的决议》。

第二十八次会议 于2011年11月17日至19日举行，应到委员25人，实到25人。县人大常委会主任黎德生主持会议，县人民政府常务副县长刘文贤、县人民法院院长周继耐、县人民检察院检察长吴青山及县政府办、县公安局、县水利局、县交通局、县财政局、县建设局、县劳动和社会保障局、县教育局、县民政局、县林业局、县发展和改革局、县监察局、县农业局、县人口与计划生育局、县统计局、县科技局、县人事局、县文化局、县司法局、县审计局、县经济和信息化局、县商务局、县食品药品监督局、县卫生局、县安监局、县国土资源局、县环境保护局、县烤烟办、县烟草局、县电力局、县地方电力公司、县城乡医保局等单位主要负责人和县人大各委室副主任、县人大机关纪检员和工会主席列席会议。会议听取和审议了县人民政府办公室主任伍芬东《关于代表议案、建议、批评和意见办理情况汇报》、县人大联工委《关于县人民政府办理第十五届人大五次会议代表议案和建议批评意见情况的调查报告》。

第二十九次会议 于2011年12月27日至28日举行，会议应到委员25人，实到25人。县人大常委会主任黎德生主持会议，县常务副县长刘文贤、县人民法院院长周继耐、县人民检察院检察长吴青山及县政府办、县公安局、县水利局、县交通局、县财政局、县建设局、县劳动和社会保障局、县教育局、县民政局、县林业局、县发展和改革局、县监察局、县农业局、县人口与计划生育局、县统计局、县科技局、县人事局、县文化局、县司法局、县审计局、县经济和信息化局、县商务局、县食品药品监督局、县卫生局、县安监局、县国土资源局、县环境保护局、县物价局、县城管局、县煤炭局、县农机局、县档案局、县畜牧水产局、县经管局、县房产局、县规划局、县法制办、县处纠办、县人防办、县交警大队、县气象局、县工商局、县地税局、县国税局、县烟草局、县技监局、县公路局等单位主要负责人和各乡镇人大主席、县人大各委室副主任、县人大机关纪检员和工会主席列席会议。会议听取和审议了县人大常委会内司委《关于我县2011年执法责任制检查的情况汇报》、县人大常委会联工委《2011年度乡镇人大工作"争先创优"活动情况汇报》《2011年度财政预算调整情况汇报》；作出了《关于批准2011年度财政预算调整方案的决议》。

第三十次会议 于2012年2月28日举行，应到委员25人，实到25人。县人大常委会主任黎德生、副主任刘连生先后主持会议，副县长唐红艳、县人民法院院长周继耐、县人民检察院检察长吴青山及县政府办、县公安局、县财政局、县监察局、县劳动和社会保障局、县民政局、县科技局、县人事局、县国土资源局、县文广新局、县卫生局、县安监局、县司法局、县农业局、县林业局、县水利局、县审计局、县教育局、县交通局、县经济和信息化局、县环保局、县计生局、县发展和改革局、县建设局、县商务局、县统计局、县食品药品监督局等单位主要负责人和县人大常委会各委室副主任、县人大机关纪检员和工会主席列席会议。会议听取审议了《2012 年度邵阳县人大常委会工作要点》《邵阳县人民代表大会常务委员会工作报告（草案）》；作出《关于召开邵阳县第十五届人民代表大会第六次会议的决定》《关于表彰 2011 年度执法责任制目标管理先进单位的决定》《关于表彰乡镇人大主席团“争先创优”竞赛活动先进单位的决定》《关于表彰县十五届人大先进代表小组、优秀人大代表的决定》《关于授予刘克杰、杨卫东和杨玉平同志“优秀人民公仆”荣誉称号的决定》《关于授予周继耐同志“优秀院长”、唐荣贵等 7 名同志“优秀局长”荣誉称号的决定》《关于授予尹帮武等 3 名同志“优秀人民法官”、粟红梅等 2 名同志“优秀人民检察官”荣誉称号的决定》《关于接受吴飞翔同志辞去县十五届人大常委会委员职务的请求的决定》。

第三十一次会议　于 2012 年 4 月 20 日举行，应到委员 24 人，实到 24 人。县人大常委会主任黎德生和副主任刘连生、颜寿生、肖湘政先后主持会议，县人民法院院长周继耐、县人民检察院检察长吴青山、县政府办主任伍芬东、县财政局局长唐荣贵、县司法局局长黄虚静以及县人大各委室副主任、县人大机关纪检员和工会主席列席会议。会议先后听取审议了县财政局局长唐荣贵《关于邵阳县 2011 年财政预算执行情况与 2012 年预算草案的报告》、县司法局局长黄虚静《关于在全县公民中深入开展法制宣传教育的第六个五年规划（2011－2015）的议案》；作出了《关于接受吕天妮同志辞去邵阳县第十五届人民代表大会常务委员会委员职务请求的决定》。

第三十二次会议　于 2012 年 6 月 11 日至 18 日举行。(会议内容资料缺)

第三十三次会议　于 2012 年 8 月 28 日至 29 日举行，应到委员 24 人，实到 24 人。县人大常委会主任黎德生、副主任邓星强先后主持会议。副县长黄拥政、段绍兴、县人民法院院长周继耐、县人民检察院检察长吴青山及县政府办、县公安局、县水利局、县交通局、县财政局、县建设局、县劳动和社会保障局、县教育局、县民政局、县林业局、县发展和改革局、县监察局、县国土局、县农业局、县人口与计划生育局、县统计局、县科技局、县人事局、县文广新局、县司法局、县审计局、县经济和信息化局、县商务局、县食品药品监督局、县卫生局、县环境保护局、县安监局、县扶贫办、县工业园区管委会、县农办、县畜牧局、县物价局、县房产局、县城管执法局、县国税局、县地税局、县税费征收协调办、县煤炭局、县城建设投资办、县规划局、县城乡医保局、县农业综合办、县油茶产业开发领导小组办公室、县退耕还林后续产业办等单位主要负责人和塘渡口镇、塘田市镇、谷洲镇、黄亭市镇、长阳铺镇、蔡桥乡、金称市镇、白仓镇、郦家坪镇等乡镇人大主席、县人大信访室主任、县人大各委室副主任、县人大机关工会主席、县人大文件备案室主任、县人大信访室副主任列席会议。会议先后听取审议了县财政局局长唐荣贵所作的《邵阳县2011年财政决算及2012年上半年财政预算执行情况的报告》、县审计局局长罗开益所作的《2011年度县财政预算执行情况审计工作报告》、县人大预算工作委员会《关于2011年财政决算和2012年上半年财政预算执行情况的调查报告》、县发展和改革局局长唐军良《关于2012年上半年国民经济和社会发展计划执行情况报告》、县人大财经委《关于2012年上半年国民民经济和社会发展计划执行情况的调查报告》、县人民政府副县长段绍兴《关于我县油菜产业工作的情况汇报》、县人大常委会农工委《关于我县油茶产业发展情况的调查报告》和《县乡两级人大换届选举工作实施方案》。会议作出了《关于批准邵阳县2011年财政决算的决议》和《关于批准成立各乡镇选举委员会的决定》。

第三十四次会议 于2012年10月17日举行，应到委员24人，实到22人。县人大常委会主任黎德生主持会议。县人民法院院长周继耐、县人民检察院检察长吴青山、县政府办主任伍芬东、县人大信访室主任、县人大各委室副主任、县人大机关工会主席、县人大文件备案室主任、县人大信访室副主任列席会议。会议听取审议并作出《关于调整全县乡两级人大换届选举时间的决定》《关于调整乡镇选举委员会组成人员的决定》《关于分配邵阳县第十六届人民代表大会代表名额的决定》。

第三十五次会议 于2012年10月26日举行，应到委员24人，实到23人。县人大常委会主任黎德生主持会议。县人民法院院长周继耐、县人民检察院检察长吴青山及县政府办、县财政局、县公安局、县水利局、县劳动局、县国土局、县交通局、县建设局、县规划局、县城管执法局、县房产局、县电力局、县城建投资公司、县夫夷新城指挥部、县防洪大堤指挥部、塘渡口镇政府等单位主要负责人和县人大信访室主任、县人大各委室副主任、县人大机关工会主席、县人大文件备案室主任、县人大信访室副主任列席会议。会议先后听取和审议了县人民政府办公室主任王满元《关于代表议案、建议、批评和意见办理情况汇报》、县人大联工委《关于县人民政府办理县十五届人大六次会议代表议案和建议批评意见情况的调查报告》。

第三十六次会议 于2012年11月16日举行，应到委员24人，实到22人。县人大常委会主任黎德生主持会议。县政府常务副县长唐红艳、县人民法院院长周继耐、县人民检察院检察长吴青山、县政府办主任王满元、县人大信访室主任、县人大各委室副主任、县人大机关工会主席、县人大文件备案室主任、县人大信访室副主任列席会议。会议先后听取审查了《邵阳县人民代表大会常务委员会工作报告（征求意见稿）》，作出《关于调整县十五届人大常委会代表资格审查委员会组成人员的决定》和《关于召开邵阳县第十六届人民代表大会第一次会议的决定》。

第十节 第十六届人大常委会会议

邵阳县第十六届人民代表大会常务委员会共召开32会议。

第一次会议 于2012年12月25日在县政府七楼会议室举行。会议应到委员35人，实到32人，因事请假3人。会议由县人大常委会主任刘长明主持。县人大常委会党组书记黎德生、党组副书记谢树新、党组成员颜寿生应邀出席了会议；县委常委、副县长唐红艳、县法院院长周继耐、县检察院检察长吴青山参加了会议。县政府办主任、县财政局局长、各乡镇人大主席和县人大机关全体工作人员列席了会议。会议听取和审议了县人民政府关于2012年财政预算调整情况汇报。会议认为，2012年财政工作成绩显著，县政府财税部门加大精细化管理力度，财政收入实现稳定增长，财政支出规模实现突破，大力推动了社会民生的改善。会议要求，财政预算要进一步规范管理、科学编制、严格执行，要认真调查研究，积极推进财政体制改革。会议进行不记名票决，决定批准县人民政府提出的2012年财政预算调整方案。

第二次会议 于2013年3月20日在县资汇宾馆振羽楼三楼会议室举行。会议应到委员35人，实到32人，因事请假3人；县人大常委会党组书记黎德生、党组副书记谢树新、党组成员颜寿生，县委常委、组织部长林彦博、县委常委、副县长唐红艳，县法院院长周继耐、县检察院检察长吴青山参加了会议；县政府办等单位负责人、各乡镇人大主席和县人大机关全体工作人员列席了会议。受主任的委托，县人大常委会副主任肖湘政、邓星强、张蒲生、罗立华分别主持了会议。会议听取和审议了县财政局局长唐荣贵受县人民政府委托所作的《关于2013年财政预算编制情况汇报》。会议审议后进行举手表决，31人赞成，1人弃权。会议决定通过《2013年财政预算编制草案》。会议听取了县人大常委会《关于2012年度执法责任制检查情况汇报》。参加会议的县十六届人大常委会组成人员对2012年各执法责任制建制单位进行了测评打分。会上，各执法责任制单位向县人大常委会提交了2013年度《执法责任制目标管理责任书》。会议听取了《关于2012年度乡镇人大工作“争先创优”竞赛活动开展情况汇报》。会议根据县人大常委会主任刘长明向县人大常委会提出的《关于补选蒋仲启为邵阳市第十五届人民代表大会代表的议案》，进行了认真的审议，常委会组成人员实行了无记名票决，应到委员35人，实到30人，表决结果是：蒋仲启得赞成票23票、反对票6票、弃权1票。会议决定补选蒋仲启为邵阳市第十五届人民代表大会代表。会议审议通过了《邵阳县人大常委会2013年度工作要点（草案）》。会议讨论通过了《邵阳县人大代表大会常务委员会工作报告（征求意见稿）》。会议表决通过了《关于召开邵阳县第十六届人民代表大会第二次会议的决定（草案）》《关于表彰2012年度乡镇人大工作“争先创优”活动先进单位的决定（草案）》《关于表彰2012年度执法责任制目标管理先进单位的决定（草案）》。

第三次会议 于2013年5月29日在县政府七楼会议室举行。会议应到委员35人，实到32人，因事请假3人；县人大常委会党组书记黎德生、党组副书记谢树新、党组成员颜寿生，县委常委、组织部部长林彦博、县委常委、副县长唐红艳应邀出席了会议；县政府副县长罗翔国、县法院院长周继耐、县检察院检察长吴青山参加了会议；县政府办等单位负责人、各乡镇人大主席和县人大机关全体工作人员列席了会议。受主任的委托，县人大常委会副主任邓星强、罗立华分别主持了会议。会议根据县人民政府副县长唐红艳向县人大常委会提出的《关于提请审议决定梁威等同志职务任免的议案》，常委会组成人员进行了认真的审议，并实行了无记名票决，应到委员35人，实到32人，表决结果是：梁威得赞成票32票；邓胜红得赞成票32票。会议决定任命梁威任邵阳县人民政府副县长（挂职）、邓胜红任邵阳县人民政府副县长（挂职）。会议听取和审议了县人民政府副县长罗翔国受县人民政府委托所作的《关于邵阳县大坝河流域夫夷新城城区段堤防工程向国家开发银行申请中长期贷款及委托建设资金列入财政预算的议案》。会议进行了票决，应到委员35人，实到委员32人，得赞成票29票、反对票1票、弃权2票，会议决定批准这个方案。会议讨论通过了《邵阳县人大常委会关于“三联”工作实施方案》。

第四次会议 于2013年7月25日，邵阳县第十六届人大常委会第四次会议在县政府七楼会议室举行。会议应到人大常委会组成人员35人，实到30人，因事请假5人。县人大常委会原主任黎德生、党组副书记谢树新、党组成员颜寿生应邀参加了会议。县委常委、副县长唐红艳，县委常委、副县长梁威，县法院院长周继耐，县检察院检察长吴青山，县政府办、县公安局、县水利局、县交通局、县财政局、县建设局、县劳动和社会保障局、县教育局、县民政局、县林业局、县发展和改革局、县监察局、县国土局、县农业局、县人口与计划生育局、县统计局、县科技局、县人事局、县文广新局、县司法局、县审计局、县经济和信息化局、县商务局、县食品药品监督局、县卫生局、县环境保护局、县安监局、县扶贫办、县工业园区管委会、县畜牧局、县房产局、县国税局、县地税局、县煤炭局、县城建投资办、县规划局、县金融办等单位主要负责人，各乡镇人大主席，县人大信访室主任、各委室副主任、机关工会主席、文件备案室主任列席了会议。会议首先由县人大常委会主任刘长明主持，随后受主任的委托，邓星强、罗立华副主任分别主持会议。会议听取和审议了县发展和改革局局长唐军良受县人民政府委托所作的《关于2013年上半年国民经济和社会发展计划执行情况汇报》，听取了县人大财经委所作的《关于2013年上半年国民经济和社会发展计划执行情况的调查报告》。会议听取并审议了县财政局局长唐荣贵受县人民政府委托所作的《邵阳县2012年财政决算及2013年上半年财政预算执行情况的报告》，听取了县审计局局长罗开益所作的《2012年度县财政预算执行情况审计工作报告》，听取了县人大预工委所作的《2012年财政决算和2013年上半年财政预算执行情况的调查报告》。会议依法表决通过了《关于批准邵阳县2012年财政决算的决议》。会议表决通过了《关于成立邵阳县第十六届人民代表大会常务委员会代表资格审查委员会的决定》。会议审议通过了《邵阳县人大常委会代表资格审查委员会关于补选代表的代表资格审查报告》，确认依法补选的蒋伟代表和曾梅林代表的代表资格合法有效。县委常委、副县长梁威受县人民政府袁玉华县长委托向县人大常委会提出了《关于提请审议决定熊伟同志任职的议案》（邵政函〔2013〕50号）。根据县人民政府提交的议案，会议认真听取了拟任人员的任前施政发言，常委会组成人员进行了认真的审议，并实行了无记名票决，应到委员35人，实到27人，表决结果是：熊伟得赞成票27票。会议决定任命熊伟为邵阳县人民政府副县长（挂职）。

第五次会议　于2013年9月12日，邵阳县第十六届人大常委会第五次会议在县政府七楼会议室举行。会议应到县人大常委会组成人员35人，实到35人。县人大常委会党组副书记谢树新应邀参加了会议。县委常委、副县长唐红艳，县法院院长周继耐，县检察院检察长吴青山，县政府办、县公安局、县水利局、县交通局、县财政局、县建设局、县劳动和社会保障局、县教育局、县民政局、县林业局、县发展和改革局、县监察局、县国土局、县农业局、县人口和计划生育局、县统计局、县科技局、县人事局、县文广新局、县司法局、县审计局、县经济和信息化局、县商务局、县食品药品监督局、县卫生局、县环境保护局、县房产局、县国税局、县地税局、县城建投资办、县规划局、县金融办等单位主要负责人，各乡镇人大主席，县人大信访室主任、各委室副主任、机关工会主席、文件备案室主任列席了会议。会议首先由县人大常委会刘长明主任主持，随后副主任罗立华、张蒲生、邓星强受刘长明主任的委托，分别主持会议。县委常委、常务副县长唐红艳受县人民政府袁玉华县长委托向县人大常委会提出了《关于提请审议决定唐荣贵等同志职务任免的议案》（邵政函〔2013〕44号）。根据县人民政府提交的议案，会议认真听取了拟任人员的任前施政发言，常委会组成人员进行了认真的审议，并实行了无记名票决，应到组成人员35人，实到35人，表决结果是：唐荣贵得赞成票35票，罗翔国得赞成票35票。会议决定任命唐荣贵为邵阳县人民政府副县长，决定免去罗翔国邵阳县人民政府副县长职务。受县人民政府委托，县劳动和社会保障局局长邓方明作了《关于〈中华人民共和国劳动法〉等法律法规贯彻实施情况的报告》。县人大常委会内司委副主任刘治作了《关于开展〈中华人民共和国劳动法〉执法检查的情况汇报》。会议听取和审议了县人民政府关于农村信用联社改革工作情况汇报。在广泛听取人大常委会组成人员审议意见的基础上，经投票表决，应到组成人员35人，实到33人，表决结果是：赞成票19票，反对票10票，弃权票4票，会议作出了《关于批准县人民政府关于提请审议决定置换土地用于县信用联社组建农商银行的议案的决议》。

第六次会议 于2013年12月11日至13日，邵阳县第十六届人大常委会第六次会议在县政府七楼会议室举行。会议应到县人大常委会组成人员35人，实到35人。县人大常委会党组副书记谢树新、党组成员颜寿生应邀参加了会议。县委副书记、县长袁玉华，县委常委、副县长唐红艳，县委常委、副县长陈小飞，县法院院长周继耐，县检察院检察长吴青山，县政府办、县公安局、县水利局、县交通局、县财政局、县建设局、县劳动和社会保障局、县教育局、县民政局、县林业局、县发展和改革局、县监察局、县国土局、县农业局、县人口和计划生育局、县统计局、县科技局、县人事局、县文广新局、县司法局、县审计局、县经济和信息化局、县商务局、县食品药品监督局、县卫生局、县环境保护局、县安监局、县食安办、县质监局、县工商局、县畜牧局、县扶贫办、县开发办、县公路局、县退耕还林办、县工程招投标办、县规划局、县农办、县城乡医保局、县烤烟办、县电力局、县城建投、县市管局、地方电力公司、县经管局、县体育局、县移民局、县旅游局、县采购办等单位主要负责人，各乡镇人大主席，县人大信访室主任、各委室副主任、机关工会主席、文件备案室主任列席了会议。会议首先由县人大常委会刘长明主任主持，随后副主任罗立华、肖湘政、钟经球（副书记）、邓星强受刘长明主任的委托，分别主持会议。肖湘政副主任受刘长明主任委托向县人大常委会提出了《关于提请决定任命周自珍等同志职务的议案》。县委常委、常务副县长唐红艳受县人民政府袁玉华县长委托向县人大常委会提出了《关于提请审议决定唐荣贵等同志职务任免的议案》（邵政函〔2013〕44号）。县人民法院院长周继耐提出了《关于提请决定任命陈翔等同志职务的议案》。县人民检察院检察长吴青山提出了《关于提请决定任命陈小兵等同志职务的议案》。县委组织部的负责人、县人大常委会考察组分别介绍了拟任人选的基本情况、工作简历和现实表现，县人大联工委报告了拟任人选的法律知识考试结果。24名县政府组成部门拟任人选向大会作了任职前发言。县人大常委会组成人员进行了认真审议。会议以无记名投票的方式，表决通过了人事任命议案，决定任命周自珍等6人为县人大常委会工作机构负责人，王满元等24人为县政府组成部门负责人，陈翔等5人为县人民法院副院长，陈小兵等5人为县人民检察院副检察长。县人大常委会主任刘长明向新任命的国家机关工作人员颁发了任命书。会议听取和审议了县人民政府副县长杨卫东所作的《关于〈中华人民共和国食品安全法〉贯彻实施情况汇报》。听取了县人大常委会教工委所作的《关于〈中华人民共和国食品安全法〉贯彻实施情况的调查报告》。会议听取和审议了县水利局局长肖卫东受县人民政府委托所作的《关于农田水利基本建设情况的报告》。听取了县人大常委会农工委所作的《关于受益县农田水利基本建设情况的调查报告》。会议听取和审议了县政府办主任王满元受县人民政府委托所作的《关于县十六届人大一次、二次会议建议、批评、意见办理工作的情况汇报》。听取了县人大联工委所作的《关于县人民政府办理第十六届人大一次、二次会议代表建议批评意见情况的调查报告》。会议还听取和审议了县人民政府关于2013年度财政预算调整情况汇报。根据邵阳县人大常委会审查意见，会议决定，同意县人民政府提出的2013年度县级财政预算调整方案。

第七次会议 于2014年3月11日至13日在县政府七楼会议室举行。会议应到委员35人，实到35人。县人大常委会主任刘长明和副主任罗立华、肖湘政、钟经球、邓星强先后主持会议。县长袁玉华、常务副县长唐红艳、县委常委兼副县长陈小飞、县人大常委会党组副书记谢树新、党组成员颜寿生应邀参加会议；县法院院长周继耐、县检察院检察长吴青山和县政府办、县法制办、县处纠办、县防空办、县安监局、县人社局、县民政局、县国土局、县监察局、县文广新局、县卫生局、县档案局、县公安局、县司法局、县交警大队、县农业局、县林业局、县水利局、县农机局、县畜牧局、县气象局、县财政局、县工商局、县地税局、县国税局、县审计局、县烟草局、县经管局、县交通局、县煤炭局、县质监局、县药监局、县公路局、县住建局、县环保局、县房产局、县经信局、县规划局、县科技局、县教育局、县计生局、县发改局、县商务局、县物价局、县统计局、县城管局、县森林公安局等单位主要负责人及各乡镇人大主席、县人大信访室主任、各委室副主任、机关工会主席、文件备案室主任列席会议。会议听取了2013年度执法责任制目标管理工作汇报，并部署了2014年执法责任制工作，县内47个执法责任制建制单位主要负责人在会上向县人大常委会主任刘长明递交了《2014年度执法责任制目标管理责任书》；听取了2013年度乡镇人大“争先创优”工作汇报，并部署了2014年乡镇人大“争先创优”工作；听取审议了县人民政府《关于2014年度财政预算编制情况汇报》，同意将县人民政府提出的2014年度财政预算编制方案提请县十六届人民代表大会第三次会议审议表决；审议通过了《2014 年度邵阳县人大常委会工作要点》，讨论通过了《邵阳县人民代表大会常务委员会工作报告（草案）》；作出了《关于召开县十六届人民代表大会第三次会议的决定》《关于表彰2013 年度执法责任制目标管理先进单位的决定》《关于表彰2013 年度乡镇人大“争先创优”竞赛活动先进单位的决定》《关于表彰2013 年度优秀县人大代表的决定》；通过了有关人事任免事项。

第八次会议 于2014 年5 月25 日至26 日在县政府七楼会议室举行，会议应到委员34 人，实到34 人。县人大常委会主任刘长明和副主任肖湘政先后主持会议；副县长杨卫东、县法院院长周继耐、县检察院检察长吴青山和县政府办、县公安局、县水利局、县交通局、县财政局、县住建局、县人社局、县教育局、县民政局、县林业局、县发改局、县监察局、县国土局、县农业局、县计生局、县统计局、县科技局、县文广新局、县司法局、县审计局、县经信局、县商务局、县卫生局、县环保局、县安监局、县药监局、县食安办、县质监局、县工商局、县畜牧局等单位主要负责人、各乡镇人大主席、县人大常委会信访室主任、各委室副主任、机关工会主席、文件备案室主任列席会议。会议听取审议了县人民政府《关于贯彻实施〈中华人民共和国食品安全法〉整改落实情况汇报》，并征求了有关“四风”方面的意见。

第九次会议 于2014 年7 月25 日在县政府七楼会议室举行。应到委员34 人，实到30 人，县人大常委会主任刘长明和副主任罗立华、邓星强先后主持会议；县长袁玉华、县委组织部长林彦博、县人大常委会党组副书记谢树新、党组成员颜寿生应邀参加会议；副县长唐荣贵、县法院院长周继耐、县检察院检察长吴青和县政府办、县公安局、县水利局、县交通局、县财政局、县住建局、县人社局、县教育局、县民政局、县林业局、县发改局、县监察局、县国土局、县农业局、县计生局、县统计局、县科技局、县文广新局、县司法局、县审计局、县经信局、县商务局、县卫生局、县环保局、县安监局、县药监局、县交警大队、县城管局、县工商局、县畜牧局、县煤炭局、县规划局、县能源办、县爱卫办等单位主要负责人及各乡镇人大主席、县人大常委会信访室主任、各委室副主任、机关工会主席、文件备案室主任列席会议。会议根据县长袁玉华的提请，决定任命左宁、刘凯涛为县人民政府副县长（挂职）；会议听取审议了县人民政府《关于〈中华人民共和国环境保护法〉贯彻实施情况汇报》，并以无记名方式，对县人民政府《关于〈中华人民共和国环境保护法〉贯彻实施情况》进行投票表决，表决结果：实到29 名委员中，3 票满意，21 票基本满意，5 票不满意。

第十次会议 于2014 年9 月12 日在资汇宾馆振羽楼三楼会议室举行。会议应到委员34 人，实到32 人，县人大常委会主任刘长明和副主任邓星强、罗立华先后主持会议。县政府常务副县长唐红艳、县人大常委会党组副书记谢树新、党组成员颜寿生应邀参加会议；县法院、县检察院、县政府办、县公安局、县水利局、县交通局、县财政局、县住建局、县人社局、县教育局、县民政局、县林业局、县发改局、县监察局、县国土局、县农业局、县计生局、县统计局、县科技局、县文广新局、县司法局、县审计局、县经信局、县商务局、县卫生局、县环保局、县安监局、县药监局、县扶贫办、县工业园区管委会、县畜牧局、县房产局、县国税局、县地税局、县煤炭局、县物价局、县工商局、县城管局、县烟草局、县税征办、县城建投资办、县规划局、县医保局、县电力局、县烟办、县金融办、县招投标办、县工行、县农行、县建行、县农发行、县信用社、县邮政银行、县中国银行等单位主要负责人及各乡镇人大主席、县人大常委会信访室主任、各委室副主任、机关工会主席、文件备案室主任列席会议。会议听取审议了县发展和改革局局长肖卫东《关于2014年上半年国民经济和社会发展计划执行情况汇报》、县人大财经委《关于2014年上半年国民经济和社会发展计划执行情况的调查报告》、县财政局局长唐军良所作的《邵阳县2013年财政决算及2014年上半年财政预算执行情况的报告》、县审计局局长蒋玉明所作的《2014年度县财政预算执行情况审计工作报告》、县人大财工委所作的《2013年财政决算和2014年上半年财政预算执行情况的调查报告》，表决通过了《关于批准邵阳县2013年财政决算的决议（草案）》；听取审议了长沙县公安局提请的《关于呈请批准将陈新桃刑事拘留的报告》，同意对邵阳县十六届人大代表陈新桃依法采取强制措施。

第十一次会议　于2014年9月23日在资汇宾馆振羽楼三楼会议室举行，会议应到委员34人，实到28人，县人大常委会主任刘长明和副书记钟经球、副主任肖湘政先后主持会议。县人大常委会党组成员颜寿生应邀参加会议。副县长胡迪芬、县法院院长周继耐、县检察院检察长吴青山和县政府办、县发改局、县财政局、县国土局、县林业局、县规划局、县商务局、县工商局、县质监局、县药监局、县油茶办等单位主要负责人以及各乡镇人大主席、县人大常委会信访室主任、各委室副主任、机关工会主席、文件备案室主任列席会议。会议部署安排了纪念县人民代表大会制度建立60周年系列活动；听取了县政府副县长胡迪芬受县人民政府委托提出的《关于提请审议建设中国茶油之都·邵阳油茶产业园的议案》，并作出了《关于批准县人民政府〈关于"建设中国茶油之都·邵阳油茶产业园"〉的决定》。

第十二次会议　于2014年11月25日在县政府七楼会议室举行。会议应到委员34人，实到30人，县人大常委会主任刘长明和钟经球、罗立华、邓星强、肖湘政先后主持会议。县政府常务副县长唐红艳、县委常委兼副县长陈小飞、县委组织部部长林彦博、县人大常委会党组副书记谢树新、党组成员颜寿生应邀出席会议。县法院、县检察院、县政府办、县公安局、县水利局、县交通局、县财政局、县住建局、县人社局、县教育局、县民政局、县林业局、县发改局、县监察局、县国土局、县农业局、县计生局、县统计局、县科技局、县文广新局、县司法局、县审计局、县经信局、县商务局、县卫生局、县环保局、县安监局、县药监局、县交警大队、县公路局、县畜牧局、县农机局、县工商局、县农办、县扶贫办、县开发办、县能源办、县移民局、县油茶办、县房产局、县物价局、县纠风办、县减负办、县森林公安分局、县运管所等单位负责人和各乡镇人大主席、县人大常委会信访室主任、各委室副主任、机关工会主席、文件备案室主任列席会议。会议决定接受刘文龙辞去县人民政府副县长职务的请求。任命陈道文同志为县人民政府副县长，县人大常委会主任刘长明为新任副县长颁发了任命书；会议听取审议了县政府办主任王满元受县人民政府委托所作的《关于县十六届人大三次会议建议、批评、意见办理工作的情况汇报》、县人大联工委所作的《关于县人民政府办理第十六届人大三次会议代表建议批评意见情况的调查报告》、县人民政府副县长兼县公安局局长申松能所作的《关于我县公安工作的情况汇报》、县人大内司委所作的《关于我县公安工作的调查情况报告》、县人民政府《关于强农惠农政策贯彻落实和治理“三乱”工作情况汇报》和县人民政府《关于2014年财政预算调整工作的情况汇报》，作出了《关于批准县人民政府2014年财政预算调整方案的决定》；会议还听取审议了常务副县长唐红艳提出的《关于提请审议以县人民医院、县中医院为平台实施融资租赁的议案》，作出了《关于批准县人民政府以县人民医院、县中医院为平台实施融资租赁的决定》；听取审议了县公安局提请的《关于呈请对蒋发明采取刑事强制措施的报告》，同意对邵阳县十六届人大代表蒋发明依法采取强制措施。

第十三次会议 于2014年12月29日在县政府七楼会议室举行，会议应到委员34人，实到34人。县人大常委会主任刘长明和副主任邓星强先后主持会议。县政府常务副县长唐红艳、县人大常委会党组副书记谢树新应邀出席会议。常务副县长唐红艳受县长的委托向会议分别提出《关于提请审议夫夷新区路网建设及土地整理工程项目建设资金有关问题的议案》《关于提请审议决定邵阳县夫夷水城区段堤防工程项目建设资金有关问题的议案》《关于提请审议邵阳县城市建设投资经营有限公司发行中小企业私募债券的议案》《关于提请审议夫夷新区土地收储整理开发项目建设资金有关问题的议案》《关于提请审议邵阳昭陵国有资产投资经营有限公司融资的议案》《关于提请审议邵阳县工业园区开发建设投资有限公司融资的议案》《关于提请审议邵阳县交通建设投资有限公司融资的议案》。会议经过审议，依法作出《关于批准县人民政府〈关于提请审议夫夷新区路网建设及土地整理工程项目建设资金有关问题的议案〉的决定》《关于批准县人民政府〈关于提请审议决定邵阳县夫夷水城区段堤防工程项目建设资金有关问题的议案〉的决定》《关于批准县人民政府〈关于提请审议邵阳县城市建设投资经营有限公司发行中小企业私募债券的议案〉的决定》《关于批准县人民政府〈关于提请审议夫夷新区土地收储整理开发项目建设资金有关问题的议案〉的决定》《关于批准县人民政府〈关于提请审议邵阳昭陵国有资产投资经营有限公司融资的议案〉的决定》《关于批准县人民政府〈关于提请审议邵阳县工业园区开发建设投资有限公司融资的议案〉的决定》《关于批准县人民政府〈关于提请审议邵阳县交通建设投资有限公司融资的议案〉的决定》。

第十四次会议 于2015年3月17日至18日举行，应到委员34人，实到32人。县人大常委会党组副书记谢树新应邀参加了会议，县政府常务副县长唐红艳、县人民法院院长周继耐、县检察院检察长吴青山、县政府办、县安监局、县人社局、县民政局、县国土局、县监察局、县文广新局、县卫生局、县公安局、县司法局、县农业局、县林业局、县水利局、县财政局、县审计局、县交通局、县药监局、县住建局、县环保局、县经信局、县科技局、县教育局、县计生局、县发改局、县商务局、县统计局、县法制办、县处纠办、县防空办、县档案局、县交警大队、县农机局、县畜牧局、县气象局、县工商局、县地税局、县国税局、县烟草局、县经管局、县煤炭局、县质监局、县公路局、县房产局、县规划局、县物价局、县城管局、县森林公安局等单位负责人和各乡镇人大主席团主席、县人大信访室主任、县人大各委室副主任、县人大机关工会主席、县人大文件备案室主任列席会议。县人大常委会主任刘长明和副主任张蒲生、罗立华、邓星强、肖湘政先后主持会议。会议听取了2014年度执法责任制目标管理工作汇报，并部署了2015年执法责任制工作，县内48个执法责任制建制单位主要负责人向县人大常委会主任刘长明递交了《2015年度执法责任制目标管理责任书》；会议听取了2014年度乡镇人大“争先创优”工作汇报，并部署了2015年乡镇人大“争先创优”工作；会议听取审议并通过了《邵阳县人大代表建议、批评和意见重点处理工作暂行办法（草案）》；会议先后听取审议了县人民政府《关于2015年度财政预算编制情况汇报》，将县人民政府提出的2015年度财政预算编制方案提请第十六届全县人民代表大会第四次会议审议表决；会议审议通过了《2015年度邵阳县人大常委会工作要点（草案）》，讨论通过了将在第十六届全县人民代表大会第四次会议作出的《邵阳县人民代表大会常务委员会工作报告（草案）》；会议听取了第十六届全县人民代表大会第四次会议筹备情况的汇报，作出了《邵阳县人大常委会关于召开邵阳县第十六届人民代表大会第四次会议的决定》；会议还作出了《邵阳县人大常委会关于表彰邵阳县第十六届人民代表大会优秀县人大代表的决定》《邵阳县人大常委会关于表彰2014年度执法责任制目标管理先进单位的决定》《邵阳县人大常委会关于表彰乡镇人大主席团“争先创优”竞赛活动先进单位的决定》，并决定在第十六届全县人民代表大会第四次会议上对获奖的先进单位和个人予以表彰。

第十五次会议 于2015年4月1日举行，应到委员34人，实到28人。县人大常委会党组副书记谢树新应邀参加会议，县政府常务副县长唐红艳、县法院院长周继耐、县检察院检察长吴青山、县政府办等单位负责人、县人大信访室主任、县人大各委室副主任、县人大机关工会主席、县人大文件备案室主任列席会议。县人大常委会主任刘长明和副主任邓星强先后主持会议。会议听取审议了常务副县长唐红艳《关于提请审议邵阳昭陵国有资产投资经营有限公司融资的议案》，作出了《邵阳县人大常委会关于批准县人民政府〈关于提请审议邵阳昭陵国有资产投资经营有限公司融资的议案〉的决定》。

第十六次会议 于2015年5月29日举行，应到委员34人，实到34人。县人大常委会党组副书记谢树新应邀参加会议。副县长申松能、杨卫东、唐荣贵、县法院院长周继耐、县检察院检察长吴青山及县政府办、县安监局、县人社局、县民政局、县国土局、县监察局、县文广新局、县卫生局、县公安局、县司法局、县农业局、县林业局、县水利局、县财政局、县审计局、县交通局、县药监局、县住建局、县环保局、县经信局、县科技局、县教育局、县计生局、县发改局、县商务局、县统计局、县交警大队、县畜牧局、县工商局、县煤炭局、县质监局、县规划局、县城管局、县能源办、县爱卫办、县食安办等单位负责人和各乡镇人大主席、县人大信访室主任、县人大各委室副主任、县人大机关工会主席、县人大文件备案室主任列席会议。县人大常委会主任刘长明和副主任肖湘政、邓星强、张蒲生先后主持会议。会议先后听取审议了县人民政府《关于〈中华人民共和国食品安全法〉〈中华人民共和国环境保护法〉在县内贯彻实施和整改措施落实情况的汇报》；审议通过了《邵阳县人大常委会关于在全县开展“优秀人民法官”“优秀人民检察官”评选表彰活动的实施方案》。

第十七次会议 于2015年7月30日至31日举行，应到委员34人，实到29人。县委常委兼县政府常务副县长唐红艳、县委常委兼副县长陈小飞、副县长杨卫东、县人大常委会党组副书记谢树新应邀参加会议；县法院院长周继耐、县检察院检察长吴青山及县政府办、县公安局、县水利局、县交通局、县财政局、县住建局、县人社局、县教育局、县民政局、县林业局、县发改局、县监察局、县国土局、县农业局、县计生局、县统计局、县科技局、县文广新局、县司法局、县审计局、县经信局、县商务局、县卫生局、县环保局、县安监局、县药监局、县扶贫办、县工业园区管委会、县畜牧局、县房产局、县国税局、县地税局、县煤炭局、县物价局、县工商局、县城管局、县烟草局、县税征办、县城建投资办、县规划局、县医保局、县电力局、县烟办、县金融办、县招投标办、县工行、县农行、县建行、县农发行、县信用社、县邮政银行、县中国银行、县文化综合执法局、县第一中学、县第二中学、县职业中学、石齐学校等单位主要负责人和各乡镇人大主席、县人大信访室主任、县人大各委室副主任、县人大机关工会主席、县人大文件备案室主任列席会议。县人大常委会主任刘长明和副主任邓星强、肖湘政、罗立华先后主持会议。会议先后听取审议了县发展和改革局局长肖卫东《关于邵阳县2015年上半年国民经济和社会发展计划执行情况汇报》、县人大财经委《关于我县2015年上半年国民经济与社会发展计划执行情况的调查报告》、县财政局局长唐军良所作的《邵阳县2014年财政决算及2015年上半年财政预算执行情况报告》、县审计局局长蒋玉明《关于2014年县级预算执行和其他财政收支的审计工作报告》、县人大预算工委《关于邵阳县2014年财政决算和2015年上半年财政预算执行情况的调查报告》、县人民政府《关于教育工作情况汇报》、副县长陈小飞《关于提请审议决定张鹤龄同志任职的议案》；表决通过了《关于批准邵阳县2014年财政决算的决议（草案）》和有关人事任免。

第十八次会议　于2015年9月22日举行。应到委员34人，实到31人。县委常委兼常务副县长唐红艳、副县长胡迪芬、县人大常委会正县级干部谢树新应邀出席会议。县法院、县检察院、政府办、县发改局、县财政局、县交通局、县城市建设投资有限公司、县金融办公室等单位主要负责人和县人大信访室主任、县人大各委室副主任、县人大机关工会主席、县人大文件备案室主任列席会议。县人大常委会主任刘长明和副主任邓星强、罗立华先后主持会议。会议先后听取审议了副县长胡迪芬《关于提请审议将邵阳县易地扶贫搬迁项目建设启动资金及代建款项纳入财政预算的议案》《关于邵阳县国有煤矿工矿区棚户区改造工程项目贷款相关问题的议案》《关于邵阳县供水管网扩改工程建设项目贷款相关问题的议案》《关于提请审议将邵阳县黄荆乡和五峰铺镇易地扶贫搬迁项目建设启动资金及代建款项纳入财政预算的议案》《关于提请审议将邵阳县043炎山岭至三合公路项目建设启动资金及代建款项纳入财政预算的议案》《关于邵阳县商业系统棚户区改造项目贷款相关问题的议案》《关于邵阳县污水处理设施建设项目贷款相关问题的议案》《关于邵阳县城镇自来水厂建设项目贷款相关问题的议案》等8个议案；相继作出了《关于批准县人民政府〈关于邵阳县国有煤矿工矿区棚户区改造工程项目贷款相关问题的议案〉的决定》《关于批准县人民政府〈关于邵阳县供水管网扩改工程建设项目贷款相关问题的议案〉的决定》《关于批准县人民政府〈关于提请审议将邵阳县黄荆乡和五峰铺镇易地扶贫搬迁项目建设启动资金及代建款项纳入财政预算的议案〉的决定》《关于批准县人民政府〈关于提请审议将邵阳县043炎山岭至三合公路项目建设启动资金及代建款项纳入财政预算的议案〉的决定》《关于批准县人民政府〈关于邵阳县商业系统棚户区改造项目贷款相关问题的议案〉的决定》《关于批准县人民政府〈关于邵阳县污水处理设施建设项目贷款相关问题的议案〉的决定》《关于批准县人民政府〈关于邵阳县城镇自来水厂建设项目贷款相关问题的议案〉的决定》等8个决定；会议还听取审议了县人民检察院《关于提请许可对黎明利采取强制措施的议案》，决定许可县人民检察院对涉嫌行贿犯罪的邵阳县第十六届人民代表大会代表黎明利采取强制措施。

第十九次会议 于2015年10月28日举行，应到委员34人，实到31人。县委常委兼常务副县长唐红艳、县委常委兼副县长陈小飞、副县长陈道文、县人大常委会党组副书记谢树新应邀出席会议；县法院、县检察院、县政府办、县公安局、县发改局、县财政局、县水利局、县交通局、县住建局、县人社局、县教育局、县民政局、县林业局、县监察局、县国土局、县农业局、县计生局、县统计局、县科技局、县文广新局、县司法局、县审计局、县经信局、县商务局、县卫生局、县环保局、县安监局、县药监局、县农办、县规划局、县畜牧局、县公路局、县煤炭局、县农机局、县能源办、县扶贫办、县开发办、县烟办、县商业行管办、县环境同治办、县体育局、县旅游局等单位主要负责人和县人大信访室主任、县人大各委室副主任、县人大机关工会主席、县人大文件备案室主任列席会议；县人大常委会主任刘长明、副主任肖湘政、县人大党组副书记钟经球先后主持会议。会议听取审议并作出批准副县长陈道文《关于提请审议邵阳县大坝河综合治理工程项目贷款相关问题的议案》的决定和《关于提请审议邵阳县妇幼保健院暨计生医院建设项目贷款相关问题的议案》的决定，会议还先后听取审议了县农办主任王立生《关于邵阳县近年来新农村建设情况的报告》、县人大常委会农工委副主任朱大明《关于我县新农村建设情况的调查报告》。

第二十次会议 于2015年11月20日举行，应到委员34人，实到26人。县委常委兼常务副县长唐红艳、县人大常委会党组副书记谢树新应邀出席会议。县法院、县检察院、县政府办、县民政局等单位主要负责人列席会议，县人大常委会主任刘长明和副主任张蒲生先后主持会议。会议听取审议了县委常委兼常务副县长唐红艳《关于提请审议邵阳县乡镇区划调整的议案》，作出了《邵阳县人大常委会关于批准邵阳县人民政府〈关于提请审议邵阳县乡镇区划调整的议案〉的决议》。

第二十一次会议 于2015年12月10日举行，应到委员34人，实到31人，县人大常委会党组副书记谢树新、副县长陈道文应邀出席会议。县法院、县检察院、县政府办、县公安局、县发改局、县财政局、县水利局、县交通局、县住建局、县人社局、县教育局、县民政局、县林业局、县监察局、县国土局、县农业局、县计生局、县统计局、县科技局、县文广新局、县司法局、县审计局、县经信局、县商务局、县卫生局、县环保局、县安监局、县药监局、县城管执法局、县交警大队、县油茶办、县城建投、县旅游局、县农办、县医保局、县畜牧局、县金融办等单位负责人及各乡镇人大主席团主席、县人大信访室主任、县人大各委室副主任、县人大机关工会主席、县人大文件备案室主任列席会议。县人大常委会主任刘长明和副主任邓星强、张蒲生、罗立华先后主持会议。会议听取审议了县财政局副局长孙林红受县人民政府委托所作的《关于邵阳县2015年1－10月预算执行情况和年度调整草案的报告》，作出《关于批准县人民政府2015年财政预算调整方案的决议》；会议还作出《邵阳县人大常委会关于授予陈翔等5人“优秀人民法官”、陈青华等4人“优秀人民检察官”荣誉称号的决定》。并听取审议了县政府办主任王满元《关于代表议案、建议、批评和意见办理工作的情况汇报》。

第二十二次会议 2016年2月1日，邵阳县第十六届人大常委会第二十二次会议在县人大五楼会议室举行。会议应到县人大常委会组成人员34人，实到30人。会议首先由县人大常委会刘长明主任主持，随后副主任张蒲生受刘长明主任的委托主持了会议。会议听取和审议了邵阳县公安局提请的《关于对涉嫌交通肇事犯罪的县十六届人大代表夏小二采取刑事强制措施的请示》，并进行了无记名投票表决，应到委员34人，实到30人，表决结果为：赞成票28票，弃权票2票。根据《中华人民共和国全国人民代表大会和地方各级人民代表大会代表法》第三十二条和《湖南省实施〈中华人民共和国全国人民代表大会和地方各级人民代表大会代表法〉办法》第二十九条之规定，决定：同意邵阳县公安局根据办案需要，依法对涉嫌交通肇事犯罪的县十六届人大代表夏小二采取强制措施。

第二十三次会议 2016年3月21日，邵阳县第十六届人大常委会第二十三次会议在县政府七楼会议室举行。会议应到县人大常委会组成人员34人，实到29人。县人大常委会党组副书记谢树新应邀参加了会议。县委常委、常务副县长唐红艳，副县长杨卫东，县法院院长周继耐，县检察院代检察长戴哲建，县政府办、县公安局、县发改局、县财政局、县监察局、县人社局、县民政局、县国土局、县教育局、县商务局、县文广新局、县卫计局、县司法局、县农业局、县林业局、县水利局、县交通局、县住建局、县经信局、县科技局、县统计局、县审计局、县安监局、县环保局、县市场和质量监督管理局等单位负责人，各乡镇人大主席团主席，县人大信访室主任、各委室副主任、文件备案审查室主任列席了会议。会议首先由县人大常委会刘长明主任主持，随后副主任张蒲生、罗立华、邓星强、肖湘政受刘长明主任的委托，分别主持会议。会议听取了2015年度执法责任制目标管理工作汇报。会上，常委会组成人员对县内48个执法责任制建制单位进行了测评打分。会议听取了2015年度乡镇人大“争先创优”工作汇报，并部署了2016年乡镇人大“争先创优”工作。会议听取和审议了县财政局长唐军良受县人民政府委托所作的《2016年预算编制工作情况汇报》。经过审议，会议同意将县人民政府提出的2016年度财政预算编制方案提请县十六届人民代表大会第五次会议审议表决。会议听取和审议了县发展和改革局局长肖卫东受县人民政府委托所作的《邵阳县“十三五”规划纲要编制情况报告》。经过审议，会议同意将县人民政府提出的“十三五”规划纲要提请县十六届人民代表大会第五次会议审议表决。会议听取和审议了副县长杨卫东受县人民政府委托提出的《关于提请审议邵阳县第一中学新校区建设项目财政支付计划方案列入中长期财政预算的议案》（邵政函〔2016〕10号）。县人大常委会组成人员进行了认真审议。并进行了无记名投票表决，应到委员34人，实到29人，表决结果为：赞成票28票；弃权票1票。会议作出了《关于批准县人民政府〈提请审议邵阳县第一中学新校区建设项目财政支付计划方案列入中长期财政预算的议案〉的决定》。会议审议通过了《2016年度邵阳县人大常委会工作要点》，讨论通过了《邵阳县人民代表大会常务委员会工作报告》。会议听取了县十六届人大五次会议筹备情况的汇报，依法作出《邵阳县人大常委会关于召开邵阳县第十六届人民代表大会第五次会议的决定》。会议依法作出了《邵阳县人大常委会关于表彰邵阳县第十六届人民代表大会优秀县人大代表的决定》《邵阳县人大常委会关于表彰2015年度执法责任制目标管理先进单位的决定》《邵阳县人大常委会关于表彰乡镇人大主席团“争先创优”竞赛活动先进单位的决定》，并决定在县十六届人民代表大会第五次会议上予以表彰。

第二十四次会议 2016年4月15日，邵阳县第十六届人大常委会第二十四次会议在县人大五楼会议室举行。会议应到县人大常委会组成人员34人，实到29人。会议由县人大常委会刘长明主任主持。会议听取和审议了邵阳市公安局直属分局提出的《关于请求许可对县人大代表李武采取刑事拘留强制措施的请示》，并进行了无记名投票表决，应到委员34人，实到29人，表决结果为：赞成票26票，反对票2票，弃权票1票。根据《中华人民共和国全国人民代表大会和地方各级人民代表大会代表法》第三十二条和《湖南省实施〈中华人民共和国全国人民代表大会和地方各级人民代表大会代表法〉办法》第二十九条的规定，决定：许可邵阳市公安局直属分局对涉嫌违法犯罪的邵阳县第十六届人民代表大会代表李武采取强制措施。

第二十五次会议 2016年5月26日至27日，邵阳县第十六届人大常委会第二十五次会议在县政府七楼会议室举行。会议应到县人大常委会组成人员34人，实到30人。县委常委、组织部部长林彦博，县人大常委会正县级干部谢树新应邀参加了会议。县委常委、常务副县长唐红艳，县法院院长周继耐，县检察院检察长戴哲建，县政府办、县发改局、县教育局、县经信局、县公安局、县监察局、县司法局、县民政局、县财政局、县人社局、县国土局、县环保局、县住建局、县城管局、县交通局、县农业局、县水利局、县林业局、县商务局、县文体广新局、县卫计局、县审计局、县安监局、县市场和质量监督管理局、县统计局、县人防办等单位主要负责人，县人大常委会各委室主任（含人选）、副主任，各乡镇人大主席团主席列席了会议。会议首先由县人大常委会主任刘长明主持，随后副主任罗立华、邓星强受刘长明主任的委托，分别主持会议。受县人民政府袁玉华县长的委托，县委常委、常务副县长唐红艳向县人大常委会提出了《关于提请审议决定杜炎同志职务任免的议案》（邵政函〔2016〕49号）《关于提请审议决定陈辉等同志职务任免的议案》（邵政函〔2016〕48号）。县委组织部的负责人、县人大常委会考察组分别介绍了拟任人选的基本情况、工作简历和现实表现，县人大联工委报告了拟任人选的法律知识考试结果。县人大常委会组成人员进行了认真审议，会议以无记名投票的方式，表决通过了人事任命议案，决定任命杜焱为邵阳县人民政府副县长（挂职），决定免去毛剑鸣等6人县人民政府组成部门负责人职务，决定任命陈辉等12人为县人民政府组成部门负责人。县人大常委会主任刘长明向会议提出了《关于提请决定任免龚拥军等同志职务的议案》，县人大常委会组成人员进行了认真的审议，会议以无记名投票的方式，表决通过了人事任命议案，决定任命龚拥军为邵阳县人大常委会教育科学文化卫生工作委员会主任；吴飞翔为邵阳县人大常委会内务司法工作委员会主任；胡四方为邵阳县人大常委会选举任免联络工作委员会主任；佘金华为邵阳县人大常委会农业民族华侨外事工作委员会主任；黄龙清为邵阳县人大常委会城乡建设和环境保护工作委员会主任，决定免去朱清平邵阳县人大常委会教育科学文化卫生工作委员会主任职务；罗洪邵阳县人大常委会内务司法工作委员会主任职务；陈云峰邵阳县人大常委会农业民族华侨外事工作委员会主任职务。县人民检察院检察长戴哲建提出了《关于提请吕向明等同志职务任命的议案》（邵检提任〔2016〕1号）的议案，人大常委会组成人员进行了认真的审议，会议以无记名投票的方式，表决通过了人事任命议案，任命吕向明等人为邵阳县人民检察院检察委员会委员，尹戎等9人为邵阳县人民检察院检察员。县人民法院院长周继耐提出了《关于提请孟湘红等同志人民陪审员职务任免的通知》（阳法干〔2015〕2号）的议案，人大常委会组成人员进行了认真的审议，会议以无记名投票的方式，表决通过了人事任命议案，任命孟湘红等24人为县人民法院人民陪审员。县人大常委会主任刘长明向新任命的国家机关工作人员颁发了任命书。会议听取和审议了县委常委、常务副县长唐红艳受县人民政府委托提出的《关于提请审议邵阳县非税收入资金管理局贷款相关问题的议案》（邵政函〔2016〕50号），县人大常委会组成人员进行了认真审议，并进行了投票表决。会议依法作出了《邵阳县人大常委会关于批准县人民政府〈关于提请审议邵阳县非税收入资金管理局贷款相关问题的议案〉的决定》。会议还研究了其他事项。

第二十六次会议 2016年6月2日，邵阳县第十六届人大常委会第二十六次会议在县人大五楼会议室举行。会议应到县人大常委会组成人员34人，实到26人。会议由县人大常委会主任刘长明主持。会议听取和审议了邵阳县人民检察院提出的《报请许可对赵五和采取强制措施的报告书》，并进行了无记名投票表决，应到委员34人，实到26人，表决结果为：赞成票25票，反对票1票。根据《中华人民共和国全国人民代表大会和地方各级人民代表大会代表法》第三十二条和《湖南省实施〈中华人民共和国全国人民代表大会和地方各级人民代表大会代表法〉办法》第二十九条的规定，决定：许可邵阳县人民检察院根据办案需要，可以依法对涉嫌违法犯罪的邵阳县第十六届人民代表大会代表赵五和采取强制措施。

第二十七次会议 2016年7月6日，邵阳县第十六届人大常委会第二十七次会议在县人大五楼会议室举行。会议应到县人大常委会组成人员34人，实到29人。会议首先由县人大常委会主任刘长明主持，随后副主任邓星强受刘长明主任的委托主持了会议。会议听取和审议了县委常委、常务副县长唐红艳受县人民政府委托提出的《关于提请审议邵阳县工业园区开发建设投资有限公司融资的议案》（邵政函〔2016〕62号），县人大常委会组成人员进行了认真审议，并进行了投票表决。会议依法作出了《关于批准县人民政府〈关于提请审议邵阳县工业园区开发建设投资有限公司融资的议案〉的决定》。会议还研究了其他事项。

第二十八次会议 2016年8月16日，邵阳县第十六届人大常委会第二十八次会议在县政府七楼会议室举行。会议应到县人大常委会组成人员34人，实到28人。县人大常委会正县级干部谢树新应邀参加了会议。县委常委、常务副县长唐红艳，县法院院长周继耐，县检察院检察长戴哲建，县政府办、县发改局、县教育局、县经科信局、县公安局、县监察局、县司法局、县民政局、县财政局、县人社局、县国土局、县环保局、县住建局、县城管局、县交通局、县农业局、县水利局、县林业局、县商务局、县文体广新局、县卫计局、县审计局、县安监局、县市场和质量监督管理局、县统计局、县人防办、县国税局、县地税局、县扶贫办、县畜牧局、县油茶办、县烟办、县工业集中区、县城建投公司、县房产局、县规划局、县金融办、县昭陵国有资产投资经营有限公司、县妇幼保健院等单位主要负责人，县人大常委会各委室主任、副主任，各乡镇人大主席列席了会议。会议首先由县人大常委会主任刘长明主持，随后副主任邓星强、罗立华受刘长明主任的委托，分别主持会议。会议听取和审议了县发展和改革局局长肖卫东受县人民政府委托所作的《关于邵阳县2016年上半年国民经济和社会发展计划执行情况汇报》，听取了县人大财经委所作的《关于我县2016年上半年国民经济与社会发展计划执行情况的调查报告》。会议听取和审议了县财政局局长唐军良受县人民政府委托所作的《邵阳县2015年财政决算及2016年上半年财政预算执行情况报告》，听取了县审计局局长蒋玉明所作的《关于2015年县级预算执行和其他财政收支的审计工作报告》，听取了县人大预算工委所作的《关于邵阳县2015年财政决算和2016年上半年财政预算执行情况的调查报告》。会议表决通过了《关于批准邵阳县2015年财政决算的决议》。会议听取了邵阳县县乡人大换届选举有关情况的汇报，审议并表决通过了《邵阳县县乡两级人大换届选举工作方案》《关于成立县选举委员会的决定》《关于分配邵阳县第十七届人民代表大会代表名额的通知》《关于确定乡镇新一届人大代表名额及代表构成比例的通知》《关于认真做好拟连任县人大代表推荐工作的通知》。会议听取和审议了县委常委、常务副县长唐红艳受县人民政府委托提出的《关于提请审议邵阳县妇幼保健院暨计生医院建设项目贷款相关问题的议案》（邵政函〔2016〕74号），县人大常委会组成人员进行了认真审议，并进行了投票表决。会议依法作出了《邵阳县人大常委会关于批准县人民政府〈关于提请审议邵阳县妇幼保健院暨计生医院建设项目贷款相关问题的议案〉的决定》。

第二十九次会议 2016年9月7日，邵阳县第十六届人大常委会第二十九次会议在县人大五楼会议室举行。会议应到县人大常委会组成人员34人，实到30人。会议由县人大常委会主任刘长明主持。会议审议并表决通过了《关于调整邵阳县选举委员会组成人员的决定》、《关于批准成立各乡镇选举委员会的决定》。

第三十次会议 2016年9月19日，邵阳县第十六届人大常委会第三十次会议在县人大五楼会议室举行。会议应到县人大常委会组成人员34人，实到28人。会议由县人大常委会刘长明主任主持。会议审议并决定邵阳县县乡两级人大换届选举时间调整为2016年10月26、27、28日，共三天。

第三十一次会议 2016年10月21日，邵阳县第十六届人大常委会第三十一次会议在县政府七楼会议室举行。会议应到县人大常委会组成人员34人，实到26人。县委常委、组织部长尹晖，县委常委、常务副县长人选赵逢春应邀参加了会议。县政府办、县发改局、县教育局、县经科信局、县公安局、县监察局、县司法局、县民政局、县财政局、县人社局、县国土局、县环保局、县住建局、县城管局、县交通局、县农业局、县水利局、县林业局、县商务局、县文体广新局、县卫计局、县审计局、县安监局、县市场和质量监督管理局、县统计局、县人防办、县国税局、县地税局、县扶贫办、县畜牧局、县油茶办、县烟办、县工业集中区、县城建投公司、县房产局、县规划局、县金融办等单位主要负责人；县人大常委会各有关委室主任、副主任，各乡镇人大主席列席了会议，会议首先由县人大常委会主任刘长明主持，随后副主任罗立华、邓星强，副书记钟经球受刘长明主任的委托主持了会议。会议根据周继耐同志的辞职请求，决定接受其辞去邵阳县人民法院院长职务。会议根据县人大常委会主任刘长明提出的《关于提名蔡明清同志为邵阳县人民法院副院长、审判委员会委员的议案》，通过审议表决，任命蔡明清为邵阳县人民法院副院长、审判委员会委员；会议根据县人大常委会主任刘长明提出的《关于提名蔡明清副院长为邵阳县人民法院代理院长的议案》，依法作出了《关于蔡明清副院长任邵阳县人民法院代理院长的决定》。会议根据戴哲建的辞职请求，决定接受其辞去邵阳县人民检察院检察长职务，报邵阳市人民代表大会常务委员会批准，并将在邵阳县第十七届人民代表大会第一次会议上向代表报告。会议根据县人大常委会主任刘长明提出的《关于提名刘朝洪同志为邵阳县人民检察院检察员、检查委员会委员、副检察长的议案》，通过审议表决，任命刘朝洪为邵阳县人民检察院副检察长、检察委员会委员、检察员；会议根据县人大常委会主任刘长明提出的《关于提名刘朝洪副检察长为邵阳县人民检察院代理检察长的议案》，依法作出了《关于刘朝洪副检察长任邵阳县人民检察院代理检察长的决定》，报邵阳市人民代表大会常务委员会和邵阳市人民检察院备案。县人大常委会主任刘长明向新任命的国家机关工作人员颁发了任命书。会议听取和审议了县委常委、常务副县长人选赵逢春受县人民政府委托所作《关于县十六届人大五次会议建议、批评、意见办理的情况汇报》。会议听取和审议了县财政局长唐军良受县人民政府委托所作《邵阳县2013年至2016年本级预算专项资金使用情况汇报》。会议听取和审议了县扶贫办主任朱绮华受县人民政府委托所作《关于我县扶贫开发工作情况汇报》。

第三十二次会议 2016年11月15日，邵阳县第十六届人大常委会第三十二次会议在县政府七楼会议室举行。会议应到县人大常委会组成人员34人，实到30人。县人大常委会正县级干部谢树新，县委常委、常务副县长人选赵逢春应邀参加了会议。县法院、县检察院、县财政局、县扶贫办、县城建投办等单位负责人，县人大常委会各有关委室主任、副主任，各乡镇人大主席列席了会议，会议首先由县人大常委会主任刘长明主持，随后副主任邓星强受刘长明主任的委托主持了会议。会议听取和审议了副县长胡迪芬受县人民政府委托提出的《关于将邵阳县农村基础设施扶贫项目（一期）政府购买服务资金列入财政预算的议案》，县人大常委会组成人员进行了认真审议，并进行了无记名投票表决，会议依法作出了《关于批准县人民政府〈关于通过政府购买服务方式筹措农村基础设施扶贫项目建设资金并纳入县财政预算管理的议案〉的决定》。会议审议通过了《邵阳县第十六届人民代表大会常务委员会代表资格审查委员会关于邵阳县第十七届人民代表大会代表资格审查情况的报告》。会议讨论通过了《邵阳县第十六届人民代表大会常务委员会工作报告》。会议根据《中华人民共和国地方各级人民代表大会和地方各级人民政府组织法》的有关规定，决定于 2016 年 11 月 24 日至 11 月 29 日在县城塘渡口召开邵阳县第十七届人民代表大会第一次会议。

第三章　党组会议和主任会议

第一节　党组会议

县人大常委会党组会议的参加人员为县人大常委会党组成员，因会议需要，邀请其他人员参加，称党组扩大会议；和主任会议联席召开称党组和主任联席会议。本节所述含党组扩大会议和党组联席会议，会议研究的内容主要有：各次全县人民代表大会的筹备情况；听取一府两院有关工作汇报；研究审议中小学危房改造、全县城镇建设、国土管理、农村集镇建设规划等关系全县经济发展大局的大事；传达省市代表大会精神，加强同代表的联系，研究乡镇人大工作、有关会议安排和“一府两院”提请人大审议的重大问题；研究部署有关执法检查监督的具体事宜；研究有关选举事宜等。1981 年至 1983 年，刚成立的第八届县人大常委会党组会议资料缺失，以后的各届县人大常委会党组会议资料部分缺失。

1984 年，县人大常委会党组共召开 3 次会议，其中：

7 月 7 日的会议，为党组民主生活会。

10 月 29 日的会议，研究县人大常委会委室人事安排，确定下一次会议内容，研究当前工作。

12 月 13 日的会议，研究纪检大检查有关事宜。

1991 年，县人大常委会党组先后于本年度 5 月 16 日、7 月 13 日、8 月 24 日、9 月 23 日、9 月 29 日、10 月 25 日、11 月 26 日、12 月 28 日召开 8 次会议。

1992 年，县人大常委会党组于本年度 1 月 11 日、4 月 4 日、4 月 18 日、4 月 30 日、5 月 21 日、6 月 19 日、7 月 14 日、7 月 22 日、9 月 8 日、9 月 28 日、10 月 8 日、11 月 10 日、11 月 28 日、12 月 22 日召开 14 次会议。

1993 年，县人大常委会党组先后于本年度 2 月 13 日、3 月 12 日、3 月 22 日、4 月 13 日、5 月 25 日、5 月 28 日、6 月 28 日召开 7 次会议。

1994 年，县人大常委会党组先后于本年度 5 月 23 日、6 月 21 日、9 月 24 日召开 3 次会议，其中：

5 月 23 日的会议，县法院就法庭正副庭长的安排向县人大常委会党组通气，研究解决人大机关个别干部的子女工作安排问题。

6 月 21 日的会议，为廉洁自律民主生活会。

9 月 24 日的会议，县委就各领导干部的提名和县人大常委会党组通气。

1995 年，县人大常委会党组先后于本年度 1 月 16 日、2 月 10 日、3 月 4 日、7 月 11 日、7 月 14 日、11 月 21 日召开 6 次会议，其中：

1 月 16 日的会议，研究县政府新的机构安排问题。

2 月 10 日的会议，研究有关人事问题。

3 月 4 日的会议，研究关于政府组成人员的任命问题。

7 月 11 日的会议，民主生活会。

7 月 14 日的会议，听取县政府新增一名女性副县长人选（潘芳喜）的情况介绍。

11 月 21 日的会议，审议关于任命谢树新为县人民政府副县长事宜。

1996 年，县人大常委会党组于本年度 1 月 23 日、2 月 8 日、5 月 3 日、7 月 16 日、9 月 18 日、11 月 14 日召开 6 次会议，其中：

1 月 23 日的会议，集体学习。

2 月 8 日的会议，民主生活会。

5 月 3 日的会议，听取县委组织部关于推荐县公安局局长人选的情况介绍。

7 月 16 日的会议，研究在本届县人大常委会第 27 次会议上的有关人事任命问题。

9 月 18 日的会议，县委就提名石民生担任县人民政府副县长、代县长一事和县人大常委会党组通气。

11 月 14 日的会议，县委组织部就县委提名的人事任免名单和县人大常委会党组通气。

1997 年，县人大常委会党组先后于本年度 1 月 2 日、4 月 18 日、6 月 19 日、6 月 28 日、8 月 18 日、9 月 23 日、10 月 14 日、11 月 11 日、12 月 2 日召开 9 次会议，其中：

4月18日的会议，研究人事任免，听取县委关于推荐领导干部人选的情况介绍。

6月19日的会议，听取关于代县长、副县长及人大常委会各委室主任拟任人员的情况介绍。

6月28日的会议，县委就市委批复拟任的县委新班子成员和县人大常委会党组通气。

8月18日的会议，研究人事任免事宜。

9月23日的会议，研究换届选举。

10月14日的会议，研究张国荣、易平军到县人大常委会委室任职问题。

11月11日的会议，研究第十三届人民代表大会第一次会议的筹备工作。

12月2日的会议，欢迎县人大常委会新班子人员。

1998年，县人大常委会党组会议记录不全，仅保存1月8日这一次会议的记录，这次会议主要研究了县人大常委会党组的班子成员安排、人大机关党支部改选和春节后人大常委会工作安排等相关事宜。

1999年，县人大常委会党组先后于本年度1月26日、3月28日、5月11日、6月28日、8月3日、11月2日召开6次会议，其中：

1月26日的会议，研究县人大工作年度考评会和职工曾光的转干问题。

3月28日的会议，部署1999年县人大常委会党组的全年工作安排。

5月11日的会议，听取在下次会议会上拟任命人员的情况介绍。

6月28日的会议，党组民主生活会和关于“庆七一”活动安排，讨论选举1－2名人大机关入党积极分子进党校培训。

8月3日的会议，讨论反对“法轮功”邪教组织和发展新党员问题。

11月2日的会议，继续讨论反对“法轮功”邪教组织和县人大机关有关人事安排。

2000年，县人大常委会党组先后于本年度1月13日、3月18日、4月13日、6月18日、7月3日、11月16日召开6次会议，其中：

1月13日的会议，研究本年度县人大常委会党组及机关党员干部的廉政教育和思想作风建设，制订廉政建设工作计划，研究当前工作。

3月18日的会议，听取“三讲”教育巡视组巡视县人大机关的“三讲”教育情况后的反馈意见，并制定整改措施。

4 月 13 日的会议，“三讲”教育民主生活会。

6 月 18 日的会议，总结上半年县人大常委会机关党员干部廉政建设情况，部署下半年机关廉政建设。

7 月 3 日的会议，听取拟任的县人民政府科技副县长人选（王南桂）和拟任县人民法院院长人选（吕老幸）的情况介绍。

11 月 16 日的会议，进一步研究人大机关党员干部的廉政教育。

2001 年，县人大常委会党组于本年度先后召开 6 次会议，其中：

2 月 9 日的会议，听取组织部关于提名罗华为县人民政府副县长的情况报告。

2 月 19 日的会议，研究政府组成人员变动情况。

6 月 4 日的会议，研究表彰新党员名单、发展新党员、人大工作经费。

8 月 21 日的会议，研究伍邵华任县长有关事宜。

10 月 26 日的会议，就机构改革班子调整情况进行通气。

11 月 5 日的会议，听取拟任肖怀贵为副县长一事的情况介绍。

2002 年，县人大常委会党组于本年度先后召开 6 次会议，其中：

4 月 22 日的会议传达了全市人大会议精神。

5 月 16 日的会议，听取拟任副县长人选李小平的情况介绍。

8 月 7 日的会议，为党组民主生活会。

9 月 3 日的会议，研究机关工作。

9 月 19 日的会议，研究人大工作报告起草，县市人大代表名额分配、省人大代表选举。

9 月 26 日的会议，研究换届选举。

2003 年，县人大常委会党组于本年度先后召开 4 次会议，其中：

1 月 23 日的会议，研究机关评优。

2 月 26 日的会议，研究政府组成人员的任命。

6 月 10 日的会议，研究建党 82 周年纪念活动。

7 月 21 日的会议，研究任命蒋耀华为代县长的有关事宜和其他人事问题。

2004 年，县人大常委会党组于本年度先后召开 4 次会议，其中：

3月1日的会议，研究第十四届人民代表大会第三次会议筹备情况。

5月18日的会议，听取行政监督工作汇报和研究义务教育执法检查整改情况汇报。

9月1日的会议，听取县人民检察院有关案件汇报和研究纪念人民代表大会制度建立五十周年活动方案。

9月14日的会议，研究有关干部的政治待遇问题和其他人事问题。

2005年，县人大常委会党组于本年度先后召开4次会议，其中：

1月10日的会议，研究县人大机关有关干部退二线及人员调动问题。

1月18日的会议，研究组织省市县代表视察活动的有关问题。

2月3日的会议，研究党员先进性教育活动方案。

11月10日的会议，县委就人事任免和县人大党组通气。

2006年，县人大常委会党组于本年度先后召开4次会议，其中：

3月6日和4月21日的会议，研究了人事安排。

6月29日的会议，为党组民主生活会。

7月24日的会议，再次研究了人大机关人事安排。

2007年，县人大常委会党组于本年度先后召开6次会议，其中：

1月18日的会议，研究设置规范性文件审查审核备案机构问题。

1月29日的会议，对第十五届人民代表大会第一次会议的召开情况进行了总结，研究了全县产业发展项目建设的有关问题。

6月12日的会议，研究了县乡两级人大换届工作方案和县人大机关购买小车事宜。

9月26日的会议，继续研究了全县换届选举问题。

10月8日的会议，确定了全县换届选举方案。

11月19日的会议，研究外出考察学习和有关人事安排。

2008年，县人大常委会党组于本年度先后召开7次会议，其中：

2月26日的会议，研究了有关执法检查的安排、乡镇人大目标管理、2008年县人大常委会工作计划、县人大常委会机关工作制度和机关打字室承包方案。

3月7日的会议，听取了政府组成局人事调整情况的汇报。

5月9日的会议，研究了机关车辆维修、办公室装修和有关人事考察。

5月23日的会议，研究了县人大常委会机关借调工作人员的相关事宜。

6月20日的会议，研究县人大常委会机关支部改选换届、外出考察学习、举办业务培训班和审议第十五届人民代表大会第二次会议县人大常委会工作报告。

7月29日的会议，研究县人大常委会机构设置。

8月25日的会议，研究人大主席外出学习考察。

2009年，县人大常委会党组于本年度先后召开8次会议，其中：

1月4日的会议，研究人大工作经费、老干部座谈和干部补贴事宜。

2月3日的会议，研究制定县人大常委会机关财务管理制度。

3月30日的会议，研究县人大常委会办公室装修、评先评优、奖励工资、学习实践科学发展观等有关事宜。

5月4日的会议，部署人大常委会会议审查县人大常委会机关内部工作事宜。

6月9日的会议，研究县人大常委会主要负责人因工负伤事宜。

7月10日的会议，研究调查处理九公桥镇庙山村冶炼厂污染问题。

9月24日的会议，布置国庆值班和研究工会活动。

12月23日的会议，研究建整扶贫和机关工作经费。

2010年，县人大常委会党组于本年度先后召开4次会议，其中：

3月15日的会议，研究县人大常委会各委室工作经费。

4月15日的会议，听取组织部介绍推荐人员情况。

10月26日的会议，研究有关人事任免问题。

12月20日的会议，研究有关人事问题。

2011年，县人大常委会党组于本年度先后召开22次会议，其中：

1月5日的会议，讨论《“十二五”规划纲要》。

1月7日的会议，研究“三湘行”经费问题。

2月23日的会议，确定本届县人大常委会第二十三次会议的召开时间。

3月4日的会议，研究第十五届人民代表大会第五次会议筹备情况。

3月8日的会议，研究县财政预算方案。

3月21日的会议，研究县人大机关综合治理和平安创建。

3月22日的会议，研究建设扶贫工作和乡镇人大主席培训。

4月7日的会议，研究县人大常委会设立预工委及办公经费、评选优秀人大代表小组和优秀县人大代表。

4 月 12 日的会议，听取 2010 年度干部考核汇总情况的汇报。

4 月 25 日的会议，研究年终考评结果等问题。

5 月 5 日的会议，研究周绍贤逝世后有关事宜。

5 月 27 日的会议，听取全县林权改革工作汇报。

6 月 17 日的会议，传达学习县党代会精神。

6 月 21 日的会议，研究人事问题。

6 月 23 日的会议，研究端午节放假有关事宜。

7 月 6 日的会议，研究《中华人民共和国环保法》执法检查实施方案。

8 月 17 日的会议，听取《中华人民共和国环保法》执法检查情况汇报。

8 月 18 日的会议，研究人事任免事宜。

8 月 30 日的会议上，党组人员进行《党风廉政准则》自我剖析。

9 月 20 日的会议，研究县人大代表粟某某非法开采锰矿有关事宜。

12 月 1 日的会议，研究干部调整问题。

2012 年，县人大常委会党组于本年度先后召开 5 次会议，其中：

3 月 6 日的会议，传达全县作风建设会议精神。

5 月 28 日的会议，研究人事问题。

7 月 12 日的会议，研究换届前准备工作。

9 月 19 日的会议，研究换届选举和第十六届人民代表大会第一次会议目标考核工作。

2013 年，县人大常委会党组于本年度先后召开 2 次会议，其中：

2 月 21 日的会议，研究人大机关支部建设。

6 月 14 日的会议，为县委领导听取人大对县委工作建议的调研会议。

2014 年，县人大常委会共召开 6 次党组会议或党组扩大会议。其中：

1 月 24 日的会议，通报县委常委会研究的人事调整意见。

3 月 13 日的会议，专题研究群众路线教育。

4 月 15 日的会议，讨论党的群众路线教育活动。

6 月 16 日的会议，传达省市专题民主生活会安排部署会议精神；主任刘长明讲党课。

6 月 24 日的会议，安排当前工作。

11 月 28 日的会议，安排当前工作（会后接着召开主任扩大会议）。

2015 年，县人大常委会共召开 9 次党组会议或党组扩大会议，其中：

1 月 9 日的会议，研究县委书记蒋伟到人大调研的筹备安排。

3 月 27 日的会议，研究本次人民代表大会扫尾工作，通报情况。

4 月 7 日的会议，研究刘耀军车祸善后工作。

5 月 6 日的会议，研究联村帮扶工作。

6 月 1 日的会议，传达中央及省委、市委、县委关于“三严三实”专题教育有关文件，部署开展“三严三实”教育有关事宜。

9 月 11 日的会议，研究“优秀人民法官”“优秀人民检察官”评选候选人；研究人大机关“最美干部”推荐人选；研究报送县委组织部表彰的干部名单。

11 月 3 日的会议，学习《廉洁自律准则》和“纪律处分条例”。

12 月 8 日的会议，研究履行党风廉政建设责任制，传达市委新党风廉政建设会议精神。

12 月 16 日的会议，研究年终有关评选工作。

2016 年，县人大常委会共召开 12 次党组会议或党组扩大会议，其中：

3 月 9 日的会议，传达市委巡视组对巡视中发现问题的整改要求。

3 月 17 日的会议，研究有关人大机关干部的提拔任用。

3 月 24 日的会议，介绍新加入的委室负责人。

3 月 30 日的会议，审核省委巡视组反馈的问题；传达全省加强换届风气监督视频会精神。

4 月 18 日的会议，安排出席市人民代表大会的会务工作。

7 月 21 日的会议，传达上级有关会议精神，安排工作。

7 月 29 日的会议，为专题民主生活会。

8 月 1 日的会议，开展“两学一做”“讲规矩、有纪律”主题讨论活动；研究乡镇人大换届选举。

8 月 22 日的会议，推荐出席中共邵阳县第十二次代表大会的代表初步人选。

某月某日（原档案材料上本次党组会议具体时间缺）的会议，推荐连任的市人大代表人选。

10 月 18 日，研究人大机关人事调整。本次会议为第十六届县人大常委会党组召开的最后一次党组会议。

另于年内11月18日召开过一次党组会议，属第十七届县人大常委会召开的党组会议。

第二节　主任办公会议

一、主任会议制度

第八届至第十届县人大常委会主任会议未建立专门的会议制度。1990年5月27日，县十一届人大常委会第四次会议通过了《邵阳县人民代表大会常务委员会主任会议制度》，全文如下：

根据《中华人民共和国地方各级人民代表大会和地方各级人民政府组织法》第四十三条规定，结合我县人大常委会的工作实践，制定本制度。

第一条　主任会议由常务委员会主任、副主任组成，吸收办公室主任参加。负责处理常务委员会的重要日常工作。主要职责是：

（一）决定常务委员会每次会议召开日期，会议议程、日程安排，列席人员及有关事项。

（二）决定提请常务委员会审议的年度工作要点、年终工作总结和人大工作制度、规范草案。

（三）决定提请常务委员会审议的议案和质询案。

（四）决定提请常务委员会审议的特定问题调查委员会的报告草案。

（五）决定提请常务委员会审议的决议、决定草案。对县政府不适当的决定、命令和下一级人民代表大会不适当的决议、决定提出的处理意见，或者交由常务委员会有关工作委员会进行研究，提出报告，并决定是否提交常务委员会会议审议。

（六）听取主任会议组成人员各自的工作情况汇报和常务委员会各委（办）的工作汇报，决定各委（办）提出的重要事项。根据工作需要，听取县人民政府所属部门和县人民法院、县人民检察院的专题汇报，讨论并决定"一府两院"提出的不需要常务委员会审议决定的重要事项。

（七）研究人大代表和人民群众反映的重大问题，并提出处理意见。

（八）决定组织视察、调查、参观学习事项和机关的短期工作安排。

（九）讨论提出召集代表大会的建议和常务委员会向代表大会的工作报告及代表大会的各项筹备工作。

（十）讨论研究上级人大常委会交办的重要工作和上报材料及处理常务委员会授权的其他重要事项。

第二条　主任会议由常务委员会主任主持或委托副主任主持，视其需要，各委（办）主任、副主任列席主任会议。

第三条　在会议涉及县人民政府和所属部门及县人民法院，县人民检察院工作时，可邀请县人民政府、县人民法院、县人民检察院的负责人列席主任会议。

第四条　主任会议一般每月不得少于一次，必要时可临时召集，具体时间由常务委员会主任确定。

第五条　常务委员会主任、副主任、办公室、各工作委员会都可向主任会议提出新的议题，由主任或常务副主任在开会前确定。

第六条　主任会议须有全体组成人员过半数出席才能召开，决定重大问题遇有意见分歧时，实行表决通过，表决结果以全体组成人员的多数为准，表决方式由主持人确定。

第七条　主任会议的准备工作由办公室主任或副主任负责办理，会议决定的事项，由主任会议成员按照分管的工作范围认真组织落实。

二、会议

1981 年至 1983 年，刚成立的第八届县人大常委会主任办公会议资料缺失，以后的各届县人大常委会主任办公会议资料部分缺失。

1984 年

第九届县人大常委会于本年度共召开 12 次主任办公会议或主任扩大会议。

1 月 2 日的会议，传达省人大常委会办公厅关于开展物价检查的通知精神。

4 月 24 日，研究 1984 年人大工作要点。

5 月 25 日，确定下次会议召开时间和内容、有关人事任免。

7 月 3 日，传达第六届全省人民代表大会第二次会议精神。

7 月 16 日，研究第九届人民代表大会第二次会议召开的主要内容及会议开法。

8 月 19 日，研究县人大常委会各委室机构设置和人员安排。

8 月 27 日，研究组织代表视察全县教育工作前的准备工作。

10 月 14 日至 15 日，研究当前工作。

10 月 26 日至 27 日，传达省人大工作会议精神。

10 月 30 日，传达人大党组会议精神。

11 月 18 日，研究下次会议召开时间和内容，传达地委负责人讲话精神。

12 月 28 日，研究开展调查研究和下次会议召开的时间和内容。

1985 年

县人大常委会于本年度召开主任办公会议或主任扩大会议 16 次，分别于 1 月 3 日、1 月 8 日、1 月 20 日、2 月 26 日、3 月 28 日、4 月 5 日、4 月 7 日、4 月 15 日、4 月 30 日、5 月 29 日、6 月 4 日、9 月 15 日、9 月 19 日、9 月 25 日、11 月 2 日、12 月 7 日举行。

1986 年

县人大常委会于本年度召开主任办公会议或主任扩大会议 26 次，其中：

1 月 8 日的会议，研究县人大常委会工作责任制和召开本届常委会第十二次会议前的有关调查问题。

1 月 15 日的会议，研究第九届人民代表大会第三次会议筹备工作。

2 月 16 - 19 日的会议，研究有关工作。

2 月 22 日上午的会议，研究召开本届常委会第十三次会议和省人大代表视察相关问题。

3 月 2 日的会议，研究补选工作。

3 月 2 日下午的会议，研究召开本届常委会会议有关问题。

3 月 3 日的会议，研究补选市人大代表。

3 月 17 日的会议，研究补选市人大代表。

3 月 19 日的会议，研究第九届人民代表大会第三次会议筹备工作。

3 月 31 日的会议，研究第九届人民代表大会第三次会议日程安排。

4 月 12 日的会议，研究第九届人民代表大会第三次会议遗留问题的处理。

4 月 25 日的会议，研究有关问题。

4 月 26 日的会议，研究 1986 年度人大工作要点。

5 月 7 日的会议，张玉庭主任传达市人大常委会会议精神。

6 月 16 日的会议，安排当前工作。

7 月 4 日的会议，研究 320 国道扩修有关问题。

7 月 7 日的会议，研究发展广播事业相关问题。

7 月 18 日的会议，研究有关工作。

9 月 4 日的会议，研究有关工作。

9 月 19 日的会议，传达市人大会议精神。

10 月 5 日的会议，研究全县山林纠纷有关情况。

10 月 21 日的会议，传达市人大会议精神。

11 月 8 日的会议，和财贸系统代表座谈。

11 月 16 日的会议，研究落实第十届人民代表大会代表名额。

11 月 17 日的会议，学习《人民日报》社论，介绍外地人大工作经验。

11 月 20 日的会议，研究人大换届选举。

1987 年

县人大常委会于本年度共召开主任办公会议或主任扩大会议27次，其中：

1月3日的会议，研究本届常委会下一次会议内容。

2月10日的会议，筹备第十届人民代表大会第一次会议，研究代表有关审查的工作。

3月12日的会议，研究财经开支情况。

5月16日的会议，传达省代表会议精神。

5月23日的会议，传达省代表会议精神，研究本届常委会下一次会议内容。

5月25日的会议，研究从人大机关抽调工作人员下乡搞计划生育的有关问题。

6月18日的会议，研究本届常委会第三次会议内容。

6月26日的会议，研究乡镇人大工作会议材料和会议安排。

7月15日的会议，研究本届常委会第四次会议内容，安排召开乡镇人大工作会议。

7月22日的会议，传达县委关于支援农村双抢抗旱的会议精神。

7月26日的会议，研究讨论县政府关于粮食收购的布告。

8月4日的会议，研究参加本届市人大常委会第十六次会议时的汇报内容。

8月7日的会议，传达市人大法制工作会议精神。

8月8日的会议，研究农村五保户供养问题。

8月17日的会议，传达市人大工作会议精神。

9月1日的会议，研究组织人大常委会委员视察问题。

9月17日的会议，传达市委关于人大、政协换届工作的会议精神。

11月2日的会议，听取周绍贤汇报市人大科教文卫工作会议精神。

11月9日的会议，听取肖湘政汇报市人大代表资格审查情况。

11月16日的会议，学习十三大精神，研究第十届人民代表大会第三次会议的筹备工作。

11月27日的会议，研究市人大代表资格审查情况。

12月9日的会议，传达市人大常委会主任会议精神。

12月17日的会议，就下乡走访发现的问题和“一府两院”通气。

12月31日的会议，研究有关问题。

1988年和1989年，县人大常委会主任办公会议记录缺失。

1990年

县人大常委会本年度共召开30次主任会议或主任扩大会议，其中：

1月13日的会议，研究第十一届人民代表大会第一次会议筹备工作。

1月20日的会议，研究讨论在本届人大代表选举中出现的一些问题。

2月14日的会议，研究代表资格审查和十一届一次人民代表大会召开的一些具体事宜。

3月5日的会议，讨论县人大常委会1990年工作要点和十一届一次人民代表大会后勤安排。

3月17日的会议，研究当前工作。

3月22日的会议，研究县人大常委会建房问题。

3月29日的会议，研究县人大常委会危房鉴定问题。

4月2日的会议，传达市人大会议精神。

4月□日（原始档案中缺日期）的会议，研究对县教委的调查事宜。

4月16日的会议，学习江泽民、李鹏在七届三次全国人大会议的讲话。

5月3日的会议，确定下次会议召开时间；研究办学习班的问题；学习江泽民在全国人大、政协两会上的讲话；研究增加全县农业投入和解决工农矛盾问题、人大建房计划落实问题和制订工作制度。

5月31日的会议，听取县人事局局长黎国宗关于全县职称评定工作的汇报。

6月4日的会议，研究全县蔬菜和粮食生产、水利建设以及谷洲水泥厂建设的有关问题。

6月7日的会议，部署安排执法检查和人大职工宿舍建设。

6月15日的会议，确定下次会议内容和召开时间。

6月23日的会议，学习彭冲讲话精神和通报市纪检会到县审查代表，侵犯代表民主权利的问题。

7月3日的会议，听取县检察院批捕股《关于干部违法案件的汇报》。

7月9日的会议，就市纪检会审查人大代表一案，提出维护人大代表民主权利和反映人大代表要求。

7月19日的会议，部署安排县人大常委会成立十周年纪念活动。

7月31日的会议，传达市人大会议精神。

8月4日的会议，通报省人大对市纪检会审查县人大代表的调查情况。

8月17日的会议，确定下次会议内容，部署安排县人大常委会成立十周年纪念活动，传达市人大常委会精神，筹备9月份代表视察事宜。

9月6日的会议，研究集中人力抗旱和其他有关工作。

9月18日的会议，研究有关工作。

10月6日的会议，传达市人大常委会会议精神，确定11月份召开人大工作经验交流会和县人大常委会成立十周年总结报告会。

11月8日的会议，研究相关工作。

11月16日的会议，研究县人大常委会成立十周年总结报告会的具体安排。

11月26日的会议，听取县广播局工作汇报。

12月24日的会议，审查塘渡口镇城建规划。

12月30日的会议，研究相关工作。

1991年

县人大常委会于本年度召开主任办公会议或主任扩大会议24次，其中4－6月召开7次，7－9月召开7次，10－12月召开10次。

1992年

县人大常委会于本年度召开主任办公会议或主任扩大会议24次，其中：

1月5日的会议，传达县委会议精神。

1月11日的会议，讨论县人大常委会工作报告。

1月20日的会议，讨论县人大常委会住宅楼分配方案。

1月24日的会议，研究有关工作。

3月20日的会议，研究县统战部提出的本县出席省人大的非党省人大代表名单。

4月18日的会议，研究本届常委会第十六次会议内容。

4月25日的会议，研究关于批准县工具二分厂迁址报告。

5月5日的会议，研究本届常委会第十七次会议召开事宜。

5月21日的会议，继续研究县工具二分厂迁址问题。

5月22日的会议，传达市人大常委会31次会议精神。

6月17日的会议，研究本届常委会第十八次会议内容和组织代表视察问题。

6月18日的会议，研究县人大常委会创办经济实体问题。

6月24日的会议，听取县公安局关于内保工作的汇报。

7月3日的会议，研究县检察院提请的原白马乡党委书记触犯刑律需予以逮捕的报告。

7月10日的会议，讨论县人大常委会住宅楼修建问题。

8月3日的会议，研究视察网箱养鱼和县人大常委会职工子女招工问题。

8月22日的会议，传达市人大工作会议精神。

9 月 4 日的会议，讨论市人大换届选举有关问题。

9 月 14 日的会议，研究召开本届人大常委会第二十次会议有关事宜。

9 月 21 日的会议，研究区乡选举和科技兴县有关问题。

10 月 31 日的会议，听取选举办公室汇报换届选举工作。

11 月 26 日的会议，听取县财政收支情况汇报。

11 月 28 日的会议，研究起草县人大常委会工作报告有关问题。

12 月 2 日的会议，听取全县选举工作情况汇报。

1993 年

县人大常委会于本年度召开主任办公会议或主任扩大会议 28 次，其中第一季度召开 7 次，第二季度召开 10 次，第三季度召开 6 次，第四季度召开 5 次。

1994 年

县人大常委会于本年度召开主任办公会议或主任扩大会议 35 次，其中：

1 月 3 日的会议，决定本届常委会第七次会议和本届人民代表大会第二次会议召开时间，研究县人大常委会 1994 年工作方案及召开人大工作经验交流会有关事项。

1 月 16 日的会议，研究 1993 年县人大常委会工作总结和 1994 年工作思路。

1 月 27 日的会议，听取县林业局工作汇报。

2 月 19 日的会议，研究本届人民代表大会第二次会议筹备工作。

4 月 7 日的会议，研究 1994 年工作安排和机关创收问题。

4 月 19 日的会议，研究 1994 年县人大常委会工作要点和副主任工作调整。

5 月 12 日的会议，传达市人大工作会议精神和确定本届县人大常委会第九次会议召开时间。

5 月 18 日的会议，研究创收创税问题。

6 月 3 日的会议，传达市人大常委会主任座谈会议精神和近来工作情况。

7 月 9 日的会议，研究本届人大常委会第十次会议召开时间、参加会议的单位及人员。

8 月 13 日的会议，研究本届人大常委会第十一次会议会议内容和对代表建议办理答复中存在的问题。

8 月 22 日的会议，听取县审计局关于粮食购销审计情况的汇报。

8 月 29 日的会议，确定本届人大常委会第十一次会议召开时间、参加单位及人员。

9 月 9 日的会议，研究有关工作。

10月25日的会议，研究本届县人大常委会第十二次会议召开时间和内容。

12月9日的会议，研究本届县人大常委会第十三次会议召开时间和内容，传达市人大工作会议精神；研究县霓虹灯厂有关问题；研究年终工作安排。

12月28日的会议，研究县人大工作会议召开时间、内容及会务安排，1995年工作打算特别是1995年的创收计划。

1995 年

县人大常委会于本年度召开主任办公会议或主任扩大会议14次，其中：

1月4日的会议，确定在人大工作会议上的表彰名单及人大工作会议会务安排；研究1995年创税创收方案。

1月16日的会议，传达市人大常委会关于组织代表对司法机关工作评议有关问题；进行1994年年终考核。

1月19日的会议，研究有关工作。

2月11日的会议，研究本届人民代表大会第三次会议筹备工作和本届人大常委会第十四次会议召开时间及内容。

2月16日的会议，研究县霓虹灯厂是否再办的问题。

2月27日的会议，研究本届人民代表大会第三次会议筹备工作的有关事项。

3月4日的会议，听取1994年财政决算和1995年财政预算情况的汇报。

4月7日的会议，确定本届县人大常委会第十五次会议召开时间和会议内容。

6月22日的会议，听取县法院关于市人民法院审判工作改革会议精神的汇报；研究本届人大常委会第十七次会议召开时间及会议内容。

8月31日的会议，听取县物价局关于物价条例贯彻实施情况汇报，听取县水利局关于水法贯彻实施情况的汇报，听取全县重点工程建设情况的汇报；研究关于乡镇人大换届选举的决议；研究本届县人大常委会第十八次会议召开时间及会议内容。

11月2日的会议，研究创办经济实体。

11月6日的会议，研究下次县人大常委会会议召开时间内容。

12月5日的会议，研究县人大常委会机关部分工作人员调整，落实部分工作人员待遇，研究司机问题，研究创办经济实体项目申报。

12月26日的会议，研究1995年县人大常委会工作总结和1996年工作打算。

1996 年

县人大常委会于本年度召开主任办公会议或主任扩大会议28次，其中第一季度召开7次，第二季度召开4次，第三季度召开7次，第四季度召开10次。

1997年

县人大常委会于本年度召开主任办公会议或主任扩大会议17次，其中：

1月2日的会议，研究本年度人大工作的4个特点，确定本届人民代表大会第五次会议召开日期，清理机关财务。

1月3日的会议，传达县委常委会议精神，研究人大机关调人问题。

1月27日的会议，研究1996年工作总结和1997年工作打算及本届人民代表大会第五次筹备情况。

3月27日的会议，研究县人大常委会各委室工作与效益挂钩问题。

4月14日的会议，研究制定机关财务制度。

4月21日的会议，审议本年度县财政预算方案。

4月28日的会议，研究召开政府组成局负责人会议和举办乡镇人大主席团主席业务培训班及其他工作。

6月7日的会议，研究会议召开的内容及其他工作。

7月18日的会议，听取县人民法院关于执法检查情况的汇报。

7月22日的会议，研究县人大常委会各委室副主任人选的配备问题。

9月30日的会议，研究换届选举工作方案。

10月6日的会议，听取县财政局关于1997年财政预算调整方案的汇报。

10月28日的会议，研究塘渡口镇代表名额分配及其他相关工作。

11月11日的会议，研究第十三届人民代表大会第一次会议筹备工作。

11月20日的会议，研究县内市人大代表候选人和县人大常委会组成成员候选人名单。

12月15日的会议，研究县人大常委会人员分工。

12月31日的会议，听取县财政局在本年度财政关账前的财政情况汇报。

1998年

县人大常委会于本年度共召开31次主任会议，其中：

1月6日的会议，研究人事任免。

1月19日的会议，研究全县三级干部会议召开之前，县人大常委会有关工作。

2月6日的会议，研究1998年县人大常委会工作要点。

2月19日的会议，研究制订机关相关制度和人员分流。

2月25日的会议，讨论1998年人大工作要点；听取本届人民代表大会第二次会议筹备情况汇报和人大建房选址问题。

2月26日的会议，听取县人民政府关于1998年财政预算情况汇报。

3月2日的会议，继续听取县人民政府关于1998年财政预算情况汇报。

3月23日的会议，听取审计工作情况汇报。

4月10日的会议，传达市人大工作会议精神，研究乡镇人大工作和组织乡镇人大主席团主席赴外地参观；研究机关财务管理。

5月4日的会议，研究机关财务清理和制订机关财务制度；研究会议准备工作和小溪市乡“普九”达标工作。

5月28日的会议，研究机关财务移交和机关建房。

6月4日的会议，研究机关内部财务开支。

6月23日的会议，研究当前有关工作。

6月30日的会议，听取县劳动局关于企业解困资金使用情况的汇报。

7月6日的会议，研究人大机关招收打字员问题。

7月9日的会议，研究副县长述职和组织委员视察。

7月14日至15日的会议，听取县审计局关于1997年财政预算情况的审计汇报。

8月10日的会议，研究执法检查、换届选举、部分政府组成局负责人述职评议等相关问题。

8月14日的会议，研究乡镇换届工作。

8月31日的会议，研究执法检查、人大常委会副主任述职评议和抗旱经费开支。

9月3日的会议，听取县国税局与玛钢件厂工作调查情况的汇报。

9月18日的会议，研究报刊征订、打字费开支、办公室印章管理等问题。

10月15日的会议，听取本届人民代表大会第三次会议筹备情况的汇报。

10月20日的会议，研究请代表评议县人大常委会工作的具体方案和第四季度工作安排。

11月2日的会议，听取“科技三项”经费使用情况的汇报。

11月9日的会议，安排当前工作，讨论本届县人大常委会第六次会议内容。

11月13日的会议，听取县人民政府关于农化资金安排情况和防洪保安资金征集、管理和使用情况的汇报。

12月9日的会议，安排当前工作。

12月18日的会议，安排当前工作。

12月29日的会议，听取县人民政府关于1998年财政预算预测完成情况的汇报。

1999 年

县人大常委会共召开 16 次主任会议，其中：

1 月 4 日的会议，研究第十三届县人民代表大会第三次会议筹备工作。

2 月 10 日的会议，听取塘渡口镇沙坪社区选举问题的调查汇报。

3 月 3 日的会议，研究第十三届人民代表大会第三次会议的会前准备工作。

3 月 11 日至 12 日的会议，听取县财政局关于 1998 年财政决算和 1999 年财政预算情况汇报。

4 月 1 日的会议，研究 1999 年人大工作要点、人大机关工作制度、工作安排及本届县人大常委会第九次会议内容。

6 月 15 日的会议，研究本届人大常委会第十次会议召开时间和会议内容，研究举办乡镇人大主席团主席学习班相关问题。

7 月 7 日的会议，研究本届人大常委会第十次会议的材料准备和合作基金会移交问题。

8 月 3 日的会议，研究本届人大常委会第十一次会议的安排和其他相关工作。

9 月 20 日的会议，听取县人民政府关于提请审议《调整 1999 年度财政预算支出的议案》的有关说明。

10 月 21 日的会议，研究本届人大常委会第十二次会议召开情况和组织代表视察及人事问题。

10 月 22 日的会议，听取县检察院关于提请对朱某某立案的汇报。

11 月 9 日的会议，听取本年度“三大议案”办理情况汇报。

11 月 21 日的会议，研究下次会议召开准备工作和组织常委委员视察相关工作。

12 月 14 日的会议，研究会议准备工作，本届人民代表大会第四次会议筹备工作及当前工作安排。

12 月 17 日的会议，研究娄底市公安局刑侦大队提请《拘留县人大代表朱某某的报告》。

2000 年

县人大常委会于本年度召开主任办公会议或主任扩大会议 23 次，其中：

1 月 17 日的会议，研究本年度机关综合治理工作。

2 月 14 日的会议，研究本年度乡镇人大工作目标管理。

3 月 5 日的会议，听取县审计局关于 1999 年县财政预算执行审计情况汇报。

3月18日的会议，研究办公室工作。

3月29日的会议，审议县人大常委会工作人员剖析材料。

4月18日的会议，讨论本年度工作要点，研究本届县人大常委会第十五次会议准备工作，讨论“三上三下”工作总结，研究人大党组整改方案。

5月11日的会议，研究有关工作。

6月5日的会议，研究治理经济环境、错案追究责任制等相关问题和庆祝县人大常委会成立20周年及当前工作。

6月27日的会议，研究建立错案追究责任制，听取关于计划生育经费审计情况汇报。

8月2日的会议，研究有关工作。

8月18日的会议，研究副县长述职评议和实施执法责任制等工作。

9月21日的会议，研究有关工作。

9月26日的会议，听取县建委关于自来水公司制止在自来水厂上游倾倒垃圾情况的汇报。

10月10日的会议，研究本届人大常委会第十八次会议准备、副县长述职、建立执法责任制等相关工作。

11月2日的会议，研究小溪市乡田心村沙洲的采沙矛盾处理。

11月22日的会议，研究副县长述职、年底有关工作工作安排、优秀人大代表评选、组织常委委员视察等工作。

12月5日的会议，研究本届人大常委会第十九次会议准备、本届人民代表大会第五次会议筹备工作、县人大常委会建立20周年庆祝活动等工作。

12月8日的会议，研究有关工作。

12月11日的会议，听取对副县长述职的反馈意见。

12月15日的会议，研究确定召开全县人大工作会议日期，讨论县委对人大工作的领导意见。

2001年

县人大常委会于本年度召开主任办公会议或主任扩大会议15次，其中第一季度召开5次，第二季度召开2次，第三季度召开5次，第四季度召开3次。

2002年

县人大常委会于本年度召开主任办公会议或主任扩大会议17次，其中：

1 月 15 日的会议，研究当前工作。

2 月 19 日的会议，研究本届人大常委会 28 次会议召开事宜；表彰乡镇人大目标管理先进单位。

3 月 4 日的会议，研究本届人民代表大会第六次会议筹备情况和全县产业调整。

3 月 7 日的会议，审查财政预算。

3 月 13 日的会议，通报县人大向县委的报告方案和县人大烤烟联点工作。

4 月 2 日的会议，讨论 2002 年县人大工作要点和修改人大常委会机关各项工作制度。

4 月 12 日的会议，研究本届人大常委会第 29 次会议召开和全县优化经济发展环境执法大检查有关事宜。

5 月 21 日的会议，研究执法责任制检查、全县农业产业结构调整和省人大代表候选人安排。

6 月 16 日的会议，研究本届人大常委会第 30 次会议召开事宜和机构改革方案。

6 月 25 日的会议，听取县房改办公室《住房资金管理和使用情况汇报》。

9 月 28 日的会议，研究第十四届人民代表大会代表名额分配和选举工作。

11 月 6 日至 7 日的会议，研究换届选举工作经费和省人大代表选举事宜。

11 月 13 日的会议，研究财政预算。

12 月 3 日的会议，研究新一届县人大常委会正副主任分工。

12 月 19 日的会议，听取 2002 年县财政决算汇报。

12 月 24 日的会议，讨论 2003 年人大工作要点、机关制度和当前工作。

12 月 28 日的会议，听取县财政局工作汇报。

2003 年

县人大常委会于本年度召开 16 次主任办公会议或主任扩大会议，其中：

3 月 31 日的会议，研究县人大常委会各委室工作责任制、执法责任制落实情况、县人民政府副县长述职有关事宜、各委室和政府部门联系座谈会的经费安排。

4 月 15 日的会议，研究下次人大常委会会议召开事宜、兼职委员的经费开支和县人大当前工作。

4 月 30 日的会议，研究当前工作。

5 月 9 日的会议，研究执法责任制签订情况和当前工作。

6 月 10 日的会议，研究第十四届人民代表大会第二次会议筹备工作和县人大常委会机关财务制度。

7月3日的会议，研究下次会议召开事宜。

7月14日的会议，研究县人民政府副县长接受代表评议事宜。

8月14日的会议，研究下次县人大常委会会议召开事宜。

9月10日的会议，研究委员视察、人事任免和当前中心工作。

9月12日的会议，研究全县“四冬”工作。

9月17日的会议，研究委员视察具体事项。

10月10日的会议，听取、评议县水利局局长、县交通局局长、县科技局局长述职情况和组织乡镇人大主席团主席出外考察事宜。

11月5日的会议，听取县财政预算调整情况汇报。

11月10日的会议，研究组织县人大代表视察事宜。

12月1日的会议，研究县人大常委会下段工作安排。

12月23日的会议，研究县人大常委会各委室工作目标管理、机关制度、优秀人大代表和乡镇人大工作目标管理先进单位表彰事宜。

2004年

县人大常委会于本年度召开24次主任办公会议或主任扩大会议。

1月2日的会议，研究关于“一府两院”有关负责人述职事宜。

1月17日的会议，研究代表提出的关于县物价局局长、县公安局局长、县地税局局长述职的议案等相关事宜。

2月6日的会议，研究当前工作。

3月5日的会议，听取财政预算情况汇报。

4月2日的会议，研究2004年人大工作要点、县人大常委会四月份工作安排和本届人大常委会第九次会议召开事宜。

4月16日的会议，研究宣传“三个邵阳”工作计划与方案。

4月28日的会议，研究人大机关开展“除陋习、树新风”活动计划和开展“五争”活动实施方案。

4月30日的会议，听取部分委员提出的县公安局局长、县经济发展局局长、县物价局局长述职的情况汇报。

5月11日的会议，研究县人大常委会五月份工作安排。

6月22日的会议，研究人事安排。

7月27日的会议，听取县检察院工作汇报。

8月3日的会议，研究当前工作和关于《农业法》执法检查方案。

9 月 1 日的会议，研究纪念人民代表大会制度建立五十周年的活动方案。

9 月 6 日的会议，研究人民代表大会制度建立五十周年纪念活动具体事宜。

9 月 14 日的会议，继续研究人民代表大会制度建立五十周年纪念活动具体事宜。

9 月 20 日的会议，研究举办法律知识抢答赛相关事宜。

10 月 9 日的会议，研究法律知识抢答赛活动、机关政治学习、代表视察、贯彻中共十六届六中全会精神和老干部座谈会等相关事宜。

11 月 15 日的会议，研究县人大常委会 11－12 月工作部署。

11 月 22 日的会议，研究机关工作。

12 月 13 日的会议，听取唐清洲主任关于考察西欧的情况介绍。

12 月 20 日的会议，听取县物价局局长陈舜田关于物价工作的汇报、研究当前工作。

12 月 29 日的会议，听取 2004 年财政决算情况汇报。

2005 年

县人大常委会于本年度召开 32 次主任办公会议或主任扩大会议，其中：

1 月 18 日的会议，研究省、市县人大代表和省市县政协委员视察活动准备工作。

2 月 22 日的会议，研究本届县人大常委会第十四次会议准备工作。

3 月 17 日的会议，听取第十四届人民代表大会第三次会议筹备情况的汇报。

3 月 18 日至 19 日的会议，听取 2005 年财政预算情况汇报。

3 月 31 日的会议，研究当前工作。

4 月 22 日的会议，讨论研究县人大常委会 2005 年工作要点和县政府主要部门负责人述职事宜。

5 月 9 日的会议，研究当前工作。

5 月 16 日的会议，研究有关人事任免。

6 月 14 日的会议，研究下次会议召开事宜和当前相关工作。

7 月 11 日的会议，研究副县长述职评议、市人大代表考察、乡镇人大主席座谈、各委室绩效考核、委员外出考察学习及下次会议的准备工作。

7 月 19 日至 20 日的会议，研究有关人事任免、扫黄打非等工作事宜。

8 月 2 日的会议，研究县人大常委会 8—9 月工作安排。

8 月 16 日的会议，研究下次会议的准备工作。

9 月 2 日的会议，听取县检察院关于潭邵高速公路指挥部 7 名犯罪嫌疑人犯罪情况的汇报。

9月7日的会议，听取担保公司担保资金审计情况的汇报。

10月9日的会议，听取县检察院关于潭邵高速公路指挥部部分人员违法情况的汇报。

11月9日的会议，研究县人大常委会11－12月工作安排。

11月12日的会议，听取2005年财政预算调整方案的汇报。

12月6日的会议，听取《邵阳县人民政府机构改革方案实施意见》的汇报。

12月26日的会议，研究省、市人大代表和县人大常委会委员视察的有关安排。

12月29日的会议，听取县财政决算情况汇报。

2006年

县人大常委会于本年度召开26次主任办公会议或主任扩大会议，其中：

1月5日的会议，研究有关人事任免问题。

1月9日的会议，听取县法院工作汇报。

2月9日的会议，研究第十四届人民代表大会第二次会议筹备情况。

2月20日的会议，研究当前工作。

3月6日的会议，县组织部部长刘文贤就有关人事安排和县人大常委会通气。

3月13日的会议，审查县财政预算。

3月27日的会议，研究当前工作。

4月19日的会议，研究当前工作。

6月13日的会议，研究本届人大常委会第二十次会议准备工作和计划生育中心工作。

8月8日的会议，研究本届人大常委会第三十三次会议准备工作和向县委、县政府递交责任状事宜。

8月23日的会议，研究确定上报一名乡镇人大主席作为全市人大先进工作者。

9月20日的会议，研究人事任免前的有关准备工作。

10月16日的会议，研究下次人大常委会会议的准备工作。

10月31日的会议，传达省人大关于学习监督法的有关精神。

11月24日的会议，听取调整2006年财政预算和县人民政府《加强法制宣传教育》议案情况的汇报。

12月5日的会议，研究人大常委会会议准备、组织省市代表视察和学习《监督法》等事宜。

12月29日的会议，听取2006年财政决算情况的汇报。

2007年

县人大常委会于本年度召开主任办公会议或主任扩大会议19次（包括党组和主任联合会议9次），其中：

1月某日（原材料上本次会议召开的时期缺）的会议，对县法院提请的县人大代表某某某犯重婚罪，须采取强制措施一事进行研究并做出决定。

1月18日的会议，研究关于成立规范性文件审查备案机构。

2月6日的会议，研究本届人民代表大会第四次会议的筹备工作，审查本届人民代表大会第四次会议《人大常委会工作报告》，安排当前工作。

2月27日的会议，研究召开本届人民代表大会第四次会议的具体工作。

3月9日的会议，听取2007年财政预算情况的汇报。

3月29日的会议，对本届人民代表大会第四次会议召开情况进行总结，研究发展产业项目建设有关问题。

4月29日的会议，审议2007年《人大常委会工作要点》。

5月14日的会议，讨论确定下一次人大常委会会议召开时间，讨论制定《评选人大工作先进个人活动方案》和《争先创优活动方案》。

6月12日的会议，研究县乡两级换届工作方案和增加一次人大常委会会议的具体事宜。

7月3日的会议，研究塘渡口火车站开通仪式相关事宜。

7月11日的会议，听取唐清洲主任赴美国考察公务员制度和政党制度的情况介绍，研究当前工作。

7月12日的会议，和赵湘明县长商议讨论财政贷款的相关事宜，并就换届选举有关事项征求赵湘明县长的意见。

9月26日的会议，讨论换届选举实施方案。

10月8日至9日的会议，讨论关于对乡镇换届工作的指导，研究成立县选举委员会。

10月24日的会议，研究第十五届人民代表大会代表名额分配，确定换届选举日。

10月31日的会议，研究第十五届人民代表大会第一次会议筹备工作。

11月15日的会议，研究市人大代表名额分配方案。

11月19日的会议，审议第十五届人民大会第一次会议议程、会议召开日程、代表团组团方案。

11月22日的会议，讨论第十五届人民代表大会第一次会议后勤安排。

11 月 26 日的会议，听取五峰铺镇（第六选区）选举情况的汇报。

12 月 4 日的会议，研究会议制度和委室班子调整。

12 月 11 日的会议，研究县人大常委会班子成员分工。

12 月 24 日的会议，听取 2007 年财政预算调整和财政决算情况的汇报。

2008 年

县人大常委会于本年度召开 18 次主任办公会议或主任扩大会议，其中：

1 月 7 日的会议，宣布新的班子成员分工，研究执法检查、乡镇人大工作目标管理、县人大常委会 2008 年工作计划等。

1 月 21 日的会议，研究有关工作。

2 月 15 日的会议，听取各委室主任关于 2008 年工作安排的汇报。

2 月 27 日至 28 日的会议，研究执法责任制考核评分情况。

4 月 3 日的会议，审议《邵阳县人民代表大会常务委员会工作简则》等 3 个文件草案。

4 月 11 日的会议，听取 2008 年财政预算情况的汇报。

4 月 18 日的会议，研究当前工作。

5 月 5 日的会议，研究当前工作。

5 月 22 日的会议，研究讨论振羽新区建设、组织检查学习《森林法》的方案、执法责任制工作、本届人大常委会第五次会议准备工作、开展优质服务竞赛活动方案、污水处理和规划收编等问题。

7 月 29 日的会议，听取学习森林法执法检查情况汇报，确定第六次会议召开时间和有关工作评议问题。

9 月 16 日的会议，为森林法执法检查情况汇总会议。

9 月 23 日的会议，研究通过评议县政府办公室、县建设局、县地税局工作的实施方案和《财政监督暂行办法》，研究本届人大常委会第七次会议的准备工作。

11 月 5 日的会议，研究关于对县政府办公室、县建设局、县地税局 3 个单位工作评议的方案。

12 月 2 日的会议，研究下次人大会议的准备和部署执法责任制检查。

12 月 10 日的会议，研究当前工作。

12 月 23 日的会议，听取对县政府办公室、县建设局、县地税局 3 个单位工作评议情况的汇报。

2009 年

县人大常委会于本年度召开 21 次主任办公会议或主任扩大会议，其中：

2 月 4 日的会议，讨论《2009 年度县人大常委会工作要点》和第十五届全县人民代表大会第三次会议筹备情况。

2 月 13 日的会议，听取第十五届人民代表大会第三次会议筹备情况汇报。

2 月 24 日的会议，听取 2008 年度考核情况的汇报。

2 月 26 日的会议，听取 2009 年度财政预算情况的汇报。

4 月 13 日的会议，研究当前工作。

5 月 12 日的会议，研究迎接学习科学发展观检查有关事宜。

5 月 21 日的会议，确定 6 月人大会议召开时间和 6－12 月人大会议与会人员安排；研究组织市县人大代表考察事宜。

6 月 16 日的会议，讨论确定预算工作委员会的工作职责，研究建整扶贫工作和学习科学发展观。

6 月 30 日的会议，研究 7 月开展执法检查的实施方案。

8 月 3 日的会议，研究本届人大常委会第十三次会议准备和城乡规划法执法检查。

8 月 14 日的会议，听取县检察院工作汇报。

8 月 21 日的会议，听取关于城乡规划法执法检查情况的汇报，讨论有关人事问题。

8 月 25 日的会议，交办关于贯彻城乡规划法的几个典型案子。

9 月 3 日的会议，听取关于生猪调出大县奖励资金和能繁母猪补助资金落实情况的汇报。

9 月 8 日的会议，研究对县检察院、县安监局、县国税局 3 个单位进行工作评议的方案，研究纪念县人大常委会成立 30 周年活动实施方案。

10 月 9 日的会议，确定 10 月份人大会议召开时间，听取工作评议开展情况、《中华人民共和国义务教育法》学习情况、全县粮食生产情况、代表工作情况 4 个方面的工作汇报。

10 月 23 日的会议，听取对县检察院工作评议情况的汇报。

11 月 12 日的会议，研究部署执法责任制检查、乡镇人大主席团年度考核、召开乡镇人大工作现场会、县人大常委会成立 30 周年庆祝活动、授予优秀人民公仆等工作。

12 月 3 日的会议，研究县人大常委会年前的工作安排；听取县检察院有关案件的情况汇报。

12 月 21 日的会议，听取财政预算调整情况的汇报。

2010 年

县人大常委会于本年度召开 21 次主任办公会议或主任扩大会议，其中：

1 月 4 日的会议，研究人大常委会 2010 年工作要点。

1 月 8 日的会议，研究本届人代表大会第四次会议筹备工作。

1 月 22 日的会议，继续研究本届人民代表大会第四次会议筹备，讨论评优评先和 2010 年人大常委会工作要点。

2 月 21 日的会议，讨论本届人民代表大会第四次会议《人大常委会工作报告》《政府工作报告》，确定下次人大会议召开时间。

3 月 15 日的会议，研究人大常委会机关规章制度和乡镇人大工作以及优秀人大代表竞赛活动方案。

3 月 26 日的会议，研究联点创税、机关工作作风、医保和代表考察等工作。

4 月 6 日的会议，通过执法责任制方案，确定下次会议和人大常委会委员考察时间。

4 月 9 日的会议，听取关于黄亭市镇阳光村党支部书记邓旺来非法开采锰矿、损毁林地的情况汇报。

5 月 27 日的会议，确定下次会议召开时间和确定工作评议的单位，研究乡镇人大主席团主席培训和当前工作。

8 月 2 日的会议，研究 8 月份人大会议的准备工作。

8 月 5 日的会议，讨论学习《财政工作监督办法》，听取预备费支出情况的汇报。

8 月 16 日的会议，听取县交通局工作汇报。

9 月 3 日的会议，研究县人大常委会原副主任陆阮阶逝世的后事安排。

9 月 9 日的会议，研究《中华人民共和国土地管理法》执法检查实施方案。

9 月 25 日的会议，确定 10 月会议召开时间，落实土地管理法执法检查。

10 月 25 日的会议，听取土地管理法执法检查情况的汇报。

11 月 12 日的会议，为县人大民主生活会，同时还研究了乡镇人大争先创优及人事任免。

12 月 13 日的会议，研究有关工作。

2011 年

县人大常委会于本年度召开 17 次主任办公会议或主任扩大会议，其中：

1 月 5 日的会议，讨论全县《“十二五”规划纲要》。

2 月 23 日的会议，研究人大常委会 2011 年工作要点和本届人民代表大会第五次会议筹备工作。确定执法责任制目标管理先进单位、优秀乡镇人大代表名额和下次会议召开时间。

3月4日的会议，继续研究本届人民代表大会第五次会议筹备工作。

3月8日的会议，研究财政预算方案。

4月7日的会议，评选优秀代表小组、优秀人大代表、优秀人民法官、优秀人民检察官、优秀人民警察；确定下次会议召开时间。

4月12日的会议，对2010年底干部考察情况进行汇总。

5月5日的会议，研究周绍贤逝世的后事安排。

5月27日的会议，听取全县林权改革和食品安全工作汇报；研究6月份会议工作和机关廉政工作。

8月17日的会议，听取环保法执法检查情况汇报；研究《中国共产党党员领导干部廉洁从政若干准则》实施方案；确定8月份会议召开时间。

9月2日的会议，听取县检察院有关工作汇报。

9月10日的会议，研究有关工作。

9月15日的会议，研究对县公安局、县经信局的工作评议。

9月28日的会议，传达市人大会议精神；研究评选全市人大系统先进个人。

10月8日的会议，研究组织人大老干部外出考察事宜，确定10月份会议召开时间。

10月20日的会议，讨论推迟会议召开时间。

11月10日的会议，研究乡镇人大工作争先创优考核工作和执法责任制检查。

2012年

县人大常委会于本年度召开31次主任办公会议或主任扩大会议，其中：

1月8日的会议，研究县人大常委会2012年工作要点。

2月6日的会议，研究邓志卿逝世的后事安排。

2月9日的会议，研究机关规章制度和2012年工作要点；评选执法责任制目标管理先进单位、乡镇人大主席团先进单位、优秀人民法官、优秀人民检察官和优秀人民公仆；讨论《工作评议暂行办法》；确定下次会议和本届人民代表大会第六次会议召开时间。

3月6日的会议，研究支农、群众工作和信访接待工作。

3月16日的会议，布置当前工作。

3月22日的会议，研究本届人民代表大会第六次会议召开的具体事宜。

4月1日的会议，传达县委会议精神。

4月16日的会议，研究安排本届人民代表大会第六次会议有关事项。

4月19日的会议，听取2012年财政预算情况汇报。

4月20日的会议，研究解决县人大常委会3个农民委员的社保问题。

5月2日的会议，研究有关工作。

5月10日的会议，研究评先评优和部署开展扪心“三问”活动。

5月23日的会议，研究“三违”整治工作。

5月28日的会议，研究当前工作。

6月8日的会议，传达贯彻全县办公室工作会议精神。

7月12日的会议，研究换届选举前期准备工作。

7月27日的会议，听取县公安局关于打黑除恶的专题汇报。

8月6日的会议，研究县乡两级换届工作。

8月7日的会议，研究退居二线人员外出考察问题。

8月10日的会议，安排迎接省人大到县调研。

8月22日的会议，研究人大换届工作。

9月4日的会议，研究人大换届联片包乡工作安排。

10月10日的会议，研究十六届人大代表名额分配方案。

10月16日的会议，继续研究十六届人大代表名额分配方案和新一届县人大常委会委员候选人名单。

11月8日的会议，研究第十六届人民代表大会第一次会议筹备工作。

11月15日的会议，继续研究第十六届人民代表大会第一次会议筹备工作。

11月20日的会议，研究省市人大代表候选人名单。

11月26日的会议，听取关于第十六届人民代表大会第一次会议各工作组工作筹备情况的汇报。

12月5日的会议，总结第十六届人民代表大会第一次会议召开情况。

12月14日的会议，部署年底执法责任制目标管理和乡镇人大“争先创优”活动考核检查。

12月24日的会议，听取2012年财政预算调整情况汇报。

2013年

县人大常委会于本年度召开25次主任办公会议或主任扩大会议，其中：

1月8日的会议，会议研究第十六届县人大常委会班子成员分工。

1月16日的会议，研究春节前工作安排。

2月20日的会议，研究2013年工作部署。

3月6日的会议，研究第十六届人民代表大会第二次筹备工作。

3月19日的会议，部署第十六届人民代表大会第二次会议的会务工作。

3月20日的会议，研究评选乡镇人大争先创优先进单位和执法责任制目标管理先进单位。

3月21日的会议，传达贯彻县委关于联乡驻村入户服务工作会议精神。

4月17日的会议，总结第十六届人民代表大会第二次会议召开情况。

5月7日的会议，研究有关工作。

6月14日的会议，为县委书记蒋伟到县人大调研的座谈讨论会。

6月28日的会议，传达贯彻县委有关会议精神。

7月22日的会议，研究财务改革和其他相关事项，讨论下一次会议工作。

7月31日的会议，听取县公安局打黑除恶工作汇报。

8月19日的会议，部署安排人大代表业务学习班相关事宜。

8月28日至29日的会议，听取杨卫东副县长和县教育局负责人关于县一中搬迁工作的情况汇报。

9月11日的会议，专题研究置换土地用于县信用社组建农商银行的议案。

9月19日的会议，研究人大机关工作。

9月30日的会议，部署第四季度县人大常委会工作。

10月8日的会议，部署《中华人民共和国食品安全法》执法检查。

11月21日的会议，听取食品安全法执法检查情况汇报；研究当前工作。

11月28日的会议，研究有关人事安排。

12月10日的会议，听取财政预算调整情况的汇报。

12月25日的会议，研究春节前工作安排，传达学习党风廉政建设会议精神。

2014年

县人大常委会于本年度共召开12次主任会议或主任扩大会议，其中：

1月22日的会议，总结回顾县人大常委会2013年工作，研究部署县人大常委会2014年的工作。

3月3日的会议，贯彻县委经济工作会议精神，研究争先创优工作。

3月10日的会议，听取财政预算编制情况汇报。

5月20日的会议，研究本届常委会第八次会议有关事项。

7月18日的会议，研究本届常委会第十五次会议有关事项。

9月3日的会议，听取长沙县公安局介绍邵阳县人大代表某某某涉嫌犯罪情况。

9月22日的会议，传达学习习近平在庆祝全国人民代表大会制度建立60周年大会上的重要讲话精神，研究部署县人大常委会庆祝活动。

11月28日的会议，传达中央和省委关于衡阳案件的处理结果，安排人民代表大会制度“七个一”活动有关工作。

11月24日的会议，研究财政预算调整。

11月26日的会议，研究县政府提交的“七个”融资议案；研究人民代表大会制度建立60周年庆祝大会议程和征文有关事宜。

2015年

县人大常委会于本年度共召开15次主任会议或主任扩大会议，其中：

1月20日的会议，研究出席省、市人大会议的会务工作；部署年度检查考核；研究第十六届全县人民代表大会第四次会议筹备工作和年终送温暖献爱心活动。

3月16日的会议，研究第十六届人民代表大会第四次会议和本届县人大常委会第四次会议有关事宜；讨论《人大工作要点》和《人大工作报告》。

3月18日的会议，研究执法责任制目标管理和年终评先评优事宜。

3月25日晚的会议，听取当天上午人民代表大会和下午人大会议讨论情况的汇报。

3月27日的会议，研究本届县人大常委会第十六次会议有关事项，讨论2015年岗位责任目标管理考核办法。

7月20日的会议，研究本届县人大常委会第十七次会议有关事项；传达纪念抗战胜利70周年特别防护期的安全、信访和保卫工作。

9月14日的会议，研究本届常委会第十八次会议有关事项。

9月21日的会议，听取县检察院有关工作汇报，听取县政府提出的融资议案情况汇报。

10月20日的会议，研究本届县人大常委会第十九次会议有关事项，研究个别人大代表的处理意见。

10月28日的会议，听取县政府关于融资议案情况的汇报。

11月20日的会议，听取县政府关于乡镇区划调整实施方案的汇报，研究本届县人大常委会第二十次会议有关事项。

11月27日的会议，研究有关工作。

12月4日的会议，听取县人民政府办理建议、批评和意见情况的汇报。

2016 年

县人大常委会于本年度共召开 15 次主任会议或主任扩大会议，其中：

1 月 8 日的会议，研究“三严三实”教育有关问题、召开春节干部职工会和老干座谈会有关问题、出席省市人大代表大会的会务工作和第十六届全县人民代表大会第五次会议筹备工作。

2 月 1 日的会议，研究春节值班工作。

3 月 16 日的会议，听取关于“十三五”规划和当年财政预算的汇报，研究本届常委会第二十三次会议有关事项。

3 月 21 日的会议，研究县一中搬迁申请贷款事宜。

4 月 14 日的会议，研究人大代表涉嫌违法违纪依法许可事项。

5 月 16 日的会议，研究本届常委会第二十五次会议有关事项。

5 月 19 日的会议，继续研究本届常委会第二十五次会议有关事项。

5 月 26 日的会议，审议县政府提请审议的非税收入质押贷款融资方案。

5 月 27 日的会议，安排精准扶贫工作评估迎检；传达省市换届工作会议精神。

6 月 1 日的会议，听取县检察院关于一名人大代表涉嫌违法，拟采取法律强制措施，申请人大许可的汇报；传达县委关于换届工作会议的要求。

7 月 1 日的会议，学习传达省市换届工作文件精神；研究下一次县人大常委会议有关事项。

8 月 10 日的会议，研究妇幼保健院建设融资议案。

9 月 19 日的会议，推荐出席县党代会代表人选；听取审议县人大常委会推荐到乡镇参选的代表候选人情况介绍。

10 月 18 日的会议，研究本届常委会第三十一次会议有关事项。

11 月 11 日的会议，研究本届常委会第三十一次会议有关事项（此次主任扩大会议为第十六届县人大常委会召开的最后一次主任会议，另于年内 12 月 1 日、12 月 19 日召开过两次主任会议，属第十七届县人大常委会召开的主任会议）。

第四章　决议决定重大事项

第一节　决定重大事项的规定

1985年1月31日，经第九届县人大常委会第六次会议讨论通过，作出《邵阳县人民代表大会常务委员会关于依法审议决定重大事项的范围、程序和方法的暂行规定》，全文如下：

为了健全人大常委会的工作制度，有效地全面地行使法律赋予的职权，发挥地方国家权力机关的职能作用，使社会主义民主制度化、法律化，根据宪法和地方组织法的有关规定，特制订县人大常委会审议本行政区域内重大事项的范围、程序和方法的规定。

一、关于审议、决定重大事项的范围

1、对国家宪法、法律、政策、政令、法令的贯彻实施。

2、全县国民经济和社会发展计划，财政预算的部分变更，地方机动财力的安排，城镇建设规划，以及基本建设投资50万元以上的扩建和新建企业，100万元以上的水电、交通基本建设工程的安排。

3、全县工农业、财贸工作、市场物价以及其他经济建设方面的重大决策。

4、全县教育、文化、卫生、体育、科学技术、计划生育、环境保护、民政等方面的重大事项，如县办中学（包括职业中学）和县、区医院的调整布局、中小学教育发展规划、重大救济经费的开支等。

5、为抓经济建设，维护社会治安，保护人民群众利益而制订的重大行政措施，如发布的决议、布告、命令等。

6、本县乡（含乡）以上行政区划的调整变更，局以上（含局）行政机构的增加、撤销和合并。

7、县人民政府组成人员，县人民法院副院长、审判委员会委员、审判员、正副庭长，县人民检察院副检察长、检察委员会委员、检察员的任免。县人大常委会机关负责人的任免。

8、对县人民政府、县人民法院、县人民检察院贯彻执行县人民代表大会及其常务委员会的决议、决定的情况。

9、改变或撤销本级人民政府不适当的决议、决定，改变或撤销镇乡人民代表大会不适当的决议、决定。

10、本级人民代表大会代表提案的办理情况。

11、本级人民代表大会代表，非经本级人民代表大会常务委员会同意，不受逮捕或者审判，如果是因为现行犯被拘留，执行拘留的机关必须立即报请本级人大常委会批准。

12、授予县级荣誉称号，如劳动模范等。

二、关于审议程序

1、凡属提请人大常委会审议、决定、任免的事项，提请单位必须在人大常委会召开会议前的十五天，就审议的问题向县人大常委会办公室提供书面材料，以便转交给人大常委会委员审阅，作好会前准备。

2、人大常委会召开会议听取县人民政府、县人民法院、县人民检察院汇报有关工作时，有关单位必须认真准备，如实汇报，并按第一条规定报送材料。

3、需要临时提请审议的事项，另行确定。

4、人大常委会对提请审议的问题作出决定、决议后，有关单位必须认真执行，并按要求及时汇报执行情况。

三、关于审议方法

1、县人大常委会对提请审议、决定的有关事项，会前要广泛听取各方面的意见，会议中要充分发扬民主，坚持民主集中制，少数服从多数的原则，实事求是地决定问题。

2、县人大常会审议、决定重大事项时，县人民政府、县人民法院、县人民检察院及有关单位的负责人应列席会议，听取意见，参加讨论、研究，负责解答和说明。

3、县人大常委会的决定、决议，可指定有关单位草拟，经常务委员会讨论、修改、通过，从公布之日起生效。

4、县人民政府及政府所属部门和县人民法院、县人民检察院所作的决定、指示和编写的季、年度报表，总结材料等应抄送县人大常委会，以便及时了解“一府两院”的工作情况和审议、决定有关事项时参考。

以后，县人大常委会在审议决定全县重大事项时，基本按照本《规定》规定的范围、程序和办法进行。

第二节　批准财政预决算和经济发展计划

一、批准财政预算、决算

1980 年 12 月设立县人大常委会后，从 1981 年起，县人民政府每年的财政预决算，均须经县人大常委会会议审议批准通过后，交县人民政府财政主管部门执行，并由县人民政府委托财政主管部门向全县人民代表大会作出预算和预算执行情况的报告，经全县人民代表大会审议后做出决议。1981 年至 2016 年，各届全县人民代表大会和县人大常委会共作出关于各年度财政预算和预算执行情况的决议 37 次。

除批准每年度的财政预决算和财政预算调整方案外，县人大常委会还针对不同时期的财政管理状况，作出决议决定，重要的有：

1981 年 7 月 5 日，第八届县人大常委会第五次会议作出《关于正确实行奖励制度，坚决制止滥发奖金的决议》。

1989 年 9 月 20 日，第十届县人大常委会第十八次会议作出《关于加强支农资金管理的决议》。

1994 年 9 月 26 日，第十二届县人大常委会第十一次会议作出《关于加强预算外资金管理的决议》。

1996 年 5 月 8 日，第十二届县人大常委会第二十六次会议作出《关于建立财政预决算审批监督程序的暂行规定》。

1997 年 4 月 22 日，第十二届县人大常委会第三十二次会议通过《邵阳县第十二届县人大常委会关于授权批准我县 1996 年财政执行情况和 1997 年财政预算的决议》，授权县人大常委会主任会议，批准 1996 年的财政执行情况和 1997 年全县财政预算。

1999 年 1 月 21 日，第十三届县人大常委会第七次会议作出《关于乡镇人民代表大会审批本级财政预算、决算和监督执行情况的暂行办法》。

二、批准全县经济发展计划、规划

从 1984 年第九届人民代表大会第一次会议开始，每年全县国民经济计划和社会发展规划的制订和执行，均由县人民政府委托计划主管部门提请县人大常委会审议批准，并由县人民政府委托计划主管部门向全县人民代表大会作出报告，提请全县人民代表大会审议通过。1984 年至 2016 年，各届全县人民代表大会和县人大常委会共审议批准通过各年度全县国民经济计划和社会发展规划 34 次。

除批准各年度的全县国民经济计划和社会发展规划外，全县人民代表大会和县人大常委会在全县经济计划和社会发展规划方面，还作出如下重要决议、决定：

1992 年 3 月 9 日，第十一届民代表大会第三次会议，决议通过《关于邵阳县国民经济和社会发展规划第八个五年计划纲要》。

1996 年 3 月 17 日，第十二届人民代表大会第四次会议作出《关于邵阳县国民经济和社会发展“九五”计划和 2010 年远景规划目标纲要的决议》。

2000 年 1 月 12 日，第十三届县人大常委会第十三次会议作出《关于〈实事求是统计全县农民人均纯收入的议案〉立案的决定》。

2000年3月2日，第十三届县人大常委会第十四次会议作出《关于我县1999年农民纯收入认定的决定》。

2001年3月16日，第十三届人民代表大会第五次会议作出《关于批准〈邵阳县国民经济和社会发展“十五”计划纲要（草案）〉的决议》。

2006年3月19日，第十四届人民代表大会第五次会议作出《关于邵阳县“十一五”规划纲要的决议》。

2011年3月16日，第十五届人民代表大会第五次会议批准通过《关于〈邵阳县国民经济和社会发展“十二五”规划纲要〉的决议》。

第三节　决定经济建设和社会发展大事

在全县实施人民代表大会制度之前，邵阳县各界人民代表会议作出关于全县经济发展、政权建设和社会发展大事的重要决议、决定有：

第一届各界人民代表会议第一次会议作出的《关于清剿匪特、安定革命秩序的决议》《关于减租的决议》《关于生产节约、备荒救灾的决议》《关于整理地方财政的决议》《关于推销人民胜利折实公债的决议》《关于文化教育的决议》；

第一届各界人民代表会议第二次会议作出的《关于征粮和发动群众整修塘坝的决议》；

第一届各界人民代表会议第四次会议做出的《关于支援抗美援朝、保家卫国的决议》等。

在全县实施人民代表大会制度之后但未设立全县人民代表大会常务委员会之前，历届全县人民代表大会作出的关于全县经济和社会发展的重要决议决定有：

1955年12月30日，第一届人民代表大会第三次会议作出的《修筑塘渡口至邵阳市县道公路的决议》（中华人民共和国成立后全县修建的第一条公路，编者注）《修建石盆水库的决议》（全县修建的第一座水库，编者注）《关于更改全县同名乡乡名的决议》等。

第八届人民代表大会第一次会议设立县人大常委会后，凡关系全县经济发展和社会进步的大事，都在全县人民代表大会和县人大常委会支持和参与下开展实施，县人民政府的重大施政方略和“两院”的重要执法行动，都在全县人民代表大会和县人大常委会审议通过后和依法监督下实施。除此而外，全县人民代表大会和县人大常委会就一些事关发展全局和特别重要的大事，直接作出决议、决定。1981－2016年，全县人民代表大会和县人大常委会对全县经济建设和社会发展做出的重要决议、决定有：

1981年7月5日，第八届县人大常委会第五次会议作出《关于调整普通中学设点布局，扎扎实实提高教育质量的决议》。

同日，同次县人大常委会会议作出《关于尊重教师，提高教师地位，充分相信和依靠他们办好教育事业的决议》。

1984 年 9 月 26 日，第九届县人大常委会第四次会议作出《关于进一步办好全县中小学教育的决议》。

1987 年 3 月 4 日，第十届人民代表大会第一次会议作出《关于制止乱砍滥伐，全面开展封山育林的决议》。

1988 年 3 月 30 日，第十届人民代表大会第三次会议作出《关于加强粮食生产的决议》。

1989 年 4 月 14 日，第十届人民代表大会第四次会议作出《关于制止乱占耕地，切实加强土地管理的决议》。

1989 年 11 月 26 日，第十届县人大常委会第二十次会议作出《关于加强职业技术教育的决议》。

1990 年 2 月 20 日，第十一届人民代表大会第一次会议作出《关于加强水利建设的决议》。

1991 年 7 月 27 日，第十一届县人大常委会第十一次会议通过《邵阳县九年义务教育规划》。

1992 年 9 月 29 日，第十一届县人大常委会第二十一次会议作出《关于科技兴县的决议》。

1994 年 3 月 23 日，第十二届人民代表大会第三次会议作出《关于对第十一届全县人民代表大会第一次会议做出的〈关于切实加强水利建设的决议〉部分条款予以修改的决定》。

1995 年 5 月 19 日，第十二届县人大常委会第十五次会议作出《关于〈邵阳县撤区并乡建镇行政区划调整方案〉的决议》。

1995 年 12 月 28 日，第十二届县人大常委会第二十一次会议作出《关于东山等 26 村行政区划调整的决定》。

2004 年 3 月 12 日，第十四届人民代表大会第三次会议作出《关于〈坚决取消公路运营线路垄断议案〉的决定》。

2013 年 5 月 29 日，第十六届县人大常委会第三次会议作出《关于批准邵阳县大坝河流域夫夷新城城区段堤防工程向国家开发银行申请中长期贷款及委托建设资金列入财政预算的决议》。

2013 年 12 月 13 日，第十六届县人大常委会作出《批准县人民政府〈关于置换土地用于县信用联社组建农商银行议案〉的决议》。

2014－2015 年，县人大常委会先后批准县人民政府就夫夷新区路网建设、土地整理项目建设、堤防工程建设、夫夷新区土地收储整理项目建设、工业园区开发建设、棚户区改造项目、城镇自来水建设等一系列工程建设提请融资贷款的决定。

2015 年 11 月 20 日，第十六届县人大常委会第二十次会议作出批准县人民政府提请审议的《关于〈邵阳县乡镇区划调整方案〉的决定》

第四节　决定民主法制建设和民生大事

一、决定民主法制建设大事

自县人大常委会成立以来，为使全县公民和各级干部学法、懂法、守法和依法办事，县人大常委会除先后作出或提请全县人民代表大会作出了关于“一五”“二五”“三五”“四五”“五五”“六五”普法宣传教育的决议外，还先后就全县民主法制建设作出的重要决议、决定有：

1982 年 5 月 30 日，第八届县人大常委会第十次会议作出《关于打击经济领域中严重犯罪活动的决议》。

1985 年 1 月 31 日，第九届县人大常委会第六次会议作出《关于依法审议决定重大事项的范围、程序和方法的暂行规定》。

1985 年 3 月 27 日，第九届县人大常委会第七次会议作出《关于向全县公民加强法制宣传教育，普及法律常识的决议》。

1996 年 9 月 22 日，第十二届县人大常委会第二十八次会议作出《关于在全县公民中开展法制宣传教育第三个五年规划的决议》。

1998 年 7 月 24 日，第十三届县人大常委会第四次会议作出《关于县人民政府副县长届内向人民代表大会述职，接受代表评议的实施细则》。

2003 年 3 月 17 日，第十四届人民代表大会第二次会议再次作出《关于县人民政府副县长届内向人民代表大会述职，接受评议的决定》。

2004 年 3 月 12 日，第十四届人民代表大会第三次会议再次作出《关于〈严厉打击刑事犯罪分子议案〉的决定》。

二、决议决定民生大事

县人大常委会自成立以来，除听取审议县人民政府有关民生方面的施政举措并监督实施以外，由县人大常委会或人大常委会提交全县人民代表大会作出的有关全县民生大事的决议、决定有：

1981 年 7 月 5 日，第八届县人大常委会第五次会议作出《关于切实解决煤炭供应问题的决议》。

1982 年 5 月 30 日，第八届县人大常委会第十次会议作出《关于进一步做好卫生工作，努力提高人民健康水平的决议》。

1983 年 7 月 9 日，第八届县人大常委会第十七次会议作出《关于坚决打击拐卖妇女儿童犯罪活动，确保妇女儿童人身权利的决议》。

1987 年 8 月 10 日，第十届县人大常委会第四次会议作出《关于认真做好农村“五保户”供应工作的决议》。

1996 年 1 月 29 日，第十二届县人大常委会第二十三次会议作出《关于切实加强农村初级卫生保康工作的决议》。

2004 年 3 月 12 日，第十四届县人民代表大会第三次会议作出《关于〈整顿县城交通秩序，坚决取缔慢慢游议案〉的决定》。

第五节　授予荣誉称号

20 世纪 90 年代开始，县人大常委会除各年度对获得“争先创优”活动的先进乡镇人大主席团、执法责任制目标管理先进单位、优秀县人大代表做出表彰决定外，还对为全县经济建设、民主法制建设和社会发展做出重大贡献的人士先后授予荣誉称号，1992～2016 年，县人大常委会先后授予的个人荣誉称号有：

1992 年 4 月 27 日，第十一届县人大常委会第十六次会议授予姜青春、张景卫、易新华、刘培根、张春禄、邓权华县级“劳动模范”荣誉称号。

2004 年 3 月 12 日，第十四届人民代表大会第三次会议授予钟经球“优秀人民公仆”荣誉称号。

2009 年 3 月 13 日，第十五届人民代表大会第三次会议授予伍芬东“优秀人民公仆”荣誉称号。

2010 年 3 月 5 日，第十五届人民代表大会第四次会议授予孙在启“优秀人民公仆”荣誉称号。

2012 年 4 月 28 日，第十五届人民代表大会第六次会议授予尹帮武、刘亮、简寻源“优秀人民法官”荣誉称号，授予粟红梅、银常德“优秀人民检察官”荣誉称号，授予周继耐“优秀院长”荣誉称号，授予唐荣贵、张蒲生、邓方明、唐军良、吴金华、谭建明、肖桂华“优秀局长”荣誉称号，授予刘克杰、杨卫东、杨玉平“优秀人民公仆”荣誉称号。

2015 年 12 月 10 日，第十六届县人大常委会第二十一次会议决定授予陈翔等 5 人“优秀人民法官”荣誉称号，授予陈青华等 4 人“优秀人民检察官”荣誉称号。

第五章　人事任免

任免地方国家机关工作人员是宪法赋予地方人大常委会的职权之一，自1980年12月第八届全县人民代表大会第一次会议建立县人民代表大会常务委员会始，至2016年第十六届县人大常委会届满为止，县人大常委会共任免县人大常委会和县人民政府、县人民法院、县人民检察院工作人员1645人次，其中任职1439人次，免职206人次。

第一节　人事任免办法

第八届至第九届县人大常委会未出台人事任免专门制度。自第十届县人大常委会始，人事任免依照1988年12月26日湖南省第七届人大常委会第六次会议颁布的《湖南省人民代表大会常务委员会人事任免办法》执行。

1996年5月8日，第十二届县人大常委会第二十六次会议通过、1998年5月21日第十三届县人大常委会第三次会议修正《邵阳县人大常委会人事任免办法》，全文如下：

第一章　总则

第一条　为了履行法律赋予县人大常委会的人事任免权，根据《中华人民共和国地方各级人民代表大会和地方各级人民政府组织法》《中华人民共和国人民法院组织法》和《中华人民共和国人民检察院组织法》的有关规定，结合我县实际，制定本办法。

第二条　县人大常委会依法行使任免权必须坚持党管干部的原则；坚持德才兼备、任人唯贤的原则；坚持群众公认、注重实绩的原则；坚持民主集中制的原则；严格按照法律规定办事。

第三条　县人大常委会推选、决定代理人选，补选、决定任免、通过人选，决定撤职、罢免、接受辞职，均适用本办法。

第二章　任免范围

第四条　在县人民代表大会闭会期间，县人大常委会主任因健康状况不能工作或缺位时，由人大常委会在副主任中推选一人代理主任职务，直到主任恢复健康或者县人民代表大会选出新的主任为止。

第五条　根据人大常委会主任会议提名，通过县人大常委会代表资格审查委员会主任委员、副主任委员和委员人选。

第六条　根据人大常委会主任会议提名，通过县人大常委会特定问题调查委员会的组成人员人选。

第七条　根据人大常委会主任会议提名，任免县人大常委会办公室主任、副主任和各工作委员会主任、副主任。

第八条　在县人民代表大会闭会期间，根据人大常委会主任会议提名，补选市人民代表大会出缺的代表和罢免个别代表。

第九条　受理县人大常委会组成人员的辞职请求，并决定是否接受辞职。人大常委会决定接受辞职后，报本级人民代表大会备案。

第十条　在县人民代表大会闭会期间，县长因故不能担任职务的时候，根据人大常委会主任会议提名，从副县长中决定代理县长。

第十一条　在县人民代表大会闭会期间，根据县长提名，决定副县长的个别任免。

第十二条　根据县长提名，决定县人民政府委、办主任、局长的任免，并由县人民政府报市人民政府备案。

第十三条　在县人民代表大会闭会期间，根据人大常委会主任会议或县长提请，决定撤销个别副县长的职务和县人民政府其他组成人员的职务。

第十四条　受理县人民政府县长、副县长的辞职请求，并决定是否接受辞职。人大常委会决定接受辞职后，报本级人民代表大会备案。

第十五条　在县人民代表大会闭会期间，县人民法院院长因故不能担任职务的时候，根据人大常委会主任会议提名，从副院长中决定代理院长。

第十六条　根据县人民法院院长提名，任免县人民法院副院长、审判委员会委员、庭长、副庭长、审判员。

第十七条　根据人大常委会主任会议或院长提请，决定撤销人民法院副院长、审判委员会委员、庭长、副庭长、审判员的职务。

第十八条　受理县人民法院院长的辞职请求，并决定是否接受辞职。人大常委会决定接受辞职后，报本级人民代表大会备案。

第十九条　在县人民代表大会闭会期间，县人民检察院检察长因故不能担任职务的时候，根据县人大常委会主任会议提名，从副检察长中决定代理检察长。县人大常委会决定代理检察长后，由县人民检察院报市人民检察院和市人大常委会备案。

第二十条　根据县人民检察院检察长的提名，任免县人民检察院副检察长、检察委员会委员、检察员。

第二十一条　根据人大常委会主任会议或检察长提请，决定撤销县人民检察院副检察长、检察委员会委员、检察员的职务。

第二十二条　受理县人民检察院检察长的辞职请求，并决定是否接受辞职。县人大常委会决定接受辞职后，由县人民检察院报经市人民检察院检察长提请市人大常委会批准。

第三章　任免程序

第二十三条　新的一届县人民政府领导人员依法选举产生后，县人民政府应在两个月内将政府各委办主任、局长提请县人大常委会任命。

第二十四条　凡提请县人大常委会任命的国家机关工作人员（不含副县长），任命前，人大常委会应派员进行考察或参与组织部门进行考察，并将考察情况向主任会议汇报，为人大常委会审议任免提供依据。

第二十五条　对人大常委会任命的国家机关工作人员，在任职前都要经过法律知识考试，未参加考试和考试不合格者，要暂缓任命。

第二十六条　对提请人大常委会任免的国家机关工作人员，提请机关应以文件形式提请任免议案或提请任免报告，并附任免建议名单和工作简历，一般应在召开县人大常委会会议七天前报送县人大常委会选举任免联络工作委员会。会中临时报送的，本次会议不予审议。

第二十七条　在县人大常委会会议审议人事任免议案时，提请机关负责人应到会介绍被提名人选的有关情况及任免理由，听取意见，回答询问。被提名为副县长、政府委、办主任、局长和法院副院长、检察院副检察长人选的，要到会同县人大常委会组成人员见面并作从政发言。因特殊情况不能到会者，须经人大常委会同意并写出书面发言材料。

第二十八条　提请县人大常委会任命的国家机关工作人员，经审议，对拟任人员发现有问题需要查清的，由主任会议决定是否提请表决。

第二十九条　提请县人大常委会任命的国家机关工作人员未获通过时，可以根据工作需要和本人条件，进一步协商，由提请机关在下一次召开人大常委会会议前继续提名。如果两次提名未获通过，在一年内不得再提名为同一职务的人选。提请机关提出的人事任免议案，在交付表决前要求撤回的，县人大常委会对该任免的审议即行终止。

第三十条　县人大常委决定任免和撤销国家机关工作人员的职务，均采用无记名投票方式表决，以县人大常委会全体组成人员的过半数通过。任免表决时，先进行免职项的表决，然后进行任命项的表决。表决时，对提名人选可以投赞成票，可以投反对票，也可以投弃权票，但不能另提新的人选。通过县人民法院的庭长、副庭长、审判委员会委员、审判员和县人民检察院检察委员会委员、检察员的人事任免议案及辞职事项，可采用举手表决方式。

第三十一条　表决人事任免议案时，从人大常委会组成人员中推选三名同志担任计监票人，计监票完毕后应在表决票上签名，由会议主持人宣布表决结果。

第三十二条　经县人大常委会任命的国家机关工作人员（除副县长、代理县长、代理法院院长、代理检察长）均颁发由县人大常委会主任署名的任命书。换届后的成批任命，县人大常委会召开专门会议颁发任命书；其他少数或个别任命，其任命书委托县人大常委会选举联络工作委员会颁发。

第三十三条　县人民代表大会换届后，凡经县人大常委会任命的国家机关工作人员，须依法重新任命。不被任命的，其原职务自然终止，不再办理免职手续。

第三十四条　由县人大常委会任命的国家机关工作人员，在其任职机构被撤销或合并时，原任职务自然终止，不再办理免职手续；合并、增设和名称改变的机构，其工作人员需由人大常委会任命的，由提请机关提请人大常委会重新任命，并附上级机关批准合并、增设机构和机构名称改变的文件。

第三十五条　县人大常委会的组成人员不得担任国家行政机关、审判机关和检察机关职务；如果担任上述职务，必须向人大常委会辞去常委会委员职务。

第三十六条　凡经县人大常委会任命的国家机关工作人员，在法定任期内，应保持相对稳定，非有特殊情况，不得轻易调动。他们的任职、离职时间，一律以人大常委会通过的时间为准；其中须报请市人大常委会批准任免的，以市人大常委会批准任免的时间为准，并以批准任免后公布。其他机关不得在依法任免以前对外公布，不得将拟任职务在电视上报道或登报、广播。

第四章　监督事项

第三十七条　县人大常委会对本级人民代表大会选举和由县人大常委会任命的国家机关工作人员在任职期间遵守、执行宪法、法律、法规情况和履行职务情况，依法实行监督。

第三十八条　对由县人大常委会任命的县人民政府委、办主任、局长和县人民法院副院长、县人民检察院副检察长，届内至少应向县人大常委会作一次述职，接受人大常委会评议。

第三十九条　对由县人大常委会任命的政府委、办主任、局长和法院副院长、检察院副检察长，每年年底由人大常委会进行一次评价。评价时，按“优秀、称职、不称职”三个等次，采用无记名投票的方式进行。凡评价优秀票在80%以上者，由人大常委会授予“优秀人民公仆”的荣誉称号。凡评价不称职票在50%以上者，本人应提出辞职；如本人不愿意提出辞职的，人大常委会可按有关法律规定给予免职、撤职或罢免。

第四十条　　县人大常委会组成人员三人以上联名，可以提出撤销由本级人大常委会任命的国家机关人员职务的议案，由主任会议决定是否提交县人大常委会审议。

第四十一条　受理人民群众对县人民代表大会选举产生的和县人大常委会任命的国家工作人员的申诉和控告。涉及重要问题，由主任会议提出意见，督促有关部门查处，或提交人大常委会审议。有关部门因认真办理县人大常委会交办的申诉案件，并按要求向人大常委会报告查处结果。

附则

第四十二条　本办法是修正之日起施行。

2007年5月10日，十四届县人大常委会第二十八次会议，再次通过《邵阳县人大常委会人事任免暂行办法》，以后人事任免依照此办法进行。

第二节　任免县人大常委会工作人员

自1981年4月30日县八届人大常委会第四次会议始，至2016年县第十六届人大常委会第六次会议止，县人大常委会共任免县人大常委会所属委室正副主任160人次，其中任免133人次，免职27人次。

1981年4月30日，县人大常务委会员邵常发〔1981〕003号文件通知：第八届县人民代表大会常务委员会第四次会议讨论通过，任命孙治国为县人大常委办公室副主任。

1981年6月3日，县人大常务委员会邵常发〔1981〕008号文件通知：第八届县人大常务委员会第五次会议讨论通过，任命王善祥为县人大常委会办公室主任。

1984年4月30日，县人大常委会邵常发〔1984〕12号文件通知：经第九届县人大常委会第一次会议讨论通过，任命曾纪松为县人大常委会办公室主任、朱长青为县人大常委会办公室副主任。

1984年11月9日，县人大常委会邵常办发〔1984〕1号文件通知：伍志祥任县人大常委办公室提案信访组副组长、陈跃球任县人大常委办公室秘书组副组长。

1984年11月26日，县人大常委会邵常发〔1984〕17号文件通知：经第九届县人大常委会第五次会议通过，任命王善祥为县人民代表大会常务委员会科教文卫工作委员会主任、曾纪松为县人民代表大会常务委员会财政经济工作委员会主任，免去曾纪松县人民代表大会常务委员会办公室主任职务，任命孙治国为县人民代表大会常务委员会法制工作委员会副主任。

1985年1月31日，第九届县人大常委会第六次会议通过，任命周绍贤为县人大常委会科教文卫工作委员会副主任。

1985年11月27日，第九届县人大常委会第十一次会议讨论通过，任命朱长青为县人大常委会办公室主任、曾新华为县人大常委会科教文卫工作委员会副主任。

1987年1月9日，第九届县人大常委会第十八次会议讨论通过，任命陈卫国为县人大常委会法制工作委员会副主任。

1987年4月2日，第十届县人大常委会第一次会议讨论通过，任命陈卫国为县人大常委会法制工作委员会主任、曾新华为县人大常委会教科文卫工作委员会主任、银祥集为县人大常委会财政经济工作委员会主任、朱长青为县人大常委会办公室主任、周绍贤为县人大常委会教科文卫工作委员会正局级副主任、杨超成为县人大常委会办公室副主任、唐荣为县人大常委会财政经济工作委员会副主任。

1989年11月7日，第十届县人大常委会第十九次会议讨论决定，任命李帮能为县选举委员会主任；刘仕继、罗桂森为县选举委员会副主任；黎佐成、朱长青、陈卫国、银祥集、曾新华、莫银魁、罗友人、龙益明、唐汉林、杨志成、李建文、吕定平为县选举委员会委员。

1990年3月17日，第十一届县人大常委会第一次会议讨论决定，任命杨志成为县人大常委会办公室主任、杨超成为县人大常委会办公室副主任、曾新华为县人大常委会教科文卫工作委员会主任、周绍贤为县人大常委会教科文卫工作委员会正局级副主任、袁镇南为县人大常委会农村工作委员会主任、张晓堂为县人大常委会农村工作委员会副主任、罗友人为县人大常委会财政经济工作委员会主任、唐荣为县人大常委会财政经济工作委员会副主任、陈卫国为县人大常委会法制工作委员会主任、关重生为县人大常委会法制工作委员会副主任、莫银魁为县人大常委会联络工作委员会主任、肖新生为县人大常委会联络工作委员会副主任。

1993 年 3 月 25 日，第十二届县人大常委会第一次会议讨论决定，任命杨志成为县人大常委会办公室主任、郭建军为县人大常委会办公室副主任、莫银魁为县人大常委会联络工作委员会主任、肖新生为县人大常委会联络工作委员会副主任、关重生为县人大常委会法制工作委员会副主任、曾新华为县人大常委会教科文卫工作委员会主任、唐周华为县人大常委会教科文卫工作委员会正局级副主任、罗友人为县人大常委会财政经济工作委员会主任、李树荣为县人大常委会财政经济工作委员会正局级副主任、唐荣为县人大常委会财政经济工作委员会副主任、袁镇南为县人大常委会农村工作委员会副主任、张晓堂为县人大常委会农村工作委员会副主任。

1993 年 5 月 28 日，第十二届县人大常委会第二次会议讨论决定，任命袁镇南为县人大常委会农村工作委员会主任、唐规华为人大常委会法制工作委员会副主任。

1995 年 3 月 6 日，第十二届县人大常委会第十四次会议讨论决定，任命黎笃柏为县人大常委会教科文卫工作委员会正局级副主任、邓建社为县人大常委会法制工作委员会副主任、王永中为县人大常委会办公室副主任，免去郭建军县人大常委会办公室副主任职务、关重生县人大常委会法制工作委员会副主任职务、唐规华县人大常委会法制工作委员会副主任职务、张晓堂县人大常委会农村工作委员会副主任职务、唐荣县人大常委会财经工作委员会副主任职务。

1995 年 7 月 18 日，第十二届县人大常委会第十七次会议讨论通过，任命乐晚姣为县人大常委会办公室副主任、吕敬国为县人大常委会农村工作委员会副主任。

1996 年 8 月 15 日，第十二届县人大常委会第二十七次会议讨论决定，任命刘犨为县人大常委会内务司法工作委员会主任。

1996 年，县人大常委会邵常发〔1996〕14 号文件通知：决定任命刘喜生任县计划委员会主任、王永中任人大常委会办公室副主任、邓建社任县人大常委会内务司法工作委员会副主任、李树荣任县人大常委会财经工作委员会副主任。

1998 年 3 月 5 日，第十三届县人大常委会第二次会议讨论决定，任命肖时汉为县人大常委会办公室主任、肖新生为县人大常委会选举任免联络工作委员会主任、陈和国为县人大常委会财政经济城乡建设工作委员会主任、陈飞虎为县人大常委会教育科学文化卫生工作委员会主任、袁镇南为县人大常委会农业民族华侨外事工作委员会主任、乐晚姣为县人大常委会办公室副主任、张国荣为县人大常委会选举任免联络工作委员会副主任、罗洪为县人大常委会内务司法工作委员会副主任、易平军为县人大常委会财政经济城乡建设委员会副主任。

1998 年，县人大常委会邵常发〔1998〕9 号文件通知：决定任命刘永胜任县人大常委会选举任免联络工作委员会副股级秘书、陈海洋任县人大常委会教育科学文化卫生工作委员会副股级秘书、刘楷任县人大常委会财政经济城乡建设工作委员会副股级秘书。

1998 年 9 月 25 日，第十三届县人大常委会第五次会议讨论决定，任命唐铁钢为县人大常委会农业民族华侨外事工作委员会副主任。

1999 年 9 月 23 日，第十三届县人大常委会第十一次会议讨论通过，陆志坚任县人大常委会办公室副主任。

2001 年 5 月 10 日，第十三届县人大常委会第二十二次会议讨论决定，任命罗洪为县人大常委会内务司法工作委员会主任。

2001 年 9 月 21 日，县第十三届人大常委会第二十五次会议讨论决定，任命刘建成为县人大常委会内务司法工作委员会副主任。

2001 年 11 月 22 日，第十三届县人大常委会第二十六次会议讨论决定，任命张国荣为县人大常委会选举任免联络工作委员会主任，免去肖新生县人大常委会选举任免联络工作委员会主任职务；任命黄太平为县人大常委会教育科学文化卫生工作委员会主任，免去陈飞虎县人大常委会教育科学文化卫生工作委员会主任职务；任命伍志柔为县人大常委会财政经济城乡建设工作委员会主任，免去陈和国县人大常委会财政经济城乡建设工作委员会主任职务；任命唐铁钢为县人大常委会农业民族华侨外事工作委员会主任，免去袁镇南县人大常委会农业民族华侨外事工作委员会主任职务；任命陈定岗为县人大常委会任免联络工作委员会副主任；任命伍湘平为县人大常委会教育科学文化卫生工作委员会副主任、陈云峰为县人大常委会农业民族华侨外事工作委员会副主任，免去肖时汉县人大常委会办公室主任职务。

2003 年 3 月 6 日，第十四届县人大常委会第二次会议讨论通过，任命陈迎体为县人大常委会办公室主任、张国荣为县人大常委会选举任命联络工作委员会主任、黄太平为县人大常委会教育科学文化卫生工作委员会主任、伍至柔为县人大常委会财政经济城乡建设工作委员会主任、唐铁钢为县人大常委会农业民族华侨外事工作委员会主任、罗洪为县人大常委会内务司法工作委员会主任、乐晚姣为县人大常委会办公室副主任（正科级）、陆志坚为县人大常委会办公室副主任（正科级）、陈定岗为县人大常委会选举任免联络工作委员会副主任（正科级）、伍湘平为县人大常委会教育科学文化卫生工作委员会副主任、邓晓昕为县人大常委会财政经济城乡建设工作委员会副主任、刘建成为县人大常委会内务司法工作委员会副主任（正科级）、陈云峰为县人大常委会农业民族华侨外事工作委员会副主任。

2004 年 5 月 20 日，第十四届县人大常委会第九次会议讨论决定，免去陆志坚县人大常委会办公室副主任职务。

2004 年 7 月 22 日，第十四届县人大常委会第十次会议讨论决定，任命吴飞翔为县人大常委会办公室副主任。

2006 年 3 月 7 日，第十四届县人大常委会第二十次会议讨论决定，任命吴飞翔为县人大常委会选举任免联络工作委员主任，免去张国荣县人大常委会选举任免联络工作委员主任和第十四届县人大常委会委员职务；任命陈定岗为县人大常委会财政经济城乡建设工作委员会主任，免去伍至柔县人大常委会财政经济城乡建设工作委员会主任职务；任命蒋文平为县人大常委会教育科学文化卫生工作委员会主任，免去黄太平县人大常委会教育科学文化卫生工作委员会主任职务；任命陈云峰为县人大常委会农业民族华侨外事工作委员会主任，免去唐铁钢县人大常委会农业民族华侨外事工作委员会主任职务；任命莫国强为县人大常委会选举任免联络工作委员会副主任、谢建东为县人大常委会财政经济城乡建设工作委员会副主任，免去邓晓昕县人大常委会财政经济城乡建设工作委员会副主任职务；任命刘楷为县人大常委会内务司法工作委员会副主任，免去刘建成县人大常委会内务司法工作委员会副主任职务；任命朱大明为县人大常委会农业民族华侨外事工作委员会副主任，免去陈云峰县人大常委会农业民族华侨外事工作委员会副主任职务；免去吴飞翔县人大常委会办公室副主任职务。

2006 年 9 月 28 日，第十四届县人大常委会第二十三次会议讨论决定，任命周自珍为县人大常委会办公室副主任。

2007 年 3 月 11 日，第十四届县人大常委会第二十七次会议讨论通过，接受刘春风的辞职请求，免去其第十四届全县人民代表大会代表和县人大常委会副主任职务。

2007 年 5 月 18 日，第十四届县人大常委会第二十八次会议讨论通过，接受艾祥明、罗解平的辞职请求，免去其二人第十四届全县人民代表大会代表职务。

2008 年 3 月 13 日，第十五届县人大常委会第三次会议讨论决定，任命吴飞翔为县人大常委会办公室主任、蒋文平为县人大常委会选举任免联络工作委员会主任、朱清平为县人大常委会教育科学文化卫生工作委员主任、陈定岗为县人大常委会财政经济城乡建设工作委员会主任、罗洪为县人大常委会内务司法工作委员会主任、陈云峰为县人大常委会农业民族华侨外事工作委员会主任、周自珍和王朝晖为县人大常委会办公室副主任、莫国强为县人大常委会选举任免联络工作委员会副主任、谢建东为县人大常委会财政经济城乡建设工作委员会副主任、刘楷为县人大常委会内务司法工作委员会副主任、朱大明为县人大常委会农业民族华侨外事工作委员会副主任、陈阳秀为县人大常委会教育科学文化卫生工作委员会副主任。

2008 年 12 月 31 日，第十五届县人大常委会第三次会议讨论决定：同意谢卫东辞去第十五届县人大常委会委员职务、周林涛辞去第十五届县人大代表职务。

2009 年 2 月 25 日，第十五届县人大常委会第九次会议讨论通过，同意伍湘平辞去第十五届县人大常委会委员职务。

2009 年 4 月 23 日，第十五届县人大常委会第十次会议讨论决定，任命唐春来为县人大常委会预算工作委员会副主任、刘治为县人大常委会内务司法工作委员会副主任；免去刘楷县人大常委会内务司法工作委员会副主任职务。

2011 年 4 月 15 日，第十五届县人大常委会第二十五次会议讨论决定，任命田涧为县人大常委会办公室副主任、段更强为县人大常委会选举任免联络工作委员会副主任、周自珍为县人大常委会预算工作委员会主任，免去周自珍县人大常委会办公室副主任职务。

2013 年 12 月 12 日，第十六届县人大常委会第六次会议讨论决定，任命周自珍为县人大常委会办公室主任、罗洪为县人大常委会内务司法工作委员会主任、陈定岗为县人大常委会财政经济城乡建设工作委员会主任、陈云峰为县人大常委会农业民族华侨外事工作委员会主任、朱清平为县人大常委会教育科学文化卫生工作委员会主任。

2014 年 3 月 12 日，第十六届县人大常委会第六次会议讨论决定，接受朱海鸥辞去第十六届县人民代表大会常务委员会委员职务。

2016 年 5 月 26 日，第十六届县人大常委会第二十五次会议通过，决定任命龚拥军为县人大常委会教育科学文化卫生工作委员会主任、吴飞翔为县人大常委会内务司法工作委员会主任、胡四方为县人大常委会选举任免联络工作委员会主任、佘金华为县人大常委会农业民族华侨外事工作委员会主任、黄龙清为县人大常委会城乡建设和环境保护工作委员会主任；免去朱清平县人大常委会教育科学文化卫生工作委员会主任职务、陈云峰县人大常委会农业民族华侨外事工作委员会主任职务、罗洪县人大常委会内务司法工作委员会主任职务。

第三节 任免县人民政府工作人员

自1981年1月29日第八届县人大常委会第一次会议始，至2016年第十六届县人大常委会第32次会议止，县人大常委会共任免县人民政府工作人员489人次。其中任职401人次，被任职人员中，被任职副县长代理县长者4人次，被任职副县长者36人次，被任职县人民政府组成单位负责人的361人次；免职88人次，其中接受县长辞职4人次，免去副县长职务17人次，免去政府组成单位负责人职务67人次。

1981年1月29日，第八届人民代表大会常务委员会第一次会议根据县人民政府县长李帮能的提议，决定任命唐鹤安为县教育局副局长。

1981年4月30日，县人大常务委会员邵常发〔1981〕003号文件通知：第八届县人民代表大会常务委员会第四次会议讨论通过，任命陆远阶为县经济委员会主任、邓星球为县科学技术委员会主任、尹中球为县司法局局长、伍炳章为县民政局局长、蒋高魁为县人事局局长、蒋香生为县档案局局长、夏楚平为县劳动局局长、唐友成为县粮食局局长、李建基为县财税局局长、罗友人为县工业局局长、易延让为县煤炭局局长、朱兰森为县轻工业局局长、周诚立为县农业局局长、刘兴华为县水电局局长、赵荣华为县社队企业局局长、周绍贤为县教育局局长、李玉娥为县广播局局长、林玉文为县卫生局局长、杨家信为县农业银行行长。

1981年6月3日，县人大常务委员会邵常发〔1981〕007号文件通知：第八届县人大常委会第五次会议讨论通过，任命蒋光明为县计划委员会主任、罗德成为县文教办公室主任、陈希成为县公安局局长、何晋则为县文化局局长、邓代英为县供销合作社主任，以上人员同时为县人民政府组成人员；免去张玉庭县公安局局长职务。

1981年9月3日，县人大常务委员会邵常发〔1981〕010号文件通知：第八届县人大常务委员会第六次会议讨论通过，任命肖顺国为县粮食局局长、蒋志伟为县教育局局长、罗春和为县工商行政管理局局长，以上三人为县人民政府组成人员；免去唐友成县粮食局局长职务、赵荣华县社队企业管理局局长职务、周绍贤县教育局局长职务。

1981年11月18日，县人大常务委员会邵常发〔1981〕012号文件通知：第八届人民代表大会常务委员会第七次会议讨论决定，任命陆古城为县对外贸易局局长、吕时旺为县林业局局长、朱志强为县社队企业管理局局长。

1982年2月16日，县人大常务委员会邵常发〔1982〕001号文件通知：第八届县人民代表大会常务委员会第八次会议讨论决定，任命刘仕继和黎佐成为县人民政府副县长、曾纪松任县财贸办公室主任，唐仕元任县煤炭局局长、彭杰任县交通局局长、谢祝荣任县统计局局长、李兴发任县农业机械局局长，以上人员同时为县人民政府组织人员。

1982年2月26日，县人大常务委员会邵常发〔1982〕003号文件通知：第八届县人民代表大会常务委员会第九次会议讨论通过，决定任命林玉文为县外贸局局长，免去其县卫生局局长职务。

1982年5月31日，县人大常务委员会邵常发〔1982〕6号文件通知：第八届县人民代表大会常务委员会第十次会议讨论通过，任命周定玉为县环境保护办公室主任。

1982年10月6日，县人大常务委员会邵常发〔1982〕10号文件通知：第八届县人民代表大会常务委员会第十二次会议讨论通过，决定任命刘服钦为县工商局局长、伍祯祥为县卫生局局长、肖伟为县商业局局长，免去罗春和县工商局局长职务。

1983年2月28日，县人大常务委员会邵常发〔1983〕001号文件通知：第八届人民代表大会常务委员会第十二次会议讨论通过，任命伍祯祥为县卫生局局长、肖伟为县商业局局长，以上二人同时为县人民政府组成人员；决定免去罗春和县工商局局长职务。

1984年4月30日，县人大常委会邵常发〔1984〕12号文件通知：第九届县人大常委会第一次会议讨论通过，任命蒋光明为县计划委员会主任、邓星球为县科学技术委员会主任、蒋利民为县人民政府办公室主任、唐致力为县农业委员会主任、刘书保为县财贸委员会主任、陆远阶为县经济委员会主任、唐应中为县财政局局长、颜翠兰为县审计局局长、伍忠祥为县广播局局长、张阶弟为县乡镇企业局局长、刘服钦为县工商行政管理局局长、苏书科为县劳动人事局局长、肖顺国为县粮食局局长、杨志成为县交通局局长、陈希成为县公安局局长、易克俭为县卫生局局长、伍炳章为县民政局局长、蒋玉球为县水利电力局局长、陈伶为县统计局局长、邓自重为县农业局局长、尹宁球为县司法局局长、吕时旺为县林业局局长、谢显明为县城乡建设环境保护局局长、肖伟为县商业局局长。

1984年12月9日，县人大常委会邵常发〔1984〕18号文件通知：经第九届县人大常委会第六次会议讨论通过，任命银祥集为县计划生育委员会主任、钟一成为县教育局局长。

1985年3月27日，第九届县人大常委会第七次会议通过，任命刘喜生为县物价局局长。

1985年6月8日，第九届县人大常委会第八次会议通过，任命王巨联为县卫生局局长。

1985年11月27日，第九届县人大常委第十一次会议讨论通过，任命刘志刚为县教育委员会主任（兼）；任命陆远阶为县计划委员会主任，免去其县经济委员会主任职务；任命历永根为县交通局局长、廖庆元为县商业局局长；任命黄连德为县文化局局长；免去蒋光明的县计划委员会主任职务、肖伟的县商业局局长职务、颜翠兰的县审计局局长职务、钟一成的县教育局局长职务、谢显明的县城乡建设环境保护局局长职务、杨志成的县交通局局长职务。

1987年4月2日，第十届县人大常委会第一次会议讨论通过，任命刘兴华为县人民政府办公室主任、唐致力为县农业委员会主任、罗友仁为县经济委员会主任、刘书保为县财贸委员会主任、陆远阶为县计划委员会主任、钟一成为县教育委员会主任、石满生为县建设委员会主任、夏国忠为县科学技术委员会主任、吕敬军为县计划生育委员会主任、唐顺成为县体育运动委员会主任、苏书科为县劳动人事局局长、陈希成为县公安局局长、唐应中为县财政局局长、廖庆元为县商业局局长、肖顺国县粮食局局长、刘服钦为县工商行政管理局局长、孟映宗为县审计局局长、李达君为县农业局局长、吕时旺为县林业局局长、伍忠祥为县广播电视局局长、蒋玉球为县水利局局长、毛益顺为县乡镇企业局局长、陈伶为县统计局局长、刘喜生为县物价局局长、历永根为县交通局局长。

1987年5月30日，第十届县人大常委会第二次会议讨论通过，任命熊彦章为县人民政府副县长、王巨联为县卫生局局长。

1987年9月29日，第十届县人大常委会第四次会议讨论通过，任命吕时旺为县民政局局长、肖国秘为县文化局局长、银道礼为县林业局局长，免去吕时旺的县林业局局长职务。

1990年3月17日，十一届县人大常委会第一次会议讨论决定，任命刘兴华为县人民政府办公室主任、唐致力为县农业委员会主任、何秀峰为县计划委员会主任、夏国忠为县经济委员会主任、刘书宝为县财贸委员主任、李君前为县科学技术委员会主任、石满生为县建设委员会主任、刘恪安为县乡镇企业经济委员会主任、莫步云为县国土管理局局长、黎国宗为县人事局局长、苏书科为县劳动局局长、赵文新为县监察局局长、吕时旺为县民政局局长、李达君为县农业局局长、银道礼为县林业局局长、刘敬文为县水电局局长、陈玲为县统计局局长、刘喜生为县物价局局长、厉永根为县交通局局长、严克俭为县粮食局局长、张坤高为县财政局局长、朱长青为县工商局局长、王巨联为县卫生局局长、黎笃柏为县文化局局长、王卓明为县计划生育委员会主任、唐顺成为县体育委员会主任、伍中乐为县广播电视局局长、刘汉云为县公安局局长、杨吉甫为县司法局局长、唐应中为县审计局局长。

1990年9月27日，十一届县人大常委会第六次会议审议决定，任命蒋志伟为县教育委员会主任、田泽中为县商业局局长。

1990年9月27日，第十一届县人大常委会第六次会议讨论决定，任命曹运解为邵阳县人民政府副县长。

1993年3月25日，十二届县人大常委会第一次会议讨论决定，任命杨天顺为县人民政府办公室主任、何秀峰为县计划委员会主任、田卫国为县农业委员会主任、邓东北为县经济委员会主任、夏路阳为县教育委员会主任、马均平为县财贸委员会主任、李君前为县科学技术委员会主任、彭东方为县建设委员会主任、谭斌为县乡镇企业经常委员会主任、王卓明为县计划生育委员会主任、吕时旺为县民政局局长、彭松华为县人事局局长、谭超雄为县国土局局长、苏书科为县劳动局局长、赵文新为县监察局局长、刘汉云为县公安局局长、杨吉甫为县司法局局长、李达军为县农业局局长、银道礼为县林业局局长、陈玲为县统计局局长、刘喜生为县物价局局长、历永根为县交通局局长、严克俭为县粮食局局长、唐应中为县财政局局长、朱长青为县工商局局长、彭友联为县审计局局长、唐顺成为县体育运动委员会主任、王巨联为县卫生局局长、伍中乐为县广播电视局局长、黎笃柏为县文化局局长。

1993年5月28日，第十二届县人大常委会第二次会议讨论决定：任命何永祥为县水利水电局局长、尹邦富为县商业局局长。

1995年，县人大常委会邵常发〔1995〕03号文件通知：第十二届县人大常委会第十四次会议审议决定，任命杨天顺为县人民政府办公室主任、邓东北为县经济委员会主任、刘喜生为县计划物价局局长、吕太平为县建设局局长、李连保为县科学技术局局长、夏路阳为县教育局局长、康富荣为县公安局局长、杨吉甫为县司法局局长、何学群为县民政局局长、唐应中为县财政局局长、彭松华为县人事局局长、苏书科为县劳动局局长、李达军为县农业局局长、银道礼县林业局局长、何永祥县水利水电局局长、伍中乐为县文化局局长、吕敬恒为县卫生局局长、王卓明为县计划生育局局长、邹中秋为县监察局局长、彭友联为县审计局局长。

1995年7月18日，第十二届县人大常委会第十七次会议讨论决定，任命潘芳喜为县人民政府副县长、刘华玉为县交通局局长。

1995年11月28日，县第十二届人大常委会第二十一次会议讨论决定，任命谢树新、唐清洲为邵阳县人民政府副县长。

1996年，县人大常委会邵常发〔1996〕14号文件通知：经第十二届县人大常委会第二十九次会议审议决定，任命邓节生为县物价局局长。

1996年5月9日，第十二届县人大常委会第二十六次会议审议决定，任命袁柱基为邵阳县公安局局长，免去康富荣邵阳县公安局局长职务。

1996 年 8 月 15 日，第十二届县人大常委会第二十七次会议讨论决定，任命刘连生为县计划生育委员主任。

1996 年 9 月 20 日，第十二届县人大常委会第二十八次会议讨论决定，任命石民生为县人民政府副县长、代理县长。

1996 年，县人大常委会邵常发〔1996〕13 号文件通知，第十二届县人大常委会第二十九次会议决定，同意唐伯阶辞去县人民政府副县长职务。

1998 年 3 月 5 日，第十三届县人大常委会第二次会议讨论决定，任命杨天顺为县人民政府办公室主任、蒋业龙为县经济委员会主任、唐胜祥为县计划委员会主任、吕太平为县建设局委员会主任、肖湘政为县科学技术委员会主任、谢显贵为县教育委员会主任、刘连生为县计划生育委员会主任、谭敦连为县农村工作委员会主任、刘金惕为县财贸委员会主任、伍至柔为县乡镇企业经济委员会主任、袁柱基为县公安局局长、周文耀为县司法局局长、何学群为县民政局局长、唐应中为县财政局局长、彭松华为县人事局局长、赵早生为县劳动局局长、刘华玉为县交通局局长、肖森林为县农业局局长、吕开生为县林业局局长、刘犨为县水利水电局局长、杨焕湘为县文化局局长、吕敬恒为县卫生局局长、唐勤俭为县监察局局长、林亲义为县统计局局长、邓节生为县物价局局长。

1998 年 9 月 25 日，第十三届县人大常委会第五次会议讨论决定，任命申建伟为县人民政府副县长、李斌玉为县审计局局长。

1999 年 1 月 22 日，县人大常委会邵常发〔1999〕4 号文件审议决定，撤销谭超雄县人民政府副县长职务。

1999 年 5 月 19 日，第十三届县人大常委会第九次会议讨论决定，任命邓东北为县人民政府副县长、李自强为县人民政府副县长、陈学军为县计划生育委员会主任、王巨联为县卫生局局长、唐勤俭为县公安局局长，免去袁柱基县公安局局长职务；任命陈晓云为县文化局局长，免去刘犨县水利水电局局长职务、吕敬恒县卫生局局长职务、杨焕湘县文化局局长职务、刘连生县计划生育委员会主任职务、唐勤俭县监察局局长职务。

1999 年 9 月 23 日，第十三届县人大常委会第十一次会议讨论决定，任命易顺良为县监察局局长。

2001 年 2 月 11 日，第十三届县人大常委会第二十次会议讨论决定，任命罗华为县人民政府副县长。

2001 年 3 月 1 日，第十三届县人大常委会第二十一次会议讨论决定，任命钟经球为县人民政府办公室主任、免去杨天顺县人民政府办公室主任职务；任命李新国为县财政局局长、免去唐应中县财政局局长职务；任命邓开新为县水利水电局局长、吕建平为县司法局局长，免去周文耀县司法局局长职务。

2001 年 5 月 10 日，第十三届县人大常委会第二十二次会议讨论决定，任命夏湘远为县人民政府副县长、张雄强为县统计局局长，免去林亲义县统计局局长职务。

2001 年 8 月 23 日，第十三届县人大常委会第二十四次会议讨论决定，接受曾建秋辞去县人民政府县长职务，任命伍邵华为县人民政府副县长、代理县长。

2001 年 11 月 22 日，第十三届县人大常委会第二十六次会议讨论决定，接受申建伟辞去县人民政府副县长职务，任命肖怀贵为县人民政府副县长。

2002 年 1 月 22 日，第十三届县人大常委会第二十七次会议讨论决定，任命刘金愓为县民政局局长、李清荣为县劳动和社保保障局局长、何学群为县人事局局长、唐定明为县国土资源局局长、吕开生为县交通局局长、李建文为县发展计划局局长、邓节生为县建设局局长、吴国政为县环境保护局局长、胡京平为县科学技术局局长、谢显贵为县教育局局长、王步惠为县林业局局长、罗翔国为县财政局局长、陈学军为县计划生育局局长、邓开新为县水利局局长、肖治国为县卫生局局长、唐伯岭为县经济发展局局长；免去王巨联县卫生局局长职务、何学群县民政局局长职务、吕开生县林业局局长职务、彭松华县人事局局长职务、刘华玉县交通局局长职务、李新国县财政局局长职务。

2002 年 5 月 17 日，第十三届县人大常委会第二十九次会议讨论决定，任命李小平为县人民政府副县长。

2003 年 3 月 6 日，第十四届县人大常委会第二次会议讨论决定，任命钟经球为县人民政府办公室主任、李建文为县发展计划局局长、高杰为县经济发展局局长、李斌玉为县教育局局长、胡京平为县科学技术局局长、唐勤俭为县公安局局长、易顺良为县监察局局长、肖湘政为县民政局局长、吕建平为县司法局局长、罗翔国为县财政局局长、罗立华为县人事局局长、李清荣为县劳动和社会保障局局长、艾祥明为县国土资源局局长、邓节生为县建设局局长、吕开生为县交通局局长、邓开新为县水利局局长、李代松为县农业局局长、王步惠为县林业局局长、谢瑞雄为县文化局局长、肖治国为县卫生局局长、吴国政为县环境保护局局长、蒋小燕为县计划生育局局长、唐四清为县审计局局长、张雄强为县统计局局长。

2003 年 7 月 27 日，第十四届县人大常委会第四次会议讨论决定，任命蒋耀华为县人民政府副县长、代理县长，免去伍邵华县人民政府县长职务；任命陈佳新为县人民政府副县长。

2003 年 9 月 26 日，第十四届县人大常委会第五次会议讨论决定，任命郭俊军为县人民政府副县长，免去李小平县人民政府副县长职务；任命周雄为县林业局局长，免去王步惠县林业局局长职务。

2004 年 1 月 7 日，第十四届县人大常委会第七次会议讨论决定，任命王镜宇为县人民政府副县长。

2004 年 7 月 22 日，第十四届县人大常委会第十次会议讨论决定，任命周炜为县建设局局长，免去吕建平县司法局局长职务。

2004 年 9 月 22 日，第十四届县人大常委会第十一次会议讨论决定，任命申宏伟为县公安局局长，免去唐勤俭县公安局局长职务。

2005 年 1 月 13 日，第十四届县人大常委会第十三次会议讨论决定，任命刘克杰为县水利局局长，免去邓开新县水利局局长职务，同意陈佳新辞去县人民政府副县长职务。

2005 年 5 月 20 日，第十四届县人大常委会第十五次会议讨论决定，任命王镜宇为县发展计划局局长（兼），免去李建文县发展计划局局长职务；任命罗开益为县审计局局长，免去唐四清县审计局局长职务；任命张蒲生为县计划生育局局长，免去蒋小燕县计划生育局局长职务。

2005 年 11 月 18 日，第十四届县人大常委会第十八次会议讨论决定，任命赵湘明为县人民政府副县长、代理县长，并同意蒋耀华辞去县人民政府县长职务；伍先规为县环境保护局局长，免去吴国政县环境保护局局长职务；李建军为县司法局局长，免去王南桂县人民政府副县长职务。

2006 年 3 月 7 日，第十四届县人大常委会第二十次会议讨论决定，任命邓星强为县劳动和社会保障局局长，免去李清荣县劳动和社会保障局局长职务；任命谭建明为县交通局局长，免去吕开生县交通局局长职务；任命刘灯红为县商务局局长。

2006 年 5 月 10 日，第十四届县人大常委会第二十一次会议讨论决定，任命吕平为县监察局局长、胡华卿为县国土资源局局长、易昌晏为县安全生产监督管理局局长、王镜宇为县发展和改革局局长、高杰为县工业经济局局长、张蒲生为县人口与计划生育局局长，免去易顺良县监察局局长职务。

2006 年 7 月 28 日，第十四届县人大常委会第二十二次会议讨论决定，任命刘文贤、李红平、陈小飞、王成章、刘长明、肖怀贵、唐定明为县人民政府副县长，免去刘桂林县人民政府副县长职务；免去王镜宇县发展和改革局局长职务。

2006 年 9 月 28 日，第十四届县人大常委会第二十三次会议讨论决定，任命伍芬东为县人民政府办公室主任；唐军良为县发展和改革局局长；免去郭俊军县人民政府副县长职务、钟经球县人民政府办公室主任职务。

2007年1月11日，第十四届县人大常委会第二十五次会议根据县人民政府的提请，任命李新华为县人民政府副县长。

2007年3月6日，第十四届县人大常委会第二十六次会议讨论决定，任命王琪为县人事局局长，免去罗立华县人事局局长职务。

2007年6月15日，第十四届县人大常委会第二十九次会议讨论决定，任命廖云飞为县人民政府副县长。

2007年7月23日，第十四届县人大常委会第三十次会议讨论决定，任命罗翔国和王镜宇为县人民政府副县长、唐荣贵为县财政局局长、肖桂华为县教育局局长；免去罗翔国县财政局局长职务、李斌玉县教育局局长职务。

2008年3月13日，第十五届县人大常委会第三次会议讨论决定，任命伍芬东为县人民政府办公室主任、曾昭斌为县公安局局长、唐军良为县发展和改革局局长、艾海柱为县工业经济局局长、肖桂华为县教育局局长、杨玉平为县监察局局长、杨卫东为县民政局局长、黄虚静为县司法局局长、唐荣贵为县财政局局长、刘克杰为县人事局局长、邓方明为县劳动和社会保障局局长、胡华卿为县国土资源局局长、周炜为县建设局局长、谭建明为县交通局局长、陈迎体为县水利局局长、吴金华为县农业局局长、周雄为县林业局局长、高杰为县商务局局长、肖治国为县卫生局局长、张蒲生为县人口和计划生育局局长、罗开益为县审计局局长、伍先规为县环境保护局局长、蒋建新为县统计局局长、易昌晏为安全生产监督管理局局长、谢瑞雄为县文化局局长、彭小辉为县科学技术局局长。

2008年12月31日，第十五届县人大常委会第八次会议讨论决定，免去谢瑞雄县文化局局长职务。

2009年4月23日，第十五届县人大常委会第十次会议讨论决定，任命王细军为县文化局局长、欧志文为县人民政府副县长。

2009年10月28日，第十五届县人大常委会第十四次会议讨论决定，任命黄小健为县林业局局长、周极宏为县人民政府副县长；免去周雄县林业局局长职务。

2010年10月28日，第十五届县人大常委会第三十一次会议讨论决定，任命肖卫东为县水利局局长，免去陈迎体县水利局局长职务。

2011年6月22日，第十五届县人大常委会第二十六次会议讨论决定，任命段绍兴为县人民政府副县长、汤建军为县人民政府副县长（挂职）、艾祥生为县食品药品监督管理局局长。

2011年8月25日，第十五届县人大常委会第二十七次会议讨论决定，任命唐红艳为县人民政府副县长、黄拥政为县人民政府副县长（挂职）；免去周极宏县人民政府副县长（挂职）职务。

2011年11月10日，第十五届县人大常委会第二十八次会议讨论决定，免去吴善成县人民政府副县长职务。

2012年8月29日，第十五届县人大常委会第三十三次会议讨论决定，任命白光珍为县人民政府副县长（挂职），任命王银坚为县安全生产监督管理局局长，免去易昌晏县安全生产监督管理局局长职务。

2012年10月26日，第十五届县人大常委会第三十五次会议讨论决定，免去刘文贤县人民政府副县长职务，任命王满元为县人民政府办公室主任、免去伍芬东县人民政府办公室主任职务，任命陈辉为县人口和计划生育局局长、免去张蒲生县人口和计划生育局局长职务，任命刘铭为县交通运输局局长、免去谭建明县交通运输局局长职务。

2012年11月16日，第十五届县人大常委会第三十六次会议讨论决定，任何袁玉华为县人民政府副县长、代理县长。

2013年5月29日，第十六届县人大常委会第三次会议讨论决定，任命梁威为县人民政府副县长（挂职）、邓胜红为县人民政府副县长（挂职）。

2013年7月25日，第十六届县人大常委会第四次会议讨论决定，任命熊伟为县人民政府副县长（挂职）。

2013年9月12日，第十六届县人大常委会第五次会议讨论决定，任命唐荣贵为县人民政府副县长，免去罗翔国县人民政府副县长职务。

2014年3月12日，第十六届县人大常委会第七次会议讨论决定，任命肖卫东为县发展和改革局局长、蒋兴东为县教育局局长、吴金华为县民政局局长、唐军良为县财政局局长、刘克杰为县人力资源和社会保障局局长、龚拥军为县住房和城乡建设局局长、周炜为县农业局局长、易昌晏为县林业局局长、肖桂华为县水利局局长、蒋玉明为县审计局局长、毛剑鸣为县安全生产监督管理局局长；免去杨卫东县民政局局长职务、唐荣贵县财政局局长职务、黄小健县林业局局长职务、肖卫东县水利局局长职务、吴金华县农业局局长职务、唐军良县发展和改革局局长职务、刘克杰县人事局局长职务、周炜县住房和城乡建设局局长职务、肖桂华县教育局局长职务、罗开益县审计局局长职务、王银坚县安全生产监督管理局局长职务、邓方明县劳动和社会保障局局长职务。

2014年7月25日，第十六届县人大常委会第九次会议讨论决定，任命左宁、刘凯涛为县人民政府副县长（挂职）。

2014年11月25日，第十六届县人大常委会第十二次会议讨论决定，任命陈道文为县人民政府副县长。

2014年11月26日，第十六届县人大常委会第十二次会议讨论决定，接受刘文龙辞去县人民政府副县长职务。

2015年7月31日，第十六届县人大常委会第十七次会议讨论决定，任命张鹤龄为邵阳县人民政府副县长（挂职两年）。

2016年5月26日，第十六届县人大常委会第二十五次会议通过，决定任命杜焱为县人民政府副县长（挂职）；任命陈辉为县卫生和计划生育局局长、毛剑鸣为县环保局局长、张清明为县安全生产监督管理局局长、赵叶飞为县经济和科技信息化局局长、唐益发为县林业局局长、莫国林为县国土资源局局长、蒋利军为住房和城乡建设局局长、黎新华为县司法局局长、吴清政为县市场和质量监督管理局局长、王席军为县文体广电新闻出版局局长、李晓东为县城市管理行政执法局局长、易进为县人民防空办公室主任；决定免去毛剑鸣县安全生产监督管理局局长职务、胡华卿县国土资源局局长职务、易昌晏县林业局局长职务、龚拥军县住房和城乡建设局局长职务、黄虚静县司法局局长职务。

第四节　任免县人民法院工作人员

自1981年1月29日第八届县人大常委会第一次会议始，至2016年第十六届县人大常委会第32次会议止，县人大常委会共任免县人民法院工作人员692人次，其中任职628人次、免职64人次。

1981年1月29日，县人大常委会邵常发〔1981〕001号文件通知：经县第八届人民代表大会常务委员会第一次会议通过，任命李汉卿为县人民法院副院长。

1981年4月13日，县人大常务委员会邵常发〔1981〕002号文件通知：县第八届人民代表大会常务委员会第三次会议讨论通过，任命袁振国、李汉卿、吴江林、陈日新、袁诗涛、邓星元、王振球为县人民法院审判员委员会委员。

1981年4月30日，县人大常务委员会邵常发〔1981〕004号文件通知：县第八届人民代表大会常务委员会第四次会议讨论通过，任命吴江林、陈日新为县人民法院法庭庭长，袁诗涛、邓星元、王振球为县人民法院法庭副庭长；任命吴述赵、唐旭平、刘友佳、罗竹生、陈云跳、刘银球为县人民法院审判员；任命刘高峰为红石人民法庭审判员、李广兴为塘田市人民法庭审判员、张文玉为黄亭市人民法庭审判员、黎琳为梽木山人民法庭审判员、刘宪德为九公桥人民法庭审判员、何汉定为塘渡口人民法庭审判员、刘校书为东风人民法庭审判员、孟中心为下花桥人民法庭审判员。

1982年2月16日，县人大常务委员会邵常发〔1982〕002号文件通知：县第八届人民代表大会常务委员会第八次会议讨论决定，任命袁诗涛任县人民法院刑事审判二庭庭长、罗竹生任县人民法院刑事审判一庭副庭长、唐旭平任邵阳县人民法院刑事审判一庭副庭长、刘银球任县人民法院经济审判庭副庭长、吴述赵任县人民法院民事审判庭副庭长、邓集勇任县人民法院审判员、王生华任黄亭市人民法庭审判员、刘密之任五峰铺人民法庭审判员、王更盛任郦家坪人民法庭审判员。

1982年2月26日，县人大常务委员会邵常发〔1982〕004号文件通知：第八届县人民代表大会常务委员会第九次会议讨论通过，任命陈日新为县人民法院副院长，免去其民事审判庭庭长职务，免去吴江林县人民法院刑事审判庭庭长和审判委员会委员职务。

1982年4月9日，县人大常务委员会邵常发〔1982〕5号文件通知：第八届县人民代表大会常务委员会第九次会议讨论决定，任命邓星元为县人民法院民事审判庭庭长，免去刘校书的郦家坪人民法庭审判员职务。

1982年5月31日，县人大常务委员会邵常发〔1982〕7号文件通知：第八届县人民代表大会常务委员会第十次会议讨论通过，任命罗竹生为县人民法院刑事审判一庭庭长、蒋超隆为县人民法院审判员、刘玉新为九公桥人民法庭审判员。

1983年3月13日，县人大常务委员会邵常发〔1983〕002号文件通知：第八届人大常委会第十五次会议通过，任命黎琳为榩木山人民法庭庭长、刘高峰为塘渡口人民法庭庭长、李广兴为塘田市人民法庭庭长、王生华为黄亭市人民法庭庭长、刘密芝为五峰铺人民法庭副庭长、刘玉新为九公桥人民法庭副庭长、孟中心为下花桥人民法庭副庭长、黎和安为城关镇人民法庭审判员、尹华生为塘田市人民法庭审判员、罗竹生为县人民法院审判委员会委员。

1984年6月8日，县人大常委会邵常发〔1984〕13号文件通知：经第九届县人大常委会第二次会议讨论通过，任命袁振国为县人民法院审判委员会委员，任命袁诗涛为县人民法院副院长兼审判委员会委员，任命康贤文为县人民法院副院长兼审判委员会委员，任命罗竹生为县人民法院审判委员会委员兼刑事审判二庭庭长，任命邓星元为县人民法院审判委员会委员兼民事审判庭庭长，任命王振球为县人民法院审判委员会委员兼民事审判庭副庭长，任命刘银球为县人民法院审判委员会委员兼经济审判庭副庭长，任命张文玉为县人民法院审判委员会委员、黎和安为县人民法院刑事审判一庭副庭长、吴述赵为县人民法院民事审判庭副庭长、李汉卿为县人民法院审判员、黎琳为县城关镇法庭庭长、刘高峰为塘渡口法庭庭长、李广兴为塘田市法庭庭长、王生华为黄亭市法庭庭长、孟中心为下花桥法庭庭长、刘密之为五峰铺法庭庭长、王更盛为郦家坪法庭副庭长、郑光华为五峰铺法庭审判员、李德邵为桤木山法庭审判员。

1984 年 7 月 20 日，县人大常委会邵常发〔1984〕15 号文件通知：经第九届县人大常委会第三次会议讨论通过，任命唐旭平为县人民法院审判委员会委员、刑事审判一庭庭长，任命李汉卿为县人民法院审判委员会委员，曾新雄为九公桥法庭审判员。

1985 年 1 月 31 日，第九届县人大常委会第六次会议通过，任命刘银球为县人民法院经济审判庭庭长、王更盛为郦家坪人民法庭庭长、曾新雄为九公桥人民法庭庭长、李德邵为桤木山人民法庭庭长、陈云跳为县人民法院刑事审判二庭副庭长；任命吴述赵为县人民法院经济审判庭副庭长，免去其民事审判庭副庭长职务；任命邓集勇为县人民法院刑事审判一庭副庭长、何汉定为县人民法院民事审判庭副庭长；任命戴明祥、颜斌辉、周桂林、张改娥、唐建新、罗国民、王百平、肖喜为县人民法院审判员；任命陈翔为九公桥人民法庭审判员、陈立仓为下花桥人民法庭审判员、刘新武为桤木山人民法庭审判员。

1985 年 3 月 27 日，第九届县人大常委会第七次会议通过，任命刘运华、李学科、易路文为县人民法院审判员。

1987 年 4 月 2 日，第十届县人大常委会第一次会议讨论通过，任命王振球为县人民法院行政庭庭长、汤旭康为县人民法院执行庭庭长，免去周桂林的县人民法院审判员职务。

1987 年 7 月 20 日，第十届县人大常委会第三次会议讨论通过，任命汤旭康为县人民法院审判委员会委员，任命张新民、尹利平、朱绍卿为县人民法院审判员；免去李广兴的塘田市法庭庭长职务；免去邓集勇的县人民法院刑事一庭副庭长职务。

1987 年 11 月 26 日，第十届县人大常委会第五次会议讨论通过，任命黎和安为县人民法院副院长、黄政顺为桤木山法庭庭长、李学科为县人民法院经济审判庭副庭长、刘运华为县人民法院刑事审判一庭副庭长、唐建新为县人民法院刑事审判一庭副庭长、周后军为县人民法院审判员，免去黎和安的县人民法院刑事审判一庭副庭长职务。

1990 年 4 月 10 日，第十一届县人大常委会第三次会议讨论通过，任命袁振国为县人民法院审判委员会委员；任命彭美开为县人民法院副院长、审判委员会委员；任命袁诗涛为县人民法院副院长、审判委员会委员；任命黎和安为县人民法院副院长、审判委员会委员；任命刘银球为县人民法院副院长、审判委员会委员；任命唐旭萍为县人民法院刑一庭庭长、审判委员会委员；任命王振球为县人民法院行政庭庭长、审判委员会委员；任命陈云跳为县人民法院刑二庭庭长、审判委员会委员；任命汤旭康为县人民法院执行庭庭长、审判委员会委员；任命张文玉为县人民法院审判员、审判委员会委员；任命朱绍卿为县人民法院民事庭庭长、审判委员会委员；任命康贤文为县人民法院审判员、李广兴为县人民法院审判员、颜斌辉为县人民法院林业庭庭长、张新民为塘渡口法庭庭长、邓星元为县人民法院审判员、王更盛为城关镇法庭庭长、戴明祥为郦家坪法庭庭长、刘密之为五峰铺法庭庭长、孟中心为下花桥法庭庭长、曾新雄为九公桥法庭庭长、黄政顺为桤木山法庭庭长、唐建新为县人民法院刑一庭副庭长、王百平为县人民法院刑一庭副庭长、刘友佳为县人民法院审判员、尹利平为县人民法院审判员、王生华为黄亭市法庭庭长、何汉定为县人民法院民事庭副庭长、罗竹生为县人民法院审判员、刘高峰为县人民法院审判员、尹华生为塘田市法庭庭长、李学科为县人民法院经济庭副庭长、罗国民为县人民法院执行庭副庭长、郑光华为五峰铺法庭副庭长、谢卫群为县人民法院审判员、尹中球为县人民法院审判员、李汉卿为县人民法院审判员、蒋超隆为县人民法院审判员、陈立仓为县人民法院审判员、陈振华为县人民法院审判员、夏利荣为县人民法院审判员、邓集勇为县人民法院行政庭副庭长、肖赐予为县人民法院审判员、周后军为县人民法院审判员、张改娥为县人民法院审判员、吴东为县人民法院审判员、朱能升为县人民法院审判员、易路文为县人民法院审判员、刘新武为县人民法院审判员、艾永国为县人民法院审判员、李栋生为县人民法院审判员、银东旭为县人民法院审判员、肖松青为县人民法院审判员、袁伦理为县人民法院审判员、李汉斌为县人民法院审判员、黎琳为县人民法院审判员。

1990 年 7 月 14 日，十一届县人大常委会第五次会议讨论通过。任命罗国元为县人民法院林业审判庭副庭长、王求保为县人民法院林业审判庭审判员。

1990 年 9 月 27 日，十一届县人大常委会第六次会议审议通过，任命康洁为县人民法院审判员。

1993 年 5 月 28 日，第十二届县人大常委会第二次会议讨论通过，任命吕开东为县人民法院副院长、审判委员会委员；任命肖喜为县人民法院民事庭庭长、审判委员会委员；任命颜长春为县人民法院民事庭副庭长、张改娥为县人民法院公路法庭副庭长、陈振华为塘渡口镇法庭庭长、肖松青为黄亭市镇法庭庭长、任加耕为九公桥法庭副庭长、尹利平为县人民法院刑事审判庭副庭长、唐超英为县人民法院审判员、潘金玲为县人民法院审判员、胡小平为县人民法院审判员、刘益楚为县人民法院审判员、杨成芳为县人民法院审判员、谭小飞为县人民法院审判员、谭春龙为县人民法院审判员、杨泽田为县人民法院审判员、张益华为县人民法院审判员；免去唐旭平县人民法院审判委员会委员、审判员和刑一庭庭长职务；免去张新民塘渡口法庭庭长职务、郑光华五峰铺法庭副庭长职务。

1993 年 11 月 27 日，第十二届县人大常委会第六次会议讨论决定，任命唐建新为县人民法院审判委员会委员、刑一庭庭长；吴东为县人民法院民事庭副庭长。

1995年3月6日，第十二届县人大常委会第十四次会议讨论决定，任命唐旭平为邵阳县人民法院副院长、审判委员会委员；任命易路文为黄亭市法庭副庭长、胡小平为县人民法院行政审判庭副庭长、杨成芳为城关镇法庭副庭长、康洁为县人民法院行政审判庭副庭长、夏利荣为县人民法院经济审判庭副庭长、唐梦霖为县人民法院审判员、刘永波为县人民法院审判员、尹邦武为县人民法院审判员；免去袁诗涛县人民法院副院长、审判委员会委员职务；免去邓星元县人民法院审判委员会委员职务、杨成芳梽木山法庭副庭长职务、康洁县人民法院经济审判庭副庭长职务。

1995年7月18日，第十二届县人大常委会第十七次会议审议决定，任命刘新武为九公桥法庭庭长、任加耕为梽木山法庭庭长、袁伦理为郦家坪镇法庭庭长；免去刘新武梽木山法庭副庭长职务。

1995年11月28日，第十二届县人大常委会第二十一次会议审议决定，任命陈明慧、罗颖、王鑫阳、羊海华、吕采奕、吕颂文、卢福喜、郭超群为县人民法院审判员。

1996年5月9日，县十二届人大常委会第二十六次会议审议决定，任命杨爱民为县人民法院下花桥法庭庭长、李梅生为县人民法院五峰铺法庭庭长、汤旭康为县人民法院公路法庭庭长、颜长春为县人民法院林业审判庭庭长、尹邦武为县人民法院黄亭市法庭副庭长、刘益楚为县人民法院民事审判庭副庭长、潘金玲为县人民法院经济审判庭副庭长、王艳华为县人民法院审判员、唐恒为县人民法院审判员、杨爱民为县人民法院塘田市法庭副庭长、颜长春为县人民法院民事审判庭事庭长、孟中心为县人民法院下花桥法庭庭长、肖松青为县人民法院黄亭市法庭庭长、刘密芝为县人民法院五峰铺法庭庭长。

1996年9月20日，第十二届县人大常委会第二十八次会议审议决定，任命莫警为县人民法院审判员、陈顺华为县人民法院审判员。

1998年3月5日，第十三届县人大常委会第二次会议讨论通过，任命吕开东为县人民法院审判员、审判委员会委员、副院长；任命袁更宝为县人民法院审判员、审判委员会委员、副院长；任命王伯平为县人民法院审判员、审判委员会委员、副院长；任命陈翔为县人民法院审判员、审判委员会委员、副院长；任命李学科为县人民法院审判员、审判委员会委员；任命肖喜为县人民法院审判员、民事审判庭庭长、审判委员会委员；任命唐建新为县人民法院审判员、审判监督庭庭长、审判委员会委员；任命陈振华为县人民法院审判员、审判委员会委员；任命尹利平为县人民法院审判员、经济审判庭庭长、审判委员会委员；任命周后军为县人民法院审判员、刑事审判庭庭长、审判委员会委员；任命汤旭康为县人民法院审判员、公路人民法庭庭长；任命胡小平为县人民法院审判员、行政审判庭庭长；任命张新为县人民法院审判员、执行庭庭长；任命潘金玲为县人民法院审判员、立案庭庭长；任命尹华生为县人民法院审判员、城关镇人民法庭庭长；任命杨爱民为县人民法院审判员、下花桥人民法庭庭长；任命李梅生为县人民法院审判员、五峰铺人民法庭庭长；任命刘新武为县人民法院审判员、九公桥人民法庭庭长；任命任加耕为县人民法院审判员、梽木山人民法庭庭长；任命颜长青为县人民法院审判员、林业审判庭庭长；任命尹邦武为县人民法院审判员、黄亭市人民法庭庭长；任命邹其为县人民法院审判员、郦家坪人民法庭庭长；任命银东旭为县人民法院审判员、塘田市人民法庭庭长；任命易路文为县人民法院审判员、黄亭市人民法庭副庭长；任命艾永国为县人民法院审判员、执行庭副庭长；任命唐超英为县人民法院审判员、民事审判庭副庭长；任命刘益楚为县人民法院审判员、执行庭副庭长；任命谭春龙为县人民法院审判员、刑事审判庭副庭长；任命唐梦林为县人民法院审判员、行政审判庭副庭长；任命罗国元为县人民法院审判员、林业审判庭副庭长；任命唐恒为县人民法院审判员、郦家坪人民法庭副庭长；任命莫警为县人民法院审判员、梽木山人民法庭副庭长；任命吕采奕为县人民法院审判员、塘田市人民法庭副庭长；任命邓联明为县人民法院审判员、塘渡口人民法庭副庭长；任命陈翔雁为县人民法院审判员、塘渡口人民法庭副庭长；任命杨成芳为县人民法院审判员、城关镇人民法庭副庭长；任命银龚为县人民法院审判员、经济审判庭副庭长；任命罗疑为县人民法院审判员、经济审判庭副庭长；任命吕颂文为县人民法院审判员、民事审判庭副庭长；任命杨泽田为县人民法院审判员、刑事审判庭副庭长；任命李阳为县人民法院审判员、行政审判庭副庭长；任命谢卫群为县人民法院审判员、公路法庭副庭长。

1998 年 5 月 21 日，第十三届县人大常委会第三次会议讨论通过，任命肖松青、张改娥、陈立仓、羊海华、张金平、蒋佳凯、陈明慧、刘桂武、李海滨、孟中心、刘密之、颜斌辉、王金阳、卢福喜、郭超群、肖赐予、张益华、易中红、刘永波、郑光华、朱能升、陈顺华、袁伦理、刘伯清、黄政顺、王生华、唐旭萍、刘友佳、王振球、张文玉、邓集勇、陈云跳、王更盛、李辉、彭艳辉、杨智勤、唐宏华、李满云、邓拥军、简寻源、李小六、曾海波、屈亚光、刘银球为邵阳县人民法院审判员。

1998 年 9 月 25 日，第十三届县人大常委会第五次会议讨论通过，任命邓联明为县人民法院塘渡口法庭庭长；免去莫警梽木山人民法庭副庭长和法院审判员职务；免去陈翔雁为塘渡口人民法庭副庭长、法院审判员职务。

1999 年 1 月 22 日，第十三届县人大常委会第七次会议审议决定，任命康洁为县人民法院审判员、行政审判庭庭长；任命邓小兵为县人民法院审判员、谭刃为县人民法院审判员。

1999 年 5 月 19 日，第十三届县人大常委会第九次会议审议决定，任命吕颂文为县人民法院九公桥人民法庭庭长、吕采奕为县人民法院民事审判庭副庭长、刘永波为县人民法院槎木山人民法庭副庭长、刘益楚为县人民法院下花桥人民法庭副庭长；免去刘新武县人民法院九公桥人民法庭庭长职务、任加耕县人民法院槎木山法庭庭长职务、刘益楚县人民法院执行庭副庭职务、吕颂文县人民法院民事庭副庭长职务、吕采奕县人民法院塘田市法庭副庭长职务。

2001 年 1 月 5 日，第十三届县人大常委会第十九次会议讨论决定，任命唐超林为县人民法院审判员、审判委员会委员；任命屈亚光为县人民法院审判委员会委员、胡小平为县人民法院审判委员会委员、李小六为县人民法院九公桥法庭副庭长、谭刃为县人民法院塘田市法庭副庭长、简寻源为县人民法院五峰铺法庭副庭长；免去邓集勇县人民法院审判员职务；免去康洁县人民法院审判员和行政庭副庭长职务。

2001 年 3 月 2 日，第十三届县人大常委会第二十一次会议讨论决定，任命邓联明为县人民法院槎木山人民法庭庭长、杨成方为县人民法院执行庭副庭长、谢卫群为县人民法院九公桥法庭副庭长；任命刘永波为县人民法院黄亭市人民法庭副庭长，免去其槎木山人民法院副庭长职务；任命李小六为县人民法院槎木山人民法庭副庭长，免去其九公桥人民法庭副庭长职务。

2001 年 11 月 22 日，第十三届县人大常委会第二十六次会议讨论决定，同意吕开东辞去县人民法院副院长职务。

2002 年 5 月 17 日，第十三届县人大常委会第二十九次会议讨论决定，任命邹其为县人民法院塘田市人民法庭庭长，免去郦家坪人民法院庭长职务；任命张金平为县人民法院下花桥人民法庭庭长、李海滨为县人民法院五峰铺人民法庭庭长、唐恒为县人民法院郦家坪人民法庭庭长；任命李梅生为县人民法院刑事审判庭副庭长，免去五峰铺法庭庭长职务；任命银东旭为县人民法院民事审判庭副庭长，免去塘田市人民法庭庭长职务；任命杨爱民为县人民法院执行庭副庭长，免去下花桥镇人民法庭庭长职务；任命曾海波为县人民法院塘田市人民法庭副庭长、刘伯清为县人民法院郦家坪人民法庭副庭长。

2002 年 7 月 25 日，第十三届县人大常委会第三十次会议讨论决定，任命刘永波为县人民法院九公桥人民法庭副庭长，免去黄亭市人民法庭副庭长职务；任命陈顺华为邵阳县人民法院黄亭市人民法庭副庭长。

2003 年 3 月 6 日，第十四届县人大常委会第二次会议讨论决定，任命袁更宝为县人民法院审判员、审判委员会委员、副院长；任命陈翔为县人民法院审判员、审判委员会委员、副院长；任命杨明恒为县人民法院审判员、审判委员会委员、副院长；任命李学科为县人民法院审判员、审判委员会委员；任命唐超林为县人民法院审判员、审判委员会委员；任命肖喜为县人民法院审判员、审判委员会委员；任命周厚军为县人民法院审判员、审判委员会委员、民事审判二庭庭长；任命吕颂文为县人民法院审判员、民事审判一庭庭长；任命邹其为县人民法院审判员、刑事审判庭庭长；任命杨泽田为县人民法院审判员、立案庭庭长；任命李阳为县人民法院审判员、行政审判庭庭长；任命尹邦武为县人民法院审判员、审判监督庭庭长；任命谭春龙为县人民法院审判员、林业审判庭庭长；任命谭刃为县人民法院审判员、黄亭市人民法庭庭长；任命李小六为县人民法院审判员、塘田市人民法庭庭长；任命邓联明为县人民法院审判员、九公桥人民法庭庭长；任命潘金玲为县人民法院审判员、长阳铺人民法庭庭长；任命李海滨为县人民法院审判员、五峰铺人民法庭庭长；任命张金平为县人民法院审判员、下花桥人民法庭庭长；任命唐恒为县人民法院审判员、郦家坪人民法庭庭长；任命罗颖为县人民法院审判员、立案庭副庭长；任命唐超英为县人民法院审判员、立案庭副庭长；任命唐梦林为县人民法院审判员、刑事审判庭副庭长；任命银东旭为县人民法院审判员、民事审判一庭副庭长；任命吕采奕为县人民法院审判员、民事审判一庭副庭长；任命杨成芳为县人民法院审判员、民事审判二庭副庭长；任命刘勇为县人民法院审判员、民事审判二庭副庭长；任命杨爱国为县人民法院审判员、行政审判庭副庭长；任命艾永国为县人民法院审判员、行政审判庭副庭长；任命陈明慧为县人民法院审判员、行政审判庭副庭长；任命邓拥军为县人民法院审判员、审判监督庭副庭长；任命李梅生为县人民法院审判员、刑事审判庭副庭长；任命简寻源为县人民法院审判员、五峰铺人民法庭副庭长；任命曾海波为县人民法院审判员、塘田市人民法庭副庭长；任命易路文为县人民法院审判员、黄亭市人民法庭副庭长；任命陈顺华为县人民法院审判员、黄亭市人民法庭副庭长；任命刘伯清为县人民法院审判员、郦家坪人民法庭副庭长；任命刘永波为县人民法院审判员、九公桥人民法庭副庭长；任命尹利平为县人民法院审判员、胡小平为县人民法院审判员、唐建新为县人民法院审判员、陈振华为县人民法院审判员、张新明为县人民法院审判员、银奍为县人民法院审判员、屈亚光为县人民法院审判员、张改娥为县人民法院审判员、黄龙清为县人民法院审判员、羊海华为县人民法院审判员、陈立仓为县人民法院审判员、尹华生为县人民法院审判员、杨智勤为县人民法院审判员、彭艳晖为县人民法院审判员、何建湘为县人民法院审判员、任加耕为县人民法院审判员、刘桂武为县人民法院审判员、刘红艳为县人民法院审判员、蒋佳凯为县人民法院审判员、吕军为县人民法院审判员、易中红为县人民法院审判员、颜斌辉为县人民法院审判员、王金阳为县人民法院审判员、郭超群为县人民法院审判员、贞福喜为县人民法院审判员、李满云为县人民法院审判员、孟中心为县人民法院审判员、邓小兵为县人民法院审判员、刘密芝为县人民法院审判员、颜长春为县人民法院审判员、李辉为县人民法院审判员、肖赐予为县人民法院审判员、张益华为县人民法院审判员、汤旭康为县人民法院审判员、郑光华为县人民法院审判员、袁伦理为县人民法院审判员、刘益楚为县人民法院审判员、刘新武为县人民法院审判员、彭美开为县人民法院审判员、刘银球为县人民法院审判员、谢卫群为县人民法院审判员、肖松青为县人民法院审判员、王生华为县人民法院审判员、邓飞元为县人民法院审判员、唐彩青为县人民法院审判员。

2003 年 11 月 20 日，第十四届县人大常委会第六次会议讨论决定，任命邓飞元为县人民法院林业审判庭副庭长，免去屈亚光县人民法院审判员职务；任命张金平为县人民法院审判员、下花桥法庭庭长职务；任命肖松青为县人民法院审判员职务。

2004 年 5 月 20 日，第十四届县人大常委会第九次会议讨论决定，任命李海滨为下花桥人民法庭庭长，免去五峰铺人民法庭庭长职务；任命谭刃为县人民法院执行局执行裁判庭庭长，免去黄亭市人民法庭庭长职务；任命邓联明为县人民法院执行局执行工作庭庭长，免去九公桥人民法庭庭长职务；任命刘永波为下花桥人民法庭副庭长，免去九公桥人民法庭副庭长职务；任命刘伯清为下花桥人民法庭副庭长，免去郦家坪人民法庭副庭长职务；任命陈顺华为塘田市人民法庭副庭长，免去黄亭市人民法庭副庭长职务；免去唐恒郦家坪人民法庭庭长职务；任命杨爱民县人民法院行政审判庭副庭长职务；任命易路文黄亭市人民法庭副庭长职务、曾海波塘田市人民法庭副庭长职务、简寻源五峰铺人民法庭副庭长职务。

2005 年 3 月 4 日，第十四届县人大常委会第十四次会议讨论决定，任命吕鸣为县人民法院审判员。

2005 年 5 月 20 日，第十四届县人大常委会第十五次会议讨论决定，任命吕颂文为县人民法院审判委员会委员、尹邦武为县人民法院审判委员会委员、邹其为县人民法院审判委员会委员、潘金玲为县人民法院长阳铺人民法庭庭长、李海滨为县人民法院下花桥人民法庭庭长、李小六为县人民法院塘田市人民法庭庭长、谢卫群为县人民法院立案庭副庭长、曾海波为县人民法院行政庭副庭长、彭艳晖为县人民法院长阳铺人民法庭副庭长；任命吕尚为县人民法院审判员、塘田市人民法院副庭长；任命唐毅、唐志刚为县人民法院审判员，任命吴飞翔、吕美蓉、黎爱国、赵斌、何曼萍为县人民法院人民陪审员。

2005 年 7 月 20 日，第十四届县人大常委会第十六次会议讨论决定，任命唐超林为县人民法院副院长；屈亚光为县人民法院审判委员会委员；免去杨明恒县人民法院副院长和审判委员会委员职务。

2006年3月7日，第十四届县人大常委会第二十次会议讨论决定，任命银奕为县人民法院林业庭庭长；任命谭春龙为县人民法院民二庭副庭长，免去其县人民法院林业庭庭长职务；任命杨成芳为县人民法院审监庭副庭长，免去其县人民法院民二庭副庭长职务；任命邓拥军为县人民法院民一庭副庭长，免去其县人民法院审监庭副庭长职务；任命唐恒为县人民法院行政庭副庭长；免去吕采奕县人民法院民一庭副庭长职务、艾永国县人民法院行政庭副庭长职务。

2006年5月10日，第十四届县人大常委会第二十一次会议讨论决定，任命黎华章、唐均云、陈峰、刘梅、董孝腊、莫代君为县人民法院人民陪审员；免去赵斌县人民法院人民陪审员职务。

2007年3月6日，第十四届县人大常委会第二十六次会议讨论决定，任命陈顺华为下花桥法庭庭长，免去李海滨下花法庭庭长职务，免去陈顺华塘田市法庭副庭长职务。

2007年6月15日，第十四届县人大常委会第二十九次会议讨论决定，任命李海滨为县人民法院审判委员会委员，任命杨爱民为县人民法院审判委员会委员、行政审判庭庭长，任命易中红为县人民法院行政审判庭副庭长，任命唐恒为县人民法院民事审判第一庭副庭长、周伟佳为县人民法院审判员；免去周后军县人民法院民事审判第二庭庭长职务、杨泽田县人民法院立案庭庭长职务、唐恒县人民法院行政审判庭副庭长职务。

2007年10月25日，第十四届县人大常委会第三十二次会议讨论通过，接受张秀华的辞职请求，同意其辞去县人民法院院长职务；决定任命周继耐为县人民法院副院长、代理院长。

2008年3月13日，县第十五届人大常委会第三次会议讨论决定，任命袁更宝、陈翔、唐超林为县人民法院副院长，潘金玲为县人民法院副院长、审判委员会委员，陈文静为县人民法院审判员。

2008年8月19日，县第十五届人大常委会第六次会议讨论决定，任命唐恒为县人民法院长阳铺法庭庭长，免去其人民法院民事审判一庭副庭长职务；任命吕尚为县人民法院塘田市法庭庭长、罗颖为县人民法院立案庭庭长；任命陈明慧为县人民法院审判监督庭庭长，免去其县人民法院行政审判庭副庭长职务；任命尹邦武为县人民法院刑事审判庭庭长，免去其县人民法院审判监督庭庭长职务；任命唐梦林为县人民法院民事审判一庭庭长，免去其县人民法院刑事审判庭副庭长职务；任命刘勇为县人民法院民事审判二庭庭长；任命银东旭为县人民法院林业审判庭庭长，免去其县人民法院民事审判一庭副庭长职务；任命唐彩青为县人民法院立案庭副庭长；任命唐超英为县人民法院审判监督庭副庭长，免去其县人民法院立案庭副庭长职务；任命刘红艳为县人民法院刑事审判庭副庭长、简寻源为县人民法院民事审判一庭副庭长、杨智勤为县人民法院民事审判一庭副庭长、唐毅为县人民法院民事审判二庭副庭长；任命李小六为县人民法院行政审判庭副庭长，免去其县人民法院塘田市法庭庭长职务；任命孟湘红、周自珍、黎三元为县人民法院人民陪审员；免去邹其县人民法院刑事审判庭庭长职务、银龚县人民法院林业审判庭庭长职务、杨成芳县人民法院审判监督庭副庭长职务、刘伯清县人民法院下花桥法庭副庭长职务、谭春龙县人民法院民事审判二庭副庭长和审判员职务、邓拥军县人民法院民事审判一庭副庭长和审判员职务、陈文静县人民法院审判员职务；免去吴飞翔、吕美容、莫代君县人民法院陪审员职务。

2009 年 8 月 27 日，第十五届县人大常委会第十三次会议讨论决定，任命汤文波、刘亮、刘芳、唐海波、邓学军、罗益秀、吴社忠为县人民法院审判员；任命刘治、吕天妮、刘奇新、许百强、罗海啸、肖英杰、刘伟、李金荣、赵妍、陶景波、杨彩虹、刘嵋苓、朱向阳、唐平平、银良国、王新美、唐新文、黎长顺、谭友联、何爱春、吴湘彬、胡敏、王其银、陈晓群、罗爱兵为县人民法院人民陪审员。

2010 年 4 月 19 日，第十五届县人大常委会第十八次会议讨论决定，任命刘康民为县人民法院审判委员会委员、副院长；屈亚光为县人民法院审判委员会委员、副院长；任命唐梦林为县人员法院审判委员会委员；任命杨成芳为县人员法院审判委员会委员；免去袁更宝县人民法院副院长、审判委员会委员职务；免去李学科县人民法院审判委员会委员职务、肖喜县人民法院审判委员会委员职务；免去吕颂文县人民法院审判委员会委员、审判员职务。

2010 年 8 月 20 日，第十五届县人大常委会第二十次会议讨论决定，任命吴波、唐海燕为县人民法院人民陪审员；免去黎爱国县人民法院人民陪审员职务。

2011 年 6 月 22 日，第十五届县人大常委会第二十六次会议讨论决定，任命杨泽田为县人民法院民事审判二庭庭长、陈明慧为县人民法院林业审判庭庭长、简寻源为县人民法院下花桥人民法庭庭长、易中红为县人民法院塘田市人民法庭庭长、谭刃为县人民法院行政审判庭庭长；任命蒋凯兵、陈新桥、何曼萍、黎华章、唐均云、陈峰、刘梅、董孝腊为县人民法院人民陪审员。

2011 年 11 月 10 日，第十五届县人大常委会第二十八次会议讨论决定，任命李晚龙为县人民法院审判员、曾马凌为县人民法院审判员、罗喜为县人民法院审判员。

2014 年 3 月 12 日，第十六届县人大常委会第七次会议讨论决定，任命阳胜兰、邓智清、刘香丰、袁多良、唐珍亮、颜中华、陈香莲、唐鹏、邓星平、肖明华、朱攀、张美玲、徐磊、刘来科、黎飞涛、刘小虎、吴敏健、唐和国、蒋连喜、胡玉亮、陈友保、杨宏林、唐邵南、袁三平、刘波、伍晓华、唐治华、周清平、唐东生、张加飞、李征良、李顺良、唐湘洲、罗解平为县人民法院人民陪审员；免去周自珍、黎华章、陈峰、朱向阳、吴湘彬、吴波、蒋凯兵、陈新桥县人民法院人民陪审员职务；任命黄理、陈春喜、范元林、何芳、申向阳为县人民法院审判员。

2014年9月12日，县第十六届人大常委会第十次会议讨论决定，任命李文玲、唐军、刘湘君、唐春江、罗珊珊、潘雪晴、罗锟、黎倩、隆雪华、邱清龙为县人民法院审判员。

2016年5月26日，第十六届县人大常委会第二十五次会议通过，决定任命孟湘红、刘治、刘奇新、肖英杰、刘伟、李金荣、赵研、银良国、唐新文、何爱春、胡敏、王其银、陈晓群、罗爱兵、唐海燕、何爱良、刘艳红、吕泽文、莫志刚、银小军、田凌云、彭武平、王少华、张芳丽为县人民法院人民陪审员。

同年10月21日，第十六届县人大常委会第三十一次会议决定，接受周继耐辞去县人民法院院长职务的请求，免去其县人民法院院长职务；任命副院长蔡明清为县人民法院代理院长。

第五节　任免县人民检察院工作人员

自1981年4月30日县八届人大常委会第四次会议始，至2016年县第十六届人大常委会第32次会议止，县人大常委会共任免县人民检察院工作人员304人次，其中任职277人次（部分任职人员需报上级人大常委会和上级检察院备案）、免职27人次。

1981年4月30日，县人大常委会邵常发〔1981〕005号文件通知：第八届人民代表大会常务委员会第四次会议讨论通过，任命罗惠连、刘义萍、谢春初、胡楚清、吕象琪、阳选浪、赵康贤、曾新荣、康付荣、唐自友、黎新来、朱能升、谭逢学为邵阳县民人检察院检察员。

1981年6月3日，县人大常委会邵常发〔1981〕009号文件通知：第八届县人大常委会第五次会议讨论通过，任命刘义萍为县人民检察院副检察长。

1981年10月28日，县人大常委会邵常发〔1981〕011号文件通知：湖南省第五届人大常委会第十次会议通知，批准任命唐远友为县人民检察院检察长、检察委员会委员；谢仕袖为邵阳县人民检察院副检察长、检察委员会委员；罗惠连、谢春初、阳选浪、胡楚卿、覃国平为邵阳县人民检察院检察委员会委员。

1981年12月25日，县人大常委会邵常发〔1981〕18号文件通知：第八届人民代表大会常务委员会第五次会议讨论决定，并报经省第五届人民代表大会常务委员会第十一次会议批准，任命刘义萍为县人民检察院副检察长、检察委员会委员。

1982 年 2 月 16 日，县人大常委会邵常发〔1982〕002 号文件通知：第八届县人大常委会第八次会议讨论决定，任命张乐阶、莫斌清为县人民检察院检察员。

1982 年 8 月 17 日，县人大常委会邵常发〔1982〕8 号文件通知：县第八届人大常委会第十一次会议讨论通过，任命莫知仕为邵阳县人民检察院副检察长、检察委员会委员，报省人民检察院检察长提请省人民代表大会常务委员会批准。

1982 年 8 月 17 日，县人大常委会邵常发〔1982〕9 号文件通知：经湖南省第五届人大常委会第十六次会议通过，批准任命吕象琪为县人民检察院检察委员会委员。

1983 年 3 月 13 日，县人大常委会邵常发〔1983〕002 号文件通知：第八届县人大常委会第十五次会议通过，任命易利生、张宗清、邓星球为县人民检察院检察员。

1983 年 4 月 1 日，县人大常委会邵常发〔1983〕003 号文件通知：第八届县人大常委会第十一次会议讨论通过，并报经省五届人大常委会第十八次会议通过，批准任命莫知仕为邵阳县人民检察院副检察长、检察委员会委员。

1984 年 4 月 30 日，县人大常委会邵常发〔1984〕12 号文件通知：经第九届县人大常委会第一次会议讨论通过，任命刘义萍、莫知仕、康福荣为县人民检察院副检察长。

1984 年 6 月 8 日，县人大常委会邵常发〔1984〕14 号文件通知：经第九届县人大常委会第二次会议讨论通过，任命唐远友、刘义萍、莫知仕、康福荣、谢仕袖、阳选浪、谢春初、吕象琪、罗惠连、莫斌清、曾林明为县人民检察院检察委员会委员。

1984 年 8 月 25 日，县人大常委会邵常发〔1984〕16 号文件通知：经县第九届人民代表大会第一次会议选举，并报经湖南省第六届人民代表大会常务委员会第七次会议通过，任命唐远友为邵阳县人民检察院检察长。

1985 年 1 月 31 日，第九届县人大常委会第六次会议通过，任命曾林明、吕明丰、邓建社、唐信阶、向见珍、吕敬林、陈星、肖洪甲、邓平安、伍庚田为县人民检察院检察员。

1985 年 3 月 27 日，第九届县人大常委会第七次会议通过，任命吕建平、徐和平、刘国良、张许枝为县人民检察院检察员。

1987 年 4 月 17 日，第九届市人大常委会第十四次会议批准任命李栋梁为县人民检察院检察长。

1987 年 5 月 30 日，第十届县人大常委会第二次会议讨论通过，任命罗建平、胡光富、吕小兵、吕敬辉、龚文卿、向新民、伍培阳、刘仕林为县人民检察院检察员。

1987 年 7 月 20 日，第十届县人大常委会第三次会议讨论通过，任命李栋梁为县人民检察院检察委员会委员，免去唐远友、莫斌清的县人民检察院检察委员会委员和检察员职务。

1989年5月31日，第十届县人大常委会第十六次会议讨论通过，任命蒋赋翔为县人民检察院检察员。

1990年9月27日，第十一届县人大常委会第六次会议审议通过，任命李栋梁为县人民检察院检察委员会委员；任命康福荣为县人民检察院副检察长、检察委员会委员；任命刘义萍为县人民检察院副检察长、检察委员会委员；任命莫知仕为县人民检察院检察长、检察委员会委员；任命邓建社为县人民检察院检察员、检察委员会委员；任命阳选浪为县人民检察院检察员、检察委员会委员；任命曾林明为县人民检察院检察员、检察委员会委员；任命谢春初为县人民检察院检察员、检察委员会委员；任命吕象琪为县人民检察院检察员、检察委员会委员；任命肖洪甲为县人民检察院检察员、检察委员会委员；任命谢仕袖、龚文卿、唐自友、吕敬林、罗惠连、刘仕林、谭逢学、黎新来、罗建平、向新民、邓新求、吕明丰、伍庚田、胡光富、伍培阳、唐检生、陈星、邓平安、易利生、向见珍、吕建平、唐信阶、吕敬辉、罗洪、张凤翔为县人民检察院检察员。

1993年5月28日，第十二届县人大常委会第二次会议讨论决定，任命莫坚喜为县人民检察院副检察长、检察委员会委员；任命唐旭平为县人民检察院副检察长、检察委员会委员；任命邓建社为县人民检察院副检察长；任命邓响明、蒋承仲、欧阳升、陈小飞、陈小兵、屈文龙、蒋向阳、李国富、彭文伟、刘新民为县人民检察院检察员；免去李栋梁县人民检察院检察委员职务、康福荣县人民检察院副检察长和检察委员会委员职务、刘义萍县人民检察院副检察长职务。

1995年3月6日，第十二届县人大常委会第十四次会议审议决定，任命唐规华为邵阳县人民检察院副检察长、检察委员会委员；免去唐旭平邵阳县人民检察院副检察长、检察委员会委员职务；免去邓建社邵阳县人民检察院副检察长、检察委员会委员职务。

1995年7月18日，第十二届县人大常委会第十七次会议审议决定，任命陈新阶、罗海啸、黄丽、刘明为邵阳县人民检察院检察员。

1996年3月11日，第十二届县人大常委会第二十五次会议讨论决定，任命李平军为县人民检察院代检察长，同意刘高生辞去县人民检察院检察长职务。

1996年8月14日，第十二届县人大常委会第二十七次会议讨论决定，任命向见珍、吕建平、邓平安、伍培阳、粟立元、刘运章、蒋冀、罗桂芳、吕智雄、吕白明、郭仁芳、石太林为县人民检察院检察员。

1996年，县人大常委会邵常发〔1996〕14号文件通知，第十二届县人大常委会第二十九次会议讨论通过，任命莫知仕为县人民检察院副检察长。

1998年3月5日，县人大常委会邵常发〔1998〕8号文件通知，第十三届县人大常委会第二次会议讨论通过，任命唐规华为县人民检察院检察员、检察委员会委员、副检察长；任命曾林明为县人民检察院检察员、检察委员会委员、副检察长；任命莫坚喜为县人民检察院检察员、检察委员会委员；任命吕建平为县人民检察院检察员、检察委员会委员；任命邓平安为县人民检察院检察员、检察委员会委员；任命向见珍为县人民检察院检察员、检察委员会委员；任命伍培阳为县人民检察院检察员、检察委员会委员；任命蒋向阳为县人民检察院检察员、检察委员会委员；任命唐信阶为县人民检察院检察员、检察委员会委员；任命伍庚田为县人民检察院检察员、检察委员会委员。

1998年5月21日，县人大常委会邵常发〔1998〕10号文件通知，第十三届人大常委会第三次会议讨论通过，任命李栋梁为县人民检察院检察员、检察委员会委员；任命唐检生、吕明年、陈新阶、吕敬林、邓响明、易利生、邓星球、陈星、谭逢学、胡光富、刘仕林、阮绿容、陈小兵、向新民、陈中平、屈文龙、李国富、粟立元、蒋承仲、罗海啸、刘运章、吕智雄、吕向明、郭仁芳、石太林、罗桂芳、蒋冀、粟红梅、李西民、陈青华、吕昭云、陈敬智为县人民检察院检察员。

1999年9月23日，县人大常委会邵常发〔1999〕12号文件通知，第十三届县人大常委会第十一次会议讨论通过，任命向见珍为县人民检察院副检察长。

2001年1月22日，县人大常委会邵常发〔2002〕5号文件通知，第十三届县人大常委会第二十次会议审议通过，任命易延安为邵阳县人民检察院副检察长。

2001年5月10日，县人大常委会邵常发〔2001〕10号文件通知，第十三届县人大常委会第二十二次会议审议通过，任命刘仕林、陈小兵为县人民检察院检察委员会委员；任命何忠明、刘康明、邓闽榕、唐杰、黎军、蒋凯为邵阳县人民检察院检察员；免去吕建平县人民检察院检察委员会委员和检察员职务；免去阳选浪县人民检察院检察委员会委员和检察员职务。

2001年11月22日，县人大常委会邵常发〔2001〕21号文件通知，第十三届县人大常委会第二十六次会议审议通过，接受李平军辞去县人民检察院检察长职务。

2001年11月22日，县人大常委会邵常发〔2011〕25号文件通知，第十三届县人大常委会第二十六次会议审议通过，免去唐规华县人民检察院副检察长职务。

2002年1月22日，县人大常委会邵常发〔2002〕6号文件通知，第十三届县人大常委会第二十七次会议审议决定，易延安代理邵阳县人民检察院检察长。

2003年3月6日，第十四届县人大常委会第二次会议讨论决定：任命曾林明为县人民检察院检察员、检察委员会委员、副检察长；任命向见珍为县人民检察院检察员、检察委员会委员、副检察长；任命陈小兵为县人民检察院检察员、检察委员会委员、副检察长；任命蒋向阳为县人民检察院检察员、检察委员会委员；任命伍培阳为县人民检察院检察员、检察委员会委员；任命刘运章为县人民检察院检察员、检察委员会委员；任命刘仕林为县人民检察院检察员、检察委员会委员；任命陈青华为县人民检察院检察员、检察委员会委员；任命吕向明为县人民检察院检察员、检察委员会委员；任命吕智雄为县人民检察院检察员、检察委员会委员；任命李栋梁、莫坚喜、唐规华、邓平安、罗海啸、唐检生、黎军、石太林、向新民、吕明丰、蒋承仲、黄建军、蒋冀、罗桂芳、蒋凯、邓闽榕、段更祥、刘康民、银常德、伍庚田、李国富、屈文龙、何忠明、吕敬林、粟红梅、唐杰、陈敏智、陈中平、吕昭云、黎凤娥、郭仁芳、唐信阶、邓星球、李西民、陈新阶、邓响民、粟立元为县人民检察院检察员。

2003年9月26日，第十四届县人大常委会第五次会议讨论决定，任命唐克俭为县人民检察院副检察长代理检察长，免去易延安县人民检察院检察长职务。

2004年7月22日，第十四届县人大常委会第十次会议讨论决定，任命王伯平为县人民检察院检察员、检察委员会委员、副检察长；任命吕建平为县人民检察院检察员；免去刘仕林县人民检察院检察委员会委员职务。

2006年1月10日，第十四届县人大常委会第十九次会议讨论决定，任命孙在启为县人民检察院副检察长、代理检察长、检察委员会委员，同意唐克俭辞去县人民检察院检察长职务。

2006年3月7日，第十四届县人大常委会第二十次会议讨论决定，免去曾林明县人民检察院副检察长职务、向见珍县人民检察院副检察长职务。

2007年3月6日，第十四届县人大常委会第二十六次会议讨论决定，任命蒋向阳为县人民检察院副检察长。

2007年6月15日，第十四届县人大常委会第二十九次会议讨论决定，任命李爱琼为县人民检察院检察员和检察委员会委员，任命银常德、粟红梅、黄建军为县人民检察院检察委员会委员，任命黎凤娥为县人民检察院检察委员会专职委员；免去曾林明、向见珍、吕向明县人民检察院检察委员会委员职务，免去罗海啸县人民检察院检察员职务。

2008年3月13日，第十五届县人大常委会第三次会议讨论决定，任命陈小兵、李爱琼、蒋向阳为县人民检察院副检察长；任命杨文龙为县人民检察院副检察长、检察委员会委员。

2008 年 6 月 27 日，第十五届县人大常委会第五次会议讨论决定，任命屈文龙为县人民检察院检察委员会专职委员；免去王伯平县人民检察院检察委员会委员职务。

2009 年 6 月 23 日，第十五届县人大常委会第十一次会议讨论决定，任命唐俭、刘志杰、王臻、郑启光为县人民检察院检察员；免去蒋凯县人民检察院检察员职务。

2010 年 4 月 19 日，第十五届县人大常委会第十一次会议讨论决定，任命刘运章为县人民检察院副检察长；免去李栋梁县人民检察院检察员职务、段更强县人民检察院检察员职务。

2011 年 3 月 11 日，第十五届县人大常委会第二十四次会议讨论决定，任命吴青山为县人民检察院副检察长、检察委员会委员、检察员；同意孙在启辞去县人民检察院检察长职务，并任命吴青山为县检察院代理检察长。

2011 年 6 月 22 日，第十五届县人大常委会第二十六次会议讨论决定，任命彭林飞、金成俊、王星星为县人民检察院检察员；免去黎凤娥县人民检察院专职检察委员会委员职务。

2012 年 8 月 29 日，第十五届县人大常委会第三十三次会议讨论决定，任命陈玲、黎叶军、魏拨正为县人民检察院检察员。

2015 年 7 月 31 日，第十六届县人大常委会第十七次会议通过，接受吴青山辞去县人民检察院检察长职务，并呈由邵阳市人民检察院报经邵阳市人民代表大会常务委员会批准，由邵阳县第十六届人民代表大会第五次会议备案；任命戴哲建为县人民检察院副检察长、代理检察长、检察委员会委员、检察员；任命易罡、西丹、孙志坚为县人民检察院检察员，并报邵阳市人民代表大会常务委员会和邵阳市人民检察院备案。

2016 年 5 月 21 日，第十六届县人大常委会第二十五次会议通过，任命吕向明、唐俭为县人民检察院检察委员会委员；任命尹戎、孙艳波、刘珊、谭倩、彭艳春、任杨、何海鲸、钱通、彭旭珍为县人民检察院检察员。

同年 10 月 21 日，第十六届县人大常委会第三十一次会议决定，接受戴哲建辞去县人民检察院检察长职务的请求，免去其县人民检察院检察长职务，任命刘朝洪为县人民检察院检察员、检察委员会委员、副检察长，报邵阳市人大常委会批准。

第六章　代表议案和代表建议

第一节　县人大常委会设立前代表提案办理

县人大常委会设立前，全县各界人民代表会议和各届全县人民代表大会代表所提提案，由大会提案审查委员会审查立案后，先后交县人民政府、县人民委员会、县革命委员会负责办理答复。1950年2月至1954年春的全县各界人民代表会议召开期间，各界人民代表向县人民政府提交的提案大多为关于剿匪、镇反、减租、生产救灾、清理公产、整顿地方财政、推销公债、发展文化教育、征粮、整修塘坝、贯彻婚姻法、发展供销社和信用社、拥军优属、民主建政、活跃市场、护林防火、粮食统购统销等方面的内容，提交提案的数量和办理情况无考。

第一届人民代表大会第一次会议共收到代表提案401件，其中有关政法方面的43件、财政经济方面的230件、农业方面的14件、文教卫生方面的40件、其他方面的74件。大会提案委员会对这些提案进行分类后，在会议期间即分送有关部门负责人核阅，当场作出书面答复，然后再由提案委员会分批审查和研究处理，并向大会报告提案审查经过及分类处理情况。大会闭幕后，再由县人民政府秘书室将提案送达有关部门，限期办理。第一届人民代表大会第二次会议和第三次会议代表提案数量和办理情况无考。

第二届人民代表大会第一次会议共收到代表提案442件，按性质分为6类：生产救灾类9件，其中拥护生产自救、贯彻节约粮食的4件，关于救济贫困户和灾民减免医药费的5件；农林水利类65件，其中建议政府加强农业技术指导的4件，请求安装抽水机、拖拉机的14件，建议增修塘坝水库的15件，要求禁伐和保护森林的10件，批评干部瞎指挥的17件，其他5件；政治法律类94件，其中建议加强乡社干部领导的34件，建议妥善安置复员军人和社会青年的6件，要求禁止打牌的1件，要求严格执行婚姻法的8件，建议建立农村干部文化学校的2件，反映法院对伤害人命犯处理太轻的4件，反映干部工作态度的13件，其他26件；财经贸易类97件，其中关于贸易方面的64件，关于猪肉供应和反映养猪饲料供应不足的33件；文教卫生类102件，其中关于教育方面的66件，关于卫生方面的22件，关于文化方面的14件；工业交通类75件，其中请求发电厂安装电灯的38件，建议整修夫夷河道的3件，要求建设公路的15件，反映交通器材供应欠缺的9件，其他10件。大会提案委员会对以上代表提案按4类情况进行办理：凡属有关全县性的重要措施或反映全县人民一致要求的提案，均送主席团提请大会讨论，作为决议贯彻执行；凡符合政策规定且具备条件解决的，均送县人民委员会办理；提案内容超出县人民代表大会及县人民委员会职权范围的，均交县人民委员会提请上级处理；凡应由县人民代表大会或县人民委员会交有关部门处理的，则送交县人民委员会秘书室转有关部门调查处理。

第二届人民代表大会第二次会议共收到代表提案253件，其中有关生产合作的51件、有关农村水利的23件、有关政治法律的32件、有关粮油贸易的63件、有关文教卫生的28件、有关工业的40件、其他16件。这些提案在本次大会毕会后，由提案审查委员会分别交有关部门全部办理完毕，凡能立即解决的，都得到合理和妥当的解决；因条件制约暂不能解决的留作参考；属于认识问题的提案，根据当时的政策向代表作了解释和说明，并将办理情况在第三届县人民代表大会第一次会议上作了汇报。

第三届人民代表大会第一次会议代表提案数量和办理情况无考。

第三届人民代表大会第二次会议共收到代表提案71件，其中关于农林水方面的15件、关于工业交通方面的27件、关于财贸方面的8件、关于文教卫生方面的7件、关于劳动管理方面的2件。这些提案由提案审查委员会登记、审查、编号、分类后，交由县人民委员会按以下三项原则进行处理：在县人民委员会权限范围内可以解决的交县人民委员会立即解决；虽需要解决但目前条件尚不具备的，由县人民委员会采取办法逐步创造条件解决；属反映有关部门工作问题的，由提案委员会交有关部门研究处理。

第四届人民代表大会提案数量和办理情况无考。

第五届人民代表大会第一次会议共收到代表提案130件，按性质分为7类，即社会主义教育类20件，占15.4%；农林水利类13件，占14.6%，其中关于发展农业生产的5件，关于保护森林的3件，关于增加水利设施与机电排灌的11件；政治法律类14件，占10.7%，其中关于公安司法工作的9件，关于婚姻法和保护军婚的4件，关于民族工作的1件；财政贸易类15件，占11.5%，其中关于商业工作的4件，关于粮食工作的4件，关于财政工作的2件；工业交通类27件，占20.8%，其中关于修建公路和恢复整修桥梁渡船的24件，关于工业的3件；文教卫生类24件，占18.5%，其中关于教育的13件，关于文化的6件，关于卫生的3件，关于计划生育的2件；其他11件，占8.5%。提案审查委员会根据提案内容，按照以下几项原则处理：对关于开展社会主义教育运动、兴修水利、增加提水排灌设备、保护森林等55件提案，提交县人民代表大会讨论，作为决议贯彻执行；对加强中小学教育领导管理和解决郦家坪、下花桥、檀江桥、五峰铺等地区生产生活用煤等31件提案，交县人民委员会立即采取措施办理；对要求退赔兑现等19件提案，交县人民委员会报请上级解决；对反映破坏军婚和计划生育等35件提案由县人民委员会转有关部门严肃调查处理；对要求迁移地点不适中的公社驻地等6件提案，向代表解释说明待以后条件成熟时再行解决。

第六届和第七届人民代表大会代表提案情况无考。

第二节　县人大常委会设立后代表建议办理

1980年12月，第八届县人民代表大会第一次会议设立县人大常委会后，人大代表提案由县人大常委会直接督促办理。

第八届和第九届人民代表大会期间，代表提案反映的问题和要求，以农林水、工业交通、城乡建设、文教体卫、政法民政等方面为主，主要内容有进一步落实农村经济政策、健全和完善生产责任制、发挥山水田土优势全面发展多种经营、加强农田基本建设、保护森林资源严禁乱砍滥伐、搞好水利工程配套、解决农村用电、培养农业科技人才、关心农业技术干部和农村基层干部的生产生活、进一步搞好工农关系、调整工业布局、加速发展轻纺工业、搞好厂矿生产责任制和岗位责任制、搞好交通运输和维修桥梁义渡、发展能源建设、勘探开发矿产资源、办好社队企业和街道企业、治理环境污染、加强劳动保护和安全生产、加强财政监督和财经纪律、压缩行政和非生产性开支、改善商业供销部门的收购和供应工作、做好化肥农药和柴油等农资供应、发展对外贸易、稳定物价、打击投机倒把、做好城镇蔬菜供应、增设商业网点、研制农业机械、提高教学质量、制订教师工作岗位责任制、搞好医疗卫生工作、加强计划生育和妇幼保健工作、活跃城乡人民文化生活、维护社会治安、纠正不正之风、改进机关作风、做好军队转业干部和复员退伍军人安置及优抚工作、落实待业人员就业、落实民族政策、发展社队企业、整顿社队财务减轻农民负担、加强畜牧水产管理、扶持困难社队、鼓励农户致富、发展食品工业和建材业、抓好煤炭生产和供应、治理“三废”、关心职工利益、关心儿童成长和发展幼教事业等。

从1985年4月第九届人民代表大会第二次会议始，县人大代表提案由县人大常委会审查立案后，分别交县委有关部门和县人民政府、县人民检察院、县人民法院办理，交办时间为每年的6－7月，办结时间为每年的8－9月。县人大常委会在分管主任领导下，由选举任免联络工作委员会具体负责代表提案的归类、交办、督办、跟踪服务和归档等具体工作。县人民政府为办理县人大代表提案的主体单位，因县委、县人民法院、县人民检察院办理的代表提案数量较少，在办理过程中也一并由县人民政府负责督办。同时在县人民政府成立提案办理领导小组，县长为办理人大代表提案的第一责任人，常务副县长主管人大代表提案办理；具体办理工作由县人民政府办公室统筹，县人民政府办公室主任为办理人民代表提案的实际责任人，县人民政府办公室安排一名副主任专职分管办理人大代表提案工作；同年在县人民政府办公室设立提案组，具体负责人大代表提案办理业务。县人民政府每年在县人民代表大会闭会后，均召开一次代表提案交办会，将县人大常委会交办给县人民政府、县人民法院、县人民检察院及县委有关部门的人大代表提案再分别交由所属部门直接办理。交办会由县长或常务副县长主持，邀请县人大常委会负责人参加。办理过程中，每年均由县人大常委会联工委和县人民政府办公室牵头组成督查组，对全县所有提案承办单位进行一次或几次督查。每年的提案办理完毕后，均由县人民政府常务副县长或县人民政府办公室主任向县人大常委会会议作出人大代表提案办理情况的汇报。

从 1986 年 1 月第九届县人民代表大会第三次会议始，人大代表提案改称人大代表建议、批评和意见，简称人大代表建议；并将人大代表建议交办的时间由每年的 6 ~ 7 月提前至 3 ~ 4 月，并规定交办后 3 个月内办理完毕。自第十届县人民代表大会以来，县人大常委会办理的影响较大、代表群众满意的重要提案先后有《要求解决大岩和五峰铺等 7 村村民吃粮困难的建议》《请求制止在向阳坝渠道两旁采石放炮的建议》《加强土地管理，重视种子培育的建议》《增开客运班车，增设客运售票点的建议》《加速中小学危房改造的建议》《加强中心完小建设的建议》《解决五保户供养问题的建议》《加强罚没款收入管理的建议》《关于尽快实现地方电网由国家电网托管的建议》《关于撤销刑侦中队的建议》《关于解决水淹区群众生产生活问题的建议》《关于尽快落实邵塘一级公路立项建设的建议》等。

第八届至第十二届人民代表大会期间，共收到代表建议、批评和意见约 5820 件（含议案转为建议办理在内）。其中关于农业、林业、水利及农田基础建设方面的约 1750 件，占 30%；关于工业、交通、邮电及城乡建设方面的约 870 件，占 15%；关于财贸经济及计划物价方面的约 520 件，占 9%；关于文化、教育、体育和卫生方面的约 700 件，占 12%；关于政法、民政、机关干部作风及社会保障方面的约 1690 件，占 29%；其他方面的约 290 件，占 5%。以上代表建议均在交办 3 个月后办理完毕。办理答复率 100%，其中所提问题得到解决或基本解决的占 69%，办理过程中办理单位和代表见面率 95%，代表对办理答复满意率 97%。

以后，关于农林水方面的代表建议相应减少，关于工业、交通、城建、教育科技方面的代表建议相应增多。第十三届至第十六届人民代表大会期间，共收到代表建议、批评和意见约2690件（含议案转为建议办理在内）。其中关于农业、林业、水利及农田基础建设方面的约730件，占27%；关于工业、交通、邮电及城乡建设方面的约890件，占33%；关于财贸经济及计划物价方面的约290件，占11%；关于文化、教育、体育和卫生方面的约430件，占16%；关于政法、民政、机关干部作风及社会保障方面的约160件，占6%；其他方面的约190件，占7%。以上代表建议均在交办3个月后办理完毕，办理答复率100%，其中所提问题得到解决或基本解决的占71%，办理过程中办理单位和代表见面率96%，代表对办理答复满意率98%。

（说明：因第十届全县人民代表大会第二次会议、第十一届第一次会议、第十二届第三次会议、第十四届第一次会议、第十五届第四次会议、第十六届第二次会议等6次会议所收到的代表建议数据资料缺失，故本节所述代表建议的合计数据系将所缺资料的年份的数据按上下年份的平均数据计算后所得的合计数，与实际数据略有出入）

表 5

邵阳县历届人民代表大会代表建议统计表

单位：件

会议届次		所收到的代表建议数						
			其中					
届别	次别	小计	关于农林水方面	关于工交邮电及城乡建设方面	关于财贸经济和计划物价方面	关于文教体卫方面	关于政法民政方面	关于其他方面
第八届	第一次会议	758	233	119	77	97	232	
	第二次会议	556	185	111	160	100	70	
	第三次会议	482	145	174	55	62	10	
第九届	第一次会议	531	123	134	127	108	39	
	第二次会议	304	70	40	71	67	50	
	第三次会议	163	50	33	49	31		
第十届	第一次会议	613	226	129	104	103	29	22
	第二次会议	资料缺失						
	第三次会议	131						
	第四次会议	323	94	39	82	33	47	28
第十一届	第一次会议	资料缺失						
	第二次会议	302	78	37	81	51	17	38
	第三次会议	198	39	42			31	21
第十二届	第一次会议	492	165	59	149	60	36	32
	第二次会议	192	60	36	42	30	43	11
	第三次会议	资料缺失						
	第四次会议	85	22	12	31	5	8	7
	第五次会议	57	24	15	25	6	8	9
第十三届	第一次会议	201	51	46	46	15	12	26
	第二次会议	50	7	11	14	5		3
	第三次会议	86	14	19	20	14	7	12
	第四次会议	80	7	23	14	6	8	22
	第五次会议	104	18	35	22	14	15	
	第六次会议	107	27	30	12	13		25

续表

会议届次		所收到的代表建议数						
届别	次别	小计	其中					
			关于农林水方面	关于工交邮电及城乡建设方面	关于财贸经济和计划物价方面	关于文教体卫方面	关于政法民政方面	关于其他方面
第十四届	第一次会议	资料缺失						
	第二次会议	95	22	34	16	15		8
	第三次会议	56	20	11		9		16
	第四次会议	93	12	40		20		38
	第五次会议	125	30	40	20	19	4	3
	第六次会议	102	25	31		20		
第十五届	第一次会议	182	68	50	7	26	6	33
	第二次会议	79	29	22	9	8	6	5
	第三次会议	142	38	52	19	19	14	
	第四次会议	资料缺失						
	第五次会议	138	41	32	10	21	17	17
	第六次会议	96	26	33	10	15	2	10
第十六届	第一次会议	156	46	52	17	24	5	12
	第二次会议	资料缺失						
	第三次会议	143	45	51	7	26	10	4
	第四次会议	175	59	63	6	34	7	6
	第五次会议	146	30	66	13	12	10	15

（说明：本表代表建议小计数含议案转作建议办理数）

第三节 议案办理

第十届人民代表大会第一次会议始有议案办理，议案由10名以上代表联名或由县人大常委会、县人大常委会各专门委室、县人民政府提出，经议案审查委员会审查、大会主席团审议，将决定立案的议案提交代表大会全体会议表决通过后，作出决议，交人大常委会或一府两院实施。由主席团审议不予立案的议案，一般转作代表建议、批评和意见办理。十届人大一次会议通过了《议案试行办法》，本次会议始收到10名以上代表联名提出的议案72件，经主席团审议，立案5件。第十届至第十六届人民代表大会期间，历次代表大会表决通过的议案决议81件。其中10名以上代表联名提出的议案1700余件，其中经大会议案审查委员会审查、大会主席团审议后立案的78件（其余未立案的1620余件转作代表建议办理），由县人民政府提出的议案2件、由县人大常委会提出的议案1件。这些议案经历次代表大会全体会议表决通过后，作出议案决定，然后交“一府两院”实施。其中重要的议案有：

县人民政府提出的《乱砍滥伐，全面封山育林》的议案（第十届人民代表大会第一次会议表决通过）；

王卓明等13名代表联名提出的《建议立即刹住乱占耕地营建私房歪风》的议案（第十届人民代表大会第一次会议表决通过）；

刘仕继等10名代表联名提出的《建议切实解决好孤寡老人的生活问题》的议案（第十届人民代表大会第一次会议表决通过）；

吕爱书等11名代表联名提出的《建议修建东方红、向阳坝两处船闸》的议案（第十届人民代表大会第一次会议表决通过）；

邓攻等10名代表联名提出的《建议改善办学条件，实现一无二有》的议案（第十届人民代表大会第一次会议表决通过）；

县人民政府提出的《关于制止乱占耕地，加强土地管理》的议案（第十届人民代表大会第四次会议表决通过）；

林建成等10名代表联名提出的《关于粮食专项资金必须专款专用》的议案（第十届人民代表大会第四次会议表决通过）；

县人大常委会提出的《关于建议修改十一届人大一次会议〈关于切实加强水利建设的决议〉的部分条款》的议案（第十二届人民代表大会第二次会议表决通过）；

县人民政府提出的《关于提请修改县十届人大四次会议〈关于制止乱占滥用耕地，

切实加强土地管理的决议〉有关条款部分内容》的议案（第十二届人民代表大会第二次会议表决通过）；

毛德耀等10名代表联名提出《关于调整高中布局，发展职业技术教育》的议案（第十二届人民代表大会第二次会议表决通过）；

唐振林等13名代表和廖本芳等13名代表联名提出的《恳请县政府迅速落实九一年以来水利以奖代投资金》的议案（第十二届人民代表大会第四次会议表决通过）；

谭艾华等11名代表联名提出的《关于查处用公款购买“大哥大”》的议案（第十二届人民代表大会第五次会议表决通过）；

黄荣生等11名代表和何均成等13名代表联名提出的《关于改进计划生育经费乡镇县管的管理办法，强化财政监督》的议案（第十二届人民代表大会第五次会议表决通过）；

戴分生等11名代表联名提出的《关于严禁往河道倾倒垃圾和组建专业队伍搞好河道清障》的议案（第十二届人民代表大会第五次会议表决通过）。

伍乔生、夏和平等28名代表联名提出的《关于制止农电部门超标收费，退还多收电费》的议案（第十三届人民代表大会第一次会议表决通过）；

马茶莲等12名代表联名提出的《关于清理整顿医药市场，保障人民身体健康》的议案（第十三届人民代表大会第一次会议表决通过）；

黄荣生等23名代表、伍乔生等15名代表、谢仲康等11名代表、陆克敏等10名代表、王秀清等10名代表、肖柏民等17名代表、施绍校等12名代表联名提出的《关于副县长届内向人民代表大会述职，接受代表评议》的议案（第十三届人民代表大会第二次会议表决通过）；

尹邦喜12名代表联名提出的《关于清退代课教师》的议案（第十三届人民代表大会第三次会议表决通过）；

吕祥云等10名代表联名提出的《关于撤销邵阳县公安局各刑侦分队》的议案（第十三届人民代表大会第三次会议表决通过）；

银洁清等11名代表联名提出的《关于撤销邵阳县公安局各刑侦分队》的议案（第十三届人民代表大会第三次会议表决通过）；

吴桂竹等10名代表联名提出的《关于撤销邵阳县公安局各刑侦分队》的议案（第十三届人民代表大会第三次会议表决通过）；

杨晓田等15名代表联名提出的《关于加大刑事案件侦破力度》的议案（第十三届人民代表大会第四次会议表决通过）；

贺海波等14名代表联名提出的《关于切实加强对计生职能部门管理整顿》的议案（第十三届人民代表大会第四次会议表决通过）；

马茶莲等14名代表联名提出的《关于采取有力措施加强芙黄河邵阳县段的环境保护的议案》（第十三届人民代表大会第五次会议表决通过）；

肖祥明等11名代表联名提出的《关于加强农业技术指导，切实服务于农业和农民》的议案（第十三届人民代表大会第五次会议表决通过）；

陆仕勋等10名代表联名提出的《关于规范地税手续费的议案》（第十三届人民代表大会第五次会议表决通过）；

粟甲成等10名代表联名提出的《要求国地两税取消使用“代收代扣定额票证”》的议案（第十三届人民代表大会第五次会议表决通过）；

朱大明等145名代表联名提出的《关于坚决取消公路营运线路垄断》等12件议案，因内容相同归纳立案为3件议案（第十四届人民代表大会第三次会议表决通过）；

邓中华等10名代表联名提出的《关于整顿县城市场经济秩序的议案》（第十四人民代表大会第四次会议表决通过）；

邓茶元等83名代表联名提出的《关于提高村干部待遇》等6件议案（第十五届人民代表大会第一次会议表决通过），因内容相同，归纳立案为1件议案；

钱斌等12名代表联名提出的《关于设立县城学校扩容扩建专项资金》的议案（第十五届人民代表大会第一次会议表决通过）。

陈四平等11名代表提出的《关于保护森林资源，加强生态建设》的议案（第十五届人民代表大会第二次会议表决通过）；

郭跃忠等11名代表提出的《保护森林资源，维护群众利益》的议案（第十五届人民代表大会第二次会议表决通过）；

谭勇军等15名代表提出的《采取强硬措施保护环境》的议案（第十五届人民代表大会第二次会议表决通过）。

自第十届人民代表大会第一次会议以来，经历次人民代表大会表决通过的议案决定，都基本贯彻执行到位。

第四节　质询案办理

自第八届人民代表大会设立县人大常委会以来，仅在第十届人民代表大会第四次会议上，收到代表质询案3件，即：刘乙清等10名代表联名提出的《关于金江村和长江村划分后财产处理问题的质询案》、尹显泽等10名代表联名提出的《关于蔡桥变压站迟迟不能送电问题的质询案》、石舟云等11名代表联名提出的《关于整修塘渡口至黄亭市公路并恢复正常通车的质询案》。经会议主席团审议，决定立案的2件，即刘乙清等10名代表联名提出的《关于金江村和长江村划分后财产处理问题的质询案》和尹显泽等10名代表联名提出的《关于蔡桥变压站迟迟不能送电问题的质询案》，分别被由被质询机关县农业委员会和县人民政府，用书面形式在会议期间答复代表，提出质询案的代表对被质询机关的答复基本满意。石舟云等11名代表联名提出的《关于整修塘渡口至黄亭市公路并恢复正常通车的质询案》，经主席团审议，不属于代表大会职权范围内的事，故不作质询案，由大会秘书处邀请县人民政府及相关部门领导与代表对话处理；通过对话，提出质询案的代表对主席团的审议决定和处理方式基本同意和理解。

第七章　执法检查和调研视察

第一节　执法检查

人大执法检查是保证国家法律的有效实施，是国家权力机关的一种监督行为。县人大常委会设立之初，执法检查工作开展较少。随着人民代表大会制度和依法监督工作的逐步完善，县人大常委会执法检查工作亦逐步深入。自县人大常委会设立至第十六届县人大常委会届满止，先后开展的重要执法检查活动有：

1988 年 10 月 12 日，县人大常委会召开由县人民法院、县人民检察院、县公安局、县司法局、县国土局、县林业局等单位负责人参加的执法检察联席会议，组成 3 个联合执法检查组，于 11 月 16 日至 18 日，对《中华人民共和国刑事诉讼法》《中华人民共和国治安管理处罚条例》《中华人民共和国森林法》《中华人民共和国土地管理法》等在全县的贯彻执行情况进行检查。并写出《邵阳县执法检查联席会议纪要》和《关于执法检查整改的一些意见》。

1990 年 6 月 5 日至 7 月 25 日，县人大常委会根据全国人大常委会的有关文件精神和省市人大常委会的安排，在全县司法系统进行了“三法一条例”执法检查，并写出《邵阳县执法检查情况汇报》。

1992 年，县人大常委会先后对《中华人民共和国行政诉讼法》《全国人大常委会关于加强社会治安综合治理的决定》和《中华人民共和国药品管理法》在县内的贯彻实施情况开展执法检查。

1993 年 11 月，县人大常委会对《中华人民共和国药品管理法》在县内贯彻实施情况再次进行执法检查，并直接参与县人民政府整顿医药市场的执法行动，依法对 23 起违背《中华人民共和国药品管理法》的单位和个人进行了处理。

1995 年 6 月 28 日至 7 月底，由县人大常委会财政经济工作委员会和县政府办公室牵头，会同县政府法制办公室、县工商行政管理局、县乡镇企业局、县环保局等职能部门，在全县范围内开展环境保护执法大检查，并由县人大财政经济工作委员会和县环保局共同写出《邵阳县环保执法检查情况总结汇报》。

1996 年 9 月，县人大常委会教科文卫委员会就《中华人民共和国科技进步法》等法律法规在县内贯彻实施情况进行检查，并写出《关于检查〈中华人民共和国科技进步法〉等法律法规在县内贯彻实施情况的报告》。年内，县人大常委会还重点组织了对《中华人民共和国农业法》《中华人民共国土地管理法》《中华人民共和国预算法》《中华人民共和国环境保护法》《中华人民共和国城市规划法》《湖南省预算外资金管理条例》《湖南省行政事业性收费管理条例》《湖南省城乡贸易市场管理条例》《湖南省道路运输条例》《国务院关于农民承担费用和劳动管理条例》等法律法规在县内实施情况进行了执法检查。

2003 年 5 月 28 日至 29 日，县人大常委会财政经济城乡建设工作委员会对《中华人民共和国消费者权益保护法》在县内贯彻实施情况进行检查，并写出《关于检查〈中华人民共和国消费者权益保护法〉在县内贯彻实施情况的报告》。

同月，县人大常委会财政经济城乡建设工作委员会对《中华人民共和国税收征收管理法》在县内贯彻实施情况进行检查，并写出《关于检查〈中华人民共和国税收征收管理法〉在县内贯彻实施情况的报告》。

8 月，县人大常委会财政经济城乡建设工作委员会对《中华人民共和国招标投标法》在县内贯彻实施情况进行检查，并写出《关于检查〈中华人民共和国招标投标法〉在县内贯彻实施情况的报告》。

同月，县人大常委会农业民族华侨外事工作委员会对全县农发资金和防洪保安专项资金使用情况进行检查，并写出《关于检查全县农发资金和防洪保安专项资金使用情况的报告》。

9 月，县人大常委会对《中华人民共和国人口与计划生育法》在县内贯彻实施情况进行检查，并写出《关于检查〈中华人民共和国人口与计划生育法〉在县内贯彻实施情况的报告》。

10 月，县人大常委会财政经济城乡建设工作委员对《中华人民共和国安全生产法》在县内贯彻实施情况进行检查，并写出《关于检查〈中华人民共和国安全生产法〉在县内贯彻实施情况的报告》。

11 月 25 日至 12 月 30 日，县人大常委会与县人民政府组成 6 个联合检查组，对县人民政府、县人民法院、县人民检察院、县公安局、县司法局、县劳动局、县审计局、县交通局、县工商局、县地税局、县财政局、县卫生局、县教育局、县计生局、县文化局、县林业局、县国土局、县水利局、县农业局、县畜牧局、县技术监督局、县房产局、县环保局、县建设局、县物价局、县国税局 26 个单位实行执法责任制的情况进行检查，并写出《执法责任制检查情况的报告》。

12月2日至4日，县人大常委会教科文卫工作委员会分别对县计生局、县教育局、县文化局、县卫生局行政执法责任制实施情况进行检查，并写出《2003年行政执法责任制检查情况汇报》。

同月，县人大常委会教科文卫工作委员对《互联网上网服务营业场所管理条例》在县内贯彻实施情况进行检查，并写出《关于检查〈互联网上网服务营业场所管理条例〉在县内贯彻实施情况的报告》。

2004年8月10日至12日，由县人大常委会主任带队，各副主任和委室负责人参加，并从县农办、县国土局、县农业局、县林业局等单位抽调部分人员，组成6个检查组，对《中华人民共和国农业法》在县内贯彻实施情况进行检查，并写出《关于检查农业法及其相关法规在我县贯彻实施情况的汇报》。

2006年5月，县人大常委会教科文卫工作委员会就《中华人民共和国传染病防治法》在县内贯彻实施情况开展执法检查，并写出《关于〈中华人民共和国传染病防治法〉执法检查情况的报告》。

2007年4月，县人大常委会就《湖南省非税收入管理条例》在县内贯彻实施情况开展执法检查。

5月18日，第十四届县人大常委会第二十八次会议通过《邵阳县人民代表大会常务委员会关于执法责任制检查评估奖惩暂行办法》。暂行办法共五章，就执法检查评估内容、检查评估方法、奖惩办法共作出18条具体规定。

6月，县人大常委会内务司法工作委员会就《中华人民共和国行政处罚法》在县内贯彻实施情况开展执法检查，并将检查情况在县人大常委会会议上作了汇报。

8月，县人大常委会就《中华人民共和国档案法》在县内贯彻实施情况开展执法检查，并写出《关于〈中华人民共和国档案法〉执法检查情况的报告》。

2008年5月，县人大常委会制订印发《关于开展〈中华人民共和国森林法〉执法检查实施方案的通知》，在全县开展《中华人民共和国森林法》在县内贯彻实施情况执法检查。

6月，县人大常委会再次就《中华人民共和国行政处罚法》在县内贯彻实施情况开展执法检查。

同月，县人大常委会制订印发《关于开展〈中华人民共和国中小企业促进法〉执法检查方案的通知》，在全县开展《中华人民共和国中小企业促进法》贯彻实施情况执法检查。

同月，县人大常委会制订印发《关于组织开展〈中华人民共和国水污染防治法〉执法检查的通知》，在全县开展《中华人民共和国水污染防治法》贯彻实施情况执法检查。

同月，县人大常委会制订印发《开展〈中华人民共和国产品质量法〉执法检查的通知》，在全县开展《中华人民共和国产品质量法》贯彻实施情况执法检查。

2009年8月，县人大常委会执法办公室就《中华人民共和国城乡规划法》在县内贯彻实施情况进行执法检查，并写出《关于〈中华人民共和国城乡规划法〉执法检查情况的报告》。

10月，县人大常委会教科文卫委员会就全县义务教育情况开展执法检查，并写出《关于义务教育执法检查情况的报告》。

2010年10月，县人大常委会执法办公室就《中华人民共和国土地管理法》在县内贯彻实施情况开展执法检查，并写出《关于〈中华人民共和国土地管理法〉执法检查情况的报告》。

2011年4月13日，县人大常委会制订印发《关于开展食品安全法及实施条例执法检查工作方案》，在全县开展食品卫生法贯彻实施情况执法检查。

7月7日，县人大常委会制订印发《关于组织开展〈中华人民共和国环境保护法〉执法检查实施方案》，在全县开展《中华人民共和国环境保护法》贯彻实施情况执法检查。

2013年10月8日，县人大常委会再次印发《中华人民共和国食品安全法执法检查实施方案》，对《中华人民共和国食品安全法》贯彻实施情况进行执法检查。

11月5日，县人大常委会印发《关于开展〈中华人民共和国刑法〉和〈中华人民共和国刑事诉讼法〉执法检查的通知》，在全县组织开展《中华人民共和国刑法》和《中华人民共和国刑事诉讼法》贯彻实施情况执法检查。

2014年5月中旬至7月上旬，县人大常委会组织4个执法检查组，深入县直相关单位、部分乡镇、县内重点工程项目和厂矿企业对2012年以来全县贯彻实施《环保法》的情况进行执法检查。

2014年11月17日，县人大常委会印发《关于〈中华人民共和国文物保护法〉执法检查工作方案》，在全县组织开展《中华人民共和国文物保护法》贯彻实施情况执法检查。

2015年12月，根据年初工作安排，县人大常委会组织6个调查组，采取查资料、走访当事人和召开县人大代表座谈会等方式，对全县48个执法责任制单位的执法情况进行检查和测评。

2016年，县人大常委会农业民族华侨外事工作委员会先后就《中华人民共和国归侨侨眷权益保护法》《中华人民共和国归侨侨眷权益保护法实施办法》和《湖南省实施〈中华人民共和国归侨侨眷权益保护法〉办法》（简称“侨务三法”）在县内贯彻实施情况进行执法检查。

第二节　调　研

第八届人民代表大会至第十六届人民代表大会期间，历届县人大常委会组织开展的主要调研活动有：

1982 年 10 月，县人大常委会组织人员就如何发挥人大代表的作用，到长乐公社开展调查研究，写出《长乐公社充分发挥人民代表作用，促进两个文明建设》的专题调研文章。

1984 年 12 月，县人大常委会办公室组织驻县的省人大代表和部分县人大代表及县内卫生、防疫、司法、商业等部门相关人员，就《湖南省城乡食品商贩、集市贸易食品卫生管理试行办法（草案)》的制订修改进行了调研座谈，并将调研座谈的意见写成《关于座谈〈湖南省城乡食品商贩、集市贸易食品卫生管理试行办法〉（草案）的情况汇报》，上报邵阳地区人大工作联络处和湖南省人大常委会。

1985 年 1 月初旬，县人大常委会组织人员就全县偏远贫困地区群众生活问题，赴城天堂、黄荆、白马等 3 乡和杉木桥乡的傅家坪、栗树庙等 2 村进行了专题调研，调研结束后，由县人大常委会党组向中共邵阳县委呈交了《不可忽视的一角——关于城天堂、黄荆、白马等乡群众生活情况的调查报告》。

1985 年 3 月，县人大常委会会同县检察院、县司法局组织调查组，对长乐乡和下花桥乡干部执法情况进行了专题调查，并写出《长乐乡、下花桥乡部分干部执法情况的调查报告》。6 月，县人大常委会办公室会同县人民检察院法纪股，再次就 3 月调查时发现的问题，向上级有关部门呈交了《关于我县一些干部违法乱纪情况的调查报告》。

1985 年 7 月，县人大常委会组织人员，由县人大常委会副主任黎佐成带队，对全县食品卫生工作进行了专题调查。并写出《提高认识，认真执行〈食品卫生法〉，确保人民身体健康的调查汇报》。

同月，县人大常委会教科文卫工作委员会就邵阳县第七中学教师自由外流情况进行了专题调查，并写出《关于我县第七中学教师自由外流情况的调查报告》。

同月，县人大常委会财政经济工作委员会会同县经委、县审计局、县财政局，对县教育局、县物资局等单位近年来财务收支情况和财经制度执行情况进行了专题调研，并写出《关于我县财经制度执行情况的调查报告》。

1985年9月，县人大常委会财政经济工作委员会就全县扩建公路有关情况进行了专题调研，并写出《关于我县扩建公路有关情况的调查汇报》。

1985年12月，县人大常委会办公室撰写的《重视来信来访，推动一府两院工作》《开展法律监督工作的点滴体会》和县人大常委会财政经济工作委员会撰写的《深入实际，搞好调查，敢于监督，初见成效》等调研心得文章，在邵阳地区人大工作经验交流会上进行交流。

1986年5月，县人大常委会办公室会同县民政局，就贫困乡村群众春夏度荒问题进行了专题调查，并写出《关于贫困乡村村民春夏度荒情况的调查汇报》。

1986年8月，县人大常委会教科文卫工作委员会就县六中搬迁进行了实地专题调查，并写出《关于六中搬迁工作情况的调查报告》。

1987年5月，县人大常委会财政经济工作委员会会同县国土局，组成联合调查组，对塘渡口乡石桥、堆上、龙井、桂花、羊田、五星、向阳、塘万宝、桂竹山、梅子院、大岭、书堂山12个村农民占用耕地建房情况进行调研，并写出《关于塘渡口乡十二村占地建房情况的联合调查报告》。

同年，县人大常委会财政经济工作委员会通过对全县自1983年以来的粮食生产情况进行调研后，写出《我县近年粮食生产浅析》一文。文章指出近四年来，全县粮食生产出现徘徊状况的严峻局面，并提出解决全县粮食生产徘徊局面的对策。

1987年5月28日至6月9日，县人大常委会教科文卫工作委员会会同县教委组成调查组，对梽木山、塘渡口、杉木桥、蔡桥4个乡的学校危房改造工作进行了调查，并写出《关于梽木山等四乡小学危房改造情况的调查报告》。

1987年7月，县人大常委会就“邵阳县如何通过振兴工业，广辟财源，达到增加财政收入，振兴财政”这一课题，深入县财政县、县税务局、县工商银行、县工业局、县二轻工业局、县工商局等单位开展调查研究，并写出《关于如何广辟财源增加财政收入的调查情况汇报》。

1989年5月底，第十届县人大常委会在本届第十六次会议上听取全县计划生育工作的汇报后，于6月初会同县直机关部门，深入部分区、乡、镇、村，对全县计划生育工作进行了调研，针对调研中发现的农村基层存在着人口意识不强、节育措施落实不到位、批生二胎把关不严、超生处罚不及时等问题，向县委递交了《关于我县计划生育有关情况反映》。

1989年9月开始，县人大常委会法制工作委员会对县公安局及公安干警的违纪违法情况进行了专题调查，并根据调查结果，写出《关于公安干警违纪违法情况的调查报告》。

1990年5月，县人大常委会农村工作委员会会同县国土局，就全县贯彻执行1989年第十届全县人民代表大会第四次会议所作出的《关于制止乱占滥用耕地，切实加强土地管理的决议》的情况在全县进行了调查，并写出《邵阳县国土管理与开发情况的调查报告》。

5月3日至10日，县人大常委教科文卫工作委员会就落实1988年湖南科技工作会议精神，会同有关部门对全县科技工作的现状进行了调查。调查中，走访全县22个单位，现场察看了省市重点科研项目6个、县重点科研和推广项目8个，并写出《邵阳县近期科技工作情况的调查报告》。

11月，县人大常委会教科文卫工作委员会就《湖南省计划生育条例》在县内的贯彻实施情况进行了调查，并写出《关于实施〈湖南省计划生育条例〉的情况调查》。

年内，县人大常委会根据在第十一届全县人民代表大会第一次会议期间，部分代表联名和省市来函强烈反映县教委主要负责人和少数同志以权谋私、贪污、私分、行贿受贿等不廉政问题十分严重等情况，按照地方组织法第26条规定，于3月24日经第十一届人大常委会第二次会议研究决定，成立教委特定问题调查委员会，对教委及其主要负责人的问题进行了为期5个月的专题调查，并写出《强化监督手段，深化人大工作——我县组成特定问题调查委员会对教委的问题进行专题调查》的调查汇报。

1992年8月上旬，县人大常委会从人大机关和政府有关部门抽调工作人员32名，组成科技工作调查组，由县人大常委会两位副主任带队，对全县科技网络、科技人才、科技兴业以及群众的科技意识等科技现状进行专题调研，并将调研结果向县委写出了调研报告。

1993年8月，县人大常委会组织调查组，对全县10个乡镇中的20个村和3个县直医疗单位，就《初级卫生保健实施计划》落实情况进行调查；在十二届县人大常委会第五次会议上，又听取审议了县人民政府关于近三年来全县初级卫生保健工作情况的汇报。

1995年，县人大常委会财政经济工作委员会就《中华人民共和国城市规划法》和《湖南省城市规划法实施办法》在全县的实施情况进行调查，并写出《关于邵阳县贯彻〈中华人民共和国城市规划法〉的调查汇报》。

同年秋，县人大常委会农村工作委员会就减轻农民负担问题分别赴九公桥镇古塘村、金称市镇涟溪村、诸甲亭乡江下村进行调研，并写出《关于当前农民负担情况的调查报告》。

1996年7月，县人大常委会财政经济城乡建设工作委员会就全县县属国合工商企业执行《国民经济和社会发展计划》情况进行调研，并写出《关于县属国合工商企业执行国民经济和社会发展计划情况的调查报告》。

同年9月，县人大常委会财政经济城乡建设工作委员就全县发展个体私营经济情况进行调研，并写出《关于邵阳县发展个体私营经济情况的调查报告》。

同年10月，县人大常委会财政经济城乡建设工作委员会就全县“五路一桥”建设情况进行调研，并写出《关于我县“五路一桥”建设情况的调查报告》。

同年，县人大常委会内务司法委员会就全县反腐工作进行调研，并写出《关于反腐工作情况的调查报告》。

1999年12月28日至29日，县人大常委会结合县人民政府组成单位主要负责人的述职评议，组织两个调查考察组，对县建委、县科委、县人事局、县农业局4个政府组成单位进行调查考察。

2002年5月，根据中共邵阳县委的统一安排，县人大常委会6名正副主任分别赴长阳铺、黄塘、岩口铺、五峰铺、金江等乡镇及县水泵厂等企业，就优化经济环境、退耕还林、以农强县等情况进行调研，并写出《人大正副主任调研综合材料》，提出优化经济环境重在四抓、退耕还林要用活用足政策、以农强县必须提升农业品位等三个方面的28条合理化建议。

2003年6月至11月，县人大常委会财政经济城乡建设工作委员会、内务司法工作委员会先后就政策性住房资金归集管理和使用情况、县人民法院执行工作情况、县公安局打击刑事犯罪情况、2002年财政决算情况和2003年财政预算执行情况、国民经济与社会发展计划执行情况、《中华人民共和国执业医师法》贯彻实施情况、救灾救济资金使用情况、县检察院查处职务犯罪情况、县机关单位社会养老保险金征收使用情况、以工代赈专项资金管理和使用情况、招商和项目专项经费使用情况、再就业情况、工业化进程情况进行调研，并分别写出《关于政策性住房资金归集管理和使用情况的调查报告》《关于县人民法院执行工作情况的调查报告》《关于县公安局打击刑事犯罪情况的调查报告》《关于2002年财政决算情况和2003年财政预算执行情况的调查报告》《关于国民经济与社会发展计划执行情况的调查报告》《关于〈中华人民共和国执业医师法〉贯彻实施情况的调查报告》《关于全县救灾救济资金使用情况的调查报告》《关于县检察院查处职务犯罪情况的调查报告》《关于县机关单位社会养老保险金征收使用情况的调查报告》《关于全县以工代赈专项资金管理和使用情况的调查报告》《关于招商和项目专项经费使用情况的调查报告》《关于全县再就业情况的调查报告》《关于全县工业化进程情况的调查报告》。

2004年6月至10月，县人大常委会内务司法工作委员会、财政经济城乡建设工作委员会、选举任免联络工作委员会、教科文卫工作委员会、农业民族华侨外事工作委员会分别就全县公安队伍建设情况、国民经济与社会发展计划执行情况、取消公路营运线路垄断的议案执行情况、代表建议办理情况、义务教育执法检查整改情况、治理三乱和减轻农民负担情况、打黄扫非工作开展情况、严厉打击刑事犯罪的议案执行情况进行调查，并分别写出调查报告，在人大常委会会议上作了汇报。

2006 年 6 月至 8 月，县人大常委会内务司法工作委员会、农业民族华侨外事工作委员会、财政经济建设城乡工作委员会、科教文卫工作委员会、选举任免联络工作委员会先后就 2006 年上半年全县国民经济与社会发展计划执行情况、《中华人民共和国劳动法》在县内贯彻实施情况、财政决算与预算执行情况、新型农村合作医疗试点工作情况、代表建议办理情况、县人民检察院查处职务犯罪情况、《中华人民共和国环境保护法》在县内贯彻实施情况、县乡有线电视光缆联网工程建设情况、新农村建设情况等进行调查，并分别写出调查报告，在县人大常委会会议上作了汇报。

2007 年 8 月下旬，由县人大常委会副主任带队，组织调查组先后进入县财政局、县交通局、县林业局、县教育局、县劳动局、县公安局、县物价局等 27 个代表建议承办单位及五峰铺、下花桥、长乐等乡镇，就代表建议办理情况进行专题调研，并写出《关于代表建议办理工作情况的调查报告》。同期，县人大常委会教科文卫工作委员会深入五峰铺、白仓、塘渡口等乡镇，并走访县文化局、县公安局、县工商局、县电信局等机关单位，对全县网吧规范管理、治理“三乱”和减轻农民负担情况进行专题调查，并写出《关于网吧规范管理工作情况调查报告》和《关于治理“三乱”和减轻农民负担情况的调查报告》。是月，县人大常委会内务司法工作委员会组织部分人大常委会委员，就《中华人民共和国治安管理处罚法》在县内贯彻实施情况进行专题调查，并写出《关于〈中华人民共和国治安管理处罚法〉贯彻实施情况的调查报告》。

9 月上旬，县人大常委会农村民族华侨外事工作委员会同县减负办、县纠风办、县环境优化办、县督查室等单位，先后到县财政局、县国土局、县林业局、县物价局、县商务局、县城管局、县畜牧局、县交通局等机关单位及塘渡口、塘田市、九公桥、长阳铺、岩口铺等乡镇就全县治理“三乱”（乱收费、乱摊派、乱涨价）和减轻农民负担工作进行专题调研，并写出《关于治理“三乱”和减轻农民负担情况的调查报告》。

2008 年 6 月，县人大常委会选举任免联络工作委员会分别就提高全县村干部待遇的议案和设立县城中小学扩容专项资金的议案执行情况展开调查，并写出调查报告，在县人大常委会会议上作了汇报。

2009 年 6 月至 8 月，县人大常委会内务司法工作委员会、农业民族华侨外事工作委员会、财政经济城乡建设工作委员会先后就县内贯彻实施治安处罚法、扶贫开发工作情况展开调查，并分别写出调查报告。

10月，县人大常委会农业民族华侨外事工作委员会、内务司法工作委员会、选举任免联络工作委员会分别就2009年全县粮食生产情况、县人民检察院工作情况、代表建议和议案办理情况展开调查，并分别写出调查报告。

2010年6月至10月，县人大常委会教科文卫工作委员会、财政经济城乡建设工作委员会、内务司法工作委员会、农业民族华侨外事工作委员会分别就全县实施基本药物制度、“五五”普法工作情况、减轻农民负担和治理三乱工作情况进行调查，并分别写出调查报告。

2011年6月至11月，县人大常委会先后就全县林权制度改革情况、公安工作情况、惠农政策落实情况进行调查，并分别写出调查报告。

2012年7月31日至8月13日，县人大常委会组织两个调查组，对2012年上半年全县国民经济和社会发展计划执行情况及财政预算执行情况进行了专题调查。

2014年10月上中旬，县人大常委会党组副书记钟经球带领农工委工作人员，会同县减负办公室、县纠风办公室和县物价局等部门，深入县民政局、县住建局、县教育局、县林业局、县财政局、县工商局、县农业局、县国土资源局等16个部门和霞塘云、小溪市、谷洲、黄亭市、蔡桥等12个乡镇就退耕还林、公共卫生服务经费、种粮补贴、医保补贴等强农惠农资金发放情况及公安、工商、交通等部门执法收费情况进行了专题调查。

2015年5月中旬至下旬，县人大常委会财政经济城乡建设工作委员会、财政预算工作委员会及部分常委会委员深入部分乡镇和部分企业，对县人民政府贯彻实施环境保护法整改落实情况进行跟踪调查。同期，县人大常委会教科文卫工作委员会及部分常委会委员对县人民政府贯彻实施食品安全法整改落实情况进行跟踪调查。

6月下旬至7月中旬，县人大常委会教科文卫工作委员会及部分常委会委员，对全县教育情况进行全面调查，调查中先后走访12个乡镇中的36所学校，召开教师、教育行政干部、学生家长代表、人大代表、政协委员等人员参加的座谈会39次。

7月，县人大常委会财政经济城乡建设工作委员会、财政预算工作委员会及部分县人大常委会委员先后深入23个乡镇和80多个县直单位及部分企业，就上半年全县国民经济与社会发展计划执行情况和全县2014年财政决算和2015年上半年财政预算执行情况进行全面调查。

11月中旬开始，县人大常委会副主任罗立华带领联工委全体工作人员，深入县财政局、县交通局、县水利局、县教育局、县林业局、县民政局、县城管执法局、县国土局、县交警大队、县环保局、县油茶办、县城市建设投资有限公司、县旅游局、县农办、县住建局、县医保局、县卫生局、县畜牧局、县金融办、县文广新局等县直单位，并走访部分县人大代表，对县人民政府办理第十六届人民代表大会第四次会议以来的代表建议、批评和意见的情况进行专题调查。

8 月下旬至 9 月上旬，县人大常委会党组副书记钟经球带领农业民族华侨外事工作委员会全体工作人员和常委会委员郭跃德、袁秋生、唐振兵、彭巧云、唐建清、黎明剑，先后赴县农办、县环保局、县农业局、县畜牧局、县能源办、县水利局、县烟基办等 15 个县直单位和白仓、河伯、霞塘云、蔡桥、塘田市等 16 个乡镇中的 48 个村，对 2012 ~ 2014 年全县新农村建设情况进行专题调查。

2016 年 8 月上旬，县人大常委会党组副书记钟经球带领农工委全体工作人员在听取县扶贫办汇报后，又深入九公桥、黄荆、下花桥、谷洲、白仓、塘田市、蔡桥等乡镇中的 18 个村，采取召开乡镇领导和村干部座谈会、察看扶贫建设项目、走访贫困户等方式，对全县 2014 ~ 2015 年扶贫开发工作进行专项调查。年内县人大常委会农工委就稳定和完善农村土地承包关系进行专项调研。

第三节　视　察

代表视察是法律规定的县级以上各级人大代表在闭会期间的一项重要活动，是了解本级或下级国家机关和单位工作情况和执行代表职务的重要方式，是加强代表同人民群众联系、了解有关情况，为开好代表大会做好准备的有效途径。代表视察分集中视察和代表持证视察两种方式进行。自第八届县人民代表大会至第十六届人民代表大会期间，历届县人大常委会先后组织的主要视察活动有：

1981 年 11 月 15 日至 17 日，县人大常委会组织全体委员，并邀请在县内的全国人大代表和省人大代表，就全县实施农业生产责任制后的各种情况、农村山林定权发证情况和 1981 年国民经济计划完成情况进行视察，并写出《关于县人大常委会视察情况的报告》。

1982 年 7 月，县人大常委会组织全体委员，并邀请县人民政府县长和县人民政府相关单位负责人及县人民检察院、县人民法院和塘渡口汽车站负责人参加，就全县社会治安状况和煤炭供应问题进行视察，并写出《关于煤炭供应问题的视察报告》。

1982 年 9 月初旬，县人大常委会组织部分委员，并邀请县人民政府文教办公室和县教育局负责人参加，由县人大常委会主任曾谱成带队，就落实全县民办教师报酬情况，赴岩口铺、罗城、塘渡口 3 个公社进行专题视察，并写出《关于落实民办教师报酬问题的视察报告》。

1983 年 4 月 16 日至 19 日，县人大常委会组织全体县人大常委会委员，并邀请县人民政府县长及县农村办公室、县农业局、县商业局、县供销社、县粮食局、县农业银行、县多种经营办公室等单位主要负责人，由县人大常委会主任曾谱成、副主任刘长寿、艾润身带队，分两组就全县农村专业户、重点户生产经营情况及农村困难户的困难解决情况，赴全县各区进行视察。

1983年6月16日至19日，由县人大常委会正副主任和部分委员组队，并邀请省人大代表夏代辉、县委宣传部副部长易万育、县人民法院院长袁振国、县人民检察院检察长唐远友、县司法局局长尹中球、县公安局局长刘汉云、陈希成、团县委书记王忠屏参加，就打击拐卖妇女儿童问题赴全县各区进行专题视察。

1984年5月28日至29日，县人大常委会组织部分委员，并邀请县人民政府和县多种经营办公室、县畜牧站等单位负责人参加，就贯彻中共中央〔1984〕1号文件和全县发展商品生产情况进行了专题视察，并写出《把握形势，采取措施，促进商品生产发展——县人大常委会专题视察纪实》一文进行报道。

1985年6月9日至16日，县人大常委会在邵阳地区人大工作联络处的具体安排下，组织居住在县内的4名省人大代表（居住在县内的省人大代表共8名，有4人因病因事请假）在县内就地开展视察活动。视察中，省人大代表就县内水淹区人民生活安排、改善办学条件、学校危房改造、铁路运输部门应为发展乡镇企业开绿灯、切实加强扶贫工作等问题，向有关部门提出了建议。视察结束后，县人大常委会向省人大常委会呈交了《关于组织驻县的省人大代表视察情况的汇报》。

1985年10月22日至24日，县人大常委会组织全体委员和部分县人大代表，分3组就执法宣传、乡镇企业、农业、教育、干部作风等几方面的情况，在全县各区进行视察。视察中，听取了8个区和9个乡主要负责人的汇报，走访了部分单位和农村专业户，召开了小型座谈会。视察结束后，县人大常委会向中共邵阳县委递交了《邵阳县人大常委会视察情况汇报》。

1987年4月4日至6日，县人大常委会组织县人大常委会委员，视察了永兴、河边、双江、城天堂、罗城、塘渡口、东田、长阳铺8个乡镇。参加这次视察的县人大常委会委员共10人，由县人大常委会主任李帮能，副主任刘仕继和副主任王善祥、蒋利民领队，分4组进行。县人民政府副县长熊彦章及县老龄委员会、县林业局、县教委、县民政局等单位负责人应邀参加视察。这次视察主要听取了各乡镇人民政府对县人大十届一次会议作出的《禁止乱砍滥伐、全面开展封山育林的决议》贯彻执行情况、改善中小学办学条件、五保户供养等方面的情况汇报。察看了现场，走访了部分群众。并根据视察所了解的情况，向县人民政府和各乡镇人民政府提出了4条建议：一是改善办学条件，建议县委、县人民政府按照1998年所下发的05号文件要求，向新建和扩建的中小学校拨款，以减少学校压力；二是认真总结经验，以乡镇为单位统筹解决民办教师的工资待遇问题；三是要推广河边乡长青村林场以场养场的经验，落实好看山员的报酬；四是建议县人民政府加强对农业生产的指导管理，组织力量，突出抗旱中心，尽最大努力，减少灾害损失。视察结束后，写出了《邵阳县人大常委会视察情况汇报》。

同年4月11日至28日，县人大常委会组织在县的33名市人大代表（在县内有市人大代表39名，其中6人因事请假），采取集中与分组相结合的办法，赴全县13个乡镇（含区）和19个县直单位进行视察。视察中，共搜集到群众意见和要求200多条，其中较为迫切的群众意见和要求有：解决水淹区人民的生活困难、增加客班车以解决群众“乘车难”、要求上级尽快解决邵阳县用电紧张状况、请求解决邵阳县家具厂的暂时困难、请求解决邵阳县中小学危房改造的基建资金等。

1988年6月14日至17日，第十届县人大常委会全体委员分成3组，就全县对第十届全县人民代表大会第三次会议做出的《关于加强粮食生产的决议》的落实情况进行视察。第一视察组由李帮能、王善祥、田卫国、杨超成组成，赴县农业局、县农机局、县水利局、县农委、黄亭市区公所和其所辖的蔡桥乡、塘田市区公所和其所辖的杨青乡等单位进行视察；第二视察组由刘仕继、罗桂森、朱长青、刘新华、曾新华组成，赴五峰铺区公所以其所辖的新建乡、郦家坪区公所及其所辖的城天堂乡、塘渡口区公所及其所辖的大田乡、九公桥区公所及其所辖的黄荆乡等单位进行视察；第三视察组由蒋利民、银祥集、张宏贵、郭晓宏组成，赴县财政局、县供销社、县粮食局、县外贸公司、县农业银行、县下花桥区公所及其所辖的双江乡、椤木山区公所及其所辖的椤木山乡等单位进行视察。视察结束后，写出《邵阳县人大常委会组织视察第十届人民代表大第三次会议〈关于加强粮食生产的决议〉执行情况的汇报》。年内，县人大常委会还就全县支农工作、市场管理、减轻农民负担、社会治安和农田水利建设先后组织了两次视察活动。

1989年10月5日至7日，第十届县人大常委会全体委员深入县氮肥厂、县工具厂、县水泵厂、县造纸厂、县大山岭煤矿等5个企业进行视察，视察采取听取汇报、召开小型座谈会和现场参观的方式进行。视察结束后，写出《邵阳县第十届人大常委会视察工业情况的汇报》。

1990年9月7日至10日，县人大常委会组织驻县省人大代表刘仕继、阮国仲、唐来清对县内部分干旱地区抗旱救灾情况进行视察。并写出《邵阳县严重干旱情况反映》。

1992年6月下旬，县人大常委会组织部分委员，对政府年初拟办的十件实事实施情况进行专题视察。视察后写出视察材料交县政府及有关部门办理，并召开了交办会议。

1992 年 9 月上旬至 10 月上旬，县人大常委会组织 8 区 1 镇的部分县人大代表 120 余人就人民群众普遍关心的热点问题就地进行视察，并就视察中发现的问题分区镇写出视察报告，经县人大常委会综合分类为 26 个问题，其中有关水利方面的 11 个，有关教育方面的 4 个，有关农业、林业、财贸、城建及交通方面的 2 个，有关文化方面的 1 个。并由县人大常委会主持，召开由县长和各部门负责人参加的会议，就如何解决这 26 个问题进行专门研究，决定在下次常委会会议上听取专门汇报。

1995 年 8 月 16 日至 19 日，县人大常委会组织在县内的省人大代表，就全县乡镇卫生状况、“九五”期间物价计划制定情况、全县农业生产投入情况、全县丘岗开发情况进行视察。同月，县人大常委会接待安排了市十一届人大代表邵阳县第五组全体代表视察活动。

1995 年 12 月 17 日至 20 日，县人大常委会组织第十一届人民代表大会第二组全体代表，就全县丘岗开发、乡村经济场兴衰情况进行视察。

2001 年 5 月中旬，县人大常委会组织全县各乡镇人大主席赴外地进行了为时 7 天的考察活动。

2005 年 12 月 27 日，县人大常委会根据市人大常委会选举任免联络工作委员会的通知精神，组织县内的省市人大代表和县人大常委会全体委员，对全县公路建设情况和县城振羽新区建设情况进行集中视察。

2009 年 6 月 24 日，县人大常委会组织县内的所有省人大代表和部分市人大代表及县人大常委会委员就全县扶贫开发工作情况进行集中视察。

2009 年 7 月 10 日，县人大常委会组织县内的所有省人大代表和部分市人大代表及县人大常委会委员就农村卫生院建设和通村公路建设情况进行集中视察。

2015 年 11 月 11 日，县人大常委会组织部分省市人大代表和县人大代表、常委会委员，对白仓镇瓦屋油茶产业基地建设、县湘南产业园建设、邵塘一级公路建设、县人民医院搬迁工程建设进行视察，并提出 7 个方面的建设性意见。

第八章　代表工作

自1980年12月县人大常委会设立以来，联系人大代表和组织代表学习培训，即为县人大常委会工作的主要内容之一。

第一节　加强代表联系

1981年4月26日至29日，第八届县人大常委会第四次会议审议通过《关于加强联系县人大代表的12项规定》。1982年，长乐公社管理委员会在公社党委领导下，全年召开县人大代表座谈会2次，社人大代表座谈会4次，接待人大代表到访120多人次，充分发挥县、社人大代表在全社水利建设、社会治安、刹住乱砍滥伐森林歪风、计划生育、教育、改善交通状况和抓好青年教育等方面的重要作用。10月24日，县人大常委会办公室撰文推介长乐公社充分发挥人民代表作用，促进两个文明建设的经验。并从是年开始，接待代表来信来访成为县人大常委会一种经常性的工作制度。

1984年4月29日，第九届县人大常委会第四次会议，就县人大常委会联系代表问题，决定采取5项措施：1、印送专用信封和学习资料，请各地代表及时反映他们的想法和要求；2、县人大常委会和办公室负责人定期深入各区社和县直各系统，召开代表座谈会或进行个别走访，特别要求县人大常委会委员要尽可能地做到和原选举单位的代表或自己专业相关的单位代表经常保持联系；3、插秧前全县各公社都要召开一次代表小组长座谈会；4、及时帮助社镇人大代表开展活动；5、邀请县内的省人大代表列席当地的代表大会，参加当地代表小组活动。这些措施在以后的县人大常委会工作中作为经常性制度长期坚持。年内，县人大常委会先后召开代表座谈会48次，走访人大代表403人次。

1985年1月，县人大常委会组织常委会委员和工作人员，深入乡镇走访代表和分别召开代表座谈会，并将在走访和座谈时代表反映的9个方面的意见编成《人大简报》下发。

同年9月22日，第九届县人大常委会第十次会议通过《县人民代表职责》，供代表学习，《县人大代表职责》规定的代表职责是：1、坚决拥护中国共产党的领导，坚持四项基本原则，贯彻执行党的路线、方针和政策，在政治上始终与党中央保持一致，为实现四个现代化而努力奋斗；2、树立全心全意为人民服务的思想，为人民谋利益，替群众办好事。要充分发挥国家权力机关联系群众的桥梁、纽带作用，经常地向群众宣传国家的法律、法令和党的方针、政策，广泛地听取群众的意见，及时向县人民代表大会及其常务委员会或有关部门反映，推动县人民政府、县人民法院和县人民检察院工作的开展；3、发挥人民代表的模范带头作用，努力学习马列主义、毛泽东思想，模范地遵守国家的法律、法令，带头执行上级和本级人民代表大会及其常务委员会的决议、决定，积极搞好生产和本职工作，做到有理想、有道德、守纪律，做两个文明建设的带头人；4、发扬主人翁精神，处处从人民群众利益出，围绕党在新时期的总任务、总目标，对本地政治、经济、文化、教育、卫生、民政、民族等公共事业的建设献计献策；5、虚心听取选民意见，自觉地接受选民监督，认真克服自己工作中的缺点，努力作好各项工作。

1986 年 2 月下旬，县人大常委会主要领导和各委室负责人分赴全县各地，就如何开好第九届全县人民代表大会第三次会议，征求人大代表的意见。同年，县人大常委会根据市人大常委会的安排，组织召开代表座谈会议，重点讨论了市人民政府将在市九届二次人代会上要做的《市政府工作报告》，并提出了 9 条具体修改意见。年内县人大常委会先后收到及处理代表和人民来信 181 封，接待代表和群众来访 78 人次。

1987 年，县人大常委会在县内工商界聘请了 10 名代表为特约联络员，当年专程走访代表 100 余人次，召开代表座谈会 32 次，处理答复代表来信 35 件，接待代表来访 57 人次。处理一般性群众来信 197 封，接待一般性群众来访 156 人次。

1988 年，县人大常委会先后走访代表 204 人次，召开代表座谈会 29 次，接待代表来访 26 人次，处理回复代表来信 31 件。是年 9 月，县人大代表、河伯林场场长来信反映林场树木被盗伐情况十分严重，县人大常委会立即将这一情况向县委、县人民政府反映，县委、县人民政府领导人带队亲赴现场，刹住了盗伐歪风。

1990 年初，县人大常委会制订了《1990 年联系人大代表计划》，计划规定：县人大常委会正副主任每年每人走访代表不得少于 15 人；各委室分区包干，每个委室除每年在所包干区乡组织代表小组集中座谈 1 次外，还须走访代表 10 ~ 20 人。

1993 年，县人大常委会进一步贯彻落实代表法，不断拓宽代表联系渠道，当年召开县内的省人大代表座谈会 2 次、县内的市人大代表和县人大代表小组组长座谈会共 4 次、县人大代表座谈会 45 次，县人大常委会组成人员和县人大机关工作人员分别走访代表（含省、市人大代表）313 人次，当面征集代表建议和意见 6456 条。当年 6 月，广东遂溪县建新派出所干警数人，将塘渡口镇 1 名县人大代表绑架至广东遂溪县关押，县人大常委会立即向市、省和全国人大常委会反映，请求全国人大常委会责成广东有关方面对此立案查处。7 月 20 日，第十二届县人大常委会第四次会议审议通过《邵阳县人大常委会联系县人大代表的办法》。

1997 年，县人大常委会按照《邵阳县人大常委会联系县人大代表暂行办法》的规定，实行正副主任、常务委员、各委室主任赴县内各地分线调查，就近走访当地的县人大代表，分期分批召开座谈会，进行集中走访。年内先后组织三个专题组，分三批组织县内的省、市人大代表视察县内国民经济、抗洪救灾和减轻农民负担工作。同时继续在代表中开展“人民选我当代表，我当代表为人民”的“六比六带头”活动（以后改为“人民选我当代表、我当代表为人民”争先创优活动，并长期坚持了这一做法）。

2002 年，县人大常委会制订下发《乡镇人大代表联系选民制度》。

2013 年，县人大常委会主任会议研究出台了《邵阳县人大常委会“三联”活动实施方案》。《方案》的主要内容有：1、县人大常委会主任会议成员联系各乡镇人大主席团；2、县人大常委会组成人员联系县人大代表；3、县人大代表联系选区人民群众。联系走访的重点是：1、宣传法律法规和县人大及其常委会作出的决议决定；2、了解经济社会发展和民主法制建设情况和人民群众普遍关心的热点和难点问题，为人民群众排忧解难；3、听取人民群众对本县国家机关及其工作人员的意见和要求，并按程序向有关部门反映。同年 8 月 27 至 28 日，县人大常委会在中宏酒店举办邵阳县第十六届县人大代表学习班，全体县人大代表、各乡镇人大正副主席、秘书和县人大机关干部参加了培训。市人大联工委主任毛文胜就《中华人民共和国全国人民代表大会和地方各级人民代表大会代表法》《中华人民共和国地方各级人民代表大会和地方各级人民政府组织法》《中华人民共和国全国人民代表大会和地方各级人民代表大会选举法》《中华人民共和国各级人民代表大会常务委员会监督法》等法律法规及人大工作业务知识作了专题讲座。

2014 年 7 月，县人大常委会组织部分机关工作人员和乡镇人大主席，赴湘乡、常德，学习他们建立代表联络群众工作室的经验，回县后在蔡桥、下花桥、霞塘云 3 个乡镇进行试点，建立代表联系群众工作室。2015－2016 年，县人大常委会进一步推进代表联系群众工作室建设，在全县 22 个乡镇建立了代表联系群众工作室，搞好代表活动和服务保障工作。

第二节　组织代表和代表小组活动

1981 年 3 月 25 日，县人大常委会下发《关于建立代表小组的通知》，将全县 378

名人大代表，按居地和工作系统，分为 47 个代表小组。各代表小组在代表大会闭会后，组织代表开展活动和学习。以后，代表小组的数量随行政区划的变动而变动，但代表小组的活动一直坚持未曾停止。7 月 3 日至 4 日，县人大常委会召开各代表小组组长座谈会，并下发了代表小组组长座谈会纪要。9 月 4 日，县人大常委会办公室再次下发通知，要求各代表小组召开会议，宣传落实《全县代表小组组长座谈会纪要》精神。10 月 9 日，县人大常委会邀请县内的全国人大代表和省人大代表召开了座谈会。

1985 年 9 月 22 日，第九届县人大常委会第十次会议通过《县人大代表小组正副组长职责》，规定代表小组正副组长职责是：1、组织代表认真学习马列主义、毛泽东思想，学习党的方针、政策和国家的法律、法令，不断提高代表的政治理论水平和政策水平，增强法制观念；2、建立、健全代表小组各项制度（如学习制度、联系制度、汇报制度等），组织代表开展经常性的工作活动，充分发挥人民代表的监督作用、桥梁作用、参谋作用和模范带头作用，协助本级人民政府、人民法院和人民检察院推行工作；3、做好本区域的代表考察和联络工作，掌握代表的政治、思想作风和工作情况，总结和推广他们当好人大代表的经验和先进事迹，反映和处理代表中发生的问题；4、当好法制宣传员。经常采取各种形式宣传国家的宪法、法律、法令和法规，模范遵守和执行法律，维护法律的尊严；5、协助县人大常委会搞好考察、调查及其他交办的工作，传达人大常委会或县人民政府的决议、及会议精神，及时搜集、反映人大代表和人民群众的意见与要求；6、积极支持代表履行职责，尽量为代表开展工作提供方便；7、及时将本组代表的异动情况（包括调动工作、婚出、死亡）告知区人大工作联络员县人大常委会办公室。

2000 年，省人大代表艾天生、陈满莲、马运华从省属部门为邵阳县争取项目资金 2000 余万元；郦家坪镇代表杨素云发动镇内县镇两级人大代表，四处筹资，修建了杉黄公路；塘田市镇县人大代表刘顺录带领该镇屏峰村村民修路发电、修塘修坝，解决了该村干旱状况；蔡桥乡代表吕同生为村内架设电排捐款 7 万元。

2002 年，县人大常委会先后制定下发《代表小组长会议制度》《乡镇人大代表向选民述职制度》《代表小组活动制度》。

2011 年，五峰铺镇代表小组、蔡桥乡代表小组、河伯乡代表小组、郦家坪镇代表小组、下花桥镇代表小组被评为代表活动优秀小组。

第三节　代表学习和视察

1981 年 12 月 19 日，利用召开第八届人民代表大会第二次会议的机会，组织本次与会代表，旁听了县人民法院召开的审判大会，进行现场学习。

1982 年 4 月 6 日，县人大常委会致函全县所有县人大代表，号召全体县人大代表认真学习并广泛宣传全国人大常委会通过的《严惩严重破坏经济的罪犯的决定》。

1985 年 10 月 22 日至 24 日，县人大常委会组织部分县人大代表，就全县执法宣传和干部作风进行视察。

1990 年 10 月 5 日，县人大常委会就全县抗旱救灾，发出致《全县人大代表的一封信》，号召全县人民代表发挥模范带头作用，积极参与抗旱救灾。

1995 年，县人大常委会在全县发行代表法 6000 余册，结合乡镇人大换届选举，组织代表学习代表法。年内，县人大常委会还改进了组织代表视察的方式方法，在不增加政府财力和物力、不削弱代表视察的效力、不分散政府领导的精力等“三不”原则下，根据县人大常委会的自身优势和特点，瞄准县内重大事项和群众关心的热点问题，自定时间，采取代表集中视察和分组视察的不同方式，有的放矢地组织代表视察。同年 8 月 16 日至 19 日，县人大常委会组织县内的省人大代表赴县内各乡镇进行视察；同月，县人大常委会接待安排了邵阳市第十一届人民代表大会第五组全体代表来县内视察；9 月，县人大常委会组织全县 8 区 1 镇的部分县人大代表，就全县人民普遍关心的 26 个热点问题进行视察；12 月，县人大常委会接待安排邵阳市第十一届人民代表大会第二组全体代表在县内的视察活动。

1998 年，县人大常委会邀请了 21 名省、市、县人大代表列席县人大常委会会议，同时先后 2 次邀请人大代表就全县城镇市场建设、九公桥工业园区建设、塘黄公路建设、金称市大桥建设情况进行视察。年内，县人大常委会制定下发了《“人民选我当代表，我当代表为人民”争先创优活动实施细则》。1999 年，县人大常委会组织县内省市人大代表赴长沙、湘潭、衡阳和邵东参观，开阔视野，提高参政水平。以后，县人大常委会每年均组织部分代表到外地考察学习。当年有 5 名代表的优秀事迹被《邵阳日报》刊登报道。

2000 年 5 月，县人大常委会组织部分代表赴安徽、江西参观学习。

2005 年 12 月，县人大常委会组织县内的部分省人大代表，对全县公路建设进行视察。

2007 年，县人大常委会向全县人大代表赠送《人民之友》杂志 627 份、《中国人大杂志》127 份，寄送《县人大常委会公报》4950 份；并进一步健全代表列席常委会议制度、代表调研视察制度、代表培训制度。年内，组织部分代表开展执法检查、视察、调研等专项活动 9 次，举办代表培训班 46 期，走访代表 1521 人次，听取意见 1700 多条，帮助代表解决履职中的困难 80 余起。

2009 年 6 月，县人大常委会组织县内的全体省人大代表和部分市人大代表，就全县扶贫开发情况进行视察；同年 12 月，县人大常委会再次组织省市人大代表和市人大常委会委员一道，对县内南方水泥厂、孔雀滩电站、红石工业园区、振羽新区建设情况进行专题视察。同年，县人大常委会向县内各级人大代表赠送《人民之友》《中国人大》等杂志共 1863 份，寄送县《人大常委会公报》8 期共 1.58 万份，组织代表视察、调研等专项活动 12 次。同年 8 月，县人大常委会组织部分省市人大代表赴北戴河参加全国人大培训中心培训。

2015 –2016 年，组织部分人大代表到深圳全国人大培训基地参加人大业务和法律法规学习；组织部分人大代表视察了白仓镇瓦屋村油茶基地、湘商产业园、邵塘一级公路、人民医院搬迁等项目建设。

第四节　代表争先创优活动和表彰

1998 年，县人大常委会制定出台《人民选我当代表，我当代表为人民争先创优活动实施细则》，从 1999 年第十三届全县人民代表大会第四次会议开始，每年均在全县代表中开展争先创优和优秀代表评选活动。评选的优秀代表在召开人民代表大会时进行表彰。1999 –2016 年，县人大常委会共表彰优秀人大代表 18 次、700 余人次。

2003 年，县人大常委会发挥代表在加快小康建设中的作用，全县各级人大代表共向上级有关部门争取项目资金 5000 余万元，向各级政府献言献策 400 余条，为社会公益事业捐款 50 余万元，代表中涌现出 70 多名种养致富能手，并帮助带动近千家贫困户脱贫致富。

2004 年，全县各级人大代表以争先创优活动为契机，通过各种渠道，为县内向上级争取资金 7000 余万元，创办经济实体 203 个，上缴税收 138 万元，带动 4000 多名群众脱贫致富，为推进县域经济发展提出合理化建议 307 条。

第九章　其他重要工作

第一节　指导乡镇人大工作

在乡镇人大主席团成立以前，县人大常委会主要通过加强同各公社管理委员会的联系，支持、监督、帮助各公社管理委员会和镇人民政府开展工作。

1980 年 12 月至 1981 年 3 月，县人大常委会指导全县各公社（镇）相继召开了社（镇）人民代表大会，依法选举产生公社管委会成员和正副镇长。1982 年 1 月 12 日，县人大常委会党组向县委呈交了《关于依法召开镇、社人民代表大会的请示报告》，在县委批复同意后，县人大常委会向各社、镇下发了《关于依法召开各社、镇本届社镇人民代表大会第二次会议的意见》，县人大常委会领导和工作人员深入社镇，帮助社、镇开展选举，并总结推广了诸甲亭公社认真搞好选举和九公桥公社管理委员会认真办理好代表提案的经验。

1985 年 5 月，县人大常委会下发《关于开展本届乡镇人民代表大会第二次会议的意见》，就召开乡镇人民代表大会的指导思想、准备工作、会议开法、会议经费、会议领导等方面均提出了详细的措施。同年 9 月，县人大常委会制定下发《人大工作联络员职责》，就人大工作联络员自身的学习、协助代表小组开展活动、走访联系代表、传达贯彻各级人大常委会决议决定、考察了解人大代表情况、加强同乡镇人民政府联系、帮助乡镇开好代表大会等方面提出了明确要求。

1987 年 1 月，设立各乡镇人大主席团常务主席后，县人大常委会于当年召开了乡镇人大工作联系会议，组织各乡镇相互总结交流经验，印发乡镇人大工作典型材料。从是年开始，在每次县人大常委会会议上，均邀请相关乡镇人大主席团常务主席列席会议。同年 12 月 27 日至 28 日，县人大常委会主持召开乡镇人大工作联系会议，塘渡口、塘田市、九公桥、白仓、湾塘、蔡桥 6 个乡镇人大主席团常务主席在会上介绍了本乡镇人大工作的经验。

1988 年 2 月 25 日，县人大常委会党组向县委呈交《关于认真开好乡镇本届人民代表大会第二次会议意见的报告》，就召开本届乡镇人民代表大会第二次会议的指导思想，会议准备、会议开法、会议经费和组织领导提出了具体意见。4月12日，县人大常委会办公室写出《邵阳县乡镇人大工作情况》一文，对乡镇人大主席团设立以来的工作情况进行了全面总结。11月14日至30日，县人大常委会根据市人大常委会的部署安排，选派袁先发等30名乡镇人大主席团常务主席参加市人大常委会举办的全市第一期乡镇人大主席团常务主席培训班。

1989年11月26日，邵阳县第十届人大常委会第二十次会议决定，在全县各区设立人大联络工作委员会，为县人大常委会派出机构。区人大工作联络委员会设主任或副主任1名，区所属乡镇人大主席团常务主席为区人大工作联络委员会兼职委员。

1993年2月，县人大常委会利用全县召开三级干部会议的机会，组织全县乡镇人大负责人学习了《中华人民共和国全国人民代表大会和地方各级人民代表大会代表法》。同年6月，举办全县所有乡镇人大干部参加的业务培训班。是年秋，选送了12名乡镇人大主席到市委党校学习，并先后组织召开了全县乡镇人大工作规范化、制度化建设现场会和全县乡镇人大工作经验交流会。

1995年9月至10月，县人大常委会先后召开3次会议，专题研究全县乡镇人大换届工作。同时组织人员深入选区了解情况，总结经验，及时研究解决乡镇人大换届中出现的新问题，依法组织和指导了全县各乡镇人大进行换届选举。年内，县人大常委会还通过分批邀请乡镇人大主席列席县人大常委会会议、组织召开乡镇人大工作经验交流会、举办业务培训班等形式，对乡镇人大工作进行指导。同年，全县乡镇人大换届结束后，县人大常委会于12月中旬召开了为期三天的全县乡镇人大正副主席培训班，县人大常委会各委室负责人杨志成、邓建新、肖新生、王善祥分别以《对坚持和完善人民代表大会制度的体会》《中华人民共和国人大选举和人民政府组织法》《人大代表议案和建议、批评、意见的提出及办理程序》《加强五个意识，做好乡镇人大工作》等5个专题，进行了授课辅导。

2000年1月16日至19日，县人大常委会组成4个考核组，由各位副主任带队，对全县1999年度22个乡镇的人大工作目标管理进行考核。考核结果，22个乡镇平均得分83.2分，其中得分90分以上的6个乡镇，7名乡镇人大主席被评为全县优秀领导干部。

自第十三届人民代表大会始，县人大常委会每年底均组织专门检查组对全县22个乡镇人大主席团"争先创优"活动开展情况进行检查评比。

2002年，县人大常委会制定下发《乡镇人大主席团职责》和《乡镇人大主席团成员联系代表制度》。同年，在县人大常委会召开的乡镇人大工作会议上，县人大常委会副主任唐汉林作了《乡镇人民代表大会性质地位和职权》的辅导讲话。

2007年3月6日，县人大常委会针对部分乡镇人大主席或副主席空缺，下发邵常发〔2007〕9号文件《关于认真做好乡镇人民代表大会补选工作的通知》，以健全乡镇人大工作机构。

2010年7月25日至27日，县人大常委会举办了各乡镇人大主席业务培训班。

2012年2月8日，第十五届县人大常委会第三十九次会议决定，对白仓镇、九公桥镇、小溪市乡、岩口铺镇、塘渡口镇、谷洲镇等评为2011年度“争先创优”活动先进单位的6个乡镇人大主席团进行表彰。同年3月，县人大常委会印发《邵阳县乡镇人大工作争先创优活动方案》，就这项活动的指导思想、活动内容、组织领导、评审办法及表彰等4个方面对全县乡镇人大工作争先创优活动做出具体规定，评审量化标准为6个方面，共24项具体内容。当年12月下旬，县人大常委会对全县各乡镇人大工作创优活动进行了全面考核。

2014年7月，县人大常委会组织部分乡镇人大主席到湘西、常德等地考察。考察回来后，借鉴外地的成功经验，率先在霞塘云、下花桥、蔡桥等3个乡镇开展人大代表联系群众工作室试点工作；同年12月，在霞塘云乡召开了人大联系群众工作室建设现场会。

2015年，县人大常委会进一步健全了领导联系乡镇人大工作制度，支持乡镇人大主席团依法开展执法检查、工作评议、视察调研、联系代表等工作，推进基层人大工作的制度化、规范化。坚持安排乡镇人大主席列席党委会会议，建立人大工作重大活动上下联动机制，增强工作合力，推动了全县乡镇人大工作整体水平的提高。

2016年，县人大常委会组织全县乡镇人大主席团开展了“争先创优”活动。年底，县人大常委会组织专门检查组对全县20个乡镇人大主席团“争先创优”活动进行检查评比，评选出岩口铺镇人大主席团、长乐乡人大主席团、郦家坪镇人大主席团、金称市镇人大主席团、白仓镇人大主席团、长阳铺镇人大主席团为2016年乡镇人大工作“争先创优”活动先进单位。

第二节　接待群众来信来访

县人大常委会自成立伊始，就把加强同人民群众联系、接待人民群众来访作为一项重要工作，列入县人大常委会重要议事日程。县人大常委会组成人员经常深入基层、倾听群众呼声，对人民群众普遍关注、反映强烈、迫切需要解决的问题，在深入调查的基础上，坚持从实际出发，督促县人民政府及其工作部门，采取有效措施加以解决。对群众来信来访，基本做到件件有答复，事事有回音。对来信来访中反映的问题，都进行了仔细调查，认真落实。重要的来信来访由县人大常委会领导亲自处理并予以答复，或由县人大常委会会同一府两院相关部门认真办理。使群众反映的问题，一般都能得到妥善圆满的解决。

1981年，县人大常委会编办了《群众反映》油印刊物，将群众重要来信反映的问题刊发在《群众反映》上，提交县职能部门参考。

1982年1月15日，县人大常委会就县水电局来信反映的“县木材公司多收该局木材款”一事函告县人民政府，督促调查处理。5月21日，县人大常委会就县石油公司来信反映的“部分区社供销社不执行物价政策，对农业用油执行工业油价或综合油价”一事，函告县人民政府，督促调查处理。6月30日，县人大常委会办公室致函郦家坪公社管理委员会，对该公社人大代表反映该公社一民办教师不服从区社安排，强留学校任教一事，督促公社党委进行协调处理。同年7月22日，县人大常委会办公室根据群众反映，写出《七里山煤炭装卸工继续敲诈勒索货主》一文，分别呈交县委书记孟伯祥、县人大常委会主任曾谱成、县人民政府县长李帮能和副县长粟林秀、刘汉成、曾锡庭及发送县人民政府办公室、县经委、县财贸办公室、县农业办公室主要负责人，建议坚决制止这种地霸行为。

1984年，永兴乡对河村一村民依势欺压殴打弟媳，并咬去弟媳一节手指。县人大常委会根据群众反映，责成县人民法院从速查处，给予依势伤人者拘役3个月的处罚。另县人大常委会了解到杉木桥乡姚家铺村一村民依势欺压本村村民的事件后，责成县司法部门对案件严肃处理，将罪犯逮捕归案。

1985年，群众来信反映：1.6万人的县城仅一家商店卖盐，居民极为不便。县人大常委会立即责成政府部门尽快办理此案，将县城供盐点从1家增至7家。

1988年，县人大常委会从代表来信来访中了解到全县各乡镇少数联防队员政治素质和业务素质低下、法制观念淡薄、乱用警械随意打人、徇私枉法、索贿受贿、群众反映强烈的情况后，在第十届县人大常委会第十三次会议上，专门听取了县公安局《关于我县治安联防工作的汇报》，提出整顿治安联防队的建议，县人民政府根据县人大常委会的建议认真部署了这一工作。

1995年8月，县人大常委会办公室撰写了《坚持“三个服务原则，做好人大信访工作”》一文，从坚持为民主法制建设和社会稳定服务、坚持为改革开放和经济建设服务、坚持维护各级人大代表和群众的合法权益等三个方面阐述了人大信访工作的基本原则。

1997年，县人大常委会共处理答复人大代表和一般群众来信315件，接待群众来访1486人次。黄亭市镇张某某反映镇计划生育宣传队怀疑其五兄妹为生二胎的妹妹提供躲生场所，向其五兄妹每人下达了罚款5000元的决定书，限期交清，逾期一天加罚500元。县人大常委会认为镇计生宣传队这种做法属违法违纪行为，当即约见县计划生育委员会主要负责人，责成他们立即查处。县计划生育委员会高度重视，收回了罚款决定书。

2001年，县人大常委会制订印发了《人大机关信访工作的若干规定》。

县人大常委会设立信访工作室，胡四方、刘治先后任主任。

表6　1981－2016年部分年份县人大常委会接待代表及群众来信来访数据表

年　份	收到并处理答复群众来信（封）	接待群众来访（人次）
1981－1983	300余	80余
1984	138	158
1987	197	156
1988	208	126
1992	264人（件）次	
1993	345人（件）次	
1995	835人（件）次	
1996	315	1486
1999	915人（件）次	
2000	121人（件）次	
2004	618人（件）次	
2005	430余	800余
2009	373	860
2010	200余人（件）次	

第三节　宣传报道与理论探讨

一、新闻报道

县人大常委会自设立以来，即把加强对人大工作的宣传报道作为宣传人民代表大会制度、扩大人民代表大会影响力的一项重要工作，各届县人大常委会非常重视对机关新闻写作人才的培养。建立了县乡人大工作宣传信息网络和人大宣传信息工作组委会，不定期召开人大宣传报道工作座谈会，制定了人大宣传报道用稿奖励制度。自20

世纪80年代以来，县人大常委会机关工作人员每年均有数量不等宣传人大工作的新闻稿件在全国市级以上报刊发表。其中影响较大的新闻稿件有：

《羽毛轻轻飘天下》，载1985年湖南省《主人翁》杂志；

《咬定水利不放松，决议落实效果好》，载1991年《邵阳人大工作》第一期；

《应将预见性监督、参与性监督和跟踪监督融为一体》，载1991年《湖南人大工作》第一期和1991年《山东人大工作文摘》第二期；

《适应新形势，推出新举措》，载1993年《《邵阳人大工作》第三期；

《围绕两个服务，开展人大工作》，载1992年《邵阳人大工作》第五期；

《九公桥镇人大主席团狠抓减轻农民负担工作》，载1993年《邵阳人大工作》第五期；

《走访人大代表随笔》，载1993年《邵阳人大工作》第六期；

《开发区下马内幕》，载1993年《湖南人大工作》第十一期，获湖南省宣传人民代表大会制度好新闻二等奖、全国宣传人民代表大会制度好新闻三等奖；

《三湘致富带头人》，载1993年11月27日《邵阳日报》；

《邵阳县加强人大宣传工作有举措》，载1994年《邵阳人大工作》第四期；

《奉献的故事》，载1994年《邵阳人大工作》；

《在参政议政的舞台上》，载1994年《邵阳人大工作增刊》；

《经济建设中显身手——邵阳县塘渡口镇白羊铺村人大代表小组成员带头致富记》，载1995年8月1日《邵阳日报》；

《美丽的风采》，载1996年《人民之友》第七期；

《一场加强民主法制建设的生动实践》，载1998年《邵阳人大》第一期；

《一切为了贫困山村的后代》，载全国《人大工作通讯》1998年第十五期；

《湖南省邵阳县人大常委会依法监督社会焦点问题二三事》，载全国人大常委会《中国人大》1999年第四期，获2001年湖南省第十届宣传人民代表大会制度好新闻三等奖；

《在积极探索中不断前进——邵阳县人大50年回望》，载2004年《邵阳人大》第十期；

《打造百姓好娘家》，载2005年《湖南信访》第二期。

二、理论探讨

县人大常委会自成立以来，通过组织机关职工集体学习、举办研讨班、选送职工进入各级党校和上级人大机关举办的各种理论培训班学习，以及提倡鼓励职工自学等方式，提高职工的理论知识水平，关于实行人民代表大会制度和人大工作的理论探讨，也取得很好的成效。自20世纪90年代至今，县人大常委会各委室及干部职工撰写了不少理论文章，在全国市级以上刊物发表。其中影响较大的理论文章有：

《树立服务宗旨，搞好调查研究》，载《湖南人大工作》1990年第九期。

《在提高决策服务上大胆创新》，载1992年《邵阳人大工作》第四期。

《当前县级人大常委会整体素质的弱势及其对策》，载1992年《邵阳人大工作》第九期。

《严格把好三关，提高公文质量》，1995年县人大常委会办公室撰写。

《坚持“三个服务”原则，做好人大信访工作》，1995年8月县人大常委会办公室撰写。

《论事前监督的优势和原则》，载1996年7月4日《邵阳日报》。

《浅谈新世纪人大信访工作的特点》，获2004年全国当代优秀论文特等奖。

《对坚持和完善人大代表大会制度的体会》，乡镇人大主席培训教材。

《加强领导，统一思想，精心组织——湖南省邵阳县人代会圆满成功的做法及体会》，载全国决策科学研究所《人大工作参考》2003年第一期。

《人大信访量日增的原因及对策》，载全国决策科学研究所《人大工作参考》2002年第二期和第三期合订本。

《人大我思》，获全市纪念实行人民代表大会制度六十周年征文一等奖，载2014年9月30日《邵阳日报》。

《用科学发展观来统筹人口发展》，获全市纪念实行人民代表大会制度六十周年征文二等奖。

三、人大工作简报

编办县人大工作简报是宣传县人大工作最快捷的一种形式，始自1980年9月10日县选举委员会编发的《选举工作简报》。1980年12月，第八届全县人民代表大会第一次会议召开期间，始编办《会议简报》。当年共编发《选举工作简报》6期、《会议简报》2期。以后又相继编办了《邵阳县人大代表大会常务委员会公报》《人大工作简报》，随着各时期县人大工作内容的变化，县人大工作简报的名称虽有变化，但编号顺序却一直循序未变，《简报》《公报》的内容以报道县人大各时期的主要工作、推介县乡人大工作先进事迹和先进经验、宣传有关人大的法律知识为主。自2016年第十六届全县人民代表大会届满时止，历届县人大常委会共编发《简报》《公报》共213期。

第四节　工作评议

工作评议是县人大常委会按照监督法的要求，以工作评议为平台，拓宽监督渠道，率先在全国县级人大常委会推出的一项工作举措。2003 年 3 月 17 日，第十四届全县人民代表大会第二次会议根据 49 名联名提出的《关于县人民政府副县长届内向县人民大会述职接受代表评议的议案》，作出《关于县人民政府副县长届内向县人民大会述职接受代表评议的决定》。决定围绕县内改革发展稳定大局和社会普遍关注的重大问题，延伸监督层面，对“一府两院”和本行政区划内上级垂直管理的具有社会管理职能的部门工作开展评议。在县人大常委会会议上，按照满意、基本满意和不满意三个等级进行无记名表决，并当场宣布表决结果。凡满意票达 95% 以上的单位，县人大常委会将授予该单位主要负责人“人民满意公仆”荣誉称号；凡不满意票超过人大常委会组成人员半数和人大代表、人民群众无强烈反响的单位，县人大常委会将责令其及时整改到位；凡不满意票超过人大常委会组成人员半数和人大代表、人民群众有强烈反响的单位，其单位主要负责人属县人大常委会任命的，县人大常委会将依法对该负责人予以撤职；其主要负责人不是县人大常委会任命的，县人大常委会将建议县委或其上级主管部门对其采取组织措施。

自第八届人民代表大会第一次会议设立县人大常委会起，至第十六届全县人民代表大会第六次会议止。县人大常委会开展的较有影响的工作评议有：

2008 年 10 月 23 日，县人大常委会印发《县人大常委会评议县人民政府办公室、县建设局、县地税局工作的实施方案》，对以上政府组成单位的工作开展评议。年内，县人大常委会按照监督法要求对“一府两院”和县内由上级垂直管理并具有社会管理职能的部门，开展工作评议，在县人大常委会会议上对以上部门的工作，按满意、基本满意、不满意三个等级进行无记名投票表决。

2009 年 9 月 10 日，县人大常委会印发《县人大常委会评议县检察院、县安监局、县国税局工作的实施方案》，对以上单位的工作开展评议。

2009 年 10 月，第十四届县人大常委会第十九次会议，对刘桂林、易少华、肖怀贵、刘长明、王成章、唐定明、郭俊军 7 名副县长的述职报告进行民主测议，并对县人民政府副县长的工作情况进行整体评价。

2011 年 9 月至 12 月，县人大常委会组织力量对县人民法院、县人民检察院及县人民政府各组成部门自 2008 年以来的工作情况进行评议。

第十章　机关建设

自第八届人民代表大会第一次会议设立县人民代表大会常务委员会开始，历届县人大常委会即把加强县人大常委会机关建设作为坚持和完善人民代表大会制度的一项重要工作。37年来，县人大常委会机关的职工队伍建设、各项制度建设、后勤保障工作、老干部工作以及在参与全县中心工作等方面均取得很好的成绩。

第一节　职工学习与思想教育

从1980年12月县人大常委会成立时开始，机关职工的政治理论学习、业务学习和法律知识学习，便成为机关的一项经常性工作。

第八届和第九届县人大常委会期间，先后组织机关干部职工重点学习了《中华人民共和国宪法》《中华人民共和国地方各级人民代表大会和地方各级人民政府组织法》以及历届党和国家领导人关于民主法制建设的有关论述。县人大常委会机关干部职工对人民代表大会及人大常委会的性质、任务和作用的认识及业务能力普遍得以提高。1985年，县人大常委会各委室共写出各种调研论文11篇。从是时开始，县人大常委会机关每年均召开机关全体职工大会8～10次左右，除组织机关职工集体学习外，还分别就机关财务管理、参与全县中心工作、联点创税、机关工作考核、兴办机关经济实体、宣传报道、民主生活、联系代表及各委室具体工作进行部署安排。

第十届和第十一届县人大常委会期间，先后组织机关干部职工重点学习邓小平关于建设有中国特色社会主义的重要论述、中共中央关于坚持四项基本原则和反对资产阶级自由化的一系列重要文件、中共中央十三大有关文件、国家有关法律法令和上级人民代表大会及其常委会的决议，同时组织机关工作人员参加县委举办的法律学习班学习。1987年，县人大常委会在干部职工中组织开展了法律知识竞赛活动。1988年3月，县人大常委会机关党支部制订了《关于加强党员和干部自身建设的打算》。1989年，县人大常委会各委室相继制订了各自的《工作学习要点》。是年，县人大常委会撰写了《监督他人，先提高自己》一文，从“抓学习，提高两个素质”“抓队伍，增强本身活力”“抓制度，完善人大职能”“抓支部，发挥党员作用”4个方面加强人大常委会机关建设。

1992年，县人大常委会组织机关干部职工学习了代表法和邓小平视察南方重要讲话及江泽民在全国人民代表大会上的讲话。1993年，县人大常委会制定出台了《关于团结纪律教育实施方案》，在职工中开展了团结纪律教育。

2000年，县人大常委会在职工中开展“三讲”教育，制定“三讲”教育整改方案，职工均写出了个人剖析材料和自我总结。

2001年5月16日，县人大常委会办公室制定出台《邵阳县人大机关开展“三个代表”重要思想学习教育活动实施方案》，5月22日，又对学习“三个代表”重要思想做出6条规定。6月5日，再次制定出台《学习“三个代表”重要思想对照检查阶段实施方案》。同时规定每月最后一周的周四、周五为机关职工政治理论和法律知识学习日，要求所有机关干部每人每年写出4篇以上的学习体会。当年，县人大常委会学习中心组先后组织学习22次，并制定了《县人大机关“四五”普法实施方案》。

2002年，县人大常委会又先后制定出台了《“三个代表”重要思想学教活动回访复查整改方案》《三个代表学教活动回访复查报告》。对在“三个代表”重要思想学教活动中对照检查出来的问题，逐一进行整改复查。

2005年2月，县人大常委会成立邵阳县人大常委会机关保持共产党员先进性教育活动领导小组，制定《先进性教育实施方案》，在机关开展党员先进性教育活动。

2009年，县人大常委会制定了《学习实践科学发展观实施方案》，在机关干部职工中开展学习实践科学发展观活动，实施“在有为中实现有位，在监督中实现发展，在规范中发挥作用，在服务中树立形象”的工作目标教育，提高职工自重、自强、自律的自觉性。在共产党员先进性教育和学习实践科学发展观活动中，机关工作人员共写出学习笔记50余万字、心得文章45篇、调研文章46篇。

2010年，县人大常委会在机关开展“作风建设年”活动和“治软、治懒、治散、治贪、治乱、治奢、治推、治愚、治粗、治庸”等“十治”活动，提高了全体工作人员的工作效能。

2014年3月开始，县人大常委会在市委第九督导组指导下，在机关开展党的群众路线教育实践活动。对照理论理想、党章党纪、民心民生、先辈先进四面镜子，通过群众提、自己找、上级点、互相帮、集体议，谈心交心覆盖面达100%，查摆出党组和个人19个四风方面的问题并制订了整改工作方案。同时严格执行中央八项规定、省委九项规定、市委十条规定，改进作风，坚持节约，实现机关车辆购置费为零、外出考察经费为零，“三公经费”大幅下降。

2015年，县人大常委会在机关开展“三严三实”专题教育，成立了专题教育领导小组，制定了专题教育实施方案。党组成员开展了专题学习探讨，采取辅导讲座、领学、自学等方式重点学习研读了《习近平谈治国理政》《习近平关于党风廉政建设和反腐斗争论述摘编》《优秀领导干部先进事迹摘编》《领导干部违纪违法典型案例启示录》等重点书目。组织全体机关工作人员观看了《焦裕禄》《忠诚与背叛》等教育影片。召开了党组扩大会议，党组书记刘长明带头讲党课，党组成员先后为人大机关、所联系的县直单位、乡镇人大共上党课8次，组织“三严三实”专题研讨活动3次。召开了党组专题民主生活会，收集整理党组班子成员6个方面共18个不严不实的问题，并做出整改计划。

2016年5月开始，县人大常委会成立“两学一做”专题教育领导小组，在人大机关开展“两学一做”学习教育活动，县人大常委会党组书记、主任刘长明带头讲党课，党组班子成员先后为人大机关及所联系的县直单位和乡镇基层组织累计上党课8次。期间，县人大常委会机关总支召开了专题组织生活会，面向党员和群众广泛征求意见，深入开展谈心谈话，对照职能职责进行党性分析，查摆在思想、组织、作风、纪律等方面存在的问题。按照“三会一课”制度要求，县人大常委会每月组织一次集中学习，党支部每2个月召开一次全体党员会议，每次围绕一个专题开展学习讨论，学习讨论重点围绕“讲政治、有信念”“讲规矩、有纪律”“讲道德、有品行”“讲奉献、有作为”四个专题进行。在全体党员中深入开展“亮身份、作承诺、当先锋、树形象”活动，从严规范党员言行，教育引导党员在任何岗位、任何地方、任何时候、任何情况下都铭记党员身份，履行党员义务，做出党员表率。建立党员固定活动日制度，结合实际定期组织开展党员活动，并重点开展以单位联系村（社区）、干部联系户为主要内容的“一进二访”活动。

第二节　工作规划与制度建设

一、工作规划和工作总结

1980年12月设立县人大常委会后，从1981年开始，县人大常委会每年年初均制订本年度的县人大常委会和机关工作年度规划。1984年4月，县人大常委会制订了《邵阳县人民代表大会常务委员会1981年工作要点》，从是年开始，县人大常委会每年年初均制订了本年度工作要点，并提交县人大常委会会议讨论通过后，作为每年的具体工作规划付诸实施。在每年的年底或半年后，进行全面工作总结或半年工作总结。各委室相继成立后，每年年初均分委室制订了各自的工作要点和工作规划。年底或年中，分委室进行工作总结。

二、制度建设

1981年3月，县人大常委会制定《关于认真做好选举文书材料立卷归档工作的意见》，这是全县实行人民代表大会制度以来，对人大工作实行系统、专门规范建档的开始。

1987年3月，县人大常委会分别制定出台了《邵阳县人大常委会机关制度》《邵阳县人大常委会正副主任岗位责任制》，各委室均制定了各自的《工作岗位责任制》。以后，此类机关制度和岗位责任制均分年度逐年制定并付诸实施。

1990年，县人大常委会相继出台了《邵阳县人大常委会主任会议制度》《常委会议事细则》《人事任免暂行规则》。

1991年，县人大常委会相继制定了《文件阅批制度》《会议室管理制度》《文印室管理制度》《机关党支部建设有关制度》《各组室工作职责和工作人员岗位责任制》。

1993年，县人大常委会制定了《县人大常委会组成人员工作手册》和《联系代表的暂行办法》。

1997年，县人大常委会办公室将历年制定的工作规划和各项制度，汇编成《邵阳县人大常委会工作规划和机关制度汇编》一书，共15万字。1998年，县人大常委会先后制定了《中心组及干部职工学习制度》《秘书工作制度》《机关财务管理制度》。

2000年，县人大常委会相继出台并实施《机关创税联点制度》《关于加强机关勤政廉政建设的规定》《双文明建设规划》《机关老干部工作规划》《机关小车管理制度》《县人大机关财务管理制度及补充规定》。

2004年，县人大常委会对各委室工作进行了量化分解；健全了《机关学习制度》《廉政建设制度》《党建制度》《宣传学习制度》《财务管理制度》等8项制度。

第三节　机关后勤与老干部工作

一、机关后勤

1980年12月，县人大常委会成立时，设有办公室一个工作机构，人员编制14名，实有人数6名。除常委会正副主任外，仅有工作人员2名。办公地点设县委大院大门进口处左边一座二层青砖办公楼内（该办公楼于20世纪90年代被拆，其地已被辟作花坛）。

20世纪80年代末，县人大常委会机关始有工作小车一台。

1987 年，县委大院办公楼建成投入使用后，县人大常委会机关始搬至办公大楼四楼办公，并在五楼设有县人大常委会会议室。

20 世纪 90 年代末，县人大常委会各委室始用电脑办公。

2016 年，县人大常委会共设有正科级委室机构 9 个（含加挂牌子的委室机构），有在职职工 47 人。

二、老干部工作

县人大常委会一直关心老干部工作和注意发挥老干部作用。每年均在老年节和春节前夕召开离退休老干部座谈会，同时不定期地对老干部进行走访，听取老干部的各种意见。制订了老干部工作计划；多次组织老干部体检，分别为每位老干部订阅了《中国老年》《老年人》《中老年自我保健》等杂志，从生活上、学习上对老干部给予关心。2000 年，成立了县人大机关老干部党支部和老干部活动室。2008 年以来，县人大老干党支部多次被评为全市先进老干党支部和先进集体；同年 3 月，被评为全省先进老干党支部。2011 年 6 月，县人大老干党支部被中共湖南省委授予先进基层党组织荣誉称号。县人大常委会原教科文卫工作委员会副主任周绍贤退休后，个人捐款 4.8 万元，支援特困学生入学；县人大常委会原副主任陆远阶、阮国仲退休后，又先后担任了县老科协的领导工作，为全县农业新科技、新品种的引进推广做出重要贡献。县人大常委会原办公室主任肖时汉退休后，长期担任县人大老干党支部书记，2010 年被评为邵阳县首届道德模范人物，其创作的长篇小说《劲草》于 2016 年由中国文化传媒出版社出版。县人大常委会原副主任颜寿生刚退休就担任县委党史联络组组长和县禁毒协会会长等职，继续为全县经济建设和社会发展贡献余热。

2016 年，县人大常委会机关有离退休干部 32 人，年龄最大者 87 岁。

专 记

专记一

1986 年干涉人大工作事件

《人民日报》1986 年 11 月 7 日报道：今年 7 月 16 日，湖南省邵阳县召开县九届人大常委会第十五次会议。列席会议的县人大代表、长乐乡乡长肖调国说：现在农村缺油情况严重，农民晚上点灯没有油，碾米没有油，抗旱没有油，开车没有油。晚上点灯没有油是解放以来很少出现的现象，因而农民对政府工作很有意见。现在，共产党有的干部浮在上面，只管自己生活好，农民的这些事就不管了，到底我们共产党讲不讲良心。参加会议的其他人员对农村缺油的情况也提了不少意见。

当日下午，列席会议的县委宣传部负责人向县委书记汇报说：长乐乡乡长在县人大常委会会议上发表反党言论，说共产党不如过去的封建王朝。县委书记立即布置县纪委追查此事。当晚，他们让县人大常委会的主任、副主任写旁证材料。两位主任认为，县委书记不通过县人大常委会了解情况，就来追查代表在常委会上的发言的做法是不妥的，拒绝写证明材料。第二天上午，他们又派一个干部跟县人大负责人打招呼，把正在开会的一位人大常委会委员叫去写证明材料，又被拒绝；会后，还就此事向到会的其他一些人作了调查。

8 月 19 日，县里几方面领导在一起学习中共中央文件时，县人大常委会主任提出意见，认为县委书记不应追查人大代表在常委会上的发言，人家在会上发表意见，你派人来追查，以后还有谁敢讲话。县委书记坚持己见，还把肖调国的批评说成是违反四项基本原则的言论，认为不管是在什么场合讲的都要追究。邵阳市人大常委会一位副主任，曾为此事找县委书记、县人大常委会主任、县长三人交换意见，县委书记只承认方法上有不妥之处，其他认识未能统一。

1986 年 11 月 7 日，《人民日报》就此事刊登《邵阳县发生一起粗暴干涉人大工作事件》的报道，并配发评论《同志，放下你的棍子》。尔后，《人民日报》海外版及其他一些报刊、电台相继转载或转播，被《半月谈》列为全国十大新闻之一。11 月 11 日，省人大常委会主任焦林义就邵阳县粗暴干涉人大工作事件，回答了《湖南日报》

和湖南人民广播电视台记者提出的问题。并在全省州、市、县（市）、市辖区人大常委会主任座谈会上进一步阐明了省人大常委会对邵阳县粗暴干涉人大工作的四点看法：第一，我们认为肖调国在县人大常委会会议上的发言，基本出发点是反映农民缺油，没有编造假的情况，是对的。他发表意见比较偏激，讲了一些不妥当的话，也不算什么大的问题；第二、邵阳县委宣传部负责人在人大常委会会议上打断肖调国的发言，严重侵犯了人大代表的民主权利，是对人大工件的粗暴干涉；第三，邵阳县委书记要县纪检干部尽量取到肖调国在会上发言的旁证材料，在主观上可能并不想追查，但客观上却起了追查的作用，粗暴干涉了人大工作；第四，《人民日报》对邵阳问题的报道基本符合事实，除个别语句不够准确外，总的看没有错。事后，邵阳县委书记作了检讨，县人大常委会的工作恢复了正常，问题基本上得到解决。

（本材料录自邵阳县《人大工作大事记》）

专记二

市、县联合调查组限制县人大代表人身自由、侵犯代表民主权利事件

1990年2月20日至28日，邵阳县召开十一届人民代表大会第一次会议。在选举产生县人大常委会、“一府两院”领导班子时，出现了代表联合提出新的候选人的情况，致使有些领导班子成员“未按上级意图办”。时过两个月的6月3日至4日，邵阳市委和邵阳县委组成20人的联合调查组调查其换届选举的“不正常”现象。他们以县委、县人大常委会召开座谈会的名义，兵分五路，直接从农村欺骗6名县人大代表到县，分别监禁在县招待所、县人武部招待所、县民政服务大楼、县芙蓉饭店、县粮贸商场和县交通饭店。监禁时间最长的五天，最短的两天。在监禁期间不准会客、不准打电话、不准与外界人员接触、不准随便外出大小便，更有甚者，不准洗澡更衣，不准到医院看病，即使上厕所也有人跟踪。在“座谈会”上，调查组人员采取诱供逼供、恫吓等手法，划框框，定调调，真话他们不听，假话代表讲不出，致使代表无所适从。在县城监禁县代表的同时，在区、乡也审问了一些县人大代表和区乡书记。事件发生后，全县城乡反响强烈，被监禁的代表心里创伤严重，他们后悔不该当人大代表，不该依法行使民主权利，不然不会惹来是非。广大县人大代表认为，市、县联合调查组执法违法，法理难容。有的县人大代表还准备联合要求县人大常委会破例召开代表大会，讨回公道。他们强烈要求：（1）对非法监禁县人大代表的严重事件，请求上级绳

之以法，严肃处理，并公开向代表赔礼道歉；（2）对逼供的材料和录音带宣布作废，公开烧毁；（3）赔偿受害代表的一切经济损失。据此，十一届县人大常委会主任会议研究决定：（1）邵阳县第十一届人民代表大会第一次会议是在邵阳县委的直接领导下按照法律程序进行的，会议是合法的，选举是成功的；（2）代表的合法权益一定要保护，调查组要公开承认监禁代表是违法行为；（3）要依法赔偿代表的经济损失；（4）审讯代表的交代材料和录音带宣布作废，退给本人；（5）请省、市人大常委会领导严肃查处此次严重事件。尔后，中共湖南省委根据代表上诉的反映和市、县人大常委会的态度，为查明情况，维护代表的合法权利，决定由省委、省人大常委会、省纪委组成联合调查组到邵阳县实地调查。调查情况表明：

上述事件是一起限制人大代表人身自由和侵犯人大代表民主权利的违法事件，性质是十分严重的。经省委研究，决定对邵阳市委及有关人员分别作出如下处理：

邵阳市委常委会议同意立案查处问题时，没有认真讨论，也未对调查工作进行具体研究，加之对调查工作缺乏检查，致使调查组的违法行为未能及时发现和制止。邵阳市委对这一违法事件应负领导责任。责成邵阳市委作出深刻检讨。

邵阳县委书记虽然没有直接参与这一违法事件，但作为县委主要负责人，在已经发现市委、县委联合调查组有违法行为，特别是县人大常委会多次向他提出意见要求制止的情况下，只是将意见转告调查组负责人，而没有采取措施加以制止，因此对这一违法事件负有一定的责任。责成县委书记作出自我批评。

市经委副书记某某某是市、县委联合调查组的主要负责人，错误地提出监视被调查人活动的一些做法，又不听取县人大常委会提出的正确意见。在县委书记去市开会、县委分管党群副书记去市委党校学习期间，某某某是这一违法事件的直接责任人，决定给予党内警告处分。

责成中共邵阳县委采取适当方式，为被隔离查问的6名县人大代表恢复名誉。对代表被隔离查问期间的直接经济损失（如误工损失）给予赔偿，间接损失情况适当给予补助。需要作为依据的调查组与代表的谈话记录，交省保存；代表所写的“交代材料”退还本人，其他有关材料予以销毁。

（摘自《湘发〔1990〕24号中共湖南省委关于邵阳市委、县委联合调查组限制县人大代表人身自由和侵犯代表民主权利违法事件的通报》）

（本材料录自邵阳县《人大工作大事记》）

专记三

县人大常委会设立20周年庆祝活动

2000年，是邵阳县人民代表大会常务委员会设立20周年，2000年6－12月，本县举行了隆重的庆祝活动。

2000年6月14日，中共邵阳县第十三届人民代表大会常务委员会党组向中共邵阳县委呈交了《关于开展县人大常委会设立20周年庆祝活动的报告》。8月20日，中共邵阳县委下发《关于开展县人大常委会设立20周年庆祝活动的批复》，同意开展县人大常委会设立20周年庆祝活动。随即成立县人大常委会设立20周年庆祝活动组委会，县委副书记王忠屏任组委会主任，县人大常委会副主任陈卫国、王运发、颜翠兰、刘春风、唐汉林、陈芬保任组委会副主任，肖时汉、肖新生、陈飞虎、陈和国、袁镇南、罗洪为组委会成员。组委会下设办公室，唐汉林兼办公室主任，肖时汉、肖新生兼办公室副主任。7月始，县报《邵阳人》连续编发有关庆祝纪念全县人大工作的文章；县电视台专辟了《人大论坛》专题栏目，编播了一系列报道人大工作和县人大常委会设立20周年庆祝活动的节目。

8月下旬，由县人大常委会主持，召开县人大常委会退休干部座谈会，人大机关退休干部数十人参加会议，畅谈了县人大常委会成立20年来所做出的业绩。9月上旬，又召开了居住县内的省市人大代表、县人大代表、人大工作者参加的座谈会。10月上旬，全县组织了人民代表大会知识抢答赛，县人大常委会各委室、县人民政府各组成单位、县人民法院、县人民检察院均组队参加了抢答比赛。

12月22日，中共邵阳县委下发了《关于进一步加强人大工作的意见》。12月25日，由中共邵阳县委主持，召开了纪念邵阳县人大常委会设立20周年庆祝大会和邵阳县人大工作会议。县委书记石民生在会上发表了题为《加强和改善党对人大工作的领导，充分发挥地方国家权力机关的作用》的讲话，县人大常委会主任唐清洲向大会作了《积极探索，不断发展，努力开创我县人大工作新局面的报告》，县人民政府县长曾建秋发表了《纪念邵阳县人大常委会设立20周年和全县人大工作的讲话》。

庆祝活动结束后，由县人大常委会主持，编印了《纪念邵阳县人大常委会设立20周年·人大工作大事记》一书，邵阳市人大常委会主任阮开全、邵阳市人民政府代市长罗月林、中共邵阳县委书记石民生、邵阳县人大常委会主任唐清洲、邵阳县人民政府县长曾建秋及县人大常委会各副主任等领导为本书题词，唐清洲为本书写了序言。

专记四

县人民代表大会制度建立60周年纪念活动

2014年是全国人民代表大会制度建立60周年。年内，县人大常委会在全县开展纪念人民代表大会"七个一"系列活动，即：印发一个《关于进一步加强和改进县乡人大工作指导意见》的文件；评选表彰一批人大工作先进单位；评选表彰一批县乡（镇）人大工作先进工作者；评选表彰一批优秀县人大代表；慰问一批人大工作荣誉称号获得者；举办一次纪念人民代表大会制度建立60周年征文活动；召开一次纪念人民代表大会制度建立60周年大会。纪念活动期间，县人大常委会向全县各级人大代表、人大工作者、人大机关退休人员、人大新闻工作者、社会各界人士共收集征文作品203篇，评选出优秀作品73篇，其中特等奖1篇、一等奖4篇、二等奖6篇、三等奖12篇、优胜奖50篇。并选送部分作品参加了市人大常委会组织的人大制度建立60周年征文活动评审，其中获市人大常委会表彰奖励的优秀作品13篇，县人大常委会主任刘长明撰写的《人大我思》获一等奖，县人大常委会获优秀组织奖。12月18日，全县纪念人民代表大会制度建立60周年大会在县委大礼堂举行，全体在职县级干部、第十六届县人大常委会全体组成人员、部分省市县人大代表、县直正局以上单位和省市驻邵单位主要负责人、乡镇场党委书记、乡镇人大主席、历届县人大常委会正副主任、县人大常委会机关全体职工参加会议。会议由县委副书记曾梅林主持，县委书记蒋伟和县人大常委会主任刘长明分别发表了讲话。大会表彰了一批人大工作先进单位和一批人大工作先进工作者。

第四编

人　　物

第一章　人物简介

第一节　县人大常委会主任

曾谱成

曾谱成，郦家坪镇人，1933年生，小学文化。17岁时担任村长。1952年3月，任当时的小乡乡长。1952年9月始，供职于诸甲亭供销社。1955年7月加入中国共产党，同月调塘渡口供销社任人保股股长。1958年11月，调任中共郦家坪供销社支部书记。1960年8月，任中共郦家坪公社党委办公室主任。次年4月任郦家坪公社党委副书记。同年9月任中共郦家坪区委组织委员。1963年3月，调中共邵阳县委组织部干部组任组长，1965年8月任组织部副部长。1969年8月任县革命委员会人保组副组长、县公安局局长。1971年，被选为中共邵阳县委常委。1977年12月，当选为中共邵阳县委副书记，其间，曾担任渣滩大坝工程指挥部指挥长。1980年12月17日，在第八届全县人民代表大会第一次会议上，当选邵阳县第八届人民代表大会常务委员会主任。1981年5月31日，中共邵阳县委邵发〔1981〕035号文件通知，成立中共县人大常委会党组后，任县人大常委会主任兼党组书记。1983年12月任县委副书记（排第一）。1985年5月调任邵阳市人大常委会联工委主任。1993年退休。

张玉庭

张玉庭，黄亭市镇中心村人，1931年生。中共党员，1949年10月参加工作，1959年始，任县人委人事科科长。同年，曾接待陪同中央组织部常务副部长帅孟奇考察金称市地下党支部旧址和基层党组织建设。1960－1963年，任县委组织部副部长兼县人事科科长。1964－1969年，任中共下花桥区委副书记主持工作。其间于1967年8月，陪同省军区司令员龙书金对全区民兵建设情况进行了半个月的考察。1969－1970年，任塘田市革命领导小组副组长主持工作。1971－1977年任县革命委员会农林牧局局长，其间曾受到中共中南局书记金明的接见。1978 - 1981 年，任中共邵阳县委常委、县公安局党组书记、局长，并以县委常委身份，组织协调县法院、县检察院、县司法局工作。1981 年 5 月至 1984 年 3 月，任中共邵阳县委副书记（正县级），分管党群、政法和文教卫生工作。1984 年 4 月，在第九届人民代表大会第一次会议上，当选第九届人民代表大会常务委员会主任，同年 6 月，任县人大常委会党组书记、主任。1987 年 6 月始，任中共邵阳县委顾问（正县级）。1992 年退休。

李帮能

李帮能，1936 年生，谷洲镇中庙村黄坳村民组人，早年曾担任农村基层干部。1955 年加入中国共产主义青年团，1956 年加入中国共产党。1960 年 2 月参加工作，任中共谷洲人民公社党委组织干事和秘书。1966 年 1 月调东田公社任党委副书记。1969 年 10 月调任县革命委员会群工组组长。1970 年 12 月调中共五峰铺区委任宣传委员。1973 年始任和平公社党委书记。1977 年始任中共五峰铺区委书记。同年出席湖南省民兵先进工作者代表大会，受到许世友接见。1980 年 3 月始，任中共邵阳县委常委、县委办公室主任。同年底任中共邵阳县委副书记，并连续当选第八届和第九届县人民政府县长。1987 年 4 月，在第十届人民代表大会第一次会议上，当选为邵阳县第十届人民代表大会常务委员会主任。1990 年后，先后担任中共邵阳县委副书记、顾问。1997 年 8 月退休。2011 年 7 月因病逝世。

刘仕继

刘仕继，1933 年生，澧县人，初中文化。1951 年 11 月参加工作，任津市公安队战士。1956 年 2 月始，在常德专区民警大队直属一中队任小队长。1959 年 11 月始，在常德地区民警大队直属第四中队任小队长。1962 年 7 月始，任常德市公安局政治指导员。1969 年 8 月始，调邵阳军分区教导队任政治指导员。1973 年 7 月，调任邵阳县人民武装部副政委。1981 年 12 月，当选为第八届邵阳县人民政府副县长。1983 年 12 月，调邵阳县人大常委会工作。1984 年 4 月，在第九届人民代表大会第一次会议上，当选第九届县人大常委会副主任。1987 年 2 月，在第十届人民代表大会第一次会议上，连任第十届县人大常委会副主任。1990 年 2 月，在第十一届人民代表大会第一次会议上，当选第十一届县人大常委会主任。1993 年退休后，曾担任邵阳县关心下一代工作委员会主任。

魏太平

魏太平，1951 年生，邵东县人，中共中央党校函授学院政法本科毕业。1971 年 8 月参加工作，同时进入中共邵阳地委党校学习，1971 年 10 月结业后，被派往邵东县斫槽公社砂坪村驻点。1972 年 6 月调邵东县公安局工作。1975 年 4 月入党。1977 年 10 月后，任共青团邵东县委副书记、书记。1981 年 12 月后，任中共邵东县牛马司区委副书记兼双泉公社党委书记，其间于 1983 年入湖南农学院干部专修班学习两年。1985 年 8 月任中共邵东县委副书记。1988 年 7 月，调任中共邵阳市委农村工作部副部长。1992 年 6 月，任中共邵阳县委书记。1993 年 1 月，在第十二届人民代表大会第一次会议上，当选为县人大常委会主任，同时担任县委书记。1997 年 1 月，任中共邵阳市委助理巡视员兼中共邵阳县委书记。1998 年 1 月调离邵阳县后，先后任邵阳市人民政府副市长、中共邵阳市委副书记。

唐清洲

唐清洲，塘渡口镇黄塘片横冲村人，1947 年生，高中文化。1969 年 1 月参加工作，先后在黄塘中学、红石中学、大禾岭中学任教。1977 年 10 月，调任五峰铺区团委书记。1980 年 2 月至 1984 年 4 月，先后任霞塘云公社党委副书记、书记。1984 年 1 月至 1987 年 3 月，先后担任中共下花桥区委副书记、书记。1987 年 3 月调任塘渡口镇党委书记，并当选为第六届中共邵阳县委委员。1990 年 3 月至 1995 年 10 月，任邵阳县人民政府副县长、县人民政府党组成员。1993 年 3 月始，任中共邵阳县委常委、县人民政府常务副县长。1995 年 11 月至 1996 年 3 月，任中共邵阳县委副书记。1996 年 3 月 16 日，在第十二届人民代表大会第四次会议上，被选为第十二届县人大常委会主任。以后连续当选第十三届、第十四届县人大常委会主任。任内，在全省率先实行县人民政府副县长向县人民代表大会述职制度和任免国家工作人员任前考察办法。2007 年底退休。

黎德生

黎德生，男，汉族，下花桥镇正兴村人，1954 年生，大学文化。1973 年 12 月入伍，1975 年 6 月入党，历任中国人民解放军陆军某部战士、班长，陆军某部排长、副连长，福州军区后勤连长、文化队副队长。以后历任洞口县人民武装部副营职参谋、邵阳县人民武装部后勤科代科长、邵阳县人民武装部军事科科长、邵阳县人民武装部副部长兼军事科科长、邵阳县人民武装部副县级副部长。1995 年 11 月，任邵阳县人民武装部部长（副县级）。1996 年 2 月，任中共邵阳县委常委、邵阳县人民武装部部长（正县级）。2000 年 8 月，任中共邵阳县委副书记（正县级）。2006 年 7 月，调任中共邵阳县人大常委会党组第一副书记。2007 年 12 月 2 日，在邵阳县第十五届人民代表大会第一次会议上，当选为邵阳县第十五届人民代表大会常务委员会主任。2014 年退休。退休后，担任邵阳县关心下一代工作委员会主任和中共邵阳县委党史联络组顾问。

刘长明

刘长明，长乐乡星光村人，1963 年生，1982 年 8 月参加工作，1990 年 10 月加入中国共产党，大学文化。1982 年7 月至1983 年2 月，任黄塘乡科技专干。1983 年3 月至 1984 年6 月，任红石乡科技专干。1984 年 6 月至 1989 年 2 月任县农业局秘书、团总支书记、团县委委员。1989 年 2 月至 1992 年 12 月，历任县农委综合组副组长、组长。1992 年 12 月至 1994 年 11 月，任中共邵阳县委政研室政研组组长。1994 年 12 月至 1996 年 3 月，任中共邵阳县委办公室副主任。1996 年 3 月至 1996 年 12 月，任中共邵阳县委办公室副主任兼政研室主任。1997 年 1 月至 12 月，任中共邵阳县委办公室主任。1997 年 12 月至 2002 年 11 月，任邵阳县人民政府县长助理。2002 年 11 月至 2006 年 7 月，任邵阳县人民政府副县长（其中 2004 年 2 月至 2005 年 1 月，在省直机关挂职任湖南省环保厅办公室副主任兼政策法规处副处长）。2006 年 7 月至 2007 年 8 月，任中共邵阳县委委员、常委、县委统战部部长。2007 年 8 月至 2011 年 12 月，任中共邵阳县委委员、常委、县委办公室主任、县人大常委会党组第一副书记、正县级干部。2012 年 12 月始，连任第十六届、第十七届县人大常委会主任、党组书记。

第二节　县人大常委会副主任

（含专职党组副书记）

刘长寿

刘长寿，长乐乡人，1928 年生，高小文化，中共党员。1951 年 8 月参加工作，历任乐善乡民兵队长、江东乡乡长、黄亭市区副民政助理、黄亭市区青年干事、团县委宣传干事、中共车家乡支部书记、中共先锋（毬木山）公社党委副书记、中共岩口铺公社党委书记、中共长乐公社党委书记、中共黄亭市区委书记、县革命委员会生产指挥组粮食小组组长、县供销服务站革委会主任、县革命委员会生产指挥组副组长、中共梽木山区委书记、中共邵阳县委常委、县委组织部部长、县革委副主任。1980 年 12 月 7 日，在第八届县人民代表大会第一次会议上，当选为县人民代表大会常务委员会副主任。1981 年 5 月，成立中共县人大常委会党组后，任中共县人大常委会党组副书记。1984 年，任中共邵阳县委调研员。1988 年退休。

艾润身

艾润身，诸甲亭乡人，1929 年生，高中文化，中共党员。1949 年 11 月，入邵阳资江公学学习，1950 年 2 月结业后，历任邵阳县第二区反霸工作队干部、茶元头乡乡长、第四区文教助理（期间曾入湖南省革命大学文化补习班学习）、县公安局股长、中共第七区党委组织干事、中共邵阳县委纪律检查委员会秘书、第九区区委书记、中共邵阳县委宣传部副部长、部长、中共邵阳县委文教部部长、县人民委员会副县长。“文化大革命”开始后受到迫害。1970 年至 1980 年，历任邵阳县“五七”干校副校长、县生产指挥组副组长、邵阳县计划委员会副主任。1980 年 12 月，在第八届人民代表大会第一次会议上，当选为第八届县人大常委会副主任。1984 年 4 月，继续当选为第九届县人大常委会副主任。1984 年 6 月，任县人大常委会党组副书记、副主任。1987 年，任县人民政府顾问。1989 年退休。

段义君

段义君，诸甲亭乡人。1930 年生，初中文化，中共党员。1950 年 6 月参加工作后，历任第七区大安乡乡长、第七区区公所干部、第一区人民武装部干事、第一区宣传干事。1953 年 3 月加入中国共产党，同年 4 月任第一区副区长。1956 年 7 月，任中共红石乡总支委员会书记。1957 年 11 月，任中共湾塘乡党委书记。1958 年 9 月，任中共七一（谷洲）人民公社党委副书记。1959 年 10 月后，任团县委副书记、书记。1965 年 8 月，任中共梽木山区委书记。1969 年 1 月，任邵阳县革命委员会政工组副组长。1971 年 5 月，任邵阳县革命委员会办事组组长。1973 年 10 月，任县财贸办公室主任。1980 年 12 月 7 日，在第八届人民代表大会第一次会议上，当选县人大常委会副主任。1982 年 3 月，因身体原因退休。

黎佐成

黎佐成，1938 年 12 月生，五峰铺镇人，高小文化。1958 年 3 月入伍，服役于中国人民解放军某部 380 团，历任战士、班长、副排长。1961 年 8 月始，任广西壮族自治区阳朔县人民武装部政工科见习助理员。1963 年 10 月始，先后任广西阳朔县人武部民兵组织科和训练科助理员。1969 年 7 月始，任广西阳朔县人武部副政委。1981 年 11 月转业，12 月当选邵阳县人民政府副县长。1983 年 12 月调县人大常委会工作。1984 年 4 月，当选第九届县人大常委会副主任。1987 年后因病休养。

阮国仲

阮国仲，九公桥镇人，1935 年生，长沙水利学校毕业，1957 年 7 月分配在邵阳县水电局工作，历任县水电局水利工程队队长、技术员、水电股股长，获高级工程师职称。1980 年 12 月，在第八届人民代表大会第一次会议上，当选为县人大常委会委员。1984 年 4 月，在第九届人民代表大会第一次会议上，当选为县人大常委会副主任。1993 年后，连续当选为第七届和第八届全省人民代表大会代表。1998 年退休，退休后，曾担任县老科技工作者协会副会长。

蒋利民

蒋利民，五峰铺镇人，1936 年生。1952 年考入邵阳县师资训练班，结业后被分配在邵阳县第三区栗树庙雷家坪小学任教。1954 年元月加入新民主主义青年团，1955 年加入中共共产党。1956 年被县文教部抽调到县教师整风办公室工作。1959 年加入中国共产党。1956 年调入县委农村工作部。1968 年至 1981 年，先后在县革命委员会生产指挥组和县委农村办公室工作，曾担任县农村办公室副主任。1981 年调任中共塘田市区委书记。1984 年 1 月，调任县人民政府办公室主任。1987 年 3 月，在第十届人民代表大会第一次会议上，当选为县人大常委会副主任。1996 年退居二线，任邵阳县人民政府调研员，1997 年退休。2009 年因病逝世。著有回忆录《人生小语》。

王善祥

王善祥，下花桥镇人，1936 年生。1955 年 3 月参军入伍，同年 12 月加入中国共产党，历任公安内卫九团一营三连战士、班长、广东省总队第三中队分队长、广东省总队第二团第一营参谋。1963 年 3 月，复任广东省总队第三中队分队长。1964 年 4 月复员在家务农。1965 年 6 月，任双江公社武装部部长。1969 年 11 月，任五峰铺区武装部部长。1971 年 3 月，任邵阳县革命委员会政工组副组长。1973 年，任中共邵阳县委常委、宣传部部长。1980 年 12 月，在第八届人民代表大会第一次会议上当选为县人大常委会委员。1984 年 11 月，任县人大常委会科教文卫工作委员会主任。1987 年 4 月，在第九届人民代表大会第一次会议上，当选为县人大常委会副主任，1996 年退休。

陆远阶

陆远阶，1935 年生，河伯乡雷公铺村人。1951 年 1 月参加工作，1955 年加入中国共产党。历任区公所干事、县委农村工作部干部、县委组织部任组织干事、中共小溪市乡（小乡）总支第一书记、小溪市乡党委副书记、小溪市公社党委办主任、公社党委副书记、霞塘云公社党委书记、梽木山区委副书记兼区长、县机械厂党支部书记、县工交组组长、县煤炭局局长、县商业局局长、县计委副主任、县工交办主任、县经委主任、县计委主任。为第三届至十二届人民代表大会代表（不含第六届）、第二届至第六届县党代会代表。1990 年 2 月，在十一届人民代表大会第一次会议上，当选为县人大常委会副主任。1994 年始，任县人大常委会特邀顾问。1996 年退休后，任县老科协会长等多种社会职务。2010 年 9 月因病逝世。

银祥集

银祥集，塘田市镇夏溢村人，1937 年生，中共党员，中学文化。1956 年 2 月被安排进县农业局工作。1958 年始，任诸甲亭区农业站站长。其间，先后在湖南省农学院农干班、邵东县农科所、邵阳地区农科所进修学习。1963 年 6 月至 1966 年 1 月，先后任郦家坪区和下花桥区农技站站长。1964 年入党。1966 年 3 月至 1977 年 2 月，任中共蔡桥公社党委副书记、书记。1977 年 1 月至 1981 年 2 月，任中共塘渡口公社党委书记。1981 年 3 月调梽木山区，先后任区委副书记、书记。1985 年 1 月至 1986 年 12 月调任县计划生育委员会主任、党组书记。1987 年 3 月，调任县人大常委会财经委主任。

1989 年 3 月，任县人大常委会农工委主任。1990 年 2 月，在第十一届人民代表大会第一次会议上，当选为第十一届县人大常委会副主任。1997 年退休。

罗桂森

罗桂森，岩口铺镇人，中共党员，中学文化。1960 年参军，先后服役于湖南省军区会训队、广州军区 125 部队勤务排、125 部队政治办公室、广州军区 990 部队机关、解放军总后勤部设计院勘察大队和 125 部队管理股。1968 年 9 月，调湖南省株洲市东区驻军支左办公室任副主任。1969 年 9 月转任 54014 部队组织计划科助理员。1978 年 10 月，任陆军 167 医院院务处营职助理员。1982 年 5 月，调 54090 部队管理股任股长。1983 年 3 月，任 54090 部队副部队长。1985 年 1 月转业，任邵阳县人民政府调研员。1987 年 3 月后，连续当选为第十届和第十一届邵阳县人大常委会副主任、党组副书记。1993 年 3 月，调邵阳市人大常委会，历任市人大常委会办公室副主任、农工委主任、研究室调研员。2001 年，因机构改革提前离岗。

羊正君

羊正君，九公桥镇人。1940 年 2 月生。1961 年从武冈师范毕业后复入湖南省建材学院进修，结业后任白仓公社团委书记。1962 年 8 月至 1964 年 8 月，先后在七里山农场商店、龙亭供销社工作。1965 年 8 月始，任榅木山公社社长、党委书记。1968 年 12 月调县委审干办公室任秘书。1969 年 7 月始任县革委政工组组织小组秘书。1973 年 6 月始，任县委组织部秘书组组长。1978 年 11 月至 1984 年 1 月，任县委组织部副部长。1984 年 1 月至 1988 年 3 月，任中共邵阳县委委员、县委办公室主任。1988 年 3 月始，任县人民政府副县长。1993 年 1 月，在第十二届人民代表大会第一次会议上，当选为第十二届县人大常委会副主任。1998 年 4 月始，任县人民政府助理调研员。2000 年退休。

陈卫国

陈卫国，塘渡口镇书堂山村人，1946 年 12 月生，中专文化。1965 年 7 月入伍，服役于人民解放军某空军部队技术勤务二团教导队，历任学员、侦察员、团司令部情报股参谋。1976 年 8 月至 1986 年 12 月，历任空军某部技术勤务二团中队长、大队长、第六室主任。1986 年 12 月，任邵阳县人大常委会法制工作委员会副县级主任。1993 年 1 月 1 日，在第十二届人民代表大会第一次会议上，当选邵阳县第十二届人大常委会副主任，并担任党组成员。1997 年 12 月，在第十三届人民代表大会第一次会议上，连任第十三届人大常委会副主任，并担任党组成员。2007 年，以正县级干部退休。

王运发

王运发，岩口铺镇人，1950 年 4 月生，大专文化。1969 年 11 月参军，服役于人民解放军陆军 165 师。1970 年 4 月，加入中国共产党。至 1983 年 6 月，历任战士、正连级参谋。1983 年 6 月至 1985 年 5 月，任中国人民解放军某部作训处正营级参谋。1985 年 5 月至 1986 年 1 月，任中国人民解放军某部作训处副团级参谋。1986 年 1 月转业后，至 1995 年 12 月，历任邵阳县人民武装部副部长、部长。1995 年 5 月，调任县人大常委会党组成员。1996 年 3 月 16 日，在第十二届人民代表大会第四次会议上，被补选为第十二届人民代表大会常务委员会副主任。1997 年 12 月，在第十三届人民代表大会第一次会议上，连任第十三届县人大常委会副主任。2011 年退休。

刘春风

刘春风，白仓镇人，1951 年 7 月生，大专文化。1969 年 12 月入伍，服役于人民解放军广州军区守备一团。1975 年 3 月至 1986 年 2 月，历任广东省汕头军分区排长、作训科副营级参谋、教导队队长。1991 年 6 月转业后到新邵县人民武装部工作（后担任副部长兼军事科科长）。1995 年，调任新宁县人武部部长、党委副书记。1996 年 3 月始，任新宁县人民政府副县级干部、县委助理调研员。1997 年 11 月，调任邵阳县人大常委会党组成员。1997 年 3 月后，连任第十三届、第十四届县人大常委会副主任。2007 年 3 月被免职。

颜翠兰

颜翠兰，女，1944 年 9 月生，五峰铺镇人，大专文化，会计师职称，中共党员。1961 年 4 月参加工作，先后在县副食品公司、县氮肥厂、县财政局企财股等单位从事财会工作。1980 年 9 月调县商业局，历任财会股副股长、股长、助理工程师。同年 12 月当选为县人大常委会委员。1982 年 3 月始，任县商业局副局长。1984 年 1 月调任县审计局局长、局党组书记。1985 年 7 月始，任县财委副主任、党组副书记。1988 年 6 月，调任县财政局局长、局党组书记。10 月，因需评定会计师职称（当时规定评定专业职称者不能兼任行政职务）而辞去县财政局局长职务。1990 年 2 月，当选为县政协副主席（连任两届）。1997 年 12 月，当选为第十三届县人大常委会副主任。2005 年退休。

唐汉林

唐汉林，塘田市镇三角塘村人，1946 年 3 月生，高中文化，1965 年 4 月参加工作。1974 年 3 月加入中国共产党。1965 年 4 月至 1966 年 4 月，任武冈县“四清”工作队员。1966 年 4 月至 1978 年 9 月，任武冈县日杂贸易公司干部、商业局及供销社政工股干部、团总支副书记。1978 年 10 月至 1982 年 2 月，任邵阳地区财贸办公室干部。1982 年 3 月至 1985 年 7 月，任中共邵阳县委办公室秘书组副组长。1985 年 7 月至 1996 年 12 月，先后任中共邵阳县委组织部干部组组长、正科级副部长。1997 年 1 月至 1997 年 11 月，任中共邵阳县委统战部部长。1997 年 12 月，在第十三届人民代表大会第一次会议上，当选为第十三届县人大常委会副主任，并担任党组成员。2006 年退休。

谢树新

谢树新，塘渡口镇人，1957 年生，大专文化。1980 年 8 月参加工作。1983 年 4 月加入中国共产党。1984 年 4 月调县农业委员会工作。1987 年 5 月调任县人民政府办公室秘书组组长。1988 年 8 月始，任县人民政府办公室副主任。1990 年 4 月始，任中共邵阳县委办公室副主任。1995 年 11 月考取县级干部，任县人民政府副县长。1997 年 7 月，调任县委常委、县委办公室主任。2001 年 11 月，调任县委常委、县委宣传部部长。2002 年 8 月，调任县人大常委会党组副书记。同年 11 月 29 日，在第十四届人民代表大会第一次会议上，当选为第十四届县人大常委会委员、副主任。2007 年 11 月，在第十五届人民代表大会第一次会议上，当选为第十五届县人大常委会委员，并担任县人大常委会党组副书记、正县级干部。

刘连生

刘连生，五峰铺镇（原水田乡）人，1952 年 2 月生，中专文化，1971 年 8 月参加工作，1973年12月加入中国共产党。1971年至1978年，任诸甲亭公社团委书记。1979年任县郦家坪区团委书记。同年10月，任中共杉木桥公社党委副书记、公社革委会主任。1981年8月，任中共罗城乡党委书记。1986年4月，任中共五峰铺镇党委书记。1988年1月，任中共九公桥区委副书记、区长。1991年1月，任中共渣滩电站党委书记。1993年4月至1999年4月，历任邵县计生委副主任、主任。1999年5月，任县委组织部副部长。2002年8月，任县委组织部副部长兼县人大常委会党组成员。2002年11后，连续当选为第十四届、第十五届县人大常委会副主任。2012年退休。

颜寿生

颜寿生，罗城乡人，1953年12月生，大学文化。1973年参加工作，历任罗城乡雷公小学、落旦小学和罗城中学教师、罗城乡教育组副组长。1979年10月加入中国共产党。1990年10月，调任中和乡党委宣传干事。1992年4月至1994年12月，历任五峰铺镇党委宣传委员、组织委员、副镇长、党委副书记兼组织委员。1995年1月，任郦家坪镇党委书记。1995年5月任中共诸甲亭乡工委书记（正科级），9月任诸甲亭乡党委书记。1998年2月，任县经管局局长、党组副书记。2001年11月，任县扶贫办公室主任。2002年6月，任县人大党组成员。2002年11月，在第十四届人民代表大会第一次会议上，当选为第十四届县人大常委会副主任，并担任党组成员。2011年12月，任县人大常委会委员、党组成员、正县级（职）干部。2015年退休后，担任中共邵阳县委党史联络组组长、县禁毒协会会长等社会职务。

胡迪芬

胡迪芬，女，长阳铺镇溢田村人，1968年生，1990年7月参加工作，大学文化。1990年7月至1995年7月，任县委党校教师。1995年8月至2001年10月，任县监察局副局长。2001年11月至2002年12月，任县妇联主席。2002年12月至2007年12月，当选为邵阳县第十四届人民代表大会常务委员会副主任（兼职）。2007年12月至2016年6月，任县人民政府副县长。2016年6月，调任双清区人民政府副区长。

肖湘政

肖湘政，金称市镇人，1962年生，1982年8月参加工作，1987年3月加入中国共产党，大专文化。1982 年 8 月至 1985 年 1 月，任塘渡口区供销社会计。1985 年 2 月至 1991 年 1 月，任县人大常委会办公室秘书组副组长、组长。1991 年 1 月至 1993 年 11 月，任新建乡党委书记。1993 年 11 月至 1997 年 5 月，任团县委书记。1997 年 5 月至 1998 年 3 月，任县政府办公室党组成员、副主任（正科级）。1998 年 3 月至 2001 年 11 月，任县科委党组书记、主任。2001 年 11 月至 2002 年 9 月，任县政府办公室党组成员、副主任（正科级）。2002 年 9 月至 2007 年 12 月，历任县民政局党组书记、局长、中共邵阳县委委员。2007 年 12 月，在第十五届人民代表大会第一次会议上，当选为第十五届县人大常委会副主任，并担任县人大常委会党组成员。2012 年 12 月，连任第十六届县人大常委会副主任，并担任党组副书记。

邓星强

邓星强，黄亭市镇人，1958 年 10 月生，大学文化。1977 年 8 月参加工作，1981 年 9 月入党，1977 年 8 月至 1984 年 7 月，任黄亭市中学教师。1984 年 7 月至 1991 年 2 月，历任永兴乡秘书、宣传委员、副书记、乡长、书记。1991 年 2 月至 1994 年 1 月，任中共长乐乡党委书记。1994 年 1 月至 1995 年 1 月，任中共黄亭市区委副书记兼中共蔡桥乡党委书记。1995 年 1 月至 1995 年 6 月，任中共榿木山区委书记。1995 年 7 月至 1997 年 6 月，任中共长阳铺镇党委书记。1997 年 7 月至 2000 年 2 月，历任中共塘渡口镇党委副书记、镇长、党委书记。2000 年 2 月至 2001 年 11 月，任县委宣传部副部长（正科级）。2001 年 11 月至 2006 年 1 月任县内贸办公室主任、党组书记。2006 年 1 月至 2007 年 11 月任县劳动和社会保障局党组书记、局长。2007 年 12 月后，连续当选为第十五届和第十六届县人大常委会副主任，并担任党组成员。

蒋梅娥

蒋梅娥，五峰铺镇人，1963 年 8 月生，大学文化。1984 年 7 月参加工作后，在邵阳县第五中学任教。1987 年 8 月至 1995 年 9 月，先后在芙夷中学、邵阳县第十二中学、邵阳县第一中学任教。1995 年 10 月至 2001 年 1 月，任县委党校教员、函授组组长。2001 年 2 月至 2002 年 12 月，任县行政学校副校长。2003 年 1 月至 2004 年 4 月，任县发展计划局副局长。2004 年 5 月至 2006 年 7 月，任县发展和改革局副局长、主任科员。2006 年 8 月至 2012 年 12 月，任县工商业联合会主席。2007 年 11 月，在第十五届人民代表大会第一次会议上，当选为第十五届县人大常委会副主任（兼职）、县工商业联合会主席。2012 年 12 月，再次当选为第十六届县人大常委会副主任（兼职）。

张蒲生

张蒲生，黄亭市镇人，1962 年 5 月生，1978 年 9 月参加工作，任双清乡中心小学教师。1988 年 1 月入党，大学文化。1981 年 11 月至 1983 年 6 月，在邵阳师范学习。1983 年 7 月至 1996 年 3 月，历任长乐乡伏溪小学教师、黄亭市中心完小校长、长乐乡学区副主任。1996 年 4 月至 1999 年 7 月，历任县委办公室干部、业务指导组组长、秘书组组长。1999 年 8 月至 2001 年 10 月，任县委办公室工会主席。2001 年 11 月至 2005 年 3 月，任县委办公室副主任（2003 年 1 月始为正科级）。2005 年 3 月至 2012 年 10 月，任县计划生育局党组书记、局长（2006 年 7 月和 2011 年 6 月分别当选第十届、第十一届县委委员，并在第十五届人民代表大会第六次会议上，被补选为县人大常委会副主任）。2012 年 11 月，在第十六届人民代表大会第一次会议上，继续当选为县人大常委会副主任，并担任党组成员。

罗立华

罗立华，长阳铺镇人，1961 年生，中共党员，大学文化。1981 年 7 月参加工作，任县农机局干部。1984 年 3 月至 2001 年 11 月，历任县农委办公室干部、县农委办公室秘书组副组长、县政府办公室秘书组组长、县招商引资办公室副主任、县招商局党组副书记、副局长、县政府办公室党组成员、研究室主任。2001 年 11 月至 2012 年 12 月，任县委组织部副部长（正科级）。2002 年 10 月至 2003 年 1 月，兼任县直机关党委书记。2003 年 1 月至 2007 年 2 月，兼任县人事局局长、党组书记。2012 年 4 月，在第十五届人民代表大会第六次会议上，被补选为县人大常委会副主任，同时担任县委组织部副部长。2012 年 11 月，在第十六届人民代表大会第一次会议上，继续当选为第十六届县人大常委会副主任，并担任党组成员。

钟经球

钟经球，1960 年 6 月生，岩口铺镇白山村人。1978 年考入邵阳师范，毕业后分配在岩口铺中学任教，曾担任校团委书记。1988 年改行从政，先后在皇安寺乡、岩口铺镇人民政府工作。1990 年考入县人民政府办公室，历任行政组组长、党组成员、副主任。2001 年任县人民政府办公室党组书记、主任。2003 年，在第十四届人民代表大会上第二次会议上，被授予“全县优秀人民公仆”荣誉称号。2006 年 8 月任中共邵阳县委常委、县委办公室主任。2007 年 9 月任中共邵阳县委常委、县委政法委员会书记。2012 年调任县人大常委会党组副书记。

第三节　全国人大代表

邵阳县从 1975 年第四届全国人民代表大会开始，先后选举产生全国人民代表大会代表 3 人，分别是第四届全国人民代表大会代表刘良志、第五届全国人民代表大会代表黄文斌和第十一届全国人民代表大会代表王石齐。

刘良志

刘良志，1902 年生，白仓镇水津村人，第四届全国人民代表大会代表、模范烈军属。民国时期，刘良志因家贫，常与同乡赴广西挑盐谋生，人称“一扁担”。土地改革后，刘良志分得田地，安居乐业。1968 年 7 月，其服役于解放军驻内蒙古某部队的儿子刘建清，在隧道施工时不幸牺牲。他捧着儿子的遗相，心如刀割。但面对前来慰问的首长和县社领导，他止住悲痛说：“解放前，我侄儿被抓壮丁，挡炮子，死在外面，没有人来问半句。日本鬼子也害得我们四处逃难，无家可归。如今，我们翻了身，搭帮毛主席、共产党。建清儿在部队牺牲，是为人民而死，我们全家都感到光荣。我们没有别的要求，就让我的五儿刘竹清去接过他哥哥的枪吧。”不久，刘良志亲自送他的第五个儿子刘竹清到建清生前的部队服役，受到部队官兵的称颂。1975 年，刘良志当选第四届全国人民代表大会代表。1978 年又当选为湖南省第五届人民代表大会代表。以后，刘良志将他的 3 个儿子、3 个孙子全部送到部队当兵，并全部加入中国共产党。1982 年，刘良志因病逝世。

黄文斌

黄文斌，女，五峰铺镇人，1945 年生。1965 年参加工作，在五峰铺镇小学任教。从教 36 年，先后 26 次被评为“先进工作者”，获三等功一次，相继在市级刊物发表论文 3 篇。在担任校长和学校党支部书记期间，学校多次被评为先进集体，所在党支部多次被评为优秀支部，其辅导的少先队被评为全国优秀少先队。1977 年，黄文斌加入中国共产党。1978 年被省政府授予“模范教育工作者”称号。同年，黄文斌当选为第五届全国人民代表大会代表。1982 年调任邵阳市子弟小学校长，并再次当选为湖南省第五届人民代表大会代表。1985 年调任邵阳市铁砂岭小学校长。1991 年调任邵阳市偕进小学校长兼任党支部书记。2001 年退休。

王石齐

王石齐，塘渡口镇白羊铺村人，1965 年生，湖南省知名企业家、湖南丰都集团董事长。1987 年从湖南科技大学毕业后分配在海南工作，1994 年底回湘创办实业，产业领域涉及轮胎、制药、矿业、学校、房地产等行业，现有湖南丰都轮胎有限公司、迪诺制药有限公司、丰都汽车服务连锁公司和内蒙古新天山矿业开发有限责任公司等 4 大经济实体，其企业和本人先后获“重合同守信用企业”“AAA 级信用企业”“税收贡献奖”“科技创新先进单位”等荣誉称号。自 1994 年至今，累计向国家上缴税金近亿元，向社会捐款 800 余万元。其中资助了 672 名邵阳学子圆了求学梦，捐资 100 万元成立扶贫助学奖励基金，捐资 50 万元修建了邵阳市陶家冲小区道路，捐资 40 万元修建了邵阳县白羊铺村水泥公路。2005 年投资近 2 亿元，在县城振羽开发区创办石齐学校，学校占地 21 公顷，建筑面积 13 万平方米，在校学生近 8000 人，是邵阳市建市以来投资最大的民办学校。2008 年，王石齐当选为第十一届全国人民代表大会代表。2012 年，再次当选为湖南省第十二届人民代表大会代表。在履行全国和全省人大代表职务中，王石齐有强烈的参政意识和较强的参政议政能力，并以其人格魅力以及在大众中的良好公德形象，广泛联系人民群众，深入调查研究，积极建言献策，对人民群众关心的问题，积极与有关部门沟通，维护政府形象和人民利益，在党和政府及人民群众之间架设起沟通的桥梁。

第四节　省各界人民代表会议县内代表

县内出席省各界人民代表会议的代表，县档案馆仅保存有邵阳县第三届各界人民代表会议选举产生的出席湖南省各界人民代表会议代表名单 10 名。

伍魁元　九公桥镇人，1951 年 12 月，任析划后的新邵阳县第一任县长（届前）。1952 年被选为邵阳县出席湖南省各界人民代表会议代表。1954 年 6 月，在邵阳县第一届人民代表大会第一次会议上，当选为第一届邵阳县人民政府县长，并被选为邵阳县出席湖南省第一届人民代表大会代表。1955 年 4 月调邵阳地区工作。20 世纪 80 年代，曾任中共邵阳市委政法委书记。

陈常耀 霞塘云乡永固村人，1949 年曾参加党领导下的白仓起义，任中队指导员。解放后，曾长期从事教育工作（后离休）。1952 年被选为邵阳县出席湖南省各界人民代表会议代表。

（另：刘石球、尹华和、覃良用、邓桂卿、陈若运、赵长录、钟娥英、刘城 8 名代表资料缺失）

第五节 县内省人大代表

县内出席湖南省第一届至第六届人民代表大会代表由县人民代表大会直接选举产生。自 1986 年邵阳地市合并后，出席湖南省人民代表大会的代表由市人民代表大会间接选举产生。自湖南省第一届至第十二届人民代表大会期间，全县共有出席省人民代表大会代表 65 名。

第一届

夏如爱 江苏省淮阴县人，早年参加革命。1949 年 5 月，中共湖南省委在南下途中的河南省巩县组建中共邵阳地方委员会（简称中共邵阳地委）领导班子时，夏如爱任中共邵阳地委书记。10 月 10 日邵阳解放，夏如爱率中共邵阳地委随人民解放军进驻邵阳，与中共邵阳地下党组织会合，正式成立中共邵阳地委，夏如爱任第一任中共邵阳地委书记。1954 年 6 月，在邵阳县第一届人民代表大会第一次会议上，当选为邵阳县出席第一届省人民代表大会代表。

伍魁元 （见上《出席全省各界人民代表会议的代表简介》）

胡子康 邵阳市区人，1906 年生，1932 年入北京大学为旁听生。1935 年执教于邵陵中学。解放战争时期曾加入共产党外围组织“新民主主义研究会”。邵阳解放后，任邵阳市三联中学校长。1950 年 2 月，当选为邵阳县第一届各届人民代表会议常务委员会副主席。1954 年 6 月，在邵阳县第一届人民代表大会第一次会议上，被选为邵阳县出席第一届全省人民代表大会代表。后历任第一届、第二届、第三届邵阳市政协副主席、民盟邵阳市主委。1991 年 2 月加入中国共产党，同年逝世。

徐君虎 新宁县人，1906 年生。1925 年在莫斯科中山大学学习时，与张闻天、邓小平、蒋经国系同班同学。1946 年任民国邵阳县长时，曾查处震惊中外的永和金号惨案。中华人民共和国成立后，曾任省政协秘书处处长。1954 年 6 月，在邵阳县第一届人民代表大会第一次会议上，被选为邵阳县出席第一届湖南省人民代表大会代表。1957 年被错划为右派，1977 年平反后，曾任湖南省政协副主席、全国政协委员、民革湖南省委主任委员。

蒋雄魁 农民，中共党员，农业社社长，1909 年生，黄塘乡人。1954 年当选为第一届湖南省人民代表大会代表。

赵赐生 邵东县人，曾任邵阳县人民委员会县长，1954 年当选为第一届湖南省人民代表大会代表。“反右”运动中被错划为右派，20 世纪 80 年代初平反后，曾任邵阳市财政局副局长。

（另：白心恕代表资料缺失）

第二届

翁徐文 醴陵市人，1901 年生，1927 年入党，曾参加秋收起义。解放后，历任湖南省锡矿山矿务局党委书记兼局长、湖南省工业厅厅长、中共湖南省委委员、省纪委副书记、省政协副主席。1958 年为省人大常委会安排到邵阳县参加省人大代表选举，当选为第二届湖南省人民代表大会代表。

刘迅之 河北省人，南下干部，1958 年任邵阳县人民委员会县长，同年当选为湖南省第二届人民代表大会代表。

邓星菊 农民，1913 年生，原鱼鳞乡人，第一届全县人民代表大会代表。1958 年当选为第二届湖南省人民代表大会代表。

银国民 1958 年当选为邵阳县第三届人民代表大会代表，同年当选为第二届湖南省人民代表大会代表。

朱静安 邵东县人，曾任邵阳县人民政府县长、邵阳县革命委员会主任、邵阳市人大常委会主任。1958 年当选为湖南省第二届人民代表大会代表。

刘众汉 在邵阳县第四届人民代表大会第一次会议上补选为湖南省第二届人民代表大会代表，生平不详。

刘德轩 女，山东省栖东县人，南下干部，曾任中共邵阳县第五区区委委员，邵阳市人民政府民政局副局长。1958 年当选为湖南省第二届人民代表大会代表。

（另：唐国光代表资料缺失）

第三届

王芝清 河北省丰南县人，民国时中国大学法律系肄业，1949 年随军南下，历任邵阳县财政科科长、财贸部部长、副县长、县长。1964 年当选为湖南省第三届人民代表大会代表。

邓星菊 （见本节《第二届·邓星菊》）。

白希清 山西省昔阳县人，1949 年随军南下，历任邵阳县人民政府第一任县长、中共邵阳县委第二任书记，1964 年当选为湖南省第三届人民代表大会代表。

（另：陈新妹、唐一鸣二位代表资料缺失）

第四届

本届为省革命委员会，未选代表。

第五届

孟伯祥 邵东县人，1970 年任邵阳县革命委员会副主任，1972 年任中共邵阳县委副书记。1978 年当选为第五届省人民代表大会代表。1981 年任中共邵阳县委书记。1983 年底调市人大常委会。

刘良志 （见本章第三节《全国人大代表简介·刘良志》）。

黄文斌 （见本章第三节《全国人大代表简介·黄文斌》）。

（另：李汉北、田香庭、王文中三位代表资料缺失）

第六届

邓东北 1951 年生，郦家坪镇人，高中文化。1970 年 3 月参加工作后，在郦家坪公社洞田小学任教。1974 年 11 月始，任邵阳煤矿办公室秘书。1979 年 8 月始任邵阳县煤炭局办公室秘书。1980 年 12 月始，历任邵阳煤矿副矿长、矿长、党支部书记。1983 年 3 月，当选为湖南省第六届人民代表大会代表。

陈菊彩 女，1955 年生，谷洲镇人，初中文化。1971 年始任下花桥食品站临时工。1974 年始，任下花桥区供销社职工。1979 年始在下花桥区供销社饭店当服务员。1983 年 3 月，当选为湖南省第六届人民代表大会代表。

陈健生 1952 年生，岩口铺镇人，大学文化。1975 年 10 月参加工作，任九公桥区农机站副站长。1980 年 9 月后，任红石公社党委副书记、书记。1983 年当选为湖南省第六届人民代表大会代表。以后历任中共邵阳县委副书记、邵阳县人民政府县长。1996 年，当选为第八届全省人民代表大会代表。同年调离邵阳县后，历任中共大祥区委书记、市人大常委会副主任。2012 年退休。

李帮能 （见《县人大常委会主任简介》）。

周更华 1945 年生，黄亭市镇人，大学文化。1963 年考入湖南大学。1968 年入伍，在沈阳军区装甲兵司令部 3270 部队服役。1970 年转业，在贵阳轴承厂工作。1976 年调回县内农机修配厂工作，历任技术员、助理工程师、技术股股长、副厂长。1983

年3月，当选为湖南省第六届人民代表大会代表。

夏代辉 1925年生，武冈市人，中师文化。1949年在资江公学学习结业后，在下花桥区工作队工作。1950年任五峰铺镇镇长。1951年任五峰铺区大连乡乡长。同年4月调任下花桥区法庭审判员，其间曾先后在湖南省人民革命大学和湖南省高级人民法院司训班学习。1957年调邵阳县人民政府办公室工作。1959年调任《邵阳日报》记者。1962年调任县财税局股长。1970年调五峰铺公社工作。1972年调任黄亭市公社行政秘书。1979年调任县总工会会计。1980年始，在县司法局法律顾问处从事律师工作。1983年3月，当选为湖南省第六届人民代表大会代表。

谢秀英 女，1955年生，谷洲镇人，初中文化。1971年始，先后在下花桥区食品站、下花桥区供销社工作。1983年3月，当选湖南省第六届人民代表大会代表。

曾谱成 （见本章第一节《历任县人大常委会主任简介》）。

张玉庭 1985年补选为第六届全省人民代表大会代表。见本章第一节《历任县人大常委会主任简介》。

第七届

刘仕继 （见本章第一节《历任县人大常委会主任简介》）。

阮国仲 （见本章第二节《历任县人大常委会副主任简介》）。

张吉庭 塘田市镇人，1990年3月始，历任第十一届、第十二届邵阳县人民政府副县长，1988年当选为湖南省第七届人民代表大会代表。

刘桂常 今下花桥镇人，1988年当选为湖南省第七届人民代表大会代表。

唐来清 塘田市镇向荣村原党支部书记，1988年当选为湖南省第七届人民代表大会代表。

第八届

陈健生 （见本节《第六届·陈健生》）

阮国仲 （见本章第二节《历任县人大常委会副主任简介》）

涂太庭 1943年生，长乐乡原人大主席团主席，1993年当选为湖南省第八届人民代表大会代表。

杨金莲 原塘渡口供销社职工，1993年当选为湖南省第八届人民代表大会代表。

伍同生 原九公桥镇荷叶塘村村长，1993年当选为湖南省第八届人民代表大会代表。

第九届

马运华 女，回族，九公桥镇人，1971 年生，大学文化，曾任黄荆乡乡长、县财政局副局长、县妇联主席，1997 年当选为湖南省第九届人民代表大会代表。2002 年，继续当选为第十届湖南省人民代表大会代表。

唐清洲 （见本章第一节《历任县人大常委会主任简介》）。

艾天生 郦家坪镇人，大学文化，高级职称，邵阳县卫校创始人之一，曾任邵阳县第二人民医院院长，1997 年当选为湖南省第九届人民代表大会代表。

陈满莲 女，河伯乡城背村人，1963 年生，大学文化，历任县水泵厂技术科长、副厂长、罗城乡副乡长、县经委副主任、十二届县人大常委会委员，1997 年当选为湖南省第九届人民代表大会代表，后连任两届县政协兼职副主席，现任县政协正县级干部。

第十届

伍邵华 女，新化县人，1960 年生，大学文化，中共邵阳县委副书记、邵阳县人民政府县长。2002 年，当选为第十届湖南省人民代表大会代表。后曾任邵阳市政协副主席。

粟建国 郦家坪镇杨柳村人，1954 年生，大专文化，曾先后担任县祁剧团演员、县商业局副局长、局长、县政府办公室副主任，并长期兼任县百货公司经理。2002 年当选为第十届湖南省人民代表大会代表。

陈小飞 九公桥镇人，1966 年生，大学文化，历任中共塘渡口镇党委书记、中共邵阳县委常委、副县长、县委统战部部长、中共大祥区委常委。2002 年当选为第十届湖南省人民代表大会代表。

蒋梅娥 （见本章第二节《历任县人大常委会副主任简介》）。

刘成君 下花桥镇人，1962 年生，大学文化，县扶贫办公室副主任、高级农艺师、第八届湖南省政协委员，2002 年当选为第十届湖南省人民代表大会代表。

马运华 （见本节《第九届 · 马运华》）。

第十一届

黎德生 （见本章第一节《历任县人大常委会主任简介》）。

胡迪芬 （见本章第二节《历任县人大常委会副主任简介》）。

唐军良 罗城乡铜锣村人，大学文化，历任县财政局副局长，县发改局局长、党组书记，县财政局局长、党组书记。2007 年当选为第十一届湖南省人民代表大会代表。

肖小大 女，五峰铺镇人，大学文化，曾任中共邵阳县委委员、中共白仓镇党委书记，2007 年当选为第十一届湖南省人民代表大会代表。现任县人民政府副县级干部。

粟建国 （见本节《第十届·粟建国》）。

第十二届

袁玉华 隆回县人，1971 年生，1990 年 7 月参加工作，1992 年 11 月入党，研究生文化，历任隆回县荷香桥区团委副书记、区公所办公室秘书、毛铺乡党委副书记、南岳庙乡和横板桥乡党委委员，荷田乡党委副书记、罗洪乡党委副书记、乡长、荷田乡党委书记、邵阳市团委书记、中共邵阳市委委员、共青团湖南省委委员、中共邵阳县委副书记、邵阳县人民政府县长。2012 年当选为湖南省第十二届人民代表大会代表。

高海斌 岩口铺镇人，邵阳市天骄实业集团董事长，2012 年当选为湖南省第十二届人民代表大会代表。

王石齐 （见本章第三节《全国人大代表简介》）

王　勇 女，2012 年当选为湖南省第十二届人民代表大会代表，2014 年 3 月又当选为邵阳市第十五届人民代表大会代表。

（另：谭志雄代表资料缺失）

第二章　人物名录

第一节　县内市人大代表

1986年3月撤销邵阳地区，原地区所属各县划归邵阳市管辖，自1986年6月第九届邵阳市人民代表大会第三次会议始，至2015年底第十五届邵阳市人民代表大会止，邵阳县共选举产生7届县内出席市人民代表大会的代表，名单如下：

第九届

刘仕继　刘阳春　朱静安　李帮能　陈焕甫　罗友人　高建中　袁钟秀　唐春晖
颜翠兰　王树身　苏建社　王立中　尹美芝　申准得　阮国仲　邹小燕　李化球
袁世旭　欧阳靖　唐寿卿　徐莲英　吴建兰　林月竹　郑平阶　夏仕君　邓小春
王孟堂　王晚英　尹辅臣　吕时姣　池连生　李代松　李玉群　陈建新　肖细娥
罗中位　钟　强　海学良

第十届

马云珍　马细娥　王卓明　王和英　王晚英　邓志强　邓集保　邓晓云　宁　芬
吕开弟　乔德彰　朱长青　朱美云　刘平清　刘占英　刘阳春　刘庚先　刘莲英
刘桂恒　刘德芳　杨天顺　苏正良　李东阳　李有生　李帮能　李益云　肖华球
肖时国　肖勋章　吴阿梅　邹小燕　张自爱　张宗清　陆启秀　陈建新　林更保
欧阳靖　易昌盛　周柏民　孟伯祥　郭耀方　赵林祥　唐三中　唐月成　蒋业龙
粟孟德　曾谱成　谢夺群

1991年3月，补选吴向东、莫万美为第十届市人民代表大会代表。

第十一届

马均平　王东方　王新平　邓东北　邓翠娥　吕绍峰　伍忆娥　刘东成　刘进田
刘和凤　刘常娥　杨志诚　杨鼎生　苏德友　李爱珍　肖华球　吴国政　何　军

何志军　何明亮　邹旭阳　张自爱　张高明　陈乙清　陈子英　罗社生　周玉屏
周社莲　屈书生　屈亚玲　莫谷清　莫顺良　唐伯阶　海洁元　银良国　彭加然
蒋玉球　蒋业龙　蒋利民　曾开明　曾为民　简清莲　魏太平　王若波　朱静安
刘慈民　陈　钢　莫万美　曾谱成

1994 年 3 月 23 日，何志军调离，补选蒋千顺为第十一届市人大代表大会代表。

第十二届

曾建秋　肖时汉　肖刚强　邹东仁　曾锡庭　马均平　王成章　邓军和　邓星强
石民生　朱新文　刘连生　刘和平　刘珊民　刘海华　刘高兴　李小凤　李学军
李选英　汪素云　陈乙清　洪　鹰　袁柱基　唐应中　蒋凤云　蒋梅娥　杨建新
刘喜生　伍想德　孙小武　欧阳党　彭芳桃　邓合程　邓和平　吕立荣　吕青松
刘　银　苏德兵　李南平　肖能生　何学群　张升用　张治中　陈小英　陈飞虎
陈用好　罗艳芳　徐新友　唐时娥　唐清洲　唐铁钢　唐普花　谭敦连

2000 年 3 月，刘珊民在任期中逝世。

第十三届

刘　垈　马茶连　王步惠　邓小兰　邓节生　邓集武　吕曲平　向　明　伍分良
伍邵华　刘小兰　刘新民　杨开希　杨维助　李建文　李蒲文　肖湘政　何东国
张国荣　张晓艳　陆仕勋　罗翔国　周前勇　莫定贵　唐清洲　蒋凤云　蒋宏平
邓星强　邓灵华　史建章　吕开生　刘秀云　刘高兴　李清荣　肖治国　吴艺珍
张凯明　张建远　昌青云　罗　洪　周衍波　莫顺国　徐正义　徐新国　唐开英
唐青艳　唐春莲　唐勤俭　黄厚兴　银武元　彭亚雄　蒋京贵　粟吉保　潘旭龙

2004 年 2 月，邓节生在任期中逝世，2005 年 12 月，蒋宏平辞职。2006 年 2 月 13 日，补选周炜、吴翠柏为第十三届市人民代表大会代表。2007 年 3 月，黄厚兴调离。

第十四届

王春生　刘正平　邓国庆　邓梅香　伍先规　刘文贤　刘乐蓉　刘正平　刘仲声
刘灯红　刘克杰　刘　垈　刘新民　向望然　孙在启　孙雨晴　朱定华　吴金华
张春燕　张雄强　张蒲生　杨增文　肖治国　肖桂华　陈　纲　陈迎体　陈舜田
周吉平　周　炜　周继耐　周　雄　欧阳小琴　罗开益　罗　洪　罗跃成
胡京平　赵　训　赵湘明　唐向华　唐红艳　唐建国　唐荣贵　袁哲生　郭晓宏
高　杰　黄洪华　粟吉保　蒋文平　蒋战成　蒋楚红　蒋耀华　雷治高　廖颜健

谭建明　黎德生

第十五届

王　勇　王　琪　王立跃　王满元　尹馗林　邓方明　邓玉军　艾晓明　朱定华
伍先规　刘　斌　刘　鹏　刘长明　刘克杰　孙金华　李　斌　李凯华　李银生
杨彩虹　肖治国　肖桂华　吴飞翔　吴金华　何伟华　陈　刚　林　鹏　罗跃成
周　炜　周　亮　周自珍　赵　训　姜武宁　袁玉华　高　杰　唐小明　唐军良
唐红艳　唐荣贵　黄建明　龚拥军　蒋文平　蒋建新　雷治高　廖颜健　黎德生
颜海燕　周国利　刘德胜　刘文贤　蒋绍情　张顺华　孙　俊　黄红禹　刘天云
吴晓华　刘秋月

2013 年6 月，王勇辞职，补选蒋仲启为第十五届市人民代表大会代表。

第二节　各届人民代表会议常务委员

第一届

钟　石　白希清　胡子康　聂海平　郭治平　龙　仲　周泽民　胡　彬　潘邦彦
王秀仁　葛先学　李襄城　王哲敏　张学信　李　平　王玉甫　罗植乾　李建忠
贺涤心　唐　芝　王　林　敖振民　唐奎章（后4名为候补委员）

第二届

钟　石　龙　仲　王玉甫　萧虬声　胡　彬　刘海平　徐　彬　隋竹倩　赵书空
施德宣　朴英杰　刘昌富　郑定多　萧细林　白希清　金唐氏　宁玉云　岳春云
蒋昨非　申伟冀

第三届

白希清　朴树贤　伍魁元　陆腾芳　卿友林　陈休虎　钟娥英　李邦贵　彭益德
隋竹青　李荣中　刘德轩　陈常耀

第四届

本届常委会又称邵阳县各届人民代表会议代行全县人民代表大会职权筹备委员会委员，委员名单如下：

伍魁元　白希清　陆腾芳　陈休虎　钟娥英　卿有林　彭益德　隋竹青　李邦贵
刘德轩　林树贤　李荣中　陈常耀　伍芬华　蒋雨清　海　岳　陈若莲　刘海平
宁同魁

第三节　县人民委员会委员

第一届

赵赐生　朱静安　王芝清　林树贤　谢惕缸　赵荣华　陈恺悌　伊正君　孟伯祥
夏超君　刘芝江　胡超志　汪天仪　徐　茂　邓星菊　刘耀黎　隋竹青　黄　鹤
海惠卿

第二届

赵赐生　刘国权　王芝清　王润民　马庆禄　常耀远　赵荣华　陈恺娣　孟伯祥
毛辉华　周起姣　吴荫桂　汪天仪　徐　茂　邓星菊　刘耀黎　陈竹清　黄　鹤
海惠卿　朱紫成　王汉章

第三届

刘迅之　王芝清　艾润身　王润民　陈洪海　孟伯祥　张贤享　陈恺悌　夏代辉
蒋光明　周七姣　孙凡圃　邓亚辉　邓星菊　毛辉华　汪天仪　陈竹清　王汉章
海长丰　陈剑侯　蒋香生　刘众汉

第四届

第四届全县民代表大会第一次会议选举朱静安等23人为第四届县人民委员会委员（名单佚）。

第五届

第五届全县民代表大会第一次会议选举王芝清等23人为第五届县人民委员会委员（名单佚）。

第四节　县革命委员会委员

第六届

本届县革命委员会委员未经选举，由邵阳县驻军支左领导小组和造反派组织协商，确定邵阳县革命委员会组成人员名单，报湖南省革命委员会批准，于1968年9月17日在邵阳县革命委员会成立大会上宣布。

委员：

黎寿元	刘吉庆	王寿清	王超群	唐方勇	陈继福	罗长春	蒋佩贤	银书尚
雷文哲	吕茂情	刘爱连	罗响英	曾德成	郑南卿	王正清	吕继江	张小苏
李许英	田和省	张继周	赵钱玉	刘绍南	唐同英	吴春连	李文明	周述清
李正发	马正祥	夏立云	唐斌珍	肖增晨	吕敬珍	张景和	黄明宣	颜丽生
李永根	唐上能	张本光	刘跃武	杨爱国	汪　忠	柴德林	庄成福	刘桂成
李德春	宋芝全	陈玉坤	张继远	唐克桂	曾人杰	李宏儒	银北海	黄绍峰
段义君	夏振中	蒋胜贤						

常务委员：

雷文哲	黎寿元	张小苏	唐同英	王正清	郑南卿	黄明宣	汪　忠	柴德林
庄成福	刘桂成	张继远	唐克桂	曾人杰				

第七届

朱静安	孟伯祥	袁永禧	黄韶峰	曾人杰	刘蔚初	银北海	艾桂香	隆戊生
黄明宣	刘廷文	张宏贵	杨举泽	陈维敬	段义君	谭安享	艾润身	蒋香生
李子钦	李建基	李志茂	林玉文	易延让	罗友人	屈玉升	夏楚屏	唐春辉
曾纪松	莫荷花	马绍周	邓忠德	李本泳	曾锡庭	王正清	田和省	张坤生
张小苏	刘良志	朱妹英	罗响英	罗颂金	海亮成	银书尚	唐斌珍	雷文哲
唐桐英	黄文斌							

第五节　县人大常委会委员

（县人大常委会正副主任已有简介，本节未重复列名）

第八届

马绍周　王善祥　田香庭　阮国仲　乔德彰　刘蔚初　李桂英　周更华　莫荷花
唐柳青　唐鹤安　卿友林　颜翠兰

第九届

方伯正　王善祥　孙治国　米南瑞　明光荣　周更华　林建成　唐柳青　莫荷花
银仲文　曾纪松　颜睦卿　任建清（第二次会议补选）

第十届

王忠屏　羊正君　朱长青　伍元洲　陈卫国　胡超海　唐柳青　银仲文　银祥集
谢鹤华　颜睦卿

第十一届

王忠屏　邓吉娥　艾夭生　向立荣　刘会英　杨志成　吴阿梅　陈卫国　罗友人
莫银魁　夏路阳　唐汉林　银仲文　曾新华

第十二届

邓顺娥　艾夭生　刘会英　刘擢清　杨志成　肖晓蓉　张艳花　陈满莲　罗友人
袁镇南　莫银魁　唐汉林　曾新华　夏路阳　肖湘政　陈战岗　唐国卿

第十三届

王运发　王晓飞　刘春风　刘　华　刘会英　何友生　肖时汉　肖新生　陈卫国
陈飞虎　陈和国　陈芬保　陈端元　苏德友　张雄强　袁镇南　唐汉林　唐清洲
康拥春　黄玲俐　颜翠兰

第十四届

伍至柔　刘海燕　阮晴生　李学军　张国荣　张泽鹏　陈迎体　罗　洪　胡春香

唐国华　唐胜祥　唐铁钢　黄太平　黄伶俐

第十五届

马运华　伍湘平　刘平国　刘绍波　朱清平　吴飞翔　李学军　陈云峰　陈定岗　周祥平　罗　洪　罗立华　胡娴春　唐国华　莫㸚良　郭跃德　蒋文平　谢卫平　谢树新

第十六届

马运华　王朝晖　艾富清　吕会龙　朱　纯　朱海欧　朱清平　刘平国　刘绍波　吴选民　何旗红　陈云峰　陈定岗　易顺良　罗　洪　罗云文　周自珍　周祥平　胡娴春　钟经球　袁秋生　郭跃德　唐建清　唐振兵　银　祎　彭巧云　蒋文平　黎明剑　颜新宇

第六节　县人大常委会各委室负责人

一、办公室负责人

主任

王善祥（1981．06－1984．04）
曾纪松（1984．04－1984．11）
朱长青（1985．11－1990．03）
杨志诚（1990．03－1997．05）
肖时汉（1997．06－2001．11）
陈迎体（2002．05－2008．03）
吴飞翔（2008．03－2012．02）
周自珍（2012 年 4 月至今）

副主任

孙治国（1981．04－1984．04）
朱长青（1984．04－1984．10）
杨超成（1987．04－1991．05）
郭建军（1993．03－1995．03）
王永中（1993．03－1996．10）
乐晚姣（1995．07－2011．12）
陆志坚（1999．09－2004．05）
周自珍（2006．09－2011．04）
吴飞翔（1998．02－2006．03）
王朝晖（2008．03－2012．04）
田　涧（2011 年 4 月至今）

2012 年 1 月 6 日，办公室加挂信访工作办公室牌子，胡四方、刘治先后任信访工作室主任。

二、内务司法工作委员会负责人

主任

陈卫国（1987. 04－1993. 03）　　刘桂林（1994. 09－1996. 07）
刘　垈（1996. 07－2001. 05）　　罗　洪（2001. 05－2016. 05）
吴飞翔（2016 年 5 月至今）

副主任

孙治国（1984. 11－1987. 04）　　邹素珍（1985. 12－1986. 09）
陈卫国（1987. 01－1987. 04）　　关重生（1987. 10－1995. 03）
唐规华（1993. 05－1995. 03）　　邓建社（1995. 03－1996. 10）
罗　洪（1998. 02－2001. 05）　　邓建成（1996. 01－2001. 05）
刘建成（2001. 09－2006. 03）　　刘　楷（2006. 03－2009. 04）
刘　治（2009. 04－2016. 12）　　唐春来（2016 年 12 月至今　）

2009 年 1 月，内务司法工作委员会加挂规范性文件备案审查室牌子，刘战强任规范性文件备案审查室主任。

三、财政经济城乡建设工作委员会负责人

主任

曾纪松（1984. 11－1987. 10）　　银祥集（1987. 04－1989. 03）
罗友人（1989. 03－1997. 02）　　陈和国（1998. 02－2001. 11）
伍至柔（2001. 11－2006. 03）　　陈定岗（2006. 03－2016. 04）
黄龙清（2016. 05－2016. 12）（城乡建设环境保护工作委员会）
胡　敏（2016 年 12 月至今）（城乡建设环境保护工作委员会）

副主任

唐　荣（1987. 04－1995. 03）　　李树荣（1996. 01－1996. 10）
易平军（1997. 06－2006. 03）　　邓晓昕（2003. 01－2006. 03）
谢建东（2006. 03－2016. 04）

2009 年 1 月，财政经济城乡建设工作委员会加挂预算工作委员会牌子，周自珍、王朝晖先后任预算工作委员会主任，唐春来任副主任。

四、教育科技文化卫生工作委员会负责人

主任

王善祥（1984. 11－1987. 04）
曾新华（1987. 04－1997. 02）
陈飞虎（1997. 06－2001. 11）
黄太平（2001. 11－2006. 03）
蒋文平（2006. 03－2008. 03）
朱清平（2008. 03－2016. 05）
龚拥军（2016. 05－2016. 12）
蒋建新（2016 年 12 月至今）

副主任

周绍贤（1985. 01－1992. 05）
曾新华（1985. 11－1987. 04）
唐周华（1992. 05－1997. 02）
黎笃柏（1995. 03－1997. 02）
伍湘平（2001. 11－2009. 02）
陈阳秀（2008. 03－2016. 02）
刘海峰（2016 年 12 月至今）

五、农业民族华侨外事工作委员会负责人

主任

银祥集（1989. 03－1993. 05）
袁镇南（1993. 05－2001. 11）
唐铁钢（2001. 11－2006. 03）
陈云峰（2006. 03－2016. 05）
佘金华（2016 年 5 月至今）

副主任

张晓堂（1990. 03－1995. 03）
袁镇南（1993. 03－1993. 05）
吕敬国（1995. 07－1998. 02）
唐铁钢（1998. 02－2001. 11）
陈云峰（2001. 11－2006. 03）
朱大明（2006. 03－2016. 03）

六、选举任免联络工作委员会负责人

主任

莫银魁（1989. 03－1997. 02）
肖新生（1998. 02－2011. 11）
张国荣（2001. 11－2006. 03）
吴飞翔（2006. 03－2008. 03）
蒋文平（2008. 03－2016. 05）
胡四方（2016 年 5 月至今）

副主任

莫银魁（1988. 03－1989. 03）
肖新生（1989. 03－1998. 02）
张国荣（1998. 02－2001. 11）
陈定岗（2001. 11－2006. 03）
吴飞翔（2006. 03－2008. 03）
莫国强（2006. 03－2010. 03）

段更强（2011．04－2016．11）

第七节　优秀县人大代表

县人大表彰优秀人大代表自1999年第十三届人民代表大会第四次会议时开始，其中1999年和2000年度所表彰的全县优秀人大代表名单缺。

2001年度全县优秀人大代表

（2002年3月19日第十三届人民代表大会第六次会议第四次全体会议表彰）

李小红　唐国华　王晓飞　刘社元　张世平　李　琦　何爱莲　刘代坤　艾小叶
彭彰益　钱清国　李翠娥　谢维东　覃健美　段周柱　刘永和　杨景平　唐国超
贺海波　谢国范　何长发　何永红　屈　斌　李泽民　肖桂喜　黄　锋　吕同生
肖祥明　陈树生　吕小方　肖乾良　何平国　莫桂枝　张光淮　王忠芳　谭敦连
马茶莲

2003年度全县优秀人大代表

（2004年3月12日第十四届人民代表大会第三次会议第四次全体会议表彰）

唐国华　蒋会平　谭加良　刘柏良　王满元　蒋福州　陈建章　唐兵清　徐自军
刘文喜　刘乐蓉　李随清　陈同生　杨三华　李增伟　杨素云　艾元楚　海北平
谢林坤　伍良成　罗中国　李志虎　李学军　肖建业　杨晓田　刘露生　王一凯
周向东　刘云阶　吕宝田　何爱平　谢仁明　蒋卫安　陈旭能　李清荣　艾海柱
欧阳旺平

2004年度全县优秀人大代表

（2005年3月25日第十四届人民代表大会第四次会议第三次全体会议表彰）

唐国华　银良国　曾苏姣　刘祥彪　张凯明　肖小大　蒋建国　吴正春　钟爱国
刘连元　莫国林　蒋业民　张求明　谢雄心　艾红艳　邓查元　粟玉年　黎保元
刘良云　伍良成　罗道龙　马甫成　赵冰心　谭建明　李泽民　丁开顺　尹松柏
唐湘洲　唐荣清　吕二保　陈光南　李连成　胡社语　唐满英　刘海燕　陈飞莲
唐伯岭

2005年度全县优秀人大代表

（2006年3月19日第十四届人民代表大会第五次会议第五次全体会议表彰）

唐国华　唐三君　谭友联　蒋福洲　陈汗云　刘青叶　陈建章　吴大平　杨卫东
刘秀云　周元珍　陈新国　李庚新　周高清　林秀云　蒋美英　陈富贵　王祖轩
艾小华　莫国林　刘乐蓉　李鲜英　杨正林　刘新生　伍益华　郭跃德　严兴奖

陆凤英　陈松元　邓小明　邓中华　刘露生　尹松柏　吕开生　邓星强　肖森林

2006 年度全县优秀人大代表

（2007 年 3 月 15 日第十四届人民代表大会第六次会议第三次全体会议表彰）

谢胜良　莫国林　谭建明　李学军　唐国华　刘文喜　艾海柱　唐伯岭　柏三妹
罗金凤　马香桃　谢春凤　唐柏洲　粟玉年　易年发　唐均云　唐安国　简分奇
刘新生　何双发　胡平国　周双国　舒方清　唐大富　杨又祥　唐三定　谢中占
郭南甫　刘露生　伍劲松　黎清刚　刘苏玉　杨晓田　李随清　唐社清　王明华
尹松柏

2007 年度全县优秀人大代表

（人大工作先进个人，2008 年 4 月 18 日第十五届人民代表大会第二次会议第三次全体会议表彰）

唐剑平　吴忠友　刘林晖　吕小靖　李伟军　周国华　周　挺　王志平　曾　玮
彭冬成　何跃林　隆建军　唐响林　阮春阳　陈飞虎　唐铁钢　周自珍　莫国强
刘　楷　谢建东　艾金凤

2008 年度全县优秀人大代表

（2009 年 3 月 13 日第十五届人民代表大会第三次会议第三次全体会议表彰）

杨　勋　邓旺来　唐湘洲　银红萍　吕华平　艾富清　李银生　姜佳良　陈　刚
陈爱武　林秀云　唐大富　唐志朴　黄月友　罗国应　吕晓清　肖乾良　唐荣贵
陈四平　张清明　肖友生　粟忠情　刘豪健　蒋双军　曾祥德　陈远祥　刘文龙
刘丽群　伍宁顺　李柏平　陈社生　唐明亮　罗跃文　何加强　唐建国　郭　彬

2009 年度全县优秀人大代表

（2010 年 3 月 5 日第十五届人民代表大会第四次会议第三次全体会议表彰）

罗立华　赵联喜　赵叶飞　郭艳玲　粟玉年　王祖轩　邓查元　钱沸涛　杨正雄
董孝腊　唐汉江　李伟军　刘秀云　伍邵华　伍加庚　陈昌源　唐云清　肖顺良
杨爱民　唐振兵　银吕祥　李红辉　彭碧姣　吕晓清　吴选民　易定文　吴连云
陈富贵　周　挺　许保喜　刘胜曼　赵太元　陈建章　唐剑平　吕敬其　易海龙
罗　敏　唐荣贵　钟继兰

2010 年度全县优秀人大代表

（2011 年 3 月 16 日第十五届人民代表大会第五次会议第四次全体会议表彰）

王四雪　刘清平　林小群　刘社元　伍彩云　唐　锐　陈社生　李　斌　谭拥军
何社阶　刘水生　王其银　彭正龙　陈晓群　唐益发　李红辉　周爱娣　刘绍义
吕敬奇　姜佳良　吕舒服　徐新生　胡良好　杨爱民　曾苏姣　银良国　陈湘如
吴桂竹　唐向龙　易老柏　王祖轩　廖献国　李驰宇　刘秀云　吕华平　邓小林

唐荣贵　刘志新　郭跃德

2011年度全县优秀人大代表

（2012年4月29日第十五届人民代表大会第五次会议第四次全体会议表彰）

龙解清　肖汉华　周四平　赵叶飞　邓查元　李芳平　王新美　陈雄华　杨爱民
艾元初　简金光　陈　琳　刘秀云　张志宏　伍亮武　李学军　李红辉　赵良发
刘福祥　郭跃德　唐和平　杨小林　姜佳良　唐国纯　邓亮华　谢公平　肖乾良
易定文　刘文龙　张志清　蒋响清　胡社语　颜国祥　蒋安国　陈　刚　吕珍娥
郭荣辉　秦永新　刘爱华　杨邵大　唐荣贵　王立生

2012年度全县优秀人大代表

（2013年3月28日第十六届人民代表大会第二次会议第三次全体会议表彰）

罗立华　赵联喜　赵叶飞　郭艳玲　粟玉年　王祖轩　邓查元　钱沸涛　杨正雄
董孝腊　唐汉江　李伟军　刘秀云　伍邵华　伍加庚　陈昌源　唐云清　肖顺良
杨爱民　唐振兵　银吕祥　李红辉　彭碧姣　吕晓清　吴选民　易定文　吴连云
陈富贵　周　挺　许保喜　刘胜曼　赵太元　陈建章　唐剑平　吕敬其　易海龙
罗　敏　唐荣贵　钟继兰

2013年度全县优秀人大代表

（2014年3月21日第十六届人民代表大会第三次会议第三次全体会议表彰）

彭军华　王进行　吴文国　易红亮　田龙生　屈志军　陆若霖　向艳平　谭兴国
陈昌元　杨旭梅　易爱民　邓涤平　姜佳良　黄先平　陈　刚　贺海波　龙益中
陈兆基　刘　斌　李爱国　蒋建国　肖向东　唐　辉　邓红兵　艾顺民　李晓良
朱跃成　蒋玉元　李高民　易定文　伍湘平　周钦佩　蒋双军　李学军　陈自平
杨景平　吴飞翔

2014年度全县优秀人大代表

（2015年3月27日第十六届人民代表大会第四次会议第三次全体会议表彰）

彭巧云　杨清发　蒋艳余　刘胜慢　李小春　唐秋生　陈小生　徐克俭　王四雪
龙跃明　刘良云　郭跃德　陈远祥　王明华　李秋祥　杨小勇　周早清　吴律化
唐　维　张能华　邓国平　刘长福　肖青林　罗卫国　陈自立　王小莉　易定文
莫海天　吕天妮　李　武　刘玉洲　银政要　陈冬青　李龙勤　肖汉华　黄先平
吕　萍　彭军华　吴桂竹　李连成　刘真林　马运华

2015年度全县优秀人大代表

（2016年3月31日第十六届人民代表大会第五次会议第四次全体会议表彰）

颜建国　李开放　伍新雄　赵太元　刘来科　罗聪慧　谭兴国　王　琥　刘爱阳

陈中梁　伍分良　艾富清　钱沸涛　赵叶飞　刘乐容　吴律化　蒋丰华　邓小明
伍红军　吕敬锋　罗卫国　唐功荣　唐康明　易爱民　刘亮明　孙立波　周新荣
陈小凤　蒋　军　刘雄清　唐建清　李顺良　隆伟峰　龙德军　胡社语　杨　平
何　超　朱祥明　罗　洪　陈云峰　易顺良　周祥平　马运华　罗云文　银　祎
刘平国　吕会龙　蒋文龙　胡娴春　刘绍波

第八节　被县人大授予荣誉称号者

一、优秀人民公仆

钟经球　在2004年3月12日第十四届人民代表大会第三次会议第四次全体会议上被授予“2003年度优秀人民公仆”荣誉称号。

周　雄　在2005年3月25日第十四届人民代表大会第三次会议第三次全体会议上被授予“2004年度优秀人民公仆”荣誉称号。

伍芬东　在2009年3月13日第十五届人民代表大会第三次会议第三次全体会议上被授予“2008年度优秀人民公仆”荣誉称号。

孙在启　在2010年3月5日第十五届人民代表大会第四次会议第三次全体会议上被授予“2009年度优秀人民公仆”荣誉称号。

刘克杰　在2012年4月29日第十五届人民代表大会第六次会议第四次全体会议上被授予“2011年度优秀人民公仆”荣誉称号。

杨卫东　在2012年4月29日第十五届人民代表大会第六次会议第四次全体会议上被授予“2011年度优秀人民公仆”荣誉称号。

杨玉平　在2012年4月29日第十五届人民代表大会第六次会议第四次全体会议上被授予“2011年度优秀人民公仆”荣誉称号。

二、优秀人民法官

尹帮武　在2012年4月29日第十五届人民代表大会第六次会议第四次全体会议上被授予“2011年度优秀人民法官”荣誉称号。

刘　亮　在2012年4月29日第十五届人民代表大会第六次会议第四次全体会议上被授予“2011年度优秀人民法官”荣誉称号。

简寻源　在2012年4月29日第十五届人民代表大会第六次会议第四次全体会议上被授予“2011年度优秀人民法官”荣誉称号。

陈　翔　在2016年3月31日第十六届人民代表大会第五次会议第四次全体会议上被授予“2015年度优秀人民法官”荣誉称号。

杨泽田　在2016年3月31日第十六届人民代表大会第五次会议第四次全体会议上被授予“2015年度优秀人民法官”荣誉称号。

李文玲　在2016年3月31日第十六届人民代表大会第五次会议第四次全体会议上被授予“2015年度优秀人民法官”荣誉称号。

刘　亮　在2016年3月31日第十六届人民代表大会第五次会议第四次全体会议上被授予“2015年度优秀人民法官”荣誉称号。

李梅生　在2016年3月31日第十六届人民代表大会第五次会议第四次全体会议上被授予“2015年度优秀人民法官”荣誉称号。

三、优秀人民检察官

粟红梅　在2012年4月29日第十五届人民代表大会第六次会议第四次全体会议上被授予“2011年度优秀人民检察官”荣誉称号。

银常德　在2012年4月29日第十五届人民代表大会第六次会议第四次全体会议上被授予“2011年度优秀人民检察官”荣誉称号。

陈清华　在2016年3月31日第十六届人民代表大会第五次会议第四次全体会议上被授予“2015年度优秀人民检察官”荣誉称号。

银常德　在2016年3月31日第十六届人民代表大会第五次会议第四次全体会议上被授予“2015年度优秀人民检察官”荣誉称号。

粟红梅　在2016年3月31日第十六届人民代表大会第五次会议第四次全体会议上被授予“2015年度优秀人民检察官”荣誉称号。

陈　玲　在2016年3月31日第十六届人民代表大会第五次会议第四次全体会议上被授予“2015年度优秀人民检察官”荣誉称号。

四、优秀法院院长

周继耐　在2012年4月29日第十五届人民代表大会第六次会议第四次全体会议上被授予“2011年度优秀法院院长”荣誉称号。

五、优秀局长

唐荣贵　在2012年4月29日第十五届人民代表大会第六次会议第四次全体会议上被授予“2011年度优秀局长”荣誉称号。

张蒲生　在2012年4月29日第十五届人民代表大会第六次会议第四次全体会议上被授予"2011年度优秀局长"荣誉称号。

邓方明　在2012年4月29日第十五届人民代表大会第六次会议第四次全体会议上被授予"2011年度优秀局长"荣誉称号。

唐军良　在2012年4月29日第十五届人民代表大会第六次会议第四次全体会议上被授予"2011年度优秀局长"荣誉称号。

吴金华　在2012年4月29日第十五届人民代表大会第六次会议第四次全体会议上被授予"2011年度优秀局长"荣誉称号。

谭建明　在2012年4月29日第十五届人民代表大会第六次会议第四次全体会议上被授予"2011年度优秀局长"荣誉称号。

肖桂华　在2012年4月29日第十五届人民代表大会第六次会议第四次全体会议上被授予"2011年度优秀局长"荣誉称号。

附　　录

一、重要决议决定选录

第一届各界人民代表会议第一次会议六项决议案

（1950 年 2 月邵阳县第一届各界人民代表会议第一次会议通过）

（一）关于清剿匪特，安定革命秩序的决议

邵阳土匪和游杂武装，由于人民政府执行了正确的剿匪政策，主力部队及县区武装积极清剿，并有各界人民的协助，基本上已被打垮。但有少数散匪，在到处“吊羊”、抢劫，为害地方，加上国民党匪帮的血腥统治，封建地主的残酷剥削，以及蒋匪一手制造出来的多年内战，邵阳广大人民痛苦无边，因此清剿匪特，是我们当前工作中最重要的一个环节。我们相信，只要上下一致，军民合作，罪恶的匪特们最后只有两条路，不是投降自新，便是消灭死亡。

我们完全同意中共邵阳县委代表钟石同志对大会关于清剿土匪的建议，并坚决执行人民政府的清匪政策。

要求：

在 3 个月内基本消灭邵阳全境成股的或分散的匪特，确定革命秩序，大家安居乐业。

政策：

首恶必办，胁从不问，立功受奖，劳动改造。

1、携带武器投诚，率匪众来归的，准许改过自新，立功赎罪。

2、迫于生活而当上土匪的，只要决心脱离匪队，回家登记，愿意立功自赎重新作人的，亦可减免其处分，如能抢回武器、击毙匪首的酌予奖励。

3、明交暗犯，一犯再犯，坚决予以镇压。

4、从匪、通匪、藏匪、助匪的，无论穷富，一律严办。

5、坚决反动，顽强抵抗，执迷不悟，继续祸害人民的，定予以坚决彻底干净地消灭。

具体办法：

1、党政军民，一致动员，军队积极清剿，人民积极协助。

2、组织情报网，替军队带路、送信，探听匪情。

3、召开各种会议，宣传政府的剿匪政策，广贴标语，说明当土匪的只有死路一条。

4、通过各人的直接间接关系，动员匪属劝导土匪迅速回家。

5、广大人民组织起来，检举从匪、通匪、藏匪、助匪的坏分子；登记缴枪的匪特，如仍暗地

作恶，赶快捕送人民政府。

6、有农民协会的地方，应组织民兵，反匪自卫。

7、未组织农民协会的地方，除与军队取得联系外，家家准备梭镖鸟铳，小锣小梆，一有匪情，家家出动。

8、制定反匪公约，大家遵守，对不遵守的要处罚。

9、协助政府剿匪有功的，呈报政府奖励。

（二）关于减租的决议

减租是改善农民生活、打倒农村封建势力、繁荣工商业的必要步骤，所以地主、富农所租出的土地，都是残酷的封建剥削，而一切机关、学校、祠堂、庙宇、教会所出佃之土地，一般都操纵在封建势力手中，对于社会事业，毫无补益，对于农民利益，也极其剥削之能。以租额言，邵阳最重的到百分之百，而二八分，三七分，四六分，更是一般的情况，所以要想使占邵阳人口百分之八十以上的农民，在这种沉重得不可负担的封建剥削下松一口气，初步改善农民生活，则必须实行减租，因此我们拥护中国共产党中南局的减租纲领及中南军政委员会减租条例的彻底实施，并完全同意中共邵阳县委代表钟石同志对大会的建议。

关于减租：

从一九四九年起，按实际产量。“对半分二五减”的办法减租；地主的租额，最多不得超过实际产量的千分之三百七十五，超过这一限度的应再减；而按此方法减租后，租额不及千分之三百七十五的，则按二五减租后之租额交租，不得增加；土税（即不是水田的地租）应同样按原租减去二五，至于贫苦革命军人及革命职员家属、城市工人、贫苦自由职业者与鳏寡孤独者，因缺乏劳力而出租之土地，而其土地不超过当地中农所有的平均数，可与政府及农会商议，酌情少减或不减，至于中农与贫农的租佃关系，则可依团结互助原则，由双方协议，由农会调整处理。

关于额外剥削：

佃户替地主种地、挑水、养牛、抬轿、舂米、过节送礼物、分租请吃饭以及鱼租、水租、鸡租等，都是极不合理、直接影响农民生活、罪恶的额外剥削，应坚决废除；二东家转租土地的中间剥削，亦严格废止，农民替地主无偿代耕土地，或其他变相的劳役地租，在一九四九年应按其代租地及代耕地的实际产量，改变实物地租，并按二五减租办法，实行减租。

关于押金：

佃户交给地主的押金，小租及设租，一律按当时粮价退还原佃户，并一律退粮退款；如确实无粮款者，得经农民协会同意后，按当时地价以土地抵还。

关于新约：

减租后，主佃双方订立新约退还旧约，主佃各存一份，明确规定地主减租和佃户交租，坚决保障佃权至少在三年以上。期满后，地主如招人承租、出典、出卖，原佃户有优先权，如地主、富家为生活计，须抽回一部分土地自耕或雇人耕种，也应照顾原佃户生活，将未退回部分减低租粮，以为辅助，并坚决取消一切额外剥削及无偿劳动。

关于农民协会：

只有农民协会才是合法的减租机构，各地只有在协会成立后才能减租，而农民协会必须由县区承认其合法的县区农协筹备会派去的工作人员才能组织，以免混乱。

关于恶霸：

某些罪大恶极的恶霸分子，如：1、残害人民，掠夺人民财产，强奸与霸占妇女的；2、利用政治权力与武装势力压迫与剥削人民很严重的；3、侵吞国家财产与公共财产很多的，并为全县全区或全乡人民痛恨者，应组织人民法庭审判或送人民政府法办。

关于果实：

所有退押金及减租所得的果实，一般归原佃户，但为了照顾贫雇农的生活，佃富农所得的很多，佃中农按实际情况，应经农会予以适当分配，保证农民阶级的大团结。

另外：

1、减租期间，如有造谣生事破坏农会者，可进行坚决斗争及送人民政府法办；

2、减租期间，地主的土地如未经区以上人民政府许可，不许变动；

3、地主尚有故意拖抗不减者，政府及人民可以据情处理。

（三）关于生产节约、备荒救灾的决议

由于邵阳长期遭受国民党匪帮及封建地主、官僚资本三位一体的搜刮与剥削，加上去年的水灾，给予全县人民以深重的灾难，如一区仁义乡第十保，据不完全调查，全乡平均缺少两个月的粮食，白匪在六区保和乡抢去粮食将近1000石，万安乡被抢去粮食1000多石。其次因遭受水灾，保和乡被冲毁谷地3000余亩，其他第三区、第四区、第五区的水灾，第七区、第二区的匪灾都非常严重。因此明年的春荒有很大可能发生。而城市方面，由于官僚资本的统治，伪币的危害，工商业奄奄不振，城乡关系没沟通，土货也不能外销，更增加了问题的严重。所以克服困难，战胜灾荒，已成为邵阳人民的迫切要求和艰巨任务，因此我们坚决拥护中央人民政府关于生产救荒的号召，并完全同意中国共产党邵阳县委代表钟石同志对大会的建议，并为其彻底实施而奋斗。总的任务与要求，在农业方面要保持1949年的生产水平，垦复被水灾冲毁的全部土地；工商业方面要求所有城乡工矿商业，一般的要恢复，并部分要求初步得到发展，务必不饿死一个人，不荒废一亩田。

基本方法

1、组织各界人民，运用各种形势广泛进行生产救灾工作宣传，打破单纯依靠政府救济的思想，牢固奠定生产自救的基础，让生产救灾工作变成全县男女老幼人人参加的热烈运动。

2、召开有关生产救灾工作专门会议，聘请对生产有经验的人参加，结合各地情况，订出具体可行的生产计划。

3、努力参加清剿土匪和减租工作，保证生产救灾工作的完成。

4、由上而下组织生产救荒委员会，受同级政府的领导，以便这一工作能有计划、有组织地进行。

5、号召穷富相济，穷人互救，解决人力、畜力、耕具、种子等困难。

农业生产

1、全部开垦公私荒地，荒地主人自愿开垦者让其自开，否则任何人都可开垦。生荒五年、熟荒三年不纳地租，佃权荒主保留，但开荒者有永佃权，贫苦军人、烈属及贫苦农民有优先权。

2、原则上以保为单位，组织力量，将上年被水冲毁的熟地全部恢复。

3、在春雨未发前，将所有塘坝修好，工程不大的自己动手，如确系人力、物力浩大的，呈请政府在公产项下拨款修建。

4、增积肥料，储积粪便，踩青，烧草木灰，并恢复一切石灰窑。

5、多种早熟农作物，如春麦、洋芋、黄豆、绿豆及其他蔬菜，禁止用荞麦、麦子苗做肥料。

6、严禁赌博，让所有游手好闲的人都参加生产。

7、严禁任意砍伐森林。

工商业方面

1、工会、商会要召开会议，领导讨论工商业政策，打破一切不必要的顾虑。

2、城乡各厂矿未组织工会的，建议赶快组织，以提高工人阶级觉悟，调整劳资关系，增加产量。

3、建议政府从速将资江疏浚工作完成，以便土产外运。

4、鼓励集股投资开采矿藏，必要时请政府设法支持与保护。

5、尽力恢复农村手工业及家庭副业。

6、建议政府、贸易公司应在各区普遍设立收购出货站。

救灾方面

1、今冬未落大雪，明年恐生虫灾，应积极预防。

2、减租反霸所得果实，绝对不许大吃大喝，而应用于生产。

3、省吃俭用，坚持下去，到会代表应起带头作用。

4、严禁浪费，年节及婚丧，绝对不许铺张。

5、严禁煮酒熬糖。

6、在不增加政府的困难下，建议政府发放一部分农贷，或者以工代赈。

7、清理公产，绝对不许私人动用，呈请政府批准后有计划地用于生产，解决灾荒。

（四）关于整理地方财政的决议

地方公产应用于地方公益事业及生产救灾事业，但在过去这些公产多为少数人所把持，有的使用不当，有的吃喝浪费，有的贪污自肥。为把这些公产正确用于对人民有利的事业，为发展生产与度过灾荒，所有的公产必须加以清理，并组织专门机构予以管理，务使用之得当。

第一条　清理公产的范围

第一项　公产系指公产、公款、社产（包括修建桥梁道路、亭子的款产及渡船，禁山等）、学产、赋谷、积谷、救济水灾谷、族产等。

第二条　清理公产的组织

第二项　为使公产清理彻底，必须有计划、有系统、有组织地进行，县里应组织公产管理委员会及教育款产委员会，名额、人选由县人民政府与各界人民代表会议常委会协商并聘请之。

第三项　各区组织公产清理委员会和学产清理委员会，各乡组织公产清理小组和学产清理小组，清理委员会和清理小组由各区人民政府与该区农协筹备会协商聘请农民代表及地方公正人士组织之。

第四项　族产由本族农民，及公正人士组织委员会，负责清查与管理。

第五项　此次大会前所组织之邵阳公产清理接收委员会的工作立即结束，由其所接收的公产、公款应分别向县公产管理委员会及教育款产管理委员会办理移交，其中市区之委员会，应改组为市区公产清理委员会及市区学产清理委员会，分别属县公产管理委员会和教育款产管理委员会及市政府领导。

第三条　公产公款的使用

第六项　区公产、学产清理委员会及乡公产、学产清理小组只有了解情况进行清理之责任，而无动用及处理之权力，公产公款及积谷只能用于生产度荒及人民公益事业，不得任意使用或分散，关于此项公产的动用及处理权属于县公产管理委员会，但须经县人民政府批准。

第七项　教育款产只能用于教育基金，不得作其他用途，关于此项教育款产的动用及处理权属于县教育款产管理委员会，亦须经县人民政府批准。

第八项　族产只能用于本族人民的生产、度荒及其他公益事业，不得浪费。

第四条　清理公产的办法

第九项　所有的公产应以原有的系统进行清理，甲区在乙区有公产者，应由甲区负责清理，但仍须通过县公产管理委员通知乙区协助了解情况。

第十项　旧公产管理人员如有贪污或不应分而私自分解公产者，均必须清算退出，但只限于三年之内，不能追得过久，如有贫苦农民借用者，得根据实际情况，分期偿还之。

第十一项　清理公产的工作应发动各阶层人民协助办理，否则即不能做好，为保证这项工作顺利完成，必须制定奖惩办法，对于协助清理有功者予以奖励，对于抵抗不交或贪污舞弊者予以惩办。此项奖惩办法应由县公产管理委员会及教育款产管理委员会分别制定，并由县人民政府颁布实施。

第十二项　清理公产、学产工作，关系今后生产救荒及教育文化事业的发展，会议代表愿全力进行，务使一分钱不虚耗，一粒谷不浪费。希望各级政府予以全力支持与协助。

（五）关于推销人民胜利折实公债的决议

公债推销的对象：

公债的发行既然是为了人民，那么所有的人民应该踊跃地认购，但是由于在反动派的压迫下农民受苦最深，而在解放战争中，他们出力最大，目前生活还未得到改善，工人以前也是受尽剥削，解放后生产未全面恢复，生活也未提高，虽然他们是人民专政的领导阶级和基础，有高度的爱国主义热忱，会自动购买，但我们不应以他们做我们推销的主要对象，因此我们拥护中央人民政府“关于推销公债的主要对象，一般的应该是工商业者中的殷实富户及富有的退职文武官员”的规定。

推销的方式与任务：

推销人民胜利折实公债，应利用一切方式，作深入广泛的宣传，使各界人民能自动认买，对于踊跃认购的热心爱国人士应予以表扬奖励，并采取自报公议的方式推销。我们要在专署分配我县任务的基础上增加到14万份。

任务分配：

邵阳市：105000份；一区：5000份；二区：4500份；三区：5000份；四区：6500份；五区：2000份；六区：8500份；七区：3000份。

（六）关于文化教育的决议

为了基本上摧毁国民党反动派统治时期的奴化教育，有计划、有步骤地建立民族的、科学的、大众的新民主主义文化，我们文化界代表根据人民政协共同纲领、文化教育政策、中央人民政府指示和邵阳中共代表钟石同志的建议，确定了本县文化界目前的三大任务：

改进学校教育

1、建议县府加强县教育科的组织，县教育科是邵阳县教育的领导机构，现人力不够，应请政府增加人员。

2、建议政府从速设置各区文教助理，现本县解放已久，农村教育急待领导，各区文教助理应即设置。

3、为了教育界本身的团结，交流工作经验，完成教学任务。应巩固发展教联组织并加强其工作。

4、健全学校人事组织，现城乡各公私立学校校长及教员，政府应逐步进行审查，其个别不适当的须加以必要之调整。私立小学先改组董事会，再由新董事会选出校长，经区（市）政府及区（市）教联签具意见，呈请县府批准。除各公私立中学校长由教厅委派或加委外，各区中心学校由县委派人逐步接管。学校过多处应予合并，稀少处应根据情形从新设立。小学招新生应呈请区政府核准，转呈县府备案。

建立及加强学生组织

1、为了自觉地搞好学习，各学校可以成立学生会，进行民主自治；建立批评制度，废除体罚，从实际生活中辅导学生养成爱祖国、爱人民、爱科学、爱劳动、爱护公共财物的优良习惯。

2、加强学联，学联为领导学生学习生活的机构，广大的学生群应在学联正确的领导下完成学习任务。

3、建议团的领导机构进行建团建队，现广大的学生群有不少优秀的青少年学生，急待争取加入青年团和少年先锋队，应由团委派人前往城乡各校逐步进行组织，教员应予协助。

调整经费

1、不分公私立学校，贫苦工农子弟一律免收学费（中学遵照教厅规定），城市私立小学校学费不得超过四斗稻谷，乡村私立学校学费不得超过两斗稻谷，其他征收各费及公立学校征费统由县府规定标准。

2、生产自给，发动师生全体劳动生产，从事手工业，组织运输合作社。

3、精简节约，适当地裁减不必要的人员，力戒不良嗜好，节衣缩食，不铺张浪费，严禁贪污。

4、整理校产，成立校产清理及管理委员会，三年内贪污的要追还，政府于了解实际情况后，在可能范围内请予适当补助。

改良教材

1、废除旧教材，一律采用人民政府审定的课本，各老师应购买政府审定的参考教材。

2、废除公民童训课，废除训育制度，增加政治常识课，必须将中华人民共和国的国名、国旗、国都、国歌、公元纪年及邵阳县各界代表大会决议案列入教材。

开展社会教育

1、各地教育工作，要根据各地实际情况，随时随地不拘形式进行社会教育，扫除文盲，肃清封建思想，提高人民政治觉悟。

2、利用雨天、夜晚、星期日，成立妇女、成人、农民、工人识字班，进行政策讲解和政治教育。

3、各校要出通俗的、简明的黑板报、大字报，进行时事报道。

4、各区乡高小建立大众阅览室。

5、改造私塾，私塾必须教新教科书，不能再教含有封建毒素的老书，区政府领导要进行检查，如经屡次纠正不改者，明令取缔。

6、发展人民文学，提倡人民文艺创作，改编湘剧，祁剧、花鼓、小调、山歌、莲花落、渔鼓词，各地学校可组织剧团、歌咏队，改编之剧本须经教育科审查批准后方能采用。

7、提倡学校进行各种文化集体活动竞赛。

参加中心工作

1、减租：文教界人士有的自己家庭是地富成分，减租应从本身作起，再说服旁人，并广泛宣传教育群众，努力推动。

2、清匪：现在土匪尚未肃清，文教界应积极宣传剿匪政策，动员人民反匪保家，报告匪情，尽力协助政府军队清剿土匪。

3、生产备荒：除生产自给外，应按各地的需要参加生产备荒工作，替群众解决问题（如帮助组织力量、拟订计划）等。

4、推销公债：教育界要踊跃购买，并用各种方式发动学生宣传推销。

5、拥军优属：春节在即，除大会慰劳当地驻军外，文化界人士应发动各界拥军优属，慰劳军工烈属，写慰问信，在广大师生中间发动一人一信运动。

6、各地公产急待整理，文教界应本着大公无私和为人民服务的精神，尽可能的从旁帮助。

（以上为各界人民代表会议决议）

（本文在录入本志时，编者在不影响文前原意的前提下，对文中的极个别地方作了稍许疏通和修改）

关于更改全县同名乡乡名的决议

（1955 年 5 月 19 日第一届全县人民代表大会第一次会议通过）

根据湖南省人民委员会 1955 年 5 月 10 日通知：在一个县内，乡、镇名称相同者，由县征求有关方面意见，择一更改名称的规定。特决议：

塘渡口区的白果乡更名榨木桥乡；

五峰铺区的大田乡更名大田桥乡；

诸甲亭区的栗树乡更名栗树庙乡；

下花桥区的敦睦乡更名鸟山乡，大塘乡更名萧家桥乡；

檀江桥区的大桥乡更名月塘乡，双江乡更名双河乡；

九公桥区的中山乡更名土桥乡；

棠木山区的中山乡更名观云乡；

小溪市区的花桥乡更名皇庵寺乡，大田乡更名大井乡；

黄亭市区的黄塘乡更名大坝乡；

金称市区的大田乡更名范街乡，大塘乡更名大连乡；

塘田市区的峦山乡更名杨青乡。

关于制止乱砍滥伐全面开展封山育林的决议

（1987 年 3 月 4 日邵阳县第十届人民代表大会第一次会议通过）

森林是人类的摇篮，林业是国民经济的重要组成部分。我县山地资源丰富，林业生产潜力很大。但是，一段时期来，不少人对林业的重要性缺乏应有的认识，加之护林措施不力，导致有些地方“一把锄头造林，百把斧头砍树”，乱砍滥伐现象十分严重，森林资源日趋贫乏。为迅速扭转我县林业生产面临的严重局面，尽快振兴我县林业，特作如下协议：

一、大力开展保护森林的宣传教育。各级政府要组织干部群众认真学习《中华人民共和国森林法》和有关林业政策，并利用各种宣传工具，在全县范围内广泛深入地进行法制和林业政策教育，以尽快提高广大干群贯彻执行《中华人民共和国森林法》和有关林业政策的自觉性，激发广大干群造林的积极性，逐步在全县造成一个层层重视林业、人人爱护山林的良好社会风气。

二、进一步完善林业生产责任制。林业生产周期长，见效慢，原已确定的各种林业责任制应保持稳定，不得任意变动，个别地方确属极不合理、群众反映很强烈，也只能根据“大稳定，小调整”的原则进行完善。农民在自留山、责任山、房前屋后及其他经过允许的空坪隙地上种植树木，为个人所有，允许继承。山林权属有争执的，按湘政办（1985）9号文件转发的省林业厅《关于调处山林权属纠纷的意见》执行。

三、全面开展封山育林，加快绿化步伐，各级政府要把封山育林作为振兴我县林业的关键措施来抓，克服那种“重造轻营，年年造林，不见成效”的不良现象，认真推广杉木桥封山育林的经验，迅速落实封山育林规划。全县封山育林面积至少要达到现有山林的封山育林面积的百分之六十以上。各地要从实际出发，落实封山育林面积，建立健全护林机构和营林队伍，制定切实可行的护林制度和护林公约，认真解决好群众烧柴和用材等实际困难。为减少森林资源的消耗，各地要大力推广省柴灶和省煤灶。在搞好封山育林的基础上，要深入开展全民绿化，每年要安排二至三天时间搞义务植树造林，坚持每人每年义务植树造林五株以上。农村自留山、责任山要坚持“砍一造三”的原则，保证林业生产的连续性。现有荒山残林要限期绿化，在规定期限内没有绿化的，要追究责任。

四、坚持合理采伐，严禁乱砍滥伐。林木采伐要严格遵循消耗量低于生长量的原则，不得盲目采伐。每年的木材采伐量由县林业局统一下达。区、乡（镇）要根据森林分布状况落实到村组、到农户、到林区。林木砍伐证由乡级林业部门负责审批和签发，任何人不得乱开口子，乱批条子。不论国营山、集体山、责任山的树木，一律凭证砍伐，并由各级林管队伍负责核对砍伐证和实际砍伐量。对滥伐森林、破坏林业生产的行为，各级政府要根据林业法规，分别情况严肃处理，直到追究刑事责任。

五、开放木材市场，保护木材合法经营。从满足全县人民用材需要出发，县里允许在适当地方经工商、林业部门批准设立木材市场。所有上市木材凭“三证”（砍伐证、出口证、销售证）到市场成交，未经县林业部门批准，任何单位和个人不得到林区收购木材。对市场以外的木材交易，各级林业部门有权制止和处理。

关于加强粮食生产的决议

（1988年3月30日，邵阳县第十届人民代表大会第三次会议通过）

邵阳县第十届人民代表大会第三次会议，听取和审议了县人大常委会财经工作委员会《关于近几年粮食生产情况的汇报》和县人民政府《关于加强粮食生产的意见》。会议认为：农业是国民经济的基础，粮食是基础的基础。这是我国处于社会主义初级阶段的国情决定的。农业生产如何，特别是粮食生产如何，关系到建设和改革的全局。近几年来，我县农村经济随着改革的深入得到迅速发展，但是，由于多种原因，粮食生产出现了徘徊的严峻局面。为迅速改变这种状况，促进粮食和整个农业生产发展，特做如下决议：

一、摆正农业生产位置，切实加强领导。我县是农业县，又是商品粮基地县，不论在任何时期、任何情况下，始终要把农业生产作为农村的中心工作来抓，把粮食生产摆在农业生产的重要位置上，切实抓紧抓好。各级政府要以主要精力抓住农村改革的深化，促进农业生产特别是粮食生产的发展，促进整个农村经济的发展。

二、各行各业都要搞好服务工作。“无农不稳、无粮则乱”；“一业不稳，百业受损”。各行各业都要端正为农业服务的方向，妥善处理好局部与全局的关系，做到想农业之所想，急农民之所急，帮农民之所需，为农业生产做好各自的服务工作。农用柴油、化肥要按规定及时供应到户，任何单位和个人不得克扣和挪作他用。农药、农膜、农具要保障供应。各部门对农业的扶植资金、农产品预购定金、农业贷款等，要按规定及时发放，为农业生产大开绿灯，为农民排忧解难，决不允许卡扣、欺骗、敲诈农民。

三、增加农业投入，抓好农田基本建设。农业投入必须走国家、地方、集体和个人的多元化路子。县财政每年应将总收入的百分之零点五至百分之一的资金，用于农田水利；乡镇企业有利润的也要适当拿出部分。水利建设实行劳动积累工制度和资金统筹的办法。农村每个劳力每年投资15～20个劳动日，由灌区或乡、村统一安排。要依法保护水利设施，对破坏或侵占水利设施的要严肃处理。经乡人民代表大会通过，还可制订切实可行的乡规民约，要发动农民向土地投资、投劳和投肥，提高地力等级，各乡可制定地力升降的奖罚措施。

四、稳定粮食播种面积，努力提高单产。抓好吨粮田的开发和低产田的改造，是提高单产的主要措施。县、区、乡应建立这项指挥机构，逐项、逐地落实，并做好逐年、逐项检查、验收。要改革耕作制度，加强旱粮生产。要加强土地管理，严格按《中华人民共和国土地管理法》办事。要提高复种指数，实行套种间种，努力增加总产。

五、加强农业科技网络的建设，对农民进行科普教育。要建立、健全科技推广体系。各区、乡农技站、农机站、畜牧站都要在村、组建立技术推广网络。每个乡镇要配备两名农技员（其中雇请农民技术员一名），村村要有植保员，负责农业技术的推广、指导工作。农业技术网络人员可实行承包超产有偿服务。

关于制止乱占滥用耕地、切实加强土地管理的决议

（1989年4月第十届全县人民代表大会第四次会议通过，1994年3月23日第十二届全县人民代表大会第二次会议修改）

土地是人们赖以生存和发展的物质基础。保护耕地是我国的基本国策，也是我县广大群众的迫切要求。我县人多地少，人均耕地面积由1949年的1.65亩下降到1988年的0.85亩，且近几年的下降速度尤为惊人。更为严重的是，违法乱占滥用耕地的现象屡禁不止。为迅速扭转这种状况，切实保护耕地，特作如下决议：

一、继续深入宣传《中华人民共和国土地管理法》，树立全民国土观念。各级政府要组织干部群众认真学习《中华人民共和国土地管理法》和有关土地政策，结合本地实际，通过算土地减少

账、人口增加账、粮食需要账，增强耕地减少的危机感，树立全民国土观念，提高执行《中华人民共和国土地管理法》、保护耕地的自觉性。

二、坚持合理用地，严格控制占用耕地。不论任何单位和个人建房、开矿，都要坚持依法审批、节约用地。除国家和集体建设外，非农业建设用地原则上不得占用水田，个别农户建房确需要占用少量水田者，每年从市政府分配给我县政府非农业建设用地的耕地控制指标中，由县国土局提出方案，报县政府审批后，由县国土局从严控制掌握使用。城乡居民建住宅要坚持“就原基、用闲地、荒地、拆旧房、建楼房”的原则。居民、农户建房，要根据其家庭原有住房、人口、年龄的实际情况，经国土员与乡镇干部实地察看，乡镇政府领导成员集体讨论审查，签署具体意见，交县国土局集体研究批准。所有土地审批权限都归国土部门，任何单位、个人不得开口子、批条子。

三、强化执法手段，严格依法办事。各级政府要把查处违法占地案件作为土地管理工作中的强硬措施来抓。对违法占地修房、开矿、烧砖瓦的，国土、政法等部门应与当地政府配合，采取拆除、封闭、限期恢复土地的果断措施，予以处理，绝不能心慈手软，以罚代法。各级政府每年要开展一次扎扎实实的土地清查工作，依法、及时、严肃处理各种违法占地案件。对国土员弄虚作假、以权谋私、徇私枉法的，要按纪、依法从严处理。

四、认真抓好土地资源的开发利用。各级政府要认真贯彻执行“一手抓节流，一手抓开源”的方针，努力抑制占用耕地，积极开发，增加耕地，力争达到土地资源总需求与总供给的基本平衡。要采取灵活优惠的政策，坚持“谁开发、谁受益”的原则，动员社会力量开发土地资源。凡依法开发耕地者，经乡（镇）人民政府验收，国土、财政部门复核后，旱土改水田，面积在1亩以上的，每亩奖50元；荒地开水田，面积在0.5亩以上的，每亩奖100元；所有新开水田，五年内不新增农业税。

五、切实加强土地管理的领导，建立土地管理责任制。各级政府要把土地管理工作列入重要议事日程，纳入责任目标管理，建立岗位责任制；各级干部要以身作则，带头执法，保护耕地，切实加强土地管理工作。

全县人民要紧急动员起来，以主人翁的态度，与违法乱占滥用土地的行为作坚决斗争，切实保护耕地，开发土地资源，为人类生存做贡献，为子孙后代造福。

关于切实加强水利建设的决议

（1990年2月20日第十一届全县人民代表大会第一次会议通过）

“水利是农业的命脉”。水利建设的好坏，关系着农业能否持续稳定发展的大问题。我县自农村实行家庭联产承包责任制以来，由于忽视了水利建设，致使不少水利工程失修老化、效益下降，农业抗御自然灾害的能力明显减弱。为稳定发展农业，切实加强水利建设，特作如下决议：

一、全县人民动员起来，迅速掀起大办水利热潮。加强水利建设迫在眉睫，各级政府必须充分动员和带动群众，大干水利。要力争在一、两年内恢复原有水利建设要分级负责，坚持县、区、乡、村四级办水利，县长、区长、乡长、村主任一齐抓水利，一年四季修水利，做到常抓不懈，一抓到底，切实抓出成效来。

二、依靠社会力量多渠道、多办法增加水利投入。一是根据农业发展需要，按照谁受益谁出钱的原则，发动群众集资修水利；二是每年从县财政支农资金总额中拿出三分之一；三是渣滩电站每年从上缴利润中拿出四分之一；四是号召全县干部职工为支援水利建设积极献资；五是由村里提留的公积金中安排一部分修水利；六是支持和鼓励社会（团体和个人）办水利。

三、实行水利劳动积累工制度。凡是有劳动能力的农民，都要承担水利建设和积累工的义务。从今年起，每个农业劳动力每年投入水利建设工日 15～20 个，以灌区或乡镇为单位筹集使用。没完成积累工的，按每个劳动日 5 元出资。国家行政事业单位的干部职工，要积极参加水利建设劳动，每人每年一般不少于 10 天。

四、认真抓好水利管理，不断完善管理机制。首先要完善管水体系，小（二）型以上水利工程（包括电灌机埠）都要确定专职管理人员或兼职管理人员，乡镇要建立管水站。村建管水组，组设管水员，做到有职、有权、有责、有酬。其次是统一管水，联合抗旱，以灌区或村民小组为单位，对水利工程实行一把锄头放水，做到计划用水和节约用水，实行商品水。最后要强化水政管理，加强工程保护。所有水利工程均要按照水利定权发证划定的保护范围建立制度，管好用好。对因水利管理失职，人为造成严重后果的，要追究领导和管理人员的责任；对破坏水利设施的犯罪分子，司法部门要依法从严从重从快予以打击。

五、各级政府要切实加强对水利建设的领导。农田水利建设，涉及各行各业。需要强有力的组织领导，各级政府主要领导要亲自抓，把农田水利建设纳入农村中心工作，有点有面，抓紧抓好，并作为各级政府政绩的考核内容。农业、林业、计划、财政、物资、银行、电业、商业、石化、供销、新闻等有关部门要分工负责，协同作战。水利部门要积极当好参谋，搞好规划，进行技术指导和检查验收，严把质量关。要总结推广先进经验，使农田水利建设健康发展。

附：1994 年 3 月 23 日第十二届全县民代表大会第二次会议根据国务院的指示精神和有关现行政策，通过对《关于切实加强水利建设的决议》中部分条款予以修改的决定。将决议中第二条：

“建立水利发展基金，依靠社会力量增加水利投入”修改为“依靠社会力量多渠道、多办法增加水利投入”；

“水利发展基金来源：一是按水田面积筹集，其酬金每年每亩 3 元以上，时间可筹集两至三年，方法可以灌区或乡镇统筹”修改为“一是根据农业发展需要，按照谁受益谁出钱的原则，发动群众集资修水利”；

“水利发展基金按县政府规定，分级收缴、管理使用，切实做到专款专账专用”修改为“五是由村里提留的公积金中安排一部分修水利；六是支持和鼓励社会（团体和个人）办水利”；

将决议第四条第三款“再次推行商品水，按方收费，每亩农田每年应交足水费 3～6 元”修改为“实行商品水”。

关于邵阳县国民经济和社会发展十年规划和第八个五年计划纲要及关于《纲要》报告的决议

（1992年3月9日县第十一届人民代表大会第三次会议通过）

邵阳县第十一届人民代表大会第三次会议，讨论和审查了人民政府提出的《邵阳县国民经济和社会发展十年规划和第八个五年计划纲要（草案）》，审议了李晓红县长代表县人民政府所作的《关于邵阳县国民经济和社会发展十年规划和第八个五年计划纲要的报告》。会议认为，《纲要》和《报告》提出的我县今后十年的主要奋斗目标和指导思想，经济建设、改革开放和社会发展的主要任务和政策措施，符合中央、省、市的指导思想和总体部署，反映了全县人民的共同愿望和根本利益，切合我县的实际，是积极稳妥的，经过艰苦的努力是能够实现的。会议决定批准《邵阳县国民经济和社会发展十年规划和第八个五年计划纲要》，批准李晓红县长的报告。

会议要求，全县各条战线的工作都要坚持以经济建设为中心，坚持四项基本原则，坚持改革开放，集中精力把经济搞上去。各级政府要采取有效措施狠抓落实，抓住我县存在的突出矛盾和关键问题，做到稳定基础攻两翼，突出重点抓工业，竭尽全力扭亏损，坚持不懈堵超生，圆满完成各项任务。

会议强调，各级政府及全体国家机关工作人员，特别是各级领导干部，要牢固树立全心全意为人民群众服务的思想，艰苦深入，努力为基层和群众排忧解难，多办实事，促进各项工作和各项政策的落实。

会议号召，全县人民在党的基本路线指引下，在县委的领导下，发扬自力更生和艰苦奋斗精神，团结一致，埋头苦干，为顺利实现我县十年规划和“八五”计划而努力奋斗！

关于《“九五”计划和2010年远景目标纲要（草案）》的决议

（1996年3月16日第十二届全县人民代表大会第四次会议通过）

邵阳县第十二届人民代表大会第四次会议，听取和审议了陈健生县长所作的《政府工作报告》及政府提出的《邵阳县国民经济和社会发展“九五”计划和2010年远景目标纲要（草案）》。

会议认为，报告和纲要符合中央、省、市精神，从我县实际出发提出的我县“九五”计划和2010年的主要奋斗目标和指导方针、改革开放及经济建设和社会发展的主要任务和政策措施，反映了全县人民的共同愿望和根本利益，是积极可行的，经过努力是能够实现的。会议决定：批准陈健生县长所作的《政府工作报告》和《邵阳县国民经济和社会发展“九五”计划和2010年远景目标纲要（草案）》。

会议认为："八五"期间，全县人民在中共邵阳县委的正确领导下，坚持邓小平建设有中国特色社会主义理论和党的基本路线，坚持以经济建设为中心，不断推进改革开放，国民经济持续稳定发展，财政状况大为好转，综合实为大力增强，各项社会事业全面发展，人民生活明显改善，社会保持稳定。特别是1995年，全县进一步解放思想，加快发展步伐，着力改善邵阳县形象，各方面工作都取得了新的进展，为"八五"计划画上了圆满的句号。会议对"八五"期间的成就特别是政府1995年的工作表示满意。但是，在经济和社会生活中还存在一些困难和问题，必须采取切实有力的措施，逐步加以解决。

会议认为：今后15年，特别是"九五"时期，是我国社会主义现代化建设承前启后、继往开来的重要时期，也是我县加快发展的关键时期。我们必须认清形势，抢抓机遇，按照"稳农兴工、改善条件、转化资源、提高效益"的发展战略和调整"四个结构"，缓解"四个瓶颈"，加强"四个基地"，主攻"四个支柱"，突出"四个经济增长点"的发展思路，不等不靠，苦干实干，加快实现经济体制和经济增长方式的转变，加快我县的发展步伐。全县各级政府要切实组织实施《纲要》和圆满完成政府工作报告中提出的各项任务目标。县人民政府在编制年度计划时，可根据实际情况的变化，进行必要的调整充实，提交县人民代表大会审查批准。

会议要求：全县各级各部门要正确处理改革、发展、稳定的关系，服从和服务于经济建设这个中心，为加快发展邵阳经济作出各自的贡献。

会议强调：今年是"九五"计划的第一年，一定要开好头、起好步，各级政府要彻底解放思想，坚持发展至上，发扬敢为人先的精神，采取有效措施，扎扎实实抓好各项工作，特别是在发展区域经济、财源建设、乡镇企业和民营经济、基础设施建设，招商引资、科教兴县、推进改革等方面取得新的突破，为全面完成"九五"计划打下一个良好的基础。各级政府一定要牢固树立群众观点，切实改变作风，坚持实事求是，真抓实干，大胆探索，勇于实践。各级政府工作人员特别是领导成员，一定要讲政治，树立正确的人生观、世界观，全心全意为人民服务，脚踏实地地为群众办实事。

会议号召，全县各族人民一定要紧密团结在以江泽民同志为核心的党中央周围，在中共邵阳县委的领导下，同心同德，奋力拼搏、开拓前进，为实现跨世纪的宏伟目标而努力奋斗！

（以上为人民代表大会决议决定）

关于调整普通中学设点、布局，扎扎实实提高教育质量的决议

（1981年7月5日第八届县人大常委会第五次会议通过）

邵阳县第八届人大常委会第五次会议，在听取县教育局局长周绍贤《关于调整普通中学设点布局，扎扎实实提高教育质量》的汇报后，进行了认真的审议。

会议认为：粉碎江青反革命集团以来，特别是党的三中全会以来，我县在教育战线上拨乱反

正，作了大量的工作，总的形势是很好的。但是，由于受“左”倾思想的影响，十多年来，在普通中学的发展上，有不量力而行、追求高指标的现象。实践证明，在经济条件和师资水平不相适应的情况下，这样做的结果，不仅影响中学的教育质量，而且大大影响了小学教育的普及和提高。

会议强调指出：发展教育必须受到经济基础和教育规律的制约，必须遵循量力而行的科学原则办事。不仅要使教育与经济相协调的发展，而且要使各级各类学校有计划、按比例地发展。为了克服目前实际存在的虚肿现象，扎扎实实地提高教育质量，使各级学校培养的人才符合规定的标准，对普通中学的布局和规模，进行适当的调整，是完全必要的。

会议决定批准县人民政府提出的普通中学调整方案，高中由目前的18所调整为11所，并保留金称市中学高中点。初中点由现在的134所调整为107所，高中的调整布局，列表如后。

会议最后指出：今天的调整正是为了明天的发展。相信通过调整，一定会有利于普及小学教育的任务，一定会有利于普及初中教育和提高整个中学的教育质量。

关于尊重教师提高教师社会地位充分相信和依靠他们办好教育事业的决议

（1981年7月5日第八届县人大常委会第五次会议通过）

邵阳县第八届人大常委会第五次会议，认真讨论和研究了关于尊重教师，提高教师社会地位，充分相信和依靠他们办好教育事业的议题。会议指出：我县现有中、小学教职员工6700多名（包括民办教师），这是一支庞大的队伍。他们中的绝大多数同志忠诚党的教育事业，勤勤恳恳、任劳任怨为培养一代新人作出了可贵的贡献。但是长期以来，由于受“左”倾思想的影响，特别是林彪、江青反革命集团的破坏，把教师列入“资产阶级知识分子”范畴，视为“异己”。致使教师是“人类灵魂的工程师”的这个崇高的形象受到了极大的损害。党的三中全会以后，拨乱反正，在提高教师的社会地位，恢复他们的本来形象方面，做了许多工作，并取得了较好的效果。但是某些单位的干部和群众对教师的地位和作用仍然缺乏足够的认识，有的部门在物资分配和供应上，对教师不是一视同仁，有的社、队对民办教师的工分补贴不按政策给予补足；有的不尊重教师的人身权利，任意侮辱、轻慢，甚至殴打教师的事件不断发生。会议严肃指出：这些认识和做法是极其错误的，有的做法是党纪国法所不能容忍的。

会议强调指出：要把我国建设成为一个具有高度物质文明和精神文明的社会强国，教育是基础。教育上不去，科学文化水平不提高，“四化”就实现不了。而办好教育，关键在教师。因此，尊重教师，努力提高教师的社会地位，充分调动他们的积极性，对于促进我县教育事业的不断发展，有着重大的意义。为此，会议决议：

一、要大力宣传教师光荣，逐步形成人人关心、尊重教师的社会风气。各级领导要向广大干部群众反复宣传尊重教师的重大意义，说明人民教师是工人阶级的一部分，是革命队伍中一支不可缺少的依靠力量。号召学生和整个社会都要关心和尊重教师。知识分子同其他的人一样，不可能没有缺点，也不可能保证不犯错误，“金无足赤，人无完人”，只要他们是拥护党，拥护社会主义，愿意为人民服务和爱国的，我们就要相信他，依靠他，只要他具有本事，我们就要重用他。

二、在生活上要体贴、关怀教师。中、小学教师，教学任务繁重，工作辛苦，各级领导不仅在政治上要关心他们，而且在生活上要体贴和关怀他们，对他们生活上的困难，在条件允许范围内能解决的尽量解决，商业、合作社和粮食部门，对他们的物资供应，要一视同仁；对民办教师的工分补贴，各社、队要按照政策设法帮助给予解决，对国家发给民办教师的补助费，要如数发给本人，不能扣押。

三、要尊重教师的人身权利，不允许侮辱、轻慢、殴打教师。如若发生这类问题，各级领导要旗帜鲜明对肇事者，分别情况，进行严肃处理，情节严重者，要绳之以法。

会议最后号召，全县所有的公、民办教师都要在各级党委和政府的领导下，模范地遵守党和政府的政策、法令，勤勤恳恳地工作，以主人翁的态度，为培养更多更好又红又专的社会主义的建设者和保卫者，做出新的更大贡献。

关于切实解决煤炭供应问题的决议

（1981年7月5日第八届县人大常委会第五次会议通过）

邵阳县第八届人民代表大会常务委员会第五次会议，听取了县人民政府煤炭局局长易延让关于煤炭供应情况的汇报，进行了认真的讨论和审议。

会议认为，我县煤炭战线广大职工，为全县工农业生产和城乡人民生活，提供了大量原煤，对四化建设做出了很大贡献。

会议指出，由于煤炭的产、销区过于集中，加之煤炭供应在管理上不够好，所以有些区社感到用煤困难，特别是东边的东风、下花桥、五峰铺镇3个区更为突出。

会议一致认为，县人民政府对全县的用煤做出了打算，特别对东风、下花桥、五峰铺三个区社的煤炭供应所采取的六条办法，是可行的，应予积极实施；同时，对个别产煤区社，由于煤层发生变化而引起新的产、供矛盾，县里亦应考虑，灵活安排供应。

附：县人民政府解决煤炭供应的六条办法：

一、供煤指标：全年任务已分配到区、社，鉴于牛轭塘煤矿已停产搬迁，原分配该矿供应的东风区1000吨指标改在邵阳煤矿供应；分配给下花桥区的1000吨指标改在七里山煤矿供应；分配给五峰铺区的1000吨指标改在邵阳煤矿和七里山煤矿各供应500吨。

二、供煤机构：同意在3个区（东风、下花桥、五峰铺）以公社为单位建立煤炭供应站，每站两人，由公社选派政治思想好、懂业务、服务态度热情的人员担任，名单速报县煤炭局。本月10日由煤炭局主持召开这些人员的会议。煤站的经营管理、费用开支和盈亏概由公社负责，县煤炭公司只负责煤站两个职工每人每月 40 元工资。为了帮助煤站开展业务，加强上下联系。县煤炭公司在 3 个区各配备一名专职干部负责这方面的工作。

三、供煤方法：各区可根据群众的要求和可能条件，灵活供应以帮助生产队整车代运为主，兼营零售。

四、运输车辆：各站应该以社队现有车辆和自己找车挂勾为主；另由湘运车辆也应适当的支援。

五、各供煤单位，必须切实做到以下各点：

1、分配给各煤矿的供应任务，必须保质保量，正常供应；石头和温度不能超过标准，否则要折标扣除；不能缺斤短秤，不足的由煤矿负责补足。

2、煤价要服从上级的统一管理；装卸不能收双费；坚决制止不送即不装煤和无故刁难的不正之风；社队自己修的公路，不能另外加收运煤单位的养路费和另立其他各种收费名目，以减轻群众的负担。

六、为了迅速落实以上各条，以满足群众的迫切要求，政府拟定在本月中旬召开煤矿有关区、社、大队负责人、煤站负责人、装卸队负责人会议。

其他各区、社的生产、生活用煤，各地也要切实加强领导，认真把这项工作做好。

关于正确实行奖励制度坚决制止滥发资金的决议

（1981 年 7 月 5 日第八届县人大常委会第五次会议通过）

邵阳县第八届人民代表大会常务委员会第五次会议听取了县政府有关单位关于厂矿企事业单位奖金发放工作的汇报。通过讨论，会议认为，自 1978 年恢复奖金制度以来，对调动职工的积极性、促进经营管理、厉行增产节约、提高产品质量、降低成本、推动生产、增加收入和各项工作任务的完成，都起到了一定的积极作用，这是主要的，应该肯定。

会议指出，在奖金发放工作中，也存在一些问题，有的不应发奖金的也发了；有的超出了上级规定的标准范围；有的巧立名目，滥发奖金。个别单位还比较严重。

为此，特作出如下决议：

一、认真贯彻落实国务院〔1980〕10 号文件《关于正确实行奖励制度，坚决制止滥发奖金的各项规定》和省人民政府〔1981〕21 号、53 号文件，以期正确发放奖金，调动积极性；

二、建议县人民政府组织力量，对奖金发放工作进行一次检查和整顿；

三、根据检查，对执行好的单位给予表扬，对违反上级规定的，分别情况，作出处理。

关于组织全县人民学习和讨论宪法修改草案的决议

（1982年5月30日第八届县人大常委会第十次会议通过）

一、《中华人民共和国宪法修改草案》的公布并交付全民讨论，是全国人民政治生活中的一件大事。宪法是国家的根本大法，具有最高的法律效力。为了使宪法修改草案更加完善，全县人民要以国家主人翁的姿态，认真履行自己的光荣职责，积极参加学习和讨论，提出修改意见。

二、全县各级国家机关、驻县部队、政党组织、人民团体、学校、企业事业单位，以及城镇街道和农村社队等基层单位，都要安排时间，认真组织人民群众学习和讨论宪法修改草案。农村社队要求在六月十五日前，集中一段时间讨论完毕，其他全部要求在七月中旬前讨论完毕。在学习讨论过程中，务必使宪法修改草案的指导思想、基本精神和基本内容以及关于公民的权利和义务、国家政治经济制度的重要规定等，做到家喻户晓，人人明白。通过学习和讨论，不但要广泛听取人民群众的意见，而且要使人民群众普遍受到一次社会主义民主和社会主义法制的教育，提高坚持四项基本原则、履行公民的基本权利和义务的自觉性，巩固和发展安定团结的政治局面，促进社会主义物质文明和精神文明建设，各级领导要层层负责，带头参加学习和讨论，带头向群众进行宣讲。县广播局、各电影院队、各机关、厂矿、学校要利用广播、幻灯、黑板报等宣传工具宣传宪法修改草案和人民群众学习讨论宪法修改草案的情况，以推动学习讨论宪法修改草案工作的深入开展。

三、全县人民在讨论宪法修改草案中提出的修改意见，各级领导机关和基层单位应确定专人收集整理，按区、按系统逐级汇总，于七月中旬前上报县人大常委会，由县人大常委会综合上报省人大常委会。

关于打击经济领域中严重犯罪活动的决议

（1982年5月30日第八届县人大常委会第十次会议通过）

邵阳县第八届人民代表大会常务委员会第十次会议，听取和审议了县人民检察院副检察长谢仕袖所做《关于打击经济领域中严重犯罪情况的汇报》。会议认为，前段我县在打击经济犯罪活动中，做了大量的工作，取得了一定的成绩。为了把这场严肃的斗争更好地开展起来，并且坚持下去，直到取得完全的胜利，特做如下决议：

（一）当前开展的打击经济领域中的严重犯罪活动，是我国社会主义在新的历史条件下阶级斗争在经济领域里的重要表现。进行这场坚持共产主义纯洁性、反对腐化变质的斗争，关系到我国社会主义建设的成败，关系到党和国家的盛衰兴亡。全县各级领导和广大人民群众一定要以主人翁的姿态，充分认识经济领域里违法犯罪活动的严重性、危害性和危险性，认清开展这场斗争的重要性、必要性和长期性，坚定立场，振奋精神，积极投入这场严肃的斗争，把我县打击经济领域中严重犯罪活动的斗争进行到底。

（二）在这场斗争中，一方面态度要坚决，打击要有力。另一方面，重点要明确，步骤要稳妥，工作要做细。各级人民政府和公安、检察、司法机关，首先要集中力量抓好重大案件、现行案件和与国家机关、企事业单位有关案件的查处工作。对于那些走私贩私、贪污受贿、投机诈骗，把大量国家和集体财产窃为已有的严重破坏经济的罪犯，必须抓住不放，雷厉风行地加以处理。凡是大要案件，不管涉及什么部门和单位，也不管涉及什么人，都要追究到底，严肃处理。对于包庇、窝藏犯罪分子、隐瞒、掩饰其犯罪事实的国家工作人员，应按徇私舞弊罪论处。在打击经济领域中的严重犯罪活动，一定要正确掌握政策，严格区分和正确处理两类不同性质的矛盾。要加强调查研究，严禁逼、供、信。

（三）公安、检察、法院等有关部门在打击经济领域严重犯罪活动的斗争中，要密切协作，充分尽到各自所负担的庄严职责。凡案件涉及的有关部门和单位，都应主动配合，积极支持公安、检察、司法部门的工作。

（四）凡属重大案件，必须在一定范围内发动群众，动员了解情况的群众进行揭发检举和监督有严重违法犯罪行为的人员。对执法人员和揭发作证人员进行阻挠、威胁、打击报复的，应按妨害社会管理秩序罪或报复陷害罪论处。

（五）对坦白自首的经济犯罪分子，应贯彻党和政府的一贯方针，依法从宽处理。凡在 1982 年 5 月 1 日前投案自首、如实交代、揭发问题、主动退赔的，要按全国人大常委会《关于严惩严重破坏经济的罪犯的决定》执行，一律按照过去的有关法律规定处理。5 月 1 日以后，如能确实悔过自新，投案自首，如实交代揭发问题，主动退赃，仍然可以按有关政策和法律规定，受到比较宽大的处理。但是政策和法律不是宽大无边，如若继续执迷不悟，妄图蒙混过关的，必将受到从严从重惩处。所有犯罪分子，应认清形势，迅速投案自首，全部坦白交代，积极检举揭发，争取从宽处理。

（六）在打击经济领域中严重犯罪活动的斗争中，各部门各单位要进一步开展法制宣传教育，增强人民法制观念。同时，要认真总结经验教训，根据本单位的特点，制定和完善必要的规章制度，防止同类案件的继续发生。

关于进一步做好卫生工作，努力提高人民健康水平的决议

（1982 年 5 月 30 日第八届县人大常委会第十次会议通过）

第八届县人大常委会第十次会议，在听取和审议了县卫生局《关于全县卫生工作情况的汇报》后，认真讨论和研究了关于进一步做好卫生工作，努力提高人民健康水平的议题。

会议认为，卫生工作是关系到人民群众生老病死的大事，关系到民族兴旺发达和四化建设。我县卫生事业列入全省第一批重点县建设以来，做了大量的工作，取得了一定的成绩。会议要求各级

政府要切实加强领导，采取措施，把卫生工作进一步抓好，使这项工作取得新的更大的进展。

会议指出，卫生工作，要坚决贯彻执行“预防为主”的方针。切实抓好卫生宣传教育和卫生条例、法令、制度的贯彻执行，普及卫生科学知识，提高群众讲卫生的自觉性；要坚持搞好爱国卫生运动，抓好城镇的自来水、公共厕所、垃圾处理、粪便管理和农村“两管五改”等卫生基本建设，从根本上改变卫生状况；当前要抓好以二号病为中心的各种传染病的防治工作；抓好食品卫生、劳动卫生和学校卫生，执行食品卫生“五四制”，防止肠道传染病的发生和流行，防止食物中毒；做好疥疮、近视、肝炎的防治工作，保护青少年的身体健康；做好防尘、防毒工作，降低职业病的发病率。

会议针对前段少数医务人员服务态度、医疗作风存在的问题，要求各级医院深入开展医德教育和“五讲四美”活动。医务人员要进一步发扬救死扶伤的革命人道主义精神，不断改善服务态度，做到接待病人热心，检查诊断细心，治疗护理精心，宣传解释耐心，接受意见虚心，服务热情周到，文明行医，礼貌待人；要不断提高服务质量，保证医疗安全，减轻病人负担，防止差错事故；要抓好院风院容的整顿和建设，使病人有一个安定舒适的环境。

会议一致认为，农村合作医疗是解决农民缺医少药的一种好形式，深受群众欢迎，各地必须继续办好；合作医疗要坚持社会主义方向和集体福利事业的性质，由大队统一管理，集体经营，不准把合作医疗当做企业、副业来办；要进一步健全岗位责任制，加强医政、药政、财务管理，不准擅自提高药价和收费标准，不要一病多方，小病大方；要稳定赤医队伍，积极地、合理地解决赤医报酬；各级卫生部门要加强赤医的技术培训，不断提高他们的业务水平和防病、治病的能力。

会议认为，做好妇幼保健工作，关系到占人口总数三分之二的妇女、儿童的健康，随着计划生育工作的开展，妇幼保健工作更为重要。因此，必须进一步健全县、区、社、队四级妇幼保健网，配备好接生员，积极开展妇科病普查普治，搞好预产期保健、新法接生和计划生育技术指导，把计划生育和妇幼保健工作有机地结合起来。

会议强调指出，知识分子同工人、农民一样是社会主义事业的依靠力量，是党的事业的宝贵财富。卫生部门是知识分子比较集中的地方，落实好党的知识分子政策，充分调动他（她）们的积极性，对发展我县卫生事业有着重要意义。会议要求各级领导对知识分子，特别是有名望的技术骨干，在政治上要充分信任，在工作上要大胆使用，在技术上要不断提高，在生活上要热情关怀，帮助他（她）们解决一些具体困难，发挥其特长，更好地为人民健康服务。会议严肃指出，当前社会上有那么一些人在医院寻衅闹事，不尊重医务人员的人身权利，任意围攻、谩骂、侮辱，甚至殴打医务人员。对这类问题，各级必须认真对待，严肃处理，以保障医院工作的正常进行。

关于开展全民义务植树运动的决议

（1983 年 2 月 5 日第八届县人大常委会第十四次会议通过）

邵阳县第八届人民代表大会常务委员会第十四次会议听取和审议了县林业局《关于全民义务植树造林情况的汇报》。为了进一步贯彻落实五届全国人大四次会议通过的《关于开展全民义务植树运动的决议》，把我县义务植树运动扎扎实实地开展起来，加快林业的恢复和发展，特作如下决议：

一、植树造林，绿化祖国，是我国的重大国策，是建设社会主义物质文明和精神文明的重要内容，是治理山河、维护和改善生态平衡的一项重大战略措施，是造福子孙后代的伟大事业，也是全国人民为加速绿化祖国，改变我国林业落后面貌的共同意愿。全县各级人民政府必须充分认识义务植树运动的伟大意义。要把义务植树的责任放在各级领导人身上。各级负责同志要带头参加和领导好义务植树，抓好试点，指导全面。要狠抓几年，抓出成效。要采取多种形式，广泛深入地宣传义务植树的重大意义。动员广大干部群众参加植树、育林、护林，表彰在义务植树中的先进事迹和好人好事；对破坏林木的单位和个人，要给予纪律处分或经济处罚，情节严重者，要绳之以法。

二、植树造林一定要从当地的实际情况出发，作出规划，因地制宜，合理布局，农村社队、机关、部队、厂矿、学校、街道、农林牧场等单位，都要对自己范围内的宜林荒山、隙地和四旁作出统一规划，按照人数，分组划片，确定地点。除老弱病残者外，年满 11 岁的公民每人每年要植树三至五珠，包栽包活。或者每个人全年完成义务造林日二至三个，用于整地、育苗、管护和其他绿化任务。没有完成义务植树任务的，要交纳绿化费。义务植树需发的种苗费、管护费和其他资金，由山林权属单位解决。

三、明确权属，加强管理是搞好义务植树的重要措施。根据林地的所有权情况，在国有土地上义务植树的树木，林权归国家林业和政府规定的部门、单位所有。在集体土地上造的树木，林权归集体，可以承包到户管理，抚育，按比例分成；或者由集体派专人看管，报酬由权属单位负担。河流两岸，公路两旁所造的树木，在统一造林规则、统一批准砍伐的前提下，可以将造林、育林、护林按所在队的地段进行承包，谁管谁有。

四、植树造林要讲究科学，注重实效，保证质量。各级林业部门要组织技术人员，帮助各单位搞好技术培训，总结推广植树造林的先进经验。农村生产队要在植树造林时，针对点多面广的特点，组织有造林经验的同志加强督促检查，搞好技术指导，以便作到因地制宜，适地适树，速生丰产，提高劳动生产率。

关于坚决打击拐卖妇女儿童犯罪活动，确保妇女儿童人身权利的决议

（1983 年 7 月 9 日第八届县人大常委会第十七次会议通过）

拐卖妇女、儿童是侵犯人权、危害社会治安，破坏社会主义精神文明建设的一种犯罪活动，是

与社会主义制度根本不相容的一种丑恶现象。这种丑恶现象在我县一部分社队已极为严重。为了坚决打击这一犯罪活动，确保妇女、儿童的人身权利。争取社会治安和社会风气的根本好转，特作如下决议：

一、各级人民政府要在党委的领导下，以对党对人民高度负责的精神，把打击拐卖妇女、儿童的犯罪活动，列入重要议事日程，把它作为开创新局面，实现社会治安根本好转的大事来抓。要组织各方面的力量，采取有效措施，实行综合治理，常抓不懈，千方百计制止这种罪恶活动的发生。

二、开展法制宣传教育。全县各地，特别是拐卖妇女、儿童比较突出的地方，由司法部门会同当地有关部门，在近期内要集中一段时间，采取各种宣传形式，开展法制宣传教育，重点宣传新宪法和婚姻法以及中共中央办公厅〔1983〕14 号、省委〔1983〕29 号文件的主要精神，使广大干部群众，特别是社队基层干部，增强法制观念，充分认识拐卖妇女、儿童犯罪活动的危害性，从而发动和依靠广大群众，坚决抵制买卖婚姻，自觉地同拐卖妇女、儿童的犯罪活动作坚决的耳争。

三、公安法院检察、司法以及其他有关部门，应拿出适当力量，组织专门班子，具体负责打击拐卖妇女、儿童犯罪活动的组织领导工作。当前，应抓住几起危害大的典型案件，依法从重从决惩处，公开宣判，震嚎坏人，教育群众。

四、对被拐卖的妇女、儿童，应在区、社、大队的配合下，积极予以解救。特别是心身受到摧残的少女、现役军人家属以及违背本人意愿被迫成婚、坚决要求返回原籍的妇女，更应解救送回原籍并作好教育和安置工作，财政部门应解决办案和解救工作中的经费。

关于进一步办好中小学教育的几项决议

（1984 年 9 月第九届县人大常委会第四次会议通过）

邵阳县第九届人民代表大会常务委员会第四次会议，听取了县教育局副局长钟一成受人民政府委托所作的《关于教育工作情况的汇报》。在此以前，县人大常委会还组织部分委员会同政府有关部门对教育工作作了一次视察。据此，会议认为，近几年来，我县中小学教育在调整学校布局、改善办学条件、落实知识分子政策、加强教师队伍建设、提高教育质量等方面作了大量工作，取得了较好的成绩，对此表示满意。但是，为了进一步办好我县中小学教育，当前有以下几个问题必须引起各级领导的高度注意和重视，会议决定：

一、要充分发动群众集资办学，努力改善办学条件。许多地方的实际情况表明，我县相当一部分学校的办学条件差，特别是危房较多，这不仅影响教育的普及提高，而且严重地威胁师生的安全。会议认为，坚持“两条腿走路”的方针，发动群众集资办学是解决这一问题的有效办法。那种单靠国家拨款解决问题，既难办到，又远不能满足实际情况的需要。教育部门提出“一不等，二不靠，自力更生办学校”的号召，会议表示赞同。会议要求各级政府要继续认真地贯彻落实去年省委、省人民政府在东安召开的教育工作会议精神，切实抓好集资办学，努力改善办学条件。质量抓得好的单位，要戒骄戒躁，继续前进；抓得不好的单位，要克服困难，迎头赶上，尽快争取全县实现“一无二有”（校校无危房，班班有教室，人人有课桌凳）的目标，会议要求教育行政部门，要加强对资金管理、资金使用情况的检查监督，作到专款专用，严防贪污挪用，一经发现，就要严肃处理，以充分调动群众的积极性。

二、要坚决维护教师的人身权利，严肃处理侮辱、殴打教师的不法行为。教师是“人类灵魂的工程师”，是我国工人阶级的一部分，是社会主义事业的依靠力量。粉碎“四人帮”以后，特别是三中全会以来，我县广大干部和人民群众对此认识有了很大提高，尊重知识，尊重教师的社会风尚已遍及各个领域。但近年来，在少数地方，侮辱、殴打教师，侵犯其人身权利的事件时有发生，有些事件至今未得到公正的处理，在社会特别是教育界引起强烈的反响。会议一致认为，这种不法行为是对教育事业的恣意践踏，是党纪国法所不能容忍的，要求各级政府对已发生的事件，要认真进行清理，对未处理的要分别情况，严肃处理；触犯刑律的，政法部门要积极主动地予以应得惩处。同时要求各级政府采取必要的措施，防止类似事件的再度发生。

三、要保护学校财产不受侵犯。凡经县人民政府批准征收或经当地乡、村划给学校的土地和其他财产均归学校所有，任何单位和个人不得侵占和毁坏。各级政府要关心和支持学校加强对公共财物的爱护和管理，要作好群众爱学校、爱集体、爱公共财物的思想教育工作，对经劝阻无效、恣意侵占和损坏学校财产的单位和个人要给予严肃处理。

四、认真解决好民办教师的报酬（国有补助以外的自筹部分）。民办教师在我县教师队伍中所占的比例，将近一半，有的地方多达百分之六七十，他们的状况如何，对我县教育事业的兴旺发达有着深刻的影响。对这样一支有举足轻重的庞大队伍，已引起各级领导的关注和重视，在解决他们报酬、调动他们的积极性方面作了大量的工作，收到了好的效果。特别像新建等乡、村的领导，在作好繁重工作的前提下，以乡为单位筹集资金，解决民办教师的报酬，得到了广大教师的好评，县人大常委会对此表示赞同。但还有不少地方的民办教师的报酬，仍未得到妥善解决，很明显，这些地方的民办教育工作不可能不受到影响。会议要求那些没有解决好的地方的领导，要认真分析原因，并采取积极的措施尽快地加以解决，以解除民办教师的后顾之忧，使之全心全意地为教育事业服务。

会议号召全县所有的公办和民办教师，要在各级党委和政府的领导下，模范的遵守党纪国法、勤勤恳恳地工作，为培养更多又红又专的社会主义建设者和保卫者，做出新的贡献。

关于向全县公民加强法制宣传教育普及法律常识的决议

（1985 年 3 月 27 日第九届县人大常委会第七次会议通过）

邵阳县第九届人民代表大会常务委员会第七次会议，听取了县司法局局长尹中球受县人民政府委托所作的《关于全县法制宣传工作情况和今后法制宣传的意见的汇报》。会议认为向全县公民加强法制宣传教育，普及法律常识是形势的需要，是加强社会主义民主、健全社会主义法制的迫切要求。为此，特作如下决议：

一、根据中央司法部关于“用五年左右的时间，在全体公民中基本普及法律常识”和“一年准备，三年普及，一年巩固提高”的要求，县司法行政部门要认真作好教材供应，培训宣传队伍，办好试点和其他各项日常工作，使法制宣传教育工作不断向纵深发展。公安、检察、法院、文化、广播电视等部门和工会、妇联、共青团等人民团体，要在普及法律常识的工作中充分发挥自己的作用，为逐步实现我县法制宣传教育工作经常化、制度化、系统化做出贡献。

二、全县各机关、部门、企事业单位、人民团体、街道、村民小组应制订切实可行的普及法律常识五年规划，在采取多种形式、运用各种宣传工具广泛深入地开展法制宣传教育活动的同时，有计划、有步骤地组织公民学习《中华人民共和国宪法》《中华人民共和国刑法》《中华人民共和国刑事诉讼法》《中华人民共和国民事诉讼法（试行）》《中华人民共和国婚姻法》《中华人民共和国兵役法》《中华人民共和国经济合同法》《中华人民共和国森林法》《中华人民共和国民族区域自治法》和《中华人民共和国治安管理处罚条例》，特别是要抓好青少年和各级干部的学习。通过普及，使每个居民都能掌握以上法律的主要内容，作到知法，懂法、守法，自觉地依法办事。

三、各级人民政府要把普及法律常识工作列入重要议事日程，切实加强领导，及时研究和解决工作中出现的问题。各级领导要带头学法，不断地增强法制观念，克服以权代法，以言代法的现象。真正作到有法必依，违法必究，为把我国建设成高度民主、高度文明的社会主义强国而努力奋斗。

关于认真做好农村“五保户”供养工作的决议

（1987年8月10日邵阳县第十届人民代表大会常务委员会第四次会议通过）

第十届县人大常委会第四次会议，在授权审议刘仕继、黎佐成、石舟云等11位代表提出的《关于切实解决好孤寡老人（“五保户”）的生活问题，以促进计划生育工作的议案》的同时，听取了县民政局副局长陈启茂《关于解决农村五保户供养问题的情况汇报》，并进行了认真的讨论。会议根据我国宪法第四十五条规定和湖南省人民代表大会常务委员会《关于维护老年人合法权益的决议》的要求，结合我县具体情况，特就做好全县农村“五保户”供养工作决议如下：

一、提高思想认识。做好“五保户”供养工作，是社会主义精神文明建设的重要内容，是我们中华民族传统美德的具体体现，是贯彻落实省人大常委会《关于维护老年人合法权益的决议》的重要措施，是全社会应尽的职责。它有利于安定团结局面的巩固和发展，有利于计划生育工作。各级政府及其有关部门要采取多种形式，运用宣传工具，继续加强法制教育和道德教育，不断提高社会对“五保户”供养工作的认识，增强做好“五保户”供养工作的自觉性。

二、落实供养办法。县人民政府应根据上级有关政策规定，结合我县实际情况，制定出切实可行的“五保户”供养办法，并认真组织实施，使“五保”工作逐步制度化、规范化。

三、加强法律保护。对侵犯“五保户”合法权益的行为，任何人都有权制止、检举和控告，各级政府和有关部门应认真受理，不得推诿。对违法犯罪分子，司法部门要及时依法惩处。

四、切实加强领导。各级政府要把做好“五保户”供养工作列入议事日程，有一名领导分管，经常了解情况，及时发现和解决问题。县民政局和各级民政干部要尽职尽责抓好“五保户”供养工作。

关于切实加强专项支农资金管理的决议

（1989 年 9 月 20 日第十届到人大常委会第 18 次会议通过）

专项支农资金是国家财力安排对农业的专项投资，是加强农业基础建设、发展农业生产的一项重大措施，是党和政府对广大农民关心、支持的具体体现。管好用好专项支农资金，关系着党的方针、政策在农村的实施。根据我县目前存在的对专项支农资金管理不严，甚至出现有的主管部门任意截留、挪用，为切实加强对专项支农资金的管理使用，发挥其应有的效益，特作如下决议：

一、专项支农资金必须做到专款专用，任何单位和个人不能以任何借口挪作他用。个别特殊问题，需调整使用时，主管部门必须征得县财政监督部门同意后报县政府常务会议研究审批，县长签署意见，并报经上级主管部门同意方可调整。违者要追究单位和个人的责任。

二、专项支农资金必须专项立账，绝不能与本单位其他经费混同。

三、专项支农资金的使用，要严格按有关政策的规定办事，使用前必须由主管部门做出安排规划，报县财政局审查同意。未经审查同意的，农财股可以拒拨。同时，要充分发挥农行、审计的监督作用。

四、专项支农资金的使用要讲究效益。安排前，要深入调查研究，重大项目要写出可行性报告。安排后，农财股要进行复查，使有限的资金投放准确，能发挥其应有的效益。

关于加强职业技术教育的决议

（1989 年 11 月 26 日邵阳县第十届人大常委会第二十次会议通过）

近几年来，我县在改革中等教育结构、发展职业技术教育方面取得了一定的成绩，职业技术教育的生命力已逐步显示出来。但不少地方仍对职业技术教育的作用认识不足，位置摆得不正，致使发展速度缓慢，甚至局部出现了滑坡现象。为使我县职业技术教育健康发展，特做如下决议：

一、进一步提高对发展职业技术教育重要性和紧迫性的认识。

职业技术教育是教育与经济、社会发展的一个重要结合点，是把科学技术变成生产力最直接、最迅速、最重要的环节。大力发展职业技术教育是培养中初级技术人才和管理人才的重要途径，是振兴我县经济的战略措施和必由之路。各级政府要充分认识职业技术教育在社会主义建设中的巨大作用，增强发展职业技术教育的紧迫感和使命感，千方百计教育广大干部群众破除轻视职业技术教育的陈腐观念，树立新的教育观、人才观，关心支持职业技术教育，为办好我县职业技术教育贡献力量。

二、加强领导，统筹规划，加快发展职业技术教育的步伐。

加强领导，是发展职业技术教育的关键，各级政府要切实加强领导，大力推进中等教育改革，把发展职业技术教育列入议事日程，县人民政府要成立“职教”领导小组，统一领导，专人负责，及时研究和解决发展职业技术教育的重大问题。计划部门要把发展职业技术教育列入全县国民经济和社会发展计划，使职业技术学校在校学生逐步达到上级提出的等于或略高于普通高中人数。

三、坚持“主要面向农村、不包分配、联合办学的方针”

职业技术教育主要面向农村。要适应我县农村家庭联产承包责任制和商品经济发展的需要，培养大批的懂技术、会经营的各类农户技术人才以及乡镇企业中的各类中初级技术员、管理员和技工。要鼓励集体、个人和其他社会力量办学，提倡各单位各部门切实加强对职业技术教育的宏观管理和指导，并重点办好一、二所示范职校，要满腔热情地支持各部门办学，认真组织好联合办学，使我县职业技术教育出现农、科、教相结合，长、短期相结合，多层次、多形式、多方位办学的新局面。

四、切实贯彻执行“先培训，后就业”的原则，优先录用职校毕业生。

各类用工人员应经过职业技术教育培训，才能走上工作岗位。劳动人事部门招工、招干（招聘）和各部门（含乡镇企业）任用人员时应在同等条件下优先取用职业技术学校毕业生。被取用的职业技术学校的毕业生与中技毕业生享受同等待遇。职业技术学校的毕业生开展经营活动时，有关部门要提供方便，在条件允许下，给予优惠，以更好地发挥他们的作用，促进职业技术教育的发展。

五、认真解决办学中的具体困难和问题

发展职业技术教育，必须解决好办学中的具体困难和问题，要解决好必要的办学经费，按县财政总收入的0.1%～0.3%和教育事业费的1%用于职业技术教育，县财政对此要在预算中单列。要配备相应的师资，除配备好必要的文化课师资外，要通过各种途径培训专业课师资，逐步做到职业技术学校的师资队伍齐整，实力雄厚。要确定适当的试验基地，以便教学与实践相结合，并成为对社会具有吸引力的科技示范中心。

关于授予姜青春等六同志县级劳动模范的决定

（1992 年 4 月 27 日第十一届县人大常委会第十六次会议审议通过）

根据《中华人民共和国地方各级人民代表大会和地方各级人民政府组织法》的规定，县十一届人大常委会第十六次会议听取并审议了县人民政府关于提请授予姜青春等六同志“邵阳县劳动模范”荣誉称号的报告。决定授予下列同志县级劳动模范荣誉称号：姜青春、张景卫、易新华、刘培根、张春禄、邓权华。

关于本届人大及其常委会以前的部分决议中部分条款暂停执行的决定

（1993 年 7 月 20 日第十二届县人大常委会第四次会议通过）

根据国务院和省、市有关减轻农民负担的指示精神，县人大常委会对本届人大及其常委会以前的决议、决定，进行了全面的清理，清出其中两项决议的部分条款涉及农民负担与国务院宣布取消的涉农负担项目相抵触，故作出如下决定：

一、1990 年 2 月 18 日县十一届人大一次会议通过的《关于切实加强水利建设的决议》的第二条“建立水利发展基金，依靠社会力量增加水利投入。水利发展基金来源：一是按水田面积筹集。其酬金可根据各地情况每年每亩筹集 3 元以上，时间可筹集两到三年，方法可以灌区或乡镇统筹”等部分条款，除筹集时间已经不再生效外，其余部分，根据国务院宣布取消的 37 个项目中的 15 项规定，决定暂停执行。建议县十二届人民代表大会第二次会议予以修改。同时，责成县人民政府根据《决议》所作的实施方案，进行认真清理，凡涉及农民负担的集资条款自行停止执行。

二、1984 年 9 月，县人大常委会第四次会议通过的《关于进一步办好中小学教育的几项决议》中的第四条“以乡为单位筹集资金解决民办教师报酬”的款项，现在已从教育附加费中得到了统筹解决，不应再向农民集资。根据国务院宣布取消的 37 个项目中的第 16 项规定，决定暂停执行。报县十二届人民代表大会第二次会议备案。

关于加强预算外资金管理的决议

（1994 年 9 月 26 日邵阳县第十二届人大常务委员会第十一次会议讨论通过）

邵阳县第十二届人民代表大会常务委员会第十一次会议根据县人民政府副县长唐伯阶《关于提请审议批准〈邵阳县预算外资金管理暂行规定〉的报告》，听取了县财政局长唐应中受县人民政府委托所作的关于预算外资金管理暂行规定的说明，审议批准了《邵阳县预算外资金管理的暂行规定》。

会议认为：随着经济体制改革和生产事业的发展，我县预算外资金有了较大幅度的增加，实际已成为“第二财政”。但由于前段我县对这部分资金缺乏相应的管理措施和监督制度，致使预算外资金的来源、流向存在不少问题，它直接影响了全县财政收入。为了加强预算外资金的管理，全面贯彻执行湖南省第八届人大常委会第十次会议通过的《湖南省预算外资金管理条例》，切实管好用好预算外资金，发挥预算外资金在经济建设和社会发展中的作用，特作如下决议：

一、必须提高对加强预算外资金管理的重要性、必要性、紧迫性的认识。预算外资金属国家所有，是财政资金的重要组成部分。管好用好这笔资金，是认真贯彻落实中央、省、市有关文件精神的需要，是增强政府对社会资金的宏观调控能力，缓解我县财政困难，振兴地方经济的需要，是克服新的分配不公，消除腐败，加强廉政建设的需要。为此，各级各部门必须统一思想认识，特别是各级领导要从思想上高度重视，要把加强预算外资金管理当作反腐倡廉，当作经济建设中的一项重要工作来抓紧抓好。

二、必须加强对预算外资金管理和监督。县域内各部门、各单位必须严格执行《邵阳县预算外资金管理的暂行规定》，实行预算内外资金统一运筹。县财政部门要将各单位预算外资金的收支预算编制情况及时汇总并报县人大常委会审查批准。县人民代表大会和县人大常委会在听取和审议县政府财政预算执行情况时，要同时听取和审议预算外资金管理情况的汇报。财政、银行、税务、物价、三查办、监察、审计等执纪执法部门要紧密配合，依法加强对预算外资金管理的监督检查。有关单位要如实提供资料，按时划转到财政专户，不准公款私存、转储，或到信用社、信贷部门开户转存，否则，视同“小金库”金额收缴财政，对不执行《邵阳县预算外资金管理暂行规定》者，要追究有关人员和领导者的责任，直至给予行政的、经济的和法律的惩处。

三、必须加强对预算外资金管理工作的领导。预算外资金涉及面广，政策性强，情况复杂，县政府应成立预算外资金管理领导小组，县财政局应充实加强综合计划股的力量，县域内各行政事业单位应配专职或兼职预算外资金管理干部，各乡镇财政所应明确一人兼管此项工作。各级各部门领导要切实负责，经常研究、检查和解决预算外资金管理工作中的问题，以确保我县预算资金管理的暂行规定落到实处，充分发挥预算外资金在我县经济建设中的作用。

关于批准《邵阳县撤区并乡建镇行政区划调整方案》的决议

（1995 年 5 月 19 日第十二届县人大常委会第十五次会议通过）

根据中共中央发（1993）7 号文件和中共湖南省委、省政府湘发（1994）8 号文件精神及省委、省政府《关于全省农村撤区并乡建镇，简政放权的意见》，依照《中华人民共和国地方各级人民代表大会和各级人民政府组织法》第三十九条的有关规定，经县十二届人大常委会第十五次会议认真审议，批准县人民政府制订的《邵阳县撤区并乡建镇行政区划调整方案》，即全县由原来的 8 个区、1 个区级镇和 30 个乡、11 个乡级镇撤并为 22 个乡镇（10 个乡、12 个镇）。县人民政府务必加强领导，周密组织，精心指导，抓紧实施。全县干群应同心同德，顾全大局，积极支持，为落实《方案》，促进发展，保持稳定，尽职尽责。

关于东山等二十六个村行政区划调整的决定

（1995年11月28日第十二届县人大常委会第二十一次会议通过）

邵阳县第十二届人大常委会第二十一次会议，听取和审议了县人民政府“关于东山等二十六个村行政区划调整的请示”。会议认为，调整东山等26个村的行政区划，既尊重历史沿革，合符民意，又有利经济建设，符合改革、发展、稳定的大局方针。会议同意县政府的请示，将我县罗城乡所辖的东山等20村的行政区划划属五峰铺镇，金称市沿滩等6个村的行政区划划属塘田市镇。东山等26个村的行政区划调整后，不打乱村的建制，村委办公地点不变。

关于切实加强农村初级卫生保健工作的决议

（1996年1月29日第十二届县人大常委会第二十三次会议通过）

邵阳县第十二届人民代表大会常务委员会第二十一次会议，听取和审议了县卫生局局长吕敬恒代表县政府所作的《关于我县实施初级卫生保健情况的汇报》。会议认为，我县自1990年实施初级卫生保健工作以来，在历届常委、政府的重视和各有关部门的共同努力下，做了大量的工作，取得了较好的成效。但是工作进展尚不平衡，与上级要求差距还较大；少数单位的领导对初级卫生保健工作认识不足，措施不力，配合不够，工作进展缓慢。为了切实加强我县农村初级卫生保健工作，保证我县1997年“人人享有初级卫生保健”规划目标如期实现，特作如下决议。

一、进一步提高认识，切实加强领导。“2000年人人享有卫生保健”是世界卫生组织提出的全球性战略目标，我国政府已明确表示承诺如期实现这一目标。省、市人民政府已将它列为实现奔小康的重要内容。我县各级政府亦应把它纳入经济和社会发展总体规划的重要目标之一，每年为我县初级卫生保健工作扎扎实实解决一些实际问题。特别是农村的改水改厕，要求在两三年内，各个乡镇每年应完成2～3处自来水工程，增加饮用自来水人口1000人以上，每个村每年应完成30～50个无害化厕所的建设。

二、要切实加强卫生网络建设。要根据分级办医、分工管理的原则，坚持县医县办，乡医乡办。要求在“九五”期间内，县办医院达到“二甲”医院标准，县妇幼保健站达到部颁标准；80%的乡镇卫生院和60%的村卫生室分别达到“一甲”和“甲级”的标准。

三、要逐步增加卫生投入。要求县乡两级在“九五”期间，其卫生事业费要在同级财政总支出的比例中逐年有所增加，力争达8%。农村合作医疗应根据国务院关于《农民负担费和劳动管理条例》的规定及县政府的通知精神，在乡村统筹经费（即农负担）中切出0.3% -0.5%用于发展农村卫生事业。坚决制止向医疗卫生单位乱收费、乱摊派、乱罚款等不正之风。

四、积极稳步地推行多种形式的农村合作医疗保健制度。

各级政府和卫生部门，要按照农民自愿、受益、适度和民办公助、互相共济的原则，积极探索建立适合当地特点的乡办、村办、乡村联办或合医不合药、合医合药等多种形式的合作医疗保健制度。"九五"期末，要求全县应有70%的村实现合作医疗保健。

关于批准邵阳县人民政府调整"普九"规划的决定

（1996年5月7日第十二届县人大常委会第二十六次会议通过）

邵阳县第十二届人民代表大会常务委员会第二十六次会议，听取和审议了县教育局局长夏路阳受县人民政府的委托所作的邵阳县人民政府《关于调整全县"普九"规划的报告》（以下简称《报告》）。

会议认为，《中华人民共和国义务教育法》颁布以后，我县各级政府贯彻实施县十二届人大常委会第十一次会议审议通过的《邵阳县九年义务教育实施规划》，取得了卓有成效的工作业绩。但由于1995年撤区并乡建镇机构调整，我县大部分乡镇行政区域发生了变更。县人民政府根据机构变动后的乡镇状况，及时调整"普九"实施规划是必要的，是符合我县客观实际的。

会议决定批准这个《报告》。希望各级政府按照调整后的规划要求，认真贯彻实施，保证如期实现。

关于认真贯彻实施
《关于在全县公民中开展法制宣传教育第三个五年规划》的决议

（1996年9月22日第十二届县人大常委会第二十八次会议通过）

邵阳县第十二届人民代表大会常务委员会第二十八次会议审议了《关于在全县公民中开展法制宣传教育第三个五年规划》（以下简称"三五"普法规划）。为了继续深入开展法制宣传教育，进一步提高全体公民的法律意识，积极推进依法治县，把"三五"普法规划落到实处，本次会议特作如下决议。

一、实施"三五"普法规划，对于提高全县公民的法律素质，加强社会主义法制，发展社会主义民主，保持社会稳定，促进经济发展和改革开放具有重要作用。继续深入开展法制宣传教育，是全社会的共同任务。全县各级党政机关和社会团体、企事业单位，都应认真贯彻实施"三五"普法规划，对本单位的公民进行法制宣传教育。各级人大和政府都要加强对"三五"普法规划贯彻实施的领导和监督，普法主管机关要注意发挥各方面的积极性，认真做好指导、协调、督促、验收工作，把“三五”普法引向深入，在全县形成学法、用法、依法办事的良好风尚。

二、全县公民都应当遵循“三五”普法规划的要求，自觉接受法制宣传教育，努力学习宪法和有关的法律知识，做到学法、知法，运用法律武器同违法行为做斗争，依法维护国家、集体和自身合法权益。全县各级干部特别是科级以上领导干部应带头学法、用法和守法，做依法行政，依法办事的表率。司法人员和行政执法人员要努力提高自身法律素质，熟练掌握和运用与本职工作相关的法律、法规，严格执法，公正司法，自觉维护宪法和法律的尊严。全县企事业经营管理单位人员要学习掌握与社会主义市场经济相关的法律、法规，不断提高依法管理水平，维护本单位的合法权益和社会公共利益。全社会都要关心青少年的法制教育，大力普及法律常识，使青少年自觉遵纪守法，健康成长。

三、全县各有关单位要根据“三五”普法规划的内容，注重法制宣传教育的实效，针对不同的对象，运用多种形式，开展生动活泼的法制宣传教育和法律咨询服务。文化、新闻、广播电视、电影等部门要充分发挥大众传播媒介的作用，积极地为“三五”普法工作服好务。中等专业学校、进修学校、中小学都要执照“三五”普法规划的要求开设法制教育课。各级党校和干部培训班要把“三五”普法内容作为必修课程。各基层组织要采取各种途径和行之有效的办法有针对性地开展各种形式的法制教育活动。各有关部门要把是否具备应有的法律知识和能否依法办事作为国家工作人员考核和晋升的重要依据，把法律常识作为招工招干的考试内容。

四、坚决做到学法和用法相结合，全面推进各行各业依法治理。要把“三五”普法规划的贯彻实施与法制工作、经济建设、社会发展的实际紧密结合起来，针对各乡镇、各部门、各行业和不同对象，确实目标，提出任务，采取措施，齐抓共管，促进学法用法的有机结合，推进城乡及各行各业的依法治理，为依法治县工作全面深入开展创造条件。

关于授权批准我县1996年财政预算执行情况和1997年财政预算的决议

（1997年4月22日第十二届县人大常委会第三十二次会议通过）

邵阳县第十二届人大常委会第三十二次会议按照县十二届人民代表大会第五次会议的授权决议，认真听取和审议了县财政局局长唐应中受县人民政府委托，向常委会所作的《关于1996年财政预算执行情况和1997年财政预算（草案）的报告》，并根据县人大常委会主任会议的审查报告，决定批准邵阳县人民政府提出的1997年财政预算，并同意财政局长唐应中受县人民政府委托所作的《邵阳县1996年财政预算执行情况和1997年财政预算（草案）的报告》。

会议同意邵阳县人大常委会主任会议在审查报告中为完成1997年全县财政预算提出的各项建议。会议要求各级人民政府及所属部门要严格执行《中华人民共和国预算法》，认真维护财政预算的严肃性，强化预算约束。在预算执行中，要切实贯彻中央适度从紧的政策，进一步强化和完善财政体制改革，努力开源节流，增收节支，严格依法治税，强化税收征管，把收入全部收上来。要严格预算管理，抑制非生产性开支的过快增长，提高资金的使用效益。要进一步整顿财政秩序，严肃财政纪律，切实加强预算内外资金管理。预算内超收部分，原则上应坚持主要用于消化以往年度的财政超支和补偿财政周转金，解决工农业生产急需的资金和历史遗留问题。县人大常委会和乡镇人大要加强对本级财政预算执行情况的监督。各级领导干部要把握大局，再接再厉，同心同德，开拓前进，认真执行财税法律、法规，严格财政纪律，发扬艰苦奋斗，勤俭节约的优良传统，扎实工作，动员和依靠广大人民群众，为圆满实现1997年财政预算而努力。

关于依法治县的决议

（1997年8月22日第十二届县人大常委会第三十四次会议通过）

邵阳县第十二届人民代表大会常务委员会第三十四次会议，认真审议了县人民政府向县人大常委会提出的《关于依法治县》的议案。会议认为，依法治县符合中央关于依法治国，建设社会主义法制国家的战略方针，也符合我县的实际情况。党的十一届三中全会以来，我国法制建设有了很大发展，以宪法为核心的法律体系初步形成，使我们在重要的基本方面已经有法可依。经过前十年的普法教育，广大干部群众学法、用法、守法、执法的社会风气正在形成。但是由于历史和现实的原因，有法不依，执法不严，违法不究，甚至以言代法、以权代法的现象依然存在。因此，大力加强法制建设，实行依法治县，使我县政治、经济和社会生活许多方面走上法制的轨道，是时代的要求，历史的必然，为此，特作如下决议：

一、必须深入宣传发动，提高依法治县的自觉性。各级各部门、各单位要充分利用各种宣传工具，运用各种宣传形式，广泛深入地宣传党的“一手抓建设，一手抓法制”的方针，宣传依法治县的重大意义和目标要求。使全县人民认识到，实行依法治县是加强社会主义民主和法制建设的迫切需要，是治理整顿，全面深入改革的迫切需要，是把我县建设成富强、民主、文明县的客观要求，从而自觉地投入到依法治县的活动中去。

二、要认真抓好“三五”普法工作，为依法治县奠定良好的基础。各级、各部门、各单位要认真学习，坚决贯彻《全国人大常委会关于深入开展法制宣传教育的决议》，在“三五”普法中，要以领导、执法干警和青少年为重点对象，以宪法为核心，以专业法为重点内容，有步骤分层次地组织干部、群众学习。通过普法教育进一步增强全县人民的法制观念和法制意识，推动依法治县工作的顺利进行。

三、要严格依法办事，依法行政，这是依法治县的关键环节。全县各机关及其工作人员，特别是各级领导干部，要增强法律意识，带头守法、执法、自觉地在宪法和法律规定的范围内行使职权；政府各部门必须严格依法行政，依法管理，司法机关要严格依法办案，公正司法；企业事业单位要依法组织生产、经营及其他各项活动。以保证国家法律法规的正确实施。

四、要下大力气抓好执法队伍建设，提高他们的政治、业务素质和执法水平。一方面要通过培训等方式提高执法人员的素质和全心全意为人民服务的思想，另一方面要对那些违法乱纪的执法人员作出严肃处理，对那些不适合做执法工作的人员要调离出去，以纯洁执法队伍。要进一步建立、健全法制机构，改善执法条件，加强执法监督，使执法队伍适应依法治县的需要。

五、要广泛开展依法治理活动，切实搞好社会治安综合治理。认真贯彻党中央、国务院和全国人大常委会《关于加强社会治安综合治理的决定》以及省、县有关规定，依靠广大人民群众，坚持“打击、防范、教育、管理、建设、改造”相结合，根据不同时期不同地域社会治安的突出问题，开展专项整治，按照“谁主管谁负责”的原则，层层建立社会治安综合治理目标管理责任制和检查监督评比奖惩制度。加强基层法制宣传、法律服务、治安保卫和人民调解等基础工作，搞好单位自防自治、社会联防联治建设。深入开展依法治县、治乡（镇）、治村、治街、治厂、治校、治店等活动，实行基层工作的制度化，规范化管理。加速推进乡村和重点行业的依法治理，建立和完善以基层依法治理为基础，以行业依法治理为支柱，各个层次纵横结合的依法治理网络。继续开展创建治安模范乡镇、街道、治安模范单位和治安模范小区活动，切实加强基层基础工作，努力营造一个治安好的小环境，促进全县治安大环境的进一步好转。

六、要切实加强对依法治县的领导。依法治县是一项宏大的社会工程，各级政府要在党委的统一领导下，把依法治县纳入“两个”建设总体规划，从人力、物力、财力上给予支持和保障。各部门、各单位要将依法治县工作列入目标管理，建立责任制，制订切实可行的实施方案并予以落实；做到各负其责，各司其职，密切配合，形成依法治县的合力。各级领导机关和领导干部不仅要带头遵守执行法律，而县要加强对依法治县工作的领导，把它列入重要议事日程，建立机构，组织班子，定期研究、布置、检查、督促，抓好试点，总结经验，推动全面，确保我县依法治县深入健康发展。

关于批准
《邵阳县人民政府关于变更塘渡口镇公园选址方案的议案》的决议

（1998 年 11 月 26 日第十三届县人大常委会第六次会议通过）

邵阳县第十三届人民代表大会常务委员会第六次会议认真听取和审议了《邵阳县人民政府关于变更塘渡口镇公园选址方案的议案》。会议认为：塘渡口镇公园原址由于面积狭窄，且被周围建筑物所包围，无出入通道，已不能适应日益发展的城镇建设需要。县人民政府提议将公园选址在塘渡口至红石地段之间的岳子岭地域，理由客观，选址较好，有利于新、旧城区的规划与建设，也符合县城建设规划东移的总趋势和要求。

会议决定：原则批准县人民政府《关于变更塘渡口镇公园选址方案的议案》，将公园地址不允许乱占滥用，只允许与原公园地址接壤的单位，在单位建设确需用地，并经过批准可征用一些地外，其他任何单位和个人不得在原公园地址选址用地。

会议要求：县人民政府要切实加强城镇规划的管理和控制，并积极筹措资金，早日建设新公园，为县城居民的生活、娱乐提供理想场所。

关于《实事求是统计全县农民人均纯收入的议案》立案的决定

（2000年1月12日第十三届县人大常委会第十三次会议审议通过）

邵阳县第十三届人民代表大会常务委员会第十三次会议经过审议，同意对康拥春等5名县人大常委会委员提出的《关于实事求是是统计全县农民人均纯收入的议案》立案，并决定：由县人民政府根据议案内容，迅速组织力量，依据布点合理、抽样准确的原则，制定出科学的、切实可行的调查统计方案，对全县农民人均纯收入重新进行调查核实，并将调查统计情况向县十三届人大常委会第十四次会议作专题汇报。

关于我县1999年农民人均纯收入认定的决定

（2000年3月2日第十三届县人大常委会第十四次会议审议通过）

县人大常委会康拥春等5名委员联名提出的《实事求是统计全县农民人均纯收入》的议案，经县人大常委会第十三次会议审议同意立案后，交由县人民政府办理。县政府根据议案内容，坚持实事求是、科学测算的原则，组织力量扩点调查了12个村120户农户，按照全国农村住户调查方案，对这120户农户1999年收入记账情况，进行了认真分析、测算，并总结出了我县1999年农民人均纯收入是1047元。县人大常委会第十四次会议对县人民政府扩点调查全县农民人均纯收入的情况汇报进行了认真审议，一致认为，县政府扩点调查及得出的1999年全县农民人均纯收入1047元，基本符合我县实际情况，并决定予以认定。

（以上为县人大常委会决议决定）

二、规章制度、简则、办法选录

邵阳县人大常委会同“一府两院”加强工作联系的办法

（1990 年 3 月 27 日县人大常委会正副主任和县人民政府正副县长、县人民法院正副院长、县人民检察院正副检察长第一次联系会议通过）

为了认真履行宪法和法律赋予的职权，加强同“一府两院”之间的工作联系，更好地支持、协调各方面的工作，订立如下办法。

一、建立联系会议制度。联系会议由人大常委会主任和“一府两院”的主要领导商定召开，每年举行 2 ~ 4 次。参加人员：县人大常委会正、副主任、办公室主任和“一府两院”正、副领导及办公室主任。会议内容：主要是工作交流，研究、商讨涉及全县性的重大事项，通报各自的重要工作部署等。联系会议还可根据需要，邀请有关人员列席。

二、建立相互列席会议制度。县人大常委会召开常委会和主任会议时，邀请政府县长或分管副县长和“两院”领导及有关部门负责人列席会议。县人民政府举行常务会议或召开全县性的大会，研究重大事项，讨论决定带方针、政策性的重大问题和部署重要工作，贯彻上级人民政府重要会议精神时，应邀请县人大常委会领导及有关工作委员会负责人列席。

三、建立工作碰头制度。县人大常委会领导和政府、法院、检察院的领导根据需要，可随时分别碰头，研究问题，通报情况，交换意见。四、建立材料交换制度。县人大常委会的公报、文件、重要资料寄送县人民政府和“两院”及其有关部门；“一府两院”的重要文件、国民经济计划、工作计划、信息、总结等材料应送人大常委会领导及有关工作委员会。县人民政府制订的带有法规性文件（决定、命令、通告、布告等）在公布实施前应向县人大常委会主任会议通气，征求意见。

五、建立工作信息反馈制度。“一府两院”对县人大及其常委会的决议、决定要认真组织贯彻实施。对贯彻实施中存在的问题应及时向县人大常委会主任报告；对县人大常委会主任会议提出的建议与意见，“一府两院”要及时研究，认真解决。县人大常委会领导对“一府两院”领导提出的建议与意见，要及时研究给予支持。县人大常委会组织调查或视察，“一府两院”应积极配合和协作，并通知有关部门做好准备，如实反映情况。对在调查、视察和联系代表中发现的问题，用书面或者其他方式转告“一府两院”领导，由“一府两院”认真解决，并将办理结果报告县人大党委会。

邵阳县人大常委会组成人员工作守则

（1993 年 7 月 20 日第十二届县人大常委会第四次会议通过）

第一条　为了加强常委会组织制度建设，使常委会组成人员更好地履行职责，依据宪法和法律的有关规定，制定本工作守则。

第二条　常委会组成人员必须维护全县人民的根本利益和共同意志；坚持人民代表大会制度，致力于社会主义民主和法制建设，模范地遵守宪法和法律，全心全意为人民服务，自觉地接受县人大代表和人民群众的监督。

第三条　常委会组成人员要努力学习建设有中国特色社会主义理论，熟悉宪法和法律，掌握行使职权所必需的知识。

第四条　常委会组成人员必须切实履行职责，努力工作，其他社会活动要服从常委会工作需要。

第五条　常委会组成人员必须出席常委会会议，因病或其他特殊原因，不能出席常委会全体会议时，应事先通过常委会办公室向主任或常务副主任请假。每次会议由办公室将会议出席情况在常委会《公报》中公布。

第六条　常委会组成人员在常委会各种会议上的发言和表决不受法律追究。常委会组成人员在常委会的各种会议上，应当遵守常委会会议议事规则和其他有关程序性的规定。

第七条　常委会会议举行前，常委会组成人员应就会议议题做好审议发言，发言的内容围绕会议议题进行，并力求言词精炼、重点突出，针对性强。

第八条　常委会组成人员要依照规定参加常委会组织的视察活动，视察时不直接处理问题，所带工作人员要力求精干。

第九条　常委会组成人员要密切联系群众，经常进行调查研究，听取意见和要求，向县人大常委会反映情况。

第十条　常委会组成人员要保持清正廉洁，不准谋取不正当收益。常委会组成人员要严守国家机密，凡属规定不应公开的内容，不得以任何方式传播。

第十一条　常委会组成人员严重违反本守则的，应向主任会议检查。

第十二条　本守则自通过之日起施行。

邵阳县人大常委会联系县人大代表的暂行办法

（1993年7月20日第十二届县人大常委会第四次会议通过）

为了加强同县人大代表的联系，充分发挥县人大代表在改革和建设中的作用，改进县人大及其常委会的工作，根据《中华人民共和国宪法》《中华人民共和国地方各级人民代表大会和地方各级人民委员会组织法》和《中华人民共和国全国人民代表大会和地方各级人民代表大会代表法》的有关规定，结合我县实际，特制定本暂行办法。

第一条　县人大常委会主任、副主任要加强同代表的联系工作。接待代表来访，批办或亲自处理代表的重要来信和反映的批评、建议和要求。不便由人大常委会直接处理的代表意见，应及时转有关部门研究处理，并将处理结果及时答复代表。

第二条　县人大委常会正副主任、委员、各委室负责人，到县内各地调查工作时，要就近走访在当地的县人大代表，或邀请他们进行座谈，征询他们的意见和要求。

第三条　县人大常委会各工作委员会，按工作性质，要经常联系有这一方面业务专长和工作经验的代表。必要时邀请他们参与各委的一些重要业务活动各会议，充分听取他们的意见和建议。

第四条　县人大常委会举行会议时，根据会议内容，可邀请有关代表列席会议，必要时，还可邀请省、市代表列席会议。

第五条　县人大常委会组织委员进行视察和调查研究时，可按实际情况，邀请有关代表参加视察和调查活动，或根据群众反映强烈的问题，分区组织代表视察和调查。

第六条　在召开县人民代表大会之前，县人大常委会围绕大会的主要议题，可组织代表就地就近进行视察，为开好大会准备议案与批评、建议和意见。

第七条　要因地制宜地把县人大代表组织起来。编成小组或联组开展活动，小组活动每年不省于2次。

第八条　代表小组的主要任务是：

（1）组织代表学习宪法、法律和党的方针、政策、以及人大工作的有关文件、资料，并向人民群众进行宣传；

（2）组织代表积极宣传和带头贯彻落实《中华人民共和国全国人民代表大会和地方各级人民代表大会代表法》和各级人大及其常委会的会议精神和决议、决定，协助政府推行工作；

（3）组织代表同原选举单位和选民保持密切联系，了解他们的意见和要求。对于迫切需要解决的问题，作必要的调查研究，及时向当地政府反映，提出建议，并向县人大常委会报告。

（4）组织代表交流活动经验，提高代表工作效率，并制定切实可行的活动计划，使代表活动经常化、制度化。

第九条　县人大常委会委托各乡、镇人大主席团组织的县人大代表参加的视察、调查和座谈会以及小组活动，所需经费，由组织单位向县人大常委会报销。

第十条　县人大常委会办公室和联工委应及时向县人大代表发送常委会《公报》及有关文件和学习资料。

本暂行办法自通过之日起施行。

关于监督本级人民法院、人民检察院工作的暂行办法

（1996年5月8日第十二届县人大常委会第二十次会议通过）

第一章　总　则

第一条　为保证县人大常委会依法监督本级人民法院、人民检察院（以下简称司法机关）的工作，根据《中华人民共和国宪法》《中华人民共和国地方各级人民代表大会和地方各级人民政府组织法》和《湖南省县级以上各级人民代表大会常务委员会监督本级人民法院、人民检察院工作的规定》，制定本暂行办法。

第二条　县人大常委会对本级司法机关实施监督是法律赋予的权力，必须依法行使。司法机关接受县人大常委会的监督是法律规定的义务，必须自觉履行。

第三条　县人大常委会的监督权，由人大常委会集体行使。人大常委会主任会议负责处理监督方面的重要日常工作。人大常委会内务司法工作委员会受人大常委会或主任会议的委托，承办监督中的具体工作。

第四条　县人大常委会支持司法机关依法独立行使职权，排除干扰，秉公办案。

第二章　监督内容

第五条　司法机关遵守和执行宪法、法律、行政法规、地方性法规的情况。

第六条　司法机关执行县级以上各级人民代表大会及其常务委员会有关决议、决定的情况。

第七条　司法机关作出的规定、决定、办理的大案、要案以及办案中的重大问题。

第八条　应由司法机关受理的无正当理由而不受理或相互推诿的案件；立案后在法定期限内无正当理由而未及时处理的案件；群众反映强烈的案件；违反法律法规受理的案件；司法机关要求人大支持的案件。

第九条　在案件处理上认定事实错误，适用法律、法规不当或违反法定程序，在本区域内造成较大影响的案件。

第十条　司法机关工作人员在执法中收受贿赂、徇私舞弊、枉法裁判或严重失职、渎职的案件。

第十一条　司法机关违反法律规定的任免事件。

第十二条　县人大常委会认为依法应当监督的其他事项。

第三章　监督形式

第十三条　听取汇报。司法机关每年应向人常委会或主任会议汇报1－2次工作。主任会议根据需要，可随时听取司法机关的专题工作汇报。

第十四条　出席会议。司法机关讨论重大案件或召开有关重要会议应报告人大常委会，并邀请人大常委会和内务司法工作委员会负责同志参加。

第十五条　交办任务。①县人大常委会受理的申诉、控告和检举信件，一般由内务司法工作委员会转司法机关办理或直接答复当事人。需报结果的应在三个月内报告办理情况。②对重大问题的申诉、控告、检举，主任会议可责成有关司法机关调查处理，也可以由内务司法工作委员会调查，提出建议，由主任会议交有关司法机关负责处理。对由内务司法工作委员会调查的案件，司法机关应积极协助，如实提供材料和回答问题。③对主任会议交办的案件，有关司法机关应根据主任会议的要求在限期内向主任会议写出书面报告或向主任会议作专题汇报。无正当理由拖着不办的，主任会议提请人大常委会审议，由人大常委会依法作出决议或决定。

第十六条　督促纠正。对司法机关不符合法律规定的决定、判决、裁定和具体案件中的违法行为，责成司法机关依法纠正。对拒不纠正的，可依法提出质询或向上级人大常委会或上级司法机关反映。

第十七条　提出质询。县人大常委会组成人员，可依法对司法机关违宪违法和执法工作中的重大失误提出质询案，交主任会议审定，受质询的司法机关应根据主任会议的要求向人大常委会作出口头或书面答复。

第十八条　组织调查。县人大常委会认为必要时，可就司法机关工作中的重大违法问题决定组织调查委员会进行调查，由调查委员会将调查结果报告人大常委会。

第十九条　进行评议。县人大常委会可组织常委会部分组成人员或部分人大代表，对本级司法机关的工作进行评议，评议结果报人大常委会并予以通报。

第二十条　依法罢免。对司法机关及其工作人员中违反法律法规的，人大常委公可根据不同情况，依法作出处理决定或提出处理建议，甚至免职、撤职。

第二十一条　提供资料。司法机关应向县人大常委会内务司法工作委员会提供或送阅下列文件和资料：①上级司法机关颁发的有着重要文件及司法解释和政策规定。②本级司法机关的工作计划和总结、专题报告、简报及有关业务报表。③本级司法机关工作人员违法违纪案件的处理决定。④本级司法机关提出的重要司法建议。⑤人民检察院发出的纠正违法行为的检察文书。⑥人民检察院决定不捕、不诉案件的决定书；县人民法院判决无罪、免予刑事处分和缓刑的判决书副本。⑦人大常委会要求提供的其他资料。

第四章　附　则

第二十二条　对县公安局、司法局的监督工作，亦适用本暂行办法。

第二十三条　本暂行办法自通过之日起施行。

关于县人民政府副县长届内向人民代表大会述职接受代表评议的实施细则

（1998年7月24日第十三届县人大常委会第四次会议通过）

第一章　总　则

第一条　根据邵阳县第十三届人民代表大会第二次会议通过的《关于县人民政府副县长届内向人民代表大会述职，接受代表评议的决定》第三条制订本实施细则。

第二条　县人民政府副县长届内向人民代表大会述职，接受代表评议一至两次。具体述职评议时间由县人大常委会在召开人民代表大会时决定，并列入大会议程。科技副县长和任职不满一年的副县长，不列入述职评议对象。

第三条　述职评议工作，要严格按照宪法、地方组织法和代表法的规定和程序办事。

第四条　述职评议工作，要坚持实事求是、客观公正、民主公开、注重实效的原则。代表评议述职者的工作，既要肯定成绩，又要指出问题，提出建议、批评和意见。

第五条　述职评议工作，由县人民代表大会主席团负责组织实施。

第二章　述职评议的内容

第六条　述职评议的内容包括德、能、勤、绩四个方面，重点是依法行政和廉政勤政情况：

（一）遵守和执行宪法、法律、行政法规、地方性法规和国家方针、政策的情况；

（二）执行本级人民代表大会及其常委会决议、决定的情况；

（三）依法履行职责，勤政为民，完成各项工作任务的情况；

（四）办理本级人民代表大会代表提出的建议、批评和意见的情况及人民群众普遍关心和迫切需要解决的问题的处理情况；

（五）廉洁自律和抵制不正之风的情况。

第三章　述职评议的程序

第七条　在召开县人民代表大会15日前，副县长应将本人的《述职报告》送交县人大常委会。

第八条　按照大会日程安排，县人民政府副县长向全体代表大会作述职报告。凡因特殊情况不能到会者，需报经大会主席团批准同意，但必须委托他人代为宣读述职报告。

第九条　大会听取副县长述职报告后，分代表团组织审议和进行评议。在评议的基础上，以代表团为单位，对副县长采用无记名投票的方式，按优秀、称职、不称职三个等次进行评价。评价完毕，由各团将评价结果报大会主席团。

第十条　大会主席团召开会议，听取各代表团对副县长的评议意见和评价结果。然后在全体代表会议上公布代表对每个副县长无记名高枝的评价结果。

第四章　述职评议结果的处理

第十一条　副县长在民主评价中所得优秀票获得全体代表80%以上者（含80%），由人民代表大会授予“优秀人民公仆”荣誉称号，并颁布证书和给予奖励。

第十二条　副县长在民主评价中凡不称职票超过全体代表过半数者，除特殊情况外，本人应向人民代表大会提出辞职，依照地方组织法第二十六条的规定，由大会主席团按照有关程序提出罢免案，提请大会审议表决。

第十三条　评议中发现评议对象有谋取不正当权益，贪污贿赂、玩忽职守、滥用职权、徇私舞弊或者有其他违法行为的，在大会闭会后，由县人大常委会责成有关职能部门予以查处，并向下次代表大会报告查处结果。

第十四条　代表评议时对副县长提出的批评和意见，在大会闭会后，由县人大常委会综合评议情况，分别向本人反馈，副县人应根据代表提出的批评和意见，在会后一个月内写出整改方案，提出落实措施，报送县人大常委会，由县人大常委会负责督促整改，使代表的批评和意见落到实处。并在下次代表大会由县人大常委会向全体代表报告，如代表对整改情况不满意，需本人做出说明的，应由本人向代表大会做出说明。

第五章　附　则

第十五条　本实施细则自通过之日起施行。

关于《乡镇人民代表大会审批本级财政预算、决算和监督预算执行情况的暂行办法》

（1999年1月21日县十三届人大常委会第七次会议通过）

第一条

乡、镇财政是乡镇经济发展的综合体现，是县财政的重要组成部分。加强乡镇财政预、决算的审批、监督是宪法和法律赋予乡镇人民代表大会的重要职权。为加强和规范乡、镇人民代表大会监督本级政府财政预算工作，现根据《中华人民共和国预算法》的规定，结合我县实际，特制定本暂行办法。

第二条　财政预算的审批

乡、镇人民代表大会必须认真履行财政预算审批职权，确保乡镇财政在法制化轨道上健康发展。

1、新的预算年度开始，乡、镇政府、财政所要根据县预算计划安排，并结合本级年度财政收支实际情况，编制好本年度财政预算（草案），在乡镇人民代表大会会议举行半个月前，报人大主席团初审，再提请乡镇人民代表大会审议通过。

2、乡、镇人大主席团对本年度财政预算的初审内容：（1）审查预算编制的指导思想是否符合法律、法规，是否符合上级精神和本乡镇的实际情况。（2）审查财政预算编制是否贯彻“量入为出，收支平衡”原则；收支范围是否符合乡镇财政管理体制，是否有缺口和虚列现象；收入是否打足，支出是否扣紧；是否按比例预留预备费用。(3) 审查预算编制是否规范，预算科目及表格是否齐全；预算计划和预算报告中的数据是否吻合，数据是否准确。

3、乡、镇人大主席团初审后、应及时向政府反馈初审意见。乡镇人民政府及其财政所应根据人大主席团初审意见，在认真修改后，形成本级财政预算（草案）的正式方案，提交本级人民代表大会审查和批准。

4、乡、镇人大主席团应在乡、镇人民代表大会会议举行五天前，召开人大代表组长会议，进一步听取和征求代表对本级政府财政预算（草案）的意见。

5、乡、镇人民代表大会在大会举行期间，要成立预算审查委员会（或预算审查小组），负责本级政府财政预算（草案）的详细审查，广泛收集综合代表意见，起草财政预算审查报告，提请大会主席团讨论通过并做出决议，提交大会通过。审查报告的主要内容：(1) 对上年度财政预算执行情况的评价；(2) 对本年度财政预算方案的审查意见；预算安排是否合法、合理，财政预算（草案）报告中提出的完成和实现财政预算的措施是否得力可行；对存在的问题提出整改意见，对是否批准预算提出建议。

第三条　财政预算执行的监督

乡、镇人大主席团必须依法行使职权，加大对本级政府财政预算执行的监督力度，确保年度财政预算的实现。

1、乡、镇财政预算执行，由乡镇人民政府负责实施，接受本级人民代表大会及其人大主席团的监督。乡镇人民政府要及时将财政预算执行进度情况按月报送人大主席团，预算年度内至少两次向乡镇人大主席团报告财政预算执行情况。

2、乡、镇人大主席团监督预算执行的主要内容是：(1) 财政收入是否按照国家政策规定组织，有无违反政策向企业摊派或增加农民负担；(2) 对属于乡镇财政范围的预算内外各种收入是否纳入乡镇财政综合管理；(3) 乡镇财政收入是否及时、足额、均衡入库；(4) 各项支出尤其是教育、计生、民政支出和行政性公用经费支出是否按预算计划执行；(5) 预算管理是否严格，财政支出是否坚持一支笔审批制度。(6) 预备费动用是否符合要求，其中动用数额较大的是否报经人大主席团审议同意。

3、管好、用好专项资金、周转金、公益事业建设资金和乡镇预算外资金，加强对乡镇所属部门的财务收支监督是人大主席团监督本级政府财政预算执行的重要内容之一。乡镇人大主席团要加强调查研究，准确掌握情况，提高资金的使用效益。乡镇政府及所属部门要及时向人大主席团报告资金安排、使用和管理情况。

4、对重要支出、重点财源建设项目及人民群众关心的热点问题，乡镇人大应组织人大主席团成员及人大代表进行视察，或组织代表小组对有关经费收支情况进行调查。

5、年底关账前几天，乡、镇政府及财政部门要将本年度财政收支主要指标预测完成情况向人大主席汇报。年终倒账时，人大主席必须参加。

6、乡、镇人大主席团应把加强财政监督列入重要议事日程，乡镇政府及财政部门必须自觉接受人大主席团对财政的监督，对不执行人民代表大会批准的财政预算的，要按预算法有关规定进行处理；给乡、镇财政造成重大损失的，要严肃查处，并追究直接责任人和领导人的责任，对触犯法律的要追究法律责任。

第四条　财政预算调整

审批财政预算的调整工作，是乡、镇人民代表大会依法监督本级政府财政预算的重要内容。乡、镇政府在实施人民代表大会批准的本年度财政预算的执行过程中，确因上级政策的调整或特殊情况需要增减收、支的部分变更，必须进行预算调整时，应在十月底前做出预算调整方案（草案）报人大主席团审议批准，乡、镇人大主席团应向下年度乡、镇人民代表大会报告备案。未经批准，调整预算无效。审查财政预算调整方案时，乡镇人大主席团的工作：一是要审查财政预算调整是否符合国家的方针政策，调整的原因是否属于特殊情况需要；二是调整是否仍坚持不出赤字，自求平衡的原则；三是调整是否履行法定审批程序，有无隐瞒不报或先用后报的现。

第五条　财政决策审批

乡、镇年度财政预算执行终结，乡、镇政府及财政部门要及时清理核实全年预算收入、支出数字和往来款项，要准确、真实汇总编制好本级决算草案送人大主席团审查。审查内容：(1) 审查各项收入是否完成或超额完成，是否足额入库；(2) 审查各项支出是否按预算执行，是否有挪作他用和虚列支出的现象。(3) 审查预算收支是否平衡。经乡、镇人大主席团审查批准后，报下年度乡、镇人民代表大会通过。

第六条

乡、镇人民代表大会闭幕期间，人民代表大会授权乡、镇人大主席团行使财政预算、决算的审批权和监督权。乡镇人大主席团应认真履行代表大会的授权，切实加强对本级财政预、决算的审批监督工作，对财政预、决算的监督必须坚持事前、事中、事后相结后，坚持是前介入，事中监督，做好调查研究工作，充分发挥职能作用，并将行使授权的情况向下次代表大会报告。

第七条

本办法自通过之日起实行。

邵阳县人大常委会保密工作暂行规定

保密工作是一项非常重要的工作。它直接关系到党和国家的安定团结，关系到社会主义现代化建设的成败和人民切身利益，务必抓紧抓好。为此，根据上级指示精神，结合我委实际情况，特就保密范围、保密项目和保密制度作如下规定，希所属各委、室和全体机关工作人员严格遵守执行。

一、保密范围、项目

1、凡属不准公开或尚未公开的有关党和国家及上级有关部门的秘密事项，均属保密范围；

2、上级和本级有密级的文件、资料、简报、《情况反映》；

3、各单位抄报县人大常委会的密级文件、资料、简报和总结报告；

4、党组会、主任办公室会、常委会会议记录和党支部生活会议记录（机密）；

5、“一府两院”提请人大常委会讨论任免尚未发出通知的干部名单（秘密）；

6、人大常委会的视察报告、调查报告以及人民群众、人民代表对“一府两院”及国家机关工作人员违宪情况的检举和调查材料（秘密）；

7、保密工作手册和保密记录卡（机密）；

8、人大常委会委员、正副县长、法院院长和检察院检察长的候选人的基本情况（机密）。

二、保密制度

1、上级下发的、本级产生的和有关单位报送的文件、资料、报表、内部图书以及涉及秘密的文件，一律存放人大办公室或批转分存各工作委员会，非各工作委员会、室的函件或注有收件人的信函，统由办公室处理，其他勿得拆阅。

2、凡需传阅的文件、资料，在办公室签阅后，当即交给保密员统管。凡规定不准摘抄的文件、资料，未经领导批准，不准摘抄；凡属密件、资料，不准带回家里存放，或带公共场所；

3、保密文件的内容、干部的提请任免讨论情况、群众对国家机关工作人员的控诉及调查材料，或者有关保密的其他事项等，都不准外借，以免泄露机密，不应知道的不要打听消息；

4、分级呈阅的文件、资料，不准超规定传阅或翻印，如确系工作需要，必须征得领导同意；

5、外出需要文件，事前要办好借阅登记手续，用后及是归还；

6、参加上级会议带回来的文件、资料，应及时交办公室统管，如需用者办理借阅手续；

7、调动工作时，必须将自己管的文件、资料交代清楚，并将发给自己的保密工作本和资料，全部退回办公室；

8、各委室存簇的文件、资料都要归到文件柜里，并妥善保管好；

9、接待外来人员，要严守国家机密；

10、清理文件要严格审查，慎重留处，建立销毁登记册；属于立卷归档的余件，按规定手续销毁，不准作废纸出售或随便丢弃；

11、对保密工作成绩突出，堵塞失密漏洞有贡献的应予以表扬和奖励；凡违反保密制度、造成失泄密事故的，应视其情节给予批评教育或纪律处分，触犯刑律的，依法追究责任；

12、每到“五一”、“十一”、春节前后，要进行一次保密教育和保密检查，总结经验教训，不断改进工作。

邵阳县人民代表大会常务委员会议事规则

（2008年4月9日邵阳县第十五居人民代表大会常务委员会第四次会议通过）

第一章　总　　则

第一条　为了保障邵阳县人民代表大会常务委员会（以下简称常务委员会）依法行使职权，提高议事效率，使常务委员会工作制度化、规范化，根据《中华人民共和国宪法》《中华人民共和国地方各级人民代表大会和地方各级人民政府组织法》《中华人民共和国各级人民代表大会常务委员会监督法》等有关法律规定，结合常务委员会的工作实践，制定本规则。

第二章　常务委员会的职权

第二条　常务委员会按照民主集中制的原则，集体行使职权。

第三条　常务委员会行使下列职权：

（一）保证宪法、法律、行政法规和上级人民代表大会及其常务委员会、县人民代表大会决议、决定的贯彻和执行；

（二）领导或者主持县人民代表大会代表的选举；

（三）召集县人民代表大会会议；

（四）讨论、决定全县政治、经济、教育、科学、文化、卫生、环境和资源保护、民政、民族等工作的重大事项；

（五）根据县人民政府的建议，决定对全县的国民经济和社会发展计划、财政预算的部分变更；

（六）监督县人民政府、县人民法院和县人民检察院的工作，联系县人民代表大会代表，受理人民群众对上述机关和国家工作人员的申诉和意见；

（七）撤销乡镇人民代表大会作出的不适当的决议、决定；

（八）撤销县人民政府不适当的决定和命令；

（九）在县人民代表大会闭会期间，决定副县长的个别任免；在县人民政府县长、县人民法院院长、县人民检察院检察长因故不能担任职务的时候，从县人民政府、县人民法院、县人民检察院副职领导人员中决定代理的人选；决定代理检察长，须报市人民检察院和市人民代表大会常务委员会备案；

（十）根据常务委员会主任的提名，决定任免常务委员会工作机构主任、副主任；

（十一）根据县人民政府县长的提名，决定县人民政府办公室主任、局长的任免；

（十二）按照人民法院组织法和人民检察院组织法的规定，任免县人民法院副院长、庭长、副庭长、审判委员会委员、审判员，任免县人民检察院副检察长、检察委员会委员、检察员；

（十三）在县人民代表大会闭会期间，决定撤销个别副县长的职务，决定撤销由常务委员会任免的其他人员的职务；

（十四）在县人民代表大会闭会期间，补选市人民代表大会出缺的代表和罢免个别代表；

（十五）在县人民代表大会闭会期间，批准有关机关提请的对县人大代表逮捕、刑事拘留、司法拘留或法律规定的其他限制人身自由的措施；

（十六）对社会主义现代化建设作出突出贡献的单位和个人，决定授予荣誉称号。

第三章　会议的召开

第四条　常务委员会会议每两个月至少举行一次，如特殊需要，经主任会议决定或过半数常务委员会组成人员提议，可以临时召集会议。

常务委员会会议由常务委员会主任召集并主持，也可以由主任委托的副主任召集、主持。

第五条　常务委员会会议必须有常务委员会全体组成人员的过半数出席，才能举行。

第六条　常务委员会组成人员在常务委员会举行会议的时候，应当按时出席。因病或其他特殊原因不能出席会议时，应事先向常务委员会主任请假，未经批准不得缺席。常务委员会组成人员出席会议的情况在《邵阳县人民代表大会常务委员会公报》上予以公布。

第七条　常务委员会会议的召开日期由主任会议决定。会议议程由主任会议拟定草案，提请常务委员会会议决定。会议日期和议程草案由常务委员会办公室在会议召开的三十日以前，预告常务委员会组成人员、县人民政府及其有关部门、县人民法院、县人民检察院，会议召开的七日以前发出正式通知。临时召集的会议可以临时通知。

第八条　常务委员会组成人员接到会议预告通知后，应根据会议议程草案进行必要的调查研究，作好出席会议的准备。常务委员会有关工作机构应就有关议题在会前进行必要的专题调研。常务委员会对组成人员的调查研究予以协助，并根据情况提供必要的法律和物质保障。

第九条　常务委员会举行会议时，县长、院长、检察长因故经请假不能列席时，应委托排序第一的副职列席。常务委员会根据会议需要，可以通知县人民政府有关部门负责人列席会议。常务委员会各工作机构中不是常务委员会组成人员的主任、副主任列席会议。必要时，邀请省、市、县人大代表和有关人员列席会议。

各乡镇人大主席团主席列席会议。

第十条　常务委员会会议一般以全体会议的方式举行，必要时可举行分组会议。

第四章　议案的提出和审议

第十一条　主任会议可以向常务委员会提出属于常务委员会职权范围内的议案，由常务委员会会议审议。

县人民政府、县人民法院、县人民检察院可以向常务委员会提出属于常务委员会职权范围内的议案，由主任会议决定是否提请常务委员会会议审议。

常务委员会组成人员三人以上联名，可以向常务委员会提出属于常务委员会职权范围内的议案，由主任会议决定是否提请常务委员会审议。主任会议决定不提请常务委员会会议审议的议案，应向常务委员会会议报告或者向提案人说明。

第十二条　常务委员会工作机构受主任会议委托，可以代主任会议拟定议案草案，并向常务委员会会议作出关于议案的说明。

第十三条　县人民政府、县人民法院、县人民检察院及常务委员会组成人员三人以上联名提请常务委员会审议的议案，一般应在会议召开日的一个月前报告主任会议，如经主任会议决定列入常务委员会会议议程，有关机关或提案人应在会议召开日的十日前将有关的文字材料送达常务委员会办公室。常务委员会办公室应于会议召开日的七日前发给常务委员会组成人员和有关的列席人员。

第十四条　常务委员会审议议案或听取审议意见汇报时，提案机关的负责人或提案领衔人可以在常务委员会会议上对议案作必要的补充说明。

第十五条 向常务委员会提出的议案在表决前，如提案机关或提案人要求撤回的，经主任会议同意，对该议案的审议即行终止。

第十六条 列入常务委员会议程的议案，在审议中有重大问题需要进一步调查了解时，由常务委员会会议主持人提出建议，并经常务委员会会议同意，可暂不付表决。

第十七条 常务委员会会议认为必要时，可以对审议的事项作出决议、决定或者提出审议意见。

常务委员会在审议有关事项时提出的重要建议和意见，由常务委员会相关工作机构综合整理交有关单位办理。

第十八条 常务委员会审议人事任免、接受辞职、撤销职务事项时，依照《邵阳县人民代表大会常务委员会人事任免暂行办法》进行。

第五章 听取和审议工作报告

第十九条 常务委员会每年选择若干关系改革发展稳定大局和群众切身利益、社会普遍关注的重大问题，有计划地安排听取和审议县人民政府、县人民法院、县人民检察院的专项工作报告。

第二十条 主任会议根据常务委员会的工作计划，提出常务委员会听取和审议专项工作报告的具体安排。常务委员会办公室应当在常务委员会举行会议的七日前，将专项工作报告发给常务委员会组成人员；并督促有关单位和负责人参加会议，听取意见，回答询问。

第二十一条 县人民政府、县人民法院、县人民检察院的主要负责人为工作报告的报告人。县人民政府的专项工作报告也可以由县人民政府委托其所属部门的主要负责人为报告人，但县人民政府必须在向常务委员会报告前对专项工作报告进行必要的审查。

县人民政府县长、县人民法院院长、县人民检察院检察长因故经请假不能出席会议时，可以委托排序第一的副职报告工作。

第二十二条 县人民政府、县人民法院、县人民检察院应当在常务委员会举行会议的二十日前，由其办事机构将专项工作报告送交常务委员会有关工作机构征求意见；县人民政府、县人民法院、县人民检察院对报告修改后，在常务委员会举行会议的十日前送交常务委员会办公室。

第二十三条 常务委员会审议工作报告时，可以对工作报告作出决议、决定。常务委员会办公室对会议形成的重要意见向有关单位发出交办函进行交办。

第六章 特定问题调查和质询

第二十四条 主任会议或者五分之一以上的常务委员会组成人员书面联名，可以向常务委员会提议组织关于特定问题的调查委员会，由常务委员会会议审议决定。

第二十五条 特定问题调查委员会由主任委员、副主任委员和委员组成，由主任会议在常务委员会组成人员和其他县人大代表中提名，提请常务委员会会议通过。

第二十六条 特定问题调查委员会进行调查时，有关单位和个人应当如实提供有关情况和材料。

第二十七条　特定问题调查委员会应当向常务委员会提出调查报告，常务委员会对特定问题调查委员会的报告，可以作出相应的决议。

第二十八条　常务委员会会议期间，常务委员会组成人员三人以上联名，可以提出对县人民政府及其所属部门、县人民法院、县人民检察院的质询案。质询案应写明质询对象、质询的问题和内容。

第二十九条　质询案由主任会议交由受质询机关在常务委员会全体会议上口头答复，或者由受质询机关书面答复；主任会议认为必要的时候，可以将答复质询案的情况报告印发会议。

第三十条　质询案以口头答复的，应当由受质询机关的负责人到会答复；质询案以书面答复的，应当由受质询机关的负责人签署，由主任会议印发会议或者印发提质询案的常务委员会组成人员。

第三十一条　提质询案的常务委员会组成人员对质询机关的答复不满意时，经主任会议决定，由受质询机关重新作出答复。

第三十二条　质询案在受质询机关答复前，提质询案的人要求撤回的，质询即行终止。

第七章　工作评议

第三十三条　常务委员会组织对县人民政府、县人民法院、县人民检察院及本行政区域内的上级垂直管理的具有社会管理职能部门的工作进行评议。

第三十四条　常务委员会主任会议根据工作需要，制定年度工作评议计划，提请常务委员会会议确定。

第三十五条　常务委员会紧紧围绕改革发展稳定大局和群众切身利益、社会普遍关注的重大问题组织开展工作评议，并且可以就这些问题反复多次开展工作评议，直至问题解决。

第三十六条　常务委员会组成人员对工作评议按满意、基本满意和不满意进行无记名表决，并当场宣布表决结果，凡不满意票数超过常务委员会组成人员半数的，以及人大代表和人民群众反响强烈的单位，其主要负责人是常务委员会任命的，常务委员会将依法撤销该单位主要负责人的职务；其主要负责人不是常务委员会任命的，常务委员会将建议县委或其上级主管部门对该单位主要负责人采取组织措施。

第三十七条　工作评议由常务委员会主任会议组织实施。

第八章　法律法规实施情况检查

第三十八条　常务委员会每年选择若干关系改革发展稳定大局、群众切身利益和社会普遍关注的重大问题，有计划地对有关法律、法规实施情况组织执法检查。

第三十九条　常务委员会执法检查计划，经主任会议通过，印发常务委员会组成人员并向社会公布。执法检查工作由常务委员会委托工作机构组织实施。

第四十条　常务委员会执法检查，按照精干、效能的原则，组织执法检查组。执法检查组的组成人员，从本级人民代表大会常务委员会组成人员中确定，可邀请县人大代表参加。

第四十一条　执法检查结束后，执法检查组应当及时提出执法检查报告，由主任会议决定提请常务委员会审议。执法检查报告包括下列内容：

（一）对检查的法律法规实施情况进行评价，提出执法中存在问题和改进执法工作的建议；

（二）对有关法律、法规提出修改完善的建议。

第四十二条　常务委员会组成人员对执法检查报告的审议意见连同执法检查报告，一并交由县人民政府、县人民法院、县人民检察研究处理，县人民政府、县人民法院、县人民检察院应当将研究处理情况由其办事机构送交常务委员会有关工作机构征求意见后，向常务委员会提出报告。必要时，由主任会议决定提请常务委员会会议审议，或者由常务委员会组织跟踪检查；常务委员会也可以委托常务委员会有关工作机构组织跟踪检查。常务委员会的检查报告及审议意见，县人民政府、县人民法院、县人民检察院对其研究处理情况的报告，向县人大代表通报并向社会公布。

第九章　发言、表决和会议记录

第四十三条　常务委员会组成人员在常务委员会各种会议上的发言和表决不受法律追究。

第四十四条　常务委员会会议在审议工作报告和议案时，常务委员会组成人员和列席人员的发言，应围绕议题，突出主题，简明扼要。每人可以就同一议案发言两次，每次发言一般不超过二十分钟。经过会议主持人同意的，可以适当延长发言时间。常务委员会组成人员在常务委员会会议上，连续就数个议程不发表任何意见的，会议主持人可以要求其表明自己的意见。

第四十五条　常务委员会会议上的表决以常务委员会组成人员的过半数通过。表决结果由会议主持人当场宣布。

第四十六条　交付表决的议案，有修正案的，先表决修正案。

第四十七条　常务委员会表决议案，采取无记名投票方式、举手方式或者其他方式。

第四十八条　常务委员会会议由常务委员会办公室指定人员记录，会议记录围绕会议议题、体现发言人和表决者的意愿。常务委员会组成人员可以查询自己的发言记录。

第十章　决议、决定的公布和执行

第四十九条　常务委员会作出的决议、决定在县级新闻媒体上公布，在《邵阳县人民代表大会常务委员会公报》上刊登。凡应提请常务委员会审议的人事任免案，在审议通过前不得以任何方式对外公布。

第五十条　常务委员会的决议、决定由常务委员会书面通知县人民政府及有关部门、县人民法院、县人民检察院。县人民政府及其有关部门、县人民法院、县人民检察院对常务委员会通过的决议、决定及审议意见的贯彻执行情况，对常务委员会组成人员提出的重要建议、意见的办理情况，一般应在两个月内书面报告常务委员会。常务委员会各工作机构，应对决议、决定的贯彻执行情况和建议、意见的办理情况进行检查、督促，并将情况报告常务委员会或主任会议。

第十一章　附　　则

第五十一条　本规则自通过之日起施行。

第五十二条　本规则由县人民代表大会常务委员会负责解释。

邵阳县人民代表大会常务委员会工作简则

（2008年4月9日邵阳县第十五届人民代表大会常务委员会第四次会议通过）

第一章　总　　则

第一条　根据《中华人民共和国宪法》《中华人民共和国地方各级人民代表大会和地方各级人民政府组织法》《中华人民共和国全国人民代表大会和地方各级人民代表大会选举法》《中华人民共和国各级人民代表大会常务委员会监督法》，结合我县实际情况，制定本工作简则。

第二条　邵阳县人民代表大会常务委员会（以下简称常务委员会）是邵阳县人民代表大会的常设机关，对县人民代表大会负责并报告工作。

第三条　常务委员会在坚持党的领导的前提下，依法行使宪法和法律赋予的职权，保证宪法、法律、行政法规、地方性法规、全国人民代表大会及其常务委员会、省人民代表大会及其常务委员会、市人民代表大会及其常务委员会和县人民代表大会决议、决定在我县得到正确的贯彻和执行，发展社会主义民主，健全社会主义法制，促进我县社会主义物质文明、政治文明和精神文明建设。

第四条　常务委员会实行民主集中制的原则，充分发扬民主，集体行使职权，保障常务委员会组成人员的民主权利。

第五条　常务委员会组成人员必须模范遵守宪法和法律，经常听取和反映人民群众的意见和要求，认真行使各项民主权利，全心全意为人民服务。

第六条　常务委员会设立办公室、选举任免联络工作委员会、内务司法工作委员会、教育科学文化卫生工作委员会、财政经济城乡建设工作委员会、农业民族华侨外事工作委员会等工作机构。

第七条　常务委员会在县人民代表大会闭会以后，制订年度工作计划要点。工作计划要点的部分调整，由主任会议决定并提请常务委员会确认。常务委员会工作机构应根据常务委员会工作计划要点，制订各自的工作计划。

第二章　常务委员会的职权

第八条　常务委员会保证宪法、法律、行政法规和上级人民代表大会及其常务委员会、县人民代表大会决议、决定的贯彻和执行。

第九条　常务委员会领导或者主持县人民代表大会代表的选举。根据需要，通知有关选举单位补选出缺的县人民代表大会代表或者在县人民代表大会代表名额内选举或者另行选举个别代表。常务委员会设立代表资格审查委员会，审查县人民代表大会代表的资格，提请常务委员会确认。

第十条　常务委员会依照法律规定，召集县人民代表大会会议。

第十一条　常务委员会依法讨论、决定全县政治、经济、教育、科学、文化、卫生、环境和资源保护、民政、民族等工作的重大事项。常务委员会讨论的重大事项包括；

（一）县人民代表大会交付审议的事项；

（二）主任会议、县人民政府、县人民法院和县人民检察院提请审议的事项；

（三）常务委员会认为需要审议的其他事项。常务委员会讨论重大事项，或者作出决议、决定，或者提出意见交有关机关办理。

第十二条　常务委员会根据县人民政府的建议，决定对全县的国民经济和社会发展计划、财政预算的部分变更。

第十三条　常务委员会依法监督县人民政府、县人民法院、县人民检察院的工作。监督的主要形式：

（一）听取和审议工作报告，提出建议、批评和意见，必要时作出相应的决议、决定；

（二）撤销县人民政府不适当的决定和命令；

（三）组织特定问题调查委员会对特定问题进行调查，并根据调查委员会的报告作出相应的决议、决定；

（四）组织对县人民政府、县人民法院、县人民检察院以及本行政区域内上级垂直管理的具有行政职能部门的工作进行评议；

（五）受理人民群众对县人民政府、县人民法院和县人民检察院及其工作人员的申诉和意见，责成有关部门认真办理，限期报告办理结果；

（六）在常务委员会会议期间，依照法律规定向县人民政府、县人民法院和县人民检察院提出质询；

（七）组织常务委员会组成人员、县人民代表大会代表视察工作；

（八）检查宪法、法律、行政法规、地方性法规执行情况，督促有关机关对违法问题作出处理。

第十四条　常务委员会撤销所辖乡镇人民代表大会不适当的决议、决定。

第十五条　常务委员会依法行使任免权：

（一）在县人民代表大会闭会期间，在县人民政府县长、县人民法院院长、县人民检察院检察长因故不能担任职务时，常务委员会根据主任会议提名，从县人民政府、县人民法院和县人民检察院副职领导人员中决定代理县长、代理院长、代理检察长人选。如从副职以外的人选中选任，可由主任会议另行提名，以常务委员会会议通过，先任命为副县长、副院长、副检察长，再决定代理县长、代理院长、代理检察长；决定代理检察长，须报市人民检察院和市人民代表大会常务委员会备案；

（二）在县人民代表大会闭会期间，决定副县长的个别任免；

（三）根据主任的提名，决定任免常务委员会工作机构的主任、副主任；

（四）根据县长的提名，决定县人民政府办公室主任、局长的任免；

（五）根据人民法院组织法的规定和县人民法院院长的提名，任免县人民法院副院长、庭长、副庭长、审判委员会委员、审判员；

（六）根据人民检察院组织法的规定和县人民检察院检察长的提名，任免县人民检察院副检察长、检察委员会委员、检察员；

（七）在县人民代表大会闭会期间，决定撤销个别副县长的职务；决定撤销由常务委员会任命的其他人员的职务；

（八）常务委员会主任因。为健康状况不能工作或者缺位的时候，由常务委员会在副主任中推选一人代理主任的职务，直到主任恢复健康或者县人民代表大会选出新的主任为止；

（九）县人民代表大会闭会期间，常务委员会决定接受县人民政府县长、副县长，常务委员会组成人员，县人民法院院长、县人民检察院检察长提出的辞职，并报县人民代表大会下一次会议备案。决定接受县人民检察院检察长的辞职，须报市人民检察院检察长提请市人民代表大会常务委员会批准。

第十六条　在县人民代表大会闭会期间，补选市人民代表大会出缺的代表和罢免个别代表。

第十七条　在县人民代表大会闭会期间，批准有关机关提请的对县人民代表大会代表逮捕或者刑事审判以及法律规定的其他限制人身自由的措施。如果因为现行犯被拘留，执行拘留的机关应当立即向常务委员会报告。

第十八条　常务委员会对在社会主义现代化建设中作出突出贡献的单位和个人，决定授予荣誉称号。

第三章　常务委员会会议

第十九条　常务委员会会议由主任召集和主持。主任可以委托副主任主持会议。常务委员会会议每两个月至少举行一次，特殊情况下可以临时召集。常务委员会会议必须有常务委员会全体组成人员的过半数出席，才能举行。常务委员会会议的召开日期由主任会议决定，会议议程由主任会议拟定草案，提请常务委员会会议通过。会议日期和议程草案由常务委员会办公室在会议召开的三十日以前，预告常务委员会组成人员、县人民政府及其有关部门、县人民法院、县人民检察院，并于会议召开的七日以前发出正式通知。临时召集的会议可以临时通知。常务委员会组成人员应当按时出席常务委员会会议，因病或者其他特殊原因不能到会的必须向常务委员会主任请假。

第二十条　常务委员会举行会议的时候，县人民政府县长、县人民法院院长、县人民检察院检察长列席会议，因特殊原因经请假不能列席时，应委派排序第一的副职列席会议；根据会议需要，可以通知县人民政府有关部门负责人列席会议；县人民代表大会常务委员会各工作机构中不是常务委员会委员的主任、副主任列席会议；乡镇人大主席团主席列席会议；必要时邀请省、市、县人民代表大会代表和有关人员列席会议。常务委员会会议与会人员应当按时出席会议，因病或者其他特殊原因不能出席会议的，必须向常务委员会主任请假。

第二十一条　常务委员会会议议程按下列程序确定：

（一）办公室在举行会议一个月前根据常务委员会工作计划要点向主任会议提出建议；

（二）主任会议撰写议程草案；

（三）常务委员会会议通过。常务委员会会议期间需要变更会议议程的，由主任会议提请常务委员会会议决定。

第二十二条　主任会议可以向常务委员会提出属于常务委员会职权范围内的议案，由常务委员会会议审议。常务委员会工作机构受主任会议委托，可以代主任会议撰写议案草案，并向常务委员会会议作出关于议案的说明。县人民政府、县人民法院、县人民检察院可以向常务委员会提出属于常务委员会职权范围内的议案，由主任会议决定是否提请常务委员会会议审议。常务委员会组成人员三人以上联名，可以向常务委员会提出属于常务委员会职权范围内的议案，由主任会议决定是否提请常务委员会会议审议，主任会议决定不提请常务委员会会议审议的，应向常务委员会报告或者向提案人说明。议案应当以书面形式提出，并写明提案理由和具体方案。

第二十三条　对列入常务委员会会议议程的议案，提案人应当提供有关资料并在常务委员会会议上作出说明。

第二十四条　常务委员会审议议案和工作报告，采取全体会议的形式，并通知有关部门的负责人到会，听取意见，回答询问。常务委员会审议任免案的时候，提请任免的机关应当介绍被任免人员的基本情况和任免理由，被提请任命的人员应到会作任职前发言，回答询问。

第二十五条　列入常务委员会会议议程的议案，在交付表决前提案人要求撤回的，经主任会议同意，对该议案的审议即行终止。列入常务委员会会议议程的议案，在审议中有重大问题需要进一步调查了解的，经主任或者主任会议提出，全体会议同意，可以暂不付表决。

第二十六条　常务委员会会议期间，常务委员会组成人员三人以上联名，可以向常务委员会书面提出对县人民政府、县人民法院、县人民检察院的质询案。质询案必须写明质询对象、质询的问题和内容。质询案经主任会议决定，交由受质询机关的负责人在常务委员会会议上口头答复或者书面答复。

第二十七条　常务委员会组成人员和会议列席人员在常务委员会会议上的发言，应当围绕会议审议的议题认真作好准备，力求简明扼要。

第二十八条　常务委员会会议表决采取无记名投票方式、举手方式或者其他方式。表决议案的时候，有修正案的，先表决修正案。任免案按照《邵阳县人民代表大会常务委员会人事任免暂行办法》表决。表决议案，以常务委员会全体组成人员的过半数通过。表决结果，由会议主持人当场宣布。

第二十九条　常务委员会组成人员在常务委员会会议上的发言和表决，不受法律追究。

第四章　主任会议

第三十条　常务委员会主任、副主任、办公室主任组成主任会议，处理常务委员会的重要日常工作。主任会议由主任召集，或者由主任委托一名副主任召集。

主任会议根据工作需要，通知常务委员会各工作机构主任列席；必要时，邀请县人民政府、县人民法院、县人民检察院的负责人列席。

第三十一条　主任会议的职责：

（一）决定常务委员会举行会议的日期和会期，撰写会议议程草案，讨论提请常务委员会会议审议重要文件草案；

（二）向常务委员会提出议案；

（三）对向常务委员会提出的议案和质询案，决定处理办法；

（四）听取县人民政府、县人民法院、县人民检察院的有关工作汇报；

（五）组织执法检查；

（六）拟定县人民代表大会闭会期间常务委员会工作计划要点；

（七）在紧急情况下，批准公安机关、检察机关、审判机关对县人大代表进行逮捕或者刑事审判或者法律规定的其他限制人身自由的措施的报告，提请常务委员会追认；

（八）对代表和群众反映的重大问题提出处理意见；

（九）决定组织视察和进行专题调查的方案；

（十）拟定组织常务委员会组成人员和部分县人民代表大会代表对县人民政府、县人民法院和县人民检察院及本行政区域内上级垂直管理的具有社会管理职能部门的工作进行评议的方案；

（十一）处理常务委员会的其他重要日常工作。

第五章　常务委员会工作机构

第三十二条　常务委员会各工作机构由主任一人、副主任若干人和其他工作人员若干人组成。主任主持本工作机构的工作，副主任协助主任工作。

第三十三条　常务委员会各工作机构的职责：

（一）办理和督促办理常务委员会会议、主任会议交办的议案、质询案；

（二）就有关决议、决定草案向县人民代表大会常务委员会提出审查意见报告；

（三）审阅与本工作机构有关的县人民政府及其工作部门以及县人民法院、县人民检察院的文件和下一级人民代表大会的决议、决定，发现与宪法、法律、行政法规和地方性法规相抵触的问题，向主任会议提出报告；

（四）根据工作需要，联系县人民政府有关工作部门和县人民法院、县人民检察院，听取有关工作汇报；

（五）按照常务委员会工作计划要点的安排，对有关法律、法规的执行情况进行检查；

（六）督办县人民代表大会代表提出的建议、批评和意见；

（七）对属于县人民代表大会及其常务委员会职权范围内同本工作机构工作有关的问题进行调查研究，提出建议；

（八）根据工作需要，联系有关的县人民代表大会代表；

（九）联系指导乡镇人民代表大会及其主席团工作；

（十）办理常务委员会主任会议交办的其他事项。

办公室的工作职责：

1. 在常务委员会的领导下，组织起草和审查校正常务委员会发出的文件。

2. 负责县人民代表大会会议、常务委员会会议、常务委员会主任会议和以常务委员会名义召开的其他会议的准备工作及会议期间的有关服务工作。

3. 参与常务委员会主任会议组织实施的对“一府两院”及本行政区域内的上级垂直管理的具

有社会管理职能部门的工作评议调查。

4. 负责协调常务委员会各工作机构之间的有关工作。对意见不一致的问题提出处理意见，报常务委员会领导决定。

5. 负责常务委员会机关值班、通讯、文秘、档案、保密、人事劳资、老干管理，纪检监察、党群工作以及房产基建、后勤保障、治安保卫、妇女计生等工作。

6. 会同有关部门负责省、市人大常委会及所属部门领导来县检查指导工作期间的接待工作。

7. 负责收集、整理、传递人大工作及其有关政务信息，为领导工作提供服务。

8. 负责归口处理常务委员会机关的信访工作。

9. 完成上级人大和常务委员会及其主任会议交办的其他工作任务。

选举任免联络工作委员会的工作职责：

1. 在常务委员会的领导下，负责办理常务委员会人事任免、辞职、撤职和罢免的有关工作。

2. 负责常务委员会对县人民政府、县人民法院、县人民检察院及本行政区域内的上级垂直管理的具有社会管理职能部门的工作进行评议的组织工作，并参与调查工作。

3. 负责县、乡镇人大换届选举的指导工作和代表资格初步审查工作；办理常务委员会对市、县人大代表补选、罢免工作。

4. 为县内的省、市、县人大代表履行职务、开展各项活动搞好联络服务工作。

5. 负责各级人大代表的来信来访的接待处理工作；负责督促“一府两院”认真办理人大代表的议案、建议、批评和意见，并对办理落实情况进行调查，撰写调查报告，为常务委员会会议审议提供依据。起草常务委员会会议在审议县人民政府办理代表议案、建议工作情况汇报时提出的审议交办意见或决议决定，并负责督促落实。

6. 加强与乡镇人大的联系，负责乡镇人大工作的业务指导。

7. 完成上级人大和常务委员会及其主任会议交办的其他工作任务。

内务司法工作委员会的工作职责：

1. 在常务委员会的领导下，加强对内务司法机关的工作联系和监督，参加这些单位的重要会议和重大活动，及时了解和掌握这些单位的有关工作情况，并就一些重大问题向常务委员会或主任会议汇报，提出建议和意见。

2. 对有关内务司法机关执掌的法律法规的实施情况开展检查和调查，并向常务委员会写出调查报告，提出处理建议和意见。起草常务委员会会议在审议“一府两院”有关内务司法工作情况汇报时提出的审议交办意见或决议决定，并负责督促落实。

3. 加强对内务司法机关工作的法律监督，发现违法行为，督促有关司法机关及时处理。对申诉有理、控告有据的案件顶着不办的和对错案不予纠正的及时提出建议和意见，报请主任会议决定。

4. 参与常务委员会主任会议组织实施的对“一府两院”及本行政区域内的上级垂直管理的具

有社会管理职能部门的工作评议调查，并撰写评议调查报告。

5. 对常务委员会会议或主任会议听取司法机关的工作汇报组织专题调查，为常务委员会会议或主任会议提供审议和决定问题的依据。并对常务委员会会议或主任会议提出的审议意见综合整理转交有关司法机关办理。

6. 督促办理人大代表对内务司法机关工作提出的建议、批评、意见和群众的来信来访。

7. 负责常务委员会组成人员、常务委员会主任会议组成人员进行有关执法检查、视察的具体组织工作。

8. 受常务委员会会议或主任会议委托，承办监督中的有关具体工作。

9. 完成上级人大和常务委员会及其主任会议交办的其他工作任务。

财政经济城乡建设环保资源保护工作委员会的工作职责：

1. 在常务委员会的领导下，加强对县人民政府财政经济、城乡建设、环境资源保护部门的工作联系和监督，参加这些单位的重要会议和重大活动，及时了解和掌握这些单位的工作情况。

2. 对有关财政经济城乡建设环境资源保护方面的法律、法规、条例和政策贯彻实施情况开展检查和调查，并向常务委员会写出调查报告，提出意见和建议。起草常务委员会会议在审议县人民政府有关财政经济、城乡建设、环境保护等方面工作时提出的审议交办意见或决议决定，并负责督促落实。

3. 对县人民政府提交常务委员会审议的国民经济和社会发展计划、财政预算和决算、工业交通建设、城乡建设、环境和资源保护、民营经济发展规划及其执行情况进行初审和调查，提出建议和意见。

4. 参与常务委员会主任会议组织实施的对“一府两院”及本行政区域内的上级垂直管理的具有社会管理职能部门的工作评议调查，并撰写评议调查报告。

5. 为常务委员会听取县人民政府汇报，决定本行政区域的财政经济、城乡建设和环境资源保护等方面的重大事项，开展财政经济体制改革、对外开放的重大决策以及国民经济和社会发展计划、城乡建设和财政预、决算执行情况的调查研究，提供情况和依据。

6. 加强对代表、群众的联系，认真听取他们对财政经济、工业交通、城建环保、计划物价等方面工作的意见，反映他们的要求，并督促政府有关部门认真办理。

7. 对县人民政府及所属职能部门和乡镇人大作出的有关财政经济、工业交通、城建环保、计划物价方面的决议决定、办法规定进行检查，发现与宪法、法律相违背的，及时向常务委员会报告并予以纠正。

8. 按照常务委员会的委托及其主任会议的安排，对本级政府国民经济和社会发展计划、城镇建设和环境资源保护规划、财政预算执行情况开展跟踪监督工作。

9. 完成上级人大和常务委员会及其主任会议交办的其他工作任务。

教育科学文化卫生工作委员会的工作职责：

1. 在常务委员会的领导下，加强对县人民政府教育、科学、文化、卫生、计生等部门的工作联系和监督，参加他们的重要会议和重大活动，及时了解和掌握这些单位的工作情况。

2. 对教育科学文化卫生计生方面的法律、法规的贯彻实施情况进行监督，向常务委员会写出调查报告，提出意见和建议。起草常务委员会会议在审议县人民政府有关教育科学文化卫生计生等方面工作情况汇报时提出的审议交办意见，并负责督促落实。

3. 为常务委员会讨论、决定全县教育科学文化卫生计生方面的重大问题提供必要的情况和资料，起草有关的决议、决定草案。

4. 参与常务委员会主任会议组织实施的对“一府两院”及本行政区域内的上级垂直管理的具有社会管理职能部门的工作评议调查，并撰写评议调查报告。

5. 对县人民政府所属部门和乡镇人大作出的有关教育科学文化卫生计生方面的决议、决定进行检查，发现与宪法、法律相违背的要及时向常务委员会报告。

6. 对人民群众普遍关心、迫切需要解决的教育科学文化卫生计生方面的重大问题进行调查研究，及时向常务委员会汇报. 并提出意见和建议。

7. 完成上级人大和常务委员会及其主任会议交办的其他工作任务。

农业民族华侨外事工作委员会的工作职责：

1. 在常务委员会的领导下，加强对县人民政府农业民族华侨外事部门的工作联系和监督，参加他们的重要会议和重大活动，及时了解和掌握这些单位的主要情况。

2. 对农业民族华侨外事方面的法律、法规的贯彻实施情况实行监督，并就相关工作提出意见和建议。

3. 具体实施农业、民族、华侨、外事等方面有关法律、法规的执法检查。

4. 参与常务委员会主任会议组织实施的对“一府两院”及本行政区域内的上级垂直管理的具有社会管理职能部门的工作评议调查，并撰写评议调查报告。

5. 为常务委员会会议讨论、决定全县农业民族华侨外事方面的重大问题提供必要的情况和资料，起草有关的决议、决定草案。

6. 对县人民政府所属部门和乡镇人大作出的有关农业民族华侨外事方面的决议、决定进行检查，发现与宪法、法律相违背的，要及时向常务委员会报告。

7. 对农业和农村工作中人民群众普遍关心、反映强烈的重大问题进行调查研究，并向常务委员会写出报告或口头汇报，提出意见和建议。

8. 完成上级人大和常务委员会及其主任会议交办的其他工作任务。

预算工作委员会工作职责：

1. 在县人大常委会的领导下，参与全县财政预算编制的前期调研工作；协助财经委做好全县财政预、决算的初步审查，财政预算调整方案的初步审查及财政预算执行情况的监督工作，并提出审查意见和建议。

2. 负责对财政预算方面的法律、法规、条例和政策的贯彻实施情况进行检查和监督；负责对财政预算体制改革、财政预算执行、财政决算等方面的工作开展调查研究，并向县人大常委会定期报告，提出意见和建议。

3. 依法监督审计机关的工作，对审计报告中反映的突出问题，进行跟踪检查和督办。

4. 加强对全县部门预算工作的监督，监督检查全县各单位财政资金管理使用情况，并向县人大常委会报告。

5. 受县人大常委会的委托，对政府工作部门和全县乡镇人民代表大会作出的有关预、决算方面的决议、决定进行审查，发现与法律、法规和财经纪律相违背的，及时向县人大常委会报告并提出纠正意见。

6. 办理县人大常委会交办的其他事项。

说明：预算工作委员会工作职责于2009年6月23日县十五届人大常委会第十一次会议通过。

第六章　同县人民代表大会代表和乡镇人大主席团的联系

第三十四条　常务委员会加强同县人民代表大会代表的联系。联系的办法：

（一）在县人民代表大会举行会议前，委托乡镇人大主席团组织代表进行视察；

（二）邀请县人民代表大会代表列席常务委员会会议，参加常务委员会组织的视察和工作机构组织的专题调查；

（三）常务委员会组成人员分工联系县人民代表大会代表，征询县人民代表大会代表对本级国家机关各方面工作的意见；

（四）按照便于组织和开展活动的原则组成代表小组；

（五）印送有关刊物和资料；

（六）处理代表来信，接待代表来访。

常务委员会受上级人民代表大会常务委员会的委托，联系在本行政区域内的上级人大代表。

第三十五条　常务委员会加强同乡镇人大主席团的联系。联系的办法：

（一）开展乡镇人大工作“争先创优”竞赛活动；

（二）不定期地到各乡镇了解人大主席团的工作情况；

（三）定期召开有关工作会议和专题座谈会；

（四）邀请乡镇人大主席团主席列席常务委员会会议；

（五）举办乡镇人大主席团工作人员培训班；

（六）印送有关刊物和资料。

第七章　附　则

第三十六条　本简则自通过之日起施行。第三十七条本简则由县人民代表大会常务委员会负责解释。

邵阳县人民代表大会常务委员会
关于执法责任制检查评估奖惩暂行办法

（2007年5月18日县第十四届人大常委会第二十八次会议通过）

第一章 总 则

第一条 为确保宪法和法律在我县正确贯彻实施，督促执法机关依法行政、公正司法，推进依法治县进程，根据《中华人民共和国宪法》和《中华人民共和国各级人民代表大会常务委员会监督法》等法律，结合我县实际，制定本办法。

第二条 执法责任制检查评估对象为县域内执掌全国人大及其常委会和国务院制订的法律法规的主体单位。

第二章 检查评估内容

第三条 执法责任制责任落实情况。执法责任制建制单位组织机构健全，明确专人负责，层层签订执法责任状，将责任分解到人并进行检查考核。

第四条 执法范围法定化的情况。执法责任制建制单位严格贯彻执行国家法律法规和县人大及其常委会的决议决定，认真办理上级领导机关和监督机关交办的事项；正确执法，办理案件事实清楚，证据确凿，定性准确，运用法律正确，处理恰当，应诉胜诉率、复议维持率、申诉维持率均达95%以上，无渎职、失职、越权行为发生；严格执法，不办人情案、关系案、金钱案，不索贿、受贿，在办案中无接受请吃、请跳、请钓等行为发生。

第五条 执法工作程序化的情况。执法责任制建制单位严格按照受理、立案、调查取证、审理、执行、结案等法律程序执法。执法人员具备主体资格要求，持证上岗，亮证执法。

第六条 执法文书规范化的情况。执法责任制建制单位建立执法文书档案管理制度，有专人负责，妥善保存。执法文书规范、统一。执法的各个程序均有完整规范的文字记录。执法主体单位依据有关法律法规和政策制定的规范性文件，报县人大常委会备案审查。

第七条 错案和过错责任追究制的执行情况。执法责任制建制单位建立执法监督检查制度，及时纠正执法中的偏差。对“两错”追究到位，无“两错”隐瞒不报、不追究或追究不力的现象发生。

第三章 检查评估方法

第八条 县人大常委会对执法工作实行目标管理。每年年初，各执法责任制建制单位向县人大常委会递交执法责任制目标管理责任状，并对照本办法，进行自我检查，写出书面总结材料，于每年12月5日前报送县人大常委会内务司法工作委员会。

第九条 县人大常委会采取听与看、查与督相结合的办法，对执法责任制建制单位的执法情况及对县人大常委会在检查中指出的问题的整改落实情况，进行检查评估。

第十条 在各单位自查的基础上，县人大常委会按照执法责任制目标管理考核内容及评分标准，对执法责任制建制单位的执法情况进行年度检查、定量评分。

第十一条 在年度检查、定量评分和调查测评打分的基础上，县人大常委会组织常务委员会组成人员对各执法责任制建制单位的执法工作进行测评打分。

第十二条 县人大常委会对执法责任制建制单位采取定量评估和定性评估相结合的办法，评定年度“执法责任制目标管理工作先进单位”。检查打分按50%计入总分，乡镇人大主席团组织本行政区域内的县人大代表打分按20%计入总分，常务委员会组成人员打分按30%计入总分。综合成绩为年度考核成绩。

第十三条 凡年度考核成绩在60分以下的评为不合格单位；年度考核成绩在60分以上（含60分）的评为合格单位。

第十四条 县人大常委会通过公报和新闻媒体，将检查评估结果向社会公布。

第四章 奖惩办法

第十五条 凡年度检查考核合格单位的前十名，由县人大常委会授予年度“执法责任制目标管理工作先进单位”荣誉称号，并在县人民代表大会上予以表彰奖励。

第十六条 凡年度检查考核为不合格单位的，县人大常委会对其予以黄牌警告，并视情况对执法责任制建制单位的主要领导和分管领导予以通报批评。同时，责令其进行整改，并在县人大常委会规定的时间内汇报整改情况。连续两年年度考核为不合格单位的主要负责人和直接责任人，应主动提出辞职。如本人不愿提出辞职的，属于县人大常委会任免的国家机关工作人员，县人大常委会依法予以免职；不属于县人大常委会任免的国家机关工作人员，县人大常委会按照干部管理权限，建议县委、县政府或其上级主管部门给予免职或降职。

第五章 附 则

第十七条 本办法自通过之日起施行。

第十八条 本办法由县人民代表大会常务委员会负责解释。

邵阳县人民代表大会常务委员会规范性文件备案审查暂行办法

（2009年6月24日县十五届人大常委会第十一次会议通过）

第一条 为了加强对规范性文件的备案审查工作，维护国家法制的统一，根据《中华人民共和国各级人民代表大会常务委员会监督法》《湖南省规范性文件备案审查条例》等法律法规的有关规定，结合本县实际，制定本暂行办法。

第二条 本办法所称规范性文件，是指县人民政府、县人民法院、县人民检察院和乡（镇）人民代表大会依照法定职权和程序制定、发布或作出的涉及公民、法人和其他组织的权利、义务、在本行政区域内具有普遍约束力的文件的』急称。

第三条 下列规范性文件，应当报送县人大常委会备案审查：

（一）县人民政府向社会公开发布的决定、命令和其他具有普遍约束力的规定、办法等；

（二）县人民法院、县人民检察院制定的有关审判、检察工作的规定、办法等；

（三）乡（镇）人民代表大会作出的决议、决定。

（四）县人大常委会认为需要备案审查的其他文件。

第四条　规范性文件制定机关应当在规范性文件制定、发布后三十日内报送备案。两个或两个以上机关共同制定的规范性文件，由文件起草机关负责报送备案审查。

规范性文件备案审查内容包括：备案审查报送表、规范性文件正式文本、起草说明及规范性文件制定的法律、政策依据。上述材料按照统一格式装订成册，一式五份，同时报送电子文本。

起草说明应包括制定规范性文件的目的、依据，所要解决的主要问题，规定权利、义务及法律责任的依据，主要争议问题的协调情况及其他需要说明的问题。

第五条　县人大常委会对规范性文件备案审查工作实行统一管理、分工负责。县人大常委会规范性文件备案审查室负责规范性文件的接收、登记、分送和存档等日常工作。

县人大常委会各工作机构按照各自职责，承担相关的规范性文件的审查工作。规范性文件的内容涉及两个或两个以上工作机构职责范围的，县人大常委会规范性文件备案审查室同时分送有关工作机构进行审查，必要时可以进行联合审查。

第六条　县人大常委会对规范性文件是否存在下列情形进行审查：

（一）超越法定权限，限制或者剥夺公民、法人和其他组织的合法权利，或者增加公民、法人和其他组织的义务的；

（二）同法律、法规、规章相抵触的；

（三）与上级和本级人大及其常委会的决议、决定相抵触的；

（四）规范性文件相互之间对同一事项的规定不一致的；

（五）有其他不适当的情形，应当予以撤销的。

第七条　县人大常委会负责备案审查的规范性文件，有本办法第六条所列情形之一的，下列机关、单位和个人应当以书面形式提出审查要求或审查建议：

（一）县人民政府；

（二）县人民法院、县人民检察院；

（三）其他国家机关、社会团体、企事业组织或公民。

第八条　国家机关和社会团体、企业事业组织以及公民个人书面提出审查要求或审查建议，应当写明要求或建议审查的文件名称、审查的事项和理由。对不属于本级人大常委会备案审查的，县人大常委会规范性文件备案审查室应当告知其向有权进行备案审查的机关提出。

第九条　县人大常委会规范性文件备案审查室或承担规范性文件备案审查的工作机构对报送备案的规范性文件进行初步审查，认为有本办法第六条所列情形之一的，提出初步审查意见，经主任会议研究，形成书面审查意见，交由该规范性文件制定机关自行修改或废止该规范性文件。

第十条　县人大常委会规范性文件备案审查室或承担备案审查的工作机构应当自收到对规范性

文件的审查要求或者审查建议之日起三个月内审查、研究完毕。县人大常委会规范性文件备案审查室或承担备案审查的工作机构在审查规范性文件的过程中，可以征求制定机关及相关单位的意见，调阅制定机关及相关单位的有关文件材料，邀请有关单位、有关专家进行联合审查和要求制定机关说明情况或提交补充材料等。

第十一条　县人大常委会启动对规范性文件的审查程序后，应当在三个月内形成书面审查意见；有特殊睛况需要延长的，由县人大常委会主任会议决定。

第十二条　国家机关和社会团体、企业事业组织以及公民书面提出审查要求或审查建议的，县人大常委会规范性文件备案审查室应当在规范性文件审查工作结束后，书面告知其审查结果。

第十三条　规范性文件制定机关应当在接到书面审查意见之日起三十日内，将办理情况向县人大常委会规范性文件备案审查室反馈。规范性文件制定机关对规范性文件进行修改的，应当重新发文或者公布，并按照本办法的规定报送备案。对规范性文件进行废止的应予以公告。

第十四条　接到书面审查意见的规范性文件制定机关不按审查意见修改或废止其规范性文件的，县人大常委会规范性文件备案审查室或承担备案审查的工作机构可以向主任会议提出撤销该规范性文件的建议，由主任会议提请县人大常委会会议审议，作出撤销或不予撤销的决定。

第十五条　每年一月底前，制定机关应将上一年度制定的规范性文件目录报县人大常委会规范性文件备案审室。县人大常委会规范性文件备案审室应当在每年上半年向县人大常委会书面报告上一年度规范性文件的备案审查情况，并将相关情况予以通报。

第十六条　不报送或不按规定报送规范性文件备案审查的，由县人大常委会主任会议或县人大常委会书面通报批评；情节严重的，对有关人员依照有关规定进行处理或处分。对不执行县人大常委会撤销规范性文件决定的，县人大常委会依照《中华人民共和国各级人民代表大会常务委员会监督法》有关规定进行处理。

第十七条　本暂行办法自通过之日起施行。第十八条本办法由县人民代表大会常务委员会负责解释。

邵阳县人民代表大会常务委员会
听取和审议专项工作报告暂行办法

（2008年6月27日县十五届人大常委会第五次会议通过）

第一条　为规范县人民代表大会常务委员会（以下简称人大常委会）监督工作，督促国家行政机关、审判机关、检察机关依法行政、公正司法，根据《中华人民共和国各级人民代表大会常务委员会监督法》和其他有关法律规定，结合本县实际，制定本办法。

第二条　本办法中的听取和审议专项工作报告，是指在县人民代表大会闭会期间，人大常委会依法对本行政区域内的国家行政机关、审判机关、检察机关的专项工作开展情况进行审议和评价的重要监督活动。

第三条 人大常委会听取和审议专项工作报告，应当从本县实际出发，以经济建设为中心，坚持党的领导，坚持依法办事，按照客观、公正、公平、公开的原则，充分发扬民主，集体行使监督职权。

第四条 人大常委会听取和审议下列单位专项工作情况报告：

（一）县人民政府及其组成部门和直属机构；

（二）在本行政区域内上级垂直管理的具有社会管理职能的工作机构；

（三）县人民法院（必要时可专题听取和审议执行局单项工作情况报告）；

（四）县人民检察院（必要时可专题听取和审议反贪污贿赂局、反渎职侵权局单项工作情况报告）。

上述单位必须在年初向人大常委会递交年度工作计划要点，年终上报年度工作总结。

第五条 人大常委会听取和审议下列专项工作情况报告：

（一）贯彻执行宪法、法律、法规、条例、地方规章制度情况；

（二）贯彻执行党的路线、方针、政策情况；

（三）贯彻执行上级和县人大及其常委会决议、决定情况以及接受县人大及其常委会监督情况；

（四）办理县人民代表大会代表议案、建议、批评和意见情况；

（五）年度工作目标及各项任务完成情况，工作中存在的问题及改进措施情况；

（六）单位领导班子及其成员廉政建设和民主作风建设情况；

（七）人大常委会认为代表和群众反响强烈、影响较大、需要听取和审议的其他事项。

第六条 人大常委会听取和审议专项工作报告的议题，根据下列途径反映的问题确定：

（一）人大常委会在执法检查中发现的突出问题；

（二）人大代表对人民政府、人民法院和人民检察院提出的建议、批评和意见集中反映的问题；

（三）人大常委会组成人员提出的比较集中的问题；

（四）人大常委会及常委会工作机构在调查研究中发现的突出问题；

（五）人民群众来信来访集中反映的问题；

（六）社会普遍关注的其他问题。

第七条 人大常委会主任会议（以下简称主任会议）负责处理听取和审议专项工作报告的重要日常工作，人大常委会办事机构和工作机构负责人大常委会听取和审议专项工作报告的有关具体工作。

第八条 人大常委会办公室围绕县委中心工作，选择若干关系改革发展稳定大局和群众切身利益、社会普遍关注的重大问题，广泛征求人大常委会办事机构和工作机构意见，与“一府两院”沟通协调后，提出人大常委会会议听取和审议专项工作报告年度计划建议。听取和审议专项工作报告的年度计划由主任会议审议，向人大常委会会议报告。人大常委会办公室以书面形式通知“一府两院”，并以人大常委会公报和县电视台公告等形式向社会公布。

第九条 听取和审议专项工作报告的年度计划根据实际情况或者“一府两院”的要求需要进行

调整的，应当经主任会议决定，并由人大常委会办公室将年度计划调整情况及时通知“一府两院”。

第十条　人大常委会有关办事机构或者工作机构应当根据人大常委会会议听取和审议专项工作报告年度计划，按照职责分工制定具体实施方案。

第十一条　人大常委会会议听取和审议专项工作报告，应当在举行人大常委会会议的三十日前通知有关单位。有关单位应当制定具体实施方案，准备好工作汇报材料。

第十二条　人大常委会会议听取和审议专项工作报告前，人大常委会可以组织部分人大常委会组成人员、县级和县级以上人大代表对“一府两院”及有关单位的专项工作进行视察或者专题调查。有关国家机关和单位应当按照人大常委会的要求，协助配合视察或者专题调查。

第十三条　视察或者专题调查可以采取听取汇报、约见询问、专题座谈、查阅资料、问卷调查等方式，广泛听取意见，了解有关情况。对视察或者专题调查中发现的重大问题，主任会议应当责成有关国家机关处理。有关国家机关应当在两个月内向人大常委会报告处理结果。

第十四条　被听取和审议专项工作报告的单位要按照调查组的要求，如实介绍情况，提供相关资料，不得阻碍或者干扰调查工作，不得对反映情况的人员进行打击报复。

第十五条　视察或者调查结束后，负责视察或者专题调查工作的人大常委会办事机构或者工作机构应当将视察或者专题调查中发现的问题及时汇总整理，形成书面材料，交被听取和审议工作报告的单位研究处理。被听取和审议工作报告的单位在工作报告中必须对人大常委会组成人员、县级及县级以上人大代表、人大常委会办事机构或工作机构在视察或者调查中提出的意见作出回应。

第十六条　视察或者专题调查结束后，负责视察或者专题调查工作的人大常委会有关办事机构或者工作机构应当及时汇总视察或者专题调查情况，撰写视察或专题调查报告，经主任会议初审后，提交人大常委会会议审议。

第十七条　被听取和审议专项工作报告的单位应当在举行人大常委会会议十五日前，向人大常委会有关办事机构或工作机构报送工作报告征求意见。工作报告被修改后，在举行人大常委会会议十日前送交人大常委会办公室。

第十八条　人大常委会会议由人大常委会主任召集并主持。

第十九条　人大常委会听取和审议专项工作报告的程序是：

（一）听取“一府两院”及有关单位的工作报告；

（二）听取视察或者专题调查报告；

（三）审议“一府两院”及有关单位的工作报告；

（四）人大常委会组成人员和列席会议人员发表审议意见，可以就有关问题当面询问“一府两院”及有关单位的主要负责人。

第二十条　人大常委会听取和审议专项、工作报告时，可以邀请部分县级及县级以上人大代表列席会议；县人民政府县长或者分管副县长、县人民政府组成部门和直属机构主要负责人、县人民法院院长、县人民检察院检察长应当列席会议。被听取和审议工作报告的单位负责人应主动回答人大常委会组成人员及列席会议人员的询问，并就有关问题作出解释说明。

第二十一条　人大常委会会议审议时，发现被审议单位的专项工作有重大问题需要进一步调查的，经主任会议研究，并报告人大常委会会议同意，可暂不提请本次人大常委会会议审议表决，交有关部门限期调查，并在下一次人大常委会会议上报告调查结果，由人大常委会会议决定是否进行无记名投票表决。

第二十二条　人大常委会组成人员和列席会议人员提出的审议意见，由人大常委会有关办事机构或者工作机构在人大常委会会议结束后及时整理，经主任会议审议，形成书面审议意见。审议意见的内容应当包括对“一府两院”及有关单位工作报告的总体评价、存在的主要问题、改进工作的建议及办理期限等。审议意见由人大常委会相关办事机构或者工作机构交由“一府两院”及有关单位研究处理。

第二十三条　被听取和审议专项工作报告的单位在收到审议意见交办通知书后，必须认真落实交办意见，在一个月内，制订具体整改落实方案送交人大常委会相关办事机构或者工作机构；在三个月内向人大常委会报送工作整改落实情况报告。人大常委会组成人员对被审议单位的工作整改落实情况不满意，由人大常委会主任会议责令其继续整改，并在规定的时间内向人大常委会再次报告工作整改落实情况。人大常委会组成人员对被审议单位的专项工作重新整改结果仍不满意的，人大常委会将依法组织特定问题调查委员会进行调查，并依法作出相应的决议决定。

第二十四条　对违反本办法规定，拒绝整改以及整改不力，或者对反映情况的人员进行打击报复的单位和个人，人大常委会将依据相关法律交有关单位严肃查处。

第二十五条　本办法自通过之日起施行。

第二十六条　本办法由县人民代表大会常务委员会负责解释。

邵阳县人民代表大会常务委员会财政监督暂行办法

（2008 年 10 月 22 日县十五届人大常委会第七次会议通过）

第一章　总　则

第一条　为切实加强财政监督，维护法律法规的严肃性和权威性，促进我县经济社会和谐发展，根据《中华人民共和国各级人民代表大会常务委员会监督法》《中华人民共和国预算法》《中华人民共和国审计法》《湖南省县级以上人民代表大会常务委员会预算审查监督条例》等相关法律法规，结合我县实际，特制定本办法。

第二条　本办法所称的财政监督是指县人民代表大会常务委员会（以下简称县人大常委会）对县人民政府及相关职能部门实施重大财政措施、实行财政体制改革、编制财源建设规划、年度预算编制、预算执行、预算调整、财政决算及专项资金、中央转移支付资金的管理使用等情况进行的监督。

第三条　县人大常委会财政经济城乡建设环境资源保护工作委员会（以下简称县人大财经委）

具体负责预算草案、预算调整方案、财政决算草案的初步审查和预算执行的日常监督工作。

第四条　县人大常委会在审议预、决算时，人大常委会组成人员可以依法就预算执行、预算调整、财政决算中的有关问题提出询问。县人大常委会组成人员三人以上联名书面提出的质询案，经主任会议研究同意，受质询的县人民政府、财政部门或者预算执行部门应当及时给予答复，县人大常委会半数以上组成人员对答复不满意的，经主任会议决定，受质询机关应当再作答复。

第五条　县人大常委会或主任会议听取县人民政府关于预算执行情况及其财政工作情况汇报，可以就预算编制、预算执行、财政决算中的重大事项或者特定问题组织专题调查，也可以责成审计部门对预算执行中的重大问题进行专项审计。

第六条　县人民政府及财政部门在编制财政预算、财政决算方案、研究重大财政工作或者召开有关全局性的财政工作会议时，应当请县人大常委会主任、分管副主任参加，同时，县人大财经委负责人应参加相关会议。

第二章　预算编制的监督

第七条　县本级预算要根据科学发展观的总体要求和国家财政政策，结合我县国民经济和社会发展规划以及上年度财政收支情况进行编制。

第八条　县本级预算编制应遵循以下原则：

（一）量入为出、收支平衡原则。县本级财政预算自求平衡，不列赤字。预算收入的编制应当与国民生产总值的增长率相适应。

（二）公共财政原则。以满足社会公共需要为目的，公平、合理界定财政支出范围。

（三）统筹兼顾，保证重点的原则。财政资金安排要优先保证人员支出和运转支出，做到“四保”，即：“保工资、保运转、保重点、保稳定”。

（四）集中财力办大事原则。财政预算要突出重点，有计划有步骤地解决好经济社会发展中的重大事项和关键问题，发挥各类财政资金的综合协调、相互配合作用。

第九条　新的年度预算开始时，县人民政府及财政部门要充分征求县人大常委会关于财政预算编制工作的意见。财政预算应采取零基综合预算或部门预算办法，对预算内资金、预算外资金分别编制年度计划。

第十条　县人大常委会对县人民政府预算草案重点审查下列内容：（1）当年预算收支平衡情况；（2）重点支出及专项资金的安排情况；（3）当年预算收入的安排、增幅及来源依据；（4）重要部门预算情况；（5）向下级财政转移支付安排情况；（6）当年上级财政补助资金、转移支付资金争取幅度及主要依据；（7）上年度县人民代表大会关于批准预算的决议执行情况；（8）上年预算执行的基本情况、预算各科目资金、上级补助资金、转移支付资金到位及超收可用财力使用情况。

第十一条　县政府及县财政部门应在县人大常委会举行会议30日前，将编制好的预算草案送县人大财经委征求意见。县人大财经委初审后提请县人大常委会主任会议审查。

第十二条　县人大常委会的审查意见交由县人民政府研究处理。县人民政府及其财政部门应根据县人大常委会提出的审查意见，认真修改完善年度预算草案，并将预算草案的修改完善情况及时报告县人大常委会。在县人民代表大会举行会议10日前，县人民政府应将修改后的预算草案以及预算草案报告连同上年度财政预算执行情况和其他财政收支的初步决算报告，一并提请县人民代表大会审查。

第三章 预算执行的监督

第十三条 财政预算经县人民代表大会批准后，县人民政府应在规定的时限内将财政预算批复到各部门、各单位。各部门、各单位应严格按照人民代表大会批准的财政预算报告和政府实施方案执行。

第十四条 县人民政府及其财政部门应加强对财政预算执行的管理，预算执行情况由财政部门按月报送县人大常委会及县人大财经委。县人民政府一年至少两次向县人大常委会报告预算执行情况。必要时，县人大常委会可临时决定听取有关专题汇报：

第十五条 财政收入应实事求是，不得隐瞒和空转。非税收入要依法征收，足额入库，并严格实行收支两条线管理。

第十六条 县人民政府要坚持集体研究和一支笔批款制度，从严控制零星批条。凡动用未列人预算的县机动财力，50万~100万元，须征得县人大常委会分管领导同意，100万~300万元，须征得县人大常委会主任同意，300万元以上，县人民政府应报请县人大常委会主任会议研究同意。

第十七条 严格控制不同预算科目之间的资金调整。非经法定程序不得突破预算。特殊情况必须突破预算时，应事先向县人大常委会报告，得到批准后方可实施。

第十八条 预备费只能用于当年预算执行中的自然灾害救灾开支及其他难以预见的特殊开支。预备费的动支方案由财政部门提出，县人民政府研究决定，报县人大常委会备案。县人民政府应将执行结果及时报告县人大常委会。

第十九条 年终关帐前，县人民政府及其财政部门要及时将财政收支主要指标完成情况和财力动支方案向县人大常委会主任会议汇报。

第四章 预算调整的监督

第二十条 财政预算经县人民代表大会批准后，在执行过程中因特殊情况需要作部分调整的，县人民政府及县财政部门应在县人大常委会举行会议的20日前，将预算调整初步方案送交县人大财经委初步审查，10日前提请县人大常委会主任会议审查。预算调整一般在10月份进行，特殊情况经县人大常委会同意后可推迟到11月份进行。预算调整方案经县人大常委会会议审议批准后方可实施。

第五章 财政决算的监督

第二十一条 县人民政府及其财政部门应当在每年六至九月，将上一年度的本级决算草案提请县人大常委会审查和批准。决算草案应按照县人民代表大会批准的预算科目编制，按预算数、调整数以及实际执行数分项列出，并做出具体说明。决算草案报告应在县人大常委会举行会议20日前报送县人大常委会。

第二十二条　县人大常委会对决算草案重点审查下列内容：

（一）决算收支平衡情况；

（二）重点支出的安排和使用情况；

（三）预算超收收入的安排和使用情况；

（四）部门预算制度建立和执行情况；

（五）向下级财政转移支付情况；

（六）上级财政补助资金的安排和使用情况；

（七）本级人民代表大会关于批准预算的决议执行情况。

第二十三条　县审计局应在县人大常委会举行会议20日前，将本级财政预算执行情况和其他财政收支情况的审计结果以书面形式报告县人大常委会，并在县人大常委会举行会议时如实报告预算执行审计情况。

县人大常委会认为必要时，可以对审计工作报告作出决议。县人大常委会组成人员对审计工作报告的审议意见交由县人民政府研究处理，县人民政府应将研究处理情况及时向县人大常委会作出书面报告。

第二十四条　县人大常委会听取和审议预算执行情况报告和审计工作报告后形成的审议意见及县人民政府对审议意见研究处理情况或者执行决议情况应向本级人民代表大会通报。

第六章　法律责任

第二十五条　违反本办法，有下列行为之一的，依照《中华人民共和国各级人民代表大会常务委员会监督法》和有关法律法规给予处分，构成犯罪的依法追究其刑事责任。

（一）有意隐瞒事实或者虚列收支，造成预算、决算失实的；

（二）擅自借出预算资金，提供财政担保举借债务的；

（三）挪用预算资金、专项资金的；

（四）擅自进行预算科目之间资金调剂，造成严重后果的；

（五）对检举、揭发和控告违反预算法律法规行为的单位、个人打击报复的；

（六）预算未获县人民代表大会批准而擅自动用财力的。

第七章　附　则

第二十六条　本办法自通过之日起施行。

第二十七条　本办法由县人民代表大会常务委员会负责解释。

邵阳县人民代表大会常务委员会工作评议暂行办法

（2008年12月29日县十五届人大常委会第八次会议通过）

第一条　为规范县人民代表大会常务委员会（以下简称县人大常委会）的工作评议，督促国家行政机关、审判机关、检察机关依法行政、公正司法，根据《中华人民共和国宪法》《中华人民共和国地方各级人民代表大会和地方各级人民政府组织法》《中华人民共和国各级人民代表大会常务委员会监督法》《湖南省县级以上人民代表大会常务委员会监督条例》《邵阳县人民代表大会常务委员会议事规则》的有关规定，结合本县实际，制定本办法。

第二条　本办法所称工作评议，是指在县人民代表大会闭会期间，县人大常委会依法对本行政区域内的国家行政机关、审判机关、检察机关的工作开展情况进行审议和评价的重要监督活动。

第三条　县人大常委会工作评议的国家机关，包括：

（一）县人民政府及其组成部门和直属机构；

（二）县人民法院；

（三）县人民检察院；

（四）本县行政区域内上级垂直管理的具有社会管理职能的工作机构。

第四条　评议工作应当以调查研究为基础，坚持党的领导，坚持依法办事，坚持实事求是、客观公正、民主公开、讲求实效的原则。

第五条　工作评议的主要内容：

（一）发挥职能作用，服务中心、服务大局情况；

（二）贯彻执行法律法规，特别是贯彻实施本部门本单位所执掌的法律法规情况；

（三）贯彻执行上级和县人大及其常委会的决议决定情况及承办代表议案、建议、批评和意见情况；

（四）年度工作目标及任务完成情况，工作中存在的问题及改进措施情况；

（五）单位领导班子及其成员德、能、勤、绩、廉和民主作风情况；

（六）单位财务管理情况；

（七）县人大常委会认为代表和群众反映强烈、影响较大及社会普遍关注的其他问题。

第六条　县人大常委会评议国家行政机关、审判机关、检察机关工作的议题，根据下列途径反映的问题确定：

（一）县人大常委会在执法检查中发现的突出问题；

（二）各级人大代表对县人民政府、县人民法院和县人民检察院提出的建议、批评和意见反映集中的问题；

（三）县人大常委会组成人员提出的比较集中的问题；

（四）县人大常委会及常委会工作机构在调查研究中发现的突出问题；

（五）人民群众来信来访集中反映的问题；

（六）社会普遍关注的其他问题。县人大常委会评议国家行政机关、审判机关、检察机关及其工作机构的工作可以是全面的，也可以是专项的。

第七条　评议工作由县人大常委会主任会议组织实施，由县人大常委会有关工作机构或者办事机构具体承办。

第八条　评议单位由县人大常委会主任会议确定，也可由县人大常委会组成人员集体投票表决，按得票多少顺序予以确定，并向社会公布。

第九条　县人大常委会会议举行工作评议前，由县人大常委会主任会议从县人大常委会组成人员和机关工作人员中抽调人员组成评议调查组，必要时，也可以邀请部分县人大代表和上级人大代表参加。

评议调查组人员应当深入调查研究，坚持实事求是，遵守保密规定。

被评议单位应当按照县人大常委会的要求，配合调查组开展工作。

第十条　评议调查组可以采取听取汇报、约见、询问、座谈、查阅资料、问卷调查、专题调查、民主测评等方式，广泛听取各方面意见，了解有关情况。

评议调查阶段，县人大常委会主任会议可以组织县人大常委会组成人员就被评议单位的工作开展情况进行视察。

县人大常委会主任会议认为必要时，可以责成审计、监察部门对被评议单位进行审计调查，并听取审计调查情况报告。

第十一条　评议调查组调查结束后，应当形成书面调查报告。调查报告应当写明调查情况、被评议单位履行职责情况、存在的问题，并提出具体建议。调查报告经县人大常委会主任会议初审后提交县人大常委会会议审议。

第十二条　被评议单位应当在县人大常委会会议评议的十五日前，将工作报告送交县人大常委会办公室。县人大常委会办公室应当在县人大常委会会议举行七日前将工作报告寄送县人大常委会组成人员。

第十三条　县人大常委会进行工作评议的程序：

（一）听取和审议被评议单位工作报告；

（二）听取和审议调查报告；

（三）会议评议：人大常委会组成人员和列席人员发表意见，并可当面询问被评议单位主要负责人；

（四）会议表决：人大常委会组成人员按照“满意”“基本满意”“不满意”三个等次进行无记名投票表决，当场宣布表决结果。会后，在县电视台及县人大常委会《公报》上以公告形式向社会公布表决结果。

第十四条　县人大常委会进行工作评议时，被评议单位主要负责人应当到会听取意见，回答询问，并就有关问题作出解释说明；必要时，被评议单位其他负责人按照要求到会听取意见，回答询问。

第十五条　县人大常委会进行工作评议时，发现被评议单位有重大问题需要进一步调查的，经县人大常委会主任会议研究，并报告县人大常委会会议同意，可暂不提请本次人大常委会会议审议表决，交有关部门限期调查，在下一次县人大常委会会议上报告调查结果，由县人大常委会会议决定是否进行无记名投票表决。

第十六条 县人大常委会将工作评议投票表决结果报告县委，作为考评、使用干部的依据之一，并向社会公开，是垂直管理的单位还将向其上级主管部门通报。

第十七条 县人大常委会在工作评议中对被评议单位提出的意见，评议调查组应归纳整理形成评议意见，经主任会议审议后，由县人大常委会办公室行文，交被评议单位限期整改。被评议单位应按照交办的评议意见进行整改，并在收到评议意见之日起三个月内向县人大常委会报告整改情况。第十八条县人大常委会对被评议单位的工作满意票数达到90%（含90%）以上、人大代表和人民群众对该单位主要负责人工作满意的，在广泛听取纪检、监察、公安、检察、法院、审计、计生、经管等单位意见后，县人大常委会组织专门力量对该单位主要负责人的“德”、“能”、“勤”、“绩”、“廉”等情况进行全面考察，且县人大常委会组成人员对考察结果表示满意的，县人大常委会依法作出决议决定，授予该单位主要负责人“优秀人民公仆”荣誉称号。县人大常委会对被评议单位的工作不满意票数超过常委会组成人员半数以上的，责令其定期整改，限期解决；限期解决不了的，县人大常委会应依法向被评议单位主要负责人提出质询案，并在下次县人大常委会会议上再次听取工作整改情况汇报；仍有半数以上县人大常委会组成人员对工作再次整改情况不满意的，该单位主要负责人是县人大常委会任命的，县人大常委会将启动免职或撤职程序，依法免去或撤销该单位主要负责人行政职务；该单位主要负责人不是县人大常委会任命的，县人大常委会将建议县委及其上级主管部门对该单位主要负责人采取组织措施。

第十九条 对违反本办法规定，拒绝整改以及整改不力或者阻碍、干扰评议工作，对反映情况的人员打击报复的，县人大常委会将依照有关法律、法规交有关单位严肃查处。

第二十条 本办法自通过之日起施行。

第二十一条 本办法由县人民代表大会常务委员会负责解释

邵阳县人大常委会机关管理制度

为贯彻落实中央八项规定和省委、市委、县委有关规定，切实加强机关作风建设，强化机关内部管理，使各项工作有章可循，高效运转，建设团结和谐、廉洁奉公、富有活力和战斗力的机关，努力开创人大工作新局面，特制订机关管理制度。

一、干部职工管理制度

第一条 为主动适应干部作风建设新常态，进一步提升县人大常委会机关工作水平，激发干部职工干事创业热情，促进干部职工健康成长，特制订本制度。

第二条 全体干部职工要牢固树立政治意识、大局意识、核心意识、看齐意识，自觉维护党中央、习主席的领导权威，自觉维护县人大常委会机关整体形象，不说有损集体形象的话，不做有损集体形象的事，带头贯彻执行县人大常委会的决议决定，坚决与党中央和地方各级党委保持高度一致。

第三条 认真遵守党的纪律和公务员工作规范、守纪律、讲原则、讲效率、讲奉献，积极主动完成好本职工作，对领导安排的工作任务要按时、保质、保量完成，不推诿塞责，确保政令畅通。

第四条　严格实行考勤制度。人大机关所有干部职工应自觉遵守作息时间，按时上下班，不迟到，不早退，不中途离岗。工作人员上班应自觉坚持指纹签到。因出差、开会、加班和外出办事无法签到的人员，应事前告知办公室，由办公室安排专人如实记载，无故缺签一次罚款50元。迟到、早退、旷工人员由考勤人员如实记载。如工作需要加班，应无条件服从。

第五条　机关全体干部职工必须按时上下班，做到不迟到、不早退；上班时间不得有上网聊天、玩游戏、炒股、听歌、看电影、看电视剧等一切与工作无关的行为。坚守岗位，勤奋工作，提高效率，全心全意为人民服务。

第六条　严格遵守会议制度和会场纪律，按时参加县人大常委会会议、主任（党组）会议、全体干部职工会议等各类会议，准时参加县委、县政府及各部门组织召开的各种会议，非特殊情况不准请假，如因特殊原因需要请假的，须征得会议主持人同意。

第七条　因公外出（出县境以外）要报告去向。严格执行外出报告制度。第八条　严格实行请销假制度，有事必须先请假，严禁事后补假、打招呼。病假凭医院证明报单位负责人或主任批准，病假完毕后，必须及时销假。县级领导请假1天以上（含1天）要向常委会主任请假。委室主任请假1天内向分管领导请假，2天以上向分管领导、常委会主任请假。其他干部职工请假1天内，向委室主任、分管副主任请假，2天以上向委室主任、分管主任、常委会主任请假。因私事请假全年不得超过15天。旷工或者因公外出、请假期满无正当理由逾期不归，连续超过15天的取消当年评先评优资格；连续超过15天或者一年内累计超过30天的，是干部的根据《中华人民共和国公务员法》第83条第5款规定予以辞退，是职工的解除劳动合同。所请假未经批准一律按旷工处理。

第九条　接人待物要讲文明礼貌，对外来办事人员要热情接待，态度和蔼，能办的事情不推诿扯皮，不能办的事情要耐心说明情况。有专门部门管辖的，要介绍其到相关部门处理。答复问题要有政策依据，不得信口开河，拿不准的或不清楚的，要向分管领导或主要领导请示报告。

第十条　全体干部职工应廉洁自律，作表率，不准搞任何形式的特权和特殊，严禁假借领导名义谋取个人私利。在岗干部职工不得从事经营性活动、不得插手招投标和“三违”建设。

第十一条　严禁到外单位报销应由个人负责的各类费用。违者责令退赔违规报销的全部费用，并按违反中央八项规定予以处理。

第十二条　鼓励干部职工通过多种途径学习业务、政策理论等方面知识。干部职工参加脱产学习、函授学习、考察学习、业务培训等，应事先向单位报告，并经主任会议研究，报有关部门同意，未经批准参加集中学习的，不报销学习费用。

第十三条　鼓励干部职工“争先创优”，对个人获得县、市、省、中央级奖励表彰的，本单位给予同等的奖励。

第十四条　鼓励干部职工在党报党刊上发表调研文章和对人大工作进行广泛地宣传报道，对在中央、省、市、县各级新闻媒体上报道人大工作、发表理论文章的，给予适当物质奖励。

第十五条　积极创造优美舒道工作环境各委室办公室要做到每天小相，每周大扫，确保办公室清洁、卫生，整齐，有序。

第十六条　严格守法，远离黄赌毒。严禁在上班时间或在办公室，公共场所打牌搓麻将，严禁参与其他赌博性（地下六合彩、推牌九等）娱乐活动。凡涉黄涉毒的，按有关法律，对其从严处理。

第十七条　本规定自县人大常委会党组会议通过之日起施行。

二、学习制度

第一条　机关工作人员每月学习时间不得少于2天。其中政治理论学习1天，法律法规和人大工作业务学习1天。每周星期五为学习时间，除机关统一组织学习外，其余由机关党支部的各党小组负责组织学习。

第二条　机关学习由机关党总支、机关党支部负责组织。机关党支部要根据县委宣传部关于干部职工政治理论学习的要求和县人大常委会党组中心组的学习安排，结合本机关的实际，制订出年度学习计划。每次学习，机关党支部或各党小组都要做好记录。

第三条　学习要突出重点。根据需要，在集中学习时，可邀请有关专家，学者辅导讲课，提高学习效果。

第四条　学习形式。采取集中学习和自学相结合的方式，学习过程，要认真做好学习笔记，课后要认真撰写学习心得和学习体会。

第五条　实行学习登记制度。机关干部职工要自觉参加集中学习、机关党支部要严格考勤登记，任何人不得迟到、早退，更不得无故缺席，有事应向机关党支部书记请假。全年无故缺席累计4次以上者，年度不得评先评优。

第六条　机关党支部要定期和不定期检查各党小组的学习情况，并予以通报。

三、上下班签到制度

第一条　机关全体工作人员必须自觉遵守党和国家的各项政策、法律、法规，严格遵守劳动纪律和相关规定；自觉遵守县人大常委会机关统一规定的各项规章制度，坚守工作岗位，听从指挥，服从安排，按质按量完成各项工作任务。

第二条　全体工作人员必须自觉遵守上下班时间，按时到岗到位，做到不迟到、不早退，不旷工。每天的工作去向牌保持与工作内容的完全一致。

第三条　实行指纹签到和纸质签到相结合的制度。每天上午、下午分别签到一次，签到的时间为上午8：00之前，春冬季下午2：30之前，夏秋季下午3：00之前。签到情况实行周小结、月通报。

第四条　必须在规定的签到时限内实行签到、超过签到时间签到的，一律按“迟到”处理。无正当理由、采取欺骗手段不进行签到的人员，一经核实，按旷工处理。

第五条　确因工作需要或者特殊情况无法准时到办公室签到的，须打电话或者发信息向办公室报告登记备案，并说明具体情由。

第六条　干部职工外出开会、学习、出差、下乡等，都应提前一天告知办公室，由办公室进行登记。

第七条　办公室安排专人负责考勤登记，按月统计考勤情况，并及时将干部职工出勤情况向常委会分管办公室的副主任汇报。在每月的干部职工大会上，由常委会常务副主任通报出勤情况。

第八条　全体工作人员在上班期间内，不得在办公室使用电脑或手机玩游戏、炒股、聊天、购物等，不得外出办私事，不得在中途脱岗溜号，未经批准不得从事其他社会活动。

第九条　人大机关全体工作人员应尽量在工作时间内完成工作任务，确因重大活动、重大会议需加班的，必须报请常委会分管办公室的副主任批准。节假日白天加班，据实计算天数，晚上加班，按半天计算。加班时，必须如实填写由办公室统一制作的《人大机关加班情况登记表》，注明加班时间、加班内容、加班人员。加班天数每月月底统计一次，交办公室统一汇总后，经常委会常务副主任审核后，作为年度考核评先评优的重要依据。

第十条　人大机关全体工作人员的个人考勤考核情况将作为年度评先评优、报销有关经费及发放生活津补贴的依据。

四、值班制度

第一条　值班室值班人员要坚守工作岗位，及时接转电话通知，落实通知事宜，做到准确无误。

第二条　搞好文件收发和刊物等资料的分类归档。

第三条　搞好报纸杂志管理，及时分发各类报刊和杂志。

第四条　工作人员下班时，应严格保管好印章、收好文件和重要资料，公、私款不得存放在办公室过夜，丢失、被盗由当事人承担责任。

第五条　机关全体人员必须时刻提高警惕，共同搞好机关安全保卫工作。配合保安人员，维护正常工作秩序。

第六条　节假日值班由办公室根据情况另行安排。

1、节假日值班执行正常上班作息时间。

2、节假日值班人员要服从带班领导安排，坚守岗位，遵守纪律，填写好值班记录，不得迟到、早退。

3、值班人员要负责处理有关工作事务，负责群众的来信来访接待及社会维稳工作，负责先期处置突发事件，对重大紧急情况的处理，按照有关制度规定及时报告。

五、请销假制度

第一条　县人大常委会机关落实带薪休假相关制度，每个干部职工除法定节假日外，需休探亲假、婚丧假、产假、病假、事假的工作人员，可按有关规定办理，其待遇按有关规定落实。

第二　县人大常委会机关全体工作人员在工作时间内，一般不准请假，确因特殊情况需要请假的，必须提前写好《邵阳县人大常委会机关干部职工请假条》，按程序进行审批，经批准后才能有效。

第三条　因重病、急事不能事先请假时，可委托他人代为请假，并补办请假手续；请假期满仍不能上班的，可以申请续假，续假手续与请假手续相同。假期结束后，应及时销假。

第四条 病假、工伤假需治疗和修养的，需经县级及以上医院诊断证明，根据实际情况请假。

第五条 常委会班子成员必须向常委会主任请假；各委室主任必须向分管的常委会（党组）领导、常委会主任请假；委室干部职工必须向委室主任、常委会（党组）分管领导、常委会主任请假。

第六条 请假1天以内（含1天），各委室干部职工向委室主任、分管副主任请假，由分管副主任批准；委室主任向常委会分管领导、常委会主任请假，由常委会主任批准；常委会班子成员请假，由常委会主任批准。

第七条 请假2天及2天以上，由常委会主任批准，主任不在家时，向常委会分管机关行政事务的领导请假。

第八条 全年事假必须控制在人事劳动部门规定的天数以内。

第九条 不请假或请假未获批准而擅自离开或不到工作岗位、请假期满不续假或续假未获批准而逾期不归，均按旷工处理。

第十条 干部职工年休假按照《邵阳县人大常委会机关年休假制度》的有关规定执行。

六、外出报告制度

第一条 报告对象：县人大常委会机关在职干部职工。

第二条 报告事项：因公离开邵阳县出差、出访、参会、学习；因私离开邵阳县休假、探亲、治病等。

第三条 报告要求：

1、县人大常委会主任离开邵阳县要向县委书记报告，县人大常委会其他班子成员离开邵阳县要向县人大常委会主任和县委书记报告。

2、县人大常委会各委室主任离开邵阳县要向县人大常委会主任和常委会分管领导请示或报告。

3、县人大常委会各委室副主任以及其他干部职工离开邵阳县要向常委会分管领导和委室主任请示或报告；离开邵阳市或离开时间3天和3天以上的，还须向县人大常委会主任请示或报告。

4、领导干部外出须提前两天填写《邵阳县人大常委会机关领导干部外出报告单》，经批准后方可外出。因紧急事项临时外出的，要及时请示或报告。

5、外出请示或报告内容包括外出人员、事由、时间、地点及在家主持工作的负责同志姓名、职务等。外出期间若行程有变化，应及时补充请示或报告。

6、人大干部外出期间，应保持手机畅通。

第四条 审批程序：

1、县人大常委会领导班子成员外出，可由领导本人先以电话、信息等方式请示或报告，再由办公室以书面形式及时向县委办公室报备。

2、县人大常委会各委室主任外出，经县人大常委会主任和常委会分管领导批准后，再到办公室进行报备，办理外出登记或请假手续。

3、县人大常委会各委室副主任以及其他干部职工外出，按照干部管理的权限经各级领导批准后，再到办公室进行报备，办理外出登记或请假手续。

七、财务管理制度

第一条　为加强对人大机关的财务管理，确保各项经费使用的合法、合规、合理，根据有关政策规定及有关财经纪律要求，结合人大机关实际情况，经党组扩大会议集体研究，特制定本制度。

第二条　人大常委会机关的财务管理严格执行中央八项规定、法律法规和有关财经纪律，坚持依法依规理财，坚持量入为出、民主管理、节约高效的原则。

第三条　机关财务工作由办公室具体负责，财务人员具体承办，实行统一管理、严格标准、实报实销、一支笔审批的管理办法。

第四条　经费支出的审批权限为，单次开支金额在1000元以内，经常委会分管财务的领导批准；单次开支金额在1000元以上至5000元以内，经常委会主任批准；单次开支金额在5000元以上的，经常委会党组会议研究同意后，方可开支。

第五条　人大机关坚持每个月一次财务会审制度，会审时间为每月的最后一个星期五。财务会审小组由常委会主任、常委会分管财务的领导、常委会分管财经工作的副主任和各委室主任以及办公室主任、机关纪检联络员、财务人员组成。财务会审时，由发票经手人向财务会审小组说明发票的用途，委室主任签字，分管委室的副书记或副主任签字，办公室主任签字，人大机关分管财务的副主任签字审批，再加盖财务会审专用章后，方可报账。

第六条　报账发票必须五个要素齐全：

1、正式的税务发票，有公章、私章或收款人签名；

2、写明物名、数量、金额和用途，时间；

3、经手人和实物验收人签名；

4、领导审批意见；

5、加盖财务会审专用章。

第七条　所有支出尽可能实行直接支付。县内支出凡一次金额达到200元或累计支出达到500元的实行直接支付。实行直接支付的，由发票经手人提供收款人的开户行名称及银行账号。

第八条　公务员卡的办理由常委会党组会议集体研究决定，持有人因工作需要使用时，应按县相关规定使用并及时办理报账手续，原则上不得为个人消费使用，如因个人原因而产生的罚息由持有人自己负责。

第九条　人大机关实行财务公开制度。机关财务人员在财务会审后五个工作日内必须向常委会主任、常委会分管财务的领导汇报当期机关财务开支情况，半年和年终必须向常委会党组会议和各委室主任汇报经费使用和财务管理情况。

第十条　人大常委会机关所有物资的采购实行归口管理，统一由办公室负责采购。物资实行集中管理、造表登记、按需发放。除指定签单人外，任何人不得签单，违反规定的，由签单人自行负责。

第十一条　办公用品采购程序是：小额采购必须说明事由，列出采购清单，由办公室分管后勤的副主任、机关纪检联络员负责采购；大额物品必须填写“物品采购表”，注明采购事项、品种、数量、单价、费用，经手人等项目，由常委会分管办公室的副主任审批；批量物资按政府采购规定办理。

第十二条　凡购买大宗物品，必须坚持政府集中采购。先由各委室与办公室共同制定具体购置方案，填写办公用品审批表（包括物名、数量、发放对象等），再由常委会主任会议集体研究，交县政府采购中心办理。物品购回后，由常委会分管财务的领导与办公室验收，验收后要建立实物台账，由办公室保管人员和验收人员在发票和实物登记表上签字。严格实物的进出管理，做到实物购进和发出、库存相符。

第十三条　机关工作人员出差下乡的，其差旅费按邵财发〔2018〕83 号文件《邵阳县党政机关差旅费管理暂行办法》之规定执行。

第十四条　严禁将县人大常委会机关平时的接待开支列入县人民代表大会的会议经费中报账。

第十五条　机关公车管理按人大机关制定的《用车管理制度》和县车辆管理中心制定的《公务车辆管理暂行办法》的执行。

第十六条　原则上公款不准私借，私人因特殊情况确需借款急用的，借支金额不超过本人一个月工资总额的必须经常委会分管财务的领导批准，超过本人一个月工资总额的借款，须经常委会主任批准，并且在下月应还清所借欠款。

第十七条　机关干部职工及父母、配偶因病住院，由办公室和对口委室牵头组织看望。人大机关干部职工、干部职工父母及配偶住院，单位看望经费不得超过 1000 元，原则上每年只看望一次。

第十八条　本制度自县人大常委会党组会议通过之日起施行，本机关以往制定的财务制度同时废止。

八、公务接待制度

第一条　公务接待工作由常委会分管办公室的副主任分管，由办公室实施。办公室分管后勤的副主任具体负责。

第二条　接待对象，包括上级人大、外地人大来县开展检查指导、考察调研、学习交流等公务活动的人员，来县参加人大各类会议、活动的乡镇（街道）村人员、其他机关人员。

第三条　接待程序，对县外人员的接待，以书面公函为依据，对乡镇（街道）村来参加人大会议、活动的人员的接待，以办公室发出的会议、活动通知或方案为依据。

第四条　接待标准，公务接待活动要严格按照省、市有关规定标准执行，严禁铺张浪费和超标准接待。

1、住宿。接待对象确需安排住宿的，处级干部不超过 300 元每人每天，其余干部不超过 260 元每人每天。

2、用餐。对县外人员的接待按标准执行，公务接待费用尽量实行食堂就餐制，严禁开支烟酒。厅级领导（含副厅级）以上人员来县公务接待的每人每天不超过 140 元，处级领导每人每天不超过

110元，处级领导以下每人每天不超过100元。

3、陪同人员。要严格控制陪同人员及陪餐人数，接待对象在10人以内的陪餐人数不得超过3人，超过10人的不得超过接待对象的三分之一。

对乡镇、村来县参加人大会议、活动的人员，其接待标准，按县规定的有关会议标准（40元每人每餐）执行，对乡镇、村来县人大联系工作的人员，经办公室同意，按工作餐标准（20元每人每餐）接待。

第五条　接待流程：

1、实行接待公函制度，原则上根据派出单位发出的公函对等进行接待，无公函的公务活动和来访人员原则上不予接待。

2、严格公务接待审批。经办人员根据派出单位公函，填写公务接待审批单，注明接待人员姓名、单位职务、公务活动内容、随行人员与行程安排等，经委室主任同意，办公室审核，常委会分管领导同意，由常委会分管财务的领导审批同意后，方可接待开餐。

第六条　接待办法：

人大机关所有接待工作由办公室和财务人员负责管理和承办。接待费用报销凭证包括发票、电脑小票、点菜单、接待公函、审批单位、费用一律使用公务卡结算，不得以现金方式支付，具体如下：

1、属县接待中心接待的，按照县接待中心接待规定，由办公室负责与接待办协商接待。

2、应由人大机关接待的，先审批后接待，具体由对口委室按来宾所持公函日期、事由、人数、姓名、职务等内容填写县人大机关公务接待审批表，并制定接待方案，经常委会分管领导初审后报常委会分管财务的领导审批，办公室安排负责接待，陪同人员一般是对口委室负责人和分管领导。

3、机关各委室开展的视察调研活动需要开餐的，参照县内下乡每人每天50元的伙食费标准执行。

第七条　纪律要求：

1、无公函的公务活动和来访人员一律不予接待。

2、接待由办公室统一管理，办公室后勤财务人员安排并负责费用结算，各相关委室做好配合。

3、严格实行公务接待审批制度，所有公务接待一律要严格按照审批的接待方案执行，除领导批准的特殊情况外，不得随意增加接待项目。

4、简化公务接待形式。严格按照上级及县委县政府邵办文〔2016〕57号文件执行，严格公务接待纪律，严格控制随行车辆，不得在车站、调高速路出入口组织迎送活动，不得张贴悬挂标语横幅（含电子屏幕），不得安排娱乐活动，不得赠送礼品和土特产，不得超范围、超标准接待。

5、严格财务管理。公务接待费用必须凭《邵阳县人大机关公务接待审批表》结算，并附来宾公务公函和接待票据，消费清单，不得以公务接待名义列支其他支出，超标准的报销接待费用，未经常委会领导审批及报销资料不全的接待，财务人员一律不予结算。

第八条　本制度自发出之日起执行，此前与本制度不一样的，以本制度为准。

九、出差（下乡）审批制度

第一条 出差（下乡）审批程序：

1、机关工作人员因公出差（下乡），须填写邵阳县人大机关出差（下乡）审批表，一式两份，报经领导审批后，一份交办公室备案，份作为差旅费报销附件。事前未到办公室办理手续，未按程序经领导审批的，一律不准报销差旅费。

2、机关工作人员在县内下乡的，委室人员要经委室主任同意，常委会分管领导同意，由常委会分管财务的领导批准，报办公室备案。

3、机关工作人员到省内其他县市出差或省外出差的，委室人员要经委室主任同意，常委会分管领导同意，常委会分管财务的领导同意，最后报经县人大常委会主任批准，报办公室备案。

第二条 出差（下乡）的差旅费，具体包括：城市间交通费、住宿费、伙食补助费和市内交通费，其报销标准严格按照邵财发〔2018〕83号文件执行。

1、城市间交通费凭票报销，具体等级为：火车硬座、硬卧，高铁二等座，全列软席列车二等软座；轮船三等舱；飞机经济舱；汽车等其他交通工具。未按规定等级乘坐交通工具的，超支部分由个人自负。

2、住宿费标准为：长沙地区（含所辖县市区）出差的，县级干部每人每天350元，省内其他地州市330元每人每天，本市其他县市区300元每人每天。其余人员长沙地区（含所辖县市区）330元每人每天，省内其他地州市（含所辖县市区）300元每人每天，本市其他县市260元每人每天。

3、伙食补助费标准为：到省内其他地区和省外出差的，每人每天补助100元；到本市及其他县市区出差的，每人每天补助80元；县内下乡每人每天补助50元。

4、市内交通费标准为：到长沙市、株洲市、湘潭市城区和省外出差的，每人每天80元；省内其他市州出差每人每天60元；邵阳市市区及所辖区内其他市县出差每人每天40元。

5、到邵阳市区出差，当天返回的交通费按来回每人次70元包干（含市内交通费）；当天不能返回的，第一天按70元包干，从第二天起按邵阳市市区交通补助每人每天40元标准报销。使用单位提供的车辆到邵阳市区出差的不再报销交通费

6、在县内下乡，由单位安排公车的，不得报销交通费，单位未安排公车的，交通费补助按邵财发〔2018〕83号文件附表2规定的标准包干报销。

一天内到多个乡镇下乡的，应在不影响工作的前提下，科学制定出行路线，按最远的距离报销交通补助。

第三条 出差（下乡）差旅费报销管理：

1、出差人员应当严格按规定标准开支差旅费，所有差旅费报销应附出差（下乡）审批表，否则不得报销。

2、城市间交通费按乘坐交通工具的等级凭据报销，订票费、经批准发生的签转或退票费、交通意外保险费凭据报销。

住宿费在标准限额之内凭发票据实报销。

伙食补助费和市内交通费（县内下乡和省内出差不需住宿的除外）按邵财发〔2018〕83号文件规定的标准包干补助，不凭票报销。

未按规定开支差旅费的，超支部分由个人自负。

3、工作人员出差结束后应当及时办理报销手续。差旅费报销时应当提供出差审批单、机票、车票，住宿费发票等凭证。

4、财务人员应当严格按规定审核差旅费开支，对未经批准的出差以及超范围、超标准开支的费用不予报销。实际发生住宿而无住宿费发票的，不得报销住宿费以及城市间交通费、伙食补助费和市内交通费。

5、工作人员外出参加会议、培训，举办单位统一安排食宿的，不得报销会议、培训期间的食宿费和市内交通费。往返会议、培训地点的城市间交通费回单位按照规定标准报销。

第四条　监督问责：

1、单位应当加强对单位工作人员出差活动和经费报销的内容管理，严格出差审批，差旅费预算及规模控制制度，机关领导、财务人员等对差旅费报销进行审批把关，确保票据来源合法，内容真实完整、合规，对未经批准擅自出差，超规定开支的一律禁止报账。

2、出差人员不得向接待单位提出正常公务活动以外的要求，不得在出差期间接受规定用公款支付的宴请、游览和非工作需要的参观，不得接受礼品、礼金和土特产品等。

3、工作人员有虚报冒领差旅费的、不按规定报销差旅费的、转嫁差旅费的将依法追究相关人员的责任，严重的移交司法机关处理。

十、用车管理制度

为加强人大机关车辆管理，确保车辆安全、有效、规范使用，经人大常委会主任会议研究，制定本制度。

第一条　县人大常委会机关使用的公用车辆由县人大办公室和县公车管理中心共同管理。车辆外出由县人大办公室统一安排，县城内办事不得动用公车，出差鼓励使用公共交通工具出行。省、市差旅用车须向分管领导或常委会主任报告。

第二条　车辆安排原则坚持先急后缓、先领导后一般干部的原则。各委室出差、下乡等工作用车，须提前一天向办公室申请。办公室车辆实行专人驾驶，专人负责制。

第三条　办公室须建立行车档案和出车审批单。驾驶员凭出车审批单出车，未经办公室安排和同意不得擅自驾车外出。

第四条　车辆的保养、维修、洗车、美容、保险、违章罚款及扣分等工作均由驾驶人负责处理，所需费用按照有关规定由县车辆管理中心承担，报批程序按县车辆管理中心的相关规定执行。

第五条　驾驶员必须保证24小时通信畅通，特殊情况中断通讯需及时向办公室报告。

第六条　驾驶员必须按规定方式加油、用油。加油使用县车辆管理中心统一提供的专车油卡加油并按规定使用。

第七条　办公室车辆实行定点、定时停放。办公室所有公车没有出车任务时一律停放于机关大院内。节假日期间，公车一律封存，并将钥匙和油卡上交办公室。

第八条　驾驶员要严格遵守十条禁令：①严禁疲劳驾车；②严禁酒后驾车；③严禁超速行车；④严禁带情绪开车；⑤严禁驾驶存在安全隐患的车辆；⑥严禁行车途中接、打手机：①严禁公车私用⑧严禁公车租用收受好处；⑨严禁公车停放在娱乐场所；@严禁违反交通规则行车。

第九条　公务用车严格控制租车，特殊情况需租车的需由相关委室填写县人大机关公务租车审批表，经委室同意、办公室审核，报常委会分管领导及分管财务的领导同意后方可租车。未安排公车出差（下乡）的差旅费按邵财发〔2018〕83号文件《邵阳县党政机关差旅费管理暂行办法》实施。

第十条　未经办公室安排而私车公用者，单位概不支付租车费用，所需费用及用车后果由自己承担。

第十一条　租车费用由出车人出具税务发票，按财务会审规定及时报账。

第十二条　本制度自人大常委会主任会议通过之日起执行，原公车管理规定同时废止。

十、会议制度

第一条　常委会会议、党组会议、主任会议、机关党支部会议、机关全体干部职工会议由办公室负责通知。常委会党组副书记、副主任主持召开的有关会议、执法检查会议、专题调研会议等其他工作会议由具体承办的委室负责通知。

第二条　使用会议室须提前一天告知办公室，临时会议可临时通知。

第三条　凡两个以上委室需同时使用主任会议室时，原则上优先安排先联系的委室使用。会议室优先常委会党组会议、常委会会议、主任会议会议使用。

第四条　常委会会议、党组会议、主任会议、机关全体干部职工会议由办公室负责会议记录和出席、列席人员请假、迟到、早退、缺席情况统计。机关党支部会议由支部委员负责会议记录和出席、列席人员请假、迟到、早退、缺席情况统计。常委会党组副书记、副主任主持召开的有关会议由各委室负责记录。

第五条　因事因病或者其他特殊原因需请假的，在常委会会议、党组会议、主任会议举行前，应当经常委会党组书记、主任批准。其他会议需请假的，应当经会议主持人批准。

第六条　要严格遵守会议纪律，不得迟到、早退，不得在会场吸烟，不得在会场拨打、接听电话和玩手机。

第七条　与会人员要求提前5分钟到场。

第八条　不得随意进出会场，不得随意接待来访和会客，不得处理与会议无直接关系的事项。

第九条　以上规定由会议主持人负责督促执行，并在会议结束时对会风会纪情况予以通报。

十一、年休假制度

第一条　凡参加工作时间满一年以上，已转正的工作人员，均可享受年休假待遇。

第二条　年休假的假期：

1、参加工作满一年未满十年的，每年休假五天（不含公休假日和法定假日，下同）。

2、参加工作满十年未满二十年的，每年休假十天。

3、参加工作满二十年以上的，每年休假十五天。

第三条　年休假审批程序：

1、县级领导请年休假，报请县人大常委会主任批准。

2、委室主任请年休假，由常委会分管领导、常委会主任批准。

3、其他工作人员请年休假，由委室主任、常委会分管领导、常委会主任批准。

第四条　年休假待遇：

1、工作人员在年休假期间，其工资福利待遇不变。

2、工作人员享受探亲假、婚丧假、生育假的，不影响享受年休假待遇。

第五条　有下列情况之一者，当年不享受年休假待遇：

1、全年事假累计超过1个月的。

2、病假累计超过3个月的。

3、在试用期内未转正的。

第六条　年休假相关问题：

1、各委室对工作人员的年休假要作统筹安排，在确保完成各项工作任务的前提下，有计划、合理地安排好工作人员休假，并建立健全考勤和请销假登记制度。工作人员应自觉服从统一安排，休假前后要切实做好工作交接，避免中断或贻误工作。

2、当年假期当年使用，一般不得跨年度使用。可以一次性休假，也可在规定的假期内分几次安排。

3、如当年休假后，再请病假、事假超过以上规定时间的，下年度不再安排休假。

4、年休假未经批准，擅自离岗或未办理年休假手续的，按旷工对待。

5、工作人员在年休假期间，应采取必要的措施保障自己的人身安全和财产安全。

6、工作人员在年休假期间，应遵纪守法，注意言行，维护单位和个人形象。

十二、机要保密制度

第一条　认真贯彻执行党和国家保密工作的方针、政策，遵守有关保密规定和保密守则。

第二条　从事机要工作的人员，要严格按照相关规章制度处理和管理文件，及时签收、登记、分发、传阅、回收、立卷、归档等，确保党和国家机密的安全。

第三条　秘密及以上的文件，不随意扩大阅文范围，不得外借，确需借用者，必须经办公室主任批准，限期归还，不得私自把文件带出机关，不得泄密和丢失文件。

第四条　凡利用密级档案者，必须说明其利用目的，并经常务副主任批准，方能提供利用，未经批准，不得复印或摘抄，因特殊需要，复印件用后及时退还办公室。

第五条　密码电报与明传电报，由机要室及时送有关领导阅示。

第六条　人大办和人大常委会公章由办公室保管使用，印章不得随意由他人代管使用。如有特殊原因需他人代管时，必须经办公室主任批准。主任印鉴、人大常委会印鉴、人大办公室印鉴启用必须经人大常委会主任、常务副主任、办公室主任批准后方可使用。未经相关权限批准不得擅自启用印鉴，否则追究印鉴保管人员的责任。

第七条　各专门委员会、工作机构清理过时文件和资料时，应负责登记交办公室统一处理，不得私自处理。

第八条　严格遵守保密制度，注意防止口头失密。

十三、廉洁自律制度

第一条　为促进机关干部廉洁从政，树立艰苦奋斗、勤俭节约的良好风气，根据《中国共产党纪律处分条例》《中国共产党廉洁自律准则》《中共中央、国务院关于党政机关厉行节约制止奢侈浪费行为的若干规定》，以及中央八项规定、省、市、县有关文件精神，结合县人大常委会工作的实际，制定本制度。

第二条　严禁在公务活动中赠送和收受礼金、有价证券和贵重物品等。

第三条　领导干部和工作人员下基层，只准吃工作餐，并按规定标准交纳伙食费。严禁接受请吃、请钓、请舞、请玩、请旅游等活动。

第四条　严禁用公款安装住宅电话和购置移动电话，严禁向有关单位或下属单位索要或接受赠送移动电话和报销手机话费。

第五条　严格遵守财务管理制度，严禁滥发奖金和补助等。

第六条　严禁到外单位或下属单位领取各种奖金和补助，以及报销各种开支等。

第七条　要自觉遵守各项经济纪律和工作纪律，在经济活动中，不得为自己的配偶、子女和亲友打招呼、批条子、要银行贷款、从财政部门拨款、贷款与借款等，不准利用职权和职务影响从事经商、开矿、办企业等营利性活动。不得在经济诉讼或其他诉讼活动中说情、干扰办案，不准插手基建工程项目等。

第八条　要按有关规定如实报告个人重大事项和申报个人财产收入情况。

第九条　严禁参与赌博、嫖娼、卖淫、吸毒、贩毒等违法犯罪活动，不准包养情妇，不准参与封建迷信、邪教组织活动等。

第十条　严格把好审批关，机关工作人员一律不准用公款旅游或出国出境。

十四、公文起草和校核工作规程

为使县人大常委会、县人大办公室的公文起草和校核工作科学化、制度化、规范化，根据全国人大常委会办公厅印发的《人大机关公文处理办法》等文件规定，结合本机关实际，制定本规程。

一、公文起草

（一）职责范围

1、办公室负责起草下列文件材料：①人大常委会工作要点；②人大常委会阶段性工作安排：③人大常委会工作报告：④人大常委会会议通知；⑤人大常委会会议《公报》；⑥人民代表大会日程草案、主持词及领导讲话：⑦人大常委会综合性调研报告；⑧人大常委会领导临时安排的文件材料等。

2、各专门委员会、工作委员会负责起草下列文件材料：①本专门委员会、工作委员会年度工作计划、工作总结；②本专门委员会、工作委员会的调查报告、视察报告、执法检查报告：③本专门委员会、工作委员会向人大常委会或主任会议汇报工作的材料；④本专门委员会、工作委员会分管领导及负责人参加县内各种会议、上级人大会议的讲话材料、调查材料、经验材料等；⑤人大常委会会议听取“一府两院”有关工作报告后，提出的审议交办意见和作出的决议决定等；⑥为人大常委会工作要点、工作报告、阶段性工作安排等综合性材料的起草提供书面情况等；⑦人大常委会领导临时安排的文件材料等。

（二）明确要求

接受公文起草任务时，应明确以下事项：

1、公文起草的组织者、参与者及各自的职责；

2、发文的意图及主管领导的要求；

3、公文要表达的基本内容，如工作目标、任务、方法、部署，以及要制订的新的政策、措施、规定等；

4、受文对象和印发传达范围；

5、公文起草的时限要求；

6、拟定的公文发布时间和具体方式。

（三）查阅文件资料

根据起草文福的需要查闻有关文件、资料，掌握相关方针政策、法律法规和其他有关规定，了解有关情况。

（四）开展调查研究

根据起草文稿的需要作必要的调查研究。

（五）起草公文

1、拟定起草提纲。

2、着手起草初稿。集体起草的公文，初稿完成后，由确定的人员进行统稿。

3、征求意见。采取印发征求意见稿、召开座谈会等方式征求县人大常委会领导及各委室的意见。

4、修改文稿。

二、公文校核

（一）文稿校核

按照公文处理规定进行校核，内容包括：

1、办文程序是否规范。

2、是否符合领导的有关批示精神。

3、是否准确完整的体现发文意图。

4、文稿中提出的方针、政策、措施、办法等是否具备科学性和可行性。

5、文稿的结构是否合理，语言文字、标点符号、密级、印发传达范围，主题词，引文、人名、地名、数字，计量单位等是否准确规范。

6、文种、格式是否正确。

（二）文稿送审会签

1、办公室起草的文件由办公室负责呈送审批，各专门委员会、工作委员会起草的文件由本委室负责呈送审批。

2、各专门委员会、工作委员会起草的文件，经本委室负责人审查签署意见后，指定专人将纸质文档和电子文档及时送办公室核稿，由办公室人秘组长提出拟办意见，呈送有关领导审查签发。

3、文稿会签一律称同志或姓名加职务，职位高的领导排在前面。文稿送审会签一般按签批单上领导排名顺序，从后至前依次呈送。呈送急件，如签批的领导在外出差或有其他重要公务，经电话请示该领导同意后，可以补签；如签批的领导联系不上，经有关领导同意后，可越过该位领导向另位领导呈送。

4、人大常委会文件、党组文件、办公室文件均由人大常委会党组书记、主任签发。

（三）公文登记、送印

1、登记编号。人秘组设立专门的发文登记本，由人秘组长对已经领导审签的文稿进行登记编号。

2、送印。对拟印的文件作好登记后，通知起草委室校核签字后及时送交文印室印制。

3、施印。县人大常委会办公室印鉴，需报经办公室主任审批同意后方可用印。县人大常委会印鉴，需报经人大常委会主任审批同意后方可用印。县人大常委会党组印鉴，需报经人大常委会党组书记审批同意后方可用印。

（四）公文分发和归档

1、对印制好的文件传递采用内送和外寄的方式。发领导和县直机关的文件，采用内送方式，并做好发文登记。受文单位不是县直机关的采用外寄方式，一般通过邮政部门投递到受文单位。

2、文件分发完毕后，文件管理人员要按文件种类进行清理，其内容包括领导批示、文件底稿和两份正式文件及其他需要归档的资料，及时收集整理并存档。

三、其他文献选录

邵阳县第一届第四次各界人民代表会议订立的爱国公约

（1951 年 4 月 30 日邵阳县第一届各界人民代表会议第四次会议通过）

农民

1、反对美帝武装日本和单独与日媾和；

2、多多宣传，使男女老少都知道抗美援朝的意义；

3、发动群众踊跃参军；

4、发动大家诉日本鬼子和美帝国主义对我们的迫害，使人人都认识帝国主义的罪行，团结起来，抗美援朝；

5、发动大家和平签名，反对美帝国主义的侵略行为；

6、好好照顾烈军工属和荣军的生产问题，并写信给志愿军同志们，安慰他们；

7、多烧石灰，多积肥料，多加工，搞好生产，保证今年的生产比去年增加一层；

8、好好组织妇女，团结中农，把农会组织得更坚强。

青年

1、开展抗美援朝保家卫国的运动；

2、坚决拥护世界和平理事会决议；

3、反对美帝重新武装日本；

4、拥护中华人民共和国一切政策法令；

5、多写慰问信慰问我国在朝志愿部队；

6、搞好代耕，解决烈军工属的生产困难；

7、青年人要响应政府号召，随时走上国防前线；

8、努力生产，争取五一年的丰收，建设新中国；

9、不浪费胜利果实，保证全部投入生产；

10、拥护《中苏同盟友好条约》；

11、拥护《中华人民共和国土地改革法》；

12、组织民兵，控制不法地主及一切反革命分子；

13、拥护《中华人民共和国惩治反革命条例》；

14、检举匪特一切阴谋活动和造谣破坏的。

工商界

1、响应政府号召和指示，坚决反对美帝武装日本。

2、宣传抗美援朝，组织各民族人民团结起来，一致反对美帝侵略朝鲜。

3、拥护缔结五大国和平理事会的决议，拥护和平签名，反对战争，争取世界各民族自由和平，消灭侵略者；

4、以实际行动，节衣缩食，支援前线；

5、遵守政府政策和法令，保护公共财物；

6、保持国家税收，保证不漏税、不偷税，做到按时交税，如期入库，不投机取巧；

7、不违背政府法令，不做违法行为，不贩卖违禁物品；

8、加强组织生产竞赛，薄利推销，不欺骗人民，城乡互助，内外交流；

9、坚决镇压反革命分子，严防匪特的破坏活动。

文教界

1、坚决反对美帝武装日本，拥护世界和平理事会的宣言；

2、发动群众拥军优属，搞好代耕，慰问志愿军；

3、搞好教学，以"教育好下一代"的实际行动，为抗美援朝斗争做出贡献；

4、坚决克服困难，从艰苦中建设起新的教育；

5、积极开展春耕生产的宣传，防止荒象的发生；

6、响应政府的号召，拥护政府的政策法令；

7、拥护土改、管制地主，支持农民翻身；

8、拥护《中华人民共和国惩治反革命条例》，大力开展宣传教育，检举匪特，巩固人民民主专政。

妇女

1、照顾军属，帮助军属生产，保证和种自己的田一样；

2、努力生产，多种棉花，多施肥料，多烧石灰；

3、我们要好好生产，多收粮食，多交公粮，团结起来，管制地主，防止特务。

（本文在录入本志时，编者在不影响文前原意的前提下，对文中的极个别地方作了稍许疏通和修改）

给中国人民志愿军的电报

（1951 年 4 月 30 日邵阳县第一届各界人民代表会议第四次会议通过）

北京中国抗美援朝总会转朝鲜中国人民志愿军：

亲爱的同志们：

你们为了保卫祖国安全和世界和平，站在抗美援朝的最前线，给予美帝以沉重打击，获得了伟大的胜利，我们谨代表邵阳县一百五十万人民，向你们致以诚挚的慰问，并保证全力支持你们，你们家里生产问题，我们已组织代耕互助，希勿挂念。祝

身体健康！多打胜仗！

邵阳县第一届第四次各界人民代表会议　卯日上

（本文在录入本志时，编者在不影响文前原意的前提下，对文中的极个别地方作了稍许疏通和修改）

四、时文选录

（本节所录限和人大有关或出自县内人大代表和人大工作者之手的作品）

《人大工作大事记》序

唐清洲

20 年沧海桑田，20 载壮阔波澜。

在世纪之交，千年更迭，全县人民满怀豪情跨入 21 世纪之际，迎来了我县人大常委会设立 20 周年。回眸 20 年的发展历程，县人大常委会坚持在实践中探索，在探索中前进，在前进中发展，在发展中提高，组织机构日趋完善，干部队伍不断优化，在全县改革、发展、稳定中的作用日益增强，在人民群众中的威信和威望日益提高。

20 年来，县人大常委会在县委的正确领导和上级人大的精心指导下，在“一府两院”的积极支持和主动配合下，在全体代表的认真参与和有效监督下，依法行使宪法和法律赋予的决议决定权、监督权、任免权，各项工作和建设取得了令人瞩目的成绩。以“抓重点、议大事、求实效”为原则，围绕事关我县改革、发展、稳定的重大问题依法作出了一系列决议、决定，确保了党的路线、方针、政策在我县贯彻执行；以经济建设为中心，围绕事关全县改革开放、经济发展、社会稳定大局的重大事项以及人民群众反映强烈的热点、难点、焦点问题，加大工作监督力度，确保了我县经济建设和社会各项事业的健康发展；以依法治县为目标，认真开展执法检查，积极进行个案监督，着力督办疑难案件，确保法律、法规在我县正确贯彻实施；以坚持党管干部的原则，加强人事任免工作，严把任前考察考试和任中法定程序关，并积极搞好任后跟踪监督，认真有效地开展述职评议和集中评价工作，确保被任命人员任期内勤政为民，廉洁务实；以借助满意为标准，加强代表工作，认真组织代表进行专题视察，积极督办代表议案、建议、批评、意见，确保人民当家做主管理国家事务的民主权利真正实现。

20 年来，县人大常委会严格按照宪法和法律的要求，在履行职责、行使职权上，付出了艰辛的努力，做了大量的工作，为促进邵阳县的改革开放和经济建设，加强社会民主法制建设和精神文明建设，推进依法治县进程，维护社会稳定，做出了积极贡献。在 20 年的工作实践中，我们深刻体会到：依靠党的领导，是做好人大工作的根本保证；服务经济建设，是人大工作的中心任务；依靠代表和广大人民群众，是开展人大工作的坚实基础；改革创新是推进人大工作的重要途径；加强自身建设，提高自身素质，是做好人大工作的必要前提。

但是，必须清醒地认识到，县人大常委会的工作距离新形势的需要，距离宪法和法律的要求，距离党和人民群众的期望，还有一定的差距。主要表现在：对本行政区域内的重大事项行使决定权方面还不够有力；对行政执法单位和司法机关的监督力度还需进一步加大；人大机关干部的政治、法律、业务素质有待进一步提高。因此，县人大常委会务必认真总结经验，努力实践“三个代表”的要求，积极探索，努力工作，不负重托，全面履行宪法和法律赋予的职责，以更加丰硕的成果，迎接21世纪的灿烂曙光！

为纪念我县人大常委会建立20周年，认真回顾和总结我县人大及常委会20年来的工作和建设经验，我们特编写了这本《邵阳县人大工作大事记》。在编写过程中，得到了各有关部门单位的大力支持，在此表示衷心的感谢。对本书存在的缺点和错误，敬请读者批评指正。

2000年12月

加强领导创造条件确保党对人大工作的领导落到实处

蒋　伟

60年前，第一届全国人民代表大会第一次会议隆重召开，通过了《中华人民共和国宪法》，从此建立起中华人民共和国的根本政治制度——人民代表大会制度。光阴似箭，60个春夏秋冬转瞬即逝，9月5日，中共中央、全国人大常委会在人民大会堂隆重举行庆祝全国人民代表大会成立60周年大会。中共中央总书记、国家主席、中央军委主席习近平在大会上发表重要讲话时指出：“在中国，发展社会主义民主政治，保证人民当家作主，保证国家政治生活既充满活力又安定有序，关键是要坚持党的领导、人民当家作主、依法治国有机统一。”

如何进一步坚持和完善人民代表大会制度，适应社会主义民主法制建设不断向前推进的时代要求和发展形势，开创县级人大工作的新局面？实践证明，最关键的是地方党委要进一步重视人大工作，进一步加强对人大工作的领导，切实达到党的领导与人大依法行使职权的有机统一。

一、加强组织领导，为人大开展工作创造条件。县委注重从思想上、政治上、组织上全面加强和改进对人大工作的领导，全力支持和保障人大及其常委会依法履职。一是加强领导。一直以来，我们坚持把人大工作纳入党委工作的重要议事日程，与党建工作、经济工作同安排、同部署。研究出台了《关于在新形势下进一步加强人大工作的意见》坚持定期研究人大工作，定期听取人大工作专题汇报，认真解决人大工作中遇到的问题，对人大工作及时给予指导。对人大组织的执法检查、工作评议、视察调研等重大活动，县委专题研究、全力支持，主要领导带头参加，强力推进。二是加强沟通。严格执行人大常委会领导参加县委常委会、政府常务会及有关重要会议制度，参与重大决策研究、重要人事任免、重大工作部署的协商。县委常委会研究的有关重要议题和有关重要人事安排，事先听取人大常委会主任和主任会议的意见。县政府在研究出台重大决策前，主动提交人大及其常委会进行审议、讨论和决定。“一府两院”及各职能部门做到自觉接受人大监督主动向人大汇报工作。三是加强保障。在人大机关建设上，切实加强思想政治建设、制度建设和作风建设，保障人大工作有序健康发展。在干部培养任用上，注重选配最优秀的干部充实到人大领导班子和人大机关，把各级人大的优秀干部交流重用到一线岗位，县十六届人大以来，共推荐任用县人大常委会副主任2名，提拔交流干部8名。在物质保障上，坚持将人大工作经费列入财政预算，确保及时足额到位。同时，加大对人民代表大会制度和人大工作的宣传力度，形成全社会重视、关心、支持人大工作的氛围。

二、着眼工作全局，为人大发挥作用提供平台。坚持从七个方面尊重、引导、支持人大充分发挥作用。一是发挥决定重大事项的作用。支持人大紧紧围绕县委的中心工作，抓大事、议大事，对事关长远发展的根本性、全局性、关键性问题和人民群众普遍关注的热点难点问题，组织力量深入调研，广泛听取代表和群众意见，及时作出决议、决定和审议意见。县十六届人大以来，依法作出决议决定16项。二是发挥依法检查监督的作用。每年都对人大行使监督职权提要求、交任务、压担子，支持人大常委会以审议执法工作、组织执法检查、开展执法评议、跟踪监督和专题询问等形式开展监督，切实纠正有法不依、执法不严，不作为、乱作为、反作为等问题。县十六届人大以来，先后组织开展了《中华人民共和国食品安全法》和《中华人民共和国环境保护法》等9部法律法规贯彻实施情况的执法检查。三是发挥把关人事任免的作用。坚持党管干部和人大依法任免相统一的原则，努力把人民群众口碑好、能干事、会干事的好干部通过法定程序选拔到“一府两院”任职。任免干部严把任前提请、临任表决、任后监督“三关”，做到任前知情、任中知人、任后知行。县十六届人大以来，共任免干部86人次，四是发挥扩大基层民主的作用。明确人大在推进基层民主政治建设中承担协调指导促进的重要职责，进一步推进村民自治、居民自治、企业职工代表大会等基层民主管理形式，不断健全政务公开、厂务公开、村务公开制度，保证基层群众依法行使权利。注重发挥人大代表联系群众的主体作用，畅通人大代表知情知政渠道，在重大事项决策决定前采取座谈会、听证会、论证会等形式广泛征求人大代表、社会团体和基层群众的建议意见。五是发挥维护群众利益的作用。把群众的利益放在工作首位，深入开展以“三联二访一帮”“联乡驻村入户”“六进六送”“十个一”等为载体的联系群众、服务群众活动，支持人大深入基层开展视察和调研，认真倾听民声，充分反映民意，细致体察民情，深入了解民心，广泛集中民智，积极开展为民服务，为群众办好事实事。尤其是加大了对“惠农”政策和减负工作落实情况的检查督办力度，促进了一大批事关群众切身利益问题的解决。六是发挥服务经济发展的作用。牢固树立“一盘棋”思想，推动人大机关参与建设扶贫、产业发展、招商引资等中心工作。今年的40项“三重”工作中，人大常委会负责人担任领导、参与建设的共有21项，其中县人大主要领导亲自挂帅的旧城改造工程正在快速推进，下花桥新型城镇综合开发工程在5月份全面启动。人大招商引进并负责联系的企业谷洲南方水泥厂，是我县唯一税收过5000万元的企业。县十六届人大以来，县人大机关和代表们共引进各类企业28个，引资融资2亿元。七是发挥各级人大代表的作用。支持县人大组织代表开展工作评议、视察调研、电视问政等履职活动，充分发挥代表当家做主管理国家事务的主力军作用。

三、推进依法治县，为人大履行职能拓展空间。人大作为立法机关和法律监督机关，始终处在民主法治建设第一线，肩负着重要职责。我们切实加强3个方面工作，充分发挥人大的监督职能，加快依法治县进程，为经济社会发展打造良好的法制环境。一是抓好全民普法。通过报纸、电视、网络等媒体，利用悬挂标语、出动宣传车等方式，加强法制宣传。县十六届人大以来，先后组织开展法制宣传活动10次，出动流动宣传车60台次。健全党委中心组普法学法制度，每年举办2~4次法制讲座。组织干部参加普法考试，成绩不合格者取消年度晋级和评先评优资格。各中、小学校普遍开设法制课，采取多种形式对青少年进行法制教育，在农村建立法制宣传学校，每个村设1名普法联络员，每个村民小组设1名普法宣传员，广泛开展“法律进农家”活动，提高广大群众的法制意识。二是促进依法行政。县人大常委会会同依法治县领导小组，紧扣事关全县工作大局的重点问题，法律法规实施过程中普遍存在的倾向性问题，关系人民群众切身利益的热点难点问题，组织开展了以依法行政为重要内容的行政执法质量考核评议工作，解决职责交叉、重复处罚、执法扰民等问题，引导和推动行政执法部门加强法制建设、提高执法和服务水平，促进公正司法，维护法律权威，让人民群众在每一个司法案件中都感受到公平正义。三是优化发展环境。针对广大企业经营者和外商投资者反响较大的经济发展环境问题，支持人大采取质询、评议、明察暗访、随机抽查等手段强化监督。同时督促有关部门及时抓好整改，保证人大监督结果落实到位，通过开展监督，进一步转变了政府职能，提升了行政效率，破坏经济发展环境的人和事得到严肃查处，建立了风清气正的创业环境和平安祥和的社会环境。

经过60年的建设和发展，人民代表大会制度已深深植根于中国大地，体现人民意志，顺应时代要求。让我们毫不动摇地坚持和完善人民代表大会制度，共同谱写邵阳县人大工作新篇章，为推进全面小康邵阳建设做出新贡献！

（原载2014年10月30日《邵阳日报》）

人大我思

刘长明

今年是人民代表大会在全国范围内成立60周年。9月5日，全国人大常委会举行了隆重的庆祝大会。会上，习近平总书记发表了重要讲话。习近平总书记在讲话中强调：“人民代表大会制度是符合中国国情和实际、体现社会主义国家性质、保证人民当家作主、保障实现中华民族伟大复兴的好制度。”“在新的奋斗征程上，必须充分发挥人民代表大会制度的根本政治制度作用，继续通过人民代表大会制度牢牢把国家和民族前途命运掌握在人民手中。这是时代赋予我们的光荣任务。”“各级人大及其常委会要坚持正确政治方向，增强代表人民行使管理国家权力的政治责任感，履行宪法法律赋予的职责。”作为一名公民、一名党员干部，特别是作为一名基层人大代表、人大工作者，认真学习习近平总书记的重要讲话，感到很受教育、启发，很受鞭策、鼓舞！

一、敬畏人大制度

1949年9月，具有临时宪法地位的《中国人民政治协商会议共同纲领》庄严宣告，新中国实行人民代表大会制度。1954年9月，一届全国人大一次会议通过的《中华人民共和国宪法》明确规定：“中华人民共和国的一切权力属于人民。人民行使权力的机关是全国人民代表大会和地方各级人民代表大会。”

人民代表大会制度，就是人民依法选举代表，组成人民代表大会，由人民代表大会代表人民行使国家权力的一整套制度。

我们敬畏人民代表大会制度，这是因为，人民代表大会制度是我们国家的一项根本政治制度。这个制度不单单是指人民代表大会，而是包括了人民代表大会、政府、法院、检察院等所有国家机关体系在内的整个人民政权的组织制度。是与人民民主专政的国体相适应的、整个国家政权的组织形式。

我们敬畏人民代表大会制度，这是因为，人民代表大会制度是属于全党全国全体人民的制度。习近平总书记指出：“在中国实行人民代表大会制度，是中国人民在人类政治制度史上的伟大创造，是深刻总结近代以后中国政治生活惨痛教训得出的基本结论，是中国社会100多年激越变革、激荡发展的历史结果，是中国人民翻身作主，掌握自己命运的必然选择。”在我国实行人民代表大会制度，是中国近代历史发展的必然结果，是中国共产党领导人民经过长期革命斗争和实践探索，集中了全党全社会政治智慧的伟大创举，是全国各族人民的共同选择和共同愿望。

我们敬畏人民代表大会制度，这是因为，人民代表大会制度是符合中国国情和实际、体现社会主义国家性质、保证人民当家做主、保障实现中华民族伟大复兴最好的制度。人民代表大会制度是保障人民当家作主的根本制度，是我们党依法执政、民主执政、科学执政的操作平台，是坚持党的领导、人民当家作主、依法治国有机统一的载体。人民代表大会60年的实践，特别是改革开放30多年来的实践证明，人民代表大会制度在国家生活中发挥着极其重要的、不可替代的作用，具有强大的生命力和巨大的优越性。

因此，对于人民代表大会制度，我们全党、全国、全体人民都应保持应有的敬畏之心。人民代表大会制度不容置疑、不容挑衅！坚持和完善人民代表大会制度是我们全党、全体国家机关、全国人民的共同事业。我们要坚定维护人大制度的这种崇高地位，坚定人大制度的高度自信。

二、尊重人大权威

在人民代表大会制度这个制度体系中，人民代表大会是核心，是其他国家机关产生的合法途径，既是其他国家机关的权力母体，也是其他国家机关的监督主体，其他所有的国家机关都要向它负责。《中华人民共和国宪法》总纲第二条规定："中华人民共和国的一切权力属于人民。""人民行使国家权力的机关是全国人民代表大会和地方各级人民代表大会。"人民代表大会是由人民依法选举组成的国家权力机关，是人民代表大会制度体系的核心机构和重要组成部分。按照法律规定，人民代表大会由人民选举产生，与人民保持密切联系，是人民行使国家权力的机关，也是党和国家机关密切联系群众、代表人民意愿的制度保证。

人大常委会是人民代表大会的常设机构，由代表大会选举产生，对代表大会负责。人大及其常委会是人民的法定代表，代表人民依法履行自己的职权，管理和监督整个国家机关的运转。党的十八届三中全会关于全国深化改革若干重大问题的决定强调，要通过"健全'一府两院'由人大产生、对人大负责是、受人大监督的制度"，来加强社会主义民主政治制度建设。人大人大以人民为大，人大之大是人民之大；人大之大是根本制度之大；人大之大是宪法、法律之大。对于各级人大及其常委会这样一个人民行使国家权力、人民监督国家权力的机关，全党、全社会、所有机关、所有公民都应予以十分的尊重。

三、发挥人大作用

人大在我们的国家建筑架构中是承重栋梁的地位，在整个国家生活中有着不可替代的关键功能，在60年的实践中，对于保障人民当家做主的权利，实现党对国家事务的有效领导，保证国家机器合理高效运转，维护国家统一、民族团结、政治稳定、社会安定和国家的繁荣进步发挥了巨大的作用。在全面深化改革、全面建成小康社会、实现"两个一百年"奋斗目标、实现中华民族伟大复兴中国梦的新的历史阶段中，人大及其常委会应当发挥可以发挥更大更好的作用。

一是在加强党同人民群众的联系方面，人大及其常委会可以发挥更大更好的作用。人民代表大会由人民选举产生，与人民保持最广泛最密切的联系。人大常委会是人民代表大会的常设机构，由代表大会选举产生，对代表大会负责。人大及其常委会是人民的法定代表。人大及其常委会与人民群众的联系，具有全覆盖联系的广泛性特点、系统联系的亲密性特点、经常联系的制度性特点和有效联系的高效性特点。人大制度是真正联系群众的最好制度，是真正代表最广大人民群众利益的最好制度，是最能集中广大人民群众智慧、调动广大人民群众积极性的最好制度，我们党因为以全心全意为人民服务为宗旨，所以选择了这样一个制度，我们党因为选择了这样一个制度，所以拥有了自己强大的密切联系群众的政治优势。我党在领导人民创造未来伟大事业的历史进程中，我们加强和改进党的领导，应当重视发挥可以充分发挥人大及其常委会更大更好的作用。

二是在推进全面深化改革的历史伟业中，人大及其常委会可以发挥更大更好的作用。党的十八届三中全会开启了全面深化改革的新阶段。习近平总书记强调："凡属重大改革都要于法有据。"全面改革，立法护航。深化改革，于法有据。依靠宪法和法律保障，改革才能得以深入推进。全国人大和省级人大及其常委会，在推进涉及改革的法律法规的立改废工作方面，可以发挥不可替代的作用。市、县、乡、镇基层人大在调动人民群众投身改革与凝聚全面深化改革的共识上，可以发挥代表机关、权力机关很大的作用。

三是在推进法治进程和国家治理现代化的历史进程中，发挥人大及其常委会更大更好的作用。依法治国是我们党领导人民治理国家的基本方略。党的十八届三中全会《决定》明确指出，“全国深化改革的总目标是完善和发展中国特色社会主义制度，推进国家治理体系和治理能力现代化。”中国的现代化国家治理之路，必然要求坚持党的领导、人民当家作主和依法治国的有机统一，以达到保证人民当家作主、增强党和国家活力、调动人民积极性、扩大社会主义民主、建设社会主义法治国家的目的。全国人大、各级人大及其常委会处在社会主义民主法治建设的第一线，在全面推进依法治国和国家治理现代化中担负着重要的职责，应当发挥、可以发挥更大更好的作用。

四是在正风肃纪反腐倡廉清明吏治的事业中，人大及其常委会可以发挥更大更好的作用。人大监督是党和国家监督体系的重要组成部分。我国人大的监督是国家权力机关实施的行为，同其他的种种监督相比，具有六个显著的特点：（1）权力属性的至上性。人大及其常委会的权力直接来源于全体人民，“一府两院”接受人大监督就是接受人民的监督。人民至上。（2）监督的强制性。就是人大及其常委会依照宪法、法律规定，监察、检查、督促政府、法院、检察院依法履行职责，防止违宪、违法行为，保证宪法、法律正确实施，维持人民根本利益。这个权力是强制性的。（3）主体地位的至高性。人大是国家权力机关，其他国家机关都由它产生、对它负责，在整个国家机关系列中，法律地位是最高的。（4）监督范围的广泛性。人大对一切法律的实施和执行情况都有监督权，对所有国家行政机关、审判机关、检察机关的工作都要实施监督。而法律作为人民的行为规范、涉及国家生活、社会生活的各个领域，国家行政机关、审判机关、检察机关的工作也涉及各种社会问题的处理，人大实施监督的范围十分广泛。（5）监督方式的多样性。从宪法、法律的规定看，人大在监督过程中，可以视察、检查和调查、提出质询、撤销、罢免国家机关工作人员的职务等等。（6）监督效力的权威性。人大的监督权，是国家权力的体现。人大实施监督的行为，是实现国家统治的行为。人大在监督中形成的决议、决定，具有法律效力，有关机关和个人必须执行，否则会引起一定的法律后果，受到一定的法律制裁。由此可见，把权力关进制度的笼子里，人大是掌钥匙的主角，在当前反腐倡廉、正风肃纪、清明政治的工作中，人大应当发挥、可以发挥更大更好的作用。

人民代表大会制度，是我们党实现依法执政、民主执政、科学执政的制度平台，我们各级党组织要学会用好人大制度，以达到加强党对各项工作事业发展的目的。

四、加强人大建设

为了用好人大制度，发挥这一根本政治制度对于国家建设治理的强大功能作用，我们需要与时俱进积极加强人大的各项建设。一是加强人大制度的理论建设。科技在进步、经济在发展、社会在变革、人民认识世界改造世界的能力水平在提高，作为建立在有中国特色社会主义经济基础之上，又作用于推动有中国特色社会主义建设的上层建筑的人民代表大会制度，我们也要在坚持的基础上与时俱进、丰富发展。要注重加强人民代表大会制度的理论研究，以更好的人民代表大会制度的理论阐述、理论说明，来宣传好我们这一重要的根本政治制度，以深化全党全社会对这一制度的理论认识，增强全党全社会对于人民代表大会制度的自信和自觉，以实现国家的有效治理。二是加强人大议事制度的建设。人大及其常委会，作为国家权力机关，开会议事必须十分的严谨规范。1988 年 4 月 4 日，七届全国人大二次会议通过《全国人民代表大会议事规则》，加上 1987 年 11 月 24 日通过的《全国人民代表大会常务委员会议事规则》，全国人大及其常委会的工作程序日趋规范、科学、民主。但是，关于省、市、县人大及其常委会，乡镇人大及其主席团的议事规则，全国没有统一的规范。对于地方各级人大及其常委会怎么样行使宪法法律赋予的权力，相关的制度也不完善。不规范就有损权威，不完善不便操作落实。三是加强 人大机构的建设。在全面深化改革的政治制度的顶层设计中，要注重加强人大机构的建设，其中，特别要注重加强县级人大机构的建设。因为，其一，郡县治，天下安，县治的层面十分重要。其二，县治的任务十分繁重。县人大代表都是直接选举。其三，县治的环节相对薄弱。以我们邵阳县为例，我们县 105 万人本届任期共选出 1902 名省、市、县、乡镇人大代表，其中县人大代表 315 名，县人大常委会委员 35 名。我们县人大常委会机关人员编制只有 28 名。县人大常委会机关需设立办公室、内司委、财经委、预工委、教工委、联工委、农工委、城环委、民侨委、信访办、规范性文件备案审查办公室等十多个内设机构，除去县人大主任、副主任、党组成员和其他县级干部占编，余编不足 20 个，一个委室 2 个编制都不足。一个百万人口大县的人大常委会机关编制数还没有县内一个城关镇派出所的编制人数多。机构编制人数严重不足。需要得到加强。四是加强人大系统干部队伍的建设。在新形势下，人大工作任重道远。发挥人大作用，完成这些任务，需要建设一支高素质的干部队伍。要按照全国人大提出的“政治坚定、业务精通、务实高效、作风过硬、团结协作、勤政廉洁”的要求，进一步加强人大思想政治建设、业务素质建设、工作作风建设、组织制度建设，以适应新形势下依法行使各项职权的需要。要注重加强人大干部与党政干部交流力度，形成干部在人大工作岗位历练后到党政岗位工作的更好的干部流动方向，切实改变年龄大了进人大的干部任用习惯。

五、干好人大工作

作为人大代表、人大工作者，我们当好人大代表、做好人大工作，首先，是要坚持人大工作的正确方向。这就是要坚持人大工作服务于全党工作大局，坚持党的领导、人民当家作主和依法治国的有机统一。人民当家作主是社会主义民主政治的本质要求，依法治国是党领导人民治理国家的基本方略，党的领导则是人民当家作主和依法治国的根本保证。人民代表大会制度是党领导的人民民主制度。我国人民代表大会制度从建立到不断发展完善，改革开放以来人大工作的巨大成就，都是在党的领导下取得的。人民代表大会制度建设和人大工作同其他工作一样都必须置于党的领导之下，忠实地贯彻党的主张，以实现人民的利益。这也是我国政治文明建设的基本方针。其二，是要坚持人大工作的使命担当。作为权力机关的人民代表大会，掌握并行使国家权力。为了防止权力过分集中，人民代表大会通过选举、任命和立法，把一部分权力授予其他国家机关行使，包括选举政府行使行政权，选举法院行使审判权，选举检察院行使检察权。“一府两院”要对人大负责，受人大监督。从根本政治制度的设计安排、从政治伦理、从法理上讲是这样的。但是，不庸讳言，现实的情况是，人大的实际地位与法律地位落差很大。权力一般地本领地厌恶和排斥对自己的监督和制约，而不是真心的欢喜对自己的监督和制约。坚持和完善人民代表大会制度是建设社会主义政治文明的根本，国家长治久安的根本。实践已经证明，人民代表大会制度同我国人民、同共和国的命运息息相关。能不能坚持和完善人民代表大会制度，真正发挥它的伟大功效，直接关系到国家的政治生活是否正常，党和国家的决策是否正确，经济和社会事业能否健康发展，关系到“两个一百年”奋斗目标和中华民族伟大复兴中国梦的实现。作为人大代表、人大工作者，不管现实基础条件和环境状况如何，我们都要坚定根本政治制度的高度自信，增强当好人大代表、做好人大工作的责任感和使命感。以对党对人民高度负责的精神，认真做好该做能做的事情。维护根本政治制度的尊严，维护宪法和法律的权威，维护党和人民的根本利益。其三，是要坚持人大工作的创新创优。在新的历史条件下，我们要在坚持尊重人民主体地位，维护人民根本利益，坚持依法决策、民主决策、科学决策，着眼强化权力监督，注重发挥代表作用等方面着力推动人大工作的与时俱进，创新发展，和各项工作的争先创优，让党放心，让人民满意，争做代表满意人民满意的人大工作者。

（原载 2014 年 4 月 30 日《邵阳日报》）

绿 韵

颜寿生

今天，是人民代表大会成立六十周年的喜庆日子。清晨，我伫立窗前，推开窗户，看着窗外苍翠的绿树，微风中蓊郁郁的绿叶轻轻摇曳，层层叠叠，深深浅浅，绿叶显得格外灵动。霎时，我被这一层层深深浅浅的绿意融化了。真是满眼染的是绿，满脑填的是绿，满心荡的是绿，感觉连流动的空气也是绿的。我不禁思绪万千，浮想联翩，人民代表大会制度经历了六十年的风风雨雨，经历了六十年不平凡的岁月，不正像窗外的绿树，焕发着蓬勃的生机、一派灵动的绿韵吗?

是的，如果把人民大会制度喻为窗外的绿树，那么，人大代表就是这绿韵的创造者。人民代表大会制度建立六十年来，特别是改革开放三十年来，岁月记录着一届接一届的人大代表不断前进，不断创新，维护人民代表大会制度，发展人民代表大会制度的可歌可泣的故事。一届又一届的人大代表始终把人民的利益放在第一位，他（她）们深知人大代表权利来源人民，深知肩负的重任和使命，他（她）们以“昼无为，夜难寝”的紧迫感，肩负起反应民意、集中民智、汇聚民力的职责，把人民群众的基本愿望、生活疾苦、利益诉求及时反映到国家机关，并在利益博弈中大胆发声、积极建言，及时维护人民群众根本利益。他（她）们在议事殿堂上、在人民代表会议中，胸怀大局、把握大势、心想大事，围绕政治社会和经济社会发展、改革开放难点、人民群众的痛点，出主意、想办法、献良策，站在国家层面上为民立言，代表人民当家作主。审议和决定国家和地方重大事项。

一届又一届的人大代表始终把推进法治建设、构建社会主义和谐法制社会作为自身的重要职责，不断砒砺前行、披荆斩棘。他们坚持选择好角度，掌握好尺度，把握好力度的原则，监督频频出手，督促政府依法行政、带头遵法，监督司法公正执法，杜绝枉法。以百倍的勇气、豪迈的气概，大胆对阵违法者，高举法律利剑，威震违法者。六十多年来推进法制建设的内容不断丰富，推进法制建设的实效不断增强，向世人充分论释了中国民主法治的时代内涵，展示了人大代表是中国法制建设的主人翁形象。

一届又一届的人大代表始终把人民群众的重任当作不断前进的动力，恪守为民之责，常想为民之事，常思代言之策，在人民代表大会制度建设的征程上，勤于学习、勤于动眼、勤于动脑、勤于动腿、勤于动嘴。他（她）们不断学习，努力提高思想境界和业务知识水平，及时总结工作经验，提升议案建议水平，经常深入基层、深入群众，做到问计于民、问需于民、问政于民，坚持为民说话，说真话，为民办事，办实事好事，始终顾大体、思大局、不讲价钱、不计得失、吃苦耐劳，乐于奉献、敢于诤言、胸怀宽广、襟怀大度、无私无畏、一身正气，为完善和发展创新人民代表大会制度贡献着自己的才智和力量。

我永远记得，1992 年前，我第一次当选县人大代表时的情景。那天，和蔼慈祥的县人大副主任黎左成找我谈话："人大代表是社会上一般人都想当的，但又不是一般人能当得好的，从事人大代表工作是党和人民对我们的信任，是我们每个人大代表毕生的荣耀……"那天，他跟我谈了很多很多，他从人大代表的重要意义和社会地位讲起，讲到人大代表的光荣职责、自身素质。从他个人在人大代表工作岗位辛勤工作的经历讲到了人大代表如何对待人民的利益诉求，如何倾听人民的呼声，如何坚守法律的原则，如何对待个人前途，不求名利，把全部的心血和才智献给人民群众，贡献给完善和发展、创新人民代表大会制度上。从他那朴实无华却情真意切的话语里，我感受到了一种久违的感动，感受到了一种神圣的责任和使命，找到了一种在当今社会少之又少却又弥足珍贵的奉献精神，我完全明白了人大代表为什么是人民群众最信得过的人，我也坚信了做一名合格的人大代表的信心。不会忘记，20 多年来，我在连续四届的县人大代表的任期内，共提出了议案和建议 125 条，参与审议决定地方重大事项 150 个，访贫问苦，助人为乐，司法援助，先天下之忧而忧，后天下之乐而乐，积极履行了人大代表职责。

人民选我当代表，我当代表为人民。1994 年为民申冤，2001 年争取国贫县，督办五乡镇涉农命案，三乡镇执法查渎职，四度督刹歪风，两起改制平民怨。勇于靠前，亲力亲为，法度有恒，情理相依，春风化雨，润物有声。推进了法制，维护了民生，促进了文明，加快了发展。虽苦犹荣，无愧人生，无愧人大代表的光荣称号。如今，我亦在这六十年庆祝活动中即将退休，感激县委对我的高度评价："人品很好，能力很强，贡献很大，风格很高"。是的，人生如梦，梦月如歌，路漫漫其修远兮，吾将上下而求索。看着眼前的变化，拜读习总书记的纪念讲话，我仿佛听到了人民代表大会制度又发新芽，吱吱作响，蓬勃绿韵，那是新时代的进军号角，那是自信向上的爱国之心，那是欢快惬意的劳动颂歌，那是永远常绿的代表之心，啊！绿韵，正是那坚挺直前的中国梦想。

倾情履职　　躬身为民

——记省人大代表县人民政府县长袁玉华

艾　哲　杨力武

他努力发挥省、市人大代表的桥梁纽带作用，结合邵阳县县情实际，积极谏言献策，向省、市人大常委和相关职能部门鼓与呼；

他积极运用省人大代表和县长的双重身份，以县域发展为己任，以为民谋利为根本，珍惜岗位，用辛勤和汗水为人民群众谋福祉；

他把人大当“娘家”，积极向人大负责，主动受人大监督，努力做一个人大建设的推动者和支持者、人民当家做主的维护者。

——自2012年当选省、市人大代表以来，中共邵阳县委副书记、邵阳县人民政府县长袁玉华坚持把履行代表职责、发挥代表作用与自己的工作紧密结合，怀着对群众的饱满热情和感恩之心，尽心履职，真情为民，展现了人大代表的时代风采。

倾心尽责，为民代言

作为人大代表，袁玉华牢记重托，忠实履行代表职责，乐为群众鼓与呼。他坚持把反映人民呼声、表达群众意志、维护百姓利益作为工作的出发点和落脚点，经常深入基层，听民意，察民情，切实发挥了人大代表的桥梁纽带作用。

担任省人大代表两年来，他先后就农业产业化发展、基础设施建设、城乡统筹发展、生态环境治理、土地流转等多项课题，进行了卓有成效的调研，倾听人民群众的心声，了解群众愿望，为正确行使好人大代表职权，打下坚实的基础。

他积极谏言献策，当选省人大代表后，立足于推进邵阳发展，结合县情实际，先后向市人大提交了《请求市政府将“邵阳茶油”特色产业积极推荐纳入省特色产业“三年三个亿”范围进行重点扶持》《请求将市重大产业项目和重大发展项目邵塘一级公路倾斜布局》《请求将邵阳县石膏矿精深加工生产项目作为市招商引资重点项目引进央企投资合作》等3个建议，向省人大提交了《请求整合资金重点扶持特困地区特色产业发展和基础设施建设》《请求放宽国贫困县邵阳县的用地审批并给予灵活政策》《请求进一步加大对国贫县邵阳县的工业园区产业平台的支持力度》，《请求在安北国家高速公路设置武冈石塘院互通和邵阳县县城连接线》《请求取消国家组贫困县项目建设地方配套资金》《请求进一步加快全省湘资沅醴四水及中小河流治理》等12项建议，客观实际地向上反映群众意愿，引起了省、市相关部门的高度重视，一些意见建议逐步得到有效落实，如该县工业园区被纳入了省级工业集中区扶持范围。

倾力发展，为民谋利

发展才是硬道理。作为省人大代表和县长双重身份的他，十分珍惜人民赋予他的权力，在为人民鼓与呼的同时，始终发展为己任，以为民谋利为根本，立足岗位，忘我工作，用辛勤汗水换取人民群众的福祉。

发展经济帮民富。邵阳县是国家扶贫开发工作重点县，经济总量小，贫困程度深，发展底子薄，袁玉华根据该县实际情况提出“项目兴县、工业强县、农业立县、城镇活县、生态秀县”的发展思路，抓关键，破难点，促进邵阳县经济社会快速发展。2013年该县GDP迈上了百亿元大关，财政收入达到7.3亿元，比2011年增加2.85亿元，特别是全县城镇居民人均可支配收入和农民人均纯收入连续三年保持两位数增长。

兴办实事惠民生。袁玉华心里时刻装着群众冷暖，他从群众最关心、最直接、最现实的“两房”“两供”“两保”等民生问题入手，着力改善民生民利。近两年邵阳县先后改造农村危房6718户，建设保障性住房884套，解决了15.1万人安全饮水问题，新建通村通畅公路233千米，落实惠农惠民资金13.3亿元。

打造平安稳民心。安全是最大的幸福，袁玉华坚持推进“平安邵阳”建设，深入开展严打整治、安全生产专项整治、综治联创等活动，提升群众的安全感和幸福指数。全县社会大局保持安全和谐稳定，群众满意率不断提升，2013年邵阳县民调在全省排名由2012年的128位晋升到71位，被评为全省社会管理综合治理先进县。

倾斜支持，为民服务

作为人大代表，人大是他的“娘家”作为县长，他向人大负责，受人大监督。工作中，他始终坚持强烈的人大意识，找准定位，扮好角色，做一个人大建设的推动者和支持者，人民当家做主的维护者。

人大工作优先保障。尽管财政艰难，但在人大建设上，他从不吝啬，坚持人大的工作经费优先安排、重点保障。对县人大开展的代表活动，及时安排、保障到位。

代表建议认真办理。袁玉华始终把人大代表议案建议办理工作摆上重要议事日程，与全县重点工作同安排、同部署、同考核，确保代表建议意见办理“事事有着落，件件有回音”。近两年来，邵阳县办理人大议案建议361件，办复率、满意率和见面率均达100%。

政府工作人大参与。坚持将政府工作置于人大的监督之下，“三重一大”决策主动征询人大意见，邀请人大参与。近两年来，邵阳县每次县政府常务会议，都邀请县人大常委会相关负责同志参加，每次县政府重大决策，事前都要听取人大代表的意见和建议，并形成了一种常态。

“邵阳县是国家级贫困县，发展县域经济，建设平安、法纪，和谐邵阳县，离不开各级县人大和常委会的大力支持和参与，离不开各级人大代表的参政议政、监督建议；作为省、市人大代表和县人民政府县长，加快经济发展、加强人大建设、接受人大监督、为民献策代言、我责无旁贷、义不容辞！”10月28日，袁玉华在接受本报记者采访时如是说。

（原载2014年10月30日《邵阳日报》）

人生价值在于奉献

——王善祥先进事迹介绍

县人大常委会党组

王善祥今年五十岁，现任县人大常委会科教文卫委员会主任。1986年度他主要在区、乡基层工作，先后参加乡级和村级整党，担任县驻黄亭市整党联络组组长。一年中，他工作兢兢业业，任劳任怨，做了很多工作，取得了显著成绩。现将其先进事迹，择要整理如下：

一、国与家，国事当先

王善祥家里人多事杂，子女未大，妻子又患有肠粘连和风湿病，时常发作，因此，家里有许多事情需要他去料理。如果比条件讲困难的话，在组织上安排他第二次下乡整党时，是完全可以打“难”字牌的。但他在国事与家事的矛盾中，择重于国事，对组织的安排不折不扣，欣然前往，自始至终坚守在整党第一线，去年收割晚稻期间，县委安排联络员回家休息七天，但他考虑到下面工作多，任务重，仅在家料理三天就返回黄亭市，在乡下他曾几次接到妻子病重的口信，也未因此离开过岗位。他就是这样为国家牺牲家庭利益，一心扑在工作上。

二、心与身，心事为重。

王善祥的眼睛因病动过手术，但收效不大，现两眼视力分别只有零点五和零点七，并且是双“风泪眼”，一受到阳光和风的刺激就流眼泪，同时，他还患有美尼尔综合征，时而发作。这些身体上的不适给他在乡下工作造成了极大的不便。看文件眼睛痛，搭车奔波更是眼睛直流。但他以坚强的毅力克服这些困难，忍受着眼涨泪流的疾苦，经常深入乡村了解情况，解决问题，为驻地党委排难解忧，一天早晨他旧病发作，头晕目眩，四肢无力。同事把他送进当地医院输液，但他考虑到要参加约定的黄亭市镇金谭村支部会，一输完液，就拖着病体参加会议。

三、苦与乐，乐在其中

王善祥常说："工作辛苦，乐在其中"。他以多做工作，多干实事，作为一种极大的乐事。他全年实际出勤307天，其中下乡270天，他都从未叫苦叫累。特别是在村级整党中，他身为县驻黄亭市区联络组组长，既要负责检查督促面上的工作，又要抓好莽塘村点上的工作，任务繁重，为了点面结合，他往往起早贪黑，白天跑面，晚上驻点。有时工作到晚上十一二点才从村里返回驻地，其间，他上门串户跟群众谈心达50人次，召开各种座谈会20余次，引导党员和群众为"两个文明"建设贡献力量。他在驻点地莽塘村发动群众清淤渠道2000米，整修公路1000米，受到当地干群的高度赞赏。金谭村共产党员罗选满，一度党性观念淡薄，曾是化缘修建庵堂的"头首"。王善祥了解这一情况后，五次上门跟罗谈党员标准，谈信仰，谈道德，使罗选满大受启发，主动请战为民筹资建电排，精神面貌焕然一新。

（1987年1月）

夕阳禁毒情

——记县人大常委会原副主任、县禁毒协会会长颜寿生

颜寿生，男，汉族，中共党员，现年62岁，湖南邵阳县人大常委会原副主任（正县级），2015年1月退休。他退休后，时刻牢记党的宗旨，坚持为人民服务，担任邵阳县禁毒委副主任、禁毒协会会长年多来，他跑遍了全县23个乡镇场418个行政村，几乎每个乡镇场、学校及毒情较重的社区（村）组都留下了他的足迹。他以一个老党员、老同志的良知和责任，开展青少年禁毒预防教育，帮教吸毒人员戒毒脱瘾，帮扶戒毒康复人员就业，为禁毒工作做出了突出贡献。颜寿生的先进事迹先后被《湖南法制周报》《邵阳日报》《邵阳城市报》等省、市级多家媒体报道过，赢得了当地党政领导和群众的赞誉。

倾情力推社会化禁毒

颜寿生担任禁毒协会会长以来，通过一段时间的了解和接触禁毒工作，深刻体会到：禁毒工作是一项系统工程，光靠政府推动还不够，还要依靠广大人民群众，组织动员人民群众和社会力量支持和参与禁毒事业，推进禁毒工作社会化，才是有效预防涉毒违法犯罪的治本之策。

2015年6月9日，他在全县协会工作会议上强调指出，充分发挥禁毒协会联系群众的桥梁、纽带作用，动员广大群众和社会各界人士积极投身禁毒事业，构筑一道全民禁毒防线：创新工作方式，在社会各界大力发展协会会员，禁毒妈妈联盟、禁毒志愿者，在各行业中组建禁毒信息员队伍：禁毒协会要与其他行业协会联为一体，共同开展禁毒工作：禁毒协会要与新闻媒体联动，开辟禁毒讲坛、禁毒专栏，定期或不定期开展社会化禁毒宣传：禁毒协会要在全县开展"精英回乡行善

举，禁毒事业献爱心”禁毒公益慈善活动。一年多来，他是这样说的，也是这样去做的。他亲自给社会精英、名人写信发函、打电话、发短信，多次是门拜访，向他们通报全县毒情形势，与他们探讨社会化禁毒的重要性。倡议他们爱心捐款，支持禁毒事业。他两次冒着酷暑租车往返100多千米，到白仓镇拜访邵阳市民营企业家刘安苏，动员他为禁毒事业献爱心。他用真诚感动了对方，民营企业家刘安苏表示一定支持白仓镇禁毒事业。一年多来，刘安苏先后捐资10多万元支持白仓镇禁毒公益事业。

颜寿生倾情力推社会化禁毒，邵阳县禁毒工作风生水起，如火如荼。全县禁毒协会会员、禁毒妈妈联盟、禁毒志愿者深入开展毒品预防教育活动，社会各界力量主动配合、参与禁毒工作和禁毒服务，广大人民群众积极举报涉毒违法犯罪线索，形成了全民禁毒的良好氛围。据统计，该县现有禁毒协会会员、禁毒妈妈联盟、禁毒志愿者共计10余万人，遍布全县每个角落；参与服务禁毒活动的行业团体50多个；联系社会精英、名人2300余名，愿意为禁毒事业奉献爱心的社会精英、名人1800余名，其中300余名社会精英已捐资300多万元，支持禁毒事业。该县九公桥、白仓等四个乡镇建立了禁毒基金会，其他乡镇禁毒基金会正在筹建中。该县七里山园艺场83岁的退休职工康仲时，徒步20多千米找到县禁毒协会会长颜寿生说：“我要求担任义务禁毒宣传员，为禁毒事业献余热。”

深情引领学校禁毒教育

颜寿生常对大家说：“青少年是祖国的未来和希望，加强青少年的毒品预防教育是禁毒工作的重中之重，如何让青少年认清毒品危害，增强他们抵御毒口的能力。一定要建立学校、社区，家庭毒品预防教育相衔接机制，净化青少年心灵、净化青少年家庭、净化青少年社会环境。”为此，他怀着对青少年的满腔深情，引领全县中小学校开展毒品预防教育。

他亲自带队办点，为全县中小学校毒品预防树立示范。2016年上学期，他带领协会的2人深入塘渡口中学，创办毒品预防教育示范点。在办点过程中，他亲自设计示范点禁毒教育内容。指导制作禁毒教育展板，编写青少年禁毒教育读本和家庭禁毒手册，撰写给青少年学生的一封信，为示范点配制模幻机一台，举行模幻现身教育现场会。组织禁毒知识进校园的主题宣传活动，配合县禁毒办、县司法局、县公安局等12个禁毒委成员单位参加，播放禁毒教育光盘和“影动三相”《诱惑·罪恶·毁灭——合成毒品警示录》影片，发放宣传资料5000余份，赠送禁毒教育读本3100余册。活动中，塘渡口中学的全体学生聆听了邵阳市强制隔离戒毒所2名年轻的戒毒人员现身说法和妈妈在线国际心身健康产业服务集团林霞女士的禁毒心理咨询，该校全体学生举起右手庄严宣誓：“珍爱生命，远离毒品，拒毒防毒，从我做起，自觉守法，永不涉毒”。他还不定期深入县内各中小学校，了解学校禁毒教育状况，参加学校禁毒教育活动，为学校禁毒教育点赞，加油鼓劲。

在他的深情引领下，邵阳县中小学校的毒品预防教育内容丰富多彩，活动有声有色。取得了丰硕成果。全县师生无一人吸毒，并且人人争做禁毒教育的宣传员、监督员。今年上学期，该县白仓镇中学一名初一女生，在家里发现父亲吸毒，主动做通妈妈工作，亲自打电话报警，请派出所民警把父亲送到戒毒所进行强制隔离戒毒。

真情帮助吸毒人员亲属

2015年深冬的一个夜晚，寒风呼呼，雪雨飘飘，颜寿生从县城租了一台的士，急忙赶往离县城25公里的五峰铺镇，到五峰铺镇后，立即与该镇禁毒分会会长刘芳清、社区主任刘又连匆匆来到车祸现场，细心慰问肇事车主吕某桥，稳定吕某桥的情绪，抚慰吕某桥的心态。

原来肇事车主吕某桥的儿子因贩毒前些日子被长沙市法院判无期徒刑。吕某桥得知后，深受打击，一想起儿子判刑的事，心神不定，精神幌忽。这天不觉迷迷糊糊地将车子开进一户人家的堂屋里，把一个正在吃饭的70多岁的老头撞死，闯下大祸。恰好这段时间吕某桥的妻子又身患重病。灾难一起又一起地接踵而来，吕某桥顿时感到人生走入了绝路，在亲戚面前流露出轻生的念头。颜寿生得知这一消息后，于是就急忙赶来了。当晚，他就想方设法帮助吕某桥筹资赔偿，次日又与社区主任刘又连、镇禁毒分会会长刘芳清共同操心，帮助受害人把丧事办理妥当，协助交警部门顺利圆满处理好这起交通肇事事故。不久，他又协调五峰铺镇民政办，给吕某桥和其妻子办理了低保。并再次登门自掏腰包拿出300元现金慰问吕某桥，吕某桥接过慰问金，感动得热泪盈眶。如今，吕某桥不但放弃了轻生念头，在家细心照顾身患重病的妻子，而且日子重新阳光起来，一天比一天好，其妻子的病情也逐渐好转。今年春节，吕某桥怀着感恩之情给颜寿生拜年，发自肺腑地说："颜会长，您的情我和我的家人永远记得，我一定告诫儿子，好好改造，争取早日出狱重新做人。"

实情调研当好领导参谋

颜寿生积极为县委、县政府、县委政法委、县禁毒委领导出点子、当参谋。他经常深入基层实情调研，了解现状，掌握情况，发现问题，提出建议，为在职领导决策提供参考。

2015年6月至7月，他针对邵阳县外流贩毒现象呈蔓延之势，率领协会的同志，深入县公安局、县法院、县检察院、塘渡口镇、五峰铺镇、塘田市镇、白仓镇、九公桥镇、下花桥镇、诸甲亭乡和云南、广东两省的相关市、县，通过听取情况介绍，查找有关资料数据，广泛走访，召开座谈会，征求各方面意见等形式，对邵阳县外流贩毒和吸毒情况进行了专题调研。通过全面详细的调查和认真研判，摸清了全县外流贩毒和吸毒的基本现状，深刻剖析了外流贩毒和吸毒的基本原因，提出了如何遏止外流贩毒和吸毒的11条建议（其中，遏止外流贩毒建议5条，遏止吸毒建议6条）。这些建议均得到了县委、县政府、县禁毒委及时采纳，县委、县政府加强了对外流贩毒和吸毒的排查管控和打击力度，去年，邵阳县外流贩毒人数同比下降42.28%。2016年7月，他根据省、市禁毒委《关于开展社区戒毒社区康复工作调研活动的通知》，颜寿生与协会的同志一道，7月11日至20日，历时10天，深入全县23个乡镇场，对照社区戒毒社区康复工作的8个重点内容开展了专题调研，每到一处，详细听取汇报，仔细查阅资料，实地察看现场，认真细致调研，全面摸清掌握了全县社区戒毒社区康复工作开展的基本情况，以及存在的困难和问题，有针对性地提出了解决困难和问题的四点建议，得到了县委、县政府、县禁毒委领导的充分肯定。

颜寿生在平时工作中，经常深入乡镇、机关、学校、企事业单位和社区（村）组进行走访，及时了解禁毒工作动态，发现好的典型及时推介，发现问题及时向县委、县政府、县禁毒委汇报，并提出解决问题的办法。如建议将县城关镇中学禁毒教育多媒体授课点的做法推介全县，在全县每个乡镇中学建立禁毒教育多媒体授课点，开展禁毒专题教育；建议构建对外共管联动机制，定期开展联谊活动，防控外流贩毒；建议每个乡镇设立禁毒专干，聘请禁毒社工，由政府补贴等，均被县委、县政府、县禁毒委采纳。

钟情禁毒协会自身建设

颜寿生认为，禁毒协会是组织动员社会各方力量参与禁毒公益事业的禁毒社会组织。禁毒工作社会化赋予了禁毒协会更重的职责，寄予了更多的希望。一年多来，他对禁毒协会建设情有独钟，采取得力措施，脚踏实地的弹奏出全县禁毒协会建设的“三部乐章”。

全县23个乡镇场和县教育局、县司法局、县人社局、县林业局都建立了禁毒分会，在12个社区、380个行政村都建立了禁毒协会会员小组，构建了县、乡、村三级禁毒社团组织网络。

全县举办了2期乡镇场禁毒分会常务副会长、禁毒骨干培训班，提升了各级禁毒协会成员的政策法律意识和业务水平。

县、乡两级禁毒协会（分会）工作经费纳入财政预算，有力地保障了禁毒协会工作的正常开展。

“枫林红似火，梧桐披金甲”。颜寿生以满腔赤诚，一片丹心，和他的同事们正驰骋在声势浩大的禁毒人民战争的高潮中，以不获全胜决不收兵的雄心壮志，默默无闻，无私奉献“夕阳禁毒情”。

在提高决策服务上大胆创新

县人大常委会教科文卫工作委员会

人在教科文卫工作委员会怎样为本级人大及其常委会的法律监督和工作监督搞好服务，当好参谋，发挥应有的作用？近年来，我们除了调查研究外，做了一些新的探索，取得了较好的效果，具体做法是：

一、发挥主动性，及时为常委会开展监督提供准确依据。一是主动请进来。我们采取与政府有关部门召开工作联系会议和约见等办法，把政府有关部门的同志请进来，一同交流情况，促进相互了解。例如去年我们根据群众反映的县电视台时常停播一事，把广播电视局的领导请来，了解原因：原来是没有专线，电压不足所致。我们及时向领导反映这一情况，建议主任会议听取他们的汇报。后来，主任会议采纳了我们的建议，专门召开会议听取他们的汇报，并责成县政府尽快解决。不久，县政府想方设法，挤出10万元，架起了专线，解决了这一问题。二是主动走出去。一方面，我们根据政府有关部门的邀请，参加他们的一些重要会议，重要活动，另一方面，我们平时主动深入到政府有关部门的干群中去，随时了解情况，掌握动态，为人大常委会提供情况。例如去年元月，我们深入县文化局和县广播电视局，了解文化市场管理情况，两局的多数群众反映：去年夏秋执法检查中发现的录像市场审批乱、布局乱、片源乱、经营乱、宣传乱等现象仍未得到制止，五峰铺、塘渡口车站等投影厅放映淫秽录像片的违法案件仍未处理。随后，我们派人深入白仓、塘渡口等乡镇进行了10多天的了解，掌握更加丰富的真实材料。我们将这些情况及时向县人大常委会反映。常委会根据我们提供的依据。要求县政府尽快予以处理。去年5月，县政府取缔了9个私人录像队和5个放映浮秽片的投影厅（站），并发出了《加强文化市场管理的通知》《加强乡、镇广播电视站录像队管理的通知》。三是主动搜集政府有关部门的材料，从而获取大量信息与情况。例如：去年是《中华人民共和国义务教育法》颁布五周年，根据上面精神，各地要制定九年义务教育的实施规划。年初，我们发现教委1991年工作要点没有安排，于是我们建议人大常委会督促教委制定我县九年义务教育规划的草案，并听取审议这方面的工作汇报。在人大常委会监督下，我县《九年义务教育实施规划》如期出台并实施。

二、增强坚定性，协助常委会对重大问题一抓到底。作为人大常委会的参谋、助手，我们对一些看准的重大问题，努力协助常委会一抓到底，直至问题解决为止。例如，1989年我们对我县职业技术教育情况作了20多天的专题调查，发规我县职业教育发展缓慢，甚至出现滑坡现象。人常委会根据我们的专题调查报告提供的建议，审议了这项工作，并作出《加强职业技术教育的决议》。但由于种种原因，政府对决议中提出的“职业技术教育经费按上级规定的比例单列”迟迟没有落实，我们先后4次建议，并坚定地协助人大常委会督促政府落实，这一问题去年终于得到了解决。

三、坚持持久性。协助人大常委会监督法律法规的实施，针对政府有关部门的少数单位在执法中存在的执法不严、以罚代法和“时效病”（即上级检查时执法一阵）等现象，我们协助人大常委会加强法律监督，有效地维护法律法规的尊严。如前几年，我县医药市场管理虽然按照《中华人民共和国药品管理法》进行了两次大的整顿，但由于整顿工作限于突击性，缺乏长期性，让那些不法分子有隙可乘，整顿之后，便又死灰复燃乱办医，导致医药市场的混乱局面未从根本上扭转。针对这些情况，我们不但建议人大常委会督促政府组织有关部门对医药市场进行经常性的清理整顿，确定专人专抓，常抓不懈，抓出成效，而且协助常委会长期加强对医药市场的监督，变执法“时效病”为“常效性”。使我县医药市场混乱局面从根本上扭转。例如，东安县个体医生周太勋，自1985年到我县塘渡口镇非法行医卖药，曾先后几次违法使用麻醉药品，造成几个病人中毒的严重事故。两次医药市场的大整顿中都处罚了他，令其回去。但他总是在每次整顿之后，匿迹一时，又“卷土重来”，在塘渡口镇违法行医持续了五年之久，且扬言要杀卫生局和药检所的人。自去年我们协助常委会督促政府进行经常性清理整顿医药市场和开展经常性的执法检查以后，他感到无法“卷土重来”，于去年10月底搬回东安去了。

（原载《邵阳人大工作》）

论事前监督的优势和原则

王永中

随着人大工作的开展，人大如何围绕经济建设这个中心，依法加强事前监督，提高监督水平和效果，这是人大工作者值得认真探讨的重要课题，本文根据实践中的体会，就事前监督谈谈粗浅的看法。

事前监督的有利优势

1、事前监督有利于帮助“一府两院”减少不必要的失误，更好地促进经济建设。事后监督虽然有的较为及时，也收到了一定的监督效果，但毕竟是事后纠正，工作较为被动，以致“一府两院”的某项工作出现失误，成为既定事实，只能当作深刻的教训记住。而事前监督则可以改变这一状况。在“一府两院”的重大行为未成既定事实时，人大就提前介入，主动参与，与“一府两院”共同调查研究，一起酝酿论证，将正确的意见提出在事前，形成共识，就会减少不必要的失误。

2、事前监督有利于理顺人大与“一府两院”的关系，促进精诚团结。尽管人大与“一府两院”的关系是顺理成章的监督与被监督的关系。但目前在实践中这种顺理成章的关系还不够顺畅：一些被监督者对人大监督存在着抵触情绪和厌烦心理，总认为是“找岔子”“挑刺”，导致监督与被监督的关系紧张；一些人大工作者也心存顾虑，怕影响关系，不敢大胆监督，导致监督与被监督的关系弱化。这种状况在事后监督中尤为突出。而事前监督可以改善这种紧张和弱化。通过提前介入，人大和“一府两院”在调查中相互沟通、磋商，增进感情，这样，“一府两院”抵触监督的心理情绪自然消失，人大敢于监督的勇气自然增强，相互关系自然顺畅。

3、事前监督有利于增强监督效果，提高人大威信。目前，在监督实践中，各地都不同程度地存在着监督效果欠佳的状况，其中原因之一是事前没参与，事中不知道，事后马后炮。事前监督则可以弥补这一缺憾。通过提前介入，透彻地了解方方面面的情况。就能避免主观片面，增强监督效果，提高人大威信。

4、事前监督有利于促进人大自身建设，提高监督水平。事前监督不同于事后监督，不是等“一府两院”的工作暴露问题，造成损失之后，再去纠正。而是在提前介入“一府两院”的重大工作中及时提出正确的建议，其监督难度更大，对监督者的要求更高。很显然，这就要求从事人大工作的同志必须努力加强自身建设，熟悉法律，沉下去深入调查，全方位倾听人民的呼声，占有比被监督者更多的材料，只有这样，事前监督才能做到实事求是，客观可行，正确有效。

事前监督的基本原则

1、坚持参与但不干预的原则。人大与“一府两院”由于地位、性质和工作的职能不同，它有自己的工作特点、工作方式和运行机制，事前参与不能直接干预“一府两院”的日常工作，更不能喧宾夺主，直接插手甚至替代“一府两院”去决策拍板，指挥调度，处理问题。人大的事前参与是有目的、有针对性的，即在参与中联系群众，了解实情，发现问题，提出有利正确决策和行为的意见，而后，由“一府两院”根据人大提出的正确意见去实施。

2、坚持参与但不失职的原则。支持一府两院的工作是人大整个监督工作中应有的课题。事前监督更要树立支持的观念。但支持不等于监督，事前监督必须真正将支持和监督有机结合起来，坚持在监督中支持，支持中监督。

3、坚持监督但不包揽的原则。全国人大常委会原委员长彭真说：人大监督，在大事上少一事不如多一事，在小事上多一事不如少一事。事前监督尤其要贯彻这一原则，坚持抓大不抓小，抓少不抓多，抓深不抓浅。绝不可事无巨细，万事包揽。如果不分大小地都去抓，一方面会影响“一府两院”日常工作的开展；另一方面会“捡了芝麻，丢了西瓜”影响事前监督的效果，有损于国家权力机关的形象，使人大工作失去应有的权威。

（原载1996年7月4日《邵阳日报》）

树立服务宗旨，搞好调查研究

县人大常委会教科文卫工委

近年来，我们坚持为常委会决策当参谋，为审议有关问题服务的宗旨，就教科文卫方面的重大问题进行调查研究，为人大常委会审议这方面的问题提供了依据。我们的做法是：搞好调查，注意追踪、突出重点。

一、搞好调查研究，提高参阅材料的质量。为了给常委会审议有关议题提供科学的依据，我们调查前，根据要调查的问题，拟好调查提纲，编制调查表格，科学地安排调查程序，根据调查的需要，学习有关法律、法规和文件资料，丰富调查知识。调查中，注意多层次，多侧面地了解有关问题，并邀请有关的专家一起参加。调查后，注意把收集的不同层次、不同侧面的材料，与收集的同一层次，同一侧面中的不同材料进行系统整理，认真比较，科学地提出解决问题的建议。如1988年11月，我们围浇审议《中华人民共和国药品管理法》贯彻实施情况的议题，先学习了有关药品知识，后又请药检所的专家和老药工一起调查，鉴别假药、劣药。再将38所医院、6个药品经营单位和个体医疗站的检查情况综合比较，准确地找到了我县医药市场管理失控，司药人员素质低等症结，提出了完善药政管理机构，提高医药人员素质的意见，为常委会审议这一议题提供了有价值的参考资料和建议。根据这一违议，县人民政府采取措施，整顿了医药市场，很快改变了医药市场混乱的局面。

二、注意追踪调查，检查议题审议后的效果。为了给常委会审议的议题和作出的决议落到实处，我们注意开展追踪调查，检查审议后的效果。如县十届人大常委会听取审议县人民政府《关于中小学危房修缮改造，改善办学条件的情况汇报》后，我们又两次深入各区乡中小学，进行了25天的追踪调查，逐校逐栋核对，检查危房改造完成情况。调查中发现少数地方对危房改造仍不够重视，如杉木桥乡6所学校的危房基本没有动工改修，20个班的1000多名学生只好租用民房上课，师生和群众意见纷纷。于是，我们再次写了《关于全县中小学危房改造工作综合情况汇报》，并建议县人大常委会敦促县人民政府进一步部署和加强危房改造工作。在县人大常委会的敦促下，促进了全县各学校的危房改造工作，使全县危房改造工作跃入全市先进行列，获得省、市政府的表扬和嘉奖。

三、突出重点议题专题调查。县人大常委会审议"一府两院"的工作，议题很多。作为常委会的工作委员会，在围绕议题开展调查时，用功不能平分秋色，必须突出重点。因此，我们每年抓住一、两个重大议题，进行专题调查。去年9月，县人大常委会决定听取我县职业技术教育的发展情况。为此。我们历时20余天集中力量，深入全县各职业技术学校及其他职业技术教育培训单位，进行专题调查。发现我县职业技术教育发展缓慢，甚至出现局部滑坡现象，主要问题是办学指导思想不端正，师资、经费短缺等。于是，我们及时向人大常委会写了专题调查报告，提出了我们的建议。常委会根据我们的专题调查报告所提供的情况和建议，通过审议后，作出了《关于加强职业技术教布的决议》。县人民政府依据决议制定了相应的实施办法，从而加快了我县职业枚术教育发展的步伐。

（原载《邵阳人大工作》）

加强领导，统一思想，精心组织

——湖南邵阳县人代会圆满成功的做法及体会

唐清洲、谢树新、陈迎体、肖时汉、陆志坚

2002年11月底，湖南邵阳县圆满成功地召开了新一届人代会。这是该县有史以来最成功的一次大会，圆满地实现了党的主张与人民群众意愿的完美结合，真正达到了组织满意、代表满意、群众满意的目的，其具体做法是：

提高认识，统一思想。该县先后召开了6次县委常委会议，专题研究，高度统一县委一班人的思想，并通过召开各种座谈会和采取走访、个别谈话等方式，高度统一县直局及乡镇班子成员的思想，高度统一离退休老同志的思想，使他们充分认识到换届选举成功与否，事关全县社会稳定大局，事关全县政治文明形象。要求他们站在讲大局、讲团结、讲稳定的高度，把思想认识统一到党的十六大精神上来，统一到县委部署的换届选举工作上来，同心同德，和衷共济，确保会议圆满成功。

加强领导，一联四包。为确保大会达到预期目的，不出任何与大会不和谐的杂音，该县采取过硬的领导措施，实行县委常委联代表团，代表团团长包团，代表团临时党支部书记包党员，乡镇书记、人大主席包本乡镇代表，党员代表包非党员代表的“一联四包”责任制。做到人人身上有责任，个个肩头有担子，从而明显增强了各级领导和党员代表的政治责任感和历史使命感，确保了全体代表形成共识，统一行动。

精心组织，把好“六关”。一是严把组团关。打破各代表团按地域组团的习惯做法，将2~3个处于不同区域的乡镇组成一个代表团；二是严把代表团负责人安排关，各代表团的正副团长、临时党支部成员都是经组织反复研究确定；三是严把日程安排关。大会日程安排科学合理，各项议程环环相扣，既依法保证代表有充裕的时间讨论酝酿，又使整个大会呈现出团结紧张、严肃活泼的气氛；四是严把候选人提名关。首先，县委向主席团提名推荐候选人，然后，由主席团统一安排、组织代表依法联名推荐候选人，避免出现以往那种代表联名推荐候选人过杂的现象，确保了联名推荐有候选人相对集中；五是严把候选人酝酿关。各代表团先酝酿组织提名的候选人，在完全统一思想的基础上，再酝酿代表联名推荐的候选人，让代表们充分理解组织意图；六是严把选举关。注重引导，理顺情绪，让代表在团结统一的气氛中投下神圣的一票。

严肃纪律，把握原则。铁的纪律，是开好人代会的重要保证。该县始终坚持党管干部的原则，民主集中制度的原则，党员服从党的决定的原则，代表依法行使职权的原则。在党员代表会议上，强调党员自觉执行党的决定，遵守党的纪律，既是党性要求，更是每个党员应尽的义务，在全体代表大会上，主席团对全体代表也提出了遵守大会纪律，遵守组织原则，依法行使职权的明确要求。在代表们讨论酝酿候选人时。代表团团长和临时党支部书记认真介绍组织提名推荐的候选人的基本情况，让代表们真正的明确组织向主席团推荐候选人，是坚持党管干部原则的具体表现，这些候选人是经过组织考察，上上下下反复酝酿协商、党委集体研究决定的，是严格依照法律程序产生的，其推荐过程本身、就是民主集中制原则的集中反映。

从湖南邵阳县成功召开人代会中，我们深深体会到：加强党的领导是成功的根本。坚持和依靠党的领导是开好人代会的政治保证。从大会前期准备到大会正式召开，该县始终坚持在党的领导下进行工作。代表大会成立了临时党支部，会议期间召开了党员代表大会。大会的重大事宜，都首先在党内通气，统一思想，统一认识；然后，依照法律程序进行，使全体代表形成共识。由于充分发挥了党的领导核心作用和全体党员的模范带头作用，全体代表倍加顾全大局，倍加珍惜团结，倍加维护稳定，大会自始至终在和谐奋进的氛围中进行。

统一思想是成功的关键。只有思想统一，才能步调一致。该县正因为绷紧了思想这根弦，统一了方方面面的认识，大会才始终没有出现任何杂音。

选准拟选人员是成功的前提。这次组织提名的人大、政府班子成员及“两院”候选人，都是由市县组织部门经过严格考察，在广泛征求各方面意见的基础上，按照省市换届方案对人大、政府领导班子的任职资格和条件要求而拟定的。事实证明，只有选准了那些德才兼备、符合民意、年龄文化结构合理、实践经验丰富、思想素质和工作业绩突出的领导班子人选，才能得到代表们的赞同和认可，才能确保大会顺利进行。

选好代表是成功的基础。人大代表是人民代表大会的主体，是开展人大工作的基础。代表素质的高低，直接影响着大会的质量。实战证明，只有将那些能顾全大局、自觉听从党的指挥、积极服从组织安排、代表最广大人民群众根本利益的人选进人大代表队伍，才能确保人民群众当家作主行使民主权利的真正体现，才能使人大工作富有生机活力。

精心组织是成功的保障。这次人代会，该县集中人力、物力、财力，科学安排，精心组织，对每一个程序，每一个细节都做了周密的思考，对每个可能发生问题的地方地都作了充分的预见和应急准备。大会秘书处成立了12个工作班子260多人。各个工作班子精心筹备，积极工作，为大会提供了最佳的优质服务。

严肃纪律是成功的保证。铁的纪律，是做好一切工作的保证。在这次人代会上，该县先后召开了党员会议和临时党组会议，召开了代表预备会议，反复强调会议纪律，提出了一定要高标准、严要求、高质量地开好大会，坚决杜绝一切无组织、无纪律现象的发生。事实证明，由于县委态度明确，思想统一，各项工作纪律严明，措施有力，所以大会始终没有出现任何偏差。

（原载全国决策科学研究所《人大工作参考》2000年第一期）

人大信访日增的成因及对策

陆志坚

近年来，作为地方国家权力机关的县级人大常委会接待群众来信来访量明显增加，呈上升趋势。近日，笔者对湖南省邵阳县人大常委会换届以来的信访量进行调查统计，结果表明：在1998年换届前，每年的信访量约为500件次，以后每年均以30%的速度增，至2001年已达到1300多件次，为原来的260%。因此，县人大办信访组又有“县第二信访局“之称。产生这种状况的原因是多方面的，但主要有以下几点：

人大地位的不断提高。这些年来，在同级党委的领导下，县人大常委会大力推进民主与法制建设，使人大及其常委会的地位不断提高。首先，人大常委会努力加强自身建设，切实提高自身的政治理论素质和业务素质，不断探索新形势下做好人大工作的新办法、新途径，塑造了常委会的良好形象。其次，充分履行了监督职能。几年来，常委会紧紧围绕经济建设中的重大事项和群众普遍关心的热点、焦点问题，有重点的地进行监督，收到了实质性的成效，不但促进了政府的工作。而且建立了同群众的血肉联系。深入群众调查研究，是常委会一贯的工作方法。他们通过了解社情民意，倾听群众呼声，将群众的意愿变为国家意志，尽职尽责地为人民群众掌好权，用好权，从而赢得了群众的好评。

公民法律意识的不断增强。随着“三五”“四五”普法的纵深发展，群众学法、用法的积极性不断高涨，并逐渐学会了在日常生活中用法律武器来维护自己的权益。当遇到有损害自身利益的事件发生时，公民都会主动通过法律的途径寻求援助。而作为最具法律监督权威的地方人大及其常委会便理所当然地成了公民反映问题和寻求法律援助的最佳选择和最终选择。

个别职能部门的不作为。全心全意为人民服务是我党的宗旨，但是，也有个别职能部门为人民服务观念淡薄，官僚、衙门作风严重，门难进、脸难看，事难办。对群众的来信来访或漠然视之，事不关己，高高挂起；或相互推诿、踢皮球。群众在多次上访无果的情况下，只得抱着最后希望向人大常委会反映有关情况，请求督促办理。人在信访量的日趋增多，说明了群众对某些职能部门的工作还不十分满意。因此，我们应结合当前正在开展的“三个代表”重要思想回访复查活动，站在讲政治的高度，认真做好群众的来信来访工作。第一，人大常委会必须进一步加大自身建设力度。如何妥善解决我们在前进的道路上不断遇到的新情况、新问题，人大常委会首要任务之一便是提高自身素质，学习政策，学习党的基本理论，学习 WTO 有关知识，使自身能尽快适应新形势发展的需要。同时，人大常委会必须健全有关信访制度，对群众的来信来访服务热情，态度诚恳。能解决的问题，要给群众一个满意的答复，确保群众的来信来访事事有着落，件件有回音，防止形成信访积案。第二，人大常委会必须进一步加大监督力度。加强对“一府两院”的监督是宪法赋予人大及其常委会的一项重要职权，在工作中，常委会要善于运用刚性监督手段，对损害群众利益的事要监督到底，力求监督有实效。对职能部门要建立“首问责任制”，凡出现“不作为”现象的单位应追究单位一把手领导责任。对有法不依、执法不严、徇私枉法者应实行错案责任追究制，切实维护公民的合法权益。第三，各职能部门应认真实践“三个代表”的重要思想。切实改变工作作风，进一步加强与群众的血肉人联系同，想群众之所想，急群众之所急，设身处地地为群众排忧解难，做群众的贴心人。广大基层干部要掌握科学的工作方法，善于疏导、教育群众，及时化解各种社会矛盾，将问题解决在萌芽状态。第四，必须加强对公民的社会公德教育和法制观念教育。要教育广大公民自觉遵循中华民族的传统美德，遵守社会主义法律，团结友爱，互相有共，不干违法乱纪的事，不干有损别人利益的事，建立一种“人人为我，我为人人”的良好社会氛围，杜绝社会矛盾的产生。

（原载全国决策科学研究所 2002 年第二期和第三期合订本）

一切为了贫困山村的后代

——记县人大代表毛德耀

肖时汉 王满元

细雨霏霏，小道泥泞，我们踏进了这座古老却处处焕发生机的山村中学——邵阳县诸甲亭乡中学，听到关于毛德耀代表33年如一日在这贫困山村，情系故土后代的动人故事，感觉到他那颗赤诚、火热的心。

毛德耀代表从1990年起连续当选为邵阳县十一届、十二届、十三届人大代表，先后被县政府记功5次，18次被评为县先进工作者，并先后被评为“市青少年先进工作者”，“市改善办学条件先进个人”“市综合治理先进工作者”。谈到他在这穷乡僻壤的岁岁月月，乡亲们个个从心底里佩服：毛代表真不愧为我们山村人民的贴心人。

8年前的杉木桥中学，每到春夏之交，座座教室都在风雨中飘摇；隆冬季节，刺骨的寒风吹进一扇扇破门窗里。刚刚当选为县人大代表的校长毛德耀看到眼前的一切，心里一阵疼痛和不安：“安得广厦千万间，誓让师生俱欢颜。”他把乡亲们的重托，后代们的希望牢牢地记在心底。

1990年底，毛德耀熬尽了半年多的心血，杉木桥中学新教学楼竣工了，师生们欢天喜地地搬进了新楼。从山村到校园，从乡亲到师生，无不传颂着毛德耀代表用心血凝成的日日夜夜。毛代表的心里是那样的踏实，然而又是那样的沉重。在他家里，正坐着等工资过年的民工，他理解基建民工的难处和心情。于是，他从含泪的妻子手中接过自己家里准备过年的钱递给民工，但毕竟是杯水车薪。于是他顶风冒雨踏上了借款之路，大年三十才踏上归途。

为了贫困的后代，毛德耀把全部心血倾注在建校上。1987年3月，红庙小学教学楼修建不到一半，因缺钱少砖被迫停工。电闪雷鸣，春雨哗哗，全校师生为之担忧，毛德耀更心急如焚。突然，他想到了自己家改造旧房的25000块砖。顾不得和妻子商量，他急忙发动民工、师生把砖全部搬到了学校建筑工地。从这一年起，毛代表风里来，雨里去。四处奔波筹措资金。到1997年底，共筹措资金400多万元，新建、改建、扩建校舍面积达15000多平方米。

看到一座座新的教学楼拔地而起，乡亲们感慨万分：为了这一天老校长费尽了心血呀！

“师生不安，就是自己的不安；学校不宁，就是自家的不宁。”这是毛德耀代表一切为了学校师生安宁的肺腑之言。1995年9月，毛德耀代表调任诸甲亭学区主任兼诸甲亭中学校长。当时的诸甲亭乡中学，内部少数学生敲诈横行，社会上的不法青年持枪、拿刀入校骚扰，师生们惶惶不安。毛德耀深知一个人大代表的神圣职责：“当一届代表，保一方平安。”他迅速与学区其他领导小组，并帮助学校一一组建了护校队。为了把综合治理的各项措施落到实处，充分发挥护校队的作用，毛德耀代表亲自带队巡逻。一天，自称诸甲亭街“街长”的郦某带领一伙人冲进教室，把火枪、砍刀拍在讲台上，企图公开抢劫学生财物。毛德耀得知消息后，带领护校队员冲向出事地点，郦某见势不妙，用火枪对准毛德耀：“老不死，你再上前，我就开枪打死你。”毛代表临危不惧，一个箭步冲了上去，两手抓住火枪，最后和赶上来的护校队员一起把郦某抓住，扭送到当地公安派出所。1996年6月7日深夜11点，正在带队巡逻的毛代表突然听到女生寝室发出了尖叫声，他心里一紧，迅速冲向出事地点，看到自称“斧头帮”帮主的罗某等人正在女生寝室耍流氓。面对罗某等人的利斧尖刀，毛代表毫不犹豫地上前扭住了罗某，护校队员共同上阵，一起制服了其他不法分子。

事后有人问他：“老校长，你不怕那些亡命之徒报复？他们是什么事都干得出来的啊！”毛德耀总是面带笑容：“我是人大代表，是一校长。维护学校安宁，是我应尽的职责，无论什么样的报复，我也不怕！”

毛德耀把千名在校学生视为自己的亲生儿女，对故里140多名青壮年文盲时刻挂在心头。他每到一地，就和不识字的乡亲们交朋友，把尽快使乡亲们脱盲，使贫困山村富起来作为自己的义务和职责。1955年，他与诸甲亭乡党委、政府、学区、其他领导研究成立了“诸甲亭乡扫盲工作领导小组”，制订了“一长管两校，一师任两教，日学校，夜村组”的制度。

那一年11月的一天，毛校长患了重感冒，头昏脑涨，步履蹒跚，同行干部一路劝他休息，可他一路坚持到底，好不容易走了4公理泥路，来到镇丰村，落实该村脱盲人员吴昌明的巩固提高考试及建档工作。步履艰难的他刚一进屋，脸色苍白，再也支持不住了，一下倒在吴昌明家的木椅上。小吴见他为自己脱盲，带着重病而来为，感激的热泪直往下掉，他赶紧跑到邻近院子请来了村医生。通过急救治疗，毛德耀才苏醒过来，他望着眼前一张张熟悉的面孔，心里是那么的踏实，那样的宽敞……

1996年2月，毛校长得知脱盲对象唐艳红、段又祥、朱春英三表姐妹在广州打工的消息后，亲自带领教师、村干部分别到她们家里做耐心细致的思想工作。一番番晓之以理、动之以情的话语，打动了她们家亲人的心。第二天一大早，亲人们就赶到邮电所发出了电报。3天后，三表姐妹高高兴兴地回到村里，参加了脱盲学习。

毛德耀为使脱盲不留空白，他走村串户，足迹遍及全乡村村组组、山山寨寨。1996年以来，他走访了140多户文盲家庭，解决了120多个问题，亲自辅导50多个文盲脱盲。他把脱盲和脱贫结合起来，只要故里有一个文盲，他的脚步就不会停止。

（原载《全国人大工作通讯》1998年第七期）

开发区下马内部

王永中

今年4月，邵阳县五峰铺镇人大主席团根据县、镇人大代表的建议，坚决督促镇政府停止开发区建设，退还所征的耕地97亩，退还拍卖地皮的资金25万元。此举在全县引起了强烈反响。在五峰铺镇开发区下马之后的一个细雨濛濛的日子，我们乘坐一辆私营客车，前往该镇探寻个中内幕。

县十二届人大代表蒋镇南：奋观了外地的开发区，我越发觉得五峰铺镇不具备搞开发区的条件。

去年11月，我和一些镇人大代表参加了镇政府组织的开发区建设参观团，到外地参观学习开发区建设的经验。参观回来后，对照外地经验，结合五峰铺镇实际，我不但没有增强信心，反而愈发觉得五峰铺镇不宜搞开发区建设。一是资金缺乏，投资环境差。外地的开发区或自身具有充裕的资金，或能提供优厚的条件招商引资。而五峰铺镇年人平纯收入只有500元左右，靠群众集资办事难，镇财政比较困难，镇干部的工资常常要推迟3个月才能发放。且五峰铺镇地处县境边沿，既缺水，又无特产资源和乡镇工业，招商引资难度极大。据镇政府领导介绍，开发区急需投资1000万元左右。这些钱从哪里来？二是严重占用耕地。整个开发区面积100亩。占用耕地面积达97亩，被征地的农业村5个村民小组人平只有0.1亩耕地，其中半塘组（160人）人平0.07亩，桥边组（140人）耕地全部征完。被征地的村民失去土地之后又无法得到妥善安排，其生活严重受影响。三是五峰铺镇开发区实际意义不大。镇上现有居民3000人，市场门面400多间，其中300间长期关门未开。即使开发区能引进一些资金，成立一些商贸企业，也无非是将现有门面挤垮几间。我把这些想法与吕金祥等镇人大代表说，他们也有同感。于是，我们商议后，共同向镇人大主席团、镇政府提出了“五峰铺镇不宜搞开发区的建议”。此外我还先后3次以县人大代表的身份向镇政府有关领导陈述了本镇不宜搞开发区的理由。

镇人大主席团常务主席吴才秋：几经努力，代表的建议终于被采纳。

蒋代表等人提出的建议很有道理。与我的想法不谋而合。于是，我根据蒋代表等人的建议，进一步深入人大代表中去，反复听取代表们的意见，主席团又组织各代表联组、小组就开发区是否可建的问题开展充分的讨论，以引起镇政府领导的重视。

3月下旬，镇人大主席团举行了一次全体会议，在全面、详细听取镇政府关于开发区建设情况汇报和反复研究之后，果断地向镇政府提出：立即停止开发区建设。然而，镇政府领导中还有反对意见，代表的建议没有立即被采纳。

4月下旬，主席团再次举行全体会议，重申停止开发区建设的意见。这一次，镇政府领导的意见统一了，作出了开发区下马的决定。

分管开发区建设的副镇长：本镇建设开发区，纯属跟风的结果。

去年9月，在开发热滚滚浪潮的冲击下，我们镇政府的几个领导眼见外地招商引资大兴土木，新楼林立，霓虹闪烁，生怕自己被指责为思想僵化，便怦然心动，决定搞一个开发区。于是，在开过两次会议之后，在毫无资金准备、各种条件不成熟的情况下，便匆匆成立了一个5人组成的开发领导小组和开发办公室，匆匆拿出一个未经论证的开发区建设“论证报告”，匆匆搞起了“开发”。由于匆匆上马，开发区建设遇到了许多无法解决的困难。一是招商引资难，资金无法筹资。除本地干小本生意的40多户商人共投资25万元以外，外地客商根本没有投资。这25万元与开发区所需总投资1000万元相比，无异于杯水车薪。二是被征地的农民纷纷要求退田还耕，否则就要政府解决农转非并安排工作。这些镇政府都无法解决。三是一些部门、单位原先纷纷许诺提供方便，这时却难以兑现，搬迁工作就因此进行得不顺利。在此情况下，镇政府势如骑虎。如果不是镇人大主席团坚决督促我们镇政府停止开发区的建设，真正不知开发区这台戏如何唱下去。

听完三人的述说，我们不觉微微有点失望：开发区下马，原来并无惊人内幕。但接着我们就感到欣慰：开而不发的开发区应当下马已成为共识，人民代表的意见受到了充分的重视，不正是人民期待已久的消息么?

原载《湖南人大工作》1997年第十一期

在参政议政的舞台上

——记邵阳县人大代表蒋镇南

“参政议政，是人大代表的神圣职责，我要在参政议政的舞台全身心地演唱，演唱出一支支美丽的歌。”——摘自邵阳县人代会代表蒋镇南的日记。

是的，蒋镇南代表是这样说的，也是这样做的。他自当选县人大代表以来，认掉履行识责，勇于为人民代言，积极参与管理国家事务，四年间先后向县、乡、村提出建议21件。他那参政议政的歌声啊，昂扬着主人翁的旋律，充溢着正气的美丽。

这个政，我参定了

1993年，江南四月，莺飞草长，春光明媚，就在这明媚的春光里．邵阳县五峰铺人奔走相告：“镇开发区停建啦！镇开发区停建啦!”镇开发区停建的消意。像一阵温暖的春风，拂去了五峰铺人心上沉重的忧云，全镇人深深地感谢着县人大代表蒋镇南。

还在1992年初秋时，开发热浪滚滚而来，镇政府眼见外地大兴土木，新楼林立，霓虹闪烁，便怦然心动，搞起了一个开发区。搞开发区本应是一件好事，但五峰铺镇的开发区仿佛一片阴云笼罩在五峰铺人的心上，沉重了蒋镇南代表的心。

“开发区建设至少需资金1000万元，而镇财政又十分洁据，镇干部的工资常常拖欠二至三个月才发放，全镇人平均收入仅500元，很显然，靠群众集资也很困难。去哪里弄这么多钱?”蒋代表反复仔细地计算着。

“开发区地处偏远，交通、通讯十分不便，自然资源贫乏，招商引资能有几何?”全镇现有门面800多间，尚有400余间没有搞活，只要启动现有门面活力就已足够，再搞开发区意义有几何?”蒋代表认真地预测着。

“开发区占用一个农业村的耕地97亩．导致农业村5个村民小组人平只有0.1亩耕地，桥边组140人的耕地全部征完，被征地的村民失去土地之后无法得到妥善安置，势必严重影响其生活。”

蒋代表深深地忧虑着。

“这个开发区能否搞?”蒋代表的思想深处对开发区画上了一个巨大的疑问号。

蒋代表又深入群众中广泛听取意见，数次召开代表联组会议反复讨论，群众和代表联组的意见更加坚定了他的思想，这个开发区不宜搞?

于是，正当开发区大张旗鼓拍卖地皮的时候，他向人大主席团、镇政府提出了诤诤建议：立即停建开发区！两次递呈书面意见，陈述其弊端；三次口头陈述. 阐明停建理由；多次向县领导反映情况，请求采取措施，责成停建。

有人悄悄提醒他. 搞开发区是潮流所趋，你参政议政可不要逆潮流而动啊！他淡淡一笑：开发区建设要有成熟的条件，不能盲目。这个政我参定了！

是的，这个政他参定了，而且参准了。1993 年 4 月上旬，一个阳光明丽而温暖的日子里，镇人大主席团根据国务院关于严禁乱占耕地盲目搞开发区的指示精神和蒋镇南代表的建议及各代表小组的一致意见，举行了主席团全体会议，在全面听取镇政府关于开发区建设情况的汇报和反复讨论后，果断地督促镇政府停建开发区，并限期退还所征耕地 97 亩，退还拍卖地皮资金 25 万元，为全镇减少经济损失 1000 万元。

雨后的早晨，大地格外清新，茫茫尘埃被春雨涤荡一净，在停建的开发区工地上，年轻的镇长紧握着蒋代表的手：“若不是你及时建议，开发区这台戏真不知如何唱下去。”感激之情自肺腑深处喷涌而出，流动在斑斓的霞光里。

这不是管闲事

今年仲春，选民吕敬成向他反映：近几年，五峰村胡家组财务一直混乱，几任组长和组委会成员长期挪用、占用公款，组干部的行为导致该组村民不肯上交教育附加费……。

第二天清晨，东方刚刚露出鱼肚白，他便不顾尚未痊愈的病体和山高路远，拨开重重荆棘，前往偏僻的胡家组进一步了解情况，当选民反映的情况被完全印证时，他的眉头不由紧锁，他的怒火不由中烧！是夜他躺在床上辗转反侧，无法成眠，明亮的月色透过窗棂，辉映他焦急不安的眸子。他思绪联翩：由胡家组财务混乱的情况联想到全镇各村组的情况；由胡家组村民的呼声联想到整个民心……。早晨四点，他激动地开亮电灯，坐到桌边，戴上老花眼镜，掏出心爱的旧式铅笔，铺开稿子，奋笔疾书，向镇人大主席团、镇政府反映了胡家组财务混乱情况，建议镇政府迅速对胡家组和全镇种植组的财务进行一次大检查！那满腔的激情啊，随着笔尖滔滔流出，跳跃在字里行间，跳跃成东方的曙光！

几十年相濡以沫的老伴劝他：胡家组和全镇各村组的财务碍你什么事?

“不，这不是管闲事，我作为一名人大代表，有责任和义务协助政府做好各方面工作。”蒋代表坦然地回答。

不久，镇人大主席团和镇政府采纳了蒋代表的建议，组成了一个精干的清查班子，对全镇各村组进行了财务大检查，查出了不少的违纪问题，其中胡家组共查出组干部拖欠挪用公款 1906. 4 元，稻谷1030公斤。针对清查出来的问题，镇政府采取有力措施，全部限期退还，并健全了财务制度。

永远的感谢

这是金秋十月树橘香醉人的日子，走访选民归来的蒋代表在心着整理选民的意见和建议，农业村柑橘场的两个村民提着一筐透红熟亮的橘子，捧着一张热情洋溢的感谢信前来登门拜谢。感谢信中真诚地写道："蒋代表，是你为民代言，救活了柑橘经济场；是你奔走疾呼，促使农业走上了致富的道路。感谢你，我们永远地感谢你！"

原来，农业村的柑橘场于1982年承包给本村6户农民，承包期为十年，按照合同规定，6户农民在承包期内需交5.8万元和违约押金3000元给村、镇，可刚承包几年，一场严重冰冻灾害给柑橘场带来了凋谢不堪的景象，树叶落尽，树枝枯干，冻死的树达三分之一，面对元气大伤的秃败橘园，承包人伤心地叹息，痛心得泪水潸潸。

承包人向村、镇提出了变更合同的要求。相当部分的群众和村、镇少数干部不同意。蒋代表站在桔园中久久地凝视，炯炯的眼神穿过凋残的橘树，透视着柑橘场未来的前景。强烈的预感告诉他：这不仅仅是简草的变更合同的问题，而且是关系柑橘场生死存亡、严重影响农业村致富的大患！如果不适当变更合同，势必会影响承包人的积极性，柑橘场就会因此而荒毁。

针对实情，蒋代表向村、镇干部提出了"合理变更柑橘场合同，帮助发展生产"的建议。同时，根据《中华人民共和国劳动合同法》第二十七条第四款的规定，与农业村的干部一起召开村民大会，说服了不同意变更合同的群众。是年，村、镇与承包人变更了经济合同，调减了承包金黴，并由村里借款2000元，帮助柑橘场恢复元气，发展生产。如今，柑橘场一派生机盎然。

依法监督社会焦点问题二三事

陆志坚　张国荣　罗　洪　陈飞虎

在湖南省邵阳县，90万人民在传递着一个令人振奋的消息：全县人民普遍关注的三大焦点问题，经县十三届人民代表大会第3次会议列为议案后，如今终于得到了解决。……说起这一切，人民都不会忘记，这是县人大常委会依法开展监督的结果。

撤销刑侦中队

1997年秋，为严厉打击各种刑事犯罪活动，维护农村社会秩序的稳定，邵阳县公安局在全省率先进行了刑侦体制改革，在全县8个中心镇设立了刑侦中队。然而，刑侦体制改革毕竟是处在尝试阶段，它成立不到半年便暴露出了种种弊端，一是警力分散，刑侦中队成立后，派出所的部分干警被抽调到刑侦中队，从而使派出所的力量减弱，当遇到突发性的重大治安案件时，派出所往往无力破案；而每个刑侦中队负责几个乡镇的刑事案件，面宽线长，对刑事案件的侦破，也是鞭长莫及。“吃不了”的局面，给犯罪分子以可乘之机，全县农村社会治安秩序一度出现了混乱局面。去年冬，黄塘、蔡桥、霞塘云等乡镇丢失耕牛200多头，破案的寥寥无几。二是相互推诿踢“皮球”。为完成罚款任务，两家对“有钱的案子抢着办，无钱的案子推着办，棘手的案子无人办”。1998年冬，蔡桥乡拓山村大付岭组接连被盗耕牛11头。村民报案后，两家谁都不愿受理。无奈，有些村民只好每天夜晚将耕牛拴在自己的卧室里过夜。尤其是刑侦中队的个别干警在办案过程中，徇私枉法，办“油水案”“人情案”现象严重，在群众中造成了极坏的影响。

“刑侦体制改革是按照上级有关指示精神进行的，只能进，不能退。”这是当时县公安局主要负责人的指导思想。基于此，刑侦体制改革中暴露出的种种问题被掩饰了，听到的只是赞美之词。

但是，县人大常委会却始终十分冷静地看待刑侦体制改革，他们从越来越多的群众上访信件中敏锐地发现，刑侦中队再不彻底整顿，必将影响干群关系，导致社会治安的进一步恶化。因此，县人大常委会副主任陈卫国亲自带领内司委的人员到8个刑侦中队进行调查，掌握有关情况。1998年7月，县十三届人大常委会第三次会议又专题听取了县公安局《关于刑侦体制改革的情况汇报》，会议要求县公安局本着有利于改革、有利于发展、有利于保一方平安的原则，加强对刑侦中队的监督和管理。但由于当时的局党组成员本身对设置刑侦中队意见分歧较大，因而，县公安局对人大常委会的审议意见没有认真落实。

今年3月19日，在县十三届人民代表大会第三次会议上，银洁清等31名代表联名提出了《撤销刑侦中队》的议案。议案立案后，3月31日，县人大常委会向政府交办。4月初，县人大常委会内司委、选举任免联络工委及县政法委、县政府办联合组成调查组，深入8个刑侦中队，分别主持召开了有市、县、乡三级人大代表和乡镇领导、政法干警、基层干部及群众代表参加的座谈会，听取他们对撤销刑侦中队的意见。参加座谈会的79人中，有75人坚决要求撤销，可见撤销刑侦中队是民心所向。

5月中旬，全县8个刑侦中队全部撤销，在派出所设置刑侦组和治安组，专门负责刑事案件和治安案件的处理。使派出所的力量得到了充实，责任明确了，行动协调了，社会治安秩序明显好转。6月上旬，黄塘、霞塘云、小溪市、白仓等乡镇派出所联合作战，破获了一起盗窃耕牛58头的犯罪团伙，抓获犯罪嫌疑人9名，奏响了一曲胜利的凯歌。

清退代课教师

“再苦不能苦孩子，再穷不能穷教育”，这是全社会的共识。然而，在邵阳县的一些边远山村，当家长辛辛苦苦攒了一笔钱送孩子上学时，却为找不到满意的教师发愁——大量代课教师滥竽充数占据了课堂。据统计，全县22个乡镇有200多所中小学聘用了1000多名代课教师，这些非专业教师文化水平参差不齐，有15%只有或相当于初中文化水平，95%以上没有经过正规院校的培训，教学能力极差。去年8月，县人大常委会教科文卫工委先后到15个乡镇的31所中小学进行调查，结果表明，代课教师的受欢迎率仅占11%，所教学生的实际操作能力远远低于同年级其他学生，群众讥之为“种别人地，荒别人孩”。

主任会议在听取教科文卫工委的调查汇报后，认为教师质量事关全县教育事业的发展大局，清退代课教师必须毫不含糊地进行。主任会议要求政府“制定可行方案，逐一核实清退”。但此后不久，邵阳县进行“费改税”试点，机关干部“一边倒”下基层帮助收缴农村公益事业建设税，清退工作便一时被耽搁起来。

在3月份召开的第三次代表大会上，尹帮喜等12名代表就代课教师问题提出了清退议案。议案提出：“代课教师多，不但严重影响了我县的教育质量，而且加重了群众的经济负担。倘若再不清退，不但害了孩子，更阻碍了我县各项事业的发展。”代表的呼声重重敲击了主任们的心。闭会后的第二天，主任会议便进行专题研究，主任唐清洲说：“清退工作再不尽快督促落实，便是我们的失职。”

根据主任会议的意见，县人大常委会立即向政府提交清退议案，并决定在9月份听取县政府关于清退工作的汇报。县政府高度重视，决心抓住这有利时机尽快予以解决，成立了由副县长申建伟为组长的清退工作领导小组，抽调专门人员进驻各乡镇逐一核实清退。同时实行学区主任、校长负责制，使清退工作进展顺利。6月下旬，县人大常委会教科文卫工委、任免联络工委会同县委督查室联合对清退工作进行了全面督查，并将督查结果及时通报县委、县政府，有力地加快了清退工作的步伐。至7月上旬，全县已有10多个乡镇的近600名代课教师被清退。据申副县长日前透露，清退工作在8月中旬可全部结束。

下放计生办证权

为加强对流动人口的管理，杜绝乱收费现象，县计生委决定将原由乡镇办理的流动人口计划生育管理和流动人口计划生育证集中到县流动人口计划生育管理站办理。如此，乡镇群众办证要往返一二百千米，浪费人力、物力，十分不便。

去年11月一个星期五的下午，与祁阳毗邻的边远乡罗城乡一村民到县城办证，到管理站时工作人员已下班，他只好一直等到下周的星期一才办到计生证。对此，该村民满腹怨言地来到县人大常委会教科文卫工委反映情况，工委主任陈飞虎听说后，当即通知计生委领导到县人大常委会说明情况。在得到肯定答复后，陈主任要求计生委本着方便群众的原则，尽快将计生证下放到乡镇办理。

时过三四个月、计生委个别领导一直以“难管理”为借口，迟迟不予办理交接手续。

在第三次代表大会上，方荣东等39名代表决定就此联名向大会提出质询案。代表的质询引起了大会的高度重视，大会主席团决定，交由计生委当面答复代表。

当时，县计生委刘主任正在市里开会，接到质询案后，他连夜从市里赶回，接受了代表的质询，并当场表示，尽快将计生办证权下放乡镇办理，不久，这一议案便办理落实。

（原载全国人大常委会《中国人大》1999年第四期，获2001年湖南省第十届“宣传人民代表大会制度好新闻”三等奖）

为民代表　代表为民

——记县优秀人大代表郭跃德

朱清平

邵阳县九公桥镇中合村坐落在素有邵阳县西藏之称的黄荆岭脚下，先后被评为湖南省武陵山片区“六到农家”示范新村，邵阳县新农村建设“五新”示范村、“六新”示范村。该村党支部书记兼村委会主任郭跃德，系邵阳县第十四届人大代表，邵阳县十五届、十六届人大常委会委员，全省劳动模范、全市十佳扶贫功臣、全县首届十佳青年农民、十佳道德模范，连续8次被评为全县优秀村党支部书记，6次被评为全县优秀人大代表。作为村党支部书记，他曾在市委党校和县委党校向乡镇党委书记、村党支部书记介绍自己的工作体会和经验。在众多荣誉面前，郭跃德谦虚地说：“我所有的荣誉凝聚着老百姓的支持、组织的培养、同志们的关怀，唯有倾尽所能回报社会、回报组织才安心。”

1995年12月，郭跃德离开了他打工近10年的市第二建筑公司木模班，回到农村这个广阔的天地，进入村委会工作。1996年12月，郭跃德光荣加入党组织、2002年3月当选为村党支部书记。作为一个有着2500多人、73名中共党员的大村党支部书记，面对人均年收入不足1000元的穷村，他感到肩上担子很重。“要想龙舞活，关键在龙头”，郭跃德上任伊始就大刀阔斧地干开了。他实行村务、党务公开，村里收支账目定期向村民公开，凡村里重大事情及时向村民小组、党员公布，并征求意见；积极筹措资金修建了办公室、计生活动室，建立健全各项制度，以制度管理党员，激励党员，凝聚党心、民心。同时，推出“双向培养”机制，把党员培养成致富能手，把致富领头人物发展培养为党员。

郭跃德还在全村规划了“六个一工程”，即：一条好路走，一口好水喝，一条灌溉圳，一口沼气池，一所好学校，一代好农民。大力修建村组公路，针对全村交通不便、道路不畅制约农村经济发展的现状，抓住上级在村扶贫的机遇，开展老乡赞助、村民捐助等多渠道筹措资金，亲自带领村干部在广东的深圳、珠海等地筹资100万元，修建了一条6千米长的水泥路连接县道，又引进老板投资100万元，购买了三台中巴车，开通了本村至县城的班车，方便村民出行；率先实施“组组通路工程”，争取通乡、通畅公路项目资金近70万元，发动村民筹资近50万元，修建组道公路11条，共长4千米，其中6条是水泥路，实现了“出门有车坐，回家车到屋”的梦想。为了让村民喝上干净的自来水，他又引资12万元，在黄荆岭半山腰修建了一口蓄水500立方米的自来水池，可解决部分村民饮水困难问题；针对全村100公顷稻田得不到有效灌溉，他千方百计筹措资金20多万元，修筑了3条近4000多米的砼水渠，彻底解决了灌溉难的问题；争取除险加固项目资金300多万元，使土桥水库能够有效发挥排灌作用；争取和筹资70多万元修建了2栋教学楼，解决了邻近村民子女就学难的问题；修建了260平方米的村级活动场所；争取湖南省武陵山片区“六到农家”

项目落户中合村；安装了太阳能路灯，方便了村民的夜生活；安装了网络有线电视，丰富了村民的精神文化。

“只有我们把群众放在心上，群众才会把我们放在心上；只有我们把群众当亲人，群众才会把我们当亲人”，郭跃德始终把群众放在心中最高位置，把服务村民群众、帮助群众工作作为自身的基本职责。他把党员、组长的出生年龄、入党年月、工作年月都记在笔记本上。党员、组长的生日，60 岁以上的他亲自带领村干部去参加，60 岁以下的打个电话去恭贺。他常年坚持写日记、做笔记，从不间断把群众的心声写在本子上、记在心头上，对群众提出和反映的问题，满腔热情地加以处理，从来没有粗暴对待群众，能解决的及时帮助解决，不能解决的和群众先讲清道理和理由。中合村离镇政府、县城比较远，老百姓办事不方便，郭跃德和村干部主动为民服务，光郭跃德个人每年为老百姓节省办事车旅开支就达 5000 多元，而他给群众办事，从来不收老百姓一分钱。自己从来也不花公家一分钱，他因公受伤住院，花了几千元的医疗费，没有在村里报销。

他对村民十分关心，15 组组长郭作良原配妻子触电身亡，他带领村干部及时赶到，当时他家修房子没有钱，郭跃德和村干部从自家拿出钱帮助郭作良解决家庭中的实际困难。同时，郭跃德又跑到保险公司为他入保的妻子争取最快的赔付，及时到民政部门报告临时救助，使他家在最困难的时候渡过难关。

如何让老百姓的意愿及时渗透到政府工作中去，让政府的工作充分体现民意，作为人大代表、人大常委会委员，郭跃德充分利用调研、座谈、访问等方式，了解民情民意，听取民声，在代表大会期间用代表议案方式集中反映民意。几年来，郭跃德共提出议案 113 条其中，建设邵塘一级公路等 3 条议案被大会立案，110 条转为建议批评意见，由于郭跃德所提议案质量较高，议案的全局性、普遍性问题较强，办结率达到 90% 以上。

（原载《邵阳日报》）